O ANUÁRIO DA
Grande Mãe
GUIA PRÁTICO DE RITUAIS PARA CELEBRAR A DEUSA

Mirella Faur

O ANUÁRIO DA
Grande Mãe
GUIA PRÁTICO DE RITUAIS PARA CELEBRAR A DEUSA

ALFABETO

Copyright© 2015 pela Editora Alfabeto

Direção Editorial: Edmilson Duran
Capa e Diagramação: Décio Lopes
Desenho da Capa: Tabatha Melo
Revisão de Textos: Luciana Papale

DADOS INTERNACIONAIS DE CATALOGAÇÃO NA PUBLICAÇÃO

Mirella, Faur

O Anuário da Grande Mãe – Guia prático de rituais para celebrar a Deusa / Mirella Faur | 4ª edição | São Paulo | Editora Alfabeto – 2021.

ISBN 978-85-98307-16-9

1. Deusas 2. Rituais 3. Ocultismo 4. Religião da Deusa I. Título.

Todos os direitos reservados, proibida a reprodução total ou parcial por qualquer meio, inclusive internet, sem a expressa autorização por escrito da Editora.
A violação dos direitos autorais é crime estabelecido na Lei n. 9.610/98 e punido pelo artigo 184 do Código Penal.

EDITORA ALFABETO
Rua Protocolo, 394 | CEP 04254-030 | São Paulo/SP
Tel: (11)2351-4720 | E-mail: editorial@editoraalfabeto.com.br
www.editoraalfabeto.com.br

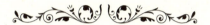

Dedico este trabalho à Grande Mãe e aos seus reflexos multicoloridos e multifacetados, que brilham eternamente na essência das mulheres e se manifestam na anima dos homens.

Sumário

Agradecimentos 9
Apresentação 11
Introdução 15
    O retorno à Deusa 15
    O Mandamento da Deusa 21
I. Celebrações panculturais diárias 23
    Janeiro 25
    Fevereiro 57
    Março 83
    Abril 111
    Maio 139
    Junho 173
    Julho 205
    Agosto 239
    Setembro 273
    Outubro 309
    Novembro 345
    Dezembro 383
II. A Roda do Ano e os Sabbats 425
    O Mito da Roda do Ano 426
    Samhain 429
    Yule ou Alban Arthuan 431
    Imbolc, Candlemas ou Oimelc 434
    Ostara, Eostar ou Alban Eilir 436
    Beltane 438

      Litha ou Alban Heflin 439

      Lughnassadh ou Lammas 442

      Mabon ou Alban Elfed 444

III. A Misteriosa Influência da Lua sobre a Humanidade 447

IV. O Efeito das Fases Lunares em Nossas Vidas 453

 V. As Faces da Deusa Luna 459

VI. Os Plenilúnios *(Esbats)* 467

VII. As Luas Especiais 493

      A Lua Azul da Abundância 493

      A Lua Rosa dos Desejos 495

      A Lua Negra da Transmutação 495

      A Lua Violeta da Reflexão 497

      A Lua Vermelha da Menstruação 498

      Os Eclipses 500

VIII. Os Mistérios do Sangue e a Cura Emocional da Mulher 503

IX. A Lenda das Treze Matriarcas 511

 X. Considerações sobre Altares e Rituais 515

      Como criar um altar 515

      Como realizar um ritual 517

XI. Ritual para "puxar" a energia da Lua 521

XII. Classificação das Deusas conforme seus atributos 527

      Corpos e Eventos Celestes 527

      Fases da vida 528

      Estações – Direções – Elementos 529

      Natureza 531

      Qualidades 532

      Sustento da vida 534

Índice das Deusas e Deuses e as datas das suas celebrações 537

Bibliografia 571

Agradecimentos

São muitas as mulheres que contribuíram para este trabalho, assim como alguns homens, que honram a minha dedicação espiritual e apreciam meus livros.

Minha profunda gratidão a todas as escritoras, pesquisadoras, antropólogas, arqueólogas, sacerdotisas, profetisas, magas, xamãs e iniciadas que trilharam a senda da Deusa ao longo dos tempos, colocando os frutos de seus trabalhos ao alcance de todos que buscam resgatar a conexão com a Grande Mãe.

Agradeço também às mestras com quem tive o privilégio de me encontrar e trabalhar: Lady Olivia Robertson, fundadora e mestra da organização internacional Fellowship of Ísis, conferencista e escritora; Rae Beth, sacerdotisa, escritora e conselheira; Demetra George, escritora e astróloga; Kathy Jones, escritora, sacerdotisa cerimonial, mestra e criadora da internacional Goddess Conference, da Isle of Avalon Foundation e do Goddess Temple em Glastonbury; Zsuzsanna Budapest, escritora, iniciadora do movimento da espiritualidade feminina nos EUA, Ardwin Dreamwalker, Brooke Medicine Eagle; Sandra Ingerman, Wabun Wind, Wind Daughter, Mary Summerwood, Mary Whitefeathers e Cristina Pratt, mestras xamãs e Rachel Pollack e Mary Greer, tarólogas e escritoras. Estas mulheres muito me ensinaram e ajudaram em minha própria transformação, no reconhecimento do meu poder espiritual e na realização da missão espiritual reservada a mim.

Agradeço o empenho e a dedicação de Josina Roncisvalle e Márcia Mattos na publicação da agenda *O Diário da Grande Mãe*, de 1996 e 1997 e dos *Almanaques Mágicos*, de 1997 e 1998. À Sandra Torres Dias, expresso minha gratidão por ter dado continuidade ao Anuário quando o Diário não pôde ter prosseguimento. E também à Danúzia, Rita, Sheila e Neiva pelo trabalho de digitação e revisão de textos das edições.

Meus afetuosos agradecimentos à minha filha por ter realizado com esmero o trabalho de busca e coleta de imagens, a revisão e a editoração eletrônica do Anuário, numa época em que eram escassos os recursos gráficos e as fontes de informação disponíveis.

Sou grata às mulheres participantes das reuniões, jornadas xamânicas, grupos de estudos, celebrações e também leitoras dos meus livros e artigos, pelo incentivo, apoio e vivência comunitária dos ensinamentos da Deusa. Gratidão às mulheres que me incentivaram e ajudaram a transformar o Anuário em um novo livro, após ele ter esgotado a segunda edição e o contrato com a editora ter sido rescindido. Só tenho que agradecer a Arian Sofia e ao seu grupo de Fortaleza por todo estímulo e pela realização da versão digital. À Léa Beatriz e à Luciana Papale sou eternamente grata pelo empenho, minucioso cuidado e dedicação em revisar e editar os textos, diversificar e acrescentar novas imagens. Agradeço a todas as mulheres que ouviram o chamado da Grande Mãe no pulsar dos seus corações e que abriram suas mentes para conhecer ou relembrar as antigas celebrações descritas neste livro. Como suas filhas, irmanadas pelos elos da nossa ancestralidade, poderemos tornar cada dia uma oportunidade para comemorar, orar e agradecer pelos dons da nossa essência feminina.

E *at last, but not least*, meu profundo reconhecimento e gratidão a Claudio, meu companheiro nesta e em outras vidas, cujo discernimento, paciência, senso prático capricorniano, colaboração e compreensão, em muito contribuíram para a realização de minha missão espiritual nesta encarnação.

Apresentação

Durante muito tempo, reverenciei e celebrei a Deusa como uma praticante solitária. Mesmo antes de tomar conhecimento e fazer contato com o movimento internacional do Ressurgimento do Sagrado Feminino, minha alma buscava preencher as lacunas e a ausência do arquétipo da Deusa nos caminhos espirituais que trilhei.

Nasci na Transilvânia, em uma região montanhosa da Romênia, rica em folclore, tradições e crenças. Vivi minha infância como uma criança sensível, introvertida e solitária, cercada pela natureza e acompanhada por contos de fadas, gnomos, duendes, deuses e anjos. Minha única diversão era desenhar e ler. Sempre li muito e desde muito jovem interessei-me por mitologia – eslava, greco-romana e nórdica – crenças populares, lendas, histórias sobrenaturais e superstições. Infelizmente, durante os anos de colégio e universidade, minha busca mística foi interrompida pela instalação de uma ordem social e política materialista e comunista, onde a religião era considerada "o ópio do povo".

Ao chegar ao Brasil, encontrei não apenas um país que me ofereceu abrigo, trabalho, segurança, liberdade e realização pessoal, mas também, uma pátria espiritual. Senti-me atraída e absorvida pelo caldeirão de correntes, crenças, seitas, grupos e organizações religiosas e espiritualistas, florescendo no terreno fértil da miscigenação racial e cultural brasileira.

Durante muitos anos, participei de vários grupos, trabalhos e caminhos esotéricos. Como sempre, continuava lendo muito, procurando compreender e assimilar esse novo universo que se descortinava perante meus olhos. Dediquei-me ao estudo de astrologia, runas, oráculos e tarô, enquanto frequentava centros umbandistas, espíritas, ufológicos, cabalistas e universalistas, entre outros.

Por mais que encontrasse respostas metafísicas e soluções práticas, algo ainda me faltava. Sentia uma disparidade profunda nos conceitos cosmológicos dessas doutrinas. A Mãe era santa, mas não divina, não se conheciam avatares femininos, prevaleciam os orixás e mestres masculinos. A mulher não podia alcançar os mesmos graus iniciáticos alcançados pelo homem devido a sua suposta instabilidade emocional decorrentes das flutuações hormonais, além de sofrer várias restrições (como não poder participar de rituais, nem tocar em objetos sacros quando menstruada, por estar "com o corpo sujo" e sujeita a vampirizações) e faltar-lhe objetividade, voz de comando ou visão lógica.

Apesar de ter de aceitar o sistema patriarcal social e econômico brasileiro, eu não podia concordar com a ausência do Sagrado Feminino como complementação necessária e polaridade permanente do Sagrado Masculino. Aquilo que para os orientais era tão fácil de compreender – por meio da mandala do yin/yang – ou para os povos nativos norte-americanos, com o conceito da criação conjunta do Pai Céu e da Mãe Terra, para certos homens e mulheres contemporâneos era muito difícil de aceitar. Parecia mesmo uma blasfêmia ou heresia pensar e falar na Deusa além do Deus, orar para a Mãe Criadora e nutridora que, com o Pai Gerador, havia dado origem aos filhos e a toda natureza.

Esses conceitos arcaicos encontrados em livros, além de fazerem sentido do ponto de vista racional, histórico e mitológico, tocaram profundamente minha alma. Durante uma crise existencial profunda, em 1991, fiz uma peregrinação aos lugares sagrados da Grã-Bretanha e lá, no caminho processional de Tor e no Poço Sagrado de Glastonbury, antiga Avalon, ouvi a voz da Deusa ecoando em meu coração, respondendo as minhas dúvidas e angústias e me chamando de volta para Sua antiga senda.

Foi então que parei minha busca espiritual e mudei radicalmente meu caminho esotérico, dedicando-o à Deusa. As palavras de Dion Fortune passaram a ser meu lema:

> *E a ti, que buscas me conhecer, eu digo: tua busca e teu anseio de nada te servirão sem o conhecimento do mistério de que, se aquilo o que procuras não encontrares dentro de ti mesmo, jamais o encontrarás fora de ti. Pois, vê, sempre estive contigo – desde o começo – e sou aquilo o que se alcança além do desejo.*

A Deusa estava dentro de mim, como está em toda parte, pois Ela é o Todo e nós somos parte dela. Não precisava mais procurar, pois, ao encontrá-la, senti Sua presença me iluminando, protegendo, fortalecendo, guiando e nutrindo. No entanto, eu não podia ainda deitar no colo da Deusa e contemplar a natureza ao meu redor. A Deusa, ao se revelar dentro de mim, traçou-me uma nova direção a seguir: um trabalho centrado nas mulheres, para que elas pudessem recuperar seu poder espiritual perdido nos últimos três milênios, e pudessem manifestá-lo novamente no mundo, em benefício da cura pessoal, coletiva e planetária.

Foi assim que iniciei reuniões de mulheres nos plenilúnios, proporcionando o ambiente, as informações e os elementos que permitissem a sintonia com a força mágica da Lua. Ao invés de celebrar sozinha os Sabbats, comecei a divulgá-los publicamente, bem como passei a criar e conduzir grupos de estudos, realizar jornadas xamânicas, ritos de passagem e celebrações especiais.

Como consequência dessas atividades a serviço da Deusa e em benefício das mulheres, fui solicitada a escrever uma agenda feminina. Surgiu assim, em 1996, a primeira edição do *Diário da Grande Mãe*, e em 1997, a segunda. Foi um trabalho pioneiro, exaustivo e sofrido, devido às dificuldades materiais encontradas. O esforço de Josina Roncisvalle em publicar o Diário, usando sua energia, seus meios e sua livraria Forças Ocultas, foi um gesto de fé, coragem e dedicação. Infelizmente, a falta de uma gráfica própria, as dificuldades e obstáculos na distribuição e a ausência do retorno financeiro, impediram a continuidade da publicação da agenda. Para não desperdiçar o vasto material bibliográfico existente, decidi colocar em prática uma sugestão feita durante uma conversa informal com Paulo Coelho: tornar permanente um trabalho até então efêmero e perecível, transformando a agenda em livro, ou seja, o Diário em Anuário. Quando foi esgotada a segunda edição do Anuário e com ela o destrato por parte da editora, foi o empenho e a dedicação de outras mulheres que possibilitaram a realização desta edição.

Por ser um livro de consulta, baseado em extensa bibliografia e exaustiva pesquisa, o enfoque principal do Anuário é nas datas e nas características das antigas celebrações das Deusas, nas várias culturas e tradições do mundo. Portanto, as informações sobre rituais são sucintas, servindo apenas como uma orientação geral, competindo a cada leitora o trabalho de completar as sugestões e enriquecer os detalhes por meio de sua própria visão, intuição ou experiência. Mesmo participando de grupos, é importante para que cada mulher faça, individualmente, seu trabalho espiritual. O poder mágico, a intuição e a expansão da consciência, são atributos pessoais que não podem ser transferidos por osmose, por uma dirigente ou mestra, a quem compete apenas a orientação e o apoio.

Atualmente, em várias partes do mundo, inúmeras mulheres são praticantes solitárias, seja por opção ou por necessidade. Para algumas, é uma vivência espiritual frustrante, por não terem com quem compartilhar e a quem recorrer em momentos de dúvida ou até mesmo ter o discernimento para avaliar seus erros e acertos. A conexão por meio da egrégora das celebrações do dia com as irmãs de outros lugares diminui a sensação de isolamento e solidão, reforçando os elos com a comunidade espiritual da Deusa.

Aquelas que vierem a utilizar o Anuário como guia cotidiano, focalizando a energia para um objetivo predeterminado e criando uma disciplina interior, poderão se beneficiar com uma maior expansão de sua percepção psíquica, de sua criatividade e de seu crescimento pessoal. Os grupos que se reúnem nos plenilúnios – Esbats – e nos festivais da Roda do Ano – Sabbats – certamente serão favorecidos pelas informações contidas no Anuário, pois foram amplamente testadas e aprovadas em meus próprios rituais: tudo o que nele é descrito e transmitido é fruto de minha própria experiência, intuição e estudo. Devido à exiguidade de espaço, não detalhei os procedimentos ritualísticos, mas os itens assinalados e as orientações resumidas são suficientes para fornecer a estrutura do ritual, podendo ser acrescentados detalhes ou feitas modificações em função das possibilidades materiais ou disponibilidades energéticas do grupo. No Brasil, o ressurgimento da Deusa está se afirmando, crescendo e se espalhando aos poucos. Cada vez mais mulheres, de todas as idades, tomam conhecimento e se interessam pelas antigas tradições, pela Wicca, pelos arquétipos das Deusas e seus rituais, buscando o seu fortalecimento espiritual sem mais se deixarem enquadrar, oprimir ou limitar pelos conceitos paternalistas, machistas ou patriarcais.

Com a intenção de oferecer um abrangente material histórico emitológico, ponho à disposição das mulheres e também dos homens que buscam uma conexão com a Deusa este compêndio de celebrações. A cada página há nomes de deusas, deuses e festivais grafados em negrito no texto em referência às imagens, para melhor reconhecimento, honrando a cada dia, um dos aspectos da Grande Mãe, reverenciados há muito tempo por todo o mundo.

Introdução

O retorno à Deusa

> *A Mãe das canções, a mãe de toda a nossa semente, gerou a todos nós no início. Ela é a mãe de todas as raças dos homens e a mãe de todas as tribos. Ela é a mãe do trovão, a mãe dos rios, a mãe das árvores e de todas as coisas, ela é a mãe das canções e das danças. Ela é a mãe do mundo e de todas as velhas irmãs pedras. Ela é a mãe dos frutos da terra e a mãe de tudo o que existe... Ela é a mãe dos animais, e a mãe de toda a Via Láctea... Ela é a mãe da chuva, a única que temos, Ela, só ela, é a mãe de todas as coisas...*
>
> Canção dos índios Cagaba, Colômbia.
> Erich Neuman, *A Grande Mãe*.

Durante os milênios da supremacia patriarcal, refletida nos valores espirituais, culturais, sociais, comportamentais e amparada pela hierarquia divina masculina, foi negada e reprimida qualquer manifestação da energia feminina, divina e humana. Resultou, assim, uma cultura exclusiva e destrutiva, centrada na violência, conquista e dominação, com o consequente desequilíbrio global atual. Os homens – como gênero – não foram os únicos responsáveis pelas agressões e atitudes extremistas a eles infligidas; a causa pode ser atribuída à maneira pela qual a identidade masculina foi criada e reforçada pelos modelos e comportamentos de heróis e super-homens. Fundamentados em seus direitos supostamente divinos, outorgados inicialmente por deuses guerreiros e depois reiterados pela interpretação tendenciosa dos preceitos bíblicos, os homens foram inspirados, instigados e recompensados para desconsiderar e deturpar as milenares tradições matrifocais e os cultos geocêntricos. Em lugar de valores de paz, prosperidade e parceria igualitária, foram instaurados princípios e sistemas de conquista, exploração e dominação da terra, das mulheres, crianças e de outros homens.

Pela sistemática inferiorização e perseguição da mulher, o patriarcado procurava apagar e denegrir os cultos da Grande Mãe, interditando os seus rituais, demonizando e distorcendo seus símbolos e valores. A relação igualitária homem-mulher foi renegada, a mulher declarada um ser inferior, desprovida de alma, amaldiçoada por Deus, responsável pelos males do mundo e por isso destinada a sofrer e a ser dominada pelo homem. Os princípios masculino e feminino – antes polos complementares da mesma unidade – foram separados e colocados em ângulos opostos e antagônicos. Enalteceu-se o Pai, negou-se a Mãe e usou-se o nome de Deus para justificar e promover o código patriarcal, a subjugação e exploração da terra e das mulheres. A tradição, os cultos e a simbologia da Deusa foram relegados ao ostracismo e paulatinamente caíram no esquecimento. Patriarcado e cristianismo se uniram na construção de uma sociedade hierárquica e desigual, baseada em princípios, valores, normas, dogmas religiosos, estruturas sociais e culturais masculinas.

As últimas décadas do século passado proporcionaram uma gradativa mudança de paradigmas nas relações e nos conceitos relativos ao masculino e feminino. No entanto, para que este avanço teórico se concretize em ações e modificações comportamentais e espirituais, é imprescindível reconhecer a união harmoniosa e complementar das polaridades e procurar novos símbolos e rituais para o seu fortalecimento e equilíbrio. Com o surgimento progressivo de uma dimensão feminina da divindade na atual consciência coletiva, está sendo fortalecido o retorno à Deusa e à revalorização do Sagrado Feminino.

Após séculos de ostracismo e esquecimento, a Grande Mãe está voltando. Na verdade, ela sempre esteve aqui, como a alma do nosso Planeta, a sabedoria oculta do nosso eu interior, a chama do nosso coração. Fomos nós que nos distanciamos dela, renegando-a e recusando a presença do Sagrado Feminino em nossas vidas. Somos nós que estamos voltando à Deusa, pois Ela sempre esteve ao nosso lado, apenas oculta na bruma do esquecimento e velada pela nossa falta de compreensão e conexão com seu eterno amor e poder.

A Grande Mãe representa a totalidade da criação e a unidade da vida, pois ela é imanente, ela existe e reside em todos os seres e em todo o Universo, ela é intrínseca à força da vida, aos ciclos da natureza e aos processos de criação. A escritora e militante feminista Starhawk, em seu livro *A dança cósmica das feiticeiras*, resume esse conceito de forma magistral:

> *A simbologia da Deusa não é uma estrutura paralela ao simbolismo do Deus Pai. A Deusa não rege o mundo. Ela é o mundo. Manifestada em cada um de nós, Ela pode ser percebida interiormente por cada indivíduo, em toda sua magnífica diversidade.*

Esse conceito da imanência e permanência da Deusa foi representado pelos seus mais antigos símbolos: a Terra, a Lua, o Sol, o ovo cósmico, o ouroboros (a serpente mordendo a própria cauda), a semente, a espiral e o labirinto. A principal diferença entre o Pai patriarcal, celeste e a Mãe cósmica e telúrica universal é a condição transcendente e longínqua do Criador e a essência imanente e eternamente presente da Criadora, em todas as manifestações da natureza.

A redenção do Sagrado Feminino diz respeito tanto à mulher quanto ao homem. Ao esperar respostas e soluções vindas do Céu esquecemo-nos de olhar para baixo e ao redor, ignorando as necessidades da nossa Mãe Terra e de todos os nossos irmãos de criação. Para que os valores femininos possam ser compreendidos e vividos, são necessárias profundas mudanças em todas as áreas: social, política, cultural, econômica, familiar e espiritual. Uma nova consciência do Sagrado Feminino surgirá tão somente quando for resgatada a conexão espiritual com a Mãe Terra, percebida e honrada a teia cósmica a qual todos nós pertencemos e assumida a responsabilidade de zelar pelo seu equilíbrio e preservação. O reconhecimento do Sagrado Feminino deve ser uma busca de todos, porém, cabe às mulheres uma responsabilidade maior, devido à sua ancestral e profunda conexão com os arquétipos, atributos, faces, ciclos e energias da Grande Mãe.

Uma grande contribuição na transformação da mentalidade do passado e na expansão atual da consciência coletiva são os encontros de homens e mulheres em círculos e vivências comunitárias, para despertar e alinhar mentes, corações e espíritos em ações que visem à cura e à transmutação das feridas da psique, infligidas pelo patriarcado. Apaziguar a si mesmo, harmonizar seus relacionamentos, vencer o separatismo, reconhecer e honrar a interdependência de todos os seres, evitar qualquer forma de violência, dominação, competição ou discriminação, são desafios do ser humano contemporâneo, no nível pessoal, coletivo e global. Incentivando a parceria entre os gêneros e a interação dos planos energéticos (celeste, telúrico, ctônico) criam-se condições que favorecem a expansão da consciência individual e contribuem para a evolução planetária.

O primeiro conceito sobre a divindade foi expresso por nossos ancestrais na forma da Grande Mãe geradora, nutridora e sustentadora de todos os seres, recebendo-os de volta em seu ventre após sua morte para trazê-los novamente à vida. Apesar da ausência de registros escritos, as inúmeras e impressionantes esculturas, gravações e ruínas paleolíticas, comprovam a cosmologia centrada na mulher como origem e força da vida. Seus atributos de fertilidade e abundância permaneceram nas estatuetas de deusas grávidas ou dando à luz e nas inúmeras deusas com características zoomórficas, mostrando sua relação com todos os seres, seus filhos de criação.

A Deusa foi a suprema divindade do nosso Planeta durante pelo menos 30.000 anos (pesquisas recentes afirmam uma antiguidade maior), reverenciada e conhecida sob inúmeras manifestações e nomes, conforme os lugares e períodos de seus cultos. Suas múltiplas qualidades e funções foram descritas em todas as culturas, originando as lendas e os mitos que mostram uma diversidade de deusas que, contudo, eram aspectos de uma só divindade: a Grande Mãe.

Da Europa à África, do Alasca à Patagônia, do Japão à Austrália, os povos antigos reverenciaram a Deusa como a própria Terra, a Lua, as estrelas e os oceanos, a senhora da vida e da morte, do amor e dos nascimentos, da beleza e das artes, da agricultura e da vida selvagem. As sociedades centradas no culto da Deusa eram matrifocais e pacíficas, baseadas no respeito com a terra, à mulher e às crianças, vivendo de acordo com os ciclos da natureza.

Porém, com a mudança das sociedades agrícolas e matrifocais para as civilizações tecnológicas e patriarcais, a Deusa passou a ser consorte, filha ou concubina dos deuses trazidos pelos povos guerreiros e conquistadores. O mundo tornou-se diferente, perdeu-se o equilíbrio das polaridades, o feminino foi subjugado e dominado, o masculino passou a prevalecer e depois dominar durante os últimos quatro mil anos, levando a conceitos dualistas, à cisão da humanidade e ao desequilíbrio do Planeta. Em nossa sociedade atual, avançada tecnologicamente, mas desprovida da presença do divino feminino, podemos comprovar, cada vez mais, o desequilíbrio humano físico, mental, emocional e espiritual, evidenciado na poluição, degradação e destruição do Planeta, gerando assim, uma crescente necessidade de nutrir e ser nutrido, de amar e ser amado, de encontrar a paz interior e criar harmonia a seu redor. Neste momento crítico de nosso Planeta, ressurge a figura poderosa e amorosa da Grande Mãe para nos ajudar a encontrar os meios para restaurar Sua criação e restabelecer o equilíbrio, a paz e a harmonia individual, global e planetária.

A volta do culto a Grande Mãe foi favorecida pelo movimento feminista, pelo despertar da consciência ecológica, pelas novas teorias científicas que veem a Terra como um todo vivo (a hipótese Gaia), pelas novas descobertas e reavaliações arqueológicas e antropológicas, pelo reavivar das antigas tradições xamânicas e práticas nativas, pela necessidade dos rituais, pelo retorno da astrologia e dos oráculos e pelo surgimento da psicoterapia, das terapias naturais e alternativas. O caminho para encontrar a Grande Mãe em uma de suas múltiplas manifestações – seja como a toda abrangente Mãe Terra, seja como uma das numerosas deusas existentes em várias mitologias e tradições – é diferente das outras sendas espirituais praticadas no mundo atual. Não existem organizações ou templos formais, não há dogmas ou sacerdócio organizado. Para vislumbrar ou encontrar a Grande Mãe, precisamos apenas abrir nossas mentes, descartar os preconceitos e os condicionamentos socioculturais e criar pra Ela, um espaço sagrado em nosso coração e em nossa vida.

Observar as imagens das deusas, ler sobre suas lendas e mitos, descobrir e praticar rituais, são apenas algumas das maneiras de trazer de volta, para nossa memória e consciência, o antigo poder e valor do Divino Feminino. Este é, na verdade, o caminho para o fortalecimento da mulher, fazendo-a sentir-se mais confiante e segura, encontrando motivo de orgulho, realização e poder em sua essência feminina. Também os homens poderão ser incentivados a descobrir, perceber, revelar e expandir sua anima, seu lado sensível e emotivo, completando, assim, sua personalidade e abrindo novas portas de comunicação e colaboração com suas parceiras.

Ao restabelecer o ponto de equilíbrio na balança das polaridades feminina e masculina, poderemos celebrar e nos alegrar com o retorno da Grande Mãe, não como um substituto para o Deus Pai, mas como sua consorte, sua complementação perfeita, levando à união dos opostos para a criação de um mundo de paz, amor e harmonia. Esse é o verdadeiro significado do Hieros Gamos, o "casamento sagrado" que cria a unidade, concilia diferenças, apara arestas e integra as polaridades do Pai Céu à Mãe Terra, gerando um mundo novo para um novo ser humano. Na divulgação dessa nova mentalidade – promotora da sonhada sociedade de parceria – as mulheres do mundo todo estão desempenhando um papel fundamental. Inúmeros livros e textos foram escritos nas últimas décadas, resgatando informações e abrindo espaço para a Deusa na arqueologia, antropologia, sociologia, tealogia (de Thea, deusa), psicologia, cura ou nas artes visuais, por meio de pinturas, esculturas, filmes, poemas, romances, dramas, canções, danças sagradas e circulares.

A Deusa está cada vez mais presente na vida das mulheres, que a comemoram em vários países, nas cidades ou nos campos, venerando suas múltiplas faces e manifestações com rituais, dramatizações, cantos e danças. Ao relembrar e celebrar a Deusa, as mulheres estão celebrando a si mesmas. Ela está presente em toda parte e em tudo, nas montanhas ou nas ondas do mar, na canção da chuva ou no sopro do vento, na abundância da terra ou no brilho do luar, na beleza das flores ou das pedras, nas cores do arco-íris ou nos movimentos dos animais. Ela está conosco nas alegrias da vida, no riso das crianças, nas lágrimas de dor ou no mistério da morte. Ao ressurgir da bruma dos tempos, a Deusa nos estende suas mãos de luz, apontando novos caminhos para realizarmos nossos sonhos e visões, mostrando-nos, em seu espelho mágico, nossa verdadeira beleza, força e sacralidade.

Ver um reflexo da Deusa em cada dia, meditar, orar ou procurar criar um ritual para honrar uma de suas faces é trazer a própria Deusa para nossa vida, tornando-a mais tangível e imantando nossa essência e existência com suas qualidades e possibilidades. Conhecendo e vivenciando seu legado, passado por meio dos mitos, lendas e imagens das antigas culturas e tradições, reforçamos os laços que nos unem, independente de raça, país, credo, cor, sexo, profissão, conhecimento ou temperamento. Somos todos seus filhos, irmãos e irmãs de sua criação e, ao unirmos nossas mentes e corações por meio de suas celebrações, criaremos um grande círculo de luz, interligado pela vibração luminosa do amor transcendente, conectados pelo amor maior com nossa Mãe.

Para tornar a presença da Deusa mais real e acessível em nossa vida cotidiana, oferecemos esta coletânea de informações e orientações sobre suas celebrações antigas, seus dias sagrados, seus inúmeros nomes e atributos, bem como sugestões para rituais contemporâneos.

O Mandamento da Deusa

Compilado por Doreen Valiente

Eu, que sou a beleza do verde sobre a Terra, da Lua branca entre as estrelas, do mistério das águas e do desejo no coração dos homens, falo à tua alma: desperta e vem a mim, pois, sou Eu a alma da própria natureza, que dá a vida ao Universo.

De mim nasceram todas as coisas e a mim, tudo retorna.

Ante meu rosto, venerado pelos deuses e pelos homens, deixa tua essência se fundir em êxtase ao infinito.

Para me servires, abre teu coração à alegria, pois, vê: todo ato de amor e prazer é um ritual para mim.

Cultiva em tua alma a beleza e a força, o poder e a compreensão, a honra e a humildade, a alegria e o respeito.

E a ti, que buscas me conhecer, eu digo: tua busca e teu anseio de nada te servirão sem o conhecimento do mistério de que, se aquilo o que procuras tu não encontrares dentro de ti mesmo, jamais o encontrarás fora de ti. Pois, vê, sempre estive contigo – desde o começo – e sou aquilo o que se alcança além do desejo.

Capítulo I
Celebrações panculturais diárias

Há séculos que a humanidade vem assinalando com rituais seus acontecimentos, tanto aqueles de maior relevância, envolvendo todo um grupo cultural, quanto os cotidianos, realizados apenas em pequenas comunidades. Seu objetivo era manter a coesão nesses grupos, reunindo as pessoas regularmente para atividades tradicionais e celebrações religiosas.

Estas datas festivas foram perpetuadas ao longo dos tempos, permanecendo até nossos dias na forma de tradições folclóricas, crenças, costumes populares e superstições. Os povos antigos consideravam cada dia uma oportunidade de festejar um evento, celebrar algum acontecimento ou simplesmente agradecer às divindades pela própria vida. Cada vez que um grupo de pessoas repetia uma mesma ação, com um mesmo objetivo, reforçava-se a egrégora dessa intenção. Mesmo em nosso mundo tecnológico, não se pode ignorar a força destas tradições, costumes e mitos, manifestados como celebrações antigas e rituais mágicos.

A reconquista desse legado espiritual de nossos ancestrais e sua adaptação ao nosso cotidiano são apenas algumas das inúmeras contribuições trazidas pelo ressurgimento do Sagrado Feminino. Por trinta milênios, foi a Deusa a figura predominante nas mais diversas religiões, em várias partes do mundo; nessas culturas, cada dia do ano era um dia de celebrá-la ou a uma de suas inúmeras manifestações. As mulheres, por serem filhas da Deusa, eram encarregadas de lembrar às comunidades estas datas e de preparar suas celebrações. Conforme a cultura e o período histórico, diferentes nomes designavam cada um destes arquétipos, embora fossem todos aspectos da Grande Mãe. E foi assim que surgiram milhares de deusas, todas apenas interpretações dos mesmos atributos, características de uma única Deusa.

A substituição dos calendários lunares pelos solares, a subjugação e aniquilação das sociedades matrifocais, a destruição dos antigos templos e locais de culto, a queima dos registros escritos e a perseguição das filhas da Deusa – fossem como sacerdotisas, profetisas, curandeiras, xamãs, magas, videntes ou mestras – sombrearam e destruíram uma grande parte desse acervo cultural e espiritual da humanidade. Mesmo assim, a força do feminino resistiu: extensos estudos e pesquisas, feitos por antropólogas, sociólogas e historiadoras, resgataram, da noite dos tempos, informações sobre milhares de deusas das culturas europeias, asiáticas, polinésias, africanas, norte e sul-americanas. E a Deusa voltou a ser lembrada e celebrada. As tradições, festivais e rituais sempre pertenceram às mulheres e agora são elas que, novamente, estão praticando a antiga arte. Honrar uma das manifestações da Deusa, conhecer e celebrar um de seus atributos ou dedicar-lhe um ritual, são algumas das maneiras encontradas pelas mulheres contemporâneas para tornar Sua presença real, próxima e permanente.

Comemorar a Grande Mãe sob todos seus nomes, criados e perpetuados nas várias culturas e idiomas, reforça os laços entre as pessoas, fazendo-as sentir, no coração, o significado da irmandade, já que todos somos irmãos, filhos da Deusa, partes interligadas do todo.

JANEIRO

O primeiro mês do atual calendário gregoriano foi nomeado em homenagem ao casal divino Janus e Jana, ou Dianus e Diana, antigas divindades pré-latinas, tutelares dos princípios, das portas e entradas e dos começos de qualquer ação ou empreendimento. Governando o Sol e a Lua, Janus e Jana eram os primeiros invocados nas cerimônias, nos rituais e nas bênçãos de qualquer atividade. Com a chegada dos latinos, eles foram substituídos pelo casal divino da sua própria tradição, Júpiter e Juno. Ainda assim, o culto a Janus permaneceu, sendo sua bênção necessária para qualquer empreendimento autorizado por Júpiter. Janus era considerado o deus do Sol e do dia, o guardião do Arco Celeste e de todas as portas e entradas, inventor das leis civis, das cerimônias religiosas e da cunhagem das moedas, que o representavam como um deus com dois rostos, um virado para o passado e outro para o futuro. Os atributos de Jana foram assumidos por uma das manifestações da deusa Juno, representada como uma deusa dupla: Antevorta (que olhava para frente e representava o futuro) e Postvorta (que olhava para trás e lembrava o passado).

Janeiro contém, em si, a semente de todos os potenciais do novo ano, mas também guarda os elementos, as lições e os resíduos do ano que o precedeu. Por isso, é um período adequado para nos livrarmos do velho e do ultrapassado em nossas vidas e ocupações diárias, preparando planos e projetos para novas conquistas, mudanças e realizações.

De acordo com a tradição e a cultura de cada povo, este mês é conhecido com vários outros nomes. No calendário sagrado druídico, que usa letras do alfabeto Ogham e as árvores correspondentes, é o mês do álamo, da letra Fearn e seu lema é "fazer escolhas, buscando proteção e orientação espiritual". A pedra sagrada é a granada e as deusas regentes são as Nornes, Jana, Inanna, Anunit, Frigga, Sarasvati, Kore, Pele, Morrigan, Carmenta e Pax.

Os países nórdicos e celtas celebravam neste mês as Nornes, as três Deusas do Destino; a Deusa tríplice Morrigan, senhora da vida, da morte e da guerra e Frigga, a Deusa padroeira do amor e dos casamentos.

Na Índia, comemorava-se Sarasvati, a deusa dos rios, das artes e dos escritos, com os festivais Besant Panchami e Makara Sankranti. Na antiga Suméria, celebrava-se a deusa do amor e da fertilidade Inanna e a deusa lunar Anunit. Sekhmet, a deusa solar com cara de leoa e Hathor, a deusa lunar adornada com chifres de vaca, eram celebradas no Egito. A Grande Mãe era honrada em suas representações como a eslava anciã Baba Yaga e a criadora africana Mawu. Várias comemorações gregas e romanas homenageavam as deusas Kore, Justitia, Carmenta, Atena, Pax, Ceres, Cibele e Gaia.

Na tradição dos povos nativos, são várias as denominações, como: Lua do Lobo; Lua da Neve; Lua Fria; Lua Casta e Mês da Quietude. No Oriente, reverenciavam-se os ancestrais, as divindades da boa sorte, do lar e da riqueza, invocando suas bênçãos para o Ano Novo e realizando vários rituais para afugentar as energias maléficas e os azares.

Apesar das diferenças geográficas, climáticas, mitológicas e sociais, todas as antigas culturas tinham cerimônias específicas para fechar um velho ciclo e celebrar o início de outro. Mesmo que nossa cultura e realidade sejam completamente diferentes e estejam distanciadas no tempo e no espaço, nossa memória ancestral guarda os registros dessas celebrações de nossos antepassados e de nossas próprias vidas passadas. Por isso, podemos usar essas informações e lembranças dos antigos rituais e costumes para imprimir e promover mudanças no nosso subconsciente, materializando-as depois no nosso mundo real.

Podemos usar de outra forma, mais moderna e pessoal, a antiga sabedoria ancestral, dedicando o mês de janeiro à renovação da terra, da nossa realidade material, recolhendo-nos e contemplando a colheita no ano que passou, preparando as sementes para os novos planos e projetos.

Ano Novo

O Ano-Novo é uma celebração universal, festejada nas mais diversas formas em várias culturas e tradições.

É a data mais significativa do calendário, uma reencenação da criação do mundo, uma regeneração ritualística. O tempo é abolido e recomeçado, assim como foi no início da criação. A renovação individual acompanha a do ano, permitindo um novo começo, virando a página, um prenúncio de que aquilo que começa bem, acaba bem. Para garantir o sucesso e a abundância, antigamente eram feitos rituais e invocações às divindades, purificando-se e expulsando o mal, pois este momento era propício às interferências das forças negativas e às atuações de seres malignos e de fantasmas.

Segundo o historiador e escritor Mircea Eliade, os rituais essenciais para marcar o fim de um ciclo e o início de um novo eram marcados por purificações, purgações, confissão de erros, expulsão de demônios e exorcismo das forças negativas. Os fogos dos templos e das casas eram apagados, para serem novamente acesos, ritualisticamente. Eram feitas procissões com máscaras e oferendas para os ancestrais, cujos espíritos eram recebidos, alimentados, festejados e depois acompanhados de volta a suas moradas nos cemitérios, lagos ou montanhas. Combates entre forças opostas – o bem e o mal, o velho e o novo – eram encenados. Os festejos eram barulhentos, com sinos, tambores e fogos de artifícios para afastar os resíduos do ano que passou, ritos de fertilidade eram realizados para celebrar as promessas do ano que começava.

Dependendo do país, o início do Ano Novo pode variar, sendo determinado pelo calendário usado – lunar ou solar; pela posição de certas constelações; pelas mudanças das estações – equinócios ou solstícios; por certos acontecimentos naturais cíclicos – enchentes dos rios, início das chuvas ou das colheitas ou pelas épocas propícias para a caça ou a pesca.

No antigo Egito, o início do ano era marcado pelas inundações do Rio Nilo, enquanto que, na Babilônia, a festa da colheita era o momento da transição entre o velho e o novo ano. Na Grécia e na Roma antiga, as datas eram variáveis até

153 a.C, quando primeiro de janeiro foi declarado o começo do ano civil. Na China, a data era – e ainda é – móvel, em função da fase da Lua.

Na Europa antiga, o novo ano começava no equinócio da primavera, marcado pela entrada do Sol no signo de Áries, data mantida até hoje como o início do Ano Zodiacal. Com a adoção do calendário romano, a data foi transferida para 1º de janeiro, dedicando-se este dia ao deus Janus, cujo nome originou o do mês. Esse deus era representado com dois rostos, um olhando para o passado e o outro para o futuro. Por isso, os romanos consideravam esse dia muito favorável para o acerto de contas, reavaliações pessoais – descartando o velho e projetando o novo – e para assumir novos planos, compromissos e relacionamentos.

Para os chineses, o novo ano começa com a primeira lua nova no signo de Aquário. Este dia é considerado o aniversário de todas as pessoas maiores de dezesseis anos e é celebrado com muita alegria e algazarra. Os festejos incluem procissões com sinos, címbalos, tambores e imagens de dragões – para afastar os demônios do azar e da infelicidade – fogos de artifícios, reuniões familiares e rituais para os antepassados. Nas casas, queimam-se as velhas imagens das divindades protetoras dos lares substituindo-as por novas. Tiras de papel vermelho com encantamentos de boa sorte e proteção são colocadas em todos os cantos. As pessoas tomam banho com folhas de laranjeira, vestem roupas e calçados novos e as casas são repintadas e enfeitadas com flores de pêssego, tangerinas e kumquat (mini laranjas) para atrair a sorte. Todas as crianças recebem envelopes vermelhos com dinheiro e uma mensagem de boa sorte.

No Tibet, o ano começa no final do mês e as celebrações incluem um ritual para exorcizar as vibrações negativas do ano passado. Preparam-se imagens de massa de pão para atrair os espíritos maléficos, durante sete dias, essas imagens são reverenciadas, depois levadas para encruzilhadas e abandonadas. Apesar de estranho, esse ritual reconhece a existência das energias negativas acumuladas ao longo do ano e a desintegração com o passar do tempo das imagens que as captaram.

No Japão, o ano começa na primeira lua nova de janeiro, honrando as Sete Divindades da Boa Sorte – Shichi Fukujin – com um festival de três dias chamado San-ga-nichi. Antigamente, construía-se um "barco dos tesouros" (takarabune), que era lançado ao mar com as representações dos deuses, sendo que cada pessoa guardava uma imagem desse barco embaixo do travesseiro para trazer sorte. Nas casas era proibido varrer durante os três dias do festival, e nos altares domésticos eram colocados bolos de arroz de formato esférico para o Sol e para a Lua. As pessoas se vestiam com roupas novas, visitavam seus familiares, trocavam presentes e iam para os templos para deixar oferendas para os ancestrais, festejando depois em suas casas com comidas tradicionais à base de arroz.

No interior do país, os camponeses faziam encantamentos para atrair a fartura das colheitas com um ritual no qual se abria a terra e plantavam-se mudas de arroz, enquanto as pessoas oravam para as divindades. O deus e a deusa do arroz eram homenageados com oferendas de vinho e bolos de arroz; nas casas, colocava-se uma árvore enfeitada com réplicas dos produtos da terra – frutas, grãos e casulos de bicho-da-seda. Pessoas com máscaras grotescas dançavam nos campos para afastar as pragas e os pássaros de rapina.

Na Índia, o ano começa no quinto dia da lua crescente, no signo solar de Makara, correspondente ao signo ocidental de Capricórnio. Honram-se as divindades da abundância e da prosperidade com oferendas de comidas coloridas com açafrão e enfeitadas com flores amarelas. As pessoas vestem roupas amarelas e os chifres do gado são decorados com flores e pintados após os banhos de purificação nos rios sagrados, principalmente os rios Jumna e Ganges.

Na antiga Babilônia, festejava-se a deusa Nanshe com procissões de barcos enfeitados de flores e repletos de oferendas, similares aos festejos atuais de Iemanjá no Brasil. Acendiam-se fogueiras e lamparinas, as famílias vestidas com roupas novas reuniam-se, trocavam presentes e festejavam com comidas tradicionais e vinho. Nos templos havia cerimônias de purificação com fogo, oferendas e libações para as divindades e adivinhações sobre as perspectivas do próximo ano.

Os antigos gregos celebravam, no início do ano, a deusa Hera, a padroeira dos casamentos, com o Festival de Gamelia. Ofereciam-lhe figos cobertos de mel e guirlandas de ouro, invocando suas bênçãos durante os inúmeros casamentos feitos neste dia.

Na Roma antiga, comemorava-se a deusa Anna Perenna com o Festival Strenia, durante o qual se trocavam presentes – chamados Strenea – entre amigos e familiares. Neste dia, faziam-se também oferendas para a deusa Fortuna, invocando suas bênçãos de boa sorte e de prosperidade para todo o ano.

1º de janeiro

Este dia é consagrado às deusas gregas e romanas do destino, às Parcas e Moiras; à Deusa tríplice celta Morrigan; à Deusa-mãe saxã Bertha; aos deuses romanos Janus e Jana e às divindades japonesas protetoras das casas e das famílias, Shichi Fukujin.

Dia dedicado à deusa **Gamelia** – um aspecto da deusa Hera – que traz a boa sorte, principalmente no amor. Antigamente, neste dia, suas estátuas eram lavadas para afastar os azares e eram feitas oferendas de figos e tâmaras para pedir suas bênçãos. Para favorecer a prosperidade ao longo do ano carregue consigo durante o dia uma moeda prateada, no fim do dia mentalize um desejo, coma um figo concentrando-se nele, acenda uma vareta de incenso de canela, invoque a deusa e entregue a moeda em uma água corrente pedindo as bênçãos da deusa Gamelia.

Inspire-se nestas antigas tradições e costumes populares e crie um ritual diferente para invocar e fixar bons influxos e energias positivas para o Novo Ano. Na véspera, limpe sua casa, retirando todos os objetos e roupas que estejam impregnados com lembranças dolorosas ou energias negativas. Purifique-os com incenso ou água com sal grosso, doando-os para os menos favorecidos pela sorte. Lembre-se de que descartando o velho, abre-se espaço para o novo. Toque um sino ou um chocalho por toda a casa para espantar os maus fluidos, varra as paredes, os móveis e o chão com uma vassourinha de galhos de eucalipto para retirar as teias da estagnação. Abra as portas e as janelas e defume todos os quartos com misturas de ervas aromáticas – eucalipto, arruda, guiné, manjericão, sálvia, alecrim e alfazema –, visualize uma chama violeta purificando e transmutando os resíduos do ano que findou.

No dia seguinte, acenda sete velas brancas e sete varetas de incenso de verbena, orando para as divindades da boa sorte. Decore sua casa com flores brancas e faça um pequeno altar com as fotografias de seus antepassados, alguns cristais e um prato com frutas, cereais e trigo. Confeccione um barquinho dos tesouros,

colocando nele sete símbolos que representem para você sorte, prosperidade, saúde, felicidade, criatividade, habilidade e harmonia. Enfeite o barquinho com fitas vermelhas e douradas e alguma imagem de dragão. Escreva uma carta com seus pedidos para o Ano Novo e uma invocação para as deusas do destino e as divindades da boa sorte, pedindo proteção, ajuda e orientação na escolha e na realização de seus objetivos ou intenções. Comemore comendo bolinhos de arroz, maçãs assadas com mel, nozes, passas e uvas. Brinde com sidra, saquê ou vinho tinto para as divindades da boa sorte e para os ancestrais, agradecendo-lhes o legado que deixaram. Ofereça um pouco da comida e da bebida para a terra, perto de uma árvore e guarde o barquinho da sorte em seu altar.

Se você quiser fazer um ritual específico, dedicado a uma deusa determinada ou para algum projeto ou propósito, na véspera do Ano Novo, prepare um pequeno altar com flores, incenso, cristais, frutas e imagens de deusas ou anjos. Pegue uma vela prateada ou passe purpurina em uma vela branca, segure-a entre suas mãos e, sem acendê-la, concentre-se em seus projetos para o novo ano, nas decisões e resoluções que você quer colocar em prática para melhorar sua expressão pessoal e seu relacionamento com o mundo. Projete essas formas-pensamento na vela ou inscreva algumas palavras ou símbolos em sua superfície, com a ajuda de uma agulha virgem.

Quando sentir que a vela absorveu sua energia, unte-a com algumas gotas de essência de jasmim, passando o óleo na vela, do meio para a ponta e depois do meio para baixo, sem encharcá-la. Continue concentrada em seus propósitos durante a unção, magnetizando assim a vela com suas energias mentais e seu desejo. Acenda a vela e eleve-a para o céu, visualizando uma deusa lunar de sua preferência ou a Grande Mãe. Recite a seguir esta invocação mágica:

Dedico esta vela na véspera de um Ano Novo para meu compromisso e minhas resoluções. Tomando a deusa lunar... (pronuncie respeitosamente o nome da deusa) como testemunha, eu (diga seu nome) faço essa promessa para mim mesma. Eu me comprometo a colocar em prática minhas decisões, sem me deixar desviar deste objetivo (cite o objetivo). Prometo não desistir e manter a minha promessa, continuando firme em meu propósito, usando toda minha força de vontade, determinação e perseverança, honrando, assim, a mim mesma. O poder está em mim e, se por acaso ele diminuir, tenho confiança de que invocando os poderes da deusa (repita o nome da deusa), ele aumentará, permitindo-me aprender com as lições do passado, sem cometer os mesmos erros e olhando com fé, confiança e esperança para o Novo Ano.

Coloque a vela de volta em seu lugar e deixe-a queimar até o fim. Jamais apague uma vela dedicada a um propósito, pois dessa maneira, você apaga sua intenção mágica.

Durante o ano, se sentir um enfraquecimento da sua vontade para manter o compromisso, repita esse ritual durante a lua nova, usando a mesma invocação ou outra criada por você mesma.

2 de janeiro

Celebração das **Nornes**, as deusas do destino da mitologia nórdica. Reverencie a anciã Urdh, pedindo que ela lhe ajude a aproveitar as lições do passado, sem precisar repeti-las. À mãe Verdandhi, peça que a oriente em suas opções e decisões e depois invoque também a jovem Skuld para que ela seja benevolente ao traçar seu futuro.

Aniversário da Deusa Inanna, a rainha suméria do Céu e da Terra, irmã gêmea da deusa Ereshkigal, a senhora do mundo subterrâneo e da morte. Essa dualidade simboliza a eterna busca do equilíbrio entre a luz e a sombra, a vida e a morte, o Céu e a Terra. Inanna é uma deusa poderosa; aqueles que receiam o sucesso devem rezar para que ela afaste seus medos.

No Japão, reverenciava-se a deusa Benten, que era invocada para melhora financeira, as mulheres lhe pediam beleza e boa sorte para suas famílias. Ela era representada cavalgando um dragão dourado, tocando uma guitarra, usando joias de ouro e usando serpentes brancas como suas mensageiras. Pode-se pedir para Benten enviar uma mensagem ou presságio através de um oráculo.

3 de janeiro

No Egito, neste dia, reverenciava-se a deusa **Ísis** em seu aspecto de Ísis Panthea ou Ísis todo-abrangente, a senhora da Lua, mãe do Sol e das estrelas, rainha da Terra e de todos os seres vivos, protetora e condutora dos mortos.

Dança da Corça, cerimônia das mulheres dos índios Pueblos dedicada ao aumento da fertilidade. Essa cerimônia incluía danças rituais com máscaras de corças e chifres de cervos, sendo dedicada à Grande Mãe em sua representação como a "Mãe dos Cervos".

Na China, honrava-se a deusa Chin Mu, a rainha do Oeste, cujos pêssegos dourados curavam doenças e garantiam vida eterna àqueles que os recebiam. Tradicionalmente, as mulheres chinesas passavam pelos cômodos das casas carregando vasilhas com vinagre quente para purificar os ambientes, entoando canções e mantras. Para atrair suas bênçãos de saúde, vida longa e boa sorte, faça-lhe uma oferenda de pêssegos e carregue consigo um objeto dourado. Ela era descrita como uma mulher bela, jovem, que vivia num castelo dourado e por isso era chamada de Mãe dourada. No seu aspecto felino, ela ativa as energias yin e favorece as magias. Reverenciar a deusa Chin Mu atrai suas vibrações de saúde, vitalidade, feminilidade e prosperidade que podem ser imantadas numa joia de ouro.

Fim dos festejos japoneses San-ga-nichi, celebrando a deusa da riqueza Tsai Shen com oferendas de peixe e vinho colocadas na frente de suas imagens. Os símbolos de boa sorte relacionados ao culto dessa deusa eram o sapo com três pernas, a caixinha do tesouro onde morava Ho Ho Er Hsien, o Espírito da Fortuna, o morcego e os lingotes de ouro. Para atrair a bênção da deusa Tsai Shen para suas finanças, dedique-lhe um pequeno altar com alguns desses símbolos, velas, moedas untadas com a essência do seu signo, uma posta de peixe frita e um copo de vinho. Visualize a deusa abrindo seu cofre mágico e encaminhando o espírito da fortuna para você.

Comemoração de Santa Geneviève, a padroeira da cidade de Paris, reminiscência de uma antiga celebração da deusa da terra Onuava.

4 de janeiro

Festa de **Kore**, na antiga Grécia, uma manifestação da deusa como virgem ou donzela. Celebrada como a deusa dos campos verdes e dos brotos primaveris, suas estátuas eram adornadas com joias e carregadas sete vezes ao redor das cidades e das casas, pedindo proteção e boa sorte.

Comemoração de Tamar, uma antiga deusa russa, senhora do céu, do tempo e das estações. Segundo a lenda, Tamar era uma eterna virgem que voava pelo céu cavalgando uma serpente dourada. Ela morava em um palácio de pedra, construído por cegonhas e andorinhas e, apesar de virgem, engravidou pelo toque dos raios solares no seu ventre e gerou um ser angelical. Como governante das estações, Tamar aprisionava o mestre dos ventos durante os meses de verão e o liberava para que trouxesse a neve no inverno.

Dia dedicado à deusa grega Calisto, descrita como uma ursa protegendo seus filhotes; ela favorece a conexão com nossos instintos naturais e reforça o amor materno. Seu outro nome era Helic, que significava "galho de salgueiro", e neste aspecto tinha o poder de ajudar com transformações pessoais. Nos mitos, foi transformada por Ártemis na constelação Ursa Maior, enquanto estava grávida com o filho de Zeus, que se tornou assim a Ursa Menor. Calisto oferece proteção e a capacidade de enfrentar dificuldades; para atrair suas energias, use um colar de pedras brancas e guarde uma imagem de ursa ou da constelação Ursa Maior no seu altar.

Na Coreia, o ritual das Sete Estrelas pedia sorte e prosperidade durante o ano com oferendas de arroz e água para as sete divindades da constelação Ursa Maior.

5 de janeiro

Festa de **Befana**, na Itália, reminiscência da antiga celebração da deusa Befana, a anciã, também chamada de La Vecchia ou La Strega, que trazia presentes para as crianças e expulsava os espíritos do mal com muito barulho, cantos e danças para marcar a saída da escuridão do inverno. Ainda hoje, em alguns lugares, costuma-se

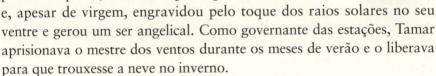

fazer uma boneca de trapos representando uma velha e pendurá-la do lado de fora da casa como proteção. Acreditava-se que os mortos que vinham visitar seus parentes no dia 1º de novembro ficavam até este dia, quando Befana os conduzia de volta às suas moradas. Invoque-a para obter sabedoria e orientação ao longo do ano e ofereça-lhe um punhado de plantas aromáticas colocadas na cozinha. Faça uma varredura da casa com uma vassoura de galhos verdes, fazendo bastante barulho. Passando de um quarto para outro diga: "Befana está aqui, saiam todos os males desta casa". Confeccione uma boneca de pano e a encha com casca de alho e outras ervas protetoras, guardando-a no seu altar ou pendure-a na sua cozinha ou lareira. Invoque a sabedoria de Befana para lhe ajudar nas suas opções e escolhas.

No calendário celta, esta noite é denominada "A décima segunda noite" e assinala o fim dos festejos de Natal (Yule) e o início das atividades interrompidas durante as festividades. O período de doze dias entre o Natal e a Epifania era, antigamente, um tempo de repouso e alegrias. Segundo a tradição, as decorações de Natal devem ser retiradas e guardadas neste dia. Os povos antigos, nesta data, abençoavam a terra e as casas, oferecendo sidra e bolos às árvores frutíferas para atrair a prosperidade das colheitas.

Abençoe e consagre seu espaço, doméstico ou profissional, aspergindo água de fonte ou de chuva, acendendo um incenso feito com mirra, benjoim ou olíbano, orando para seus protetores espirituais e recitando algum mantra ou prece de proteção. Ofereça um pão, sementes e um pouco de sidra para a terra, agradecendo as futuras realizações e aprendizados neste novo ano.

6 de janeiro

No calendário celta, neste dia, celebrava-se a deusa tríplice **Morrigan**, cujas faces eram Ana, Badb e Macha. Essa deusa regia a guerra, a soberania e a morte, sendo invocada com cânticos e oferendas antes das batalhas. Segundo as lendas, ela aparecia antes de cada luta, ora sobrevoando o campo de batalha em forma de corvo, ora vigiando os guerreiros em forma de serpente, ou no final da batalha como

"A lavadeira da vazante", a gigante que lavava as armaduras e roupas manchadas de sangue dos mortos e os ajudava em sua travessia para o mundo subterrâneo.

Epifania, comemoração dos Reis Magos. A Igreja Ortodoxa comemora, neste dia, a Festa das Luzes e o Batismo no Rio Jordão. Os padres ortodoxos benzem as casas, aspergindo água benta com galhos de manjericão. Apesar da baixa temperatura, as pessoas mergulham nos rios para se purificarem.

Na Espanha, as crianças recebem uma parte de seus presentes no Natal e outra neste dia, principalmente aquelas que escreveram cartas para os três Reis Magos; todos se alegram e comem as roscas tradicionais, chamadas "roscon". Em troca dos presentes, as crianças deixam uma oferenda para os Reis Magos: um copo com conhaque, nozes, frutas e um balde de água para seus camelos. As crianças que não se comportaram bem encontram em seus sapatos pedaços de carvão em vez de doces ou brinquedos, ou alguns galhos de aveleira ou goiabeira. Em certas regiões, ainda são feitas procissões em que as pessoas carregam representações dos três Reis Magos para atrair boa sorte. Para garantir sua situação financeira chupe três sementes de romã e três grãos de arroz ou trigo. Guarde-os em sua bolsa, com três folhas de louro e uma moeda dourada, dentro de um saquinho de pano branco de algodão costurado à mão, enquanto mentaliza as bênçãos vindouras.

Celebração de Nehelennia, a deusa celta guardiã dos caminhos. Ela era invocada para proteger as viagens, abrir os portais para o mundo dos sonhos e conduzir o buscador para os mundos interiores.

Na antiga Alexandria, festejava-se o retorno da deusa Kore do mundo subterrâneo, invocando suas bênçãos para a terra e para as mulheres. No antigo calendário Juliano, nesta data começava o Natal. Kore é o aspecto juvenil da Deusa Tríplice que foi raptada por Hades, deus do mundo subterrâneo, e seu retorno simboliza o fim do inverno e o renascimento da natureza. Nesse dia os gregos levavam uma imagem de Kore ao redor do templo por sete vezes, pedindo vitória, proteção e boa sorte. Repita este antigo ritual em sua casa, circulando ao seu redor por sete vezes, levando uma imagem ou um símbolo da deusa, visualizando todos os espaços sendo preenchidos com a luz esbranquiçada da madrugada e afastando assim os resquícios sombrios do ano anterior.

7 de janeiro

Dia de **Sekhmet**, a deusa solar egípcia com cara de leoa, simbolizando o poder destruidor do Sol, enquanto Bast, a deusa solar com cara de gato, representava o poder criador e fertilizador do Sol.

A equivalente sumeriana de Sekhmet era Lamashtu, a filha do Céu, uma deusa com cabeça de leão dotada de intenso poder destruidor, contaminando as crianças com febres e atacando os adultos para beber seu sangue. Para se proteger de sua fúria, as pessoas colocavam amuletos com seu nome acima de todas as portas e janelas das casas.

Na Grécia, honrava-se Arachne, a deusa aranha, que inspira mudanças positivas para o novo ano. Arachne, uma exímia tecelã, desafiou a deusa Atena para um concurso de tecelagem a qual foi vitoriosa, enraivecida, Atena a transformou em uma aranha, porém a dotou de poder mágico para favorecer ou mudar a tessitura da vida dos mortais. Pode pedir para Arachne ajudar a tecer um novo padrão para a sua vida, trançando três cordões ou fios de lã verde enquanto pensa em seus projetos e pede a ajuda da Deusa Aranha. Guarde depois este encantamento em seu altar.

No Japão, celebrava-se o Festival das Sete Ervas, dedicado à cura e aos curadores. Inspire-se nesta data e escolha sete plantas curativas ou aromáticas, usando-as em chás ou banhos para se purificar ou desintoxicar. Celebrava-se também neste dia Izanami, a deusa primordial da terra, criadora da principal ilha do arquipélago japonês.

8 de janeiro

Na Roma antiga, celebrava-se neste dia **Justitia**, a deusa romana da justiça, invocada em todos os juramentos e promessas. Justitia era venerada pelos gregos com o nome de Têmis, a deusa da ética e guardiã da balança da justiça, sendo a conselheira de Zeus em todos os julgamentos e decisões.

A deusa Eileithyia era reverenciada na antiga Grécia como a padroeira dos nascimentos, seu nome significando o "fluido da geração" pelos seus atributos de fertilidade. Ela era parteira dos deuses e mãe de Eos, a força criativa do Universo. Quando suas mãos estavam fechadas, o parto demorava, quando abria os braços, o nascimento acontecia facilmente. Para atrair a fertilidade de Eileithyia pegue um punhado de sementes e visualize quantos são seus objetivos mais importantes. Escolha depois tantas sementes quantos projetos você quer alcançar e imante-as com seus desejos, peça em seguida a benção da deusa e as semeie num vaso ou na terra do seu jardim.

Dia da parteira, na Macedônia e na Grécia, dedicado à deusa Babo ou Baubo. Seu nome significava "ventre" e ela representava o riso e a alegria que sacode o ventre. Baubo era representada como um corpo sem cabeça e membros, seus seios formando os olhos e sua genitália, a boca barbuda. Foi ela quem fez a deusa Deméter rir quando estava triste pela perda de sua filha sendo, por isso, invocada para novamente trazer a alegria nos momentos de tristeza.

Nos países nórdicos, comemorava-se Freyja, a deusa do amor, da fertilidade e da magia.

Neste dia, recolha-se e medite sobre os atos injustos cometidos voluntária ou involuntariamente, elaborando um ritual de perdão para perdoar a si e os outros. Confeccione um talismã para atrair pessoas honestas e acontecimentos justos. Exponha à luz solar, durante oito horas, uma fava de baunilha, quatro hematitas e quatro sementes de girassol. Invoque a deusa Justitia e imante o talismã com estas palavras: "Assim como a luz afasta a sombra, que me seja revelada a desonestidade ao encontrá-la. Que o poder da deusa Justitia prevaleça nos fatos, ações, atitudes e acontecimentos de minha vida".

Enrole os objetos em um pedaço quadrado de tecido de cor púrpura e use o talismã em sua bolsa.

9 de janeiro

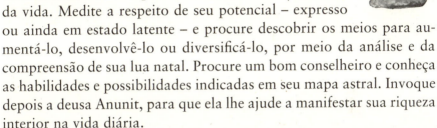

Dia da deusa **Anunit** ou Antu, a padroeira da cidade de Akkad, na Babilônia, antecessora de Ishtar, deusa com a qual foi posteriormente equiparada. Simbolizada por um disco com oito raios, Anunit regia a Lua, ao lado do seu irmão Sin, sendo invocada nas guerras. Em outros mitos, Anatu aparece como a Grande Mãe da Mesopotâmia, criadora da Terra e regente do Céu, mãe da deusa Ishtar.

Conecte-se com o eterno e universal arquétipo da Grande Mãe e de seus poderes criadores e fertilizadores da vida. Medite a respeito de seu potencial – expresso ou ainda em estado latente – e procure descobrir os meios para aumentá-lo, desenvolvê-lo ou diversificá-lo, por meio da análise e da compreensão de sua lua natal. Procure um bom conselheiro e conheça as habilidades e possibilidades indicadas em seu mapa astral. Invoque depois a deusa Anunit, para que ela lhe ajude a manifestar sua riqueza interior na vida diária.

Festa romana Agonia, dedicada ao deus Janus, o deus com dois rostos, padroeiro do mês. A deusa romana Jana era sua consorte e polo complementar – associada com Juno e Diana – e seu nome significava "céu luminoso", pois espalhava sua luz sobre a vida das pessoas melhorando a intuição e a consciência. Ela era invocada antes de qualquer empreendimento e lhe era ofertado vinho, cevada e incenso. Imante as bênçãos de Jana numa moeda prateada, expondo-a a luz da lua e pedindo que a sua luz guie seu caminho. Queime incenso de jasmim e medite visualizando a luz prateada da Lua ativando sua intuição.

10 de janeiro

Início de Carmentália, festival romano dedicado à deusa **Carmenta**, padroeira dos partos e dos recém-nascidos. As mulheres grávidas lhe faziam oferendas de arroz e de pastéis, modelados em forma dos órgãos genitais femininos, orando para ter um parto fácil. Reverenciava-se, também, Mania, o aspecto oculto de Carmenta, a mãe dos fantasmas, confeccionando-se efígies de palha e pendurando-as acima das portas das casas para espantar os maus espíritos e as assombrações.

Na Grécia, celebrava-se Irene ou Eirene, a deusa da paz e da harmonia, filha de Zeus e uma das três Horas que presidiam a paz, a ordem e a justiça. Para comemorar a energia de Irene, procure apaziguar algum conflito ou peça desculpas a alguém que tenha ofendido. Para criar harmonia em seu coração e em sua casa, escreva o nome de Irene junto destas palavras: "Que a ordem sempre prevaleça e que a justiça sempre aja, assim, a paz será estabelecida e mantida". Guarde o papel no seu altar.

Antigamente, nesta data, na Escócia e na Irlanda, celebrava-se o Dia do Arado. As pessoas varriam as ruas com vassouras especiais para retirar os maus fluidos e saiam, depois, para os campos com seus arados, iniciando os trabalhos na lavoura.

Use a sabedoria antiga e pendure uma réstia de alho em sua cozinha, deixando-a até que os seus bulbos ressequem e desapareçam, sinal de que captaram e condensaram todas as energias negativas do ambiente. Defume então sua casa com uma mistura de ervas – casca de alho, folhas de arruda, guiné, eucalipto, pinheiro, sálvia e manjericão – e despache a réstia usada, levando-a para uma mata ou para um lugar com água corrente, substituindo-a depois por uma nova.

11 de janeiro

Dedicado à deusa nórdica **Frigga**, consorte do deus Odin e uma das manifestações da Grande Mãe. Seu emblema era a roca de fiar. O assim chamado, Dia da Roca, era quando as mulheres reiniciavam suas atividades após os festejos de Yule.

Neste dia, celebrava-se também Juturna, a deusa romana das fontes e águas sagradas, padroeira das profecias.

Na Escócia, antigamente, os pescadores faziam um encantamento para afastar os azares e os malefícios. Ao pôr do sol, ateava-se fogo a um barril com piche, deixando-o queimar até amanhecer. Os pedaços carbonizados eram usados depois como amuletos de proteção em suas embarcações.

A deusa celta Banba protegia a terra contra invasores, ela pode ser invocada para proteger nossa casa e nossos bens. Acenda uma vela e peça a presença dela para cuidar de sua casa antes de você viajar.

Sintonize-se com as deusas das águas, ao cair da noite, encha uma vasilha de cerâmica preta com água da fonte. Na falta de cerâmica preta, pinte uma cumbuca de barro. Acenda uma vela branca e apague a luz. Medite, olhando por algum tempo para chama da vela, mas sem fixar a vista. Olhe depois para a superfície da água na cumbuca, procurando perceber formas, símbolos ou imagens. Se nada vir, não desanime. Permaneça em silêncio e de olhos fechados. Formule uma questão ou pergunta e deixe a resposta ou mensagem se formar em sua tela mental, plasmada pelo dom da deusa Juturna. Agradeça e despeje a água na terra, anotando a mensagem e procurando compreender e aplicar as orientações recebidas.

12 de janeiro

Na Índia, comemorações de Besant Panchami, ou Dawat Puja, o Festival de **Sarasvati**, deusa dos rios, das artes e dos escritos, do conhecimento e da criatividade. Diz a lenda que ela era rival de Lakshmi, a deusa da riqueza. Assim, uma pessoa não podia ser abençoada pelas duas deusas, ou seja, não podia ter o talento e também a prosperidade.

Na África, cultua-se Odudua, a Grande Mãe, criadora da vida, senhora da terra e da natureza, regente da fertilidade e do amor.

Neste dia, celebrava-se em Roma a festa de Compitália, louvando os deuses Lares, protetores dos lares e das propriedades.

Procure uma estatueta ou imagem do guardião do seu lar. Dê preferência àquelas confeccionadas em pedra, argila ou madeira. Cerque a imagem com pinhas, galhos de pinheiro ou eucalipto, chifres, ossos ou pelo de animais. Acenda uma vela verde e um incenso de cedro e passe-os por três vezes ao redor da estatueta, no sentido horário. Comunique-se mentalmente com seu guardião e peça-lhe ajuda e proteção para sua casa, seus familiares e seus bens. Apresente o guardião para seu mentor espiritual, pedindo-lhe que o abençoe e aceite para esta missão. Ofereça algo para seu guardião em agradecimento, como comida, moedas, vinho, mel ou cristais.

Caso queira homenagear a deusa Sarasvati e invocar seus dons da expressão fluente e criativa para seu trabalho, limpe sua escrivaninha e seu computador passando um incenso de sândalo sobre eles. Coloque ao lado flores, uma vela amarela e uma imagem da deusa ou, então, escreva com tinta dourada seu nome. Entoe o mantra OM e visualize esta linda deusa irradiando sua luz dourada sobre você e seu local de trabalho. Peça-lhe inspiração, conhecimento, criatividade e sucesso para seus projetos.

13 de janeiro

Dia do Ano-Novo pelo calendário Juliano, festejado ainda em alguns lugares ao norte da Europa como o Festival Wassailing. Reverenciavam-se, neste dia, as "Mulheres Árvores" ou **Bushfrauen**, as guardiãs dos bosques e dos pomares. Elas se apresentavam como mulheres com corpo de árvore, cabelos de folhas verdes e seios volumosos; garantiam as colheitas se as pessoas cuidassem das árvores e as homenageassem.

Neste dia, brindava-se às macieiras com uma bebida quente típica feita com sidra, ovos batidos, maçãs assadas, mel, cravos e gengibre. Agradeciam-se os frutos e pedia-se que elas continuassem a frutificar no próximo ano. Os pedidos eram feitos por meio de invocações, cânticos ou até mesmo dando pancadas nos troncos e galhos para despertar o poder de fertilidade das árvores e chamar a proteção das Bushfrauen. Experimente essa antiga receita e ofereça um pouco para a Mãe Terra, em um jardim perto de uma árvore ou até mesmo em seus vasos de plantas. Medite sobre seu potencial latente e acorde-o, ouvindo a voz de seu coração e buscando novos meios de expressão. Plante uma nova muda em seu jardim e cuide dela como se fizesse parte de você.

Mielikki, deusa finlandesa padroeira da caça e da floresta, que protegia os recursos da terra e trazia fertilidade. Para reverenciá-la pegue um punhado de cereais – arroz, trigo – e leve-os para algum lugar na natureza, ofertando para Mielikki e pedindo que nunca lhe falte comida; guarde alguns grãos para colocá-los com arroz num pote da sua despensa.

Antiga celebração na China de Chang Mu, a deusa protetora das parturientes e dos recém-nascidos, padroeira das mulheres.

Dia consagrado a Tiw, o deus nórdico do céu e a Aegir, padroeiro dos marinheiros e viajantes no mar, esposo da deusa do mar Ran e pai das nove donzelas das ondas.

14 de janeiro

Makara Sankranti, celebração hindu de purificação com banhos no rio Ganges. Celebravam-se as deusas **Rukmini**, Sarasvati e Samnati.

Comemorava-se também Ganga, a protetora do rio Ganges, que representava purificação, bem estar e benevolência. Ela teria vindo para a Terra ao ouvir os gritos das pessoas que morriam pela seca. Dividiu-se em sete rios para poder irrigar todas as regiões da Índia, mas uma parte dela permaneceu no céu como a Via Láctea. Ganga é representada como uma mulher bonita, cavalgando um cavalo marinho e cercada de água. Na Índia, as pessoas se banham no rio Ganges, e entoam mantras e cânticos sagrados, depois vestem roupas amarelas e oferecem às deusas comidas tradicionais feitas com arroz e açafrão, enfeitadas com flores amarelas e pedindo saúde, proteção e perdão pelos seus erros. Para atrair as bênçãos de Ganga use você também uma roupa amarela, um pingente de pedra amarela (citrino), acenda uma vela amarela e coma arroz com colorau ou açafrão. Quando tomar banho, visualize as impurezas de sua aura sendo retiradas pela água e agradeça as bênçãos da deusa Ganga.

Comemoração de Ranu Bai, deusa hindu da água que enchia seu jarro de ouro com as águas de todos os rios e trazia fertilidade para as mulheres. Inspirada pela data procure você também uma cachoeira ou rio e tome um banho de purificação. Na falta, improvise com um banho com sal grosso e ervas do seu signo e imagine uma cachoeira de luz dourada purificando e renovando sua aura. Recite alguma oração ou entoe o mantra OM, conectando-se às deusas e pedindo-lhes harmonia e fertilidade, física ou mental. Ofereça-lhes depois seus agradecimentos e uma oferenda de incenso de sândalo, arroz cozido com açafrão e flores amarelas.

Início do festival dedicado à deusa Carmenta, padroeira do nascimento e da profecia. As mulheres grávidas lhe ofereciam arroz para ter um parto seguro, enquanto aquelas que desejavam engravidar comiam framboesas. Os romanos consideravam este, um excelente dia para fazer predições sobre a gravidez e os recém-nascidos.

15 de janeiro

Fim da Carmentália, cerimônia dedicada à deusa romana **Carmenta**, padroeira dos partos e das profecias. Neste último dia, reverenciavam-se todas as mães com procissões de carruagens enfeitadas de flores, comemorando-se também as ancestrais.

Festival de Vesta, a guardiã do fogo sagrado, da lareira e do centro espiritual da sua casa, suas oferendas tradicionais incluíam pão e sal. Peça a ela para ativar e manter sempre aceso o seu fogo sagrado e acenda uma vela branca pedindo a sua presença em sua casa, entregando depois um pedaço de pão esmigalhado para os pássaros carregarem com as migalhas seus pedidos para a deusa. Festa do Asno, em Roma, honrando o asno da deusa Vesta.

Nos países eslavos, celebravam-se Anapel, a pequena avó, deusa regente da reencarnação e protetora dos recém-nascidos e Ajysyt, a mãe que dá à luz e nutre, deusa que trazia a alma para o feto, ajudava em seu nascimento e registrava seu destino em um grande livro dourado.

Comemoração do Cristo Negro na Guatemala.

16 de janeiro

Celebração da **Mãe do mundo**, a rainha do Universo, na França.

Em Roma, Festival de Concórdia, a deusa da harmonia, celebrando o princípio do relacionamento harmônico. Suas estátuas representavam-na como uma mulher madura, segurando em uma mão uma cornucópia e na outra um galho de oliveira.

Homenageava-se Ino, a filha de Harmonia, antiga deusa dos cultos agrícolas na Grécia pré-helênica, transformada em Leucothea, a deusa do mar.

Celebração de Sengen Sana, a deusa japonesa do crescimento, que mora no Monte Fujiyama. Invoque-a quando você precisa ver sua vida de maneira mais clara ou por uma nova perspectiva. De acordo com a tradição, esta deusa faz as cerejeiras florescerem, assim como ela pode trazer para nossas vidas as flores da maturidade. No Japão, neste dia se comemora a maioridade; os jovens se vestem com roupas novas para marcar esta transição e celebram com a sua comunidade.

Festival hindu de Ganesha, o deus-elefante filho da deusa Parvati.

Festa do deus indonésio do fogo Betoro Bromo, honrado pelos monges budistas no Monte Bromo com oferendas de flores e alimentos jogados na cratera do vulcão, onde se acredita que o deus mora.

17 de janeiro

Na Grécia, comemoração da deusa **Atena** em seu aspecto de guerreira. Atena foi eleita padroeira da cidade de Atenas em uma competição com o deus Poseidon, quando o deus ofereceu ao povo as ondas do mar e Atena plantou a oliveira, presente que foi bem mais útil. O mito original descreve Atena como uma antiga deusa minoana, guardiã da terra e da família, a quem foram acrescentadas as características guerreiras da deusa Pallas, trazida posteriormente pelas tribos gregas.

Celebração da deusa teutônica Gunnlod, a guardiã do hidromel da sabedoria. Ela é descrita como uma giganta, que vigia o caldeirão da bebida mágica. Para obter inspiração, criatividade e bem estar, peça-lhe que lhe permita beber do hidromel sagrado. Faça um brinde para ela e ofereça-lhe uma taça de cidra ou de suco de maçã com mel, tomando primeiro três goles e levando o restante para as raízes de uma árvore frutífera. Na tradição anglo-saxã, celebrava-se neste dia o Festival Wassail, quando os fazendeiros ofereciam cidra às macieiras para aumentar sua fertilidade.

Em Roma, celebrava-se Felicitas, a deusa da boa sorte e da felicidade, equivalente à deusa grega Eutychia.

Comemoração da deusa das montanhas Tacoma, reverenciada pelos índios Salish, Yakima e outros. Segundo as lendas, Tacoma era uma mulher grande e gorda, que comia tudo que estava ao seu alcance. Um dia, seu corpo não aguentou e estourou, ficando petrificado e transformando-se no Monte Rainier, um local sagrado para as tribos nativas, que vão para lá em busca da visão sagrada.

No México, neste dia, benzem-se os animais.

18 de janeiro

Antiga celebração de **Shapash**, a deusa hitita do Sol e da luz do dia. Chamada de "a tocha dos deuses", Shapash era uma deusa solar abrangente. Associada ao deus solar Baal, ela regia a fertilidade; em parceria com Mot, o deus da morte, ela destruía as colheitas e queimava a terra. Outro aspecto dessa deusa era Wurusemu, venerada na cidade de Arinna e consorte do deus do tempo Taru.

Festival australiano da deusa Nungeena, que restabeleceu a beleza do mundo depois da sua destruição pelos espíritos malignos. Invoque-a para lhe ajudar quando você perceber que um projeto seu está sendo prejudicado pela negatividade ou maldade. Ofereça-lhe algumas sementes e leve comida e roupas para uma organização de caridade. Na Austrália, neste dia, celebram-se as artes com o Festival de Perth, que promove os talentos locais de dança, mímica, ópera, música e competições esportivas.

Festival hindu do Sol, homenageando o deus e a deusa Surya, divindades solares regentes da luz.

Homenageava-se também Usas, deusa da Alvorada, mãe das estrelas matutinas, que anunciavam sua chegada em uma carruagem puxada por vacas vermelhas.

Na China, reverencia-se o deus do lar Zao Jun com orações e oferendas de bolos de arroz doce. Neste dia, joga-se feijão nos telhados para atrair a boa sorte, pendurando-se nas casas imagens novas do deus, queimando-se as antigas.

19 de janeiro

Pongal, festival hindu venerando Jagaddhatri, a deusa da primavera; **Rati**, a esposa de Kama, deus do amor, e Lakshmi, a deusa da fortuna e da prosperidade. As mulheres vestiam roupas amarelas e preparava-se o pongal, arroz cozido no leite. Os homens entoavam a canção sagrada Vasant Rag e tocavam cítaras e flautas. As casas eram decoradas com flores e fitas, o gado lavado com água de açafrão, enfeitado com guirlandas de flores e alimentado com frutas e bolos.

As pessoas trocavam presentes entre si e festejavam depois, de forma alegre e ruidosa.

Festival da deusa Kupala, a guardiã eslava da primavera e da água, a quem se pedia purificação, felicidade e longevidade. Ela tinha também um aspecto ígneo, que favorecia a purificação, proteção e transformação. Leve algumas flores para algum rio ou riacho e ofereça-as à deusa, expressando um desejo para conseguir algo que vai lhe fazer feliz e peça à Kupala que realize seu desejo. Para se livrar de energias negativas ou doenças, faça uma pequena fogueira e pule sobre ela pedindo à Kupala que queime todas as vibrações negativas e que traga novas energias para sua vida.

Festival Thorrablottar, dedicado ao deus nórdico Thor, regente do céu, dos raios e dos trovões. Atualmente, essa festa ainda é preservada pelas pessoas mais idosas, que pedem proteção contra as tempestades. A mãe de Thor era a deusa Jord, a forte e protetora Mãe Ursa, representando a terra não cultivada em sua forma primordial. Nos demais países escandinavos, além de Jord, ela também era conhecida por Fjorgyn, Hlodyn ou Ertha.

20 de janeiro

Festa de Santa Inês ou **Santa Agnes**, modernização da antiga festa da deusa Yngona, a versão dinamarquesa de Anna ou Danu, a Grande Mãe dos celtas. É um dia propício para os encantamentos, divinação e a preparação de poções e elixires de amor.

No Brasil, celebra-se o Orixá Oxóssi, o deus iorubano da mata e dos caçadores, representado na umbanda por manifestações de espíritos de caboclos e caboclas.

Nas lendas indígenas, mencionam-se Jarina e Jurema, deusas das árvores cujos nomes e qualidades foram adotados pelas respectivas caboclas. Da árvore de jurema, preparava-se uma bebida alucinógena, ingerida pelas cunhãs – profetisas – para induzir visões por meio de transes.

Aproveite a egrégora do dia e vá para uma mata. Saúde os guardiões e revitalize seus centros energéticos, entrando em conexão com o poder restaurador das árvores e do prana. Abrace uma árvore, faça alguns exercícios respiratórios, visualize a energia verde das plantas limpando sua aura e fortalecendo sua saúde. Reverencie todos os seres da natureza, ofertando-lhes alguns frutos, flores e vinho. Queime um pouco de fumo, enviando suas orações por meio da fumaça.

21 de janeiro

Dia Universal da Religião, honrando todos os caminhos e práticas espirituais.

Celebração de **Baba Yaga** ou Jedza, nos países eslavos. Baba Yaga era uma deusa anciã, representada como uma mulher enorme, velha, de cabelos desgrenhados e com pés e bico de ave. Ela construía sua casa com as ossadas dos mortos, andando sempre acompanhada por uma serpente. Essa simbologia, utilizada de forma pejorativa pela Igreja Católica para descrever as bruxas, sintetizava, na verdade, a ideia da morte e da reencarnação, os ossos dos mortos servindo para construir uma nova casa. A mulher velha era o aspecto de anciã da Grande Mãe, estando o poder de transmutação da Lua Negra representado na figura da serpente.

A lenda de Baba Yaga ou Baba Den sobreviveu nas famosas bonecas russas de encaixar – as matrioshkas – e nos bordados dos trajes típicos. A matrioshka representa a deusa, que dá e tira a vida, parindo e recebendo de volta em seu ventre suas numerosas filhas.

Dia dedicado às anciãs, às avós e às práticas de purificação. Honre a face anciã da Deusa, fazendo uma gentileza ou dando um presente para uma mulher idosa. Se preferir, participe de um culto aos antepassados. Adquira uma matrioshka e coloque-a em seu altar como representante da Grande Mãe, doadora da vida e da morte, ou da Anciã Baba Yaga.

22 de janeiro

Festa de **Mawu**, a deusa-mãe em Dahomey, na África, a criadora da Terra e dos seres humanos, senhora da Lua, da noite e do amor.

Celebração de Auchimalgen, a deusa da Lua de Chile, protetora contra os males e os infortúnios; seu marido é o Sol que abençoa a Terra com sua luz, enquanto ela ilumina a escuridão e traz a inspiração. Nesse dia agradeça

pelas bênçãos recebidas e faça uma oferenda: flores de jasmim, coco ralado e incenso de lavanda para atrair as bênçãos e a proteção das deusas.

Festival das Musas, honrando as deusas da poesia, da arte, da música e da dança.

Comemoração da deusa canaanita Asherah, a rainha do Céu, reverenciada por meio das árvores. A modernização dessa celebração é o Festival Judeu das Árvores, Tu B'Shivath. As pessoas plantam árvores e abençoam os jardins.

Perto de uma árvore, faça uma oferenda de cereais, pão, flores ou frutas à Grande Mãe. Peça-lhe que abençoe sua vida com saúde, fartura, realizações e harmonia. Abrace a árvore e sinta-se protegida, abençoada e amada pela própria Mãe divina. Modele, depois, com argila um símbolo ou uma representação da Mãe criadora da vida e de todas suas manifestações.

Procissão de Nosso Senhor do Bonfim e lavagem das escadarias da Igreja, considerada a mais importante das comemorações do Largo de Salvador. O cortejo acontece na segunda quinta-feira após o dia de Reis (seis de janeiro) e os festejos religiosos (novena) encerram no domingo após a lavagem. Fogos de artifícios anunciam o início da procissão. O cortejo tem a presença de baianas e fiéis vestidos de branco, que caminham desde a Igreja de Nossa Senhora da Conceição da Praia até o adro do Bonfim. No percurso, as baianas carregam água de cheiro, jarros de flores e vassouras. Carroças enfeitadas conduzem os devotos em um percurso de aproximadamente oito quilômetros. Ao chegar, as baianas lavam as escadarias e o adro da Igreja de Nosso Senhor do Bonfim com água perfumada e jogam a água sobre as cabeças de pessoas que buscam neste banho a purificação do corpo e da alma.

23 de janeiro

No Egito, celebração da deusa lunar **Hathor**, reverenciada com oferendas de leite, flores e cânticos às margens do Rio Nilo. Hathor era a deusa da beleza, do amor e da arte. Era representada adornada com o globo lunar e com chifres de vaca. Por isso, a vaca e seu leite eram considerados sagrados, assim como na Índia. A lenda relata como Hathor, na forma de vaca, gerou o mundo inteiro e o próprio Sol, o deus Ra. Hathor cuidava dos mortos quando eles chegavam ao mundo subterrâneo, amamentando-os com seu leite.

Dança do Búfalo na tribo norte-americana Comanche. Oito dançarinos, vestidos com pele de búfalo e pintados com tinta vermelha, branca e preta, imitam os movimentos dos búfalos, marcando o compasso com chocalhos e batidas de tambor. Outros dois dançarinos vestidos com peles de ursos representam os animais predadores, que devem ser afastados das manadas. Os anciãos da tribo recitam orações para invocar a fartura e afastar os azares, invocando a bênção da Mulher Búfala Branca.

Homenageie Hathor e a Mulher Búfala Branca – que trouxe aos índios a cerimônia do Cachimbo Sagrado e da Dança do Sol – oferecendo-lhes leite e diminuindo ou abolindo a carne de vaca de sua alimentação.

Os essênios celebravam a Mãe Terra e seguiam suas leis para viver em harmonia. Ela era personificada por quatro anjos correspondendo aos elementos e mais duas companheiras chamadas Alegria e Vida, todas ajudando a Mãe Terra para abençoar e proteger as pessoas. Se você puder, plante uma árvore ou uma planta para retribuir simbolicamente à Mãe Terra pelas suas dádivas. Medite e sinta-se abençoada e grata por tudo que a nutre e enriquece a sua vida. Procure uma pedra da natureza que atraiu a sua atenção e guarde-a em seu bolso como uma conexão com a Mãe Terra, para lembrar que a Terra é um ser vivo e sagrado que nos abençoa diariamente.

Comemoração na Irlanda de Banba, uma antiga deusa celta da vida e da morte que, ao lado de Eire e Fotla, formava a tríade das deusas ancestrais regentes deste país.

24 de janeiro

Celebração de Bisal Mariamna na Índia, a deusa da luz solar. Ela era representada por uma **bacia de cobre**, cheia de água e flores, em cuja superfície a luz solar refletia com a ajuda de um espelho de metal dourado.

Bênção das Velas, na Hungria, cerimônia de purificação dedicada à deusa do fogo Ponyke. Celebra-se a luz, iluminando e purificando as energias escuras dos ambientes e das pessoas.

Na tradição nativa Algonquim era celebrada a Avó Nokomis que fornecia aos homens a nutrição em tempo de necessidade. Quando as pessoas estavam famintas, Nokomis

providenciava comida e lhes oferecia a força do seu espírito, para que continuassem o ciclo da vida. Para atrair as bênçãos de prosperidade de Nokomis, ofereça-lhe três espigas de milho e guarde alguns grãos de milho em sua carteira.

Aproveite a data para consagrar suas velas. Medite sobre os Sete Raios e as divindades a eles relacionadas. Acenda uma vela na cor correspondente a seu raio preferido e percorra todos os quartos, orando e invocando a Luz Maior para purificar e abençoar sua casa, afugentando as sombras.

25 de janeiro

Disting, importante dia no calendário rúnico dedicado às **Disir**, deusas nórdicas ancestrais protetoras das famílias, acompanhantes da deusa do destino Urdh.

Na mitologia eslava, as deusas do destino se chamam Rodjenice ou Rozdenici e, da mesma forma que as Parcas gregas, acompanhavam todos os nascimentos, tecendo, medindo e cortando o fio da vida. Para atrair suas bênçãos aos recém-nascidos, elas deveriam receber uma parte da comida da festa de batizado. Antigamente, as mães enterravam a placenta de seus filhos sob uma árvore frutífera, invocando essas deusas para protegerem-nos.

Na Indochina, celebrava-se a "Mãe das dez mil coisas" que representava o fluxo do Universo que sempre muda, mas continua o mesmo. Apele a ela quando você se sente sobrecarregada pelas múltiplas atribuições e coisas da sua vida. Escolha um objeto que você associa com boa sorte, proteção ou sucesso numa área da sua vida onde precise de ajuda. Eleve o objeto para o céu e peça à Mãe que o imante com as suas energias positivas, para atrair assim as bênçãos dela para a sua vida.

Festival vietnamita Tet, invocando as bênçãos das divindades e dos ancestrais com orações e oferendas, afastando as energias negativas e os espíritos maléficos com assobios, sinos e tambores. Comer arroz neste dia atrai o espírito da prosperidade.

26 de janeiro

Festival de **Ekeko,** o deus da abundância dos índios Aymara e de Mama Allpa, a deusa peruana da terra e da riqueza. Neste dia, troque os saquinhos de mantimentos do seu boneco Ekeko. Coloque um cigarro aceso em sua boca, ofereça um pouco de cada mantimento para a Mãe Terra, invocando sua proteção e abundância no decorrer do ano. Como gratidão, leve alguns alimentos para um orfanato ou asilo.

Comemoração de Omamama, a deusa ancestral da tribo nativa norte-americana Cree. Apesar de tão velha quanto à própria Terra, Omamama era extremamente bonita e muito amorosa com seus filhos, as divindades e os espíritos da natureza. Seu primogênito era o pássaro do trovão, os outros eram o bruxo sapo, o lobo e o castor. Depois de tê-los gerado, pedras e plantas começaram a cair de seu volumoso ventre, até formar a Terra, da maneira que é conhecida hoje.

Celebração da deusa budista da China Jun Ti, que mora na Estrela Polar, ao redor da qual tudo gira, incluindo o destino individual. Ela tem três olhos para discernimento e sabedoria, dezoito braços segurando armas para proteger seu povo e uma cabeça de dragão, que simboliza seu poder e sabedoria. Para atrair sua assistência use as cores, prateado e dourado; branco e amarelo; as cores da Lua e do Sol. Ofereça-lhe um copo de leite e um suco de laranja. Os chineses comem neste dia pratos com arroz para atrair fertilidade e vida longa, enquanto usam alguma roupa nova nas cores da Jun Ti e honram seus ancestrais. O auge das festividades é um desfile de dragões, que são associados com o conhecimento mágico tradicional.

Celebração de Cernunnos, o deus celta da fertilidade, senhor dos animais e da vegetação. Os sacerdotes vestiam mantos de peles, usavam adornos com chifres e tomavam uma bebida feita com o "veludo" das pontas dos chifres dos cervos, que tinha efeitos afrodisíacos e o poder de provocar visões. Aproveite a energia deste dia e conecte-se ao seu animal de poder ou às forças e espíritos da natureza.

27 de janeiro

Celebração romana de Sementivae Feria, dedicada às deusas dos grãos e da colheita **Deméter**, Ceres, Cibele e Gaia. Paganalia, celebrações romanas para Tellus Mater, a Mãe Terra.

Ceres, a deusa romana dos cereais nos lembra da necessidade de cuidar da terra e da nossa semeadura. Para honrá-la, alimente-se neste dia com cereais, cuide das suas plantas se as tiver ou coloque sementes de trigo para germinar e depois preparar dos brotos, um suco verde ou uma salada.

Medite a respeito de seu potencial não desenvolvido, pense nele como uma semente, esperando preparativos e auxílios para germinar e frutificar. Invoque as bênçãos de Ceres para seus projetos e ofereça-lhe um punhado de sementes.

Comemoração de Ishtar na Babilônia, a deusa do amor e da fertilidade, adaptação da deusa suméria Inanna, sendo seus mitos e atributos muito semelhantes. Ishtar foi assemelhada à deusa lunar fenícia Astarte, seus mitos e imagens confundindo-se muitas vezes.

Os povos pré-colombianos celebravam, neste dia, Huitaca e Si, as deusas da Lua e da magia. No Brasil, os índios tupi-guarani veneravam Yacy como a lua cheia e mãe da natureza.

28 de janeiro

Dia dedicado à deusa **Pele**, a padroeira do Havaí, guardiã do fogo vulcânico. Sua presença ainda é extremamente marcante na história de seu povo, tanto como culto quanto em suas manifestações vulcânicas permanentes. São comuns as oferendas de flores, cigarros, bebidas e joias nas crateras do vulcão Kilauea, sua morada, bem como suas aparições como uma linda mulher pedindo carona ou cigarros para os turistas desavisados nas noites de lua cheia, desaparecendo depois misteriosamente.

Nos países nórdicos era celebrada a deusa Fulla, uma das acompanhantes de Frigga, que guardava suas joias em uma cesta dourada e cujo longo e dourado cabelo representava suas bênçãos de plenitude. Invoque suas bênçãos ofertando-lhe uma mecha do seu próprio cabelo.

Up Helly Aa, festival escocês do fogo, celebrando a luz e o Sol. Neste dia, purificavam-se as casas com tochas, honravam-se as divindades com fogueiras e oferendas e pediam-se bênçãos para o Ano Novo. Acenda algumas velas amarelas nos quartos, sala e cozinha e peça para que a luz delas afaste as sombras e as energias negativas.

Na China antiga, peregrinação ao altar de Tsai Chen, a deusa da fortuna, para abençoar os símbolos da boa sorte, como o sapo, o morcego, as moedas e a caixinha da prosperidade. Adquira alguma imagem ou estatueta representando um destes símbolos e coloque-a em seu altar ou use o "sapinho da sorte" na bolsa.

29 de janeiro

Ano-Novo vietnamita, celebrado com a Parada dos **Unicórnios**, símbolos da força e da vida. Segundo o historiador Robert Graves, o chifre do unicórnio representa "o polo que alcança o zénite", tendo sido, por isso, sempre considerado um símbolo fálico por excelência. Embora tenha sido comprovada sua existência física na Índia e na África, o unicórnio passou a ser considerado um animal mítico e mágico, usado na heráldica, nas inscrições egípcias, nas lendas orientais e medievais e nos rituais mágicos.

Celebração de Concórdia, a deusa romana da paz e harmonia domésticas. Neste dia, eram purificadas as casas e harmonizados os relacionamentos familiares. Reúna sua família, procurando resolver alguns mal entendidos, apaziguando os ânimos ou reforçando a harmonia e a paz familiar. Faça o "jogo da verdade" para lavar as roupas sujas, depois, com todos juntos de mãos dadas, visualizem a luz rosa do amor abrindo e unindo os corações.

Celebração de Hebe, a jovem deusa da primavera que servia ambrosia e néctar às divindades do Olimpo, garantindo, assim, sua eterna juventude. Hebe representava o aspecto jovem, de donzela, da deusa Hera. Com o advento dos mitos patriarcais, Hebe foi diminuída a uma simples mortal, sendo substituída no Olimpo pelo jovem Ganymede, o favorito de Zeus.

Celebração da "Mulher Aranha", a tecelã dos nativos norte-americanos que tece os destinos e os encantamentos mágicos. Use um filtro dos sonhos para homenageá-la e peça a ela que lhe transmita durante seus sonhos orientações e conselhos, para saber como se proteger e progredir melhor.

30 de janeiro

Festival romano da paz, comemorando as deusas **Pax** e Salus com procissões e orações em prol da paz. Pax nos incentiva para preservarmos a harmonia na nossa família e comunidade.

Celebrações em Roma das deusas da cura Anceta e Angitia, cujas ervas sagradas e encantamentos curavam as febres e os envenenamentos por picadas de cobras.

Celebração no Egito dos poderes curativos da deusa Ísis.

Festa de Nossa Senhora das Águas, comemoração mexicana de purificação pelas águas, derivada das antigas celebrações das deusas das águas Ahuie, Atlatona, Matlalcuye e Tatei Haramara.

Sintonize-se com a egrégora da paz vista uma roupa branca, acenda uma vela branca, orando pela paz interior, familiar, coletiva, planetária e universal e ofereça folhas de oliveira para a deusa Pax. Assuma um compromisso para atuar como representante da deusa da paz e contribuir em algum projeto comunitário.

Invoque depois as deusas das águas, pedindo-lhes que preservem a pureza da água dos rios e dos mares, apesar da poluição causada pelos seres humanos.

31 de janeiro

Celebração da deusa **Maile**, a cheirosa, no Havaí e na Polinésia. Representada como duas ou quatro irmãs, simbolizando suas várias qualidades, Maile era a deusa da murta, uma trepadeira com flores cheirosas. Ela regia a Hula, a dança sagrada, a alegria e o poder sedutor das mulheres. A murta (ou mirto) era usada para adornar os templos, acredita-se que ela tem o próprio cheiro da deusa.

Dia dedicado às Valquírias, as deusas guerreiras da mitologia nórdica que recolhiam as almas dos guerreiros mortos em combate. Acreditava-se que a aurora boreal, o Sol da meia-noite dos países nórdicos, era a luz refletida pelos escudos das Valquírias ao levarem as almas para Valhalla, o templo dos deuses.

Reverenciava-se também a deusa Hlin, a padroeira das mulheres fragilizadas, fisicamente ou emocionalmente, que ela protegia e defendia dos perseguidores ou aproveitadores.

No vale de Katmandu, no Nepal, celebra-se neste dia Sarasvati, a deusa do conhecimento, da eloquência e da educação, com oferendas de flores, frutos, incensos e velas. Na tradição hindu foi Sarasvati que inventou a escrita, as artes e as ciências. Ela era descrita como uma linda e graciosa mulher, montando um cisne e flutuando sobre a água ou sentada sobre uma flor de lótus. As oferendas tradicionais para ela incluíam flores brancas e amarelas, incenso e frutas deixadas perto de uma corrente de água. Os fiéis levavam para seus templos livros de estudo ou símbolos dos seus trabalhos para que fossem abençoados.

Na China, comemora-se Kwan Yin, a deusa da compaixão e misericórdia.

Celebração de Hécate, a deusa grega da noite, da lua minguante e das encruzilhadas, senhora do mundo subterrâneo e dos mortos.

De acordo com seu estado de espírito, sintonia ou necessidade, conecte-se a uma destas deusas e invoque seus atributos e qualidades para sua vida. Silencie sua mente, abra sua percepção e deixe sua intuição guiar você para criar um ritual ou cerimônia pessoal, indo ao encontro da deusa escolhida.

FEVEREIRO

Alguns escritores consideram o nome deste mês derivado do nome do deus romano Februus, posteriormente identificado como Plutão. Fontes mais antigas, no entanto, citam a deusa Februa como a padroeira do mês. Februa era a deusa da "febre do amor e da paixão", tendo sido mais tarde adaptada para um dos aspectos da deusa Juno. Seus ritos orgásticos (que incluíam orgias) persistiram ao longo dos tempos, tendo sido transformados na comemoração cristã de São Valentim, quando na Europa e nos Estados Unidos, amigos e namorados trocam entre si bilhetes em forma de coração e presentes.

O nome celta deste mês é Feabhra e o anglo-saxão, Solmonath, assinalando o retorno da luz após a escuridão do inverno. No calendário sagrado druídico, a este mês é atribuída a letra Saille do alfabeto oghâmico (Ogham ou alfabeto das árvores, é de origem celta e usado como oráculo) sendo o salgueiro a árvore correspondente.

O lema do mês é: busque o equilíbrio em sua vida, mesmo se passar por experiências dolorosas. A pedra é a ametista e as deusas regentes são Brigid, Juno Februa, Afrodite, Selene, Diana, Carista, Higeia e as deusas da Terra.

Nas tradições dos povos nativos, os nomes deste mês retratam ou os rigores climáticos do Hemisfério Norte – Lua da neve, Lua da tempestade, Lua da fome, Lua selvagem – ou as antigas práticas de purificação espiritual – Lua vermelha da limpeza, mês da purificação.

Fevereiro é o mês mais curto do ano. Segundo uma lenda, perdeu um dia em favor de agosto. Inicialmente, os meses alternavam entre trinta e trinta e dois dias, mas em algum momento isso foi alterado e o mês perdeu dois dias em relação aos outros, exceto nos anos bissextos.

Na antiga Grécia, celebravam-se neste mês os Mistérios Menores de Elêusis, com o retorno da deusa Kore do mundo subterrâneo e o despertar da natureza. Celebrava-se também, durante a lua cheia, o Festival da deusa Afrodite.

Em Roma, os festivais de Parentália e Ferália louvavam os ancestrais, o de Lupercália promovia rituais de purificação e fertilidade, o de Terminália reforçava a proteção das propriedades, enquanto o de Concórdia celebrava a paz e a harmonia entre as pessoas. Comemorava-se também Diana, a deusa da Lua e das florestas.

Na lua cheia, comemorava-se, na China, Kwan Yin, a deusa da compaixão e misericórdia, enquanto que na Índia, na lua crescente, celebrava-se a deusa Sarasvati e no Japão, a deusa solar Amaterassu, com o Festival das Lanternas Setsu-Bun-O.

O povo inca tinha o "festival do grande amadurecimento", chamado Hatun Pucuy. Os judeus celebram até hoje o Purim, festival dedicado à rainha Ester, que salvou o povo hebraico de um massacre. As famílias vão à sinagoga e depois festejam com comidas tradicionais. As crianças se vestem com fantasias e encenam várias peças de teatro, trocando depois presentes entre si.

Fevereiro é um mês propício tanto às reconfirmações do caminho espiritual quanto às iniciações, dedicando sua devoção a uma divindade com a qual você tenha afinidade.

Antes de preparar qualquer cerimônia ou ritual, recomenda-se a purificação do ambiente (casa, propriedade, carro ou local de trabalho), uma desintoxicação física e uma limpeza espiritual pessoal. A purificação muda os campos energéticos, removendo as energias mais densas e pesadas e abre espaço para as energias benéficas e renovadoras. Preparam-se, assim, tanto os ambientes como o corpo, a mente e o espírito para novos aprendizados, novas vivências e novas realizações.

Na tradição da deusa e na Wicca, o Sabbat Imbolc ou Candlemas, celebra a deusa tríplice Brighid, "a senhora do fogo criador, das artes e da magia". É uma data favorável às iniciações e renovações dos compromissos espirituais, bem como para purificações ritualísticas, práticas oraculares e cerimônias com fogo.

1º de fevereiro

Celebração da deusa tríplice celta **Brighid**, Bridhe ou Brigid, a deusa do fogo criador e da inspiração, senhora das artes, da poesia, da cura, das profecias e da magia. É uma data importante no calendário celta, um dos oito Sabbats do ano, originariamente chamado de Imbolc ou Candlemas e, posteriormente, cristianizado como Candelária, a festa de purificação de Maria.

Atualmente, na Irlanda, as donas de casa se reúnem para festejar o Dia das Mulheres, presenteando-se e compartilhando de grandes almoços, com muita alegria e algazarra.

Na Grécia Antiga, começavam neste dia os Mistérios Eleusínios Menores, celebrando o retorno da deusa Perséfone do mundo subterrâneo. Homenageava-se também a deusa Héstia, limpando ou renovando as lareiras, reacendendo a chama sagrada e pedindo sua bênção para as famílias e os lares.

Na Polônia, antigamente, celebrava-se a deusa Perkune Tete, a mãe dos trovões, cristianizada como Nossa Senhora de Gromniczna e festejada com procissões de velas.

Data importante na tradição da deusa e na Wicca, dedicada às iniciações dos novos adeptos e às confirmações de compromisso dos antigos.

Celebre esta data acendendo uma vela dourada, laranja ou amarela, pedindo a Brighid que desperte ou reavive seu fogo interior, abrindo seu coração para que ela desperte o seu fogo criador. Diga: *Venha, Brighid, faça do meu coração a sua morada*. Medite sobre aqueles aspectos de sua vida que precisam de renovação ou sobre novos projetos e compromissos. Consagre o seu caldeirão visualizando a chama tríplice de Brigid preenchendo o recipiente, que servirá para queimas de energias negativas, mas também para conter bebidas mágicas e infusões de plantas. Ofereça à deusa os frutos de seu trabalho: pode ser um poema, uma canção, uma escultura ou pintura. Por ser dezenove, o seu número sagrado, poderá acender as tantas velas nas suas cores sagradas, incluindo a verde, antes de iniciar qualquer atividade criativa, artística, de cura, fertilidade, renovação, ritual com fogo ou consulta aos oráculos. Medite um tempo em silêncio e depois peça para Brigid as suas bênçãos de inspiração, energia vital e cura.

2 de fevereiro

Festa da Mãe d'Água na mitologia ioruba, celebrada no Brasil como **Iemanjá**, no Caribe como Emanjá e em Cuba como Yemoyá. Considerada a Mãe de todos os orixás, Iemanjá era, originariamente, uma deusa lunar, padroeira dos rios e do mar, protetora das mulheres e das crianças. Em Salvador, Iemanjá é festejada como Nossa Senhora dos Navegantes, com procissões de barcos levando presentes e flores para a rainha do mar. Entre os tupis-guaranis, era Yara, a sereia, a divindade reverenciada como a Mãe d'Água.

No Peru, a mais antiga das divindades é Mama Cocha, a Mãe do mar, reverenciada não somente pelos incas, mas por todas as tribos da costa oeste da América do Sul como a senhora dos peixes.

Festival romano dedicado a Juno Februa, a deusa padroeira do mês. Juno Februa era a deusa da purificação, ajudando na encarnação da alma e afastando os espíritos maléficos no momento do nascimento.

Comemoração da deusa romana Prosérpina e da grega Perséfone, indicando um tempo de iluminação e afastamento das energias da escuridão.

Celebrações celtas de Candlemas com procissões de tochas, para purificar os campos e invocar as divindades da agricultura com oferendas de sementes.

Dia propício para limpar seu altar, varrer seu espaço espiritualmente, queimando cânfora e plantas sagradas secas, acendendo uma tocha ou uma lamparina. Ofereça grãos e sementes e conecte-se à sua deusa interior, à matriarca da lunação e aos seus aliados espirituais, pedindo suas bênçãos, proteção e ajuda.

3 de fevereiro

Celebração da deusa irlandesa **Brigantia**, a Grande Mãe tríplice dos Brigantes, (um ramo dos celtas) padroeira de vários rios. Venerada como o poder da lua nova, da primavera, da água corrente e das colinas verdes, representada pelo "olho que tudo vê". Em outras lendas, Brigantia aparece como uma deusa solar, cujo sopro protegia os homens, prolongando sua vida.

Na Irlanda, neste dia, colocavam-se "cruzes solares" de proteção acima das portas e janelas. Feitas de palha, elas representavam o olhar protetor da deusa, vigiando e afastando o mal e os infortúnios. Abençoavam-se também as crianças, principalmente suas gargantas, colocando fitas verdes ao redor de seus pescoços, dando vários nós enquanto o nome da deusa era pronunciado com uma oração de proteção.

Fim dos Mistérios Menores de Elêusis, com celebrações para as deusas Deméter e Perséfone e rituais de fertilidade da terra, destinados a ativar o poder de germinação e o desabrochar da natureza, com a chegada próxima da primavera.

Na Suíça era celebrada Artio, a Mãe Ursa, que acordava da hibernação e anunciava a chegada da primavera. Ela recebia oferendas de frutas e flores para abençoar a fertilidade da terra e das mulheres.

4 de fevereiro

No Japão, o Festival das **Lanternas** Setsu-Bun-O celebrava a deusa Amaterassu. Neste dia, exorcizavam-se os maus espíritos do Universo, limpavam-se as casas e os altares e purificavam-se as pessoas. Nas moradias e nos templos, salpicavam-se feijões no chão para desviar o mal, atrair o bem e promover a saúde. Sinos eram tocados para atrair a prosperidade e a boa sorte. Em todos os lugares, acendiam-se lanternas coloridas e faziam-se orações para a proteção, da saúde e da felicidade das pessoas, repetindo a frase: "Fora com o mal, venha a boa sorte".

Celebração da deusa Shirata no Japão, que personificava a primeira neve e brilhava em cada floco que caia. Neste dia eram feitos rituais com varreduras e muito barulho para afastar as influências malévolas; depois eram acesas lanternas enfeitadas com imagens de flocos de neve para atrair abundância e boa sorte e oferecidas comidas com feijões, partilhadas pelos fiéis.

Um encantamento simples para atrair a boa sorte e a prosperidade é feito colocando vários tipos de feijões em um recipiente de vidro, com a tampa decorada ou pintada. Enquanto coloca as diferentes camadas de feijão, recite uma pequena oração, pronta ou criada por você, invocando os dons e as dádivas da Mãe Terra para sua vida. Coloque este vidro em sua cozinha ou despensa para abençoar seus mantimentos.

Nos países eslavos, celebravam-se Gabija e Aspelenie, as deusas do fogo, do lar e da lareira. Para homenageá-las, as pessoas jogavam sal no fogo e pronunciavam seus nomes. Nas cozinhas, mantinha-se sempre acesa uma lamparina com óleo, deixando ao lado pequenos agrados para as Guardiãs.

5 de fevereiro

Dia de Santa Ágata, a matrona maltesa, padroeira dos lutadores do fogo. Ela é um aspecto moderno da antiga deusa grega Tiché, também conhecida como a deusa **Fortuna** pelos romanos e como Wyrd, pelos anglo-saxões. Preside os assuntos de saúde sendo a padroeira das enfermeiras e curadoras e protege as moradias contra incêndios. Velas são abençoadas na sua igreja e levadas pelos fiéis para atrair as bênçãos da Santa. Para proteger as casas, eram colocados ramos de visco e pedras de cor vermelha perto das lareiras, para afastar os perigos do fogo.

Fortuna era a deusa tríplice da sorte, invocada pelos imperadores na coroação para terem sua proteção durante seus reinados. Na Grécia, a deusa Tiché era a "senhora do destino", tanto o individual quanto o coletivo, conferindo a cada pessoa seu anjo da guarda e sua psique. Como Fortuna, ela podia ter inúmeros outros nomes, um deles sendo Agathe, a boa sorte, invocada para assegurar uma vida afortunada e uma morte tranquila. Com a deterioração dos costumes, a deusa Fortuna foi transformada na padroeira dos jogadores, batizada de "senhora sorte" e chamada antes das corridas ou dos jogos.

Celebração da deusa irlandesa da Terra e da natureza Anu ou Dana. Em sua forma benéfica, Anu era a doadora da prosperidade e a protetora das mulheres e das crianças. Porém, em seu lado escuro como Cat Ana ou Black Annis, a senhora da morte, foi transformada pela Igreja em um monstro negro com forma de felino que devorava crianças.

Dia muito propício a qualquer prática divinatória. Consulte um tarô, as runas ou treine sua visão psíquica, olhando para um copo d'água ou uma bola de cristal, ou simplesmente permaneça em silêncio e recolhimento, procurando ouvir o sussurro de sua voz interior.

6 de fevereiro

Antigo festival na Grécia e no Império Romano dedicado a **Afrodite** ou Vênus, festejada como a deusa da beleza e do amor em todas suas manifestações. Seus altares eram feitos de pedras, embaixo de grandes árvores, adornados de flores e frutos silvestres, cercados por pessoas cantando, dançando e festejando.

Neste dia, nos países eslavos, celebrava-se Dzydzilelya, a deusa do amor, da fertilidade e dos nascimentos.

No Haiti se comemorava Ayizan, a matriarca da tradição vodu, que ensinava como equilibrar o prazer sensorial com a ética e a moral. Ela oferecia proteção e inspiração nas artes oraculares. Neste dia as pessoas espalhavam grãos ao redor das suas casas e esperavam que os pássaros levassem seus pedidos para Ayizan, junto com as migalhas.

Celebre esta data fazendo seu pedido para as deusas do amor. Vá a um bosque e coloque sobre uma pedra uma oferenda de rosas ou gerânios vermelhos, maçãs, morangos, mel, perfume e uma moeda de cobre. Acenda uma vela rosa ou vermelha e peça às deusas para lhe encaminharem um parceiro compatível com o seu estilo de vida, seu caminho espiritual e suas aspirações, ou para abençoarem sua união atual. E, se você quiser aumentar sua fertilidade (física ou mental), ofereça à deusa ovos galados, penas de pomba branca e leite de cabra.

7 de fevereiro

Celebração da deusa grega da lua cheia **Selene**, irmã de Hélios, o Sol, e de Eos, a alvorada.

Selene, Hécate e Ártemis representam a tríplice manifestação da energia lunar: crescente, cheia e minguante. Segundo as lendas, Selene viajava no céu noturno carregando a Lua em sua carruagem mágica e trazendo aos homens os sonhos e as visões.

Festival chinês Li Chum celebrando a primavera e a deusa Hsi Ho, a Mãe do Sol que revitaliza a Terra e a humanidade. No seu mito, descreve-se como ela banha seu filho a cada madrugada no lago do leste para que ele brilhe durante o dia. Seus animais sagrados eram o búfalo da água e a ursa, que assinalava a chegada da primavera saindo da sua caverna com seu filhote. Procissões carregando uma efígie de bambu e papel em forma de búfalo aquático simbolizando a "vida nova" iam aos templos onde as efígies eram queimadas, enquanto as pessoas entregavam à fumaça suas orações e acendiam velas amarelas para que seus pedidos de prosperidade e boa sorte fossem atendidos nos próximos meses.

No Japão, faziam-se homenagens para Kaguya-hime-no-mikoto, a deusa da beleza, da Lua e da boa sorte, cuja árvore sagrada era a canela, usada como chá ou incenso para favorecer os bons sonhos e a boa sorte. Aproveite a data e comece um jornal de sonhos. Invoque a deusa Selene e peça-lhe para recordar e compreender o significado e as mensagens cifradas de seus sonhos. Ao acordar, antes de levantar-se da cama, recapitule seus sonhos enquanto suas lembranças ainda estão recentes. Anote-os, mesmo se forem bizarros ou desconexos. De vez em quando, releia-os tentando descobrir seu código onírico pessoal.

8 de fevereiro

Reverenciava-se a deusa Yu Nu, a **Senhora de Jade**, regente da constelação de Leão, e a deusa Zhi Nu, a tecelã celeste, regente da constelação de Lira. Comemorava-se também Wakahiru, a padroeira da costura e dos bordados, regente da luz da madrugada, irmã de Amaterassu. No Japão a tecelagem era muito valorizada e todas as agulhas usadas e que se quebraram no ano anterior eram honradas com rituais nos templos agradecendo seu sacrifício. Neste dia não era permitido trabalhar, podendo apenas limpar, consertar

e substituir agulhas e teares, abençoando as novas ferramentas de trabalho manual.

Festival das Estrelas na China. As pessoas honravam as energias estelares, acendendo cento e oito pequenas lanternas e arrumando-as em altares especiais. Cada pessoa orava e agradecia à estrela do dia do seu nascimento.

Aproveite a egrégora de gratidão e agradeça aos deuses ou deusas regentes do seu signo astrológico e a seu anjo tutelar ou cabalístico pelo dom da vida e pelas oportunidades e desafios desta encarnação. Peça-lhes que iluminem sua jornada e orientem suas decisões e ações para favorecer seu crescimento e evolução espiritual. Aproveite a sabedoria milenar e acenda uma vela, na sua cor preferida, conectando-se ao planeta regente de seu signo solar ou de seu signo ascendente, orando e mentalizando que os seus dons criativos latentes possam se manifestar em uma nova forma de realização artística ou profissional.

Procissão de Kwan Yin, em Singapura, celebrando a primavera.

9 de fevereiro

Festividades tibetanas para as **Dakinis** ou Apsaras, poderosos seres femininos auxiliares de Kali, a deusa indiana da morte. Apesar de seu aspecto aterrorizante, elas têm aspectos positivos, garantindo poderes paranormais e dons proféticos a seus devotos do Yoga. As Dakinis ajudavam os moribundos, abraçando-os e confortando-os no momento de sua passagem. Cuidavam também dos preparativos de cremação e dos ritos funerais, orientando a alma após a desintegração do corpo físico.

Antiga celebração do Sol nos países nórdicos, honrando as deusas solares Narvik e Sunna. Ainda hoje se preserva este festival, que começa ao nascer do Sol e dura até a chegada da noite.

Comemoração grega de Hélios e Apolo, regentes do Sol e do dia. No cristianismo, comemora-se a Santa Apolônia, protetora dos dentes e padroeira dos dentistas. Possivelmente é um reflexo de uma celebração pagã da deusa Brigid ou da Santa cristã Brígida.

10 de fevereiro

Celebração na Mesopotâmia de **Ishtar**, a rainha das estrelas, a personificação da complexidade feminina. Por meio do processo de assimilação do culto de várias deusas com características semelhantes, a figura poderosa de Ishtar surgiu da união das lendas e dos atributos de Anahita, Anatu, Anunit, Gumshea, Irnini, Ishara e Inanna. Representada ora como mãe benevolente, virgem guerreira, amante exigente de vários deuses e mortais, ora como anciã conselheira, invocada nos julgamentos e nas decisões. Ishtar regia a  Lua e o Planeta Vênus quando se apresentava como guerreira destemida, na forma da estrela matutina ou a cortesã sedutora, na forma da estrela vespertina. Às vezes, as duas formas se fundiam e delas emergia a "senhora da vida e da morte".

Comemoração no Marrocos de Aisha Qandisha, equivalente da deusa Ishtar.

Na Irlanda, homenageava-se Aobh, a deusa da névoa e da magia, esposa do deus do mar Llyr, cujo animal sagrado era o cisne.

Antigo festival africano marcando o início da estação de caça e pesca. Na Zâmbia, os guerreiros da tribo Ngoni celebram N'cwala com danças de guerra, vestindo peles de animais e carregando suas armas. Os melhores dançarinos eram premiados enquanto as mulheres preparavam as comidas e apoiavam os competidores com palmas e gritos.

Nos países escandinavos reverenciava-se a deusa Vor, que conferia às mulheres o poder da intuição e a capacidade de perceber e compreender os sinais e os sonhos.

Comemoração de uma antiga deusa galesa Nantosuelta, regente das correntes de água e detentora da cornucópia da abundância. Tome um banho de purificação com a essência do seu signo e conecte-se com as águas límpidas da deusa, pedindo-lhe que purifique sua aura e lhe traga oportunidades positivas para a sua vida.

11 de fevereiro

Neste dia, em 1858, uma jovem camponesa teve a visão de Maria numa gruta em Lourdes, uma área onde as deusas gaulesas foram reverenciadas durante muito tempo. Confirma-se assim a preservação dos antigos arquétipos da deusa e sua continuação nas aparições e imagens das santas cristãs.

Festa de **Nossa Senhora de Lourdes**, na França, comemorando a primeira visão da Virgem, em 1858, por Bernadette Soubirous. A gruta de Lourdes era um antigo local de culto dedicado à deusa Perséfone, com uma fonte de águas curativas, procurada até hoje por milhares de pessoas.

Antiga comemoração húngara da deusa Mãe Boldogasszony, padroeira das mães e das crianças, cristianizada como a Virgem Maria.

Em vários lugares do mundo, a Grande Mãe apareceu manifestada como Maria, a mulher que manteve viva na mente e nos corações das mulheres a imagem e a conexão com o Sagrado Feminino nos últimos dois mil anos.

De acordo com sua crença ou afinidade mitológica, reverencie a Mãe Divina e peça-lhe a cura de seus males ou aflições físicas, emocionais, mentais, materiais ou espirituais. Vá a uma gruta, fonte, lugar sagrado ou templo, acenda uma vela de cera, ofereça-lhe lírios brancos, entoe o mantra sagrado *Maaaa*, ore e sinta o amor da Grande Mãe envolvendo-a e curando sua vida.

12 de fevereiro

Festival romano de **Diana**, originariamente a rainha do Céu e da luz da mitologia pré-helênica, posteriormente transformada na deusa grega da lua crescente, Ártemis. Diana era representada de três formas: senhora dos animais, protegia os animais prenhes e os filhotes; rainha das ninfas, cuidava das florestas e da vegetação e como deusa lunar que cuidava das mulheres, das gestantes e das crianças.

Celebrações eslavas para Dziewona, na Polônia, e Devana, na Eslovênia, deusas lunares, padroeiras das florestas e da caça, similares à deusa Diana.

A equivalente galesa de Diana era a deusa Arduinna, guardiã das florestas e dos animais selvagens, padroeira dos partos. Ela cobrava uma multa pesada pelos animais mortos em sua floresta de Ardennes, na Gália, infligindo infortúnios para os caçadores.

Comemoração da deusa Iyatiku, a Mãe dos grãos dos índios pueblo, que protegia os grãos desde a sua semeadura até a colheita. Também protegia as crianças a partir do seu nascimento até a adolescência, quando era invocada para abençoar seus ritos de passagem realizados nas câmaras subterrâneas chamadas kivas.

Na China, celebravam-se neste dia as deusas das flores. Em número de doze, correspondiam aos meses do ano e eram homenageadas com oferendas de flores e danças das mulheres, representando as qualidades de cada mês.

Honre você também a "senhora dos animais", alimentando os pássaros de sua vizinhança, recolhendo algum animal abandonado ou ferido, participando de algum projeto ecológico ou de proteção ao meio ambiente. Também a reverencie no nível sutil, conectando-se ao seu animal de poder ou ao lado selvagem e instintivo de sua própria natureza.

13 de fevereiro

Início da **Parentália**, festival romano de purificação em louvor às deusas romanas Vesta e Mania.

Neste período, fechavam-se os templos, proibiam-se os casamentos e festas e homenageavam-se os espíritos dos ancestrais – Parentalia – com preces e oferendas de vinho, comidas e flores nos túmulos.

No Japão, as mulheres da tribo Ainu reverenciavam sua ancestral Huchi Fuchi, a deusa protetora das famílias e dos lares, supervisora dos afazeres domésticos, que ajudava na preparação da comida, no aquecimento da casa e na prevenção das doenças.

Na China era honrada a deusa Nu Kwa, a Mãe ancestral e criadora da humanidade, que inventou a flauta e modelou as raças com diferentes cores de argila. No seu mito ela aparecia como uma deusa-serpente que restabeleceu a ordem na Terra após uma terrível rebelião. Ela usou pedras derretidas para

refazer o céu, pés de tartaruga para criar os ventos e junco para direcionar o curso dos rios e evitar enchentes. As pessoas e animais nascidos neste dia eram abençoados por ela com boa sorte e fertilidade.

Aproveite a data e reverencie seus antepassados, agradecendo-lhes o legado e as tradições que lhe deixaram. Faça uma lista com os nomes de suas ancestrais e informe-se a respeito de suas vidas. Medite sobre suas dificuldades e as conquistas das suas respectivas gerações. Em nossa cultura, infelizmente, a sabedoria das pessoas idosas não é valorizada e o culto aos antepassados não nos é ensinado. Para poder conectar-se ou comunicar-se com seus ancestrais, prepare-lhes um pequeno altar. Coloque objetos ou fotografias, acrescente madeira petrificada, fósseis, pedras, cristais ou conchas. Ofereça-lhes flores, incensos, velas brancas, um copo com leite, vinho ou suas bebidas favoritas. Pense neles com carinho e ore por sua evolução espiritual.

14 de fevereiro

Antiga celebração romana dedicada à deusa do casamento **Juno** em seu aspecto de Juno Februa. As comemorações incluíam rituais de purificação e adivinhações para descobrir e atrair sua alma gêmea.

Celebração de Vênus, originariamente deusa das flores e do amor entre os namorados. Em Roma, as pessoas compravam presentes e trocavam entre si, depois jogavam os dados e consultavam oráculos para saber sua sorte no amor. Com o passar do tempo, os festejos degeneraram em orgias, a troca de presentes sendo substituída pela troca de casais.

Posteriormente, essa data foi transformada nos festejos de São Valentim quando, nos países anglo-saxões, celebra-se o "dia dos namorados", com troca de presentes e cartões em forma de coração, homenageando Cupido, o deus do amor.

Nos países escandinavos, comemoração das deusas do amor e da sexualidade, Hnoss, Gefjon, Lofn, que reconciliava os namorados e Sjofn, que despertava os corações para o amor.

Aproveite a energia deste dia e abra o seu coração para vibrar com o amor amplo, pessoal, transpessoal e universal. Ofereça às deusas flores, frutas vermelhas, vinho rosé e consagre uma joia com um quartzo rosa, para usar e assim harmonizar suas emoções. Direcione um pouco do seu amor para uma pessoa carente ou idosa, um animal abandonado ou um projeto humanitário, mentalizando os raios rosa, envolvendo e harmonizando pessoas e lugares.

15 de fevereiro

Início da Lupercália, festival romano de fertilidade dedicado à Deusa Juno em seu aspecto de **Lupa** – a loba, simbolizando o aspecto procriador da Mãe natureza.

Foi nessa representação que a deusa amamentou os gêmeos Rômulo e Remo, após terem sido abandonados por sua mãe Reia Silvia, a Vestal violentada pelo deus Marte. Posteriormente, eles se tornaram os fundadores de Roma. Neste dia, os idosos batiam nas mulheres com feixes de pele de cabra, convidando os espíritos a encarnarem, enquanto as mulheres pediam à deusa que abençoasse seus ventres. Esses festivais tinham, assim, um duplo propósito: a purificação e o estímulo da fertilidade por meio do intercâmbio com o mundo dos espíritos. Celebravam-se também os deuses Lupercus e Faunus.

Celebração da antiga deusa canaanita da fertilidade Atharath, Ashtoreth, Anahita ou Astarte, uma versão da deusa Ishtar. A deusa Atharath, cujo nome significava "o ventre", regia o Planeta Vênus, assim como as deusas Anahita e Ishtar. Nas escrituras judaicas, seu nome foi deturpado para Ashtoreth, que significava "coisa vergonhosa", aludindo ao seu ventre, ou seja, sua intensa sexualidade. Como a representação da estrela matutina, Astarte aparecia como uma deusa guerreira, vestida com chamas e armada com espada e flechas. Como a estrela vespertina, Astarte simbolizava o amor, o desejo e a paixão, aparecendo nua sobre uma leoa, segurando um espelho e uma serpente nas mãos. Suas cores eram o branco e o vermelho – simbolizando o sêmen e o sangue menstrual – e suas árvores eram a acácia e o cipreste.

Celebração de Losar, o Ano-Novo tibetano honrando Shakti, o supremo poder feminino. Os monges usavam incensos e tocavam gongos para afastar as energias negativas, enquanto as pessoas vestiam roupas coloridas e máscaras e oravam para que a deusa abençoasse suas casas e vidas.

16 de fevereiro

Celebração de **Victoria** ou Diana Lucífera, a deusa romana da vitória nos combates, assemelhada a Vacuna e Bellona.

Na Grécia pré-helênica, a deusa da vitória era Nike, filha de Styx, deusa do oceano, regente do famoso rio subterrâneo que simbolizava o sangue menstrual da Mãe Terra e de Phallos, deus fálico, precursor de Pan. Nike representava, a força mágica proveniente da combinação do sangue menstrual e do sêmen.

Na mitologia nórdica, Geirahod era a Valquíria que decidia a vitória nos combates ao lado de um grupo de guerreiras, as Valquírias, chamadas de "as luzes do norte", devido ao esplendor luminoso de suas armaduras. As Valquírias eram sacerdotisas de Freyja, subordinadas às deusas do destino – as Nornes – e eram elas que escolhiam e acompanhavam as almas dos guerreiros mortos em combate.

Atualmente, pode-se recorrer a essas deusas para conseguir promoção ou um novo emprego, aumento de salário, ganhos judiciários ou vitória nos debates. Crie um pequeno altar com os quatro elementos, queime incenso de sândalo e ofereça folhas de louro. Invoque a deusa ou deusas e queime mentalmente a imagem ou um papel com a descrição do seu problema, ou de qualquer obstáculo em sua vida. Sopre as cinzas ao vento, chamando a deusa Victoria para lhe ajudar em sua luta e a deusa Nike para aumentar sua força mágica. Consagre um colar ou pulseira com pedras vermelhas ou laranja e use-o sempre que precisar usar sua energia de guerreira.

17 de fevereiro

Fornacália, o festival romano do Pão e da Fornalha, celebração da deusa Fornax e da vegetação, que festejava a primavera e o renascer da natureza. No início, era uma comemoração de caráter religioso, quando eram abençoados os fornos para assar o pão. As pessoas assavam pães e os comiam de forma festiva, oferecendo

depois as migalhas aos pássaros. Com o passar do tempo, essa antiga festa pagã de bênção dos cereais degenerou em orgia. Possivelmente foi esse tipo de celebração que deu origem aos festejos do Carnaval.

Na antiga Babilônia, anualmente, havia a **Festa do Caos** quando, durante doze dias, era revertida toda a ordem social e abolidas as normas morais. Outras festas precursoras do Carnaval foram as procissões gregas que celebravam o deus do vinho Dioniso e os festejos romanos de Saturnália.

Ao longo do tempo, as antigas encenações dos mitos, com carruagens levando estátuas de divindades foram sendo substituídas por carros alegóricos com cenas profanas, danças frenéticas, uso de máscaras grotescas, transgressão de regras e orgias sexuais. A origem da palavra carnaval é confusa. Acredita-se que venha de carne-vale – ou adeus carne –, anunciando o início do jejum de purificação.

Neste dia, de acordo com a mitologia hindu, nasceu Kali, a deusa da morte e da destruição e o mundo entrou no período chamado Kali Yuga, a Era do Mal. Antigamente, eram feitos sacrifícios humanos para apaziguar a sede de Kali, substituídos depois pelo sangue de animais.

Para evitar que o caos se instale no seu dia a dia, aproveite um tempo livre e se recolha, refletindo sobre os excessos existentes na sua vida (alimentares, álcool, fumo, remédios, desvios comportamentais, nos relacionamentos, compras, desperdícios). Medite e busque a ajuda da Mãe divina para se alinhar energeticamente e espiritualmente e estabeleça suas metas e sua escala de valores que a beneficie e a faça progredir e evoluir.

18 de fevereiro

Spenta Armaiti, a festa persa das mulheres cultivadoras da terra, celebrando a deusa da fertilidade **Spandaramet**. As sacerdotisas de seus templos realizavam rituais de fertilidade, invocando as forças da terra e o poder da Deusa.

Comemoração da deusa romana Lara, a Mãe dos mortos, guardiã dos espíritos ancestrais, das famílias e da comunidade. Neste dia os romanos apaziguavam os conflitos e resolviam suas divergências familiares, para propiciar uma atmosfera de harmonia ao longo do ano.

Nos países bálticos, homenageavam-se várias deusas da terra. Na Lituânia, Laume, além de associada ao plantio e à tecelagem, era representada como uma mulher sedutora, com seios redondos e longos cabelos louros. Na Estônia, Ma-emma nutria e protegia todos os seres vivos, enquanto na Letônia, a deusa Zeme tinha setenta irmãs, cada uma tendo atribuições específicas relacionadas à fertilidade da terra e dos animais.

Para realizar um encantamento com terra, beneficiando algum projeto de longo prazo, escolha cuidadosamente algumas sementes, dando preferência às plantas relacionadas a seu signo zodiacal. Prepare um vaso com terra vegetal e segure as sementes entre suas mãos. Converse com elas, explicando-lhes seu objetivo ou necessidade. Plante-as com carinho, cuidando para que não lhes falte água ou luz. Se a planta se desenvolver bem, seu objetivo será realizado. Caso contrário, mude de projeto ou troque as sementes. Lembre-se de que você é responsável pelo desenvolvimento da planta e de seu projeto, mas a natureza é sábia e você precisa perceber seus sinais, decidindo se vai insistir ou mudar sua direção.

19 de fevereiro

Celebração das deusas sumerianas das águas Nammu e **Nina**, um dos aspectos de Inanna. Como deusa das águas primordiais, Nammu assistiu à deusa Mami na criação da raça humana. A deusa Nina, chamada de "rainha das águas", era representada com corpo de mulher e cauda de peixe ou serpente.

Comemoração de Moruadh, a sereia celta com corpo de mulher e rabo de peixe, cabelos verdes, nariz vermelho e olhos de porca. Os pescadores lhe ofereciam conhaque para evitar que ela rasgasse as redes ou afundasse seus barcos.

Segundo as lendas, Minerva, a deusa romana da sabedoria e da justiça, nasceu neste dia.

Celebração de Saga, a deusa escandinava da sabedoria, que conhecia as leis do Universo e as ensinavam aos humanos. Ela morava numa cachoeira e oferecia aos visitantes o elixir da inspiração em uma taça de ouro. Invoque a orientação de Saga antes de iniciar qualquer trabalho literário, científico ou artístico e sua fluência antes de palestras ou aulas.

Dia de Tácita, a deusa romana do silêncio. Aproveite a data e acenda uma vela preta pedindo à deusa Tácita que queime nela todos os boatos negativos, as calúnias e as palavras maldosas direcionadas a você, à sua profissão ou ao seu relacionamento. Unte, depois, uma vela branca com essência de mirra e acenda-a, pedindo à deusa que silencie para sempre as más línguas e impeça as discussões e fofocas ao seu redor.

20 de fevereiro

Ferália, festival romano de purificação. Após os festejos anteriores – Parentália, Lupercália, Fornacália –, os templos eram fechados, os festejos proibidos, as casas limpas e as roupas lavadas. As pessoas se recolhiam e reverenciavam os espíritos dos mortos com preces e oferendas de comidas levadas a seus túmulos.

Comemoração da deusa romana da ordem e do silêncio, Muta, e da deusa padroeira do lar, Larunda. Também se comemorava Lara, a Mãe dos mortos, senhora do mundo subterrâneo e os Lares, espíritos protetores das casas.

A tribo nativa iroquesa comemorava Oniata, a padroeira das atividades físicas e da neve. No Canadá as pessoas aproveitam os últimos resquícios do inverno e participam em vários esportes, além dos concursos com esculturas de gelo.

Aproveite a data e faça uma boa limpeza em sua casa, defumando e aspergindo água do mar com uma vassourinha feita de galhos verdes de bambu ou eucalipto. Acenda, depois, uma vela branca e um incenso de mirra em cada cômodo de sua casa. Toque um chocalho ou um sino, visualizando a saída das energias negativas e a entrada do equilíbrio, paz e harmonia. Em seguida, tome um banho de purificação com sal grosso e com a essência de seu signo. Recolha-se, permanença em silêncio e medite um pouco a respeito dos pontos escuros de sua vida. Projete sobre eles raios de luz dourada e planeje uma nova postura ou ordem em sua vida, descartando o supérfluo.

21 de fevereiro

Festival das Lanternas na China, celebrando **Kwan Yin**, a deusa da compaixão, salvação, cura, benevolência, paz e o retorno da luz.

A veneração desta Deusa é mais antiga que o budismo, conhecida também com o nome de Nu Kwa. Como a Grande Mãe oriental, Kwan Yin é invocada em todos os momentos de necessidade, de perigo ou sofrimento. As mulheres oram repetindo seu nome como um mantra, oferecendo-lhe incenso, laranjas e especiarias. Em sua festa, nas casas e nos templos, são acesas lanternas de todos os tamanhos, formas e cores com exceção do branco, que é cor de luto. Nas ruas, as pessoas carregam figuras de dragões e leões para atrair a boa sorte.

Para homenagear Kwan Yin, adquira sua estatueta e prepare-lhe um altar onde possa invocá-la e expor-lhe seus problemas ou aflições. Queime incenso de sândalo, cante seu nome, Kwan Yin, Nu Kwa e envie-lhe sua oração, soprando-a na fumaça do incenso.

Em Roma, Feralia era um festival que durava uma semana para honrar e se comunicar com os espíritos dos ancestrais, fazendo oferendas para os espíritos dos mortos e deixando provisões de comida em seus túmulos. Honrava-se Libitina, a padroeira dos funerais e das cremações com orações e queima de presentes e mensagens, endereçadas aos espíritos ancestrais.

Na civilização etrusca, homenageava-se Vanth, a deusa da morte, representada como uma mulher com asas, touca e véu na cabeça, segurando uma chave com a qual abria o túmulo para que os mortos pudessem sair e confraternizar-se com os familiares vivos.

Aproveite a data e liberte-se de energias que não lhe servem mais, queimando-as simbolicamente em uma vasilha de barro ou em uma pequena fogueira, pulando sobre ela para se libertar do peso morto da sua vida.

22 de fevereiro

Festival romano Charistia, dedicado à deusa **Caristia** ou Concórdia, comemorando a reconciliação e a harmonia entre as pessoas. As famílias reuniam-se, festejando a resolução de conflitos com banquetes, música e troca de presentes.

Comemoração de Binah, a terceira esfera (Sephirah) da tradição cabalística, que personifica o discernimento espiritual, o amor e a estabilidade. Ela age como uma Mãe divina e guia seus filhos para a realização e a compreensão, significado do seu nome, das formas e funções

da vida. As abelhas e os lírios brancos são consagrados a ela. Neste dia, se celebra nos Estados Unidos o Dia da Fraternidade, que reúne pessoas de crenças diferentes em uma atmosfera de tolerância e respeito.

Os gregos reverenciavam Ececheira, a deusa da concórdia e dos armistícios. Durante os jogos olímpicos, ela era especialmente homenageada para que a paz fosse mantida e as hostilidades evitadas.

Inspire-se nesta antiga comemoração e harmonize-se com seus familiares, esquecendo mágoas e ressentimentos, perdoando as falhas e superando as desavenças. Prepare alguns quitutes seguindo as receitas de sua avó ou os pratos típicos de sua herança ancestral. Reúna sua família, comunique-se com os parentes que moram longe, lembre os bons tempos de outrora folheando álbuns de fotografias, recordando as lembranças agradáveis e as histórias familiares. Brinde, depois, à harmonia familiar, coletiva e planetária e assuma o compromisso de dar sua contribuição para alcançar esse objetivo.

23 de fevereiro

Terminália, festival do deus romano Terminus. Antigamente, neste dia, os camponeses colocavam mel e vinho sobre as pedras que demarcavam suas terras para ativar seu poder de proteção. Honrava-se a deusa Minerva – de origem etrusca –, que reunia as tarefas de protetora da casa, incluindo artes e artesanatos, com as de padroeira da guerra e da defesa.

Celebração eslava para **Erce**, a deusa da terra, protetora dos campos e das plantações. Para atrair sua benevolência, despejava-se leite, mel, vinho e fubá sobre os campos e nos cantos das propriedades. Antigamente, neste dia, faziam-se bênçãos da terra e dos limites das propriedades, oferendas e orações para os espíritos protetores da terra, pedindo sua proteção.

Medite sobre a invasão das fronteiras de seu espaço. Descubra como você pode se proteger, invocando o deus Terminus e a deusa Erce, colocando barreiras e fechando as brechas de sua aura com escudos de proteção psíquica, mentalizando e visualizando cores, formas e símbolos.

Crie também um cinturão energético de proteção ao redor de sua casa ou propriedade. Plasme seus guardiões e coloque nos quatro cantos da casa ou do terreno, pedras ou cristais programados para repelir as energias intrusas. Prepare um canteiro ou um vaso com plantas protetoras, como arruda, manjericão, pinhão-roxo, guiné, comigo-ninguém-pode, espada e lança de Ogum e algum símbolo rúnico ou cabalístico. Se preferir, confeccione uma "garrafa mágica" enchendo uma garrafa vazia com vários pregos, pedaços de ferro e agulhas, que interceptam e desviam as ondas e energias negativas vindas em sua direção. Não se esqueça de homenagear a deusa Erce ou a Mãe Terra, oferecendo-lhe fubá, leite, mel e vinho, nos cantos de seu terreno ou sob alguma árvore ou arbusto.

24 de fevereiro

Shivaratri, comemoração hindu de **Shiva**, o deus da destruição e da renovação. Neste dia, as pessoas jejuavam e se reuniam em vigília em seu templo, acendendo lamparinas a óleo e orando a noite toda. Shiva podia ser representado dançando, cavalgando um touro branco ou ornamentado com cobras e um colar de crânios. Era considerado um deus do ritmo cósmico, da cadeia ininterrupta dos processos vitais e do ciclo nascimento/morte/renascimento. Sua consorte é a deusa Parvati e um de seus filhos é Ganesha, o deus com cabeça de elefante.

Os fiéis tomavam banho nos rios sagrados antes de se reunirem nos templos de Shiva e invocavam também a proteção da deusa Kali ofertando-lhe guirlandas de flores vermelhas, mel e muito incenso.

Em Roma, Regifugium, comemoração inspirada em um antigo ritual de sacrifício ou substituição do "rei do ano" para que a terra se renovasse e frutificasse por meio de um novo rei. Este novo rei deveria ser escolhido pela deusa e coroado por suas sacerdotisas. Segundo as antigas crenças, quando a terra não produzia ou calamidades naturais aconteciam, a culpa era do rei. Como sua energia não era mais capaz de fertilizar ou de proteger a terra, ele deveria ser sacrificado ou substituído. Esse ritual foi abolido com o advento das monarquias e da sucessão familiar ao trono.

Celebração nas Antilhas da deusa da fertilidade Atabei, a criadora primordial, cultuada por uma casta de sacerdotisas similares às Amazonas e com vários outros nomes, como Atabeira, Momona, Guacarapita, Iella e Guimazoa.

25 de fevereiro

Dia de **Nut**, a grande deusa do céu egípcia. Ela era representada como uma figura feminina, formando um arco sobre a terra, seu cabelo caindo como chuva e apoiando-se no céu estrelado. Pintada nos sarcófagos, ela era a Mãe que recebia a múmia, cuidando de seu corpo até a ressurreição.

Celebração da deusa germânica da morte e da imortalidade Holla ou Holda, manifestada nos ventos frios do inverno. Ela recolhia as almas durante sua cavalgada selvagem e preparava os campos para os novos plantios, limpando com seu sopro os resíduos das colheitas anteriores. Há vários mitos e significados atribuídos a esta deusa antiga e complexa. Originariamente, era uma deusa guardiã da terra, das famílias e do fogo das lareiras. Os missionários cristãos transformaram-na no demônio, zeladora do fogo do inferno, padroeira das bruxas e ladra das crianças rebeldes.

Comemoração de Asherah, a deusa canaanita da força moral, que oferece suporte e a orientação necessária quando somos confrontadas com injustiças ou violências. Seu nome significa "força" e ela era representada como o pilar de sustentação dos templos. Ela também era uma deusa benevolente, invocada nos plantios para aumentar a fertilidade da terra e no uso dos oráculos para prever o futuro.

Em Israel, o Festival Ta'Anith Esther celebrava a força e a compaixão de Asherah com orações para que os fiéis se tornassem seus instrumentos de bondade e compaixão, servindo à verdade e espalhando a tolerância e a justiça.

Honre este dia e plante uma árvore, ofertando-a para Asherah, e peça-lhe que a abençoe com seus atributos e dons.

26 de fevereiro

Dia de **Higeia**, deusa dedicada à cura e à prevenção das doenças. Originariamente uma deusa do norte da África, foi posteriormente adotada pelos romanos. Era representada como uma mulher robusta, madura, tendo uma serpente enrolada a seus pés. Higeia era um dos títulos da deusa Reia Coronis, designando um de seus fartos seios. O outro seio era chamado de Panaceia, resumindo as qualidades desta deusa. Posteriormente, os mitos patriarcais transformaram Higeia e Panaceia nas filhas de Esculápio, o deus da cura.

Outra antiga deusa romana da cura era Angitia, considerada a padroeira das curandeiras, benzedeiras e parteiras, que invocavam seu poder nos encantamentos e no uso das ervas.

Aproveite a data e faça uma reavaliação de seu estado de saúde e de seus hábitos alimentares, mentais e emocionais. Assuma um compromisso para cuidar melhor de seu corpo e comece já aquela dieta, exercício físico ou terapia, sem se desculpar ou adiar mais.

Um encantamento antigo nos ensina como nos livrarmos de algum mal específico. Escreva o nome da doença ou descreva seus sintomas em um papel verde. Dobre-o várias vezes e enterre-o sob uma planta, pedindo à Mãe Terra que livre você de todo o mal. Se a planta morrer, coloque outra em seu lugar e agradeça-lhe pelo serviço prestado. Na tradição da deusa, celta e Wicca, a noite deste dia é chamada de "A Noite do Pentagrama".

Para reafirmar sua conexão ou dedicação à antiga tradição, coloque um pouco de cinzas (recolhidas da fogueira de Yule) em seu caldeirão. Invoque a deusa Tríplice e trace, com seu dedo indicador coberto com as cinzas, o símbolo do pentagrama sobre seu coração assim que o relógio marcar meia-noite. Na falta das cinzas de Yule, recolha as cinzas de ervas sagradas queimadas em seu caldeirão, como sálvia, lavanda ou manjericão, e faça o mesmo ritual.

27 de fevereiro

Dia da **Anciã**, uma das manifestações da deusa Tríplice, detentora da sabedoria. A anciã podia ser representada por inúmeras deusas, como Morrigan, Baba Yaga, A Mulher que Muda, A Mulher Aranha, Befana, Hécate, Gaia, Cerridwen, Cailleach, Erda, Nerthus, Hel ou Sedna. Esse aspecto da deusa corresponde aos rituais de mudança e transformação, aos períodos de transição e à sabedoria da mulher pós-menopausa que, ao guardar seu sangue, adquire novas habilidades psíquicas, mentais e espirituais.

Celebração da deusa grega da natureza e do tempo Pyrrha, a filha da deusa da terra Pandora. Originariamente, Pandora – cujo nome significa "a doadora" –, era a própria terra, sua energia alimentando as plantas, os animais e os homens. Sob o nome de Anesidora, aquela que dá as dádivas, a deusa era representada como uma mulher gigante, saindo da terra por um túnel aberto com machados de pedra pelos gnomos. Com o advento da sociedade patriarcal, Pandora foi transformada em uma vilã, responsável por ter aberto a caixa com todos os males do mundo, assim como Eva, considerada no Velho Testamento como a causa original do pecado e dos males da humanidade.

No Havaí, celebrava-se a deusa Laka, irmã de Pele e regente da "hula", a dança sagrada. Laka era uma deusa da natureza e podia ser invocada para atrair a chuva. Era representada como uma linda jovem, vestindo roupas coloridas, coberta com leis (guirlandas de flores), dançando e lembrando aos seus fiéis para preservar e praticar as tradições ancestrais.

28 de fevereiro

Celebração, na Pérsia, da deusa da terra **Zamyaz** ou Zemyna, chamada de "o gênio da terra". Neste dia, reverenciam-se várias deusas da terra e dos grãos, em várias partes do mundo, como Ceres, Deméter, Gaia, Tellus Mater e a Mãe do milho.

Prepare uma pequena oferenda para a Mãe Terra. Coloque em um prato um punhado de cevada ou trigo em grão e enfeite com folhas de louro e várias moedas de cobre. Acenda uma vela verde ou marrom e um incenso de louro ou alfazema. Acrescente algumas pedras ou um cristal, um pouco de terra vegetal e leve a oferenda a uma mata ou deixe-a sob uma árvore.

Medite um pouco a respeito de sua contribuição em favor da Terra, agradecendo à Mãe por seu sustento e por sua saúde, orando por todos aqueles que ainda não despertaram para a necessidade de zelar ou proteger a integridade de nosso Planeta e do meio ambiente.

Celebração de Erzulie, a deusa haitiana do amor e da sexualidade. Em seu aspecto benéfico, a deusa era a protetora dos namorados. Porém, em seu aspecto escuro, ela promovia ciúmes, discórdias e vinganças.

Comemoração de Luonnotar, a Mãe criadora dos povos fino-úgricos, cujo nome significava "a filha da terra". No seu mito, descrevia-se como ela nutria os ovos cósmicos dos quais o Sol, a Lua e as estrelas surgiam. No poema épico Kalevala ela era representada como a brisa refrescante do leste, o vento dos começos.

29 de fevereiro

Segundo antigas lendas irlandesas, neste dia as mulheres poderiam propor casamento a seus namorados ou escolhidos. As monjas do Santuário de Santa Brígida, em Kildare, tentaram reivindicar esse direito e São Patrick permitiu-lhes essa liberdade de escolha somente a cada sete anos. Face à insistência de Santa Brígida, o prazo foi reduzido para quatro anos, correspondendo aos anos bissextos.

A escritora e militante feminista Zsuzsanna Budapest vê nesta história o conflito criado entre a antiga cultura da Deusa – que considerava todos os atos de amor manifestações de sua essência – e a repressão eclesiástica patriarcal, que impedia a liberdade de expressão e de escolha das mulheres.

Dia dedicado à deusa **Brighid**, reforçando assim, sua proteção e reverência no início e no fim deste mês, nos anos bissextos.

Comemoração de Dione, antiga deusa pré-helênica, regente da sexualidade e da inspiração. Com atributos semelhantes aos de Juno e Diana, Dione foi, posteriormente, transformada em uma Oceânide.

Comemoração de Lilith, a deusa hebraica e arquétipo da mulher independente, que não se submeteu às imposições patriarcais. Por não ter aceitado a supremacia de Adam – seu cônjuge – ela foi punida por Deus com o exílio, ou, segundo fontes feministas, ela mesmo foi embora para morar sozinha às margens do Mar Vermelho.

MARÇO

Mês dedicado ao Deus romano Marte ou Marvos, padroeiro da guerra e da agricultura. Marte apresentava-se sob três aspectos: Gradivus como deus da guerra; Silvanus como deus silvestre dos campos e dos bosques; Quirinus como padroeiro do estado romano. Sua consorte era Nerine ou Nereis, a deusa da guerra, equivalente à deusa romana Bellona.

Na Irlanda, este mês era chamado Mian Mharta, enquanto os saxões o chamavam Lentzinmonath, o mês da renovação. No calendário sagrado druídico, a letra Ogham correspondente é Nuin e a árvore é o freixo. O lema do mês é "liberte-se das amarras e livre-se dos conflitos".

As pedras sagradas deste mês são o jaspe sanguíneo e a água-marinha. As divindades regentes são Marte, Vesta, Rhiannon, Ísis, Juno, Flora, Anna Perenna, Ua Zit, Reia, Astarte, Atena, Eostre, Sheelah Na Gig, Cibele, Bast, Maat, Ártemis, Ishtar e Anu.

Os povos nativos nomearam este mês de várias formas: Lua da tempestade, Lua dos ventos, Lua do arado, Lua das sementes, Lua do corvo, Lua da seiva e mês da renovação.

Para os romanos, este mês representava o início do Ano Novo, começando no equinócio da primavera, em torno do dia 21, data mantida até hoje como o início do Ano Zodiacal. Os gregos renovavam o fogo sagrado em suas lareiras, invocando a proteção da deusa Vesta para seus lares.

As mulheres romanas louvavam neste mês a deusa Juno Lucina, a protetora das crianças, das mulheres e das famílias. Na Grécia antiga, comemorava-se a chegada da primavera com competições esportivas e artísticas dedicadas à deusa Atena, com a festa das flores Anthesteria homenageando a deusa Flora e com as procissões de Junonália, para a deusa Juno.

Em Canaã celebrava-se a deusa Astarte com oferendas de ovos pintados de vermelho, simbolizando o despertar da natureza e a energia de um novo ciclo. Também na Europa, faziam-se oferendas de ovos coloridos para a deusa da fertilidade e do renascimento Eostre, cujo nome originou a palavra anglo-saxã Easter (Páscoa) e a raiz do nome do hormônio feminino, estrogênio. Nos países celtas, celebravam-se várias deusas: Rhiannon, do amor; Sheelah Na Gig, da sexualidade e Anu, da abundância.

As comemorações da deusa romana da terra, Cibele, reencenavam os antigos mistérios da morte/renascimento, representados pela ressurreição de seu filho e consorte Attis, enquanto que as celebrações da deusa Anna Perenna visavam atrair a fertilidade, a prosperidade e a abundância da terra. No Egito, comemorava-se Ísis, a deusa dos mil nomes; Bast, a deusa solar; Ua Zit, a deusa serpente e Maat, a deusa da justiça.

No Japão, o Festival das Bonecas Hina Matsuri homenageava as deusas-meninas, enquanto que na China comemorava-se a deusa do céu Hsi Wang Mu e na Índia as mulheres reverenciavam Gauri, a protetora dos casamentos. O festival inca Pacha Puchy era dedicado ao amadurecimento da terra e das colheitas.

Neste mês celebra-se, na tradição da Deusa e na Wicca, o Sabbat Ostara ou Alban Eilir, comemorando o renascimento da natureza e o desabrochar da vegetação; o crescimento e a renovação.

Para contrabalançar as energias tempestuosas e belicosas marcianas, é recomendado neste mês, exercícios de equilíbrio e foco pessoal, bem como a renovação e a harmonização nos relacionamentos afetivos ou profissionais. É um mês adequado para iniciar uma terapia corporal bioenergética, desbloquear, liberar ou transmutar os sentimentos de raiva e belicosidade, reconhecer e se libertar das amarras como hábitos mentais ou comportamentais, dependências, padrões repetitivos, complexos e fobias, e iniciar novos projetos e empreendimentos.

1º de março

Dia dedicado à deusa greco-romana **Héstia** ou Vesta, a guardiã da chama sagrada e protetora da família e da comunidade. Neste dia, os gregos renovavam em suas lareiras o fogo perpétuo, invocando a proteção de Héstia para seus lares.

Aproveite esta data e invoque a bênção de Vesta para seu lar, acendendo uma vela branca e oferecendo à Deusa um pão feito em casa e um pouco de sal em um prato branco virgem. Purifique sua casa queimando um tablete de cânfora, mentalizando a queima das larvas astrais e mentais e a remoção dos maus fluidos. Reúna seus familiares e, de mãos dadas, orem pedindo harmonia e proteção. Em seguida, compartilhem do pão e do sal, deixando um pouco para ofertar na terra.

Chisungu, ritual de iniciação feminina na Zâmbia. Começam neste dia e duram por algumas semanas as cerimônias de preparação das meninas para a entrada na puberdade. As moças permanecem reclusas, recebendo alimentação especial, os ensinamentos da condição feminina e das tradições dos antepassados. Em certas sociedades matrilineares africanas, ainda se preservam estes antigos ritos de passagem, infelizmente esquecidos e ignorados pelos países tidos como civilizados, porém tão necessários para marcar essa importante transição na vida da menina-moça, e substituídos em alguns países pelas atrozes mutilações genitais femininas.

Na Romênia, neste dia, os namorados e amigos se presenteiam com pequenos medalhões ou berloques, presos com uma trança muito fina feita de fios de seda vermelhos e brancos. Antigamente, em vez dos enfeites prontos, as moças teciam minúsculas estrelas de cinco ou de sete pontas nas mesmas cores, presenteando seus namorados ou maridos. Ninguém sabe ao certo o significado verdadeiro, mas acredita-se que é um sinal da primavera e, possivelmente, uma reminiscência dos antigos ritos de fertilidade: o vermelho do sangue menstrual e o branco do sêmen criando a vida.

Celebração romana Matronália, dedicada à deusa Juno Lucina, a protetora dos recém-nascidos, das mulheres e da família. Comemorava-se também a deusa Bona Dea, padroeira das mulheres e detentora da fertilidade e da sorte. Neste dia eram feitas oferendas de vinho, uvas e guirlandas de folhas verdes, pedindo as bênçãos de prosperidade das Deusas.

2 de março

Anthesaria era a celebração da deusa grega **Sêmele**, que trazia alegria e a exuberância da primavera. Ela regia a terra e o cerne necessário para alcançar os objetivos. Em Atenas neste dia começava um festival de três dias com brindes e canções para dar as boas vindas à primavera. Para atrair as dádivas de Sêmele, plante algumas sementes ou cuide de uma planta, vertendo diariamente sobre ela um pouco de vinho ou suco de uva, enquanto visualiza o florescimento dos seus projetos.

Antiga comemoração de Madder-Akka, a velha, deusa finlandesa da terra, da natureza, da cura e da magia. Mãe das deusas Juks-Akka, Sar-Akka e Uks-Akka, ela era a padroeira dos partos e guardiã das almas das crianças, até que elas estivessem prontas para nascer. Neste momento, ela transferia essa tarefa para Sar-Akka, se a criança fosse do sexo feminino ou para Juks-Akka, se fosse do sexo masculino. A deusa Uks-Akka podia mudar o sexo da criança antes dela nascer, de acordo com sua vontade.

Celebrava-se também Paivatar, a deusa virgem solar finlandesa que, segundo os mitos, fiava a luz do dia com os fios dourados do Sol. Vestida com uma túnica dourada, seu fuso era de ouro, assim como a carruagem na qual atravessava o céu.

Celebração na Bulgária da Vovó Março, uma das representações da deusa anciã. Acreditava-se que, se as mulheres trabalhassem neste dia, ela enfurecia-se e destruía as colheitas. Por isso, as mulheres passavam o dia se recolhendo e orando, pedindo à Deusa a bênção para que as colheitas fossem fartas.

Dia dedicado à deusa celta Ceadda, a guardiã das fontes sagradas e das águas medicinais, e de Ceibhfhionn, a deusa irlandesa senhora da inspiração e da criatividade, guardiã da fonte do conhecimento, que vigiava os homens para que não bebessem desta fonte sem sua permissão.

3 de março

Hina Matsuri, o festival japonês das bonecas, celebração das três deusas-meninas Munakata, No-Kama e Hina Matsuri, filhas de Amaterassu, a deusa do Sol. Neste dia, são feitos arranjos com bonecas em local de destaque da casa, cercados de flores de cerejeira e comidas tradicionais (bolos de arroz "mochi"). As meninas recebem quimonos novos, bonecas vestidas em trajes tradicionais e doces.

Todas as meninas japonesas têm bonecas especiais, guardadas apenas para os arranjos deste dia, sem poder brincar com elas durante o resto do ano. As bonecas representam as ancestrais e também os valores tradicionais de dignidade, lealdade e tranquilidade, servindo como modelos a serem seguidos.

Nos templos de Osaka, as pessoas passam por rituais de purificação e oferecem bonecas às deusas, orando pela saúde de suas filhas. Outras bonecas são imantadas com as doenças ou mazelas das pessoas, colocadas em barcos, sendo levadas em procissão até o mar e entregues às águas. Acredita-se que, à medida que os barcos afundam, as pessoas ficarão livres de seus males, transferidos para as bonecas.

Os hindus celebravam neste dia a deusa estelar Tara, que regia a vida e o tempo e conferia aos homens a realização espiritual. Tara significava "estrela" e ela era representada como uma jovem alegre, com roupas prateadas dançando entre as estrelas e conduzindo os homens para seus destinos. Numa noite clara, medite olhando para o céu estrelado e conecte-se com a beleza de Tara, pedindo a sua bênção e fazendo um desejo ao avistar o primeiro astro que vai brilhar no céu.

Celebração das deusas Tríplices de várias tradições.

Festeje sua criança interior, dando-se um presente condizente, como uma boneca ou um bicho de pelúcia, revendo seu álbum de fotografias e identificando suas antigas carências e as compensações atuais. Extravase, chorando ou rindo muito. Brinque um pouco e permita-se ser mais solta, menos rígida ou crítica em relação a si mesma. Seja gentil com sua criança interior. Prometa-lhe ouvi-la com mais atenção e amá-la sem restrições. Comemore esse reencontro deleitando-se com um sorvete ou bolo de chocolate.

4 de março

Dia de **Rhiannon**, celebrada na Irlanda e no País de Gales. Originariamente chamada de Rigantona, a grande rainha, esta bonita deusa galesa regia tanto a alegria e o amor quanto a noite e a morte. Andava em um cavalo branco veloz, vestida com um manto de penas de cisne e acompanhada por pássaros mágicos, cujo canto acordava os mortos e adormecia os vivos. Rhiannon viajava pela Terra levando aos homens tanto os bons sonhos quanto os pesadelos.

Antiga comemoração de Mora, a deusa eslava do destino. Como doadora da vida, ela era uma mulher alta e com pele branca; como a mensageira da morte, tinha a pele negra, olhos de serpente e patas de cavalo. O mesmo nome – Mora – pertencia a um Espírito Ancestral da antiga Alemanha, que atormentava as pessoas com pesadelos e se apresentava como uma égua negra ou como um morcego enorme.

Na Grécia dedicavam-se, neste dia, oferendas a Perséfone e Hécate, reverenciando seu poder protetor na passagem das almas para o mundo subterrâneo.

No Japão comemorava-se a deusa Mãe Kishi-mujin, que envolvia os homens com a sua energia calorosa e protetora. Era uma deusa compassiva que trazia equilíbrio para a vida e substituía a tristeza com alegria e bem estar, e a escuridão com luz. Siga o costume japonês e dedique esse dia para meditar e entoar sons sagrados; ofereça uma jarra com água e peça para a Deusa abençoar. Queime incenso de pinheiro para limpar a sua casa e salpique a água com um galho de pinheiro. Antes de deitar faça uma oração para a Deusa e avalie se você está cuidando dos seus deveres espirituais; se não, assuma um compromisso para retificar a omissão.

5 de março

Celebração de **Ísis**, a deusa egípcia dos mil nomes, senhora da Lua e mãe do Sol, rainha da Terra e das estrelas, doadora da vida e protetora dos mortos. Filha primogênita da deusa do céu Nut, irmã e esposa de Osíris, seu dia era comemorado com muita alegria, música e danças.

Em Roma, neste dia, celebrava-se Navigium Isidi, o dia em que a deusa Ísis abria o mar para a navegação, oferecendo sua bênção aos navegantes.

Visualize Ísis como uma linda mulher com longos cabelos negros, pele morena, os olhos brilhando como duas contas de ônix, usando um vestido ricamente bordado com joias de esmeraldas e rubis, a cabeça adornada com uma tiara e nos braços, várias pulseiras de ouro, estendendo suas asas iridescentes sobre você. Sinta-se aceita e amada, abra-lhe seu coração em uma prece profunda e sincera, pedindo-lhe que a abençoe e proteja sempre.

Na Austrália reverencia-se Julunggul, a deusa da fertilidade, representada como a serpente do arco-íris e relacionada à água doce ou salgada. Da mesma forma que Oxumaré na África, Julunggul pode se manifestar ora como mulher, ora como homem, ora andrógina.

Celebração, no Haiti, da deusa Aida Wedo, a deusa serpente do arco-íris. Ela desliza sobre a terra prometendo riquezas, manifestando-se na lenda do tesouro enterrado ao pé do arco-íris.

Comemorava-se na antiga Caldeia a deusa Tashmit, senhora da sabedoria e da compreensão, que recebia as orações daqueles que queriam aumentar seus conhecimentos. Em vários países, esse dia é dedicado à oração mundial, honrando a sabedoria ancestral e pedindo a harmonia e a paz entre os povos.

6 de março

Em Roma, Véspera de Junonália, a celebração das mulheres e moças. Este dia era considerado nefasto devido à influência belicosa de Marte e, para amenizar os influxos deste dia, exaltava-se a paz e faziam-se preces e oferendas para as deusas Vênus e **Juno**.

Neste dia, comemorava-se Marte, o deus romano da guerra, equivalente ao deus grego Ares. Enquanto em Roma, Marte era venerado como um dos principais deuses, os gregos consideravam-no um deus menor, fanfarrão, agressivo e brutal. Na Grécia pré-patriarcal, a precursora de Marte foi a deusa da guerra Enyo, a destruidora, transformada depois em sua filha e sua auxiliar nas operações de guerra.

Nas antigas tradições árabes honrava-se a deusa Baleia, em cujas costas a Terra repousava e tremia quando ela sacudia sua cauda. Medite sobre a estabilidade de sua vida, avalie se seus atos são precipitados ou se projetos apressados estão colocando em perigo sua segurança e progresso.

Reverenciava-se, também neste dia, Eris, filha de Hera e Zeus, irmã de Ares, padroeira da guerra e da discórdia e chamada pelos romanos de Discórdia. Suas filhas, as Androktiasi, simbolizavam o sofrimento, a disputa, a fome, a chacina, a luta, a infração das leis e a matança. Os gregos lhes faziam oferendas para que se mantivessem afastadas de suas vidas.

Tenha cuidado neste dia. Evite qualquer empreendimento arriscado ou precipitado e fique atenta às energias belicosas, suas e dos outros. Mantenha-se afastada das interferências e influências marcianas. Procure relaxar e meditar, buscando os meios para manter seu equilíbrio.

7 de março

Anthesteria, início da festa grega das flores e do vinho dedicada à deusa **Flora** e ao deus Dioniso e que durava três dias. No primeiro dia, degustava-se o vinho da safra nova. No segundo, levavam-se guirlandas de flores aos templos. No terceiro, festejava-se o "casamento sagrado" entre o deus e a deusa, representados pelo rei e pela sacerdotisa, reverenciando-se ao final os ancestrais.

Em Roma, comemorava-se Junonália, procissão em homenagem à deusa Juno, a padroeira das mulheres e dos casamentos. Vinte e sete moças vestidas com túnicas brancas carregavam a estátua da deusa, feita em madeira de cipreste. Elas cantavam hinos e eram seguidas pela multidão, que levava oferendas de frutas e flores ao templo de Juno.

Na China e Tailândia a deusa Chih Nu, a tecelã celeste e padroeira dos artistas e artesãos era celebrada com um festival com danças populares e apresentações artísticas. Para preparar um encantamento para aumentar a sua criatividade, trance três fios de lã amarela invocando

as bênçãos da deusa e coloque-os no seu altar pedindo à deusa que abençoe um projeto artístico ou criativo seu.

Antiga celebração do Dia das Mães na Inglaterra, quando se presenteavam as mães com pão fresco e sidra, reminiscências das antigas celebrações das deusas da terra.

Neste dia invoque a deusa Juno para que ela abençoe e proteja sua família e seu relacionamento. Ofereça-lhe um bonito arranjo de flores e frutas, incluindo alguns lírios brancos ou amarelos. Coloque ao lado algumas penas de pavão, alguns búzios e um prato branco com figos cobertos de mel. Depois de orar e visualizar as bênçãos de Juno, leve a oferenda para um canteiro de flores ou uma árvore florida.

8 de março

Dia Internacional da Mulher. *Parabéns mulheres, filhas da Grande Mãe, responsáveis pela volta das deusas à Terra e pela manutenção da chama do amor e da fé no coração da humanidade.*

A data foi escolhida por lembrança a uma série de manifestações em protesto a um incêndio ocorrido no ano de 1857, na cidade de Nova Iorque, em uma fábrica na qual as operárias trabalhavam em condições desumanas.

Dia propício para lembrar as vítimas da opressão e da violência, passada e presente e celebrar o fortalecimento e a solidariedade crescente das mulheres.

Dia da Mãe Terra na China, a antiga deusa ancestral Di Mu/Hu Tu/Di Ya, "a imperatriz da Terra", que personificava as dádivas da Terra. Ela ensinava como viver de maneira abundante, mas respeitando os recursos e o habitat da natureza. Celebravam-se as dádivas da Terra com paradas nas ruas, fogos de artifício, danças e músicas. As pessoas ofertavam presentes de aniversário para a Mãe Terra, colocando moedas, flores, incenso e bonecas de papel em buracos abertos e depois os cobrindo com terra, agradecendo-se por tudo aquilo que a Mãe Terra lhes dava.

Honre a Mãe Terra e reflita sobre a maneira com que possa contribuir para evitar a poluição, os desperdícios ou colaborar com algum projeto ecológico e de sustentabilidade.

9 de março

Celebração de **Ala** ou Ane, a Mãe Terra das tribos Ibo na Nigéria, criadora da vida e senhora da morte. Ala cuidava e protegia seu povo, providenciando tudo o que favorecia e sustentava a vida. Ela deu as leis, ensinou os preceitos da moralidade, forneceu os meios para curar as doenças e estava presente no momento em que a alma fazia sua passagem. Nos templos e nas casas nigerianas encontram-se, até hoje, esculturas em madeira representando Ala cercada de crianças ou segurando inhames e uma faca nas mãos, símbolos da vida e da morte. Nas aldeias Ibo, há sempre uma árvore sagrada em que são colocadas as oferendas para Ala, fazendo os sacrifícios ritualísticos no início e no fim dos plantios. Para obter suas bênçãos podemos colocar um punhado de adubo orgânico ao pé duma árvore ou planta e orar para a revitalização, preservação e proteção do Planeta Terra.

Comemoração da deusa hindu Aditi que representava o céu, o tempo e o espaço infinito. No Tibet as pessoas lhe pediam para guiar o barco da vida, com segurança, através das ondas revoltas. Os budistas acreditam que o mundo é transitório, apenas o espírito é eterno. No Festival da Manteiga era ilustrado este conceito preparando estatuas de manteiga, que depois de abençoadas, eram despedaçadas e distribuídas aos participantes que as entregavam aos rios para derreter e assim suas vidas fluírem. Pegue um cubo de gelo e medite enquanto vê como ele se derrete, refletindo sopre a impermanência da matéria. Acenda uma vela amarela e observe como se apresenta a sua chama: se for baixa, a sua mente é inquieta; se ela for alta, significa clareza mental e se ela for avermelhada, indica conflitos em sua vida.

Festa de Hsi Wang Mu, a deusa Mãe do céu do oeste na antiga China, representando o princípio feminino Yin, enquanto seu marido, Tung Wang Kung, representava o princípio masculino Yang. Essa deusa vivia em um palácio dourado nas montanhas Kun Lun, onde realizava uma grande festa, a cada três mil anos, e distribuía aos outros deuses os pêssegos da imortalidade. As mulheres veneravam-na, agradecendo-lhe a dádiva da menstruação.

Celebração do casal divino grego, Afrodite e Adônis.

10 de março

Celebração de Al-Lat, Elath ou Alilat, a deusa árabe representando a criação e a Terra. Antigamente, Al-Lat era reverenciada em Meca sob a forma de um grande bloco de granito. Mulheres nuas dançavam ao redor da pedra invocando a "senhora" e pediam-lhe proteção e abundância. Os juramentos eram feitos em seu nome, pois como a Terra, ela era eterna e indestrutível. Recitava-se esta afirmação: "eu juro pelo sal, pelo fogo e por Al-Lat, que é a maior de todos".

Al-Lat era uma deusa muito antiga, fazendo parte de uma tríade de deusas do deserto que incluíam **Al Uzza** e **Menat**. Al-Lat representava a terra, a frutificação e a procriação humana e animal. Al Uzza era a deusa virgem da estrela matutina e Menat era a força do destino, a anciã senhora do tempo e da morte. O culto a Al-Lat foi abolido por Maomé, que transformou o arquétipo da deusa no deus Allah.

Festa de Anna Perenna, a deusa romana com duas cabeças, regente do tempo e da reprodução vegetal, animal e humana. Suas celebrações incluíam danças, libações e rituais de fertilidade para atrair a abundância da terra.

Os antigos gregos honravam nesse dia a reconciliação dos deuses Hera e Zeus; representados por pedaços pequenos de carvalho que eram queimados e a sua fumaça oferecida com uma oração. Procure se reconciliar com alguma pessoa com qual você teve algum desentendimento e peça a benção de Hera para sua família.

11 de março

Celebração da deusa grega **Hipátia**, uma das Musas que regia a arte, a ciência e a criatividade. Hipátia era venerada no templo de Delfos ao lado de suas irmãs Mese e Nete, cujos nomes significavam "uma das três cordas da lira".

De acordo com o local de seus cultos, o número das Musas variava: eram três em Delfos e no Monte Helicon, sete em Parnaso e nove em Atenas. Embora cultuadas por mulheres, acreditava-se que elas conferissem seus talentos e habilidades apenas aos homens, mostrando assim a misoginia da sociedade grega mais recente.

Na África honrava-se Hara Ke, a deusa da água doce e das chuvas, que trazia purificação e inspiração. De acordo com as lendas, ela vivia sob o Rio Níger acompanhada de dois dragões e cuidava das almas à espera de renascimento, assim como a terra espera o seu despertar na primavera. Honrando a antiga tradição, junte água de chuva e use-a para molhar suas plantas e para tomar um banho. Imaginando a limpeza de sua aura peça à Deusa renovação e alegria.

Dia de Hércules, o herói e semideus romano, o símbolo da coragem e da força física. Um mito antigo relata uma luta entre Hércules e Hipólita, a linda rainha das Amazonas. Filha do deus Ares, ela usava um cinto de ouro, sinal de sua soberania e poder. Os guerreiros gregos cobiçavam esse tesouro e foram em busca dele, liderados por Hércules, que foi desafiado por Hipólita para uma luta. O desfecho dessa batalha é relatado de forma confusa e contraditória, dependendo da fonte. A versão patriarcal descreve a vitória de Hércules, com a prisão ou a morte de Hipólita.

Aproveite essa data para avaliar de que maneiras você pode aumentar sua força, usando coragem para mudar a si própria e a sua vida. Invoque, depois, as Musas, pedindo-lhes que a ajudem a desenvolver suas habilidades inatas e seu potencial criativo ainda não manifestado. Invoque também Hipólita, para que ela a oriente na maneira de lutar e vencer, sem medo das oposições ou humilhações.

12 de março

Celebração de **Belit Ilani**, a estrela do desejo da Babilônia, amante de vários deuses e padroeira da procriação e da geração. É necessário fazer uma distinção entre outras deusas de nomes similares, como Belili, a deusa suméria da Lua, da água e da sexualidade, equivalente a Ishtar e chamada de Beltis na Fenícia; Belit, a deusa Mãe assíria consorte dos deuses Bel, Enlil, Marduk ou Ashur; Beltis, a deusa do amor e da sexualidade da Fenícia, Caldeia e Babilônia, homenageada com rituais orgiásticos e equiparada a Astarte e Ishtar e Belit Seri, a senhora do mundo subterrâneo da Mesopotâmia e da Babilônia.

Belit Ilani ou Belit Ile, algumas vezes, era representada como uma mulher segurando com seu braço esquerdo uma criança mamando, enquanto com sua mão direita a abençoava. Algumas fontes a consideram um dos atributos da deusa Astarte ou Ninlil.

Comemoração do martírio de Hipátia, a divina pagã. Famosa filósofa e matemática, Hipátia foi assassinada na Alexandria, em torno de 400 d.C., por fanáticos cristãos enfurecidos com sua sabedoria, considerada exagerada para uma mulher e desafiadora para a sociedade.

Na tradição nativa norte-americana, a Mulher Concha Branca trazia para a terra a proteção, a renovação das esperanças e os sonhos. Ela aparecia sobre um arco íris afastando as tristezas e dificuldades, sussurrando sua mensagem na brisa suave ou enviando nas asas de uma águia. Os índios pueblos do Novo México realizam a dança da águia para atrair a chuva e o sucesso através da comunhão com o espírito da águia que lhes favoreciam os poderes sagrados. Na próxima vez que vir o arco-íris, peça à Mulher Concha Branca que lhe envie sonhos benéficos e abençoe sua vida.

13 de março

Holi, antigo festival hindu dedicado à deusa do fogo Holika, celebrado com fogueiras de purificação e rituais de fertilidade. Atualmente, as celebrações são mais joviais e divertidas.

Na véspera, fogueiras são acesas para livrar as pessoas e os ambientes dos espíritos maléficos. No dia da festa, as pessoas se salpicam com pó colorido e as crianças esguicham jatos de água com guache. Reencena-se, assim, a lenda das brincadeiras de Khrishna, despejando água colorida sobre sua amada Radha, no dia de Holi.

Nos países nórdicos celebrava-se Nerthus, a deusa da Terra. No seu festival ninguém podia usar armas ou objetos de ferro, porque ela promovia a paz. Para atrair suas bênçãos faça uma limpeza em sua casa, jogue fora tudo aquilo que não lhe serve mais e enfeite seu altar com flores pedindo a benção da deusa para lhe conferir paz e prosperidade. Oferte-lhe depois um punhado de cereais, leite e vinho.

Em Luxemburgo, celebra-se o retorno do Sol, simbolizando o começo da primavera, com fogueiras, danças e muita festa.

Dia da Purificação em Bali, combatendo a ação de Yami, o deus da morte.

Comemoração da deusa chinesa do céu e da luz Ch'un Ti. Antiga deusa do dia e da alvorada, Ch'un Ti (ou Jun Ti) era representada com oito braços, um deles segurando o Sol e outro a Lua, às vezes com três cabeças. Na tradição do Budismo tântrico, ela aparece como uma deusa guerreira, com dezesseis ou dezoito braços, segurando várias armas (espada, lança, arco e flechas), um raio, um rosário, uma flor de lótus e um vaso com água.

Para se conectar a energia desta deusa, inscreva seu nome três vezes em uma vela branca e acenda-a, pedindo às deusas da Luz que iluminem sua mente e sua vida. Peça-lhes também que a ajudem a encontrar as armas ou os meios para sair vencedora em suas batalhas.

Dia considerado muito favorável para rituais de Wicca e trabalhos mágicos de purificação e renovação.

14 de março

Diasia, uma celebração da Grande Deusa Serpente **Ua Zit** ou Uadjit, do Egito antigo.

Durante essa celebração, oficiavam-se rituais de exorcismo, purificação e expiação, oferecendo-se grãos de cevada para a deusa e usando-se defumações para afastar as doenças.

Na África a deusa Ala representava às estações da terra e da vida, lembrando que tudo é transitório, por isso a vida vegetal, animal e humana era honrada e preservada. Ao acordar acenda uma vela e agradeça pela sua vida, assumindo um compromisso para preservar a natureza e os animais. Faça uma oferenda de inhame e peça à deusa que a ajude encontrar serenidade, prosperidade e renovação.

Celebrações antigas para o Ano Novo em Ghana, com danças e rituais para afastar os maus espíritos e honrar os ancestrais.

Esta é uma data propícia para fazer um ritual pessoal para afastar a pobreza, a doença e os infortúnios.

Defume sua casa com incenso de mirra e benjoim; acenda uma vela verde untada com essência de hortelã e tome um banho de purificação com sal grosso, vinagre de maçã e a essência de seu signo. Visualize suas dificuldades financeiras e as soluções para resolvê-las.

Invoque o poder transmutador da Grande Deusa Serpente para afastar os infortúnios, melhorar seus recursos e dar-lhe o equilíbrio e a sabedoria necessários para saber usar bem o seu orçamento.

15 de março

Dia de **Reia**, a deusa Primal, a Grande Mãe Terra, criadora de todos os seres, deusa da vegetação e dos novos ciclos, mãe de Zeus.

Originariamente, ela não tinha consorte, reinando como uma deusa tríplice com vários títulos designando suas funções: Britomartis, a donzela; Dictyna, a mãe e Coronis, a anciã e senhora da morte. Com a chegada dos invasores helênicos, ela foi transformada na esposa do deus Cronos e mãe da maior parte das divindades do Olimpo. Cronos, o Pai Tempo, devorava seus filhos para garantir sua supremacia e chegou a castrar seu próprio pai Uranus. Nos mitos antigos, era a própria deusa que consumia o Tempo, trazendo a vida e a morte para a Terra.

Celebração da deusa Cibele, na Anatólia, festejando-se o renascimento da terra na primavera pela volta de Attis, amado de Cibele, do mundo dos mortos. O festival era seguido por nove dias de jejum, abstinências e orações, visando à renovação das pessoas.

Em Roma era comemorada a deusa Anna Perenna, que assegurava a paz e a segurança sendo comemorada com o estabelecimento da paz e da harmonia. Vinho ou suco de uva era oferecido sobre a terra orando para ter saúde e prosperidade.

Dia de oferendas para os Espíritos e as Ninfas das Águas nos países celtas.

16 de março

Dia dedicado a **Morgen** ou Morgan Le Fay, a sacerdotisa de Avalon, a ilha sagrada da mitologia celta. Morgan ficou conhecida mundialmente com o livro "As Brumas de Avalon" como Morgana, a meia-irmã do rei Arthur. Originariamente, ela era uma deusa "escura", que regia as Ilhas dos Mortos e presidia a morte e o renascimento dos heróis mortos em combates.

Em várias línguas celtas, "mor" significava mar, sendo os espíritos das águas chamados Morgens. A mais famosa deusa do mar recebeu o título Le Fay – a Fada. Na mitologia galesa, Morgan era considerada a rainha de Avalon, o mundo subterrâneo dos mortos, para onde ela levou Arthur após seu desaparecimento deste mundo. Em outras lendas, Morgan aparece como uma maga e curadora, que vivia com suas oito irmãs na ilha de Avalon, ou ainda um aspecto da deusa da morte Morrigan.

Por ser a maçã o símbolo de Avalon (Avallach significava maçã), comemore comendo a fruta cortada na horizontal, observando o pentagrama formado pelas sementes. Medite sobre seu caminho espiritual, pedindo à Deusa que afaste as brumas das incertezas e ilumine sua busca, permitindo sua transformação e renascimento.

Na Índia a deusa Gauri espalhava a sua beleza, juventude e ternura nas vidas de seus fiéis, ela era representada como uma jovem levando nas mãos um espelho e incensos, que ouvia todas as orações e desejos humanos. Seu nome significava "a dourada" e ela nasceu da Via Láctea. Seu festival era chamado Holi, as pessoas usando roupas coloridas se reuniam dançando e encenando um mito de Gauri com oferendas de arroz, leite, balões coloridos e muita alegria.

17 de março

Festival de **Astarte**. Mencionada no velho testamento como Ashtoreth (vergonha), corruptela de seu verdadeiro nome, Atharath (o ventre), esta deusa era uma versão canaanita de Ishtar, a deusa da sexualidade e regente do Planeta Vênus.

Conecte-se a esta deusa poderosa: olhe para Vênus (a estrela matutina ou vespertina), faça seus pedidos, medite e, em seguida, olhe para um espelho ou para a superfície de um lago até perceber alguma imagem ou receber alguma mensagem ou intuição.

Liberália, festival romano dedicado a Líbera, a deusa da fertilidade e da vegetação, padroeira da viticultura ao lado de seu irmão Líber. Filha de Ceres, ela foi identificada como a deusa grega Perséfone.

Neste dia, para celebrar o renascimento da vegetação, as mulheres idosas das comunidades se colocavam a serviço da Deusa. Enfeitadas com coroas de hera, elas sentavam-se nas encruzilhadas e vendiam aos transeuntes panquecas recheadas com mel. Os romanos compravam as panquecas e as ofereciam à Deusa, comendo um pedaço para reforçar sua virilidade.

18 de março

Celebração de **Sheelah Na Gig**, antiga deusa irlandesa da sexualidade que representava os princípios da vida e da morte. Era retratada por desenhos ou estatuetas grotescas de figuras femininas expondo seus órgãos genitais, simbolizando o portal da vida, enquanto seu corpo esquelético mostrava a decrepitude da velhice.

Para erradicar a força dessa energia intensa da sexualidade, a Igreja Católica usou essas figuras para representar "demônios", colocando-as como esculturas nas colunas ou paredes das igrejas. Até hoje ainda existem essas relíquias, mas seu significado simbólico perdeu-se devido à perseguição desenfreada ao poder da mulher, expresso por sua sexualidade, promovida durante séculos pela Igreja e pela própria sociedade patriarcal.

Ao se conectar a sexualidade alegre e explícita de Sheelah Na Gig, as mulheres resgatam seu poder e o direito de se expressarem de forma livre e consciente, usando sua imagem como amuleto para se protegerem e atrair a proteção da deusa.

Antigamente, na Finlândia, era homenageada neste dia Tuonetar, a rainha da morte, que vivia em uma ilha escura, Tuonetala, cercada de águas sombrias onde nadavam vários cisnes negros.

19 de março

Início de Panathenaea, o festival grego de cinco dias dedicado a **Atena**, a deusa da sabedoria, justiça e estratégia. Festejava-se Atena como a fonte da inspiração dos artistas com competições artísticas, musicais e esportivas. Quintaria era o equivalente romano da Panathenaea, com celebrações para a deusa Minerva.

Na Índia, celebração de Sitala, a deusa das febres, invocada para curar as doenças contagiosas. Embora represente o poder destruidor da vida, Sitala também representa a capacidade de curar as doenças, sendo reverenciada em todas as aldeias e cidades e chamada de Mata (Mãe), tendo vários altares a ela dedicados.

Na Babilônia comemorava-se o início do Novo Ano e o casamento do céu e da terra com celebrações para Anaitis. Ela era a deusa da fertilidade e das águas que fluem do céu para renovar a terra, representada como uma jovem que criava a vida e abençoava as uniões celebradas nesta data.

Invoque a energia da inteligência criativa representada por Palas Atena/Minerva. Acenda uma vela amarela e faça alguns exercícios respiratórios, já que seu elemento é o ar, ligado ao plano mental. Relaxe e transporte-se mentalmente para seu templo interior, procurando ler o livro de sua vida e descobrindo soluções e inovações para sua existência ou os meios para desenvolver e expressar sua habilidade mental ou manual.

20 de março

No hemisfério sul, equinócio de outono assinalando a entrada do Sol no signo de Áries e o início de um novo Ano Zodiacal.

Os celtas celebravam nesta data ou no dia seguinte (dependendo da entrada do Sol no signo de Áries), o equinócio da primavera, denominado Sabbat Alban Eilir ou Ostara, simbolizando o renascimento da natureza e o desabrochar da vegetação. Ostara ou Eostre era uma deusa teutônica que presidia sobre a renovação pessoal e a fertilidade, representando a força vital, a renovação e o início de novas atividades e projetos. Nas suas oferendas eram incluídos ovos pintados ou coloridos e lhe eram pedidos fertilidade (física, mental ou artística), a regeneração das pessoas e da terra, bem como a renovação das esperanças.

Na antiga Grécia celebrava-se, neste dia, o retorno da deusa **Perséfone** do reino subterrâneo de Hades. Sua mãe, a deusa Ceres, feliz com seu retorno, celebrava enchendo a Terra com folhas e flores.

Dia de Idunna, a deusa escandinava que desempenhava a mesma função da Hebe grega, alimentando os deuses com comidas mágicas que os mantinham jovens e vigorosos. Os deuses nórdicos não eram imortais, eles dependiam das maçãs encantadas de Idunna para viverem eternamente.

Festival egípcio da primavera, celebrando a deusa Ísis.

Este dia é consagrado às deusas do Destino (Nornes, Parcas e Moiras), à deusa tríplice Morrigan (da mitologia celta), às três mães hindus (Lakshmi, Parvati e Sarasvati) e à deusa Fortuna.

Celebre o início do Ano Zodiacal começando um novo projeto, atitude, decisão ou compromisso. Revitalize suas energias, renove seu entusiasmo e desperte sua força de vontade e sua criatividade, invocando as bênçãos das deusas para sua vida. Ofereça à deusa Ostara ovos pintados simbolizando seus projetos e compartilhe de uma refeição familiar servindo pratos à base de ovos, brotos e folhas verdes.

21 de março

Festival grego da criação do **Ovo Cósmico**, gerado pela deusa Eurínome e fertilizado pelo deus em forma de serpente Ophion.

Dependendo da entrada do Sol no signo de Áries (em 20 ou 21 de março) pode ser celebrada neste dia a deusa celta da primavera Eostre ou Ostara, com oferendas de ovos pintados ou tingidos com corantes vegetais e colocados em ninhos de palha. Foram essas antigas celebrações que originaram os costumes atuais de presentear com ovos de chocolate na Páscoa, apesar da incongruência entre o simbolismo cristão e os costumes pagãos.

Comemoração eslava da deusa Marzana ou Marena, a senhora do tempo, da natureza e da vida. Em seu aspecto de Kostroma, ela é a donzela que morre no inverno e renasce na primavera. Neste dia, sua efígie feita em palha era carregada em procissão até o rio e entregue à água, levando junto os males da comunidade. As pessoas se banhavam e se jogavam na água para morrerem e renascerem, alternando o choro e o riso.

Comemoração da deusa japonesa Ishikore--Dome, a protetora dos artesãos que trabalham com metal e pedras. Foi ela quem orientou a confecção do espelho que refletiu a luz da deusa Amaterassu refugiada numa caverna, levando-a para sair e partilhar seu brilho dourado com a humanidade. Aproveite a egrégora solar e faça um encantamento com um espelho redondo, cole sobre ele um símbolo da área da sua vida em que necessita de criatividade, maestria ou sucesso, refletindo assim a sua intenção abençoada pela luz da Deusa.

Na mitologia irlandesa, afirma-se que a cidade sagrada de Tara foi fundada neste dia pelas princesas Tea e Tephi (aspectos da deusa Tea).

22 de março

Celebração de **Bast**, a deusa solar egípcia, representada por uma cabeça de gato, sendo padroeira desses que são os animais mais sagrados para os egípcios. Ao morrerem, todos os gatos eram embalsamados e depois enterrados na cidade sagrada de Bubastis, dedicada ao culto da deusa Bast.

Começava em Roma, o Festival do Riso Hilária. As pessoas neste dia se alegravam, iam aos espetáculos e aos jogos esportivos. Esse festival originou-se nos antigos rituais da deusa Cibele, celebrando a ressurreição da terra na primavera.

Celebração da deusa Ininni da Mesopotâmia (equivalente de Ishtar). Uma antiga deusa Mãe, Ininni brilhava com a luz do Planeta Vênus e regia a água e a natureza na Terra. Apesar dessa energia venusiana, ela tinha também um aspecto marcial, como padroeira da guerra e dos répteis.

Dia consagrado à Inara, deusa hitita da sexualidade e do amor, a esposa do deus do trovão Hooke.

Na tradição nativa dos índios Hopi era celebrada a Donzela Borboleta, que regia a beleza e abundância da vegetação. Ela favorecia a conexão com a natureza e ajudava as mulheres ampliarem sua graciosidade, encantos e leveza. Para atrair sua ajuda, as mulheres lavavam seus rostos com orvalho e tomavam banho com água da chuva e ofereciam pétalas de flores para a deusa invocando as suas bênçãos.

23 de março

No Egito, comemoração de **Maat**, a deusa da justiça e da verdade, guardiã da balança que analisava a pureza dos corações dos mortos, comparando-os à pena de avestruz de sua tiara.

Homenageava-se, também, Shait, a deusa egípcia do destino que acompanhava todas as pessoas desde seu nascimento, observando suas virtudes e seus vícios, seus erros e suas realizações. Era Shait quem dava a sentença no julgamento final, após a avaliação da alma por Maat. Essa sentença era definitiva, sendo baseada na observação contínua e escrupulosa da vida do falecido.

Encerramento das celebrações de Atena/Minerva, Quintaria. Iniciadas no dia 19 consistiam de corridas, competições esportivas e musicais, peças de teatro e procissões com tochas. No final, os vencedores eram coroados com ramos de oliveira e a estátua da deusa era vestida com uma nova vestimenta (peplum), tecida pelas jovens ninfas.

Danças romanas Salii para expulsar os espíritos maléficos do inverno e estimular o crescimento das plantas com rituais mágicos.

Comemoração de Marzena, antigo Festival da Primavera na Polônia, celebrado com cantos, danças circulares e fogueiras, festejando o renascimento da natureza. Marzena personificava uma combinação do inverno e da morte com o florescimento e a fertilidade da terra, conduzindo as pessoas no processo de morte e renascimento. Durante os festejos era jogada no rio uma efígie da deusa, para assim descartar os resíduos do inverno e garantir que não teria inundações na primavera. Inspire-se neste costume e descarte algo (fracasso, erro, lembrança negativa) que não te pertence mais, jogando folhas ou galhos secos num córrego ou rio, visualizando os resíduos do passado sendo levados pela água e substituídos por um novo crescimento. Enterrar ou queimar algo tem o mesmo efeito.

24 de março

Em Roma, comemoração da deusa **Cibele**, a Grande Mãe. Originária da Frígia, na Anatólia, seu culto atravessou o Mediterrâneo. Era representada como uma mulher madura, com grandes seios, coroada com espigas de trigo, vestida com flores e folhas e carregando várias chaves. Era a padroeira da fertilidade, vida, morte, sabedoria e dos mistérios sagrados.

Celebração da deusa Prytania ou Britannia, a padroeira de Albion (Grã-Bretanha), cuja imagem aparece nas moedas inglesas.

Na Irlanda, reverenciava-se Emer, a deusa da luz solar, da beleza e do conhecimento. Emer representava todas as virtudes femininas, como beleza, eloquência,

talento artístico e musical, suavidade, lealdade e sabedoria. Pedida em casamento pelo herói Cu Chulainn, ela disse que apenas aceitaria se ele passasse por provas de coragem, lealdade e responsabilidade.

Na Índia era comemorada a deusa Tamra, a ancestral protetora dos pássaros, consorte do deus-tartaruga Kashyapa. O casal personificava a união do céu e da natureza, entre o ar e a terra.

As tribos nativas do estado de Nebraska cuidam e protegem os milhares de garças que se alimentam e descansam nesta região em sua trajetória de migração. Os pássaros sempre inspiraram rituais mágicos para atrair longevidade, saúde e afetuosidade à comunicação grupal. Ofereça sementes para os pássaros da sua área e imagine um projeto ou desejo seu sendo levado por eles para a sua realização pela deusa-pássaro.

Dia dedicado a Heimdall, o deus nórdico guardião de Byfrost, a ponte do arco-íris, que liga o mundo dos homens ao mundo dos deuses.

Dia do Arcanjo Gabriel, o protetor das mulheres que desejam engravidar e das almas dos fetos.

25 de março

Festa da Anunciação, celebrando a concepção de Jesus. Antigamente, considerava-se esta data como a criação do mundo e reverenciava-se a Deusa, a senhora da vida.

Fim do antigo festival romano da alegria Hilária. Comemorava-se o triunfo da luz sobre a escuridão e a alegria pelo renascimento da vegetação na primavera. No final das festividades, faziam-se lavagens ritualísticas das casas e dos templos.

Essa celebração tem origem em um antigo Festival da Anatólia, dedicado à morte de Attis, o amado da deusa Cibele, que enlouqueceu e se suicidou. Atendendo ao pedido de Cibele, o deus Júpiter o transformou num pinheiro cujas folhas, sempre verdes, revelam o mistério do renascimento. Neste dia podem ser feitos rituais de fortalecimento dos relacionamentos e a ativação do chacra cardíaco.

Celebração, na Pérsia, da deusa da fortuna e prosperidade Ashisti Vanuhi, invocada por aqueles que estavam em dificuldades materiais.

Comemoração do deus Marte e de sua consorte, a deusa Néria.

26 de março

Celebração de Mati Syra Zemlja, ou **Zemya**, a Mãe Terra dos países eslavos. Até este dia era proibido arar a terra, cavar buracos ou bater estacas, para não machucar o ventre grávido da Mãe Terra. Honrava-se a Grande Mãe como fonte de vida, de força, de poder e abundância, fazendo-se juramentos e promessas em seu nome. Nos casamentos, colocava-se terra sobre a cabeça dos noivos que, em seguida, engoliam um pouco dela e faziam suas promessas. Para saber como seria a colheita, cavava-se um buraco e procurava-se ouvir o som da terra: o som cheio anunciava fartura; o som oco, perdas. Era considerado um sacrilégio cuspir na terra e, se alguém assim o fizesse, deveria pedir perdão imediatamente. Na Rússia, suas celebrações perduraram até meados do século XX.

Nos países eslavos era comemorada a deusa Leshachikha, protetora dos animais selvagens e guardiã das florestas, que punia aqueles que as depredavam ou desmatavam. Para honrar a sabedoria ancestral, empenhe-se em alguma atividade de preservação da natureza e firme sua decisão colocando no seu altar folhas verdes, uma vasilha de barro com terra vegetal para nela semear – simbolicamente ou de fato – sementes dos seus projetos. O trigo em grão brota rapidamente e é uma excelente fonte para o suco de clorofila feito da sua grama, enquanto os brotos fornecem uma ótima salada.

Nos países nórdicos, Dia do Arado.

Na tradição da deusa, wicca, xamânica e neopagã, Dia da Solidão. Recomenda-se passar o dia, ou parte dele, em isolamento, recolhimento e meditação, procurando o contato com o Eu superior. Caminhe na mata ou à beira-mar, ouça a natureza e sinta o contato com a Mãe Terra, percebendo sua pulsação sincronizada à batida de seu próprio coração.

27 de março

Festival de **Gauri**, a deusa hindu da abundância, padroeira dos casamentos. No Rajastão, as mulheres carregam suas estátuas para os rios, dançando ao seu redor e pedindo abundância nas colheitas. Sua cor sagrada é o amarelo do Sol, do trigo e do milho maduro. Acredita-se que, para atrair sua proteção e a boa sorte para os relacionamentos, deve lhe ser ofertado alguns doces, comendo-se um deles ao deitar para assim atrair doçura em sua vida.

Antigamente, nos países do Mediterrâneo, homenageava-se Athana Lindia, deusa ancestral que representava a fertilidade das colheitas e a paz nas comunidades. Precursora de Deméter e Ceres, ela personificava a prosperidade cultural oriunda da segurança material. Suas esculturas eram feitas com um tronco de árvore, realçando-se apenas sua cabeça – que era adornada com as insígnias de sua cidade natal – e seu pescoço, ao redor do qual eram colocadas várias guirlandas de espigas e de flores.

Celebração da deusa Nut, a regente do céu, cujo cinto estrelado envolve a Terra em uma atmosfera protetora. A sua lenda conta que ela ajudou o deus Ra escapar da Terra e para isso se transformou numa imensa vaca levantando-o para o céu. Quando cansou do esforço, quatro deuses correram para ajudá-la e se transformaram nos quatro pilares da criação e depois nos quatro ventos.

Qualquer prática mágica com a evocação dos ventos honra Nut, você pode pedir suas bênçãos fazendo oferendas adequadas para os ventos. Para a brisa que sopra do oeste, salpique água e peça a cura emocional; para o vento do leste entregue uma pena e peça para se comunicar melhor; para o do norte ofereça terra para fortalecer a estrutura da sua vida e, para o sul, queime um incenso de canela para ativar sua energia vital e a paixão.

Celebração romana do deus do vinho e da fertilidade Liber Pater, com libações e ritos de passagem para a entrada dos rapazes na sociedade dos adultos, havendo a troca de suas túnicas púrpuras pelas brancas. É uma data propícia às reuniões e ritos de passagem masculinos.

28 de março

Dia de **Kwan Yin**, na China e no Japão, a protetora dos lares e regente da compaixão, cura, bondade e felicidade. Kwan Yin é um "bodhisattwa" feminino e o equivalente chinês da Virgem Maria. Seu nome significa "aquela que ouve o choro do mundo", atendendo a cada oração que lhe é enviada. Ao pronunciar seu nome, alcança-se alívio para as dores físicas e morais. Seus seguidores não comem carne e não praticam nenhum ato de violência, vivendo de forma harmônica, fazendo caridade. As estátuas de Kwan Yin representam-na segurando galhos de salgueiro ou coberta de joias; seus gestos são de generosidade e banimento dos medos e dificuldades. As pessoas usam suas estatuetas para meditação, repetindo constantemente seu nome para atrair seus dons de paz e compaixão.

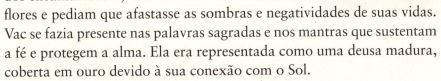

Oferendas em Bali para Vac, a regente hindu dos encantamentos; nesse dia os fiéis lhe levavam flores e pediam que afastasse as sombras e negatividades de suas vidas. Vac se fazia presente nas palavras sagradas e nos mantras que sustentam a fé e protegem a alma. Ela era representada como uma deusa madura, coberta em ouro devido à sua conexão com o Sol.

Na Índia, celebração da deusa da sabedoria Sarasvati, a protetora dos nascimentos e das mulheres, senhora do conhecimento, da fertilidade e da prosperidade. Como padroeira de todas as artes, ela era reverenciada pelos artistas e poetas com oferendas de frutas, flores e incenso, pedindo-lhe o dom da criatividade e da eloquência.

Antigamente na China, reverenciava-se também Tou Mou, a escrivã do Céu. Ela julgava todos os atos dos homens, registrando as datas importantes de suas vidas e anotando os reinos e as atribuições das divindades dos Nove Céus.

29 de março

Delphinia ou Ártemis Soteira, celebração grega da deusa virgem lunar **Ártemis**, protetora dos recém-nascidos e dos animais.

Comemoração de Druantia, a deusa celta da fertilidade, da paixão e da sexualidade. Era tida como a "senhora das árvores", sendo-lhe creditada a invenção do "calendário das árvores", o poder do conhecimento e da criatividade. Os Druidas, posteriormente, associaram este calendário ao alfabeto ogham, criado pelo deus Ogma, bardo da tribo dos seres sobrenaturais Tuatha de Danann, detentor da eloquência e inspiração artística.

Festival africano de Mujaji, a deusa que trazia a chuva e fertilidade aos campos. Os africanos honravam esse dia como o tempo mítico para restabelecer a simetria entre o equilíbrio pessoal e o do seu mundo. Eles usavam trajes elaborados, cantavam e oravam para ter bastante chuva.

Festival de Ishtar, a versão assíria da deusa suméria Inanna, contendo em si a complexidade das qualidades femininas: a alegre donzela, a mãe benevolente, a guerreira altiva, a amante instável, a conselheira sábia e a anciã severa. Invoque a deusa Ishtar ao cair da noite, procurando conectar-se ao Planeta Vênus. Medite sobre a forma como você está vivendo sua feminilidade. Reforce aqueles atributos que lhe são necessários em sua fase atual, preservando sempre sua independência e autossuficiência.

30 de março

Comemoração de **Melissa**, a deusa grega das abelhas. Considerada um dos aspectos da deusa Afrodite, cujo fetiche era um favo de mel, seu nome era atribuído também às sacerdotisas das deusas Deméter e Ártemis. Segundo uma lenda, Melissa tinha sido uma princesa cretense que alimentou Zeus, quando criança, com mel colhido das flores. Após

sua morte, Zeus transformou Melissa em abelha, como gratidão por sua dedicação.

Celebração persa do Ano Novo, festejando o "casamento sagrado da deusa Ahurani e do deus Ahura Mazda" e a criação da raça humana. Antigamente, neste dia, acendiam-se fogueiras e realizavam-se rituais de fertilidade utilizando ovos e espelhos.

Na Babilônia, festa para a deusa Bau, a Grande Mãe, senhora das águas primordiais e do espaço cósmico.

Os persas invocavam a deusa Ahurani para prosperidade e plenitude com oferendas de água e frutos da terra. Comer pão e nozes trazia sorte e bem estar; vestir-se de verde aumentava essas dádivas e de azul proporcionava sabedoria. Inspire-se nesta antiga prática, tome um banho perfumado e beba um copo grande de água internalizando alguns dos atributos de Ahurani ou mentalizando a realização de um desejo seu. Saia de casa, medite olhando o céu, toque a terra e verta água sobre uma planta imaginando que fertiliza um objetivo seu.

31 de março

Na Ibéria, comemoração antiga de Danu, a divindade suprema do panteão celta, mãe dos deuses e dos homens, senhora da luz e do fogo. Ela garantia a seus fiéis a segurança material, a proteção e a justiça. Dana ou Danu, também era conhecida sob outros  nomes: Almha, Becuma, Birog ou Buan-ann, de acordo com o lugar de seu culto. No norte da Espanha continuou a ser cultuada como Maria, a *Señora de Amboto*.

Na Irlanda, neste dia, celebrava-se a deusa da prosperidade e abundância Anu ou Danu, cujo local sagrado – **Paps of Anu** – reproduzia os fartos seios da deusa na forma de duas colinas no condado de Kerry.

Os celtas acreditavam que dava azar emprestar ou pegar dinheiro emprestado neste dia por prejudicar os influxos de prosperidade. Uma simpatia mandava congelar uma moeda, fazendo um encantamento para proteger os ganhos e evitar os gastos.

Celebração da deusa romana Luna, a senhora da Lua e regente dos meses. A ela era dedicada a regência dos meses e das estações, sendo também conhecida sob os nomes Diana, Selene ou Levanah.

A deusa Luna personificava todas as qualidades lunares e era protetora dos viajantes. Ela era representada pela lua cheia que simboliza a consciência expandida, a plenitude das emoções amorosas e os encantamentos reforçados pela exposição à luz prateada. A lua crescente proporciona encantamentos para crescimento e desenvolvimento, a lua minguante diminui e afasta problemas e energias negativas e a lua negra proporciona recolhimento e introspecção.

Aproveite a data e faça uma meditação ao ar livre, "banhando-se" na luz prateada da Lua e pedindo à deusa Luna inspiração, intuição, criatividade e harmonia física, mental, emocional e espiritual. Asse biscoitos em forma de meia-lua, coma alguns e ofereça treze deles à deusa Luna: treze é o número sagrado da Lua, representando boa sorte, realização e prosperidade.

ABRIL

Originariamente inspirado em Afrodite, a deusa grega da vida e do amor, o nome deste mês foi posteriormente adaptado pelos romanos para Aprilis, "o tempo das flores e folhas em botão", uma homenagem para a deusa Vênus. A palavra aperire significava abrir, lembrando o atributo menos conhecido desta deusa: o de "guardiã do portal da vida". Ela era representada nua, com as mãos apontando para seus órgãos genitais, a passagem que permite à alma "abrir a porta da vida". Abril é o mês de abertura no hemisfério nórdico: abertura da terra para receber as sementes; das sementes, que germinam e dos botões, que se abrem em flor. O nome anglo-saxão deste mês era Easter (Oster) Monath (continuando a reverência a Ostara); na Irlanda, este mês era chamado Aibreau e na tradição Asatru (nórdica), Ostara.

No calendário sagrado druídico, a letra Ogham correspondente é Huathe, a árvore sagrada é o espinheiro e o lema é "juntar forças para ir adiante".

A pedra sagrada deste mês é o diamante e as divindades regentes são as deusas Afrodite, Flora, Perséfone, Cibele, Kwan Yin, Ártemis, Bau, Anahita, Coatlicue, Mayahuel, Bast, Hathor, Ishtar e o deus Verde da Vegetação.

Os povos nativos tinham vários nomes para este mês: Lua da semente, Lua do plantio, Lua das árvores em botão, Lua do semeador, Lua da lebre, Lua da relva verde, Lua das árvores que crescem, Lua cor-de-rosa, mês do crescimento.

Mês de inúmeras celebrações e comemorações nas tradições e culturas antigas.

Em Roma, a festa de Megalésia festejava Cibele, a deusa da terra, cujo culto veio da Ásia Menor, onde era venerada como a Grande Mãe. O festival romano de Florália celebrava a deusa das flores e da alegria Flora, enquanto o festival Cereália comemorava o retorno da deusa Prosérpina do mundo subterrâneo e a alegria de sua mãe, Ceres, enchendo a terra de folhas e flores. As mulheres romanas homenageavam a deusa Fortuna Virilis para ter sorte no amor. Em Canaã e na Fenícia, reverenciava-se a deusa lunar ornada de chifres Anahita ou Anat e Anait, enquanto nos países celtas celebravam-se as deusas solares Aine e Brighid. No Egito, comemorava-se Bast, a deusa solar com cabeça de gato. No hemisfério sul, os incas tinham o Festival Camay Inca Raymi.

Atualmente, o Festival Japonês das Flores festeja o nascimento de Buda, mas na tradição xintoísta cultuavam-se os ancestrais, adornando suas lápides com flores.

Nos países nórdicos, 1º de abril é dedicado ao deus trapaceiro Loki e é considerado o "dia da mentira e dos bobos". Em vários países, o "dia dos bobos" permite brincadeiras e piadas em lembrança da mudança do calendário e da saída dos pacientes internados em hospícios para desfrutarem de liberdade.

A última noite deste mês é uma data muito importante na tradição celta, neopagã e Wicca: celebra-se um dos festivais da Roda do Ano – o Sabbat Beltane, reencenando o "casamento sagrado da deusa da terra com o deus verde da vegetação".

Mesmo estando no hemisfério sul, em um país tropical com estações invertidas, você pode usar a antiga egrégora deste mês para avaliar e renovar as sementes de seus projetos e empreendimentos. Cuide de seu jardim (exterior ou interior), abra as portas para o florescimento, celebre a beleza e o amor, inicie uma nova etapa para o seu crescimento.

1º abril

Festival romano Venerália, dedicado à deusa **Vênus**, padroeira da beleza e do amor. As mulheres lavavam suas estátuas e adornavam-nas com joias e flores, queimando incenso e orando para ter alegrias e boa sorte no amor.

Celebrações greco-romanas, apenas para as mulheres, dedicadas às deusas Fortuna Virilis e Concórdia. Invocavam-se as bênçãos das deusas para ter sorte no amor, melhorar a relação com os homens e garantir a harmonia nas famílias.

Na Irlanda, celebrava-se neste dia Blathnat, a pequena flor, antiga deusa da sexualidade e da morte, versão da deusa galesa Blodeuwedd.

Comemoração da deusa lunar Hathor, no Egito.

Celebração da deusa da morte e transmutação Kali, na Índia.

Dia dos bobos na Europa e nos países colonizados pelos europeus. Segundo os historiadores, esse dia teve origem na mudança do calendário, quando o Ano Novo foi transferido de 21 de março, no equinócio da primavera, para 1º de janeiro. Muitas pessoas não gostaram dessa mudança, recusando-se a aceitá-la. Em consequência, sua teimosia passou a ser motivo de brincadeiras e piadas para os outros.

Os franceses chamam o 1º de abril de "dia dos peixes", devido ao aumento dos peixes pescados nessa época do ano e dos incautos fisgados pelas "peças" dos amigos.

Nos países nórdicos, o "dia da mentira e dos bobos" é regido pelo deus trapaceiro Loki. Neste dia, é permitido fazer brincadeiras e "pregar peças" nos desavisados até o meio-dia. Esse costume originou-se nos tempos antigos, quando era permitida a saída dos pacientes internados em hospícios ou manicômios, deixando-os soltos nas ruas durante um dia por ano para a diversão sádica daqueles considerados "normais".

2 de abril

Antigas celebrações celtas para as divindades solares – as deusas Aine e Brighid e os deuses Bel e Lleu – cujos símbolos eram a suástica ou a cruz solar, o **triskelion** (símbolo da tríade) e os círculos, representando o ciclo solar, a renovação da vida e o poder de transmutação. Neste dia,

descarregavam-se os resíduos do inverno queimando, em fogueiras feitas com madeiras sagradas, bonecos de palha representando o inverno e a morte ou afogando-os nos rios consagrados a estas divindades.

Festa de A-Ma, em Macau, reverenciando a deusa lunar portuguesa protetora dos pescadores, invocada para garantir a boa pesca.

Celebração na antiga Escandinávia de Vovó Amma, a deusa protetora dos marinheiros vikings e de suas famílias.

Celebrava-se também a deusa escandinava Rinda, que representava a luta do inverno para continuar no controle, apesar das esperanças das pessoas pela chegada da primavera. No seu mito Rinda, a senhora da terra gelada, resistia com a sua capa de neve, mas acabava cedendo aos avanços amorosos de Odin, que aquecia e derretia seu escudo de gelo. Em alguns lugares, os camponeses encenavam uma luta entre as forças do inverno e da primavera. Para limpar os resquícios do frio, eles criavam uma efígie de palha e a queimavam nas fogueiras. Inspire-se nesta antiga tradição, junte e amarre alguns fios de capim seco e queime-os na chama de uma vela, imaginando uma situação que queira descartar ou apenas aquecer.

Dia da Batalha das Flores, na França, quando as pessoas andavam com cestos de flores, jogando-as para o alvo de suas conquistas amorosas.

No Ruz, o Ano Novo Zoroastriano celebra Ahura Mazda, o deus da sabedoria, da renovação da vida e dos bons influxos para o ano que se inicia. As pessoas vestiam roupas novas e trocavam presentes entre si, festejando ao redor de fogueiras com comidas tradicionais. As crianças recebiam moedas, ovos pintados, nozes e doces.

3 de abril

Asherah era a deusa fenícia, Mãe da sabedoria e guardiã das leis universais que ofereceu à humanidade sua perspectiva sobre o presente e o futuro. Nas histórias, ela podia caminhar sobre a água, gerou setenta divindades e ensinou ao povo a arte da marcenaria e da construção. Nesse dia, em Irã, era celebrado Sizdar Bedah, o festival que celebrava o Ano Novo e promovia a boa sorte, a saúde e a fertilidade da terra.

Na antiga Pérsia, neste dia, ofereciam-se às divindades das águas galhos secos e cestas com sementes germinadas, jogando-as nos rios na esperança de que os azares e as mazelas do ano anterior fossem levadas água abaixo e fertilizadas as sementes dos novos projetos.

Inspirada por esta data crie um encantamento com os dons de Asherah: pegue um pedaço de madeira ou tijolo e risque sobre ele um projeto que você quer realizar ou construir; leve-o depois na natureza com uma oferenda de frutos e folhas verdes (entregando tudo para uma corrente de água ou colocando nas raízes de uma árvore frondosa), pedindo à Deusa a realização do seu pedido.

Festa romana de Florália, dedicada a Flora, a deusa das sementes, das flores e dos frutos. Em Roma, era realizada a celebração da deusa Prosérpina em seu aspecto de donzela da primavera e regente da vegetação.

Festa da deusa hindu Mulaprakriti, a Mãe primordial, manifestada em seus três aspectos como Shakti, Prakriti e Maya.

4 de abril

Começo de Megalésia, o antigo festival romano de **Cibele**, a Magna Mater, Grande Mãe e Mãe Terra, a deusa da vegetação e da fertilidade. Seu culto originou-se na Frígia, na Anatólia, atravessando o Mediterrâneo até chegar a Roma. Cibele era representada como uma mulher madura, de seios volumosos, coroada de flores e espigas de cereais, vestida com uma túnica multicolorida e carregando um molho de chaves na mão. Às vezes, aparecia cercada de leões ou segurando nas mãos várias serpentes. Segundo a lenda, ela apaixonou-se por um jovem – Attis – que a traiu. Ao saber disso, ela o castigou, enlouquecendo-o. Em uma de suas crises de loucura, Attis castrou-se e sangrou até morrer. Cibele, condoída com sua morte, transformou-o em um pinheiro e de seu sangue nasceram violetas. Anualmente, com a chegada da primavera, Attis renascia e Cibele, feliz com seu retorno, fertilizava a terra, enchendo-a de folhas e flores.

O templo de Cibele, em Roma, foi transformado pela Igreja Católica na atual Basílica de São Pedro, no século IV, quando uma seita de cristãos montanheses – que ainda veneravam Cibele e admitiam mulheres como sacerdotes –, foi declarada herética, sendo abolida e seus seguidores queimados vivos.

Em Roma se celebravam também as Carmenae, deusas semelhantes às musas gregas, elas conheciam o passado e o futuro, prediziam o destino das crianças e ensinavam aos homens as artes e a cura. As suas sacerdotisas eram as Sibilas que prediziam as vitórias ou as derrotas nas guerras; os guerreiros as honravam com canções e orações e usavam oráculos para saber como agirem em relação as suas decisões.

Adapte um antigo oráculo romano para obter esclarecimento sobre uma dúvida sua. Escolha sete pedras de cores diferentes (branca, preta, vermelha, marrom, azul amarela e verde), segure-as entre as mãos e concentre-se na sua questão pedindo a permissão e a ajuda das Carmenae. Sacuda as pedras e escolha uma: a preta significa não; a branca, sim; a vermelha, que precisa agir com coragem; a marrom, a situação está confusa; a azul indica certa demora para conseguir; a amarela, falta clareza na comunicação e a verde, sugere um potencial de crescimento, mas que necessita empenho para sua realização.

5 de abril

No Japão, dia para reverenciar a deusa **Kwannon**, equivalente da deusa chinesa Kwan Yin, com oferendas de flores, velas violetas e incenso de lótus em homenagem aos ancestrais. No seu mito descrevia-se como ela nasceu das luzes do arco íris e tinha como dom trazer alívio para o sofrimento e auxiliar na iluminação dos seres humanos. As mulheres que desejavam engravidar pediam bendições e proteção para as crianças deixando oferendas de doces e incenso de lótus, frutas e flores. Para invocar suas bênçãos de proteção, cura, amor e sabedoria, escreviam-se pedidos em rolos de papel de arroz, colocando-os nos altares de seus templos.

Prepare um talismã que incentive os seus dons criativos: coloque uma pitada de chá preto e uma de arroz em uma sacolinha de pano amarelo e mentalize a plenitude, boa sorte e a expansão da sua vida invocando a benção de Kwannon. Guarde este talismã em seu altar ou perto dos mantimentos na sua cozinha.

Em Roma, festa da deusa Fortuna, senhora da boa sorte e da abundância, padroeira dos jogadores, invocada por eles antes de apostarem.

6 de abril

Celebração de **Tara**, a deusa hindu das estrelas, uma das manifestações de Kali como senhora do tempo. Seu símbolo – a estrela – é visto como um elemento de autocombustão perpétua, por isso, Tara representa a fome insaciável (espiritual e energética), que promove toda a vida. Nesta representação, Tara é a deusa do autodomínio, podendo ser invocada por seus cento e oito nomes, usando um rosário de cento e oito contas. Ela aparece ou como adolescente ou como barqueira, que levava os homens do mundo da ilusão ao do conhecimento. Tara tem cinco manifestações, cada uma com sua cor e nome – branca, verde, azul, amarela e vermelha –, sempre representando a Mãe divina. Procure saber mais sobre a deusa Tara e conecte-se com uma destas faces e seus atributos de acordo com a sua afinidade e necessidade.

Festival Ching Ming, dedicado à deusa Kwan Yin ou Guanyin, a mãe da bondade, compaixão, saúde, cura e bem-estar. Preocupada com o bem da humanidade, Kwan Yin abriu mão de sua condição de bodhisattva (ser iluminado) para permanecer na Terra até a iluminação de todos os seres humanos.

A deusa celta Sequana era celebrada com um festival de barcos ao longo do rio com o mesmo nome. Suas estátuas a representavam em um barco com formato de pato, em pé e de braços abertos, para receber as orações de seus fiéis. Em vários rios na França, celebrava-se o festival da primavera dedicado às crianças, que colocavam na água miniaturas de barcos com velas acesas dentro deles. Cada barco representava um pedido para atrair a alegria, o bem estar e a realização dos desejos. As mulheres, por sua vez, colocavam barquinhos de madeira com velas acesas para agradecer e celebrar a vida renovada, pedindo às divindades rumos certos para si e proteção para seus filhos.

Copie esse antigo costume, coloque um barco de cartolina com seus desejos escritos em tiras de papel em uma água corrente; invoque e agradeça as bênçãos de Sequana para a concretização de um objetivo pessoal, desde que seja para o seu bem maior. Tome um banho com alecrim para ter boa sorte, canela para saúde, cominho e gengibre para movimento, hortelã para dar alegria ou use essas ervas em um chá para interiorizar a benção da Deusa.

7 de abril

Neste dia, nos países eslavos, reverenciavam-se os espíritos benevolentes que moravam nas grutas, florestas, campos, jardins ou nas casas. Chamados de **Divja Davojke**, eles ajudavam as mulheres em suas tarefas caseiras: limpar, cozinhar, moer os grãos ou fiar a lã. Por serem auxiliares preciosos que trabalhavam rápido e sem se cansar jamais, eles eram reconhecidos como protetores, tendo seus lugares prediletos respeitados e reverenciados periodicamente com  oferendas de pão, mel, queijo, bolo de fubá, lã, moedas e vinho.

Celebração de Blajini na Romênia. Blajini significa "seres meigos", neste dia, eram feitas oferendas de pão fresco e vinho para os seres da natureza e para os espíritos ancestrais. Para você receber as bênçãos dos espíritos da água, leve uma oferenda especial com flores e algumas moedas para qualquer fonte ou rio. Tome um copo d'água devagar, sussurre seus pedidos e sonhos para eles e crie um encantamento verbal em forma de estribilho enquanto visualiza o seu pedido sendo realizado.

Na Grã Bretanha comemorava-se Coventina, a regente celta dos rios, descrita como uma ninfa aquática flutuando sobre uma folha e segurando jarros com água. Eram-lhe ofertadas moedas, pedras semipreciosas e flores.

Celebração da deusa hitita Kait, a guardiã das colheitas e padroeira da agricultura, e de Kadi, a deusa assíria da terra e da justiça, invocada em todos os juramentos e contratos.

Dia Mundial da Saúde: ore pela saúde de todos e pela cura das doenças crônicas e letais, pedindo aos anjos da cura e aos seres espirituais que inspirem e iluminem a mente dos cientistas e pesquisadores.

8 de abril

Mounychia, celebração da deusa lunar **Ártemis**, na Grécia, com danças e oferendas de bolos em forma de meia-lua, cercados de lamparinas acesas. Agradecia-se à deusa pela luz da Lua e pela proteção e cura das mulheres e crianças.

Em Roma, honrava-se a deusa lunar Titânia, um aspecto da deusa Diana e em Cartagena, Tanit, a deusa da lua crescente e da noite.

No país de Gales celebrava-se a deusa Blodeuwedd, cujo nome significava "rosto de flores", porque ela foi criada por uma magia que misturou folhas de carvalho, flores de prímula, margaridas, violetas, amor-perfeito, gerânio e papoulas. As lendas contam que ela tinha sido infiel ao seu marido e, como castigo, os magos lhe deram um rosto de flores. Em outro mito conta-se que após a descoberta da sua traição ela foi transformada numa coruja, para lembrar às pessoas duas lições importantes: os relacionamentos são frágeis e a beleza é apenas passageira.

Na Inglaterra vendem-se neste dia gerânios para coletar fundos para obras de caridade, principalmente para os cegos. O gerânio representa a compaixão que motiva qualquer ato de caridade e desta forma intenciona-se transmitir a beleza de Blodeuwedd como uma qualidade para a alma. Mesmo se não tiver dinheiro para uma contribuição, ofereça algum tipo de ajuda para uma pessoa carente, incapacitada ou algum animal abandonado.

Os países eslavos homenageavam Hovava, Teleze-awa e Vyestitsa, deusas lunares correspondentes às três fases da Lua. Aproveite a data e prepare alguns biscoitos em forma de meia-lua. Convide algumas amigas e, juntas, celebrem a conexão com a Lua, compartilhando anseios, buscas e realizações como mulheres e filhas da Deusa.

9 de abril

Em Roma celebrava-se, neste dia, **Bellona**, deusa da guerra, da estratégia e da soberania territorial. Foi a precursora do deus Marte e era invocada antes de uma batalha para decidir as táticas da guerra ou a estratégia das negociações. Originariamente, a deusa da guerra da Capadócia era Mah; ao ser assimilada ao culto da deusa Bellona, passou a ser chamada de Mah Bellona.

Celebração da deusa celta da guerra **Andrasta**, a invencível. Nesta data comemorava-se também a vitória das mulheres saxãs, conduzidas pela valente rainha Boudica, devota de Andrasta, em 1002 a.C., sobre as tribos dinamarquesas, que haviam vencido anteriormente o exército saxão.

Celebração de A-Ma, a padroeira dos pescadores e marinheiros da região de Macao, na China, às vezes chamada de Matsu, protetora das tempestades – literais ou figurativas. A lenda diz que ela alcançou a iluminação e a maestria da magia aos 28 anos, quando se tornou uma deusa. Em Portugal, nesse dia, também são feitas procissões para a deusa A-Ma, reverenciando-a como padroeira dos pescadores e em agradecimento pelas dádivas dos peixes.

Inspirada por estas deusas rememore e celebre suas vitórias passadas quando venceu oposições e limitações, superando, assim, os obstáculos encontrados em sua realização como mulher, seja no campo profissional, seja na sua expressão pessoal.

10 de abril

Dia de **Bau**, na Babilônia, a deusa do Céu, da Terra e do mundo subterrâneo, mãe de Ea, o deus das águas. Nos tempos muito antigos, Bau era a Mãe primordial na Babilônia e na Fenícia, criadora de todos os seres vivos. Mais tarde, foi fragmentada em outras deusas, das quais apenas a deusa Gula continuou sendo cultuada como deusa Mãe, detentora do poder de sustentar a vida, provocar ou curar doenças.

Em Afeganistão, Poluknalai era comemorada como a protetora dos animais, vigiando para que os animais não fossem maltratados.

Nos Estados Unidos, no primeiro domingo de maio comemora-se a fundação da Sociedade Humanitária, criada para prevenir a crueldade com os animais; inúmeras organizações e eventos levantam fundos hoje e divulgam eventos e campanhas. Se você puder, adote um animal ou faça uma pequena doação para qualquer organização da sua área que tenha os mesmos propósitos caritativos.

Terminam as festas de Megalésia, dedicadas à deusa Cibele, celebradas com corridas de cavalos.

No folclore celta acreditava-se que, neste dia, o Sol "dançava" nos primeiros momentos da alvorada. Na Irlanda, as pessoas acordam cedo para ver os primeiros raios do Sol dançando sobre a superfície da água (nos rios e lagos ou, ainda, em uma vasilha com água), buscando ver nestes reflexos algum presságio para suas vidas.

11 de abril

Na Mesopotâmia, homenageava-se **Anahita**, a senhora da vida e da morte, deusa da guerra associada com a violência e intensa sexualidade. Anahita tinha quatro aspectos separados: guerreira, virgem, mãe e libertina. De mãe criadora podia transformar-se em uma vingadora cruel. Apesar de ter sido a amante de todos os deuses, preservava nos mitos e lendas a sua virgindade. Seu culto foi absorvido pelo da deusa Asherah, mas seguidores fiéis levaram-no até o Egito, onde Anahita continuou a ser cultuada com os nomes de Anthyt, Anaitis, Antaeus e Anta.

Na antiga Pérsia, celebrava-se neste dia Kista, a deusa do conhecimento e da sabedoria, que era também protetora dos seres humanos e provedora dos alimentos. Kista era invocada e reverenciada com Daena, uma deusa protetora das mulheres, guardiã da justiça e condutora das almas.

Na Armênia, celebração de Anahita, a deusa do amor e da Lua, considerada mãe, protetora e benfeitora.

Festa de Elaphebolia, na Grécia, celebrando Ártemis em seu aspecto de deusa da caça e senhora dos animais selvagens. Ofereciam-se bolos em forma de cervos, os animais totêmicos da deusa, pedindo-se a sua proteção contra os caçadores.

Em Roma, neste dia, colocavam-se coroas de louro ou murta na cabeça das crianças invocando a bênção da deusa Diana contra o mau-olhado e as doenças.

Celebrava-se o festival romano da deusa Fortuna, cujo símbolo era a cornucópia e a roda; ela propiciava as mudanças positivas e a boa sorte. Simbolicamente, para atrair a ajuda de Fortuna, asse alguns biscoitos de aveia com mel, riscando neles símbolos de boa sorte. Ou vista neste dia roupas nas cores que indiquem o que você deseja receber da deusa Fortuna: verde para prosperidade; azul para tranquilidade; vermelho para força e sucesso; amarelo para comunicação e criatividade; dourado para boa sorte e purpura para espiritualidade.

Festival chinês Tuan Yang Chieh, com processões de barcos decorados com imagens de dragões. Flores eram oferecidas aos dragões das águas, pedindo sua proteção para os barcos, viajantes e navegadores.

12 de abril

Na antiga Roma, começava neste dia Cereália, o festival anual para garantir a fertilidade da terra, dedicado às deusas Ceres e **Ops**. Durante oito dias, as pessoas celebravam as deusas com oferendas de grãos e frutos, cânticos, danças e procissões com tochas.

Celebração de Chu-Si Niu, a deusa padroeira dos partos, em Taiwan. As mulheres grávidas iam para os templos pedir bênçãos para seus filhos, levando oferendas de flores.

Na antiga Grécia honrava-se, neste dia, Ilithya ou Eileithyia, antiga deusa pré-helênica, precursora de Ártemis, padroeira dos partos e a parteira de todos os deuses. Posteriormente, os romanos usaram seu nome como adjetivo para Juno e Lucina em suas atribuições como deusas dos partos. Em Roma, homenageava-se Vagitanus, a deusa que induzia o primeiro grito dos recém-nascidos.

O Festival Chhau na Índia celebrava Mahesvari como o aspecto protetor da deusa Lakshmi, que protegia as pessoas que corriam perigo. Se você estiver numa situação sem solução aparente, peça a Mahesvari para que abra uma porta e lhe ajude resolver o problema. Na Índia existia o costume de dançar e bater tambor imitando a alegria da vitória imaginária obtida sobre uma negatividade ou azar da vida.

Inspire-se nesta antiga tradição e faça uma roda de oração como usam os budistas, escrevendo suas orações sobre um círculo de papel. Mentalize a sua intenção e gire essa roda visualizando o direcionamento das orações na direção da deusa. Use um tambor ou improvise um com uma caixa para bater e dance para celebrar sua vitória; ofereça depois para a deusa arroz salpicado com alecrim, canela e cúrcuma.

13 de abril

Festa hindu para os deuses **Indra** e **Indrani**, o casal divino que rege o amor, a sexualidade e a vida.

Kamo Tama Yori Hime, o "casamento sagrado do deus Izanagi-no-mikoto e da deusa Izanami-no-kami", resultando no nascimento da criança Kami.

Celebração Sikh para o Ano Novo. Este festival – chamado de Vaisakhi ou Baisaki – é uma data religiosa, social e política. Diferente dos hindus, que celebram a colheita com oferendas, os peregrinos Sikhs vão aos templos de madrugada, tomam banhos de purificação e ouvem os ensinamentos dos gurus. Novos adeptos – homens e mulheres – são iniciados na fraternidade dos Khalsa, que usam cinco emblemas como distintivos: um pente de aço, uma pulseira de ferro, uma espada pequena, calças curtas e cabelos longos.

Festival budista da água, na Tailândia, lavando e purificando as estátuas, os altares e as pessoas, afastando, assim, os espíritos maléficos e os resíduos negativos. A deusa Tou Mou era a guardiã das dividas e era representada sentada na frente de livros, anotando as boas e más ações das pessoas. O seu brilho iluminava as vidas humanas revelando tanto o bem, como o mal e para alcançar a sua ajuda e perdão lhe eram oferecido arroz, frutas e atos de bondade. As pessoas de idade recebiam atenção especial de Tou Mou e por isso os parentes dedicavam esse dia para cuidar e ficar junto delas. Também eram oferecidas sementes para os pássaros e eram avaliados os comportamentos passados e recentes para verificar o seu carma pessoal.

Comemoração do nascimento, em 399 a.C., do grande mestre Mahavira, com cânticos, oferendas de flores, incenso e perfumes para suas imagens, além da leitura de seus ensinamentos.

Festival romano da primavera, Libertas, celebrando a deusa da liberdade pessoal e da justiça.

14 de abril

Celebração na Caldeia de Marah, a deusa protetora da água salgada, a Mãe das águas primordiais. Os gregos reverenciavam-na com o nome de **Anfitrite** e Tétis e os romanos como Salácia.

Festival na Índia celebrando a deusa do mar Mariamna, conhecida em outras culturas como Mari, Mara, Tara, Tiamat, Stella Maris, Mer, Maerin, Mari Ana, Marah, Iemanjá ou Afrodite.

Em Nepal a deusa Sri é considerada a protetora do Dalai Lama e era descrita tendo três olhos, o que lhe dava o poder da visão a longo alcance. A celebração Nara Varsa incluía banhos rituais para atrair a fertilidade, prosperidade e boa sorte de Sri.

Use alguma roupa azul e dedique um tempo de meditação durante o dia para agradecer as dádivas obtidas na sua vida. Procure adquirir um colar ou uma pulseira com as pedras sagradas de Sri: sodalita, topázio ou turquesa. Quando precisar dos atributos de Sri, mentalize um botão de flor rosa na região do seu coração e uma luz azulada, brilhando acima da sua cabeça e pulsando no ritmo do seu sangue. Você sente as pétalas da flor se abrindo para receber o calor e a vibração luminosa; estas energias são absorvidas pelo seu coração que se transforma em lótus, a flor da deusa Sri. Ela está agora no centro do seu coração, podendo chamá-la sempre que precisar.

Dia considerado desfavorável às viagens marítimas, necessitando de muita oração e proteção espiritual das divindades do mar. Foi neste dia que o famoso transatlântico Titanic chocou-se com um iceberg e afundou, causando a morte de milhares de pessoas.

15 de abril

Fordicália, festa romana para **Tellus Mater**, a Mãe Terra, que se honrava neste dia sacrificando-lhe uma vaca prenha, símbolo da terra fértil que desabrochava na primavera. Após queimar o embrião na fogueira, espalhavam-se suas cinzas nos campos para assegurar assim a fertilidade das colheitas. Tellus Mater era também invocada nos casamentos para abençoar a união com fertilidade e prosperidade. Nos funerais, os mortos eram entregues a ela para descansar em seu ventre à espera do renascimento.

No Japão festeja-se, neste dia, o "Falo de Ferro", Kanamara Matsuri, um antigo deus da fertilidade e da reprodução humana, invocado para curar a impotência e a esterilidade masculina.

Na China, antigamente, os casais sem filhos e os homens de mais idade, iam em peregrinação aos templos da deusa Bixia Yuanjin, a senhora da fertilidade, pedindo suas bênçãos para a continuação de sua linhagem.

Em Nigéria comemorava-se a deusa Asase Yaa, a anciã da terra que governava a fertilidade, o plantio e a colheita. Ela

era representada como o "ventre da terra" que gerava a todos e a quem todos retornavam depois de morrer. Na vida, ela presidia sobre a verdade e as virtudes; após a morte, ela julgava os espíritos e os acolhia para o repouso. Antigamente, na Nigéria, em abril, a cada dois anos, eram honrados os espíritos dos mortos com um festival especial – Awuru Odo – semelhante a uma grande e estendida reunião familiar. Guiada por este antigo costume, tente se reunir com seus familiares, porém se não conseguir por estarem longe, faça um altar com as fotos deles e coloque na frente das fotografias um pouco de terra fértil, para que a presença ancestral e protetora de Asase Yaa se estenda sobre eles.

16 de abril

Celebração asteca de **Coatlicue**, a deusa da vida e da morte, representada como uma figura feminina sem cabeça, adornada com serpentes, penas e colares de caveiras. Segundo a lenda, Coatlicue, embora fosse virgem, deu à luz o deus Quetzalcoatl, tendo ficado grávida pelo toque das penas brancas que enfeitavam seus seios. Considerada a criadora primordial, preexistente a qualquer outra criação, ela governava também a morte, definindo o prazo de vida de todas as criaturas.

Festival da deusa egípcia Bast, a deusa solar com cabeça de gato que representava o poder fertilizador do Sol, enquanto que sua irmã, Sekhmet, com cara de leão, simbolizava o calor destruidor do Sol.

Festival anual Hiketeria, dedicado a Apolo, o deus grego do Sol.

Antiga data no calendário caldeu honrando Levanah, a deusa da lua minguante, controladora das marés. Posteriormente, Levanah foi renomeada pelos gregos como Selene e pelos romanos como Luna.

A deusa romana Pomona, protetora das hortas e dos pomares, e seu consorte, o deus Vertumnos, eram comemorados com o Festival Ludi e lhes eram ofertados os primeiros frutos como gratidão pelas suas bênçãos.

Aproveite essa antiga egrégora e agradeça a Pomona pelos frutos que nutrem e sustentam a sua vida. Prepare um elixir de flores mergulhando diversas pétalas em água quente e use-o para se abençoar, vestindo uma roupa colorida e estampada com flores ou frutas. Comemore seus "frutos da mente ou espírito" comendo uma salada de frutas e divida-a com os pássaros da sua área.

Nesta data, ocorreu uma das aparições de Maria à menina Bernadette, em Lourdes, na França. O local da aparição era um antigo lugar sagrado da deusa Perséfone que foi destruído pelos cristãos.

17 de abril

Comemoração de **Rana Neidda**, a deusa finlandesa da primavera e da chuva, protetora das renas prenhes.

Celebração hindu de Ranu Bai, a deusa da chuva, da fertilidade e da primavera. As mulheres estéreis reverenciavam-na, levando vasilhas com água de chuva para suas estátuas e pedindo-lhe que fertilizasse seus ventres.

Na Austrália, os aborígenes honram Wonambi, a deusa da chuva e da fertilidade, vista como uma serpente guardiã do arco-íris.

Celebre o poder purificador da chuva, passeando nela com a cabeça descoberta, "lavando" sua alma e "limpando" seus aborrecimentos. Recolha água da chuva e guarde-a para seus rituais ou para lavar seus cristais, suas pedras e os objetos de seu altar.

Início do Festival das Carruagens no Nepal, dedicado ao deus da chuva Macchendrana, antigo e poderoso deus hindu.

Na China, homenageava-se nas fontes d'água Xiumu Niangniang, a Mãe das águas, na época das chuvas e inundações, pedindo-lhe que suas dádivas viessem na medida certa.

Na antiga Grécia eram comemoradas as Graças, as deusas que inspiravam todas as artes e encorajavam a criatividade que levava à beleza. Para reverenciar essas padroeiras das artes dedique-lhes alguma imagem, um quadro ou estatueta ou faça você mesmo um desenho ou pintura, pedindo-lhes para orientar, diversificar ou expandir a sua criatividade. Oferte-lhes em seguida uma taça com vinho e algumas flores ou plantas aromáticas e abençoe em seu nome o perfume que você usa habitualmente, para atrair desta forma a sua presença quando for usá-lo.

18 de abril

Rava Navami, festival hindu consagrado ao deus **Rama** e à deusa **Sita**. Neste dia, durante um ritual, a terra era arada pelo rei ou chefe da comunidade, invocando as bênçãos das divindades para as colheitas.

Segundo a lenda, a deusa Lakshmi encarnou como uma moça, Sita, para poder casar-se com Rama, herói que era a encarnação do deus Vishnu. A missão de Sita, que nasceu da terra quando foi arada, era assegurar a destruição de Ravena, rei demoníaco vencido por Rama.

Em Burma, Sipe Gialmo era uma deusa mãe que tinha três olhos para cuidar dos seus filhos, usava uma espada para protegê-los e uma vasilha com água para purificá-los. Antigamente, em torno desta data, era celebrado um Festival de Água, em que durante três dias as estátuas dos templos eram limpas, assim como os participantes.

Aproveite esta data e limpe o seu altar, seus objetos sagrados e tome você mesma um banho de flores e plantas aromáticas. Borrife uma essência floral na sua casa e no seu carro para atrair a boa sorte e a proteção da deusa.

Celebração na Indonésia da "Donzela das Bananas" – a equivalente de Sita –, reverenciada como deusa da vegetação e do plantio e de Hainuwele, a Mãe das palmeiras, deusa da abundância e da colheita.

Thargelia, festival grego de purificação dedicado aos deuses solares Apolo e Hélios, às deusas lunares Ártemis e Selene e às Horas, as deusas das estações. Eram feitas oferendas de frutos e produtos da terra, agradecendo com cânticos e orações as dádivas dos deuses e pedindo suas bênçãos para a colheita. Durante as cerimônias de Targélia, todas as crianças, com exceção das órfãs, levavam galhos de oliveira enfeitados com fitas brancas e vermelhas, figos, nozes, doces e vasilhas com vinho aos santuários. Dois homens adornados com colares de figos brancos encenavam um ritual de expulsão do mal, chamado Pharmakos, lutando com outros dois homens, escolhidos entre os prisioneiros e enfeitados com figos pretos. Os vencidos, considerados "bodes expiatórios", eram chicoteados com galhos de espinhos e urtigas. Depois de alimentados com bolos de cevada, figos e queijos, eles eram expulsos da cidade, para levar consigo os pecados e as mazelas da comunidade.

19 de abril

Celebração, nos países escandinavos, de **Freyja**, a deusa da fertilidade, da sexualidade, do amor e da magia. Ela era representada como uma linda mulher, enfeitada com joias de ouro e âmbar, vestindo um manto de penas de cisne, luvas de pele de gato e conduzindo uma carruagem puxada por gatos ou javalis. Nos países anglo-saxões o dia de sexta-feira foi nomeado em sua honra e, apesar da oposição da Igreja, o povo continua a casar-se neste dia para receber as bênçãos da deusa.

Embora também seja regente da morte, sob o nome de Valfreyja, sendo a chefe das Valquírias (as condutoras das almas dos mortos em combate) ela não era uma deusa atemorizadora, pois sua essência era o poder do amor, da magia e da sexualidade, embelezando e enriquecendo assim a vida.

Encerra-se, neste dia, o Festival da Cereália, dedicado às deusas dos grãos Ceres e Ops em Roma, Deméter na Grécia e Damkina na Suméria. Ao contrário de Tellus Mater, que era a própria Terra, Ceres/Deméter era a força da natureza, do crescimento e da nutrição. Suas celebrações incluíam rituais de purificação da terra e de incentivo à abundância das colheitas.

Em Bali, a deusa maga Rangda auxiliava as mulheres para conceber e aumentava a fertilidade e virilidade masculina. Para comemorar e agradecer a abundância da terra, as mulheres usavam túnicas amarelas e levavam oferendas de frutas e flores para Rangda.

Rangda pode ajudá-la a melhorar a prosperidade na sua vida. Para isso corte uma melancia pela metade e a ofereça para a deusa, preparando da parte restante uma salada com outras frutas tropicais. Coma devagar, imaginando em cada garfada a realização de um objetivo seu. Para favorecer a concepção de um filho, vista uma roupa amarela e decore seu quarto e cama com flores, luzes e roupas amarelas; antes de fazer amor, invoque Rangda e peça a sua bênção e proteção para encaminhar-lhes um espírito compatível com vocês.

20 de abril

Palília, festa da deusa romana Pales, protetora do gado e dos animais domésticos. Neste dia, os animais eram enfeitados com galhos verdes e passados pela fumaça das fogueiras para afugentar as más vibrações. Oferecia-se leite e bolo de fubá à deusa, pedindo suas bênçãos.

Comemorações antigas das divindades com características taurinas, como Audhumbla, Asiat, Hera, Nut, Hathor, Pales, Prithivi, Suki, Tefnut, A Mulher Búfala Branca e o deus Ápis.

Aproveite a data e defume ou benza seus animais de estimação e seus abrigos com essência e galhos de eucalipto. Invoque a proteção da deusa para seus amigos de duas ou quatro patas, com pelo, penas ou escamas, que correm, voam, nadam ou rastejam. Lembre-se de sua responsabilidade com a Mãe Terra e com seus irmãos de criação, contribuindo com o equilíbrio planetário.

No Japão era comemorado o Festival Furukawa Matsuri honrando os seres semidivinos chamados Tennin, que gostavam de música e protegiam as pessoas. Eles eram representados com asas estendidas, mantos de penas e lindas feições, entoando canções melodiosas. Para atrair a sua proteção, neste dia as pessoas colocavam lanternas coloridas nas casas e andavam pelas ruas fazendo muito barulho para afastar as energias negativas e os fantasmas da escuridão. Para a conexão com a energia benéfica dos Tennin usavam-se penas de pássaros nas carteiras e colocavam-se véus transparentes nos locais que precisavam ser protegidos.

21 de abril

Festival da deusa egípcia **Hathor**, a rainha do céu, da Terra e da Lua, a criadora primordial, Mãe de todas as divindades. Manifestada sob sete aspectos, as sete Hathor eram associadas aos sete planetas antigos e consideradas as protetoras das mulheres, do casamento, da família, das artes, do amor, da música e da astrologia. Eram elas que davam às pessoas as sete almas (ou corpos) ao nascer.

Hathor foi reverenciada por mais de três mil anos, representada ora como mãe ou filha do Sol, com cabeça de vaca ou de leoa, ora como mulher, adornada com os chifres lunares, ora como a árvore da vida, senhora do Céu e também do mundo subterrâneo, Mãe da vida e da morte. Em seu aspecto escuro como rainha dos mortos, Hathor aparecia como a Esfinge, deusa Sakhmis ou Sekhmet, a deusa com cabeça de leão. Hathor foi venerada em Israel, em seu templo de Hazor, até 1100 a.C., quando foi destruído e seu culto proibido.

Em Creta havia o culto Tauropolos que honrava a deusa taurina cretense, protetora dos campos e dos lares, comemorada com rituais de fertilidade e as provas de coragem dos jovens saltando sobre os touros. Se tiver alguma área da sua vida em que precisa literalmente "pegar o touro pelos chifres", procure uma imagem de touro, coloque-a no chão com um símbolo da sua aspiração e dê um salto sobre este ponto mágico, dando um grito de vitória. Desta maneira você internaliza as qualidades de tenacidade, persistência e força, que poderá depois direcionar para seu objetivo, imaginando com convicção que já atingiu o seu objetivo.

22 de abril

Festival de **Ishtar**, na Babilônia, a deusa que representava a força da vida e da luz, sendo reverenciada como deusa da sexualidade e da fecundidade. Ishtar personificava a totalidade dos atributos femininos; ela era ao mesmo tempo a mãe nutridora, a companheira independente, a fogosa amante e a sábia conselheira. Tendo descido do Planeta Vênus, era associada com a Lua, a estrela matutina e vespertina, reverenciada como protetora dos namorados e amantes. Seus animais sagrados eram a pomba, o cisne e o leão e suas oferendas de flores, comidas e bebidas eram seguidas de rituais de amor. Seu culto foi proibido pelos hebreus patriarcais e sua figura denegrida pelas Escrituras, passando a ser considerada como "a mãe das prostitutas" ou "a grande prostituta da Babilônia".

Para honrá-la, conecte-se com o Planeta Vênus usando um talismã em forma de hexagrama ou estrela de seis pontas e procure conhecer os aspectos e atributos da localização do planeta no seu mapa astrológico para melhor fazer uso deles.

No Japão, festa do casal divino O-Yama-no-kami e Kemo-tama-yori-hine. Invocados para abençoar os casais com harmonia e fertilidade, eram reverenciados com cânticos, oferendas de frutos e encenações do ato sexual.

Cerimônia de Plenteria, em Roma, a lavagem ritualística do templo da deusa Minerva.

Dia da Terra, na Islândia, celebrando a chegada da primavera e homenageando Gerda, a severa deusa da terra congelada pelo inverno, que despertava pelo toque luminoso de Freyr, o alegre deus da primavera e da vegetação.

Dia Internacional da Terra, celebrando Gaia, a Mãe Terra. É uma data indicada para orar pela paz e pela pureza do meio ambiente.

23 de abril

Festival do Green Man, o deus verde da vegetação, o caçador Herne, uma das manifestações do deus **Cernunnos**, o princípio masculino fertilizador da terra e consorte da deusa.

Dia de São Jorge, no Brasil. Na umbanda popular celebra-se o orixá Ogum, a divindade ioruba do ferro, das lutas e da guerra. Aproveite esta data para sintonizar-se com esta energia guerreira para sua defesa e proteção. Acenda uma vela vermelha ou laranja, defume sua casa e seu carro, em um vaso de barro plante as plantas mais indicadas para defender sua casa ou local de trabalho, como espada e lança de Ogum, comigo-ninguém-pode, arruda, guiné, pimenta e pinhão roxo.

Celebração egípcia de Neith, antiga deusa do Céu, protetora das comunidades tribais, dos trabalhos manuais e dos artefatos de guerra. Um de seus nomes era Tehenut, significando "aquela que veio da Líbia" e o outro Mehueret, "a vaca celeste". Esta deusa tinha inúmeras atribuições, uma delas sendo a regência dos contratos de casamento. Nos casamentos realizados neste dia, os maridos

eram obrigados a obedecer suas mulheres. Neith era representada com asas, chifres de vaca, uma coroa vermelha e um escudo. Seu totem era feito com duas flechas cruzadas, presas por uma pele de vaca.

Nos países nórdicos era comemorada a deusa Sif, esposa do deus Thor, cujos longos cabelos dourados simbolizavam as espigas maduras de trigo. Nas noites de verão, quando ela e o seu amado fazem amor, os raios que caem nos campos de trigo apressam e aumentam a produção das colheitas. Na Islândia, as pessoas festejam a proximidade do verão com muitas festas e trocas de presentes que simbolizam o Sol e a fartura.

Vinália, antigo festival romano do vinho dedicado ao deus Júpiter e à deusa Vênus.

24 de abril

Celebração de **Mayahuel**, a deusa pré-asteca, guardiã do poder visionário conferido por meio de sonhos, visões e alucinações, regente da terra e do céu noturno. Ela era representada com quatrocentos seios, nutrindo as estrelas e a terra ou como uma bela mulher sentada em um trono, cercada de tartarugas e serpentes, segurando um prato com plantas alucinógenas que induziam os sonhos e as visões. Segundo as lendas, ela se transformou em um cacto, de cuja polpa se fabrica o pulque, uma bebida fermentada e alucinógena. Mayahuel é associada à Lua, à fertilidade, aos sonhos e ao estado de transe.

Sem recorrer a nenhuma substância que lhe afaste da realidade, procure encontrar sua "visão sagrada". Tome um chá de artemísia com jasmim, faça uma meditação ao som de um tambor e transporte-se mentalmente para o reino de Mayahuel. Saúde-a e peça-lhe que revele os meios para transformar seus sonhos em realidade. Ou que lhe envie algum sonho significativo para compreender melhor a sua vida atual.

No Haiti se celebrava Erzulie, a deusa do amor, cuja cor sagrada era azul e por isso ela recebia os pedidos com oferendas de objetos e bebidas azuis.

Dia dedicado à deusa romana Luna, a regente lunar dos meses, das estações e da lua minguante.

Dia de São Marco. Segundo as crenças celtas, na véspera deste dia, os fantasmas de todas as pessoas que iriam morrer no decorrer do ano poderiam ser vistos flutuando na frente das igrejas e por cima dos cemitérios. Para ver este acontecimento, o observador deveria permanecer acordado a noite toda, sentado na soleira da igreja. Caso adormecesse, ele não mais iria acordar no dia seguinte.

25 de abril

Festa africana da deusa da agricultura **Tji Wara**. Para garantir a abundância das colheitas, os camponeses invocavam sua bênção no ato do plantio e reverenciavam-na no momento da colheita, oferecendo-lhe os primeiros frutos e espigas de milho e às vezes, sacrificando algum animal, para depois salpicar seu sangue sobre a terra.

Na Estônia, se comemorava Ma-Emma, a Mãe Terra, com oferendas de leite, manteiga, lã e trigo, colocadas ao pé de árvores velhas ou sobre lajes de pedra. As mulheres saiam em procissão, levando as oferendas e recitando esta oração: "Mãe, você me deu, agora eu lhe dou. Aceite de mim o que eu recebi de você."

Antigamente, em Roma, celebrava-se, neste dia, Robigália, o festival da deusa dos grãos Robigo, invocando sua proteção para as plantações de milho contra pragas, ervas daninhas e aves invasoras.

Na Inglaterra, festeja-se o Dia do Cuco. A chegada deste pássaro migratório, proveniente do sul, assinalava o início do verão. Uma antiga prática divinatória recomendava que as moças desejosas de "ver" seus futuros maridos deveriam jejuar durante o dia e preparar um bolo com cevada e trigo. Ao cair da noite, deveriam colocar o bolo na soleira da porta e esperar algum presságio nos sonhos ou a aparição de um sinal ou símbolo no bolo.

Na Suíça o festival da primavera Sechslauten celebrava a deusa Lada, que afastava os resquícios do inverno quando sacudia a sua saia e espalhava pela terra sementes de flores. Sinos eram tocados nos vilarejos suíços para proclamar a saída do inverno e expurgar doenças e azares. Você também pode usar este costume tocando um sino pela sua casa, abrindo janelas e portas, passando depois um incenso de flores e aspergindo uma essência floral. Oferte depois um vaso com flores para Lada e peça-lhe para alegrar a sua casa.

26 de abril

Comemoração do Ano Novo em Serra Leoa com oferendas de sementes e orações para as deusas da fertilidade e da água.

Celebração de outras **deusas da água** em vários lugares da África: Abenawa e Aberewa, protetoras da pesca em Gana; Afreketé, protetora do mar em Dahomey; Agiri, protetora dos rios em Benim; Harrakoi Dikko, a Mãe d'Água em Benim; Mukasa, protetora da pesca e Nagodya, protetora dos lagos em Uganda; Nummo, a Mãe d'Água primordial em Mali; Oxum, deusa da água e da sexualidade, Obá, deusa do rio e do amor e Iemanjá, a Mãe universal, senhora das águas na Nigéria. As últimas três deusas foram sincretizadas nos cultos afro-brasileiros e relacionadas a santas católicas ou a manifestações da Virgem Maria.

Era celebrada também a deusa Mawu, a criadora e a guardiã da ordem universal. No seu mito conta-se que ela criou os seres humanos modelando-os de argila com diferentes cores e expondo-os aos raios lunares.

Nos países bálticos, oferendas para as sereias Jurates. Filhas da deusa do mar Juras Mate e irmãs de Zeme, a deusa da terra, elas eram relacionadas aos poderes fertilizadores da água e à sedução dos homens, atraindo os marinheiros com seu canto.

Conecte-se a uma destas deusas e deixe-se embalar pelo som das ondas. Mergulhe no ventre primordial, nutra seu coração, cure suas feridas e lave sua alma. Renasça fortalecida e renovada, fluindo com o rio de sua vida, que a levará de volta à fonte original. Modele depois com argila um símbolo daquilo que mais deseja para a sua vida, deixando-o exposto aos raios da lua crescente. Guarde-o depois no seu altar até a sua concretização, quando deve devolvê-lo para a terra ou colocá-lo em água corrente.

27 de abril

Festa da deusa etrusca **Zirna**, regente da lua e da noite, representada com uma meia-lua pendurada no pescoço. Zirna era companheira de Turan, deusa predecessora de Afrodite, ligada à sexualidade, ao amor e à paz.

Celebração do Dia das Crianças na Islândia, comemorando as deusas meninas, filhas da deusa Madder-Akka. Esta tríade de deusas – Sar-Akka, Juks-Akka e Uks-Akka – ajudava a abertura do útero e da pélvis ao se iniciar o trabalho de parto. A parturiente devia comer um mingau de aveia e beber conhaque, enquanto as mulheres da família rachavam lenha, invocando a ajuda das deusas com preces e cantos.

Celebração da deusa solar eslava Iarilo, criadora da vida e senhora da fertilidade. As mulheres ofertavam-lhe folhas de bétula e ovos frescos, pedindo proteção durante a gestação. Reverenciava-se também Mati-Syra-Zemlya, cujo nome significava "a Mãe da terra úmida" por representar a energia fertilizadora da natureza. Ela também era guardiã das leis e executora dos contratos. Os juramentos e promessas entre pessoas eram feitas com a mão sobre a terra, pois assim se tinha certeza de que iriam ser cumpridas tendo a Mãe Terra como testemunha.

28 de abril

Início de Florália, as festas romanas dedicadas a **Flora**, deusa das flores, do renascer da vegetação e das alegrias da juventude. Durante os festejos, jogavam-se sementes sobre a multidão para atrair a fertilidade e a abundância. As cortesãs a honravam como a sua padroeira e lhe pediam que preservasse a sua beleza e encantos.

Celebração de Chloris, a jovem deusa grega dos brotos e das sementes, namorada de Zéfiro, o deus do vento do oeste. Este casal de jovens e alegres deuses deslizava pelo céu, enfeitados com coroas de flores e tocando com suas asas os casais de namorados nos dias frescos de primavera.

Antiga festa no país de Gales para Olwen, a deusa solar, guardiã da roda dourada, o oposto de Arianrhod, a deusa lunar, guardiã da roda prateada. Olwen era representada como uma linda mulher, com longos cabelos dourados, olhos de violetas, bochechas de rosas e de cujas pegadas nasciam trevos brancos.

Comemoração de Cordélia, a deusa da natureza, regente da primavera na antiga Bretanha. Filha do deus do mar Lyr, Cordélia era, originariamente, considerada uma deusa do mar, cobiçada pelos deuses do ar e do mundo subterrâneo, que disputavam entre si sua conquista.

Aproveite esta data, vista uma roupa colorida e com estampas de plantas, use um perfume do seu agrado e compre flores para presentear alguém, para enfeitar a si própria ou a sua casa. Peça às deusas da vegetação que lhe abençoem com o brilho do espírito, a beleza da alma e a jovialidade da mente.

29 de abril

Na Indonésia, Dia do Arado, comemorando as deusas da terra e da fertilidade Indara, a criadora da vida e ser supremo, Ineno Pae, a mãe do arroz e Sago, a mulher das palmeiras.

Na Nigéria, celebração da deusa da agricultura **Inna**, protetora das propriedades, defensora contra os ladrões, e da deusa Li, a mãe das colheitas, invocada para garantir a abundância das plantações.

Antiga comemoração de Prosymna, a deusa pré-helênica da terra, da natureza e do mundo subterrâneo, ama-de-leite da deusa Hera e precursora de Deméter como deusa da terra.

Celebração de Shina Tsu Hime, a deusa japonesa do vento que dispersava a névoa matutina e afastava os resíduos dos temores noturnos. Padroeira dos marinheiros e camponeses, que oravam para que ela trouxesse as brisas suaves, o céu claro ou as chuvas amenas. Como oferendas eram soltas pipas coloridas com os desejos de adultos e crianças. As mulheres soltavam folhas secas ao vento para retirar da sua vida mágoas e lembranças negativas.

Dia dedicado ao Arcanjo Rafael, o anjo da cura. Acenda uma vela verde e peça às deusas da terra ou ao Arcanjo Rafael energia física e mental, fortalecendo sua saúde e a prosperidade material, defendendo-a das energias invasoras ou vampirizantes, dos aproveitadores e dos "parasitas" (astrais ou materializados).

30 de abril

Em vários lugares da Europa comemorava-se, na noite deste dia, o festival celta do fogo Sabbat Beltane, chamado de "A Noite de Walpurgis" na tradição saxã ou "O dia de Vappu", na Finlândia.

Na tradição celta, os Fogos de **Beltane** reverenciavam a abundância da terra fertilizada pelos raios solares, comemorando-se com fogueiras, danças, músicas e com a encenação do "casamento sagrado da deusa da terra com o deus da vegetação", representados por seus sacerdotes. Na Inglaterra e na Irlanda, mesmo nos dias atuais, esse festival ainda é comemorado, na tradição Wicca, da deusa e no neopaganismo, com fogueiras e danças ao redor de um mastro enfeitado com fitas (May pole), celebrando a união do deus e da deusa e a fertilização da terra. Elege-se a "rainha de maio", que é coroada com flores e permanece em seu trono durante as festividades. Com danças circulares tradicionais, fitas coloridas são trançadas por homens e mulheres ao redor do mastro. As moças, vestidas com trajes folclóricos e usando guirlandas de flores, participam com muito empenho das danças, enquanto os rapazes, usando sinos nos tornozelos, encenam uma competição entre as forças triunfantes do verão e os males do inverno, as famosas "Morris dances".

A antiga tribo celta dos Averni homenageava Akurime, a deusa da vida, da beleza e do amor, ofertando-lhe objetos bonitos, atos de amor ou algumas gotas de seu próprio sangue. Akurime era considerada a progenitora de todas as formas de vida, sua beleza ofuscando a das estrelas.

Nos países nórdicos era celebrada a deusa Gefn, a doadora, que personificava a riqueza da terra e a prosperidade humana (material, familiar, afetiva e espiritual).

Comemore esta data acendendo uma vela vermelha ou pulando sobre uma pequena fogueira para se purificar. Coloque uma guirlanda feita de flores vermelhas e galhos de alecrim atrás da porta ou no telhado de sua casa para atrair a sorte. Use roupas de cor verde para simbolizar seu renascimento e revitalização.

MAIO

A deusa grega Maia, mãe do deus Hermes e a mais importante das "Sete Irmãs" representadas pela constelação das Plêiades, deu origem ao nome deste mês. Maia, também chamada de Maius pelos romanos, era a deusa do calor vital, da sexualidade e do crescimento, sendo homenageada durante o festival de Ambarvália, que incluía rituais de purificação e de proteção da terra.

O nome antigo, anglo-saxão, do mês de maio, era Thrimilcmonath, ou "o mês em que as vacas dão leite três vezes ao dia", e na tradição Asatru é Merrymoon.

No calendário sagrado druídico, a letra Ogham correspondente é Duir e a árvore sagrada é o carvalho. O lema do mês é "fortaleça-se e cresça".

As pedras sagradas do mês são a ágata e a esmeralda. As divindades regentes são Maia, Bona Dea, Asherah, Blodeuwedd, Íris, Macha, Maeve, Diana, as deusas da vegetação e da água e os deuses Apolo, Pan e Cernunnos.

Os povos nativos denominaram este mês de: Lua Alegre, Lua Brilhante, Lua Flor, Lua do Retorno dos Sapos, Lua do Leite, Lua do Plantio do Milho, Lua das Folhas e Mês da Alegria, entre outros.

Na tradição celta, o nome do mês era Mai e era considerado um período de liberdade sexual. Celebrava-se a fertilidade da natureza (vegetal, animal e humana) durante os fogos cerimoniais de Beltane.

Dos rituais antigos dedicados à Sheelah Na Gig – a deusa irlandesa da vida, da morte e da sexualidade –, permaneceu o hábito de pendurar roupas velhas nos espinheiros, no quarto dia do mês, para afastar a pobreza e o azar.

Na Roma antiga, comemorava-se a deusa Bona Dea, a protetora das mulheres, e homenageavam-se os Lemures, os espíritos dos ancestrais, durante o festival de Lemuria, com oferendas em seus túmulos.

Os antigos gregos tinham os rituais de Kallynteria e Plynteria para a limpeza dos templos e das estátuas, e festivais especiais para celebrar: Pan, o deus da virilidade e da vegetação; Perséfone, a rainha do mundo subterrâneo e seu consorte, o deus Plutão. Comemoravam-se também Diana, a deusa da Lua e da vida selvagem, e as Parcas, as deusas do Destino.

Asherah, a Grande Mãe dos semitas, marcava o início do mês, celebrada com oferendas de frutas e fitas, como a "Árvore da Vida" nos bosques sagrados.

Perchta, a Deusa Mãe, era reverenciada na antiga Alemanha e as "Três Mães" (a tríplice manifestação da Deusa) em vários lugares da Europa. O dia internacional das Mães, que é celebrado em vários países no segundo domingo de maio, foi oficializado nos Estados Unidos em 1914, após o projeto feito por Julia Ward em 1872.

Os celtas celebravam as deusas da guerra Macha e Maeve, Blodeuwedd, a deusa das flores, e Cerridwen, a guardiã do caldeirão sagrado.

Na França, na cidade de Saintes-Maries-de-la-Mer, durante o festival das Três Marias, os ciganos festejam até os dias de hoje a deusa Sara Kali – posteriormente cristianizada como Santa Sara – com procissões, danças, casamentos e feiras. É a única celebração da Deusa ainda mantida viva na Europa, as Três Marias representando a trindade feminina encontrada na maior parte das antigas religiões e tradições.

As culturas eslavas celebravam Lada a deusa da natureza, os finlandeses a deusa da sorveira Rauni, enquanto os povos nativos de vários lugares (Tibet, Rússia, Américas do Norte e Central) reverenciavam os espíritos da natureza, as divindades da chuva e as deusas da Terra.

Nascimento de Buda, o príncipe Sidarta Gautama que, depois de iluminado, fundou o budismo baseado em quatro famosas verdades: 1) a existência da dor; 2) a causa da existência da dor; 3) a destruição da causa da existência da dor e 4) o caminho que leva à destruição da causa do sofrimento.

De acordo com a tradição budista, uma chuva de pétalas e néctar caiu quando o Buda Shakyamuni nasceu, supostamente no dia 8 de abril de 566 a.C. Para comemorar a data, os japoneses criaram o Hanamatsuri, ou Festival das Flores. A festa espalhou-se pelo mundo, e no Brasil já acontece em São Paulo, Curitiba e Florianópolis. A extensa programação cultural, artística e religiosa inclui uma mostra de cinema e fotografia; oficinas de origami, shodô e ikebana; apresentações de música, danças típicas e artes marciais e uma procissão com o Pequeno Buda, com a participação de crianças vestidas com trajes típicos, além de outras atividades. O tradicional ritual do banho do Buda com chá adocicado, chamado Kanbutsue, é um dos principais acontecimentos da festa.

No budismo japonês, acredita-se que quem homenageia o Buda na ocasião do seu aniversário é abençoado e tem seus pedidos atendidos. Ao banhar o Iluminado, a pessoa imagina que está banhando a si mesma. Assim, ela purifica o coração e pode avaliar sua conduta perante a vida. O ritual consiste em ir até o altar, chamado de Hanamidô, recolher o chá em uma concha e derramar sobre a cabeça da imagem do Buda menino três vezes. Segundo a lenda, o chá representa a chuva de néctar que caiu para anunciar o nascimento de Shakyamuni, o que fez com que as flores se abrissem em sua homenagem. Apesar de ser doce, a bebida não contém açúcar e vem diretamente do Japão.

O nascimento de Buda é comemorado como "Wesak" em quase todos os países asiáticos e também já é festejado nos Estados Unidos e na Europa. A diferença entre o "Wesak" e o Hanamatsuri é que o primeiro inclui a celebração da iluminação e a lembrança da *Parinirvana* do Buda, enquanto que no Japão e no Brasil estes outros eventos são celebrados em datas diferentes (8 de dezembro – iluminação e 15 de fevereiro – *Parinirvana*). O Festival de Wesak marca o nascimento, iluminação e morte de Gautama, o Buda e é o grande Festival de Encontro Espiritual do Oriente com o Ocidente. Na lua cheia de Touro é realizada a celebração máxima do budismo, o Festival de Wesak, no vale dos Himalaias, na Índia, em homenagem ao Lord Gautama. A palavra Wesak origina-se no sânscrito e quer dizer "maio". Dependendo do calendário lunar chinês, o festival de Wesak pode ser em abril ou na lua cheia de maio. No Brasil foi instituído o Dia do Aniversário do Buda Shakyamuni, a ser comemorado no segundo domingo de maio. Outras datas diferem segundo as tradições: para os tibetanos, Festival Saga Dawa, em 15/04 e para os japoneses, Hana Matsuri em 08/04. Na Coreia, durante o mês da comemoração, lanternas são usadas para decorar os templos. No dia do aniversário, comida e chá são oferecidos gratuitamente para as pessoas que vão prestigiar o Buda. Já no Nepal, o nascimento de Buda é reverenciado durante um mês inteiro e o dia é chamado de *Buda Purnima*. Comida não vegetariana é proibida e, assim como na Índia, os budistas também usam roupas brancas que representam a paz e também o luto. A comemoração budista dos mortos segue, durante 49 dias, uma série de rituais e orações complexas e específicas, em função de sua tradição. São feitas oferendas de incenso e arroz cantando mantras e pedindo a bênção de Buda para o espírito que segue sua jornada.

Rememorando os antigos rituais da união sagrada das polaridades (o casamento da Deusa e do Deus), dedique este mês a buscar sua harmonia pessoal, conciliando seus opostos, aparando as arestas e criando condições para atrair um parceiro compatível ou para aprofundar uma relação já existente.

1º de maio

Dia dedicado à deusa greco-romana **Maia**, regente do fogo e do calor vital, do crescimento das plantas e da sexualidade. Por ser Maia, a rainha das flores, nesse dia celebrava-se um festival com oferendas e enfeites de flores nos seus templos. Seu nome significava "Aquela que era a maior" e era associado à palavra latina majus que significava "mais". Era chamada também de Maia Majestas apontando assim para o seu poder; acreditava-se que Maia tinha sido o nome original de Bona Dea "A Boa Deusa", nome tão sagrado que não podia ser pronunciado em voz alta. Maia era associada com as deusas Ops e Cibele e cultuada com seu marido, o deus do fogo Vulcano, cujo forte calor do verão amadurecia os frutos. Nos mitos mais tardios foi considerada mãe de Hermes e durante suas festas, permitia-se certa licenciosidade e liberdade sexual. Posteriormente, na Igreja Católica, esta data foi dedicada a Maria, a Rainha do Céu, e em lugar dos rituais sexuais de fertilidade, declarou-se Maio o mês dos casamentos.

Nos círculos e grupos que pertencem à Tradição da Deusa e à Wicca celebra-se "O Casamento Sagrado", com danças de mulheres e homens ao redor do Mastro de Maio trançando nele fitas coloridas, junto aos seus desejos e aspirações. As fitas são deixadas no lugar e no ano seguinte são sobrepostas ou substituídas com as novas fitas.

Comemoração de Asherah, a Grande Mãe dos semitas, celebrada como a "Árvore da Vida" com oferendas de frutas e fitas amarradas nas árvores. Considerada a própria força da vida, essa Deusa era invocada nos partos e nos plantios. Nos templos, era representada por um pedaço bruto de madeira chamado "*asherah*", mas nos altares domésticos, estatuetas de argila mostravam-na como uma mulher-árvore, com os pés na terra e de cujo ventre todos os seres nasciam. Seu culto foi perseguido e depois abolido pelos hebreus patriarcais, mas sua força, profundamente enraizada nos corações dos homens, emergiu em outras culturas sob outros nomes, como Ashnan, na Suméria, e Athirat, no Egito.

Festival druídico celebrando a união da Deusa com o Deus e o renascimento do Sol, marcando a "morte" do inverno e o "nascimento" da primavera. Na madrugada deste dia, os Druidas recolhiam o orvalho dos campos para usá-lo em encantamentos de boa sorte. No decorrer do dia, havia concursos de poesias e músicas, competições esportivas e danças sagradas circulares.

Os celtas celebravam Creiddylad ou Cordélia, a deusa do amor, da paixão e das flores de verão. Para conquistá-la, o deus do ar e o deus do mundo subterrâneo lutavam entre si.

Comemoração de Tanit, a deusa cartaginense representada como a regente do Céu. Tanit era representada como uma criatura alada, com o zodíaco envolvendo sua cabeça, usando um vestido coberto de estrelas e segurando nas mãos o Sol e a Lua. Os povos púnicos (cartaginenses) chamavam-na de "Mãe" e acreditavam que tinham vindo de seu reino, o Céu.

Celebração da deusa finlandesa Rauni, a guardiã do trovão. Sua árvore sagrada era a sorveira, uma árvore mágica nascida de seu amor com o deus dos relâmpagos, cujas folhas, frutos e galhos eram usados em rituais e encantamentos mágicos.

2 de maio

Comemoração da deusa pré-helênica **Helena Dendritus**, a senhora das árvores. Segundo o mito, ela tinha dois irmãos, Castor e Pólux, nascidos de um ovo posto por sua mãe Leda, uma das manifestações lendárias da Deusa Pássaro. Helena era tão bonita e seus seios tão perfeitos, que serviram de molde para os oleiros gregos aprenderem a modelar taças. Como deusa da vegetação, Helena era reverenciada em vários bosques, onde seus devotos colocavam nas árvores, oferendas e estatuetas de argila. Seu nome era dado às rainhas, sendo a mais famosa delas Helena de Esparta, cuja beleza contribuiu para desencadear a famosa guerra de Tróia.

Festival das macieiras dedicado à deusa nativa norte americana Estsanatlehi, que inspirava o florescimento da terra e também dos espíritos. Com o seu poder de rejuvenescimento ela despertava a terra na primavera e trazia a chuva de verão aos campos, para as plantas crescerem. Esse festival das macieiras foi transformado atualmente, nos Estados Unidos, em uma feira de flores, quando as pessoas se alegram com a beleza delas e brindam com suco de maçãs. A mudança das estações é um motivo perpétuo para nos fazer refletir sobre as mudanças da nossa vida. Recolha um pouco de água de chuva para purificar a sua casa, aspergindo um pouco em cada quarto e guardando o resto numa taça no seu altar para se autoabençoar.

Celebração de Hina, a grande deusa da Polinésia, Senhora da morte, rainha guerreira e regente da Lua.

Nesta data celebrava-se também Helle, a deusa lunar da Beótia, regente do mar e das marés, deusa ancestral dos povos pré-iônicos, transformada posteriormente na deusa Helena e em Selene.

Dia de Yashodhara, mulher de Buda, e Festa de Nossa Senhora da Boa Viagem, nas Filipinas. Ambas as comemorações são reminiscências dos antigos festivais das deusas.

3 de maio

Último dia de Florália, celebração dedicada à deusa **Flora** iniciada em 28 de abril. Essa deusa romana personificava o florescimento de toda a natureza, inclusive a humana. Honrava-se o corpo da mulher com desfiles de mulheres nuas adornadas de flores. Invocava-se Flora para  facilitar a concepção, pois a flor é o órgão sexual da planta. Durante seus festejos, soltavam-se lebres e bodes no meio das pessoas para atrair a fertilidade e jogavam-se feijões e tremoços sobre a multidão. Posteriormente, seus rituais sagrados degeneraram em orgias e Flora foi considerada a padroeira das prostitutas.

As mulheres que têm dificuldade em conceber podem, nesta data, invocar a ajuda da deusa Flora, oferecendo-lhe flores, sementes germinadas e frutos geminados (se desejarem gêmeos).

Festival romano de Bona Dea, a deusa do bem-estar, período no qual as mulheres festejavam a deusa com rituais secretos proibidos aos homens. As estátuas masculinas eram cobertas e as mulheres reuniam-se na casa de uma matrona abastada, onde as Vestais dirigiam os rituais mantidos em segredo.

Celebração da deusa japonesa Amaterassu, a personificação do Sol. No Japão ela rege a unidade cultural, a realeza e a energia do calor solar. É Amaterassu quem faz as plantas crescerem e que restabelece a harmonia nos relacionamentos. A primeira semana de maio no Japão é chamada "semana dourada" e o festival inclui celebrações para as crianças e procissão com reproduções das divindades japonesas.

Honre Amaterassu usando alguma coisa dourada e conecte-se com a luz solar, visualizando a iluminação de sua casa e da sua vida; reflita a luz solar com um espelho em todos os cantos da casa. Coloque um espelho redondo ou angular da tradição Feng Shui, virado para fora na porta de entrada de sua casa, para afastar a negatividade e atrair as bênçãos da deusa solar.

É um bom dia para se reunir com suas amigas, trocando confidências e se divertindo. Porém, não se esqueça de reverenciar o Sagrado Feminino, presente em cada mulher e manifestado na variedade das figuras femininas, unindo todos os corações, apesar das diferenças e desencontros das personalidades.

4 de maio

Antiga celebração de **Blodeuwedd**, a deusa celta das flores com cara de coruja. Segundo as lendas, ela foi criada pelos magos a pedido do deus solar Llew Llaw, amaldiçoado por sua mãe Arianrhod para nunca poder se envolver com uma humana. Por meio da magia, essa deusa foi criada de nove espécies de flores, mas quando foi descoberta sua infidelidade, os mesmos magos que a criaram transformaram seu rosto florido em uma cabeça de coruja. Mitos mais antigos consideram Blodeuwedd uma manifestação da Mãe Terra, como a

Senhora da vida e da morte, a contraparte da jovem Blathnat, a "pequena flor", filha do Rei das Fadas na Irlanda.

Dia do Espinheiro, árvore sagrada da Deusa. Chamado também de "Árvore de Maio", o espinheiro representava os três aspectos da deusa: a pureza virginal, a fertilidade materna e a força destruidora da Anciã (descrita na lenda de Cu Chulainn como a "maldição do espinheiro"). O espinheiro, quando localizado em lugares sagrados, era honrado colocando-se fitas ou pedaços de panos coloridos em seus galhos. Posteriormente, esse dia foi dedicado a Santa Mônica, marcando o começo da "Lua do Espinheiro" no calendário celta.

Festival das Fadas celebrando a rainha das fadas Maeve, que atende aos pedidos humanos fornecendo proteção, liderança e sabedoria. Ela é representada cercada por pássaros dourados que, pousados em seus ombros, lhe sussurram conhecimentos mágicos. Para honrá-la, ofereça para o Povo das Fadas pão, bolo, mel, frutas e sucos e peça-lhes que a protejam nas suas viagens. Se você precisa assumir o comando de uma situação em sua vida, chame Maeve para lhe ajudar. Torre um pedaço de pão branco e risque sobre ele uma palavra ou uma frase que represente o seu objetivo. Depois esfarele o pão e deixe os farelos ao relento para que os pássaros levem seus pedidos diretamente para Maeve.

Festival da tríplice deusa celta Cerridwen, guardiã do caldeirão sagrado da transmutação e do renascimento.

5 de maio

Celebração de **Íris**, a deusa grega guardiã do arco-íris e mensageira de Hera. Íris formava o arco celeste, cujo espectro de cores representava todas as possibilidades de manifestação do Poder Divino. Seu nome foi dado também para parte do olho que mostra as variações possíveis das cores, sua planta sagrada, o íris, afasta as influências negativas. Para buscar a água a ser usada nos juramentos, Íris era uma das poucas deusas do Olimpo que podia ir ao mundo subterrâneo.

Em várias outras mitologias, existem deusas e deuses guardando a colorida ponte do arco-íris que liga a Terra ao Céu, entre outros, na Austrália temos Julunggul; na

África, Dan e na Escandinávia, o deus Heimdall, o luminoso guardião de Bifrost.

Kodomono Hi, o Festival dos Estandartes no Japão. Milhares de pessoas, entre adultos e jovens, soltam, neste dia, pipas coloridas em forma de dragões ou peixes, feitas de papel de arroz e bambu. Flâmulas decoradas com os mesmos motivos enfeitam todas as casas. Para celebrar a entrada na puberdade, os rapazes recebem de suas mães estandartes em forma de peixes, para lhes dar coragem e perseverança, ou dragões, que simbolizam o poder mágico e a sabedoria.

Festival do Dragão, na China, com procissões de barcos enfeitados com figuras de dragão. O dragão é um animal mágico que simboliza os poderes sobrenaturais do ar, da água, do fogo e da terra.

Festival da chuva no México e na América Central comemorando a deusa da chuva Xtah, cujas bênçãos traziam a fertilidade da terra. Nessa época do ano, as pessoas – usando roupas na cor verde e azul e aspergindo água sobre a terra – começam a orar pedindo chuva e fazem oferendas à deusa para que as colheitas não falhem.

Dia da Artemísia na China. As mulheres chinesas confeccionam, neste dia, bonecas com folhas de artemísia e penduram-nas acima das portas e das janelas para afastar entidades e influências negativas. A artemísia é considerada em vários lugares do mundo e em várias tradições uma erva lunar sagrada e mágica, usada para purificação, proteção e para despertar e ativar a percepção. Aproveite a egrégora do dia e prepare um banho de purificação para você com folhas de artemísia e use-as para defumar a sua casa e seu carro.

6 de maio

Celebração grega das **Horas**, deusas menores da natureza. Na versão mais conhecida eram três Horas: Dice, Dike ou Dique, deusa da justiça humana, enquanto sua mãe Têmis era a deusa da justiça divina. Eunomia (Disciplina ou Equidade), deusa das leis. Irene, (Pax), personificava a paz e a riqueza, seus símbolos eram: cornucópia, cetro, tocha. Da união com Zéfiro, o vento da primavera, nasceu Carpo,

o fruto. Numa versão mais arcaica, as Horas eram descritas como três jovens rodeadas de flores, vegetação e símbolos de fertilidade, representando as três estações de quatro meses originalmente reconhecidas pelos gregos: Talo (*Thallô*, "broto") ou Tálate, deusa da primavera, dos brotos e flores, protetora da juventude. Auxo (crescimento) ou Auxésia, deusa do verão, também cultuada em Atenas como uma das duas Cárites. Carpo (fruto), regente do outono, do amadurecimento e da colheita.

Antiga comemoração da deusa loura irlandesa Inghean Bhuidhe, celebrando o início do verão. Essa deusa tinha duas irmãs: Lasair, que regia a primavera, e Latiaran, que anunciava a chegada do outono. Seu culto sobreviveu à era cristã disfarçado no de outras santas, honrando Inghean com rituais e oferendas nas fontes sagradas.

Celebração dos deuses Fauna e Faunus, aspectos da deusa Diana, senhora dos animais. Regentes da fertilidade da terra e dos animais, Fauna e Faunus eram os protetores das florestas e dos animais selvagens.

Dia consagrado à deusa eslava Vila ou Samovila, representando a força da natureza. Como protetora das florestas, dos animais e reguladora das chuvas, Vila aparecia para os caçadores como uma mulher bonita, com longos cabelos louros, asas coloridas e trajes brilhantes. Feroz protetora dos animais e de seus filhotes, ela não hesitava em matar aqueles que caçavam ou maltratavam os animais em seu habitat. Vila podia metamorfosear-se em serpente, cisne, falcão, cavalo ou redemoinho, iludindo e desviando os caçadores. Ela também era detentora dos segredos da cura com plantas e ervas. Se alguém queria ser por ela guiada, deveria ir bem cedo a uma floresta, fazer um círculo com galhos de bétula, oferecer-lhe uma ferradura e cabelos da crina de uma égua. Imitando o relinchar da égua e batendo com o pé direito sobre a ferradura, o suplicante podia chamar Vila e, quando ela aparecesse, saudá-la como "Grande Irmã" e pedir-lhe a iniciação nos segredos das ervas.

Nos países escandinavos e celtas reverenciavam-se as deusas Eir, a curadora silenciosa e Airmid, que auxiliavam as benzedeiras, os curadores e xamãs nas curas com ervas, runas, encantamentos e sons mágicos.

Chantico era uma deusa mesoamericana, protetora da lareira e do lar. Seu nome significava "em casa" e os guerreiros oravam para ela antes dos combates, pedindo-lhe que voltassem para suas casas em segurança. Ela também era padroeira dos ourives e artesãos com metais e pedras. Use neste dia objetos de cobre, prata ou decoradas com ametistas, ágatas ou jade e ore para atrair a energia de Chantico e ampliar a amorosidade e harmonia no convívio com seus familiares. Acenda uma vela no centro de sua casa e invoque Chantico pedindo bênçãos de proteção.

7 de maio

Celebração egípcia de **Anuket**, antiga deusa das águas e da fertilidade da terra. Seu emblema era o búzio e era representada tendo quatro braços. Como símbolo da união da polaridade masculina e feminina, seu nome era "A Una". Criada por si mesma, Anuket era virgem; no entanto, gerou o deus solar Ra. Ela era invocada durante as inundações do Nilo, nos templos de Aswan e da ilha sagrada de Seheil.

Thargélia, festival grego do deus Apolo, o lindo deus do dia e do Sol. Apolo, assim como sua irmã Ártemis, era filho de Zeus e de Leto, sendo venerado na ilha de Delos. Apolo tinha múltiplas atribuições: músico (por tocar lira), poeta, curandeiro, protetor dos rebanhos e adivinho. Originariamente, o Oráculo de Delos pertencia à sua mãe Gaia e à sua irmã Ártemis, mas com o passar do tempo e o fortalecimento da sociedade patriarcal, as atribuições da Deusa foram delegadas ao Deus, Pítia passou a ser a sacerdotisa oracular de Apolo, mas as Pitonisas continuaram sendo mulheres.

Celebração de Ix Chel, a deusa maia da água, da Lua, dos partos e da cura. Ela era descrita usando uma saia feita de jatos de água escorrendo, enfeitada com pequenos lírios e pedaços de turquesa e jade. Ix Chel vivia no reino da névoa e do arco-íris, que ela somente deixava para descongelar a terra na primavera; sua saia alcançava todos os recantos da terra e levava assim suas bênçãos de fertilidade e renascimento da natureza. Aproveite os influxos do dia e use uma turquesa para sua proteção e saúde; peça a Ix Chel para "descongelar" uma situação enrijecida ou limpá-la com o poder purificador e renovador de suas águas.

Festa de Serpari, procissão cristã com serpentes em Abruzzi, na Itália, uma reminiscência das antigas celebrações do poder de transmutação e regeneração da Deusa. A serpente, antigo símbolo da Deusa, foi posteriormente considerada nas sociedades patriarcais um símbolo fálico e sinônimo do mal nas escrituras cristãs.

8 de maio

Celebração irlandesa da deusa **Macha** em sua tríplice manifestação de guerreira, esposa e rainha. Chamada de "Rainha dos Fantasmas", Macha, às vezes, era considerada uma metamorfose das deusas guerreiras Morrigan e Badb. Antes da chegada dos celtas, ela era venerada na Irlanda, nos templos de Emain Macha em Ulster. Sua voz enfeitiçava os homens nos campos de batalha, atraindo-os para seu escuro reino da morte. Alguns pesquisadores equiparam Macha à deusa asiática Macha Alla ou Machalath, a senhora da vida e da morte, e à deusa hindu Durga.

Comemoração de Mari, deusa basca regente da chuva e da seca, que punia todos os culpados de roubo, mentira e violência. Às vezes, aparecia como uma mulher madura, atravessando o céu em uma carruagem puxada por cavalos pretos. Mari morava em um lindo palácio nas nuvens, que ela substituía a cada sete anos. Podia aparecer, também, como uma árvore em chamas, uma nuvem branca, o arco-íris ou uma velha morando em cavernas, que se metamorfoseava em aves de rapina. Na mitologia hindu também existe Mari, deusa que personifica a morte, senhora da chuva, da seca e das doenças contagiosas.

Neste dia, em Cornwall, na Inglaterra, começam as "Danças Florais", provavelmente inspiradas nas celebrações romanas de Florália. Segundo as lendas, a criadora destas danças foi Marian, a deusa donzela bretã. As danças festejavam o calor e a beleza da primavera e eram feitas nas ruas, com pessoas vestidas com roupas coloridas e abanando lenços.

Comemorava-se a deusa celta Tanat, padroeira da fertilidade e protetora das crianças, pedindo suas bênçãos de harmonia e união das famílias e comunidades.

Dia da cegonha, na Dinamarca, reminiscência das antigas homenagens feitas para as Deusas Pássaros.

No Japão, Hina Matsuri, o festival das flores de pessegueiro. Os ancestrais são reverenciados nos altares das casas e dos templos com oferendas de flores, bandeiras de oração, arroz e saquê (licor de arroz). Os participantes são purificados pelos sacerdotes enquanto recitam poesias, cantam músicas, dançam e colocam as oferendas nos santuários repetindo suas orações. Ao final da cerimônia, as pessoas se divertem, festejando e dançando.

9 de maio

Celebração de **Perchta** ou Berchta, antiga Deusa Mãe da Alemanha, Suíça e Áustria, que fertilizava os campos e os animais. Ela aparecia para os camponeses como uma mulher madura, com rosto enrugado, alegres olhos azuis, semblante sorridente, longos cabelos brancos e roupas esvoaçantes. Perchta não suportava a preguiça e castigava os preguiçosos com agulhadas e arranhões.

Lemuria, comemoração romana dos Lemures, espíritos dos mortos que voltavam para visitar suas famílias e casas. Para homenageá-los, os familiares preparavam e ofereciam as comidas de seu agrado. As pessoas procuravam se purificar de qualquer ressentimento ou mágoa que tivessem em relação às pessoas falecidas, por meio do perdão e da reconciliação. Para aqueles que haviam morrido, mas não tinham túmulo, o chefe da família oferecia feijões pretos e recitava uma oração poderosa por nove vezes. Os feijões representavam o poder de regeneração e eram oferecidos, também, para as carpideiras (*ambasciatrice*) que choravam os mortos durante os velórios.

Os romanos reverenciavam a deusa Securita, protetora dos indivíduos e das famílias, que também afastava os fantasmas e os espíritos zombeteiros. Para isso era preparado um amuleto, juntando em uma sacolinha de pano branco amarrado com lã vermelha, sândalo, sálvia e folhas de salgueiro, que devia ser usado consigo ao viajar ou pernoitar fora de casa.

Neste dia, honre você também seus ancestrais fazendo um pequeno altar com flores e suas fotografias. Acenda uma vela branca e um incenso de rosas e ore pela paz de seus espíritos. Agradeça-lhes pela sua linhagem e os exemplos que lhe deixaram e leve alguns feijões para seus túmulos.

Dia da Mãe Terra na China.

10 de maio

Celebração de **Cynosura**, a deusa cretense das estrelas e dos planetas. Algumas lendas descrevem-na como a babá de Zeus enquanto ele esteve escondido – como criança – na gruta do Monte Ida, em Creta. Como gratidão, Zeus transformou-a na constelação da Ursa Menor. Outros mitos mais antigos mencionam Cynosura como uma deusa da Terra e do Céu, mãe e guardiã da ilha, sendo que sua constelação – a Ursa Menor – servia de ponto de orientação aos navegantes.

Dia de Tien Hou, em Hong Kong, a Rainha do Céu, deusa do oceano e da estrela do norte, protetora dos marinheiros e dos pescadores. Apesar de ser uma deusa d'água, ela flutuava com as nuvens, consultando os ventos para descobrir e salvar os marinheiros em perigo. Tien Hou é idêntica a Quan (ou Chuan) Hou, a deusa da alvorada, regente dos rios, da pesca, dos animais aquáticos e das viagens.

Celebração de Ausrine ou Auseklis, a senhora da estrela da manhã, a deusa lituana da alvorada que acende todos os dias o fogo solar que ilumina a Terra. Ela tem duas irmãs: Zleja, a deusa da luz solar do meio-dia e Breksta, a deusa do crepúsculo e da escuridão. Ausrine é similar à deusa grega Eos, às Auroras eslavas e à Aarvak nórdica, sendo todas deusas da alvorada.

Comemoração de Anaitis, a deusa persa da Lua, da água, do amor e da guerra, equiparada a Anahita e Ant.

Casamento sagrado do deus Shiva e da deusa Meenakshi, comemorado com oferendas de flores brancas, incenso e cânticos.

Em Laos, Saoquing Niang era a deusa que vivia entre as estrelas e com sua vassoura trazia ou afastava as nuvens da chuva em função das necessidades da terra. Do ponto de vista espiritual a sua energia nos preenche com esperanças quando nossa vida é árida. O festival Bul Bang Fai em Laos era uma cerimônia da chuva para garantir uma boa colheita. As pessoas escreviam em papeis seus nomes e seus pedidos com tinta azul e os penduravam nas árvores pedindo a chuva e sacudindo uma vassoura. Quando a chuva era muito pesada ou existia na vida pessoal uma "tempestade emocional", invocava-se a Deusa e com uma vassoura nova era varrido o espaço ao redor da casa, de fora para o centro, cantarolando para chamar a ajuda da Deusa e guardando depois a vassoura em local especial.

11 de maio

No Egito comemorava-se **Bast**, a deusa com cara de gato, padroeira da alegria, da dança, da fertilidade e da magia. Os egípcios estimavam muito os gatos, que acompanhavam seus donos mesmo após sua morte sendo mumificados. Matar gatos era um crime punido pela condenação dos culpados. Ter gatos ou figuras de gatos em casa e levar consigo um pouco de pelo de gato com a pedra "olho de gato" (uma variedade de crisoberilo) atrai as bênçãos de Bast. Aprenda com as posturas do gato quando brincar, quando dormir ou quando precisa buscar e "caçar" seus objetivos.

Parada dos gatos na Bélgica, homenageando os felinos, animais sagrados do Egito e "parceiros" das bruxas.

Cerimônia da chuva na Guatemala, celebrada com danças de mulheres invocando as chuvas fertilizadoras, segurando moringas cheias de água, batendo tambores e sacudindo chocalhos. Invocava-se a deusa da chuva Xtoh e a deusa da terra Xcanil, derramando-se a água de cinco cocos sobre a terra.

Antiga comemoração russa das Russalkas, os espíritos da água, cujas danças noturnas proporcionavam o crescimento e a maturação das plantas. Vestidas com roupagens de folhas verdes e com serpentes nos cabelos, elas traziam a chuva para os campos. No final do verão, as Russalkas recolhiam-se em seus esconderijos no fundo dos rios, onde permaneciam até a primavera seguinte. Acreditava-se que as Russalkas eram os espíritos das virgens afogadas e, para atrair sua boa vontade, lhes eram ofertados pão e sal. Na Romênia, nos períodos de seca, as moças das aldeias se cobriam com folhas e galhos verdes e dançavam nas ruas pedindo chuva, enquanto a multidão jogava sobre elas baldes de água, batia palmas e recitava orações para os espíritos da água chamados Paparude. Com a cristianização, as Russalkas foram sincretizadas com o culto de Maria, resultando na figura de Mari-Russalka, protetora da água e dos salgueiros.

Na Austrália, homenageavam-se as irmãs Wawalag, duas deusas responsáveis pela fertilidade e procriação, representadas pela chuva e pela força vital das mulheres. Foram elas as responsáveis pela civilização, ensinando a usar certas plantas e raízes para comer, nomeando as criaturas da terra e transmitindo aos homens o dom da linguagem.

Os países eslavos celebravam, neste dia, Doda, a deusa da chuva, e Ved-Ava, ou Azer-Ava, a mãe das águas e da fertilidade.

Celebração dos "Santos do Gelo" e da "Sofia Gelada", versões cristianizadas dos antigos espíritos da natureza.

12 de maio

Celebração de **Cernunnos**, o deus celta da vegetação, consorte da Deusa, senhor dos animais e guardião dos caminhos. Ele representa o princípio gerador e fertilizador da vida, o protótipo da virilidade masculina. Venerado pelos druidas como Hu Gadarn, o Deus Cornífero era representado com adornos de chifres em sua cabeça, barbudo, nu, usando apenas um colar chamado "torque", um escudo e uma lança. Seus símbolos eram o cervo, o touro e a serpente. Além de reger a vitalidade e a vegetação, Cernunnos era também o guardião dos portais do mundo subterrâneo e das encruzilhadas, senhor da caça selvagem, recolhendo as almas. A Igreja Católica metamorfoseou-o na figura do Diabo, transformando sua sexualidade e liberdade de instintos em sinônimos de pecado, luxúria e perdição.

Celebração da deusa celta Damara que traz o bem estar e a fertilidade vegetal, animal e humana. Para reverenciá-la, faça pequenos buquês de flores amarrados com fitas e deixe-os como presente anônimo na casa daquelas pessoas que contribuíram de alguma maneira com a comunidade. Dessa forma, você retorna a energia positiva das pessoas e também leva a elas a retribuição de Damara com bem estar e saúde. Enfeite seu altar com as flores favoritas de Damara: violetas, amor-perfeito, gerânio, rosas ou gardênias.

Comemoração de Luot-Hozjik, a deusa eslava das florestas, protetora dos cervos e das renas. Ela vivia em uma colina coberta de líquens, tinha o rosto e os pés humanos, mas o corpo peludo, como o de uma rena.

Na Lituânia, cultuavam-se Meza Mate e Veja Mate, a mãe da floresta e a mãe do vento. Filhas de Zeme, a Mãe Terra, elas protegiam as árvores, os animais e os pássaros.

Festival de Shashti, na Índia, dedicado ao deus da floresta e dos animais Aranya Shashti.

13 de maio

Neste dia, festeja-se na Umbanda a falange de Yorimã, entidades espirituais que se apresentam com a roupagem fluídica de escravos, **pretos velhos** e **pretas velhas**. Espíritos sábios e pacientes aconselham os "filhos de fé", receitam remédios caseiros ou ervas, rezam "quebranto" e desfazem os "nós mágicos" que atrapalham a vida das pessoas. De acordo com sua fé ou necessidade, acenda uma vela roxa ao pé de uma árvore velha, ofereça um cachimbo de barro com fumo de rolo desfiado, um pratinho com canjica e um copinho de café amargo. Peça a esses espíritos ancestrais proteção e sabedoria, abrindo seus caminhos materiais e espirituais e aliviando seu sofrimento. A Igreja Católica celebra neste dia São Benedito, padroeiro dos cozinheiros.

Procissão de Nossa Senhora de Fátima, em Portugal, e comemoração da abolição da escravatura, no Brasil. Nesse dia se comemora a aparição de Maria no lugar onde as crianças continuaram se reunindo pedindo que ela aparecesse novamente. De acordo com a lenda, quando setenta mil pessoas se reuniram nesse dia, a chuva parou e o Sol apareceu trazendo as bênçãos de Maria. Se o Sol aparecer e brilhar neste dia é um sinal evidente das bênçãos de Maria. Conecte-se com a egrégora deste dia e use o rosário ou qualquer colar para orar, abençoe-o com essência de rosas e invoque a proteção e a ajuda de Maria, o aspecto cristão da Grande Mãe.

Nos países eslavos, homenageavam-se Purt Kuva, a velha da casa, e Purt Kuguza, o velho da casa, espíritos protetores das casas, guardiões e curadores. Purt Kuva era uma deusa ancestral do destino, conhecida posteriormente como uma mulher velha que aparecia na iminência de doenças ou desgraças. Se fosse devidamente reconhecida e agradada com oferendas de mingau, pão, panquecas e cerveja, ela ficava feliz e protegia a casa contra incêndio, roubos e os espíritos das doenças. Se fosse desrespeitada ou irritada, ela provocava doenças e azares. Quando uma família se mudava para uma nova casa, antes de qualquer outra providência, colocavam-se no chão da casa as oferendas para o "Velho Casal", pedindo-lhes as bênçãos e proteção.

14 de maio

Dia da deusa Au set ou Ast, na África do Norte, uma das antigas representações da deusa **Ísis** como Rainha suprema, criadora da vida, das estrelas e dos planetas.

Festival do Sol da Meia-Noite, dedicado a Sunna, a deusa solar, e a Ing, o deus escandinavo da luz e consorte de Nerthus, deusa da Terra. Como padroeiro da casa e da lareira, seu símbolo é a runa Ing (◇), o facho de luz que ilumina e abre um novo caminho. Nas lendas escandinavas descrevia-se como Dag, cujo nome significa "dia" – filho de Delling, o elfo da aurora e da deusa Nott (noite) – tinha um brilho tão forte que iluminava tanto o céu quanto a terra, trazendo calor e bem estar. Ele se deslocava no céu com ajuda de uma carruagem puxada por um cavalo alado chamado "crina brilhante". A partir deste dia, durante dez semanas, os habitantes dos países nórdicos tem mais energia, dormem menos e aproveitam melhor a duração maior do dia. Quando você precisa de mais energia, vista uma roupa amarela, use um cristal citrino ou âmbar e peça para Dag irradiar sobre você o seu brilho.

Celebração eslava de Amra, a deusa do Sol e da vida, e de Ayt'ar, o deus da fertilidade e da procriação. Na Rússia, Si, uma antiga deusa solar, era invocada nos juramentos para punir os que iriam quebrar as promessas.

Mentalize, ao nascer do Sol ou ao acordar, a runa Ing; visualize-a como um portal de entrada para a luz, abrindo uma nova fase no seu desenvolvimento pessoal e crescimento espiritual. Projete nesse portal seu projeto ou seu objetivo, iluminado e renovado pela luz solar. Assuma um novo compromisso para consigo mesma e peça ajuda à luz maior para cumprir com suas responsabilidades.

15 de maio

Na Grécia, comemoração da deusa virgem Maia ou Majesta e de seu filho, o deus Hermes. Versão ocidental de Maya, a mãe de Buda, Maia era uma antiga deusa pré-helênica, originariamente a Senhora sábia, anciã e guardiã da noite, simbolizada pela maior estrela das Plêiades. Com as mudanças sociais e o crescimento do patriarcado, ela foi despojada desses atributos complexos e considerada apenas uma deusa do verão, do calor e do crescimento.

Para os hindus **Maya**, além de ser o nome da virgem mãe de Buda, representava uma das manifestações da deusa Kali, a criadora das aparências terrenas e do poder de transformação. Como uma deusa completa, Maya personificava o poder criador, preservador e destruidor, materializado na Terra na essência das mulheres e simbolizado nas cores das *Gunas* (as qualidades de energia da natureza): branco, vermelho e preto, as mesmas da Grande Mãe de outras tradições.

Neste dia, em Roma, as Vestais, sacerdotisas da deusa Vesta, faziam rituais para garantir o fornecimento de água durante o verão.

Rituais romanos de purificação – oferecendo no Rio Tibre vinte e sete bonecos de palha que, ao afundarem, levavam consigo as mazelas.

Antigo festival tibetano homenageando as deidades da chuva e os espíritos da natureza.

Aoi, cerimônia shintoísta para abrandar as tempestades, com oferecimento de folhas de gengibre às divindades (Kami) nos altares de seus santuários.

Na Ilha de Borneo era celebrada a "Mulher do fogo", com comidas picantes e muita alegria.

16 de maio

Comemoração dos **Querubins**. Essas antigas deusas protetoras de Canaã, posteriormente transformadas em Anjos pelas Escrituras eram, na verdade, seres alados assexuados. Tanto na Assíria, quanto no Egito há representações de seres alados femininos guardando a Árvore do Conhecimento, transformada depois, nas Escrituras, na Arca Sagrada, passando a ser guardada pelos Anjos.

Os "Aeons", anjos gnósticos do "Pensamento Manifestado", eram considerados os criadores da vida. Seu número variava de oito a trinta e eram filhos da deusa Barbelo ou Ennoia.

Festival Savitu Vrata, na Índia, dedicado à deusa Savitri, uma das oito mães divinas, considerada a Mãe Ancestral dos hindus. Segundo o mito, Savitri foi fecundada pelo deus Brahma e sua gestação durou um século. De seu ventre nasceram: a música, a poesia, os anos, os meses, os dias, as quatro eras da criação e a própria morte. Quando chamada de Sata Rupa, "aquela que tem centenas de formas", Savitri era filha de Brahma, sendo a primeira mulher criada e esposa do primeiro homem na Terra.

Comemoração da deusa grega Hosia, criadora dos rituais e cerimonias. Com a sua ajuda pode ser direcionada a energia mágica dos rituais para a sua manifestação com sucesso. Siga a tradição grega e ofereça para Hosia frutas, pão, trigo e vinho, depois faça um ritual pessoal para sua purificação e perdão. Perdoe para ser perdoada e peça para Hosia ajudá-la nos seus esforços para mudanças positivas.

17 de maio

Antiga celebração da deusa assíria Sammuramat, a Mãe criadora da vida, padroeira do amor, da sexualidade, da fertilidade e dos pássaros. Sammuramat era filha de Derketo, uma sereia, deusa da Lua, da noite e protetora dos animais marinhos. Sammuramat foi descrita pelos gregos como **Semíramis**, a rainha fundadora da Babilônia, dona dos famosos jardins suspensos, grande estrategista e guerreira. Ela era invocada para favorecer a fertilidade dos homens, dos animais e da terra. Seu pássaro sagrado era a pomba e as espirais seus símbolos.

Início do festival de Dea Dia, antiga deusa romana da agricultura, posteriormente identificada com as deusas Acca Laurentia e Ceres. Seu culto incluía rituais complexos, celebrados nos templos em Roma, culminando no terceiro dia, com uma grande celebração em seu bosque sagrado. As doze sacerdotisas e os doze sacerdotes que efetuavam os rituais eram escolhidos das famílias mais importantes e suas funções eram vitalícias. O bosque de carvalhos e louros era tão sagrado que era proibida a retirada de qualquer galho ou folha. Caso alguma árvore fosse derrubada pelas

tempestades, deveriam ser feitos sacrifícios de ovelhas e porcos como forma de ressarcimento.

Nas Filipinas, rituais de fertilidade dedicados à Deusa Mãe, posteriormente transformados nas festas de Santa Clara e da Virgem de Salambao.

Em Marrocos, a deusa Nejma supervisionava e orientava todos os espíritos de cura para evitar doenças e acidentes. As pessoas comiam neste dia cenouras, beterrabas e nabos para fortalecer as raízes da sua energia vital. Aproveite a egrégora deste dia e verifique seu estado de saúde, melhore sua alimentação e inicie um programa de exercícios físicos, cuidando também da sua saúde mental com meditações, atitudes e pensamentos positivos.

18 de maio

Dia consagrado a **Pan,** o deus greco-romano da natureza, fertilidade, sexualidade e vigor masculino. Pan, um dos mais antigos deuses gregos, era considerado a força vital do mundo, regente dos espíritos da natureza, das florestas e dos animais, protetor dos homens, padroeiro da agricultura e da pecuária, da música e da dança, além de mestre da cura. Ele tinha, também, seu lado "escuro", causando os medos inexplicáveis e repentinos, a "síndrome de pânico". E era representado por uma figura masculina selvagem, peluda, com chifres e cascos, o pênis ereto, tocando uma flauta. Como  uma representação explícita da força dos instintos e da potência sexual, sua imagem foi usada pelo cristianismo para representar o Diabo, figura inexistente nas antigas Escrituras.

Na Malásia era comemorada Boru Deak Parudjar, a criadora e guardiã da vida, que desceu à Terra vinda dos reinos superiores para ajudar os seres humanos. Para reverenciá-la, os anciões das casas lhe faziam sacrifícios e oravam para terem saúde e boas colheitas. Eram-lhe ofertados como gratidão pratos com arroz e vinho de palmeira ou arroz.

Na África, celebração da deusa Ani, a protetora das mulheres e das crianças, padroeira da terra e da agricultura, responsável pelos ciclos da natureza e pela fertilidade humana, animal e vegetal. Seu consorte, Okuke, era o deus da virilidade, da fertilidade e do vigor físico.

Aproveite esta data para reconectar-se à energia telúrica de Pan, reverenciando-o em si (se você for homem), no seu parceiro sendo mulher ou na natureza livre e indômita. Prepare um altar com pinhas, chifres ou cascos de animais, galhos de pinheiro e cachos de uvas. Queime incenso de almíscar, acenda uma vela verde, brinde com vinho e dance ao som de uma flauta de Pan.

19 de maio

Kallynteria e Plyntheria, cerimônias de purificação e louvação da deusa **Pallas Atena**/Minerva, na antiga Grécia e em Roma. Suas estátuas eram lavadas nos rios ou nos lagos, ficando imersas por algum tempo para absorver a energia renovadora da água. Depois, as mulheres vestiam as estátuas com túnicas e adornos novos, levando-as em procissão solene pelas ruas, em total silêncio e reverência. Essa purificação estendia-se às residências, onde os altares familiares e todos os cômodos eram limpos, pintados e redecorados. Varria-se o "velho" e abria-se espaço para um novo ciclo, invocando as bênçãos da Deusa.

Aproveite esta data e faça uma boa limpeza no seu altar. Lave seus cristais, deixando-os imersos em água de chuva ou de fonte, ou em água comum com algumas gotas de limão e sete gotas de essência de pinheiro ou eucalipto. Exponha-os à luz do Sol ou da Lua, defume-os com incenso de sálvia ou mirra. Medite a respeito da arrumação de seu altar e troque ou acrescente tudo que for necessário.

Limpe também sua casa, como faziam nossas ancestrais, arejando roupas e calçados, espanando as teias da estagnação e a poeira do passado. Arrume seus armários, desfazendo-se do que não mais necessita ou usa. Abençoe seus utensílios de limpeza (espanadores, vassouras e aspirador) para que possam captar não apenas a sujeira material, mas também a "poeira" astral. Finalize com uma oração para sua própria limpeza psíquica e energética.

Fuwch Gyfeilioru era a deusa galesa do conhecimento, inspiração, sabedoria e felicidade. Ela se apresentava como uma vaca mágica, cujo leite encantado fornecia criatividade e alegria. No País de Gales o festival Hay on Wye usa as palavras em forma de teatro, poesia, concursos literários e debates para divulgar e ensinar a magia e o poder das palavras. Honre você esta deusa, beba um copo de leite, peça sua inspiração e escreva ou componha um texto de natureza mística.

20 de maio

Celebração da deusa egípcia **Satet**, a arqueira solar, caçadora e padroeira das cataratas do rio Nilo, ao lado da deusa Anuket. Ela era responsável pelas correntezas do rio, direcionando-as com suas flechas e podia ser representada como uma mulher coroada, segurando um arco e flecha ou dentro da Árvore da Vida vertendo água de um vaso. Esta água era usada por ela para purificação dos faraós antes deles entrarem no mundo subterrâneo.

Dia dedicado ao culto de Hebat, a deusa solar da Anatólia, representada como uma mulher forte cavalgando um leão. Mitos posteriores fundiram seu culto ao da deusa hitita Wurusemu, esposa de Taru, o deus do tempo.

Festival de Mjollnir, o martelo mágico de Thor. Deus nórdico da guerra, Thor era filho de Jordh, a Mãe Ursa, deusa da terra e da natureza. A esposa de Thor era a linda Sif, a deusa dos grãos e do outono, cujo cabelo refletia as cores das espigas de trigo e das folhas.

Na Coreia era celebrada a deusa Bai Mundan, regente do amor, da devoção, lealdade, cumprimento de promessas e romance. Seu nome significa "petúnia branca", a flor que garante a proteção da deusa. Esta data relembra a história de uma heroína Chum Hyang, que permaneceu devotada e fiel ao seu marido, mesmo quando foi forçada por agressões físicas a abandoná-lo. O ensinamento desta história pode ser resumido nesta frase: "ame o seu parceiro apesar dos desafios e dificuldades materiais".

Aproveite os presságios desta data e conecte-se com o seu animal de poder ou a uma leoa. Veja-se atraindo para sua aura as qualidades solares leoninas ou a energia específica do animal e ativando assim a sua vitalidade, resistência e força para vencer – com as flechas da sua vontade – os desafios e adversidades. Em seguida, projete-se para um campo de trigo maduro e sinta a beleza dourada e a plenitude da colheita permeando sua vida e se concretizando na coroação dos seus esforços e a recompensa pelo sucesso.

21 de maio

Celebração da deusa celta **Maeve**, originariamente deusa da sabedoria da Terra. Cultuada em Tara, o centro mágico da Irlanda, Maeve era uma deusa guerreira, cavalgando cavalos selvagens e vivendo cercada de animais. Dotada de uma intensa sexualidade, ela escolhia à vontade seus amantes e nenhum homem olhava-a sem se apaixonar por ela. Seu nome em celta era Medhbh ou "aquela que intoxica".

Medite e procure visualizar essa deusa fogosa, com o cabelo ruivo coroado com uma tiara e segurando nas mãos uma espada e um escudo. Pergunte a seus pássaros mensageiros, o que você precisa combater em sua vida e como absorver a energia guerreira de Maeve para alcançar seus objetivos.

Na Grécia a deusa Iambe, cujo nome significava "falar", era a regente da comunicação e ela conferia aos poetas a destreza dos versos iâmbicos, cuja maestria foi dominada pelo escritor Shakespeare. Procure se conectar com o dom de Iambe e inspire-se na arte poética antiga para criar uma invocação ou oração em versos para a Deusa.

22 de maio

Niman Kachina, celebração dos índios Hopi festejando o retorno dos Kachinas para seu lar dentro da terra. Ao voltarem para sua morada, esses espíritos da natureza levavam consigo as orações e os pedidos do povo para a abundância nas colheitas. Os **Kachinas** são espíritos mediadores entre o mundo humano e o espiritual e eram reverenciados com danças em que as pessoas os personificavam por meio de mímicas, máscaras e costumes de animais, pássaros, plantas ou dos ancestrais.

Homenageava-se, também, Hahai Wuhti, a mãe dos Kachinas, a "mulher que despeja água", responsável pelas cerimônias e danças.

Na Austrália, celebravam-se as irmãs Junkgowa, deusas ancestrais criadoras de todas as formas de vida. Segundo a lenda, elas moravam na Terra dos Espíritos, no Templo dos Sonhos e podiam ser alcançadas por meio de símbolos e rituais. Para agradá-las, as pessoas lhes ofertavam peixe e inhame.

Festa de Santa Rita de Cássia, a padroeira das causas difíceis, modernização de uma antiga deusa da misericórdia.

Festival hindu celebrando as Yakshini, os espíritos femininos das árvores e da atmosfera. Descritas como lindas mulheres vestidas com túnicas transparentes, elas moravam nas árvores, sacudindo-as levemente para que florescessem. Seus companheiros chamavam-se Yaksas e, juntos, cuidavam das árvores e dos seres da natureza.

Comemoração da deusa celta Macha "a poderosa", guerreira e guardiã, protetora das terras contra os invasores. Em torno desta data eram realizadas as fogueiras cerimoniais nas colinas da Escócia, com oferendas e danças para invocar as bênçãos de Macha, cujos cabelos vermelhos pareciam as próprias chamas. Para atrair sua proteção vista uma roupa vermelha, adquira um vaso com pimenteiras vermelhas para colocar na sua porta de entrada, acenda uma vela vermelha ou faça uma pequena fogueira, pedindo para Macha afastar as energias intrusas da sua vida. Agradeça à Deusa e ofereça-lhe comidas picantes, flores vermelhas e vinho tinto.

23 de maio

Rosália, o festival das rosas, marcando o início das festividades dedicadas à deusa da vegetação Flora e à deusa do amor Afrodite.

Para contrabalançar a energia suave de Afrodite, os romanos comemoravam a deusa Bellona, cujo poder acendia o fogo solar e a força vital dos guerreiros. Ela se assemelhava ao deus Marte, mas, além da energia guerreira tinha também o dom da diplomacia e do planejamento estratégico. Neste dia, os guerreiros limpavam as suas armas

e preparavam os planos de ataque, enquanto os magos traçavam os encantamentos de proteção.

Na Irlanda, antigamente celebrava-se Branwen, a deusa do amor, da sexualidade, da Lua e da noite. Chamada de "seios brancos" ou "vaca prateada", Branwen era semelhante à grega Afrodite. Foi cristianizada como Santa Brynwyn e considerada a padroeira dos namorados.

Celebre você também esta data, dedicando-a a si mesma. Enfeite sua casa com flores, acenda velas vermelhas e incenso de rosas no seu quarto e banheiro. Tome um demorado banho de espuma ou com sabonete de rosas. Finalize com um banho de essência de rosas (ou jasmim) e vista uma roupa rosa ou vermelha. Realce sua beleza com seus recursos pessoais e medite um pouco, invocando a energia do amor para sua vida. Saia depois para se divertir, sozinha ou bem acompanhada.

Mas, se perceber a aproximação de uma energia que tenta enfraquecer, dominar ou vampirizar você, use seu athame ou punhal e risque seus símbolos de proteção invocando o auxílio de Bellona.

24 de maio

Dia consagrado às **Três Mães**, as deusas celtas doadoras da vida, do crescimento e da morte/transmutação.

Celebração, na antiga Ibéria, das Mães Divinas, conhecidas com vários nomes, dependendo do lugar: Matres, Aufaniae, Brigaecae, Galaicae, Monitucinae ou simplesmente as Matronas ou Matres.

Reverencie a Deusa Tríplice, na forma de donzela, mãe ou anciã, de acordo com a manifestação correspondente a seu estágio de vida: juventude, maturidade ou velhice. Acenda uma vela branca, vermelha ou preta e invoque a Deusa, pedindo-lhe orientação e proteção para a fase atual de sua vida.

Celebração na Grécia do nascimento de Ártemis, a deusa da lua crescente e senhora dos animais, filha de Leto, antiga deusa da noite.

Na Trácia, comemorava-se Bendis, a deusa lunar guardiã da Terra e protetora dos animais, com procissões e corridas de cavalos.

Festival eslavo celebrando a deusa do amor e sexualidade Lada, padroeira da primavera, do casamento, da harmonia tribal e das cerimônias. Seus seguidores confeccionavam imagens de argila na forma de pássaros, que eram untadas com mel e oferecidas à deusa, com seus pedidos.

No Camboja a deusa agrícola Po Ino Nogar, "a Grande" era reverenciada como a doadora da fertilidade da terra, que trazia a chuva e protegia os campos e as colheitas. Se você perceber que negligenciou ou descuidou do seu "plantio", imagine acima da sua cabeça uma nuvem azulada, em que se formam as feições de uma linda e sorridente mulher. Ore para ela pedindo ajuda para os seus planos e perceba como gotas brilhantes de chuva começam a pingar sobre você, enquanto a sua aura é impregnada da energia da deusa. Continue a visualização até se sentir plena de energia criativa e realizadora.

25 de maio

Segundo os estudiosos, a trindade feminina precedeu a trindade masculina, tendo sido encontrada na maior parte das religiões e tradições. A tríade milenar Donzela-Mãe-Anciã foi a origem da representação cristã das Três Marias: a Virgem Maria, Maria Madalena e Maria Cleopas.

O festival francês das Três Marias é a única celebração antiga da Deusa, ainda mantida viva, principalmente pelos ciganos, que vêm de todas as partes da Europa para venerar a tríplice deusa, da vida, da beleza e da morte. Procissões de barcos, casamentos, feiras, danças, competições e adivinhações dão um colorido exótico e fascinante aos três dias e três noites dos festejos de Santa Sara, em Saintes-Maries--de-la-Mer. Com o passar do tempo, Maria Madalena foi "esquecida" pela Igreja e desapareceu do trio de Marias. Atualmente, a versão oficial e moderna da Igreja é que apenas as duas Marias (Jacobé e Salomé) chegaram num barco da Palestina com sua serva Sara que agora é chamada de Santa Sara, apesar de que oficialmente não seja santificada ou beatificada pela igreja, sendo mantido somente seu culto local.

Cristianizada como **Santa Sara**, a deusa negra é, na verdade, Sara Kali ou Bibi, assemelhada à deusa hindu Kali. Os ciganos reverenciavam-na como a Senhora do Céu e da Terra, protetora de suas tribos, sincretizada, posteriormente, à Virgem Negra, cujas estátuas ainda existem em inúmeras catedrais europeias. As cerimônias de Saintes-Maries-de-la-Mer, conhecidas como *Le pelerinage des Gitans* "peregrinação dos ciganos", são bastante elaboradas e atraem uma multidão de fiéis e curiosos, que aumenta em quarenta vezes a população local da pequena cidade. Na tarde do dia 24 de maio, as estátuas das duas Marias são retiradas da igreja de Saint Michel. As pessoas elevam as crianças e tentam tocar as estátuas antes de serem colocadas no chão para obterem suas bênçãos. Em seguida, a estátua negra de Santa Sara é retirada da cripta da parte debaixo da igreja, onde centenas de velas de cera enfumaçam o ambiente. No pedestal da santa amontoam-se roupas de doentes à espera de curas e inúmeros pedidos e oferendas de colares, pulseiras, echarpes, notas de dinheiro e flores. A estátua da santa é vestida com novas e brilhantes roupas e é levada em procissão sobre uma plataforma adornada com flores, e carregada por ciganos. A procissão liderada pelos padres segue pelas ruas estreitas, escoltada por guardiões cavalgando cavalos brancos. A multidão de fiéis e turistas acompanha com gritos de *"Vive Sainte Sara"* até a praia, onde a plataforma é abaixada pelos guardiões até tocar a água, enquanto a multidão joga flores, se benze com a água do mar e continua gritando e pedindo bênçãos da santa. Depois, a procissão volta para a igreja onde continua a veneração, colocando pedidos e presentes aos seus pés, lenços no seu pescoço ou beijando o rosto da santa. No dia seguinte, as estátuas das duas Marias são colocadas em um pequeno barco enfeitado com flores e levadas em procissão até o mar, enquanto um número menor de pessoas grita *"Vive les Saintes Maries"*. Esta parte do festival tem uma nuance provençal local, sendo associada com participações artísticas dos ciganos.

Honre a sabedoria mágica dos ciganos e procure uma cartomante ou quiromante para ler sua sorte ou sua mão. Se preferir, consulte você mesma o baralho cigano, buscando uma orientação para a fase atual de sua vida.

Celebração budista de Tao, a mãe do mundo, o caminho para o amor e a harmonia.

Na Grécia antiga comemorava-se, neste dia, o nascimento de Apolo, o deus solar irmão da deusa Ártemis.

26 de maio

Comemoração celta das **fontes sagradas**, homenageando as deusas Boann, Coventina e Sinann.

Antiga celebração da deusa celta Sulis, a regente das fontes termais, minerais e dos rios sagrados, regente da cura pela água, adotada pelos romanos como um aspecto da deusa Minerva. Ela era cultuada na antiga cidade *Aquae Sulis* (atualmente Bath) onde existem até hoje as antigas termas romanas e um museu com os vestígios achados no lugar, abaixo do nível da rua. A redescoberta das termas deu-se no ano de 1775, sendo escavadas e transformadas em uma grande atração turística. Os edifícios descobertos após as escavações foram divididos em quatro grupos, entre os quais estão: o Manancial Sagrado, o Templo Romano, as próprias Termas romanas e a Casa Museu, estruturas datadas do século XIX. Sulis é a palavra celta para "Sol" e "olho" e Sulis é considerada uma deusa solar, pois no seu antigo templo tinha uma pira sempre acesa. Podemos imaginar Sulis nadando em suas águas curativas rumo à luz do Sol, representando as profundezas emocionais em que temos de mergulhar e voltar na nossa jornada para a luz, a cura e o bem-estar.

Cordélia era uma deusa celta regente da beleza da natureza e da renovação da primavera ou – segundo outros autores –, pertencendo ao Povo das Fadas. Ela era reverenciada nas fontes de águas termais ou minerais, que eram decoradas com guirlandas de flores, onde as pessoas deixavam moedas, amarravam fitas coloridas e pedaços de roupas pedindo pela cura dos doentes.

Fontinália, festa romana que celebrava as deusas das fontes. Antigamente, neste dia, as mulheres limpavam e enfeitavam as fontes com guirlandas de flores e fitas.

Este é um dia propício para reverenciar os espíritos e as deusas da água. Procure um local onde haja água: uma fonte, rio, lago ou cachoeira. Sente-se confortavelmente e contemple a superfície da água até atingir um profundo estado de relaxamento. Conecte-se aos espíritos e às deusas da água, expondo-lhes seus problemas ou suas dúvidas. Aguarde até perceber alguma imagem ou mensagem refletida na água. Agradeça, ofertando-lhes flores, perfume ou moedas. Leve um pouco da água para purificar seus cristais e os objetos do seu altar.

Festa romana para a deusa Fortuna, senhora do destino dos homens, detentora da energia vital e do poder gerador e procriador.

Celebração da deusa guerreira chinesa Chin Hua Fu Jen.

27 de maio

Cerimônias noturnas em Roma, dedicadas à deusa Prosérpina e às **Moiras**. Também chamadas de Parcas, eram três essas deusas do destino: Lachesis, Clotho e Átropos. O propósito dessas cerimônias era a cura das doenças e dos infortúnios. As Moiras eram as filhas de Nix, a deusa da noite, tecelãs do destino dos homens. Cloto, a tecelã, tecia o fio da vida com o seu fuso

mágico; Láquesis, a medidora, o avaliava e media, enquanto Átropos, a inevitável, o cortava com sua tesoura mágica.

Embora identificada, às vezes, com a deusa grega Perséfone, rainha do mundo dos mortos, Prosérpina era uma antiga deusa etrusca e agrária, guardiã das sementes, sendo responsável por elas desde sua germinação até seu apodrecimento. Posteriormente, foi considerada a senhora do mundo subterrâneo, equiparada à deusa grega Perséfone.

Danças da tribo de Ute no Colorado, festejando a Mulher Ursa que representava a força da terra, o amor maternal, a unidade familiar e a proteção das crianças. Sonhar com ursos indicava a proteção deles como animais totêmicos e uma mensagem especial de proteção da Mãe Ursa ligada à sua família. Use algum objeto associado com ela como amuleto para o seu fortalecimento.

Celebrações romanas para Diana, a deusa da Lua, protetora das florestas e dos animais.

28 de maio

Celebração de Píton, a grande serpente pré-helênica, filha partenogenética de Gaia, nascida da lama fértil após o Dilúvio. Na mitologia grega, Píton era filha da deusa Hera, nascida sem a interferência de Zeus, e morava sob a fonte sagrada de Delfos. Píton personificava o espírito profético do Oráculo de Delfos, comunicando-se através das **Pitonisas**, as sacerdotisas oraculares. Por viver dentro da terra, Píton conhecia todos os segredos e transmitia-os pelo transe apenas para as mulheres. Mesmo após a usurpação do templo que pertencia inicialmente à Mãe Terra pelos Sacerdotes de Apolo, o oráculo continuava pertencendo às Pitonisas. O nome Pythia deriva de *Pytho*, o nome original de Delfos, derivado do verbo *pythein*, originário da decomposição do corpo da serpente Píton depois que ela foi morta por Apolo e teve seu corpo dividido. Esta era a fonte que emitia os vapores que permitiam ao oráculo de Delfos realizar as profecias predizendo o futuro baseado na água ondulante e no sussurro das folhas das árvores. Antes de começar as profecias as Pitonisas e todos aqueles que consultavam o oráculo, eram submetidos a uma purificação ritualística com fumigações, devendo mastigar folhas de louro.

Celebração da deusa-serpente Uadjit, protetora do baixo Egito e do delta do Rio Nilo ao lado da deusa Nekhebet. Juntas, elas formavam Neb Ti, o símbolo da unificação do Egito. Uadjit ou Buto era descrita como uma serpente alada, coroada e com rosto de mulher.

Nas antigas culturas e tradições, a serpente era o símbolo da vida, da morte e do renascimento, o poder transformador e regenerador da Deusa. O cristianismo deturpou o significado sagrado, transformando-a em uma imagem maléfica. No entanto, ainda persistem costumes e tradições folclóricas homenageando o poder regenerador das serpentes, como a *Festa dei Serpari*, em Abruzzi, na Itália, aonde milhares de pessoas seguem em procissão, segurando serpentes nas mãos, até a igreja construída sobre um

antigo templo dedicado à sereia Circe. Depois da festa, as pessoas comem pães em forma de círculo (*ciambelle*), relembrando, sem saber, o antigo ritual de celebração da Deusa.

Neste dia na Grécia era homenageado Hermes, o mensageiro dos deuses, regente da inteligência, da comunicação, do comércio e das viagens.

29 de maio

Ambarvália, festival romano da Mãe do Milho celebrando a deusa **Ceres** com procissões e cânticos. As pessoas passavam sobre os campos recém-semeados pedindo as bênçãos da Deusa para ter abundância nas colheitas.

Antigamente, na Hungria, as mulheres enfeitavam-se e dançavam na entrada das lavouras, pedindo às Deusas do Tempo proteção contra o granizo e as pragas. Também era reverenciada a "Grande Mulher Alegre", ou Boldogasszony, a Deusa da plenitude, posteriormente identificada com Maria.

Dia do Carvalho, na Inglaterra. Neste dia, faziam-se invocações para afastar as pragas, as chuvas de granizo e para garantir a saúde dos animais e dos camponeses. Eram feitas oferendas de animais, que deviam atravessar os campos por três vezes antes de serem sacrificados, levando consigo os azares e as pragas. Outras oferendas consistiam de guirlandas de flores, frutas, bolos de milho, leite, vinho e mel. Ainda hoje, são usados galhos, folhas e frutos de carvalho para enfeitar as residências, atraindo, assim, os poderes protetores do carvalho.

No Brasil, pode-se substituir o carvalho por qualquer árvore frondosa e resistente, como as mangueiras, jaqueiras ou figueiras. Antes de tirar qualquer galho vivo de uma árvore, sempre peça licença a seu guardião, oferecendo em troca alguma coisa, como um fio de cabelo seu, uma moeda ou um pouco de fubá.

No Líbano era celebrada a chegada da deusa Ashtart vindo do céu em forma de estrela e pousando em Biblos, onde se tornou a padroeira da cidade. Ela ficou renomada pelo seu poder profético, assistência nas guerras e proteção nas dificuldades e era descrita cavalgando um leão ou tendo uma cabeça leonina.

Dia da mulher em Ibo, na África, e festa da colheita dos morangos dos índios iroqueses.

30 de maio

Comemoração de **Joana d'Arc**. Segundo a lenda, Joana recebeu sua missão das "Três Fadas", sob uma árvore consagrada ao culto da deusa Diana. O Conselho Eclesiástico interpretou sua visão como uma aparição angélica, negada posteriormente. Sua morte foi autorizada na fogueira como "bruxa herege e idólatra". Quinhentos anos depois, no entanto, Joana foi canonizada como Santa.

Antiga celebração das deusas gaulesas da guerra Nemetona, a senhora do bosque sagrado, e Nantosuelta, a senhora da água e dos corvos.

Celebração de Seshat, a guardiã egípcia dos registros de fatos e mitos dos deuses. Originária da região do Delta do Nilo era associada à escrita, astronomia, arquitetura e matemática, o seu nome significando "a que escreve". Seshat recebia também os títulos de "Senhora dos Livros" ou "Senhora dos Construtores", por estar presente na cerimônia de fundação dos templos e em particular no ato ritual de "esticar a corda". Durante este ritual, a deusa, através de um sacerdote, ajudava nos cálculos necessários à construção de um novo templo, graças aos conhecimentos que tinha sobre estrelas e matemática. Representada como uma mulher vestida com pele de leopardo portava sobre a sua cabeça um objeto indeterminado apoiado numa vara, possivelmente uma estrela com cinco ou sete pontas, ou então uma roseta. Seshat segurava nas mãos uma pena e um papiro ou uma cana e uma paleta, dois instrumentos usados pelos escribas no seu trabalho. Era vista como companheira ou filha do deus Tot, mas enquanto ele representava o conhecimento oculto, Seshat representava o conhecimento visível, que se concretizava.

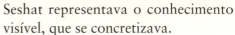

Dia de recordar todas as mulheres que foram torturadas, assassinadas e queimadas durante as perseguições religiosas por deterem poderes psíquicos e curadores, consideradas "bruxas, magas e seguidoras do demônio". É importante lembrar as vidas, os legados e as mortes dessas mulheres, reverenciando assim o poder oculto inerente a cada mulher, sua necessidade e direito divino de expressá-lo livre e seguramente.

Festival do Milho nos Pueblos do Novo México, agradecendo as dádivas da terra com preces, cânticos e oferecimento de fubá e fumo para as seis Donzelas do Milho. Representando as várias cores do milho – amarelo, vermelho, azul, branco, preto e mesclado – elas são chamadas de A-ha Kachin Mana.

31 de maio

Celebração dos deuses gregos **Perséfone e Plutão**, com danças e competições esportivas perto do Rio Tibre, em Tarentum. Na mitologia pré--helênica, Pluto era o aspecto escuro da Tríplice Mãe, sendo que seus outros dois aspectos eram formados por Coré e Perséfone. A palavra Pluto significava "riqueza" e "abundância". Na mitologia grega, posteriormente adotada pelos romanos, Pluto era irmão de Zeus e senhor de Hades, o mundo escuro dos mortos. Foi ele quem raptou Perséfone, a filha amada da deusa Deméter, tornando-a a rainha do mundo subterrâneo.

Sellisternia, a celebração de Ísis em seu aspecto de Stella Maris, a protetora dos marinheiros. Em Roma, as matronas levavam oferendas para as deusas Juno e Diana.

A antiga tribo celta do povo Averni homenageava Basihea ou Bakeaki, a deusa do céu, criadora dos pássaros e protetora das viagens físicas ou mentais. Para se conectar a essa antiga e esquecida deusa, invoque-a para desvendar algum segredo, para chamar algum pássaro como seu aliado ou para protegê-la em suas viagens aéreas. Oferte-lhe algumas penas ou folhas de árvore, soltando-as ao vento ou dance imitando o voo dos pássaros, projetando-se mentalmente para a morada celeste da Deusa.

Celebração nas Filipinas da deusa Sisina, regente do amor, da ordem, beleza e compreensão mútua, que protegia os casais contra a discórdia e apaziguava as tormentas emocionais, restabelecendo a autoconfiança, força e segurança. Ela era invocada neste dia pelas famílias, na frente dos seus altares, para apaziguar e harmonizar os relacionamentos e recebia oferendas de pão doce e suco de frutas.

JUNHO

Originalmente, o nome deste mês era *Junonius*, em homenagem a Juno, a deusa romana padroeira dos casamentos e das mulheres. Equivalente à deusa grega Hera, Juno era invocada nos casamentos para garantir a felicidade duradoura por seu aspecto de padroeira e protetora das funções e atributos femininos. Por isso, antigamente, as mulheres procuravam casar neste mês, tradição mudada pela Igreja Católica para o mês de maio, apesar da crença antiga de que casar neste mês traria azar.

Como governante da estação mais clara e quente do ano, Juno era a contraparte luminosa de Janus, o regente do mês de janeiro.

No hemisfério norte, durante este mês, percebia-se um acréscimo de energia psíquica, favorecendo a aproximação e o intercâmbio com os seres elementais e os espíritos da natureza, que poderiam se tornar acessíveis e visíveis desde que devidamente agradados e invocados.

Os nomes antigos deste mês eram Meitheamh para os irlandeses, Aerra Litha para os anglo-saxões e Brachmonath para os nórdicos. No calendário sagrado druídico, a letra Ogham correspondente é Tinne e a planta sagrada é o azevinho. O lema do mês é "energia e poder de decisão para enfrentar problemas e obstáculos". As pedras sagradas deste mês são a ágata, a pedra da lua, a alexandrita e a pérola. As deusas regentes são Juno, Carna, Cardea, Danu, Vesta, Anahita, Epona, Cerridwen e Kupalo.

Os povos nativos chamavam este mês de Lua dos Amantes, Lua de Mel, Lua dos Morangos, Lua da Rosa, Lua dos Prados, Lua do Sol Forte, Lua dos Cavalos, Lua da Engorda e Mês do Intervalo, entre outros.

No calendário rúnico, este mês é regido pela runa Dagaz, que representa a "porta do ano", o portal para os mundos internos, a abertura que permite a entrada daquilo que é benéfico e obstrui a entrada das coisas ruins. Por isso, Junho era considerado a "porta do ano", abrindo os canais para o Sol entrar, fortalecendo as energias e consolidando os ganhos.

Neste mês, os povos europeus celebravam o solstício de verão com vários rituais, encantamentos, práticas oraculares, festas, fogueiras, danças e feiras. Nos países eslavos, o nome dos festivais variava (Kupalo, Jarilo, Kostroma, Sabotka, Kreonice ou Vajano), mas sua tônica era a mesma.

No Egito, durante a lua cheia, homenageava-se a deusa Hathor com o festival de Edfu. A procissão com a estátua da deusa, retirada de seu templo de Dendera durante a lua nova, culminava com sua chegada ao templo de Hórus, em Edfu, para o casamento sagrado destas divindades. Durante as faustosas celebrações, muitos casais aproveitavam os influxos auspiciosos do evento para imitar o exemplo dos deuses e se casar. A deusa lunar Hathor regia o amor, a beleza, a união e a fertilidade e casar-se durante sua celebração na lua cheia garantia suas bênçãos para o casal.

Também no Egito, celebravam-se as deusas Ísis e Neith com o Festival das Lanternas, enquanto que na Índia, um festival exclusivo de mulheres homenageava a deusa Parvati.

Na Grécia antiga, durante a lua nova, celebrava-se Ártemis – a deusa lunar padroeira das florestas e dos animais –, as Horas – deusas menores das estações – e as Dríades – as ninfas das árvores. Em Roma, comemoravam-se as deusas Carna – da saúde –, Cardea – a protetora das casas – e Hera e Vênus – as padroeiras das mulheres e do amor.

Os povos nativos norte-americanos festejam, neste mês, o retorno dos Kachinas, os espíritos ancestrais da natureza para sua morada subterrânea, após terem proporcionado o crescimento da vegetação. Os Incas celebravam Inti Raymi, a grande Festa do Sol e a gratidão pela colheita do milho.

Guiada por todas essas informações das antigas celebrações, procure se fortalecer, reforçando suas características positivas, assumindo responsabilidades e tomando decisões. Abra uma nova porta para a entrada das energias luminosas e benéficas, celebre o solstício, o Sol e a Lua e reverencie as forças da natureza, entrando em contato com os seres elementais.

1º de junho

Festival das Hamadríades, as Ninfas dos carvalhos na Grécia. Os gregos acreditavam que cada árvore tinha uma alma individual, uma força elementar na forma de uma mulher com o corpo formado pela árvore. Esses seres elementares, chamados **Dríades**, zelavam por suas moradas – as árvores – e castigavam os homens que quebravam ou cortavam a árvore ou seus galhos. As Ninfas que moravam nas árvores frutíferas chamavam-se Melíades ou Epimélides. Quando a árvore morria, a vida da Ninfa também acabava; por isso, os bosques eram considerados locais sagrados e preservados contra os incêndios ou a destruição.

Na antiga Áustria, em Tirol, os espíritos das árvores eram chamados Fangge. Os habitantes acreditavam que os Fangge vingavam-se daqueles que cortassem os galhos ou arrancassem a casca das árvores, fatos que levariam à sua morte. Para se proteger de alguma vingança dos Fangge, as pessoas ofertavam pães com sementes de cominho às árvores.

No Japão, os Oryu, os espíritos dos salgueiros, abandonavam as árvores caso elas fossem destruídas e atacavam seus agressores.

Celebração de Carna, a deusa romana da saúde e da sobrevivência física. Os romanos ofereciam-lhe pão fresco e sopa de feijão, agradecendo-lhe pela manutenção da saúde. Carna representava a realidade carnal da existência humana, a personificação dos processos físicos da sobrevivência. Para atrair a ajuda de Carna na abertura dos caminhos eram abertas as portas das casas, invocadas as suas bênçãos e jogados feijões nas quatro direções, na frente da casa.

Festival romano para Juno Moneta, homenageando seus atributos de protetora das casas de moeda e defensora dos bens das mulheres casadas, evitando sua espoliação pelos maridos ou filhos.

Nos países eslavos, comemorava-se Slata-baba ou "A Mulher Dourada", equivalente da deusa romana Moneta, padroeira da riqueza e das cerimônias. Era representada como uma mulher

ricamente vestida com peles e enfeitada com joias de ouro. Para atrair suas bênçãos, eram oferecidas as melhores peles dos animais caçados, por acreditar-se que ela guardava todos os tesouros do mundo.

Conecte-se à força vitalizadora e regeneradora das árvores. Abrace uma delas, fundindo-se com suas raízes e galhos, absorvendo seu vigor e altivez. Agradeça à Dríade, oferecendo-lhe um agrado: uma moeda, uma fita, uma fruta ou um pouco de cereal. "Adote" ou plante uma árvore e responsabilize-se por cuidá-la e protegê-la. Você receberá em troca a proteção e a benevolência das Dríades. Se precisar arrancar alguma árvore por motivos de segurança ou espaço, converse primeiramente com a Dríade. Exponha-lhe seus motivos e comprometa-se a plantar uma nova árvore, da mesma espécie, pedindo à Dríade que concorde em se mudar para a nova moradia. Agradeça-lhe a colaboração e, em troca, procure sensibilizar outras pessoas para proteger e evitar a destruição das florestas e das matas.

2 de junho

Shapatu, comemoração na Babilônia de **Ishtar** como Rainha das Estrelas e celebração de Juno Regina, na Grécia, como a Rainha do Céu. Casar neste dia atraia as bênçãos de Juno para a harmonia e longa duração do relacionamento.

Dia de Cardea, a deusa romana da vida doméstica e das trancas e fechaduras. Ela cuidava da harmonia familiar, além de proteger as portas e janelas das casas. Seu poder abria qualquer porta e dava acesso ao conhecimento oculto.

Festa escandinava da deusa Syn, a guardiã do paraíso, que barrava a entrada daqueles considerados indignos. Por ser uma deusa justa e onisciente, ela era invocada nos juramentos e nas disputas judiciais.

Aproveite esta data, escolha um destes símbolos pessoais – escudo cabalístico, mandala, ferradura, réstia de alho, figas, olhos gregos, cruz celta, runas, símbolos do Feng Shui ou imagens de anjos – e coloque-o nas portas e janelas como proteção, invocando seus guardiões espirituais.

3 de junho

Ritual budista para a bênção das meninas. Dedicado à deusa Surabhi ou **Kamadhenu**, "a vaca da plenitude que realiza todos os desejos", ela representava a maternidade e a reprodução e era invocada para a proteção das crianças.

Cerimônias romanas para Bellona, a deusa guerreira e amazona, e para Tempesta, a deusa das tempestades.

Celebração finlandesa para Kaltas-Anki, a deusa dos partos, protetora das mães e das crianças. Em cada nascimento ela lia em seu livro dourado, o destino da criança, e tecia depois o fio da sua vida. Ela era reverenciada nas árvores com sete ramificações, em que eram enterradas as placentas dos recém-nascidos.

Festival Cataclysmos, nas praias da ilha de Chipre. Anualmente, nesta data, são homenageadas com orações, jogos aquáticos e danças sagradas, as almas daqueles que morreram no mar. Também era reverenciada a deusa Kypris ou Cípria, uma das manifestações de Afrodite que, segundo a lenda, nasceu nesta ilha.

Comemoração da deusa grega Charila, regente da purificação e proteção comunitária em casos de calamidades como seca, inundações, nevascas, fome, pragas, guerras ou violências humanas. Eram-lhe ofertados bolos de mel e grãos e perdoado um condenado, que, em lugar de ser executado, era expulso da cidade com vassouras de alhos e cebolas. Este ato de misericórdia limpava os pecados da cidade e favorecia a boa sorte e a fertilidade. Conecte-se com a energia de Charila e peça sua proteção, salpicando na frente da sua casa grãos, depois de varrer os quartos com uma vassoura de galhos verdes.

4 de junho

Fim de Rosália, o festival romano das rosas que celebrava a deusa **Afrodite**, inspiradora da paixão, amor, prazer sensorial, beleza e autoconfiança. Suas imagens e estatuas eram adornadas com guirlandas ou pétalas de rosas ou untadas com suas essências.

Na Irlanda, celebração da Mãe Terra, a antiga deusa Danu ou Anu, conhecida também como Don no País de Gales e Domnu, Dana ou Donann em outros lugares. Reverenciada como a Mãe Ancestral de uma tribo de seres espirituais chamados Tuatha de Danann, seu nome significava "sabedoria". Os Tuatha de Danann eram a quarta raça de colonizadores que chegaram à Irlanda séculos antes da era cristã. Eles eram seres sábios, eminentes magos, cientistas e artesãos,

possuidores de uma altíssima vibração espiritual, verdadeiros "seres de luz". Após permanecerem duzentos anos ensinando suas artes para os habitantes nativos, foram vencidos pelos últimos conquistadores da ilha, os Milesianos, guerreiros e materialistas. Os sobreviventes do "povo da deusa Danu" refugiaram-se nas colinas ou embaixo da terra e passaram a ser conhecidos como "Daoine Sidhe" ou o "Povo das Fadas".

Festival romano da deusa Pax, a protetora das pessoas e das propriedades, a personificação da segurança. Acenda uma vela branca em sua homenagem e ore, pedindo proteção e segurança para você e para seus entes queridos. Medite também sobre meios atuais e eficientes para colaborar na manutenção da paz pessoal, familiar, coletiva e planetária. Contribua, mesmo que modestamente, para alguma organização ou movimento em favor da Paz Mundial.

5 de junho

Celebração de Domnia, a padroeira celta dos menires e **dólmens**, homenageada na Irlanda com procissões e rituais nos círculos de pedras. Nos países eslavos, os menires eram chamados Kamenaia Baba ou "as mães de pedra". Esses monólitos arredondados eram de origem cita, sendo feitas neles inscrições com imagens de animais, serpentes e mulheres segurando chifres. Ofertas de lã, leite e óleo de linhaça eram feitas pelos camponeses, que pediam força e saúde para si e para seus animais.

Comemoração celta de Sheelah na Gig, a antiga deusa irlandesa da fertilidade, da vida e da morte. Ela era representada como uma mulher velha e esquelética, abrindo com as mãos sua vulva exageradamente grande, simbolizando o portal da vida. Suas figuras foram usadas, posteriormente, pelos padres cristãos como gárgulas na entrada das igrejas para representar os "demônios" da sexualidade e alertar os fiéis sobre os perigos do "pecado da carne".

Dança do Milho dos índios Pueblo, no Novo México, dedicada às deusas da chuva e da terra, respectivamente A Mulher que Muda e A Mulher Aranha.

Retirada da estátua de Hathor de seu templo em Dendera, iniciando-se a procissão com barcos até Edfu.

Comemoração à deusa egípcia Uto ou Uadjit, a regente egípcia da vegetação, cujo nome significava "sempre verde" por personificar os poderes regeneradores da terra. Ela era representada como uma serpente, indicando os aspectos mutáveis e renovadores da vegetação, tendo o poder de retirar e distribuir a essência benéfica da criação.

Dia Mundial do Meio Ambiente, possivelmente inspirado pelo poder oculto da deusa Uto para motivar a preservação da natureza e incentivar os movimentos ecológicos.

Vista algo verde, organize ou participe de um evento em benefício do Planeta (reciclar, recolher lixo, plantar algumas mudas, fazer doações) para assim contribuir na preservação do nosso habitat e mantê-lo sempre verde.

6 de junho

Festival de Bendideia, na Trácia, homenageando a deusa lunar **Bendis**, representante do poder destruidor da lua minguante e dos mistérios da noite e da escuridão. Essas celebrações lunares continuaram, posteriormente, na Grécia, com processões de mulheres indo para o templo de Pireus. Mais tarde, Bendis foi sincretizada a outras deusas lunares, como Ártemis e Hécate. Antigamente, oferendas de bolos em forma de meia-lua em encruzilhadas, eram feitas neste dia.

Celebração de Andrômeda, a deusa pré-helênica da Lua. Seu nome, originariamente, descrevia o poder fertilizador e destruidor da Lua como "Governante dos Homens". Era considerada a personificação da luz da Lua alternada à escuridão da noite. Posteriormente, nos mitos, Andrômeda foi transformada na filha da Rainha Cassiopeia, castigada pelo deus Poseidon por seu orgulho e salva pelo herói Perseu. Após sua morte, a deusa Atena transformou-a na constelação que leva seu nome.

Na Nigéria, início do festival anual para honrar os ancestrais, os Egunguns. Durante sete dias, as pessoas ofertavam comidas e bebidas aos espíritos ancestrais, dançavam e entravam em transe religioso para poder se comunicar com seus antepassados e com os espíritos da natureza. Era reverenciada a deusa ioruba Oyá como "Mãe dos mortos" com danças e oferendas e honrados os ancestrais com altares feitos pelos seus familiares nas suas antigas moradias, colocando fotos e objetos que lhe pertenceram, ao lado de flores e comidas.

7 de junho

Festival de Vestália em homenagem a **Vesta**, deusa padroeira dos lares e guardiã do fogo sagrado. Suas sacerdotisas – as Vestais – limpavam e renovavam os altares e abriam os templos para todas as mulheres, sendo o acesso proibido aos homens. Além de zelarem pela

chama sagrada dos templos da Deusa, as Vestais colhiam os primeiros cereais e frutas, preparavam as oferendas e as ceias comunitárias das colheitas. As Vestais eram encarregadas também dos rituais de purificação dos templos, das praças públicas, das casas e das pessoas.

Celebração da deusa báltica Haltia, a protetora do lar, dos assuntos domésticos e dos animais. Segundo a lenda, ela morava na própria estrutura das casas e trazia saúde e boa sorte para seus habitantes. Se a casa fosse demolida ou destruída, a família deveria levar para sua nova morada um pouco das cinzas da antiga lareira para não ofender ou enfurecer a Deusa. Haltia também cuidava das vacas, ovelhas, cavalos, porcos e aves. As crianças tornavam-se mais obedientes se ela fosse homenageada com cânticos, orações e oferendas de pão, leite, queijo e mel.

Celebração nos países nórdicos das Nove Donzelas das Ondas, as mães do deus Heimdall, que moravam no fundo do mar e eram as Guardiãs do Moinho do Mundo, que moía as estações e regia os ciclos naturais e humanos. Se você mora perto do mar, caminhe na praia e junte umas conchas, corais, algas ou um pouco de areia para criar um ponto de conexão na sua casa com as Donzelas e as ondas do mar. Se não tiver acesso ao mar, crie um altar com imagens de ondas e coisas do mar e medite sobre a impermanência do tempo e o eterno fluir das fases da vida.

8 de junho

Festival dos grãos, na China, dedicado à deusa **Kwan Yin**, a representação do princípio Yin da maternidade e da compaixão.

Comemoração da deusa chinesa Nugua com um festival de barcos em forma de dragões. As energias de Nugua restabelecem o equilíbrio da vida quando se instala o caos devido a circunstâncias externas ou internas. Na arte ela é representada com uma mulher-dragão, vestida nas cores do arco-íris. O festival procura mostrar o equilíbrio das energias Yin-Yang, entre masculino-feminino, luz-sombra, em uma dança harmoniosa entre os polos. Eram feitas oferendas de arroz, frutas e cereais e abençoadas moedas com a imagem de Yin-Yang ou estatuetas de dragão.

Celebração da deusa romana Mens, que regia as medições, os números (cálculos, tabelas e arquivos) e os calendários. Seu nome significava "o momento certo" e era um dos atributos da deusa Luna, que inspirou as mulheres a inventarem os calendários de acordo com seus ciclos menstruais. Os primeiros calendários da humanidade foram os lunares, baseados na sincronicidade entre o ciclo lunar e o menstrual. A própria palavra "menstruação" contém em si o nome desta deusa.

Reverencie Mens iniciando um calendário menstrual, observando a relação do seu período mensal com a fase da Lua. Quanto mais você se afinar com as energias lunares, mais seu ciclo menstrual tornar-se-á regular e harmônico.

9 de junho

Matrália, dia das mães em Roma, dedicado às deusas da alvorada Aurora e Leucothea, manifestações das antigas deusas **Mater Matuta**, a Mãe da Manhã e Dea Matuta, a Mãe da Luz. Na madrugada deste dia as mães, com os filhos nos braços, invocavam Matuta pedindo sua bênção.

Nos países eslavos, as Auroras eram duas deusas celestes, a regente do céu da manhã e a do céu da noite. Elas eram vistas como lindas virgens que moravam no reino da luz, com o deus do Sol, a deusa da Lua, sete juízes (correspondendo aos sete planetas) e sete mensageiros (as estrelas cadentes e os cometas).

Festival japonês do arroz celebrando a deusa Wakasame No Kami, cujo nome significava "a Donzela que planta arroz". Ela teria nascido da união entre a deusa da terra e o deus dos cereais. Do ponto de vista espiritual Wakasame oferece a satisfação e a realização oriundas do trabalho feito com paciência e dedicação, lembrando o difícil plantio e colheita do arroz. As mulheres, vestidas com seus quimonos tradicionais, recitavam orações e faziam fogueiras, com palha de arroz, pedindo a bênção das semeaduras, das colheitas e das crianças.

Neste dia, procure uma bênção espiritual para seus filhos ou simplesmente ore para a Grande Mãe, entregando a Ela a proteção e a orientação de suas vidas. Homenageie também as mulheres que deram à luz (começando por sua própria mãe) e as que adotaram crianças, oferecendo seu amor maternal para seres que não nasceram de seu ventre. Medite olhando para o céu, pela manhã ou à noite, procurando receber uma orientação espiritual para um novo alvorecer ou começo em sua vida.

10 de junho

Na Pérsia, celebração de **Anahita**, a deusa do amor, uma das deusas governantes do Império. Ela personificava o poder fertilizador da Lua, da água e da chuva – a água que vinha das estrelas – e era a regente do Planeta Vênus. Por isso, era considerada a padroeira da reprodução, aquela que purificava o sêmen do homem e abençoava o ventre e os seios da mulher. Ela aparecia ora como mãe (nutridora), ora como guerreira (defensora) de seu povo. Suas estátuas representavam-na como uma linda mulher, vestida com um manto dourado, ornado com peles de lontra e enfeitada com diademas e colares de ouro. Sua carruagem dourada era puxada por quatro cavalos brancos, que representavam o vento, as nuvens, a chuva e o granizo. As oferendas a Anahita incluíam galhos verdes, novilhas brancas, leite e rituais sexuais.

Os índios nativos norte-americanos iroqueses homenageiam neste dia a deusa Awehai, que rege o céu e as nuvens, de onde ela desceu nas costas de uma grande tartaruga e trouxe para a terra sementes e animais, cuidando assim da frutificação da terra e da nutrição dos homens. A tribo realiza saunas sagradas para a sua purificação, depois dança ao som de tambores e chocalhos feitos do casco de tartarugas e festeja comendo morangos e framboesas, as frutas sagradas de Awehai.

Aproveite esta data e visualize o cálice sagrado da deusa Anahita derramando sobre você uma chuva luminosa, nas cores do arco-íris. Abra seus canais sutis e atraia aquela cor que lhe é mais necessária neste momento de sua vida. Recolha água da próxima chuva e use-a para limpar os objetos de seu altar e seus cristais ou para purificar seus centros energéticos (os chacras). Conecte-se às qualidades de Anahita ou de Awehai relacionadas a seu momento atual. Cuide-se, lute por seus objetivos, plante ou semeie um novo começo na sua vida ou simplesmente abra-se para o amor ou a prosperidade entrar em sua vida.

11 de junho

Continuação das festividades de Mater Matuta, celebrando as deusas **Fortuna**, em Roma, e Tiché, na Grécia.

Festival Matrália, homenageando Ino, a equivalente grega de Mater Matuta, a deusa pré-helênica da agricultura e da chuva, filha de Harmonia, irmã de Sêmele e Leucothea.

Celebração de Pandora, deusa das riquezas da terra, a doadora, "a Mãe que dá presentes a todos", uma das manifestações da deusa Gaia, a Mãe Terra.

Nos países eslavos e nórdicos, o poder que gera e regenera a Mãe Terra, era comemorado na personificação da deusa Mahte, na Lituânia, de Maanemo, na Finlândia, Mamaldi, na Sibéria e com Mukylcin, na Rússia.

No Havaí os fogos vulcânicos da deusa Pele recriam permanentemente o relevo da ilha, limpando, remodelando e transformando. Até hoje ela recebe oferendas de cigarros, fumo, moedas, bebidas, frutas cobertas de melado, flores, lenços de seda vermelha e adornos coloridos.

É um dia propício para você mostrar gratidão para sua mãe terrena, reconhecer e honrar o seu amor maternal e dar-lhe um presente. Avalie a sua conduta filial e responsabilize-se pela cura atual das suas frustrações afetivas ou necessidades de sua criança interior. Assuma um compromisso consigo mesma para se cuidar, nutrir, amar, fortalecer, incentivar, afirmar, completando assim as lacunas energéticas ou intelectuais e curando as feridas emocionais da sua infância. Agradeça também à Grande Mãe pela vida e reverencie-a em todas as formas de sua criação.

12 de junho

Festa de **Mut**, a Grande Mãe da Núbia, a "Deusa Abutre", protetora de todos os seres vivos. Seu nome significava "Mãe", sendo a doadora da vida e da morte. O culto a Mut precedeu ao de Ísis como Deusa Mãe.

Shavuoth, a festa hebraica dos grãos agradecendo a colheita e celebrando a deusa Shekinah.

Shekinah era o Ser Primordial, a manifestação da essência divina na Terra, que podia ser percebida, vista e sentida somente por meio dessa emanação feminina. Também era chamada de Graça Divina, Música das Esferas, Luz Primordial, Ser Supremo ou Árvore da Vida. Ela era representada sentada sobre o Trono da Compaixão, que era ou um tripé ou um dólmen, símbolos muito comuns nas tradições das Deusas. Como Árvore da Vida, produzia doze frutos diferentes, um para cada mês, e suas folhas curavam os males. Com o passar do tempo, os religiosos e historiadores patriarcais hebraicos a transformaram em uma semideusa subordinada a Jeová.

Celebração de Hu Tu, a Imperatriz da Terra na China, padroeira da fertilidade e reverenciada pelas mulheres na Cidade Proibida.

Skiraphoria, o festival grego das mulheres em homenagem a Skira, antiga deusa da colheita.

Festival japonês para afastar os infortúnios e atrair a boa sorte. As pessoas lavavam seus cabelos em um rio ou riacho para se livrar dos males, entregando-os à correnteza.

Celebrava-se a deusa coreana Kwanseieun, doadora da bondade, coragem e boa sorte, que ouvia atentamente os pedidos humanos e os atendia com compaixão. Ela era representada montada sobre um peixe ou enfeitada com colares de ouro e segurando um ramo de salgueiro, unindo desta forma símbolos solares e lunares para indicar seus amplos poderes. As mulheres usavam seus aromas de pinheiro ou canela para aromatizar suas casas e vestimentas.

Use você também um destes símbolos para ativar traços positivos da sua personalidade e atrair as bênçãos divinas para a sua vida.

No Brasil, dia dos namorados, e na Grécia, comemoração de Júpiter.

13 de junho

Festa de **Epona**, a deusa equina da Gália, protetora dos viajantes, dos cavaleiros e dos cavalos. Nascida da união de uma égua com um deus, ela era considerada uma deusa protetora, que aparecia cavalgando, acompanhada por cães de caça, e era invocada nas coroações dos antigos reis celtas para garantir sua soberania. Até o século XI, os reis irlandeses ainda "casavam" com a deusa por meio de suas sacerdotisas. A lenda de Lady Godiva é uma reminiscência do culto dessa deusa equina.

Durante a ocupação romana na Gália, seu culto foi adotado pelos exércitos romanos; sua origem é, no entanto, muito mais antiga e associada com o arquétipo da deusa celta Rhiannon. Representada também como uma deusa da fertilidade com espigas no seu colo e segurando uma taça, Epona surgia às vezes na correnteza dos rios como uma linda mulher com quatro seios, segurando um cálice e acenando para seus seguidores, que a invocavam com cânticos e oferendas e lhe pediam amor, proteção e boa sorte.

Conecte-se com a deusa Epona orando e tocando um sino e peça-lhe para abençoá-la com poder, resistência física, altivez, segurança e liderança, quando precisar conduzir outras pessoas. Ofereça-lhe espigas de milho, sementes de alfafa e grãos de aveia e abençoe em seu nome uma imagem de cavalo ou cão para usar sempre consigo.

14 de junho

Dia das **Musas**. Em número de nove, na tradição grega elas eram filhas de Zeus, o rei dos deuses, e de Mnemósine, a deusa da memória. Nascidas perto do Monte Olimpo foram criadas pelo caçador Crotus que, após sua morte, foi transformado na constelação de Sagitário.

Musa é uma palavra que vem do grego *mousa*; dela derivam museu que, originalmente significava "templo das musas", e música que significa "arte das musas". Conforme os autores, o número e os nomes das Musas variam de três a nove, embora na maioria dos mitos fala-se sempre de nove Musas. Elas eram: Clio, a regente da fama, deusa da história e dos escritos, seu símbolo é um rolo de pergaminho; ela sempre carregava uma cesta com livros e lhe era creditada a introdução do alfabeto fenício na Grécia. Euterpe, a regente da alegria, deusa da música e da poesia lírica, seu símbolo é a flauta; dizem que foi ela que inventou a flauta e outros instrumentos de sopro. Tália, a festiva, regente da comédia, seu símbolo é uma máscara cômica. Melpômene, a entristecida, regente da tragédia, seu símbolo é uma máscara trágica e usa botas como os antigos atores de dramas. Terpsicore, a amante da dança e do canto, seu símbolo é uma lira ou címbalos; ela inventou a dança, usa uma coroa de louros e está sempre carregando um instrumento musical em suas mãos. Erato, a que desperta o desejo, regente da poesia erótica e de amor, seu símbolo é a lira. Polímnia, a que medita, regente da meditação, deusa da poesia sacra e dos hinos, seu símbolo é um véu e é sempre retratada com um semblante sério e pensativo. Urania, a celeste, regente da astronomia, seu símbolo é um globo e um par de compassos. Finalmente, Calíope, a que tem a voz

bonita, regente da poesia épica, considerada a chefe das musas; é retratada carregando uma tábua de escrever e sabia tocar qualquer instrumento.

Às vezes, eram mencionadas apenas três Musas: Melete, a que praticava; Mneme, a que recordava e Aoide, a que cantava. Havia também nomes diferentes para o grupo todo, de acordo com a localização: Carmente, Pieriade, Aganipide, Castalide, Heliconiade ou Meonide.

As Musas são detentoras de poderes proféticos e da capacidade de inspirar e estimular a criatividade dos artistas. Para homenageá-las, ofereça-lhes leite, mel, flores, aromas (principalmente de jasmim, alecrim e rosas), danças e música. Assista a uma manifestação cultural ou artística ou prestigie algum artista divulgando seu trabalho.

15 de junho

Vestália, o festival dos primeiros frutos era dedicado à deusa Vesta. Neste dia, seis Vestais estavam encarregadas de preparar os bolos sagrados – *mola salsa* – feitos das primeiras espigas colhidas de milho. Os moinhos eram enfeitados com guirlandas e os burros de carga recebiam farta alimentação e arreios novos. Os templos eram limpos e todos os restos de oferendas anteriores eram jogados no rio Tibre.

Celebração grega da deusa Mnemósine ou Mnasa, a mãe das Musas, que foram concebidas em uma relação sexual ininterrupta de nove dias, de Mnemósine com o deus Júpiter. Considerada a Memória personificada, ela era venerada como uma Fonte Sagrada, que fluía em Hades, o mundo subterrâneo. Mnemósine é a doadora da memória para a raça humana e da ampla gama de poderes criativos e dons das suas filhas, as Musas, as nove deusas que nos legaram histórias, músicas, tradições, humor, tragédia, danças e lembranças dos rituais e celebrações gregas.

Mnemósine era representada como uma mulher madura, ornada de pérolas e pedras, segurando o queixo ou a ponta da orelha com os dois primeiros dedos da mão direita, gesto que facilita a ativação da memória.

Dia de Nossa Senhora do Monte Carmel, celebração antiga na Espanha e nos Estados Unidos comemorando Maria, originada de uma comemoração em uma data anterior dedicada à Grande Mãe.

Festa budista de Amitabha Amida, em comemoração ao Buda da Infinita Paz.

Festival na Índia das Ratna Dakinis, cujo nome significa "as inestimáveis", revelando seus dons da bondade e compaixão para todos os seres. No festival era encenada a batalha entre as forças do bem e do mal, em que lamas tibetanos lutavam contra personificações de figuras míticas, com uso de espadas, sinos, címbalos, tambores e incensos para manipular a magia positiva e vencer as forças negativas. Inspire-se neste antigo festival e vista uma túnica amarela, defume a sua casa tocando sino ou tambor e pendure uma corda amarrando vários sinos em sua porta para afastar as energias negativas. Ofereça flores, sinos, amuletos ou apenas um abraço carinhoso ou um gesto caridoso para alguém, como uma homenagem para as Ratna Dakinis.

16 de junho

Festa das Águas, no Egito. Neste dia, invocavam-se as bênçãos da deusa lunar **Hathor** e de sua constelação – Sirius – para as águas do rio Nilo, para os pescadores e os cultivadores da terra. Hathor era descrita como uma mulher com cabeça ou orelhas de vaca e, assim como ela, Mehueret, outra antiga deusa, também abençoava as águas, sendo conhecida como Vaca Celestial e Senhora das Águas.

Noite das Lágrimas, cerimônia egípcia lembrando as lágrimas de Ísis durante a busca de seu amado Osíris.

Celebração de Fand, a deusa celta do mar, chamada de "A Pérola da Beleza". Esposa do deus do mar Manannan, Fand regia a saúde, a cura, a beleza, a sedução e o prazer. Segundo a lenda, ela se transformava em uma gaivota e, saindo de seu reino das águas, sobrevoava o mar e a terra em busca de amantes, raptando e levando os jovens para perto de si.

Antiga comemoração, na Caldeia, da deusa lunar Levanah, a soberana das águas e a controladora das marés.

Na antiga Grécia celebrava-se o princípio da androginia representado por Hermaphroditos, filho do deus Hermes. Seu imenso amor pela ninfa Salmakis fundiu os seus dois corpos em um só, em que não se distinguiam mais nem os corpos, nem as almas, formando um só vórtice de energia poderosa e produtiva. Dedique alguns momentos de reflexão para reconhecer a presença das polaridades opostas, porém complementares, dentro e fora de si. Honre os princípios divinos por eles personificados e procure estabelecer um equilíbrio harmonioso entre as suas polaridades, presentes e atuando em sua vida e no seu caminho espiritual.

Dia do "Cálice Sagrado", na Tradição da Deusa, Celta e Wicca. Consagre seu cálice e seu *athame* (punhal sagrado) neste dia, dedicando-os à Deusa e ao Deus e assumindo o compromisso da Lei Maior: "Faça o que quiseres desde que não prejudiques ninguém".

17 de junho

Celebração de **Eurídice**, antiga deusa grega Soberana do mundo subterrâneo e Senhora do destino. Os historiadores e escritores helênicos converteram-na em uma mortal, esposa amada de Orfeu, enviada para o mundo dos mortos por uma picada de serpente. Orfeu tentou resgatá-la, mas falhou ao quebrar a promessa feita aos deuses de não olhar para Eurídice antes que ela chegasse à luz do dia, o que resultou em seu desaparecimento para sempre na escuridão. A origem dessa história é um antigo mito da Deusa, que recebia as almas no mundo subterrâneo e cujo animal sagrado era a serpente.

Inspire-se nesta data e lembre-se da necessidade de deixar "um espaço" em seus relacionamentos, para não quebrar o encanto ou sufocar e afastar seu parceiro.

Ludi Piscatari, o festival romano dos pescadores, invocando a proteção das divindades da água para seus barcos e redes, harmonizando as energias contidas nelas para torná-las resistentes e de fácil manuseio.

Celebração egípcia de Maat, a personificação da justiça, lealdade e verdade, a deusa que auxiliava nos assuntos jurídicos e legais, assistindo os juramentos e as promessas, zelando para que fossem cumpridas. Ela pesava as almas dos mortais antes da sua entrada no paraíso, para avaliar o seu merecimento ao compará-las com o peso de uma pluma de avestruz.

Use este antigo símbolo e dedique uma pena de um pássaro livre (e não do cativeiro) para afirmar a veracidade das suas intenções em relação aos seus objetivos de vida. Escolha uma pena azul para clareza, branca para a pureza das promessas, amarela para inspirar novos começos, verde para a energia da manifestação, preta para anular atitudes e palavras negativas ou falsas. Invoque Maat antes de fazer uma afirmação ou declarar a sua intenção em relação aos outros e peça para que ela aceite ser sua guia, mentora e protetora no uso das palavras e na escolha das atitudes e ações.

18 de junho

Na Índia, reverencia-se a antiga deusa **Anna Purna**, a doadora dos alimentos. Descrita como uma mulher sentada em um trono, alimentando uma criança com uma grande colher, ela era considerada a deusa protetora da família e era homenageada, principalmente, na cidade de Benares.

Comemoração da deusa romana Anna Perenna, a senhora da cura, da abundância, da felicidade e do destino. Seu nome originou-se no de uma antiga deusa etrusca da vegetação e da reprodução. Sua celebração, incluindo rituais de fertilidade, é oriunda do culto de Ana, a deusa babilônica do céu e da terra.

Festival xintoísta de purificação com lírios. Ao amanhecer deste dia, sete mulheres vestidas de branco colhiam lírios, levando-os para os templos e deixando-os nos altares. No dia seguinte, os monges entoavam orações, enquanto sete mocinhas dançavam elevando os lírios para o céu. No final da cerimônia, os celebrantes passavam pelas ruas das cidades agitando os lírios para purificar os ambientes e afastar as tempestades que poderiam prejudicar as colheitas.

Nos Estados Unidos é celebrado o "Dia da águia", criado em 1982 para honrar o emblema americano da liberdade. Na tradição nativa, a Mãe Águia ensina como equilibrar os interesses e ações espirituais e materiais, ampliando a compreensão mental e a visão espiritual. Ela é padroeira da cura, suas penas e gritos sendo usados pelos xamãs nos seus rituais.

Festival hindu para o deus Vishnu em sua manifestação de Jagannath Rathra Yatra.

Combine essas antigas celebrações e prepare uma bebida para atrair a abundância e a boa sorte para sua vida. Bata no liquidificador leite de vaca, soja, amêndoas, coco ou arroz com sete ingredientes, – representando as sete mulheres do ritual – nozes, damascos, coco ralado, maçãs, amêndoas, aveia e mel. Reúna um grupo de amigas e façam um pequeno ritual, queimando incenso de lírio e acendendo sete velas brancas, para pedir a ajuda da deusa Anna Perenna em suas vidas. Compartilhem da bebida e ofereçam um pouco para a Deusa, com um pedaço de pão fresco e alguns lírios brancos, perto de um canteiro com flores brancas. Coloque uma imagem de águia no seu altar e invoque a clareza, acuidade e extensão da visão da Mãe Águia para orientá-la e auxiliá-la tomar decisões que beneficiem todos os aspectos da sua vida. Pendure um "coletor de sonhos" na frente da sua janela ou perto da sua cama, para afastar os maus sonhos e deixar passar apenas os benéficos.

19 de junho

Dia de todas as Heras, celebrando a Deusa Interior, representada pela deusa **Hera**, a padroeira das mulheres. Hera é uma das mais grandiosas deidades femininas, extremamente antiga, as origens de seus cultos se perdem na noite dos tempos, recuando ao menos até 10.000 a.C. Suas raízes remontam à Deusa Mãe de Neolítico, associada à vida, morte e regeneração, temas que fazem dela uma representação perfeita da Grande Deusa em suas típicas triplicidade. Originária provavelmente de Creta, Hera possui muitos elementos comum com Cibele, deusa da Anatólia, cujo culto atravessou muitos séculos.

Frequentemente, Hera é representada na companhia de leões, serpentes e aves aquáticas; na Ilíada, ela é chamada de "Rainha dos Céus" e também de "Hera do Trono de Ouro", outro nome associado à Hera é "a Deusa dos braços brancos". De todas as deusas gregas, ela é a única que apresenta atributos de soberania. Hera é a regente do matrimônio – não da ligação pela beleza, atração sexual ou pela maternidade –, mas da união verdadeira de almas, e a importância dessa união para ambos os parceiros. Ela é também protetora das mulheres e de todas as formas femininas de vida.

Na Grécia, Hera era vista principalmente como a Deusa da Lua. O mês era dividido em três fases: o crescente, a plenitude e o minguar da lua. Por vezes, Hera era representada como a Deusa tríplice, donzela ou virgem, casada ou mãe, viúva ou separada. Hera por tanto, representa o próprio ciclo da mulher em todo o seu poder e totalidade.

Na iconografia, seus símbolos são a romã e as flores em forma de estrela, que eram trançadas em guirlandas e usadas para adornar seus bustos e estátuas. Mas a mais simbólica e profunda associação de Hera com o reino vegetal é a espiga de trigo, conhecida como "flor de Hera". Um de seus epítetos – "Hera dos olhos de vaca" – demonstra a sua associação com o gado, pois bois e vacas eram-lhe sagrados, seus chifres se assemelhando à lua crescente. A Via Láctea ficou conhecida como "o leite da Deusa" ou "o caminho de leite", devido à sua origem como: o leite que espirrou do seio de Hera quando amamentava Hércules. Nos mitos mais antigos, a Hera original era independente e não possuía marido. Associada aos ciclos femininos, como toda mulher, Hera passava também pelos três estágios da vida: Como donzela, era Hebe, Partênia ou Anteia, a virgem que trazia o desabrochar e o florescimento. Como mulher madura, era Potnia ou Teleia, a Mãe Terra e a fertilidade. E como Theira, era a anciã que conhecia os segredos da vida e podia ensiná-los às mulheres mais jovens.

No seu festival anual, as mulheres lavavam suas estátuas para o rejuvenescimento e a preparação para o ciclo anual de nascimento, florescimento, amadurecimento e morte da própria natureza.

As Heras são as mulheres sábias que alcançaram a comunhão espiritual com a Grande Mãe. Celebre este dia procurando contatar sua Deusa Interior. Crie um ambiente favorável, com música, vela e incenso e medite, abrindo seu coração e pedindo à sua Deusa alguma imagem ou mensagem para sua fase atual. Ore para Hera e faça afirmações e visualizações para o seu fortalecimento interior e crescimento espiritual. Termine agradecendo pela luz e o amor de Sua presença e leve uma oferenda de flores, espigas de trigo e romã para algum lugar perto de água ou de árvores.

Festa das Oréades, na Grécia, as Ninfas das montanhas e das rochas. Descritas como mulheres esguias e pálidas, com voz muito doce, elas viviam em grutas onde teciam seus trajes diáfanos em teares delicados. Para reverenciar essas Ninfas, os gregos untavam as rochas com óleos aromáticos, penduravam lenços de seda nas árvores e deixavam oferendas de flores e doces nas grutas.

20 de junho

Festa de **Ix Chel**, a deusa maia da fertilidade, da procriação, da cura e das profecias. Essa deusa lunar era venerada na América Central e na Ilha das Mulheres, na península de Yucatan, no México. Ela tecia as teias da criação com fios do arco-íris, sendo representada como uma linda e sedutora mulher, cavalgando uma grande águia ou cercada de serpentes e de água, adornada com libélulas. Na Guatemala era conhecida como Ix Chebel Yax e em Honduras ela ensinou às mulheres a arte de tingir, fiar, bordar e tecer.

Celebra-se, também, a deusa celta Cerridwen, a detentora do caldeirão sagrado dos mistérios da vida, da morte e do renascimento. Ela regia também a vegetação, o mundo subterrâneo e as dádivas da terra. Cerridwen era considerada a mãe de todos os bardos, que se autodenominavam Cerddorion ou filhos de Cerridwen. Dizia-se que beber de seu caldeirão mágico conferia inspiração e talento para músicos e poetas.

Para homenagear a deusa Cerridwen, queime verbena em seu caldeirão, acenda uma vela verde e amarre uma fita verde em uma árvore frutífera. Faça uma pequena visualização, transportando-se mentalmente para sua morada. Peça-lhe um gole de seu caldeirão mágico e a bênção para suas atividades ou projetos criativos.

Chegada da estátua de Hathor ao templo de Hórus, em Edfu, com a celebração do casamento sagrado dessas divindades.

21 de junho

Solstício de inverno no hemisfério sul, marcando a entrada do Sol no signo de Câncer. Os povos celtas comemoravam, neste dia, o solstício de verão ou Sabbat Litha, festejando o auge da luz solar com fogueiras, danças e procissões. Reminiscências dessas antigas celebrações são encontradas nas reuniões dos druidas no círculo de pedras sagradas de **Stonehenge**, na Inglaterra. Na tradição Wicca, o solstício de verão assinala o fim do reinado do Deus do Carvalho – representando a metade clara do ano – e o início do reinado do Deus do Azevinho – representando a metade escura, que finda no solstício de inverno.

Os países eslavos celebravam, neste dia, Kupala, a deusa do auge do verão, da água, da magia e das ervas. Confeccionava-se uma efígie de mulher com a palha dos campos de trigo. Os casais jovens pulavam sobre as fogueiras levando consigo a efígie de palha e iam depois banhar-se nos rios. No dia seguinte, a mulher de palha era entregue às águas, levando consigo os males das pessoas. Nos Balcãs, a efígie era feita com galhos de bétula e vestida com roupas de mulher. Na Rússia, a deusa chamava-se Kupal'nitsa e seu consorte era Ivan Kupalo.

Segundo as lendas e as crenças antigas, a noite deste dia é ótima para fazer encantamentos para sua vida amorosa, conceber uma criança saudável ou libertar-se dos aborrecimentos, queimando-os na fogueira. O Povo das Fadas torna-se visível para aqueles que têm afinidade com elas. Para isso, esfregue suco de samambaias em suas pálpebras, vá para um bosque e oferte-lhes leite, doces, moedas e objetos brilhantes. Recolha o orvalho na manhã seguinte e guarde-o para seus rituais oraculares.

Nos países bálticos, celebrava-se Saule, a deusa do Sol, regente do ciclo da vida – do nascimento à morte –, que atravessava o céu em uma carruagem puxada por cavalos dourados e navegava no mar em um barco conduzido pelo vento. Saule era uma deusa solar muito antiga, que chorava lágrimas de âmbar, era associada com: tear, fuso, colares mágicos, danças circulares e labirintos, semelhante às outras deusas solares que fiavam e teciam, regendo a vida e a procriação, governando os ciclos naturais e integrando a polaridade luz-sombra, vida-morte. Neste dia, Saule era reverenciada pelas mulheres que, ao nascer do Sol, se enfeitavam com guirlandas de flores e entoavam canções, chamadas *daina* e, ao pôr do sol, faziam fogueiras.

Comemorava-se também Saule Mate, seu nome significando "o pequeno Sol" por ser filha da deusa solar Saule.

Nos países nórdicos celebrava-se Midsommar, o meio do verão nórdico, que marcava a metade da jornada anual do Sol ao redor do zodíaco. Era tempo de colheita das ervas mágicas e curativas, das purificações nas fogueiras e das danças circulares sagradas para agradecer as bênçãos solares e fazer pedidos entregues na fogueira para ter saúde e fartura.

Para atrair boas vibrações para sua vida, faça uma guirlanda com hiperição – verdadeira Erva de São João –, coloque-a como proteção acima da porta ou se tiver morando numa casa, jogue-a em cima do telhado.

22 de junho

Neste dia, nos países nórdicos, eram homenageadas as **deusas solares**. Devido ao clima inclemente e aos longos meses de escuridão e frio, o Sol era reverenciado como a fonte criadora e nutridora da vida, sendo cultuado como uma Deusa. Os nomes a ela atribuídos variavam de acordo com o país: Sol, na Finlândia; Sundy Mumy, na Rússia; Sun ou Sunna, na Escandinávia; Etain e Grainne, na Irlanda; Paivatar, na Finlândia; e Saule, na Lituânia e Letônia. As deusas solares eram descritas como mulheres fortes e lindas, com cabelos dourados, usando colares de âmbar, coroas e escudos de ouro, carregando o disco solar em suas carruagens resplandecentes e puxadas por fogosos cavalos, atravessando o céu ao longo dos dias e mergulhando no mar no pôr do sol.

Celebração da deusa russa da fertilidade Kupal'nitsa com fogueiras, oferendas de guirlandas de flores nos rios e banhos ritualísticos. Pedia-se à deusa a fertilidade dos animais, das mulheres e a abundância das colheitas; a seu consorte, Ivan Kupalo, pedia-se saúde e vigor físico para os homens.

Para os povos daco-romanos e os seus descendentes, os romenos, o festival romano das rosas – Rosália – correspondia a um ciclo de nove dias de comemorações, nomeado Rusalii. Era ao mesmo tempo uma celebração do solstício, que visava à bênção divina para uma colheita abundante, a proteção das fontes de água e da vegetação, quanto lembrava os antepassados com orações e oferendas.

Para obter a boa vontade das Rusalii – fadas vestidas de branco que dançavam com leveza e eram conhecidas como "rainhas do ar" –, eram deixadas oferendas de pão, frutas, lenços e fitas verdes, flores e perfumes embaixo de arbustos ou na beira dos córregos.

Festival de Parália, em Roma, homenageando a deusa da beleza e do amor – Vênus – e a criação da cidade.

23 de junho

Na Irlanda, comemoração de **Aine**, a deusa das fadas, com danças e fogueiras. Irmã gêmea de Grian, a rainha dos elfos, ela era considerada um aspecto da Deusa Mãe celta conhecida como Ana, Anu, Danu ou Don. Os fazendeiros passavam tochas acesas sobre os campos e ao redor do gado para afastar as doenças e as pragas, invocando a proteção da Deusa. Originariamente, Aine era uma deusa solar, apresentando-se como uma égua ruiva que corria velozmente sobre os campos e morava em Cnoc Aine, na Irlanda.

Neste dia, comemorava-se também Cu Chulainn, o filho do deus Lugh, herói das epopeias irlandesas e o Homem Verde (Green Man), deus da vegetação.

Véspera do dia de São João, uma data favorável para fazer encantamentos e poções de amor, consultar um oráculo e colher plantas, cujas propriedades curativas ou mágicas estão no auge neste dia.

Faça um pequeno ritual para homenagear as fadas. Se vista de verde, acenda uma vela verde e um incenso de flores, enfeite seu altar com flores silvestres e folhas verdes e coloque uma música com flautas. Ofereça-lhes um cálice com vinho, brindando antes para a deusa Aine. Agradeça as energias benéficas das fadas na manutenção da vegetação e peça-lhes que protejam sua propriedade, seu trabalho e família, suas plantas e seus animais. Comunique-se mentalmente com elas, procurando perceber sua manifestação. Leve, depois, sua oferenda de flores e vinho para algum bosque, amarrando uma fita verde na maior árvore.

Festival dos inhames na Nigéria celebrando deusa Inna, protetora das colheitas e das propriedades humanas. As pessoas se reuniam para invocar a proteção e as bênçãos de Inna e comiam inhames, levando um prato deles cozidos e cobertos de mel para a Deusa, como oferenda de gratidão.

24 de junho

Neste dia, no calendário inca, celebrava-se o deus solar **Inti** no grande festival de Inti Raymi. Representado como um homem cuja cabeça era o disco dourado do Sol, Inti era consorte e irmão de Mama Quilla, a deusa da Lua. A reminiscência atual dessa festa antiga é a comemoração, em vários lugares, do Dia de São João com danças ao redor de fogueiras, como no México, Novo México, Porto Rico e na América do Sul.

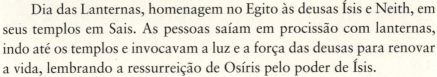

Dia de São João no calendário cristão, reminiscência das antigas celebrações do solstício de verão e dos rituais de fertilidade, substituídos por festas populares, feiras artesanais e casamentos simbólicos.

Dia das Lanternas, homenagem no Egito às deusas Ísis e Neith, em seus templos em Sais. As pessoas saíam em procissão com lanternas, indo até os templos e invocavam a luz e a força das deusas para renovar a vida, lembrando a ressurreição de Osíris pelo poder de Ísis.

Celebração de Mara, a deusa eslava protetora dos animais domésticos, principalmente das vacas. Na Rússia, ela era considerada um espírito ancestral, que tecia durante a noite e que podia estragar a tecelagem das mulheres se não fosse devidamente homenageada. Em seu aspecto "escuro", ela é Mora ou Smert, a deusa do destino e da morte.

Fors Fortuna, dia sagrado das deusas Fors e Nortia, precursoras etruscas da deusa Fortuna. Neste dia, os romanos pediam as bênçãos das deusas para lhes dar sorte. Acenda uma vela dourada e peça você também que a deusa Fortuna, em uma de suas manifestações, sorria para você.

Primeira aparição de Nossa Senhora de Medjugorje, em 1981, na Iugoslávia, uma das manifestações da Grande Mãe na figura de Maria, a única face da Deusa que continua sendo venerada no mundo ocidental atual.

25 de junho

Na Índia, celebra-se Teej, o festival de **Parvati**, a grande deusa dos Himalaias. Ela é a manifestação de Shakti, a consorte de Shiva, mãe de Ganesha, o deus com corpo humano e cabeça de elefante. Parvati era um dos aspectos de Devi, a Grande Mãe hindu e representava o amor, a paixão e a sexualidade. Filha do éter e do intelecto, ela era a regente dos elfos e dos espíritos da terra. Era considerada a personificação do Monte Himalaia, sendo diversificada em várias deusas regionais ligadas às forças da terra, da natureza, da inteligência e da criatividade. Parvati pode ser invocada para se aprender o equilíbrio entre o físico e o espiritual, buscar alegria, harmonia, sabedoria e realização sexual, conectando e integrando assim, seus múltiplos aspectos.

Festa escandinava celebrando as deusas protetoras da fertilidade e da sexualidade Foseta, Frigga, Freyja, Ingeborg, Lofn e o deus Ingvi.

Na Sibéria celebravam-se "As Noites Brancas" (originadas pela posição geográfica longínqua no extremo norte), criadas pela luz irradiada por Hotogov Mailgan, a rainha Celeste, que iluminava os céus do verão com nuances pastel, de azul, lilás, rosa e amarelo. Ela conferia aos seus fiéis força pessoal e energia de expressão criativa.

Festa neopagã dos adeptos homossexuais da tradição Wicca, celebrando a Deusa, a vida, o amor e a liberdade de se expressar de forma pessoal, sem se deixar influenciar por preconceitos, normas sociais ou restrições religiosas, seguindo apenas a voz do coração.

26 de junho

Na Polinésia reverenciava-se a **Mãe Ancestral**, criadora da vida, da Terra e de todos os seres, com oferendas e orações para assegurar a nutrição, a saúde e a segurança de seu povo. Dependendo do lugar, seu nome era Ligapup, Lorop ou Papa.

Niman Kachina, a chegada dos Kachinas nos Pueblos Hopi, nos Estados Unidos, festejados durante dez dias com danças e cantos. Os Kachinas eram divindades ligadas às forças da natureza e, uma vez por ano, se manifestavam e traziam bênçãos para as pessoas, voltando depois para seu mundo subterrâneo.

Dança do Milho dos índios da tribo Iroquês, celebrando a colheita e agradecendo às divindades da Terra e da natureza: Eithinoha, a Mãe Terra e mãe do milho, e Aataentsic, "a mulher que caiu do Céu", mãe dos ventos e criadora da vida.

Festa dos pescadores no Alaska, com danças e distribuição gratuita de carne de baleia para comemorar Sedna, a provedora da nutrição para o corpo e a alma. Foi ela quem gerou os animais do mar e da terra polar pelo seu autossacrifício; nesta festa eram honrados os espíritos das baleias sacrificadas ao longo do ano anterior e asseguradas as caças futuras com a bênção de Sedna para alimentar as pessoas. Agradeça à Sedna pelos alimentos que vem do mar e se for vegetariana, pelas algas que trazem benefícios ao homem através dos seus princípios nutritivos e curativos.

Celebração de Feng Po, a deusa chinesa do tempo, senhora dos ventos e dos animais selvagens. Feng Po controlava os ventos cavalgando um tigre dourado e guardava-os em sua grande sacola presa nas costas.

No folclore irlandês, acredita-se que ao meio-dia pode ser vista a entrada secreta para o centro da terra no topo do monte Scartaris.

27 de junho

Arretophoria, festival das **Ninfas** e das deusas virgens e lunares como Ártemis, Diana, Selene, Luna, Hímnia, Dafne, Atena e Minerva.

Em Roma festejavam-se, também neste dia, as divindades protetoras dos lares Mania e Mana, chamadas também de Lares ou Manes.

Dança anual do Sol dos índios das planícies norte-americanas, honrando o Sol e a luz do verão com jejuns, orações, danças e rituais de cura. Pedia-se ao Grande Espírito para que todos tivessem saúde, paz, prosperidade e felicidade. A tribo Pawnee celebrava Shakuru,

a filha da Lua e deusa do Sol, cujo filho se tornou o primeiro homem na terra, tornando-a assim a Mãe da humanidade. As pessoas procuravam se movimentar ao longo do dia apenas no sentido horário, para imitar a trajetória do Sol e obter desta forma as energias e bênçãos solares.

Festa do espinheiro na Inglaterra. Neste dia as crianças da cidade de Appleton decoram o maior espinheiro da cidade com flâmulas, fitas e flores, dançando depois ao seu redor. Acredita-se que essa festa é uma reminiscência das antigas cerimônias pagãs de culto às árvores.

Inspire-se neste antigo costume e faça um arranjo de ikebana ou compre um *bonsai*. Se você tiver jardim, escolha a maior árvore e enfeite-a a seu gosto, salpicando com alpiste ou painço ao redor para os pássaros. Agradeça ao Povo das Árvores pela energia e força que nos fornecem e empenhe-se em algum projeto de preservação das florestas.

28 de junho

Celebração de **Lâmia**, antiga deusa das serpentes reverenciada na Líbia e em Creta, transformada, posteriormente, na rival de Hera. Nos textos medievais, ela aparece como uma figura grotesca, um monstro que assustava as crianças à noite. Provavelmente, Lâmia era uma variante de Lamashtu, a Mãe dos Deuses da Babilônia, venerada como uma serpente gigante com cabeça de mulher. Apesar de Lamashtu ser temida como uma deusa destruidora, ela era considerada também a Mãe Criadora e Senhora do Céu. Na Bíblia, Lâmia aparece como sinônimo de Lilith, descrita como um monstro noturno e bruxa malvada.

Festival Palio na Itália com corridas de cavalos e outras competições esportivas. Celebrava-se Rigantona, a deusa equina semelhante à celta Rhiannon, que se movimentava na terra cavalgando um cavalo branco e era cercada de pássaros, cujo voo indicava seus presságios: os que voavam à direita indicavam bons influxos, os da esquerda alertavam sobre perigos e os voando acima da cabeça previam sucesso em qualquer empreendimento.

Comemoração de Hemera, a deusa grega da alvorada e do dia, com danças e orações, do amanhecer até o pôr do sol. Ela era filha da deusa da noite Nix, que também era mãe das Hespérides, as deusas estelares.

Dia de Santa Marta, na França, cuja lenda reproduz um dos atributos da Deusa como senhora dos dragões e das serpentes.

Acorde cedo neste dia e faça uma prática de revitalização e harmonização como yoga, tai chi chuan ou chi kun. Saúde o Sol, direcionando seus primeiros raios para seus chacras. Ore por sua saúde e vigor físico. Imagine algum novo projeto ou desejo seu sendo iluminado e favorecido pelas energias cósmicas do Céu e do Sol, materializando-se na Terra. Desperte o "fogo da serpente" que existe em você e enfrente, corajosamente, as nuvens escuras e os inimigos, declarados ou ocultos.

29 de junho

Neste dia, nos rituais da Santeria cubana, celebra-se o deus **Elegbá** ou Legba, o senhor dos caminhos, das porteiras e das encruzilhadas, cujo equivalente na Umbanda brasileira é o Exu Guardião. Originariamente, um antigo deus solar em Dahomey, atualmente é uma poderosa divindade do panteão Vodu.

Antigamente, em Dahomey, celebrava-se, neste dia, Minona ou Marmoninon, a deusa do bem e do mal, detentora de poderes mágicos, mãe, guardiã e protetora das mulheres. Acreditava-se que ela morava nas florestas e podia ensinar a magia – para o bem ou para o mal – a todos que a agradassem e homenageassem. Conhecida como mãe de Legba e de Fá, ela ensinava também a adivinhação com sementes de palmeiras. Todas as mulheres tinham um altar para Minona em suas casas, onde lhe ofertavam frutas frescas e pediam-lhe proteção e fartura.

Nas Américas Central e do Sul festeja-se, neste dia, São Pedro, reminiscência das antigas festas solares deste mês.

Em Malta, comemora-se o festival Mnarja, reminiscência de uma antiga festa da colheita dedicada à deusa Tesana, cujo nome na língua etrusca significava "alvorada" Originariamente, este festival comemorava a colheita das frutas cítricas e as fogueiras acesas para honrar Tesana e atrair suas bênçãos de proteção e bons augúrios, deram o nome ao festival de Mnarja, que significa "iluminação".

Aproveite as energias e presságios deste dia e conecte-se ao seu guardião ou protetora, reverenciando-o de acordo com sua fé e conhecimento. Peça-lhe proteção, abertura dos caminhos e força para vencer os obstáculos de sua vida. Acenda uma vela na cor do seu objetivo: azul para esperança, branca para um novo começo, rosa para amor, verde para renovação, laranja para energia, vermelha para proteção. Consulte algum oráculo para uma orientação específica ou prepare alguma defesa para si, como um talismã, patuá, amuleto, mandala ou runa de proteção.

30 de junho

Oferendas e rituais de agradecimento para Zaramama, a **Mãe dos Grãos** no antigo Peru. Acreditava-se que ela encarnava na terra na forma de espigas de milho com alguma característica especial, como espigas geminadas ou de cores estranhas. As pessoas ofertavam-lhe espigas, pendurando-as nas árvores, algumas delas "vestidas" como se fossem mulheres, com saias e xales. Depois das danças ritualísticas ao redor das árvores enfeitadas com as oferendas, as espigas eram queimadas e as cinzas espalhadas sobre a terra para assegurar uma boa colheita e as pessoas festejavam bebendo cerveja de milho.

Dia de Aestas, a deusa do milho e do verão, celebrada em Roma durante o festival de Aestatis.

Na antiga Grécia, desde 800 a.C. cultuava-se Anteia, a padroeira do casamento, amizade e companheirismo, personificada por uma figura tríplice que brotava, florescia e amadurecia. A deusa Anteia auxiliava seus fiéis a alcançar a perfeição espiritual.

Na mitologia de vários países encontra-se a personificação do milho como mulher, mãe ou donzela. Em alguns dos mitos, o milho nasce do sangue ou do corpo de uma mulher, que eram espalhados no campo após sua morte, enquanto em outros apenas brota de seu corpo vivo. Em outras culturas, a Deusa manifesta sua essência na última espiga colhida, que era guardada para ser misturada às sementes a serem utilizadas no próximo ano. Os povos nativos norte-americanos veneravam as Mães do milho (Corn Mothers), enquanto os europeus faziam oferendas às Korn Mutter e às deusas Zisa e Zytniamatka.

Honre você também as deusas dos grãos, fazendo pessoalmente um pão ou um bolo. Reúna seus familiares ao redor de uma mesa enfeitada com espigas de trigo e de milho e faça uma oração de agradecimento pelo seu sustento. Agradeça à Mãe Terra, às deusas dos grãos e frutos, aos Devas e a todos os seres elementais. Peça para que jamais lhe falte alimento e lembre-se de todas as crianças famintas do mundo, orando para que sejam encontradas soluções para seu sofrimento. Reparta o pão/bolo com seus familiares e leve um pedaço a uma árvore, leve também uma espiga ou punhado de milho e uma fruta. Ofereça-os como gratidão às deusas dos grãos e assuma o compromisso de ajudar ou contribuir nos projetos em favor das crianças carentes, abandonadas, famintas ou violentadas.

JULHO

Em 46 a.C., no "ano da confusão", o imperador Júlio César resolveu reorganizar o caótico calendário romano. Em sua homenagem, *Quintilis*, o nome original deste mês, foi modificado. O calendário Juliano permaneceu válido pelos próximos mil e seiscentos anos, sendo substituído em 1582 pelo Gregoriano. O nome do mês, no entanto, continuou como prova de admiração pelo trabalho reformador de Júlio César.

Outros nomes antigos atribuídos a este mês foram: na Irlanda, Iuil; nos países anglo-saxões, Aftera Litha ou "após Litha", a celebração do solstício; e nas regiões nórdicas, Maedmonath ou Hevoimonath. Os povos nativos nomearam este mês de: Lua das Plantas, Lua de Sangue, Lua da Bênção, Lua do Trovão, Lua dos Prados e Mês do Feno.

No calendário sagrado druídico, a letra Ogham correspondente é Coll e a árvore sagrada é a aveleira. O lema do mês é *"usar a energia criativa para realizar seu trabalho e criar novos projetos"*. A pedra sagrada é o rubi e as divindades regentes são Atena, Amaterassu, Atargatis, Cerridwen, Hella, Ísis, Juno, Maat, Néftis, Netuno, as Nornes, Osíris e Reia.

Na Roma antiga, este mês abrigava dois grandes festivais: Nonae Caprotinae, dedicado à deusa Juno e Neptunália, celebrando o deus Netuno e a deusa Salácia. Comemorava-se, também, o amor de Vênus e Adônis.

Os gregos realizavam neste mês as Olimpíadas, as famosas competições de atletismo, drama e música. Os ganhadores eram muito aclamados e valorizados, pois uma vitória nas Olimpíadas era uma grande conquista, tanto para o indivíduo quanto para sua cidade. Este festival era dedicado a Zeus e, no seu decorrer, qualquer disputa era interrompida. Neste mês comemorava-se também Panathenaea, o festival dedicado à deusa Atena e as procissões para a deusa Deméter.

No Egito, celebrava-se o casamento sagrado de Ísis e Osíris com o Festival Opet, marcando o início do Ano Novo. Havia também comemorações menores em homenagem aos aniversários de Ísis, Néftis,

Maat, Osíris, Seth e Hórus. Nos países celtas e nórdicos havia vários festivais e celebrações, como os da deusa celta Cerridwen, da deusa solar Sunna, da senhora do mundo subterrâneo Holda, da deusa do mar Ran e das três senhoras do destino, as Nornes.

Celebrações budistas e xintoístas no Japão honravam os espíritos dos ancestrais durante O-Bon, o Festival das Lanternas. Os templos, as casas e os cemitérios eram limpos e enfeitados com flores e lanternas. Oferendas eram colocadas nos túmulos festejando a volta dos espíritos dos mortos para perto de seus familiares durante estes três dias.

No Japão, comemoravam-se as deusas Amaterassu, Fuji e Chih Nu; na Índia, o festival Naga Panchami homenageava a deusa Manasa Devi. No hemisfério sul, os Incas abençoavam a terra para um novo plantio com a cerimônia Chahua-huarquiz. Os índios norte-americanos festejavam a colheita e a despedida dos Kachinas, enquanto os Maias celebravam vários deuses e deusas no começo do seu Ano Novo.

Dedique este mês para avaliar suas realizações, melhorar seu desenvolvimento e expansão profissional. Aumente seus conhecimentos e coloque na prática suas ideias, canalize a energia criativa para novos projetos e descubra novos caminhos de realização espiritual.

1º de julho

Celebração da deusa assíria **Atargatis** ou Dea Syria, a mãe da deusa Semíramis. Atargatis podia ser representada como uma deusa sereia, uma deusa golfinho, uma deusa da vegetação ou uma deusa celeste, envolta por nuvens. Na Síria, era chamada de Tirgata e foi identificada, posteriormente, com Afrodite.  Em seu templo em Der, na Babilônia, ela era denominada Derceto, "a baleia de Der", enquanto que em Harran acreditava-se que seus peixes sagrados tinham poderes oraculares. Na Beócia, ela foi equiparada a Ártemis, sendo representada com um amuleto em forma de peixe sobre seus genitais.

O peixe é um símbolo universal da Grande Mãe, conhecido como Vesica Piscis e representando o *yoni*, o órgão sexual feminino, a vulva, usado em vários países como amuleto para a fertilidade, renascimento, cura, poder mágico ou boa sorte. Um dos apelidos da deusa chinesa Kwan Yin era "a deusa peixe". Na Grécia, "delphos" significava "peixe" e "ventre" e o oráculo original de Delfos pertencia a Têmis, a deusa peixe ou golfinho, senhora do abismo primordial. O peixe era o alimento sagrado das deusas Salácia, Afrodite e Freyja, comido nas sextas-feiras, dia de Vênus, muitos séculos antes das recomendações cristãs.

Yoni é uma palavra em sânscrito que se traduz como ventre, origem, fonte e vulva, sendo o nosso sistema genital, o nosso útero, a nossa passagem e a nossa vulva. Ao usar a palavra *yoni*, temos a oportunidade de recuperar a sacralidade e poder de nossa sexualidade como mulheres, como deusas. Na Índia, a *yoni* é adorada como o símbolo sagrado do Divino Feminino, a grande deusa, a fonte da vida, o Útero Universal. Há seitas inteiras com base no culto da *yoni*, também chamado Yoni Puja.

O símbolo do peixe como representação do *yoni* da Deusa era tão arraigado na mente e nas celebrações dos povos, que o cristianismo o assumiu, após revisar e modificar seu significado. No início, Jesus era representado dentro de uma Vesica Piscis sobreposta ao ventre de Maria, reproduzindo, assim, os antigos símbolos das Deusas Mães. Um antigo hino medieval falava de "Jesus, o pequeno peixe que a Virgem pegou na fonte". Vários nomes de deusas das águas – Mari, Marriti, Mehit e Mehitabel – eram representados por ideogramas significando mar, mãe e peixe.

Início da procissão ao monte Fujiyama, no Japão, celebrando a deusa do fogo Fuji, a padroeira do Japão. O Fujiyama é o monte mais alto do Japão, sendo considerado o ponto de contato entre o Céu e o mundo subterrâneo. É nele que mora Fuji, uma deusa ancestral, senhora do fogo vulcânico. Neste dia, Fuji é honrada com orações e queima de oferendas nas fogueiras, homenageando-a como a Avó do Japão.

No Nepal, comemora-se Naga Panchami, festival em honra à deusa-serpente Manasa Devi. Após colocarem oferendas nas tocas das cobras, as pessoas seguiam em procissão aos templos, carregando cobras vivas e colocando-as em altares enfeitados com imagens de najas.

Na China celebrava-se a deusa Grismadevi, cujo nome simbolizava o "calor do verão". Para honrá-la e se conectar com o seu calor, acenda uma vela laranja ou vermelha, use uma roupa na mesma cor da vela, beba sucos de frutas alaranjadas e vermelhas e invoque o poder vitalizador da Deusa, ofertando-lhe um buquê de flores com as suas cores.

2 de julho

Na Europa antiga, celebração das futuras mães, honrando todas as deusas padroeiras da fertilidade, da gestação, do parto e dos nascimentos, como Ártemis, Bona Dea, Carmenta, Eileithyia, Leto, Lucina, Mami, Mawu, Nagar Saga, Sheelah Na Gig, Skuld e Zemina. Neste dia, as mulheres grávidas recebiam

bênçãos e honras, sendo festejadas pelas outras mulheres e abençoadas pelas sacerdotisas.

Aproveite esta data e dedique um pouco do seu tempo e energia para auxiliar, presentear ou orientar alguma futura mãe. Escolha alguma roupa ou objeto que represente uma qualidade, atributo ou energia do signo zodiacal em que irá nascer a criança e escreva um cartão com uma mensagem amorosa e significativa para abençoar a futura vida.

E, se você estiver esperando um filho, reserve este dia para cuidar de vocês, orando à **Grande Mãe** e escolhendo uma de suas manifestações como madrinha para seu filho. Use as mesmas orientações para começar ou terminar um projeto, atraindo as energias geradoras e sustentadoras da Grande Mãe. Coma um prato a base de milho e faça uma oferenda de grãos para invocar a proteção e abundância da Mãe Terra para a sua vida e a da sua família.

3 de julho

Festival celta celebrando **Cerridwen**, a deusa galesa da fertilidade e inspiração, detentora do Caldeirão Sagrado da transmutação e Grande Mãe da vegetação. Seus símbolos eram o caldeirão, o cálice, a porca branca e os cereais. Medite olhando para uma taça – ou caldeirão com fundo preto – cheia de água, procurando "ver" além da superfície e perceber alguma mensagem da Deusa.  Se ainda não tiver, este é um bom dia para adquirir um caldeirão de ferro ou cerâmica para seus rituais.

Comemoração de Zytniamatka e de Kornmutter, as Mães do milho, na antiga Prússia. Na Alemanha, deusas da agricultura e dos cereais, cujo espírito ficava retido na última espiga da colheita. Essa espiga era transformada em uma boneca e guardada até a próxima primavera, quando era enterrada na terra recém-arada para favorecer o plantio e a colheita.

Dança do "milho verde" dos índios seminole, na Flórida, para invocar as bênçãos da deusa da agricultura Selu e de seu consorte Konati, o senhor da caça, para proteger as colheitas e assegurar a prosperidade das pessoas. Segundo a lenda, Selu, antes de morrer, ensinou seus filhos a fertilizarem a terra com seu próprio sangue para que o milho pudesse crescer.

Na Micronésia, os povos nativos comemoravam, neste dia, Lorop, a criadora, deusa que alimentava seus filhos com peixes e frutas.

No Havaí e Nova Zelândia celebrava-se Haumea, a deusa da fertilidade, da vegetação e dos nascimentos. Mãe de Pele, a deusa do fogo vulcânico, ela ensinou às mulheres o parto natural.

Guarde algumas espigas secas de trigo ou milho na sua cozinha ou dispensa, dedicando-as às Mães dos Grãos e lhes pedindo que jamais lhe faltem suprimentos. Neste dia, ofereça flores ou grãos à Mãe da Vegetação e coma uma espiga de milho ou um prato de cereais.

4 de julho

Celebração da deusa **Pax**, guardiã da paz e da harmonia, equivalente romana da deusa grega Concórdia.

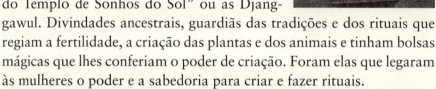

Gahan, a cerimônia dos índios Mescalero-apache, homenageando os espíritos das cachoeiras, das montanhas e a deusa ancestral da terra Akwin.

Dança do Sol dos índios ute, honrando o deus do fogo solar, a força dos guerreiros e a deusa solar Kutnahin.

Na Austrália, comemoravam-se "As Filhas do Templo de Sonhos do Sol" ou as Djanggawul. Divindades ancestrais, guardiãs das tradições e dos rituais que regiam a fertilidade, a criação das plantas e dos animais e tinham bolsas mágicas que lhes conferiam o poder de criação. Foram elas que legaram às mulheres o poder e a sabedoria para criar e fazer rituais.

Comemoração da deusa egípcia Thmei, guardiã das leis e Mãe das virtudes, que vigiava a conduta humana, incentivando as ações corretas, as decisões sábias e os procedimentos éticos e leais. Em uma escala maior, ela também rege as leis universais e nos auxilia internalizar seus padrões e expandir nossa consciência para evoluir. Thmei pode agir também como uma deusa da profecia, que pode ser invocada para que os procedimentos legais transcorram com justiça e quaisquer erros sejam revelados. Na sua representação, ela aparecia segurando uma pena de avestruz, o símbolo da virtude, inata ou adquirida. As mulheres podem invocar a sua ajuda para alcançar e afirmar a sua independência pessoal, se libertar de limitações, impedimentos e de atos injustos ou desprovidos de ética.

Use seu poder e sua sabedoria ancestral e crie um pequeno ritual para contribuir pela Paz Mundial. Acenda uma vela azul e um incenso de jasmim, coloque uma música suave e imagine uma nuvem azul envolvendo todo o Planeta. Concentre-se naquelas áreas (países, governos ou pessoas) que estão em conflito, em dificuldades ou desarmonia. Mentalize a energia da deusa Pax acalmando os ânimos, equilibrando as mentes e abrindo os corações dos dirigentes. Emita vibrações positivas de cooperação e compreensão, sem procurar soluções específicas, apenas afirmando a intenção de paz e de concórdia.

5 de julho

Dia da deusa egípcia **Maat**, a guardiã da justiça, da sabedoria e da verdade. Maat era filha do deus solar Ra e esposa de Thoth, o deus da sabedoria, da magia e do conhecimento. Como Senhora dos julgamentos, suas leis governavam os três mundos e até mesmo os deuses deviam obedecê-las. Suas imagens mostram-na pesando os corações dos mortos, comparando-os a uma pena de avestruz que adornava sua tiara. Em seus julgamentos, ela era assistida por um tribunal de quarenta e dois juízes, que avaliavam a pureza das almas ou a presença do mal em suas vidas. Se a alma estivesse leve pelo uso justo da verdade, o morto entrava no mundo subterrâneo à espera do renascimento. Se a balança se inclinasse com o peso das maldades e mentiras, o morto era devorado pela deusa Ahemait, que tinha o corpo de leão, hipopótamo e crocodilo.

Quando precisar da ajuda da deusa Maat – para revelar a verdade, fazer justiça ou retificar os erros – prepare um altar com uma vela branca, uma cruz ansata (*ankh*), um incenso de lótus, uma pena branca e um cálice com água. Acenda a vela e o incenso, segure a *ankh* diante de seu coração e invoque a deusa Maat, pedindo-lhe que revele a verdade, oriente seu caminho e suas decisões e faça prevalecer a justiça e a ordem em sua vida. Beba a água antes de dormir e peça à Deusa para lhe enviar sinais ou orientações durante seus sonhos.

Na Ilha de Man se comemorava Mala Laith, uma antiga deusa celta, a Anciã que criou as montanhas e os círculos de menires. Ela viajava em companhia de pássaros, javalis, cervos ou cavalgando uma égua cinzenta, espalhando sabedoria, conhecimentos, compreensão, sensibilidade e a tolerância oriunda da maturidade.

Honrava-se também o sistema legislativo Tynwald, criado pelos antigos noruegueses, em que as comunidades se reuniam em um lugar sagrado para discutir assuntos legais e terminar as disputas pessoais. Mala Laith auxiliava nas controvérsias para tomar decisões sábias, apaziguar brigas e induzir as pessoas a refletirem sobre seus procedimentos e palavras.

Reserve um tempo para reavaliar suas atitudes recentes, julgar a certeza da sua conduta e das decisões tomadas. Se estiver afastada de alguma amiga ou parenta por troca de palavras ásperas, julgamentos inadequados ou mal-entendidos corrija seu comportamento, não insista em ter razão, mas tente ser gentil, reaproxime-se dela e desta maneira irá criar uma atmosfera de cordialidade e amorosidade ao seu redor.

Celebrações solares de Feill Sheathain dos Pictos, na antiga Escócia, e dos índios Assinboine, no estado de Montana, EUA.

6 de julho

Festa de Io, antiga representação grega da Lua como uma deusa com cabeça de vaca, ornada com chifres e tendo em seu corpo as três cores sagradas da Deusa: branco, vermelho e preto. Posteriormente, esse simbolismo foi atribuído a Hera, que passou a ser chamada de "deusa com olhos de vaca" e Io foi reduzida a uma simples mortal, amante de Zeus e transformada por ele em vaca para escapar à fúria de Juno.

Dia dedicado às deusas lunares adornadas com chifres: Hathor, Io, Hera, Juno, Luna, Pasifae, Selene, Ishtar, Ísis e Néftis.

Celebração de Chih Nu, a deusa tecelã chinesa, padroeira das tecelãs, dos casamentos e regente da estrela Vega, da constelação de Lira. A tarefa desta deusa era tecer as roupas das divindades com os fios multicoloridos do arco-íris.

Neste dia, na Espanha, em lugar das antigas celebrações da Deusa, começam as sangrentas e absurdas corridas de touros. O touro, antigamente, era um animal sagrado e sacrificado apenas nos rituais, sem colocar em risco a vida dos jovens e sem torturar o animal. Em Creta, pelo contrário, jovens (moças e rapazes) participavam de todo o tipo de competições, inclusive com saltos acrobáticos sobre os touros, que depois eram coroados e não sacrificados.

Ritos de puberdade dos índios Apache celebrando a "Mulher pintada de branco" (*White Painted Woman*), que ensinou aos homens os rituais sagrados. Ela aparecia ora como uma jovem, ora como uma anciã, representando as fases do ciclo da vida. As meninas púberes participam de uma cerimônia que se estende por quatro noites; no início se comemora as aventuras da "Mulher pintada de branco" nas montanhas, quando era jovem e despreocupada; depois é encenada a sua fase como adulta, quando se retirou na floresta para encontrar, através da "Busca da Visão", os ensinamentos espirituais necessários para a sua integração e colaboração na comunidade, sendo assim um modelo a ser seguido pelas jovens.

7 de julho

Em Roma, Nonae Caprotinae, a mais antiga celebração de **Juno**, a deusa greco-romana padroeira do casamento e das mulheres. Juno era conhecida por vários nomes, de acordo com suas atribuições: Pronuba, a que encaminhava o parceiro certo; Cinxia, a que estimulava o interesse do parceiro; Populônia, a deusa da concepção; Sospita, a facilitadora do parto e Lucina, a que trazia a criança à luz.

Conecte-se ao aspecto da deusa Juno que seja compatível ou necessário à fase atual de sua vida. Ofereça-lhe uma vela rosa ou vermelha e um figo coberto com mel. Peça-lhe ajuda para encontrar o parceiro certo, para apoiar e amar seu cônjuge ou preparar-se para conceber e gerar um filho ou um projeto.

Feriae Ancillarum, o festival romano das empregadas, que desfrutavam de liberdades e regalias neste dia.

Tanabata, o festival japonês das estrelas, comemorando Shokujo e Kengyn, personagens de um antigo mito. Diz o mito que eles eram um casal de namorados que, ao se verem separados por um rio turbulento, preferiram se jogar na água e morrer abraçados. Os deuses, condoídos com essa prova de amor os transformaram em duas estrelas, colocando-as às margens da Via Láctea. Neste dia, as pessoas reuniam-se, recitando poesias e orando para as duas estrelas, pedindo sorte no amor.

Comemoração de Kamuhata Hime, a deusa japonesa padroeira da tecelagem, que trança os fios do destino nos assuntos dos relacionamentos. Através da sua habilidade artística e cuidadosa, ela une os laços da amizade com os do amor numa tessitura poderosa, mas somente entre aquelas pessoas que assumem o relacionamento com responsabilidade. No festival da deusa eram celebrados casamentos e reforçados os elos dos relacionamentos.

Celebração da Via Láctea, na China, comemorando o encontro entre a deusa Zhi Nu e seu amado, o pastor. O mito, similar ao japonês, relata a separação do casal e seu encontro anual em uma ponte formada por andorinhas.

Se você quiser aprofundar sua conexão com alguém, siga estas orientações: cada parceiro deverá fazer uma trança com três fios de lã (rosa, vermelha, lilás) correspondendo às nuances do amor (amizade, paixão, conexão espiritual). Juntos, cada um deverá assumir e firmar seu compromisso através de um voto feito com convicção e em voz alta. Se vocês se separarem, desfaça a trança e leve-a para entregar em uma água corrente.

8 de julho

Festa de Santa Sunniva, versão medieval cristianizada da deusa solar nórdica **Sunna**. Como para os povos nórdicos o Sol representava a Fonte Criadora da Vida, ele era representado por uma deusa. Segundo as lendas, Sunna ficava sentada nas pedras, fiando fios de luz em sua roca de ouro uma hora antes do Sol nascer. Chamada de "Noiva Luminosa do Céu", Sunna carregava o disco brilhante do Sol em sua carruagem, puxada por dois cavalos fogosos. Para proteger a terra do calor demasiado do Sol, ela usava seu escudo mágico. Sunna também defendia os homens contra os anões malévolos, petrificando-os

com seu olhar. As pedras lhe eram sagradas e, para honrá-la, os homens ergueram inúmeros círculos de pedra, espalhados por toda a Escandinávia.

Celebração de Paivatar, a deusa finlandesa tecelã, padroeira do Sol e do dia, chamada de "Virgem Dourada". Antigamente, os fiéis untavam suas imagens de madeira com o sangue dos animais que, neste dia, eram sacrificados em sua homenagem (renas brancas, ovelhas ou cabras). Na Noruega, quando os primeiros raios do Sol apareciam após os escuros meses de inverno, as mulheres desenhavam símbolos solares com manteiga nas portas de suas casas.

Nos países eslavos, reverenciava-se Sundy Mumy, a Mãe do Sol, pedindo para que esquentasse o tempo, fortalecesse seu filho, o Sol, espantando os resíduos nefastos do inverno e da escuridão.

No Tibet os monges vestidos com seus costumes tradicionais da dinastia Manchu dançam ao som de címbalos, flautas, gongos e tambores. A dança encena a luta entre as divindades favoritas da região e os demônios infernais. Reverencia-se a deusa budista Buddhabodhiprabhavasita, que personifica a regeneração espiritual e o poder da luz para superar a escuridão.

Aproveite a egrégora desse dia e identifique quais são os problemas que criam mal estar, tensão, preocupação, estresse ou pensamentos negativos na sua vida. Use depois um ritual para se libertar desses "demônios", fazendo barulho com uso de tambores para espantá-los e uma pequena fogueira para queimar seus resíduos negativos. Gire uma "roda de oração" (feita de cartolina colorida) para enviar seus pedidos para a Deusa.

Parada das moças em Portugal, carregando pelas ruas cestos com pão, enfeitados com flores. Acreditava-se que, com esta oferenda deixada depois no altar de uma santa, os espíritos das doenças eram aplacados e afastados pelo resto do ano.

9 de julho

Início da Panathenaea, o festival grego dedicado à deusa **Atena**. Durante seis dias, promoviam-se competições musicais, concursos de poesias, corridas de cavalos e carruagens, demonstrações esportivas e artísticas de atletismo, boxe, ginástica e danças. Ao contrário de outros festivais esportivos, este tinha um significado religioso. Os ganhadores recebiam ânforas com azeite extraído das oliveiras sagradas e eram coroados com guirlandas de ouro. No final, a multidão seguia em procissão, carregando tochas e oferendas para o templo da deusa Atena, na colina de Acrópole, colocando novas roupagens nas estátuas da deusa.

No país de Gales as pessoas realizam uma procissão na sua cidade para atrair alegria, prosperidade, saúde e longevidade, reverenciando a deusa Habonde. São acesas muitas velas para serem levadas na procissão e fogueiras com plantas aromáticas, para as pessoas dançarem ao redor e se purificar.

Comemoração grega da deusa Reia, a Mãe das Montanhas. Reia era uma antiga deusa cretense da terra, reverenciada com procissões de címbalos, flautas, tambores, tochas acesas e *labrys*, as machadinhas de duas lâminas, em forma de borboleta, que representavam a fertilidade da terra.

Reverencie você também essa antiga deusa, acendendo uma vela verde, tocando um sino e invocando seu poder com a saudação tradicional: *"A terra nos dá seus frutos, por isso eu louvo, honro e agradeço à Mãe Terra"*.

Celebração do deus grego do vinho e da fertilidade Dioniso.

Festival da lagosta em Nova Scotia, reminiscência das antigas celebrações das Deusas das Águas.

10 de julho

Dia da deusa nórdica **Hella** ou Hel, a Senhora de Niflheim, regente nórdica do reino subterrâneo, Senhora do mundo dos mortos e do além, cujo nome foi usado pelos missionários cristãos como sinônimo do inferno (hell). Mas o real significado do seu nome é "Aquela que esconde ou cobre", pois para seu reino de nove círculos iam as almas daqueles que não morreram em campos de batalha ou por violência,  e sim pela velhice, doenças ou as mulheres e crianças durante o parto.

Era descrita como uma mulher dividida em metades com atributos alegóricos opostos: metade preta e sombria, metade branca e luminosa, meio viva e meio morta, meio decrépita e meio jovem. Niflheim tinha um local de repouso para os "bons", enquanto outra parte servia para a purificação ou expiação daqueles que tinham vivido de forma errada ou vil. As tribos germânicas chamavam Hel de Holda ou Bertha e acreditavam que ela acompanhava Odin na "Caça Selvagem" para recolher as almas errantes e levá-las para recuperação em seus reinos, à espera de uma nova encarnação.

Celebração da deusa Atena com louvações, oferendas, purificação das suas imagens e renovação dos seus altares e estátuas. Invoque a proteção de Atena quando precisar de força, tenacidade, disciplina, autocontrole ou planejamento estratégico. Para honrá-la, ofereça-lhe folhas de oliveira, uma pena de coruja, uma vela amarela, azeitonas, azeite e uma taça de vinho.

Celebração da deusa da morte Skadhi, a padroeira da Escandinávia, que reinava sobre o gelo e a neve do extremo norte da Europa. Ao contrário de Hel, Skadhi era bonita e inspirava os poetas e os xamãs em suas criações e previsões oraculares.

Na antiga Rússia, comemorava-se Snegurotchka, a deusa da neve, transformada posteriormente na Donzela da Neve, personagem de um conto similar à Branca de Neve alemã.

11 de julho

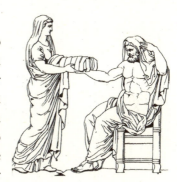

Cronia, festival anual cretense honrando o deus Cronos, o Pai Tempo e a deusa **Reia**, a Mãe Terra, esposa de Cronos e mãe da maior parte das divindades. A deusa Reia, sob seu aspecto de Potnia, era chamada de Magna Mater – A Grande Mãe – e de Senhora do labirinto. Era a deusa principal de Creta e seus símbolos sagrados eram a *labrys*, o pilar e a serpente. Tinha vários altares a ela dedicados, em Kydonia, Phaistos, Malia e Kato Zakros, mas o principal era dentro do templo de Cnossos, cujo formato originou a lenda do labirinto. O consorte cretense de Reia era o jovem Velcano (Velchanos), filho de uma deusa-mãe local, uma divindade menor, cujo nome foi adotado como um epíteto para Zeus. Ele "morria" anualmente com o fim da vegetação e "renascia" a cada primavera. Este mito era semelhante ao de Deméter/Perséfone, Inanna/Dumuzi e Cibele/Attis e simbolizava o ciclo das estações e da natureza.

Nas regiões romano-celtas, persiste a lembrança da deusa Nemetona (cujo nome significava espaço sagrado), a protetora dos bosques e das árvores sagradas, onde as pessoas encontravam silêncio, refúgio e paz. A comunidade de Appleton na Inglaterra (o lugar de um antigo culto pagão) se reúne anualmente neste dia para decorar um espinheiro sagrado do centro da cidade, a continuação de uma antiga tradição para atrair a proteção e a boa sorte concedida pela deusa.

Aniversário de Theano, a padroeira dos vegetarianos, esposa de Pitágoras e filósofa como ele.

Acredita-se que este é um dia muito afortunado do ano e que as crianças nascidas nesta data terão muita sorte e sucesso em suas vidas.

12 de julho

Comemoração da deusa lunar haitiana Erzulie, regente do amor, da alegria, da beleza, da magia, da cura e da boa sorte. No Caribe, Erzulie era chamada de "**La Siréne**", sendo representada como uma sereia ou serpente aquática, alimentando-se de bananas. Neste aspecto, ela regia a água salgada e era a amante do deus Agone T'arroyo. Como regente da água doce, era chamada de "A Senhora do Vodu", sendo considerada a esposa do deus Damballah. Em seu aspecto escuro, em vez de propiciar o amor, ela provoca ciúmes, egoísmo,  discórdias e vingança. Sua equivalente na África é a deusa Aziri ou Ezili, regente da água doce, da beleza e do amor, chamada de Oxum na tradição ioruba.

Na Polinésia e na Austrália, celebram-se as deusas do amor e da sexualidade Hapai e Hine Moa com danças e oferendas de flores.

Dia consagrado a Dikaiosyne, antiga deusa egípcia da justiça, precursora da deusa Maat.

Adonia, início das celebrações dedicadas ao deus Adônis, que duravam mais de duas semanas. As mulheres gregas faziam cestas com galhos de mirta e enchiam-nas de sementes, jogando-as depois ao mar, com seus pedidos de realização afetiva para Afrodite e Adônis.

Celebração tibetana dedicada a Yama, o deus budista da morte e senhor do mundo subterrâneo.

Os ciganos reverenciam Oshion, uma divindade que regia a sorte, cura, trabalho, lar, viagem, prosperidade, que protege os viajantes, melhora a saúde e dá boa sorte para encontrar moradias e fazer bons negócios. Ao longo dos tempos, esse costume foi adaptado em função das necessidades; para melhorar a boa sorte colocavam-se nas casas plantas, pedras preciosas e especiarias que proporcionam bons fluidos.

Inspire-se neste antigo costume e use uma joia com turquesa, ônix, esmeralda, malaquita ou âmbar, para se beneficiar dos bons fluidos destes minerais.

13 de julho

Festival da deusa **Deméter**, na Grécia, celebrado com procissões de mulheres descalças enfeitadas com guirlandas de flores do campo. Acreditava-se que, ao andarem descalças, as mulheres podiam se comunicar diretamente com a deusa. Segundo as lendas, Deméter trouxe as primeiras sementes de trigo para a humanidade, ensinando-a a cultivar a terra e transformar os grãos em pão. Deméter era a protetora das mulheres, da maternidade, do amor maternal e conjugal.
Ela regia as colheitas, os cereais, a vegetação, o renascimento, a agricultura, a civilização, as leis, a filosofia, a magia e a própria terra.

Na Escócia era celebrada Scathach, a deusa celta da força física, resistência, proteção e sucesso nas batalhas em quem eram usados também recursos mágicos, pois seu nome significava "aquela que infunde medo". Os guerreiros escoceses tinham um treinamento mágico para aprender determinados gritos e um tipo de arte marcial inspirado por ela e ensinado por sacerdotes.

Para fazer um amuleto de proteção da sua casa, carro ou quaisquer bens pessoais, aproveite a simbologia celta e coloque numa sacola de tecido xadrez algumas ervas secas, um símbolo celta (como *triskelion*, espiral, nó, cruz celta), uma magnetita e um pouquinho de lã de ovelha.

Dia do Junco, celebrado com danças das meninas e de mulheres na Suazilândia, na África, comemorando a deusa elefante Ndlovukazi, equivalente feminino do deus elefante indiano Ganesha.

Festival anual Bon Odori, no Japão, reverenciando os espíritos ancestrais com lanternas coloridas e oferendas de comida nos túmulos dos familiares falecidos.

Celebração do deus egípcio da vegetação e fertilidade Osíris, irmão e consorte da deusa Ísis.

Festa de Nossa Senhora de Fátima em Portugal.

14 de julho

No calendário nórdico inicia-se, neste dia, o domínio da Norne Urdhr ou Urdh, a Anciã que olha para o passado, uma das três Deusas do Destino da mitologia nórdica. As **Nornes** viviam em uma gruta sob as raízes de Yggdrasil, a Árvore do Mundo, que sustenta os nove mundos. Elas cuidavam da fonte sagrada de Urdh (Urdharbrunnr) – cuja água branca mostra a conexão delas com as fases da Lua –, molhando as raízes da árvore para mantê-la  viva. Na mitologia celta, as Nornes eram chamadas de irmãs Weird ou Wyrd e elas foram citadas por Shakespeare na peça Macbeth. Da mesma forma que as Parcas romanas ou as Moiras gregas, as Nornes teciam os fios dos destinos e determinavam a vida e a morte dos homens, fiando, medindo e cortando o fio no momento certo.

Neste dia, no ano de 1988, começaram a aparecer no condado de Somerset, na Inglaterra, os primeiros *Crop Circles*, os círculos enigmáticos traçados nos trigais próximos da colina sagrada de Silbury Hill.

Em algumas regiões da Alemanha era celebrada Minne, a deusa do amor e da fertilidade, cujo símbolo sagrado era uma taça, preenchida com uma bebida especial e partilhada entre os parceiros para invocar suas bênçãos para o amor. O festival dedicado para ela era realizado embaixo das árvores de tília, sua árvore sagrada, que era usada nas magias de amor, com folhas e flores de limoeiro, laranjeira, pessegueiro, pereira, roseira e salgueiro.

Celebração de Hórus, o deus egípcio com cabeça de falcão.

Para se conectar às Nornes, trance três fitas ou fios de lã (branca, vermelha e preta) invocando seus nomes: Urdh, do passado; Verdandhi, do presente, e Skuld, do futuro. Guarde a trança sob seu travesseiro para ter revelações e avisos em seus sonhos. Queime incenso de mirra e acenda uma vela lilás, pedindo à deusa Urdh que a ajude a desligar-se dos resíduos negativos de seu passado e aproveitar os ensinamentos recebidos durante os sonhos e meditações. Ore para que Verdandhi a fortaleça e guie em seu cotidiano, ajudando-a a cumprir com sua missão e compromisso nesta vida, até que Skuld a prepare e conduza na sua passagem na eterna Roda das Vidas.

15 de julho

Celebração da deusa finlandesa Rauni ou Roonika, regente do trovão e esposa do deus do relâmpago. Conhecida também sob outros nomes (Akko, Maan-Eno ou Ravdna), ela se materializava nas sorveiras, sendo que suas frutas vermelhas lhe eram consagradas. A **sorveira** (*rowan*) é uma árvore mágica europeia, usada em rituais de proteção e defesa, bem como para a confecção de varetas com inscrições rúnicas ou finalidades mágicas. Segundo a lenda, por meio de uma relação sexual durante seu período menstrual, Rauni criou a sorveira e outras árvores mágicas de flores ou frutos vermelhos. Para homenageá-la, as pessoas lhe ofertavam os melhores pedaços das renas abatidas durante as caçadas.

Nos países eslavos, comemoravam-se a deusa do fogo Oynyena Maria ou "Maria do Fogo", companheira do deus do trovão, e Perkune Tete, uma das deusas do relâmpago e do trovão. Segundo a lenda, Perkune Tete recebia em cada noite o Sol cansado da sua jornada, banhando-o e fazendo-o brilhar novamente, para devolvê-lo no céu a cada amanhecer.

Na Grécia, início das Olimpíadas e no Egito, celebração do nascimento do deus egípcio Seth, um antigo deus da magia e da morte.

Dia de Chung Yuan, o Festival dos Mortos na China, homenageando Ti Tsang, o senhor do mundo subterrâneo.

Julho e agosto são os meses em que são feitas as escaladas para o Monte Fuji. Para ter êxito precisava ser feito um ritual de benção invocando a proteção da deusa Fuchi. Ela era uma deusa regente do calor solar, das fogueiras e lareiras, que conferia força física, resistência, determinação, calor humano e visão aguçada. Na tradição Shinto, nos mosteiros, eram feitos pedidos com oferendas aos deuses das montanhas para que permitissem e protegessem a escalada e a volta com segurança das pessoas que iam subir.

Em lugar de usar o elevador neste dia, suba escadas e visualize aquelas áreas da sua vida em que enfrenta desafios ou percebe a falta de calor vital (sua ou das pessoas ao seu redor). Faça afirmações positivas e peça à Deusa que a ajude alcançar seus objetivos, enquanto imagina o calor e luz Dela abençoando você.

16 de julho

Antiga festa da deusa romana Carmenta, parteira e curadora, transformada posteriormente em uma comemoração com fogos de artifício e procissões de velas em homenagem à **Madonna del Carmine**, na Itália. Esta é a reminiscência de uma antiga celebração da deusa Meditrina, padroeira da cura mágica com a ajuda de um elixir aromático (vinho com infusões de canela, cravo, gengibre, cardamomo, anis, noz moscada, alecrim e mel), de encantamentos, amuletos e o uso de plantas.

Prepare você também um amuleto, colocando em uma sacola de pano de algodão verde, folhas de três, cinco ou sete destas plantas: alecrim, manjericão, malva, sálvia, hibisco, erva cidreira, funcho, sabugueiro ou tomilho; abençoe-as durante a lua crescente para ter saúde e vitalidade, bebendo depois um pouco do vinho aromático. Use a sacola embaixo do seu travesseiro.

A palavra raiz Car, Ker, Cor ou Q're é encontrada no nome de várias deusas de diversas culturas, como Carna e Carmenta. Elas eram veneradas pelos etruscos como deusas do parto, da saúde, dos carnavais e dos encantamentos. Cardea era a guardiã dos limites e dos espaços, Carlin era o espírito do *Sabbat* celta *Samhain*, protegendo as famílias contra os fantasmas, enquanto a irlandesa Carman era a senhora da magia destrutiva. Coré era a face donzela da deusa grega Perséfone, Ceres era a deusa romana dos cereais e Cerridwen, a Grande Mãe celta.

No Haiti, procissão rumo à cachoeira sagrada da deusa do amor Erzulie Freda. As pessoas invocavam seus poderes mágicos com cânticos e danças extáticas. Depois, banhavam-se nas águas detentoras de poderes milagrosos de cura e regeneração e ofertavam à Deusa, flores e presentes, em agradecimento.

Dia dedicado à Virgem Maria da Irlanda.

Celebração de Niski-Ava nos países eslavos, a deusa protetora das mulheres e guardiã dos lares. Reverenciada por todas as mulheres, que lhe dedicavam um pequeno altar em suas casas, Niski-Ava foi sincretizada, posteriormente, com a Virgem Maria.

17 de julho

Festival de **Amaterassu Omi Kami**, a deusa solar do Japão, reverenciada como a governante de todos os deuses, guardiã do povo japonês e da unidade cultural. Seu emblema, o Sol nascente, está na bandeira nacional. Nem mesmo o budismo patriarcal destruiu o culto desta deusa, representada como uma linda mulher repleta de joias e cuja luz, refletida pelo seu espelho, iluminava  o céu e a terra. Chamada de "Grande e augusto espírito que brilha no céu", Amaterassu representa a manifestação mais elevada do Espírito Universal. Ela é uma deusa benevolente, que compartilha sua luz e seu calor com todos os seres da criação.

Saúde Amaterassu ao nascer do Sol, invocando suas bênçãos para sua vida. Capte a luz solar em um espelho e a projete para todos os cômodos de sua casa, enquanto toca um sino e entoa o nome da deusa.

Nos países eslavos, celebravam-se as deusas solares Si e Tsi. Elas também eram invocadas nos juramentos por serem guardiãs da justiça e por punirem os perjuros.

Na tradição dos ciganos da Romênia, Amari De era a Grande Mãe de tudo e a personificação da natureza, sua face sempre envolta por uma luz dourada. Segundo seu mito, ela conferia riqueza, saúde, beleza, amor, fertilidade e intuição para todos aqueles que a reverenciavam. Na Transilvânia, neste dia, havia antigamente uma "festa casamenteira" chamada "Feira das Moças no monte Gãina", aonde os jovens iam procurar parceiras. Com o passar do tempo o seu significado mudou, não mais são expostos os dotes das moças para atrair maridos, mas objetos de artesanatos, comidas típicas, produtos agrícolas e se realizam competições musicais e danças circulares ao redor de fogueiras.

Se você quiser celebrar seu noivado ou casamento, esse dia é propício porque atrai as energias positivas de Amari De.

18 de julho

Aniversário de **Néftis**, a deusa egípcia da morte, irmã de Ísis e esposa do deus Seth. Enquanto Ísis representava a força da vida e do renascimento, Néftis era a deusa do pôr do sol, dos túmulos e da morte. Seus respectivos cônjuges também representavam energias opostas: Osíris, o consorte de Ísis, era um deus da fertilidade; Seth, o cônjuge de Néftis, representava a aridez, a esterilidade e a maldade.

Em Hong Kong, celebração da deusa das florestas Lu Pan, a padroeira daqueles que trabalham com madeira. Festa dos índios norte-americanos festejando a "Mulher de Cobre" (*Copper Woman*) e a "Mulher Vulcão" (*Volcano Woman*), deusas dos minerais e dos metais.

Comemoração da deusa persa da justiça Arstat, conhecida como a personificação da verdade e da honestidade. Suas palavras propiciavam o crescimento e a prosperidade de todos os seres vivos.

Festival dos Tabuleiros em Portugal, que foi celebrado ao longo de 600 anos para honrar a colheita e agradecer a deusa basca Akerbeltz pela sua boa vontade e abundância. O ponto alto do dia é uma procissão com as pessoas usando adornos de cabeça com pão, flores e pombas, os símbolos da deusa para continuar atraindo sua proteção, beleza e paz. Esses adornos eram guardados depois nas casas durante um ano, para manter as bênçãos da deusa e afastar a doença e os azares. Akerbeltz era uma deusa da terra e guardiã da natureza, que aparecia em forma de arco-íris, as cores desta ponte sagrada representando o amplo leque dos seus poderes. Para atrair sua boa vontade, ajude neste dia alguém necessitado, ou faça uma doação para pessoas doentes.

19 de julho

Festival Opet, no Egito, celebrando o casamento sagrado de Ísis e **Osíris**. Ísis era a mais completa deusa conhecida na história da humanidade, tendo sido venerada durante milênios. Foi durante o reinado de Ísis e Osíris no Egito que as bases e a estrutura da verdadeira civilização foram criadas. Seu culto se difundiu em outros países, principalmente no Império Romano. O Festival Opet marca o ciclo anual de enchentes do rio Nilo; por Ísis ser uma deusa da vida e da fertilidade, suas bênçãos eram invocadas com celebrações grandiosas e inúmeras cerimônias sagradas realizadas pelas suas sacerdotisas.

Dia consagrado à estrela Sirius ou Sothis, da constelação de Canis Major, chamada também de Canopis ou "Olho do Cão". Acreditava-se que Sirius aparecia no leste, na época das inundações do rio Nilo, para anunciar o renascimento de Osíris. Anúbis, o deus com cara de chacal, guardava a alma de Osíris na estrela Sothis até seu renascimento anual.

Em Roma, celebrava-se a união de Vênus, a deusa da beleza feminina e do amor, com Apolo, o belo deus regente da luz solar, das artes, da música, profecia, poesia, harmonia e cura.

Nos países bálticos celebrava-se a deusa Laima, doadora da boa sorte, da beleza, dos poderes mágicos e do amor. Ela era representada em forma de cisne, guardar uma pena do cisne atraía as suas bênçãos. Na Lituânia, os jovens se reuniam de noite para danças circulares e troca de votos; eles usavam guirlandas de flores colhidas nos campos como promessas de amor e celebravam dançando ao redor do altar de Laima.

Comemore sua união criando, com seu parceiro, um ritual pessoal reverenciando o Deus e a Deusa Interior, reforçando e selando, assim, os laços de amor, compreensão, apoio e colaboração recíproca. Se você estiver passando por uma fase de frieza em sua relação, olhe para o céu e peça à estrela Sirius que ajude seu amor a renascer e a renovar-se.

20 de julho

No Japão, **O-Bon**, o Festival das Lanternas celebrava os Espíritos Ancestrais. Neste dia, limpavam-se as casas, os túmulos, as lápides e os altares. Sacerdotes e monjas visitavam as casas e os túmulos, purificando-os com incenso e recitando sutras sagrados. Para iluminar o caminho dos espíritos ancestrais de volta para suas casas – onde lhes eram oferecidas fartas ceias –, inúmeras lanternas e tochas eram acesas pelos caminhos. No dia seguinte, os espíritos voltavam para o além, sendo acompanhados por pequenos barcos iluminados.

Comemoração de Paraskeva, a deusa eslava do amor e da sexualidade, associada à água, à saúde, à fertilidade e ao casamento. Devido a sua popularidade, ela foi adotada pela Igreja ortodoxa e transformada em santa.

Na Polônia, celebrava-se neste dia Dodola, a deusa da chuva.

Na Lituânia, as antigas deusas do amor Vakarine e Prende eram invocadas durante o Vainikinas, o festival anual dos namorados, também chamado "A amarração das guirlandas".

Dia de Santa Margareth da Antioquia, a guardiã das crianças, representada montando um dragão e batendo no chão com seu bastão para atrair as chuvas, gesto ritualístico das sacerdotisas da Deusa.

Aniversário da profetisa grega Damo, filha dos filósofos Pitágoras e Theano.

No Havaí era comemorada a deusa Hina, a regente da Lua em todas as suas fases; como lua crescente ela traz as promessas, na lua cheia personifica o espírito guerreiro, na lua minguante representa a sabedoria da idade e na lua negra, ela preside sobre a morte. Hina também governava a comunicação e servia como intermediária entre os seres humanos e os deuses.

Conecte-se com a fase lunar deste dia e crie seu próprio ritual de acordo com a sua intuição, ofertando leite de coco, flores e uma moeda prateada para a deusa lunar.

21 de julho

Ano Novo maia, celebrando vários deuses e deusas como Tonantzin, da terra; Akewa, do Sol; Huitaca, da água; Coatlicue, a serpente lunar; Ix Chel, da fertilidade; Xochiquetzal, do amor; Chicomecoatl, do milho; Mayahuel, das estrelas e dos sonhos; Chalchiuhtlicue, da água, e Ratu Laut Selatan, da cura.

Na tradição maia, a deusa **Alaghom** teria conferido aos seres humanos a habilidade de pensar, raciocinar, escrever e calcular. Ela também deu para as mulheres o dom da intuição para alcançar e compreender o mundo sutil. Os maias acreditavam que cada ano e cada dia eram governados por um deus e uma deusa que eram  responsáveis pelo destino dos seres humanos. Por isso, em cada novo ano se fazia muitas festas e oferendas para as divindades, juntando as preces e os pedidos individuais.

Celebração da deusa assíria da vegetação Nana, a mãe de Attis, que veio a tornar-se o consorte amado da deusa Cibele. Segundo a lenda, Nana ou Nina era a ninfa que concebeu Attis enquanto carregava uma romã sobre seu seio. No entanto, fontes mais antigas mencionam que o nome de Nana, em seu significado de "rainha", era um dos antigos atributos da deusa babilônica Ishtar ou Inanna, como a padroeira das cidades Ninevah e Lagash.

Nos países eslavos, reverenciava-se a deusa Nan como a criadora da vida e, na África, Nanã Buruku é a deusa anciã da água e da terra, responsável pela criação dos seres humanos.

De acordo com a sua intuição ou afinidade conecte-se com uma destas deusas e invoque os seus atributos e dons para abençoar a sua vida. Ofereça-lhe depois como gratidão flores, frutas e grãos, colocados perto de uma água corrente, campo florido ou sob uma árvore frondosa.

22 de julho

Antiga celebração de **Maria Madalena**, na França. Nesta data, mulheres de todos os lugares seguem em peregrinação até a sua gruta no alto de uma floresta e, diante do seu altar, pedem à Santa que lhes ajude a arrumar namorados ou melhorar a relação com os maridos e filhos. Desde os tempos muito antigos as mulheres da Provença vão orar na gruta de Maria Madalena, buscando sua ajuda e suas bênçãos para o amor, fertilidade, harmonia e saúde. Acredita-se que a floresta e a gruta eram lugares sagrados do culto da deusa Ísis; a gruta onde Maria Madalena morou, servia de templo para antigos rituais de fertilidade dedicados à Deusa.

Segundo os Evangelhos Gnósticos, Maria Madalena era a companheira de Jesus, conhecida como Maria Lúcifer, na acepção correta deste nome (*Lúcifer* como doador da luz). Após a morte de Jesus, Maria Madalena tornou-se líder dos Gnósticos, sendo competente e respeitada até que o Apóstolo Paulo proibiu a participação das mulheres na Igreja para liderar, oficiar ou ensinar, transformando a igreja aberta de Jesus em uma instituição patriarcal e exclusiva. Madalena foi morar no sul da França, perto de Marselha; lá se estabeleceu em uma gruta, em Sainte-Baume, levando uma vida de eremita, curando e ajudando as pessoas e sendo reconhecida como uma "mulher santa".

Antigamente, no Oeste da Europa celebrava-se a deusa celta Isolt, padroeira do amor e dos relacionamentos.

Na Anatólia, festival dedicado à Arinna, deusa da luz e do dia. Aproveite esse dia para avaliar seu relacionamento e identifique aqueles aspectos que precisam ser melhorados e harmonizados.

23 de julho

Nos países nórdicos, antiga comemoração dos deuses do mar **Aegir** e de sua consorte **Ran**, guardiã dos afogados.

Ran era uma mulher grande e forte. Segurando com uma de suas mãos o leme do barco, ela jogava com a outra mão uma grande rede e recolhia os afogados, levando-os para seu escuro reino sob as ondas. Lá, eles viviam como se estivessem na terra, mas sem poder voltar, a não ser no dia dos seus enterros. Como Ran amava o ouro, os marinheiros escandinavos levavam em seus bolsos moedas de ouro para que pudessem ser aceitos em seu reino caso morressem afogados. As nove filhas de Ran e Aegir eram as Donzelas das Ondas, lindas sereias que apareciam aos homens durante as noites escuras e frias de inverno, escondidas na espuma das ondas, tentando se aproximar das fogueiras acesas em sua homenagem.

Em algumas regiões da Escandinávia era honrada a deusa Freyja, a padroeira do amor, da beleza e da magia. Ela aparecia dirigindo uma carruagem puxada por gatos e enfeitada com joias de âmbar; quando estava triste, ela chorava lágrimas de ouro.

Devido à conexão solar, se tiver nascido nesse mês, pode invocar a deusa Freyja para abençoar seu relacionamento. Use um colar com pedras amarelas (âmbar, topázio, citrino) e imante-o com o poder de Freyja, expondo-o aos raios solares no horário do meio-dia. Peça à deusa que lhe abençoe com tenacidade, determinação e centramento, condições necessárias para que seus projetos lhe tragam resultados dourados.

Neptunália, antigas celebrações para Netuno, o deus romano do mar e para sua esposa Salácia, a deusa da água salgada, dos lagos, das águas minerais e termais. Ofertavam-se ao casal marinho divino galhos de salgueiro e de oliveira, pedindo-lhes que não faltasse água para a terra e para os homens durante os meses de verão.

Entre 23 de Julho e 20 de Agosto, devido ao aumento de estrelas cadentes, celebrava-se nos países celtas o deus solar Lugh, os meteoros sendo chamados de "Jogos de Lugh".

24 de julho

Dia dedicado a todas as **deusas leoninas**, como Sekhmet, Cibele, Leona, Durga, Mehit e Tefnut.

Embora fosse símbolo do deus solar na Grécia e em Roma, nos países da Ásia e no Egito o leão era associado à Deusa; várias deusas cavalgavam, eram puxadas ou acompanhadas por eles. Outras apresentavam características físicas leoninas, adquirindo e demonstrando seu poder e obtendo assim a vitória nos combates.

Na Mongólia, a partir do século XIII era celebrado o festival Nadam que honrava Vatiaz, a deusa regente do poder físico, seu nome significando "Mulher que possui muita força". Durante o festival eram feitas corridas de cavalos e competições esportivas (arco e flecha e lutas marciais).

Festival xintoísta Tenjin, no Japão, dedicado à cura das doenças e reverenciando a deusa do mar e da saúde Tamayorihime. Os doentes levavam bonecos de papel aos templos, onde os sacerdotes esfregavam-nos em seus corpos para retirar as mazelas e os resíduos das magias negativas. Após esse ritual de expurgo, os bonecos eram levados para os rios e jogados na água, enquanto entoavam-se cânticos e orações de cura. Os doentes mergulhavam depois no mar ou tomavam banho com água em que foi colocado sal marinho.

Adapte esse antigo ritual à sua realidade. Recorte um boneco em papel, passe-o sobre o(s) órgão(s) afetado(s) ou os lugares doloridos. Em seguida, "despache" o boneco em água corrente, acenda uma vela verde e tome um banho com água com sal marinho, orando para sua cura. Prepare um amuleto de saúde, amarrando em um saquinho de algodão verde sete pedaços de canela, algumas flores secas de cravo, pétalas e sementes de girassol, folhas de sempre-viva e um cristal amarelo (citrino ou âmbar). Abençoe seu amuleto invocando os anjos de cura e as deusas leoninas e carregue-o sempre consigo.

25 de julho

Furrinália, celebração das **Fúrias** ou Erínias, as deusas gregas da vingança justificada. Os mitos pré-helênicos descreviam-nas como três donzelas negras, imortais, com cabelos de serpentes, veneno escorrendo de seus olhos e garras pontudas. Elas perseguiam aqueles que infringiam a "lei do sangue" e matavam parentes. Seus nomes eram Alecto, Megera e Tisifone
e, posteriormente, foram chamadas de Dirae, Maniae ou Furiae.

Na Grécia e em Roma, inúmeras deusas eram associadas às serpentes, entre elas Echidna, Górgona, Lâmia, Medusa e Píton.

Na Índia, celebração do deus-serpente Naga Panchami e da deusa Kadru, a Mãe das serpentes.

Rainha das serpentes também era o nome da deusa Egle, nos países eslavos; da deusa Uadjit, no Egito, e da deusa Coatlicue, no México.

Aproveite este dia e faça um ritual para liberar e transmutar sua raiva, evitando assim que ela lhe "envenene" ou prejudique outras pessoas. Procure uma pedra escura, limpe-a com água corrente e peça a permissão ao ser elemental que nela habita para lhe ajudar neste trabalho. Pense em todos os momentos em que você sentiu raiva e não conseguiu expressá-la. Transfira essa energia escura e densa para a pedra. Se sentir vontade, grite, sapateie ou bata tambor. Enterre depois a pedra, pedindo às Erínias e às deusas-serpentes que transmutem sua raiva em energias mais positivas e sirva como adubo para a terra, libertando você desse veneno. Ofereça um pouco de vinho e mel para o ser elemental que irá permitir e cuidar desta transmutação. Coloque, depois, uma imagem de cobra em seu altar ou use alguma joia com formas de serpente para firmar essa conexão.

26 de julho

No sincretismo religioso da Umbanda, ela é **Nanã Buruku**, a mais velha das três divindades das águas. Na tradição jeje, Nanã é a criadora do mundo, a Grande Mãe de tudo o que existe, a senhora das águas escuras e da lama. Nas lendas, Nanã é a mais idosa de todas as divindades, respeitada e honrada por sua imensa sabedoria. Seu reino é o pântano, onde se misturam a água e a terra, constituindo a zona limítrofe onde a vida se formou. A terra úmida representa o potencial da vida  e sua decadência, por meio do apodrecimento. A insígnia de Nanã era seu cajado, o "ibiri", decorado com búzios e inscrições, servindo para curar e fortalecer aqueles que a procuram. Como deusa ancestral, Nanã representa a origem racial, o poder sacerdotal, a preservação das tradições, a disciplina, a cura e a sabedoria.

Festival de Santa Anna, na Palestina e de Sant'Ana, no Brasil. Santa Ana ou Sant'Ana (do latim *Anna*, por sua vez do hebraico *Hannah*, "Graça") foi mãe de Maria, avó de Jesus Cristo. Seguindo uma tradição trazida de Portugal, no Brasil Sant'Ana é padroeira dos trabalhadores com moedas e cédulas de dinheiro.

Na França, comemora-se Sainte Anne como a protetora da Bretanha, onde a sua imagem miraculosa é venerada nas igrejas; ela também é patrona principal da província do Quebec, no Canadá e de uma pequena cidade com seu nome, destinada a atividades terapêuticas e curativas. Ela é descendente de uma antiga deusa celta, padroeira da água doce e dos assuntos domésticos. Os pedintes chegavam aos seus altares trazendo flores e se ajoelhavam, dizendo em voz alta seus pedidos, para depois beberem água das suas fontes e receber a cura.

Aproveite o antigo costume bretão e faça uma limpeza na sua casa, descartando tudo aquilo que não precisa mais, lavando as portas e as janelas com água de fonte ou do rio e colocando flores na frente da imagem de Nanã Buruque ou de Sant'Ana.

Nos países eslavos celebrava-se Kubai-Khotun, a Grande Mãe, de cujo leite formou-se a Via Láctea. Ela morava sob a Árvore do Mundo e era representada como uma mulher com seios enormes, dos quais fluía o leite que alimentava todos os seres.

Comemoração de Sleipnir nos países nórdicos, o cavalo de oito patas do deus Odin, que se locomovia entre os três mundos e levava as mensagens dos homens aos deuses.

No Novo México, Danças do Búfalo e do Milho nos pueblos de Taos e Santa Ana.

27 de julho

Dia da famosa rainha egípcia **Hatshepsut**, considerada uma representação da Deusa da Cura. Hatshepsut viveu na 18ª Dinastia, em 1490 a.C., e construiu inúmeros templos dedicados à Deusa. Reinou sozinha, sem consorte, com pulso firme e mente ágil e justa. Não promoveu guerras e incentivou a arquitetura e o comércio. Como rainha, foi uma digna representante da Deusa, a quem honrava. Os atuais seguidores das antigas tradições egípcias realizam, neste dia, vários rituais para a cura pessoal, coletiva e global.

Na Irlanda, este é um dia considerado muito favorável à colheita de ervas curativas. Homenageia-se Airmid, a deusa da cura e da magia, guardiã da fonte sagrada da saúde. As pessoas seguem em peregrinação para as fontes sagradas e oram em prol de sua cura, amarrando pedaços de suas roupas ou fitas coloridas nas árvores que circundam as fontes.

No sudoeste dos Estados Unidos celebram-se as danças dos Kachinas pelos índios Hopi comemorando Nuvak'Chin'Mana, a Donzela da Neve. Os Kachinas são seres espirituais que ajudam as tribos em todos os assuntos de suas vidas; cada ano eles aparecem do seu mundo no mês de fevereiro, trazendo as chuvas para fertilizar a terra. Em julho eles retornam para o seu esconderijo, acompanhados pela gratidão dos homens.

Para atrair as bênçãos divinas tome um copo de leite gelado se conectando com a figura da Deusa da neve, uma linda donzela, vestida de branco e adornada com cristais de gelo. Peça-lhe que "derreta" os obstáculos da sua vida, ofereça-lhe leite, cubos de gelo e mel e agradeça tudo que você já conseguiu ao longo do ano.

Celebrações e procissões das curandeiras e feiticeiras, na Bélgica.

Dedique este dia à sua cura física, mental, emocional ou espiritual, entrando em contato com seu Eu Divino para receber a orientação adequada por meio de meditação ou canalização. "Magnetize", pela imposição de mãos, água da fonte e ore para que as deusas Airmid e Hatshepsut ajudem-na a livrar-se de seus problemas de saúde.

28 de julho

Comemoração do aniversário da sacerdotisa e profetisa **Pítia**, na Grécia, cujo nome originou a designação geral das profetisas do Oráculo de Delfos ou as Pitonisas. As mulheres escolhidas para esse cargo de extrema importância deveriam ser de Delfos, ter mais de cinquenta anos, ter passado pela menopausa e terem sido aprovadas em um intenso treinamento psíquico e mágico, com muita disciplina. Mensalmente, após rituais de purificação, a Pitonisa sentava-se em um tripé, mastigava folhas de louro e inalava os vapores sulfurosos que saíam das fendas da terra, entrando depois em transe extático e fazendo profecias. O filósofo Plutarco enfatizou que o gás era apenas um elemento que desencadeava o processo. Na realidade era o treinamento prévio da pitonisa e sua purificação através da abstinência sexual e do jejum, que a tornava sensível à exposição do gás, pois uma pessoa normal poderia sentir o cheiro do gás sem entrar em transe. Durante as sessões oraculares, a pitonisa falava com voz alterada e tendia a cantar as respostas; no término das sessões, ela parecia tão exausta como um atleta após uma maratona.

Os índios nativos norte-americanos comemoram a "Velha Mulher do Mar", a representação da deusa primordial, cuja essência e poder são associados com o oceano e com tudo que existe nele. Na Califórnia, em 1981, começaram as competições de esculturas na areia, inspiradas em antigas comemorações à beira do mar. Ao longo desse festival acontecem várias atividades comunitárias, concursos de música, danças, peças de teatro infantil e também de esculturas com areia.

Se você mora perto da praia, risque na areia aquilo que deseja realizar e espere até que as ondas lavem os riscos e levem o seu desejo para que seja atendido pela "Velha Mulher do Mar".

Festival irlandês homenageando Domhnach Chron Dubh, o deus dos grãos, o ato da colheita simbolizando o seu sacrifício, e de Dea Domnann, a deusa da terra e da fertilidade, que recebia em seu ventre o deus sacrificado, proporcionando-lhe o renascimento como criança solar no solstício de inverno.

Dia de São Cristóvão, derivado da celebração do antigo deus nórdico Thor.

29 de julho

Em Kyoto, no Japão, festa de **Gion Matsuri**, a celebração conjunta do deus do Sol, irmão da deusa Amaterassu, e de Wakahirume, a deusa da alvorada e do crepúsculo.

Segundo a tradição, neste dia as pessoas deveriam ir para os altares dos templos honrarem o Deus. Mas, para beneficiar também aqueles que não podiam chegar até os templos, procissões eram formadas, carregando um altar pelas ruas. Havia competições para premiar o altar mais elaborado ou mais bem decorado. Organizavam-se, também, procissões nos rios, com música e cantos nos barcos enfeitados com guirlandas e lampiões.

Na Islândia, um antigo festival Islendingadagurinn honra a lembrança de Völuspa, uma antiga deusa que apareceu antes de todas as coisas existirem, mas trazendo na sua essência o conhecimento de todos os tempos. O seu nome foi imortalizado por uma vidente, que contou para os deuses toda a história do mundo, desde a criação até a sua destruição, e seu relato foi preservado no poema épico com o mesmo nome.

Para honrar o legado do passado, descubra a sua árvore genealógica e veja anotações de seus familiares sobre a sua origem, vida e realizações. Honre seus ancestrais acendendo uma vela e agradecendo tudo o que eles fizeram e deixaram para você.

Comemoração de Aine, a deusa solar irlandesa, representada como uma égua vermelha e festejada com procissões de camponeses carregando tochas de palha acesas. Passava-se a fumaça dessas tochas sobre os campos e os animais para proteção e aumento da fertilidade.

No México, dia de Santa Marta, irmã de Maria Madalena, dedicada aos cuidados maternais.

30 de julho

Neste dia, em Tarascon, na França, celebra-se o **festival anual Tarasque**, no qual se comemora a captura de um dragão cuspindo fogo. A multidão segue a imagem do dragão pelas ruas, tocando-o para se livrar do azar e atrair a sorte.

No Canadá, festival nativo Mi'kmaq, versão cristianizada da antiga celebração nativa do Pai Céu e da Mãe Terra e reverenciando Sainte Anne, a padroeira da região. Uma lenda nativa relata o encontro tumultuado entre o herói Glosskap e uma poderosa baleia, fato que deu origem às fortes marés das baías da Nova Scotia. Durante o pow-woh da tribo eram feitas danças sagradas imitando o movimento dos animais, uma prática mágica para auxiliar os caçadores e pescadores.

No Colorado, Estados Unidos, encena-se a procissão dos dragões no Monumento Nacional dos Dinossauros, uma lembrança dos antigos poderes misteriosos do dragão. Na tradição assírio-babilônia era cultuada a deusa Tiamat, detentora das forças férteis e criativas, representada em forma de dragão. Em mitos mais tardios, Tiamat foi capturada pelo herói Marduk e cortada em duas metades que formaram o céu e a terra, despojando a Deusa ancestral do seu poder único de Criadora.

Celebração nativa norte-americana homenageando Tamaayawut, a deusa da Terra e criadora da vida, e seu irmão Tuukumit, o deus do Céu. Juntos, eles criaram todos os seres e toda a vida do mundo. Acredita-se que aqueles que se casam neste dia serão abençoados com amor e prosperidade.

Inspire-se na tradição xamânica para saudar o Pai Céu e a Mãe Terra. Abrace uma árvore, fundindo-se com seu tronco e enraizando firmemente seus pés na terra. Eleve seus braços e sua cabeça para o céu, percebendo a captação das energias cósmicas por meio de seus dedos. Inspire profundamente, sentindo o "prana" vitalizar seus chacras. Abra seu coração e perceba toda a conexão existente na natureza. Saúde seus "irmãos de criação" dos outros reinos e aja como mediadora entre as energias do céu e as da terra.

Invoque a deusa Tiamat para lhe ensinar os sacrifícios necessários para mudar e se renovar, integrando assim o eu superior com o inferior e complementando suas polaridades.

31 de julho

Niman, cerimônia nativa norte-americana celebrando a colheita do milho e a despedida dos Kachinas. Começando ao nascer do sol e acabando ao anoitecer, as danças e as mímicas demonstram, de forma ritualística, a gratidão das pessoas pela ajuda dos Kachinas, os seres sobrenaturais que garantiam as chuvas e a abundância nas colheitas.

Oidhche Lugnasa, o festival do Pão Fresco, celebração celta da colheita dedicada à deusa Tailtu ou Tailtte e ao deus solar Lugh. Ela era uma antiga deusa irlandesa da Terra, mãe de Lugh, que, por sua vez, criou o festival de Lughnassadh para reverenciá-la. Antigamente, essas celebrações duravam quinze dias, sendo depois cristianizadas como a Festa da Colheita.

Comemoração antiga do deus nórdico Loki e de sua consorte Sigyn. Na mitologia nórdica, Loki representa o poder negativo, a força da erosão e as perdas inesperadas. É o padroeiro dos ladrões, dos embusteiros, trapaceiros e mentirosos. Não deve ser invocado, nem cultuado, pois sempre pede algo em troca e é traiçoeiro. Sua filha Hel é a deusa do mundo subterrâneo e do reino dos mortos. Sigyn ou Signy era uma deusa ancestral, guardiã das famílias e das tribos. Quando seu marido foi punido pelos deuses pela morte de Baldur, o lindo e inocente deus solar, a devotada Sigyn diminuía o sofrimento de Loki coletando e retirando o veneno da serpente suspensa sobre sua cabeça.

Nos países eslavos eram celebradas as deusas do destino Narucnici, que apareciam no nascimento de cada criança para predizer o desenvolvimento de sua vida. Em 1831, nasceu nesse dia, na Ucrânia, Helena Blavatsky, a famosa mística e escritora que iniciou e conduziu a sociedade teosófica.

Conecte-se com a energia desta data e medite para abrir sua habilidade intuitiva, concentrando-se na sua terceira visão (no meio da testa). Imagine uma luz lilás que está tocando esse ponto e girando no sentido horário, ativando desta forma o seu terceiro olho. Permaneça em silêncio por alguns momentos, absorvendo essa luz; use depois um método oracular (runas, tarô, bola de cristal) para receber orientação a uma questão específica e depois anote as suas impressões.

AGOSTO

Outrora chamado Sextilis no calendário romano, este mês teve seu nome mudado para Augustus em honra ao imperador Augustus César. O título *"August"*, dado apenas aos imperadores, ou *"augur"*, dado aos sacerdotes, é decorrência de um dos aspectos da deusa Juno – Juno Augusta – e está relacionado ao poder profético conferido aos homens pelas divindades.

O nome anglo-saxão deste mês é Weodmonath e o nórdico, Aranmonath. Os povos nativos chamaram-no de: Lua da Colheita, Lua da Cevada, Lua do Milho, Lua quando as Cerejas ficam Pretas, Lua das Disputas ou Mês da Vegetação.

No calendário druídico, a letra Ogham correspondente é Quert e a árvore sagrada é a macieira. O lema do mês é "descanse, mas não descuide de seu desenvolvimento interior".

Durante este mês, em vários países, celebrava-se a colheita dos cereais. Os celtas dedicavam o primeiro dia do mês ao Sabbat Lughnassadh ou Lammas, o primeiro festival da colheita. Lammas, em inglês arcaico, significava a Missa do Pão (*Loaf Mass*), descrevendo, assim, a festa do pão fresco, feito dos primeiros grãos de trigo.

Os romanos também tinham seus festivais de colheita, Consuália e Opseconsiva, reverenciando o deus Consus e a deusa Ops (regentes dos depósitos de grãos e da colheita) com oferendas de pão fresco e vinho. No final do mês, a festa Charisteria agradecia as dádivas das divindades da terra.

O deus Vulcano era celebrado com duas festividades: Volturnália e Vulcanália. Para contrabalançar essas cerimônias do fogo, eram também reverenciadas as deusas Juturna (das fontes) e Stata Mater (da proteção contra os fogos), assegurando assim a proteção contra os incêndios, frequentes nessa época de calor e seca.

Na Grécia, o dia treze era dedicado a Hécate, a Rainha da noite, Senhora do mundo subterrâneo e guardiã das encruzilhadas; o dia vinte e três, por sua vez, era para Nêmesis, a deusa da justiça, da vingança e da punição justa. Nessas celebrações, as mulheres cujos pedidos haviam sido atendidos seguiam em procissão e carregando tochas, até os templos das deusas onde eram feitos os rituais de gratidão.

No Egito, abençoavam-se os barcos e na Índia, comemorava-se Ganesha, o deus com cabeça de elefante, com pedidos para que removesse os obstáculos e os azares, e oferendas de flores e arroz.

As pedras sagradas do mês são a sardônica e o peridoto. As divindades regentes são Lugh, Deméter, Ceres, Chang-O, Xochiquetzal, Medusa, Hécate, Nêmesis, Atargatis, Arianrhod, Bast, Ilmatar, Frey e Freyja.

Agosto é um mês favorável à avaliação de sua "colheita" dos meses anteriores. Medite a respeito das "sementes" que não vingaram e que devem ser substituídas, das "ervas daninhas" e dos "invasores" que prejudicaram seus esforços. Renove ou fortaleça a "terra de sustentação" dos seus projetos, conectando-se às deusas da terra, agradecendo pelos frutos colhidos e pedindo-lhes energia e inspiração para os próximos meses.

1º de agosto

Neste dia, os povos celtas celebravam o Sabbat Lammas ou Lughnassadh, o Festival da Colheita. Dedicado a **Lugh**, o deus celta da luz, o Sabbat representava seu sacrifício anual representado pelo corte das espigas, garantindo assim a preservação das sementes, sua colheita e o fornecimento de grãos para o próximo plantio. Para honrar sua mãe, Lugh criou os "Jogos de Tailtu", semelhantes às Olimpíadas, que, atualmente, foram transformados em exposições e feiras de produtos agrícolas.

Tailtu, a Deusa Mãe, era celebrada com danças e cantos, como a fonte da vida e da abundância. Os primeiros frutos e cereais colhidos eram-lhe ofertados nos altares de pedra erguidos nos bosques sagrados de carvalhos. Essa deusa continua existindo na nossa memória ancestral por nos reconectar com os ciclos da Terra e permitir uma conexão mais profunda com o ato de plantar e colher. As oferendas para ela incluíam pães frescos, maçãs e orações de gratidão.

Lammas é um Sabbat de regeneração, o primeiro dos três festivais da colheita, seguido por Mabon e Samhain. Comemora-se a Deusa, a plenitude da terra, a invenção da agricultura pelas mulheres e todas as realizações da primeira metade do ano. As pessoas assavam pão e ofertavam-no nos altares das casas e dos templos com uma boneca feita de uma espiga de milho ou de trigo, maçãs, uvas, vinho e flores. Com a proibição das festas pagãs, as celebrações foram sendo substituídas por feiras de produtos e exposições de artesanato, mas as portas das igrejas continuaram, por muito tempo, a serem enfeitadas, neste dia, com guirlandas de espigas de milho, flores e frutos.

Nos países nórdicos, homenageavam-se as Kornmutter, as Mães do milho, e Zytniamatka, a deusa da agricultura.

Cerimônia nativa norte-americana celebrando a Corn Mother, "A Mãe do milho", com oferendas de pólen e fubá, cantos e danças ao redor de fogueiras, em que se assavam espigas de milho.

Celebração asteca de Xiuhtecuhtli, o deus do fogo espiritual e senhor do calendário. Reverenciavam-se, também, as deusas do milho Centeotl e Xilonen, responsáveis pela fertilidade da terra.

Aproveite esta data e faça uma avaliação de tudo que plantou e colheu nesta primeira metade do ano. Ofereça à Mãe Terra um pão redondo, espigas de milho ou trigo, flores, um cacho de uvas ou uma garrafa de vinho, não se esquecendo de agradecer-lhe pelo seu sustento e da sua família.

2 de agosto

Festa de Nossa Senhora dos Anjos, na Costa Rica. Celebrada com procissões para "La Negrita", sua pedra sagrada, uma das manifestações da Virgem Negra, versão cristianizada da Deusa da Face Escura, a deusa da morte.

Em inúmeras igrejas na Espanha, França, Itália, Suíça e Polônia, encontram-se estátuas da Virgem Negra. Segundo os pesquisadores, sua origem remonta aos antigos cultos das deusas Cibele, Ísis, Inanna, Anath, Kali, Deméter, Ártemis e Atena, cujas estátuas negras, bem como seus templos, por não poderem ser erradicados, foram aceitos nos costumes religiosos dos primórdios do cristianismo. Sob a influência dessas antigas estátuas negras, posteriormente destruídas por monges fanáticos, os escultores dos séculos seguintes criaram novas estátuas, chamando-as de Madonas Negras. Portanto, ao contrário do que afirmam as fontes cristãs, elas não são estátuas brancas que foram enegrecidas pela fumaça das velas, mas reminiscências das antigas deusas, reaparecendo na nova religião de forma sutil e misteriosa.

Festival Aomori Nebuta no Japão destinado para fortalecer os fazendeiros no ato da colheita. Eles pediam ajuda dos espíritos da natureza para permanecerem alertas e sem dormir até acabarem suas tarefas; para isso acendiam fogueiras para Huchi, a deusa do fogo, pedindo a energia necessária para completarem seu trabalho.

Quando precisar ficar alerta até terminar um projeto, acenda uma vela e peça para Huchi ativar seu poder vital e seus recursos energéticos. Tome um banho quente e imagine a luz da Deusa retirando com o calor dela todas as tensões, dores e mazelas de seu corpo.

Na Irlanda, homenageava-se Carman, a senhora da magia negativa, da esterilidade e da aridez. Oferendas e orações eram feitas para assegurar o crescimento da vegetação e a fertilidade dos animais.

Dia de Lady Godiva em Coventry, na Inglaterra, lembrada com festejos nas ruas. A lenda conta que uma mulher, no século XIII, atravessou a cidade a cavalo, totalmente nua, coberta apenas por seus longos cabelos. Alguns historiadores interpretam essa lenda como uma reminiscência do culto à deusa equina Epona.

Celebração da deusa persa Anahita, deusa da lua e do amor.

3 de agosto

Festival das Dríades, na Macedônia, celebrando durante três dias as **Ninfas das florestas**, as Ondinas das águas e os espíritos femininos das árvores. Eram feitas oferendas também para os espíritos da natureza chamados Drymiais, pedindo-lhe para conferirem a saúde plena se as mulheres as invocassem e usassem plantas e raízes para essa finalidade.

Na antiga Alemanha, comemoravam-se as Nixen ou Kelpies, ondinas com vozes maravilhosas que, às vezes, dançavam nas noites de lua cheia com os homens. Elas eram seres mutáveis, tanto na forma, quanto na personalidade. Podiam ser amáveis ou perversas, aparecendo em forma de mulher ou com o corpo metade mulher, metade peixe. Frequentemente, raptavam seres humanos, devolvendo-os se fossem devidamente lisonjeadas e presenteadas.

Na Escandinávia homenageavam-se as Askefruer, as ninfas do freixo, dotadas de poderes mágicos e habilidades para curar as doenças. Elas apareciam como mulheres peludas, com seios grandes, os cabelos como raízes enroladas e vestidas com roupas de musgo. Na antiga tradição escandinava, o freixo era uma árvore sagrada, extremamente importante por representar Yggdrasil, a Árvore do Mundo, da qual foi formado o primeiro casal humano.

Os espíritos das árvores e das águas eram conhecidos na mitologia celta com vários nomes: Dervonnae eram dríades dos carvalhos; Fangge, dríades benévolas; Pressina, ondinas galesas; Stratteli, dríades maléficas; Lâmias, ondinas bascas e as Damas Verdes, ninfas das florestas e lagos, que tanto podiam ser protetoras das crianças, quanto perseguidoras dos caçadores e viajantes.

Nos países do Balcãs eram celebradas as Veelas, espíritos femininos dos campos, que tinham o poder de curar ou de ferir, dependendo das circunstâncias. Elas recompensavam os seres humanos – que as reverenciavam e cuidavam da terra – e lhes ofereciam conhecimentos para saber como se conectar com a terra e obter prosperidade e abundância. Para ter prosperidade e atrair abastança na sua vida, faça uma oferenda de frutas e mel para as Veelas e coma um pouco também, sentido a conexão com elas.

Aproveite a egrégora do dia e vá para perto de um rio ou lago e banhe-se, pedindo às Ondinas, a purificação de sua aura. Depois abrace uma árvore, pedindo à Dríade que nela habita para revitalizar seus centros vitais. Agradeça a ajuda e a energia recebida desses seres, ofertando-lhes pequenos agrados femininos, como bombons, doces, leite com mel, champanhe ou vinho doce, perfume, um espelho, fitas coloridas de seda ou veludo, pequenos sinos ou pétalas de flores. Mostre sua reverência às Dríades, Ninfas e Ondinas, respeitando a pureza de seu habitat e evitando danificar ou cortar as árvores ou poluir os rios.

Festival japonês Aomori Nelrita. Neste dia, usavam-se máscaras grotescas para afastar, com muito barulho, os maus espíritos.

4 de agosto

Celebração de Aima, a Grande Mãe da antiga Espanha. Ela era reverenciada pela Cabala e seu símbolo era a letra He. Às vezes, era representada vestida com os raios solares, com a Lua a seus pés, usando uma coroa com doze estrelas, como a deusa hitita Aima. No sul da Espanha, até o século III de nossa era, os turdetanos (um povo ibero da Bética que habitava a antiga Turdetânia, em Portugal) reverenciavam a **Senhora de Baza**, antiga deusa da Terra.

Festa de Nossa Senhora da Neve, na Europa, em especial na Itália e Espanha, originária das antigas celebrações das deusas do amor, da fertilidade e da procriação.

Procissão de mulheres ao lago Loch Mo Naire, na Escócia, em busca de cura. Desde 1800 inúmeras pessoas vinham para o lago em busca de cura para seu corpo, mente ou espírito. Elas se banhavam, mergulhando na água por três vezes e faziam oferendas de moedas de prata para a deusa Triduana, a regente das fontes e correntes de água.

Acreditava-se que, neste dia, as águas desse lago ficavam impregnadas de um poder mágico, capaz de curar ou fortalecer, de forma milagrosa, todas aquelas mulheres que bebessem ou se banhassem na água, após invocar os Espíritos das Águas e oferecer-lhes uma moeda de prata.

Atualmente nós podemos invocar os poderes curativos das deusas das fontes (como Triduana), bebendo pelo menos oito copos de água por dia, uma solução natural que remove as toxinas e traz as energias de cura para o nosso corpo. Outro costume antigo era tirar as roupas e sapatos e andar para trás – na beira do mar ou do rio –, imaginando o afastamento da doença, tomando depois um banho e sentindo a cura acontecendo.

Na proximidade de outras fontes curativas, homenageavam-se outras deusas celtas da cura como Arenmetia, a Senhora das águas curativas e Argante, a Senhora da cura, invocando suas bênçãos e auxílio.

5 de agosto

Celebração asteca da deusa **Xochiquetzal**, a deusa das flores, da vegetação e da sexualidade, equivalente à deusa romana Flora. Chamada pelas mulheres astecas de "A Senhora com saia de penas azuis" ou "A Mãe das flores", ela era venerada com oferendas de pequenas figuras de barro. Essas imagens foram descobertas em várias escavações arqueológicas do México. As lendas contam que Xochiquetzal foi a única mulher que sobreviveu ao Dilúvio, ao lado do seu marido, tendo como missão repovoar o mundo. Seus filhos, porém, nasciam mudos; uma pomba encantada lhes devolveu o dom da fala, mas cada um começou a falar uma língua diferente.

Invoque essa deusa para aumentar sua fertilidade física ou mental ou seus encantos e *sex appeal*. Ofereça-lhe margaridas amarelas, penas azuis e um pequeno pássaro de cerâmica ou madeira.

Na Grécia era comemorada Dóris, uma deusa do mar, filha de Oceano, que era associada com a riqueza das águas marinhas, o seu poder de purificação e a nutrição com peixes e algas, alimentos saudáveis para o corpo. Para preparar um amuleto que atraia abundância da deusa Dóris em qualquer área de sua vida, junte três conchas, um seixo rolado, um pedaço de coral e outro de madeira petrificada. Exponha tudo à luz da Lua crescente e invoque Dóris, pedindo-lhe que esses presentes do mar atraiam abundância e saúde para você; depois embrulhe tudo em um pedaço de filó e carregue consigo para reforçar a sua conexão com o mar.

Neste dia comemorava-se, na Bretanha, a deusa do mar Ys com rituais pedindo sua bênção para as águas propiciarem fartura de peixes e marés calmas.

Na antiga Ibéria, os pescadores invocavam a proteção de Zaden, a deusa padroeira da pesca e de Návia, a deusa do mar.

Uma antiga superstição ensina que, ao se fazer um pedido nesta noite, olhando-se para a Lua, ele será atendido até o fim do ano.

6 de agosto

Celebração de **Fulla**, a deusa escandinava da Terra e da abundância, cujo nome originou a palavra inglesa *full* (cheio). Considerada equivalente da deusa celta Habonde e da deusa romana Abundita, Fulla era descrita como uma mulher linda e robusta, com longos cabelos louros presos por uma tiara de ouro e carregando um cofre com as riquezas da terra.

Dança do milho dos índios Cherokee celebrando Elihino, a deusa da terra, Igaehinvdo, a deusa do Sol, e Selu, a deusa do milho.

Festividades no Sri Lanka para Pattini, a deusa da fertilidade e da saúde. Mulheres vestidas com sáris coloridos acompanham a procissão de dançarinos, acrobatas, músicos e engolidores de fogo, enquanto as imagens da deusa são carregadas por elefantes adornados com paramentos dourados.

Começo do "Mês dos Fantasmas" na China e em Singapura.

Festival do deus Thoth no Egito.

Em 06 de agosto de 1945, a bomba atômica caiu em Hiroshima ocasionando milhares de mortes e muitos anos de doenças de irradiação, deformidades e aridez da terra. Para honrar as memórias dessa tragédia é feita uma cerimônia dedicada à deusa do luto Nakisawame-no-Mikoto, que traz consolo para os corações de todos aqueles que foram atingidos, de uma forma ou de outra. De acordo com a tradição, essa deusa vive na base das árvores e suas raízes firmam a terra e preservam a sua memória, por isso precisamos lembrar e honrar as raízes da nossa ancestralidade. Pequenas lanternas são colocadas em barcos de papel que são lançados nos rios, lembrando-se de todos aqueles que morreram lutando por uma causa justa ou foram mortos injustamente. A chama da vela representa a deusa e a memória daquela pessoa, cuja luz espiritual pode iluminar o caminho para paz no futuro. Se quiser honrar a memoria de algum ancestral, acenda uma vela perto da sua foto e leve uma oferenda enterrando-a nas raízes de uma árvore velha.

Dia para lembrar as vítimas de Hiroshima e Nagasaki e orar pela Paz Mundial, pedindo que os dirigentes sejam iluminados e que novas guerras e destruições sejam evitadas.

7 de agosto

Celebração chinesa da deusa lunar **Chang-O**. Segundo a lenda mais recente, Chang-O costumava viver na Terra, com seu marido, um famoso caçador. Para recompensar sua destreza, os deuses decidiram lhe oferecer a bebida da imortalidade, mas Chang-O a bebeu sozinha, sem querer compartilhá-la. Envergonhada, ela fugiu e escondeu-se na Lua, onde vive até hoje acompanhada de uma lebre. Um mito mais antigo, no entanto, descreve Chang-O como a guardiã do elixir da imortalidade. Seu marido, o caçador, com ciúmes desse monopólio mágico, tentou roubá-la. Enfurecida, ela o abandonou, indo morar na Lua, de onde cuida somente das mulheres, vigiando e protegendo para que estas não deixem seus maridos "roubarem" seu poder.

Neste dia, na antiga Ibéria, reverenciava-se Lur, a Mãe Terra, criadora do Sol, da Lua e de toda a vida. Um de seus aspectos era Ekhi, a deusa solar, cujos raios dissipavam todos os males.

Festival celta Tan Hill comemorando, com fogueiras e danças rituais, Teinne ou Tan, o poder do Fogo Sagrado. Homenageavam-se Aibheaog e Aodh, antigas deusas celtas do fogo, precursoras da deusa Brighid.

Abertura do Nilo, antigo festival anual egípcio em louvor às deusas Hathor e Nut, abençoando as águas do Nilo para que fertilizassem a terra.

Os longos e quentes dias de verão egípcio eram conhecidos como "dias do cão", porque eles coincidiam com o nascimento de Sirius, a estrela mais brilhante da constelação do Cão Maior, uma época propícia para agricultura devido à enchente do Nilo. Entre as divindades que eram reverenciadas havia a deusa Sopdet, a deificação de Sothis, a estrela considerada pelos egiptólogos como sendo Sirius, onde ela morava e de onde guiava os destinos humanos. A sua aparição no céu anunciava o começo da estação fértil e servia como base para calcular as datas do calendário egípcio. No tarô ela foi imortalizada na carta do Arcano da Estrela.

Quando quiser saber algo sobre seu destino, olhe para o céu numa noite clara e conecte-se com as estrelas; se você vir alguma estrela cadente, observe se ela apareceu de seu lado direito, o que prenuncia presságios positivos; mas se for do lado esquerdo, tenha cautela e seja vigilante para evitar problemas.

Adônia, cerimônia na Grécia lembrando a morte de Adônis.

Dia dedicado à Consciência de Gaia, meditação global em benefício da Terra.

8 de agosto

No Nepal, celebrava-se a deusa **Parvati**, a protetora das mulheres e da fertilidade, sendo consorte de Shiva. Inspire-se em um costume nepalês, se vista com uma túnica indiana, pinte na sua testa um desenho ou marca feita com henna ou sombra para olhos e dance livremente para atrair a energia da deusa para você; ou tome um banho perfumado para retirar os resíduos negativos e depois ofereça flores, arroz e açafrão para a deusa.

Tij, o Dia da Mulher no Nepal. Neste dia, as mulheres não trabalhavam, eram consideradas deusas e honradas por todos. Uma ótima ideia para você começar a colocar em prática!

Na Lituânia, celebração de Perkune Tete, antiga deusa do raio e do trovão. Com a cristianização, seu nome foi mudado para Maria, escondendo, assim, o antigo culto da Deusa sob um nome aceito pela Igreja. Segundo a única lenda conhecida, Perkune Tete era a ama de Saule, a deusa solar, recebendo-a em cada noite, com um banho quente feito de uma infusão de folhas de pinheiro e casca de bétula. Após seu descanso noturno, Saule voltava renovada e resplandecente para iluminar a Terra.

Na Rússia antiga, homenageava-se Kildinsin-mumy, a Mãe Criadora, deusa do Céu e da Terra, padroeira dos nascimentos. Para invocar seu poder fertilizador para as mulheres e os animais, eram feitas oferendas de ovelhas brancas, leite e ovos. A palavra *mumy*, com o significado de "mãe", era usada como atributo das deusas da natureza, assim como *ava*.

Inspire-se nos influxos deste dia e dedique algum tempo para renovar suas energias. Prepare um banho com essência de pinheiro, faça uma massagem com óleo de bétula e medite sobre a maneira pela qual você nutre seu corpo, sua mente e seu espírito. Invoque a Grande Mãe e ofereça-lhe flores brancas, leite e mel, pedindo harmonia, saúde e proteção para a sua vida e de sua família.

9 de agosto

Vinália Rústica, festival romano do vinho dedicado a **Vênus**. Nesta noite, a deusa do amor e da beleza era reverenciada com cantos, danças, louvações e rituais.

O culto a Vênus é bem mais antigo que as celebrações romanas. Conhecida na Grécia como Afrodite ou "a que nasceu da espuma do mar", ela era uma antiga Deusa Mãe da Ásia, ao lado de Inanna e Ishtar, detentora de todas as manifestações do poder absoluto do amor. Após sucessivas adaptações, sua manifestação ficou restrita aos atributos da beleza, prazer e sensualidade.

Festival das Sete Irmãs na China, celebrando a deusa Zhi Nu, que reside na Constelação da Lira e rege a harmonia nos relacionamentos. De acordo com o seu mito, Zhi Nu desceu para a Terra com seis amigas para se banharem, mas um pastor roubou a sua roupa e como ela não pode retornar aos céus foi obrigada a se casar com ele. No entanto, os deuses a chamaram de volta para as estrelas e permitiram que, no sétimo dia do sétimo mês, o pastor tivesse a permissão de se encontrar com ela.

Uma celebração semelhante é o Festival das Tecelãs no

Japão, em 7 de julho, que comemora o amor entre duas divindades estelares que se encontravam no rio prateado da Via Láctea um dia por ano.

Para atrair um parceiro ou fortalecer a sua relação, ofereça a deusa Zhi Nu flores, um pente e um espelho com arroz e uma fatia de melão. Acenda um incenso de jasmim e medite olhando a fumaça, imaginando que é o seu pedido subindo para deusa.

Nos países celtas e nórdicos as equivalentes de Afrodite eram Ailinn, Aine, Blodeuwedd, Branwen, Deirdre, Emer, Epona, Fand, Freyja, Frigga, Hnossa, Ingeborg, Lofn, Minne, Sjofn e Ygerna.

É um dia propício para realizar encantamentos de amor ou para festejar, com seu amado, as dádivas da Deusa. Ouça seu coração e deixe seu instinto guiá-la na escolha de um ritual ou celebração.

10 de agosto

Celebração de **Selkhet**, antiga deusa egípcia, Senhora do mundo subterrâneo e do renascimento da alma. Seu símbolo é o escorpião e pode ser representada como uma mulher, com um escorpião sobre a cabeça ou como um escorpião, com cabeça de mulher. Selkhet também era uma deusa da fertilidade, considerada a protetora dos casamentos. Era esposa do deus solar Ra e assistente das deusas Ísis, Néftis e Neith nos ritos funerários para

Osíris. Nos túmulos egípcios, foram encontradas várias estatuetas de ouro dessa deusa, colocadas pelos parentes dos falecidos, que invocavam sua assistência na travessia e orientação das almas no mundo subterrâneo.

Celebração celta dos espíritos do fogo. Nesta data plantas sagradas eram queimadas nas fogueiras como oferendas às Salamandras. Também era homenageada Grian, a deusa do Sol. Rainha dos Sidhe, o Povo das Fadas, Grian era irmã gêmea de Aine, a deusa da Lua e do amor. Para atrair a energia do fogo vital e sagrado para a sua vida use roupa vermelha ou laranja, acenda uma vela nas mesmas cores e incensos com aromas picantes como laranja, hortelã, gengibre ou cânfora e faça um pequeno encantamento em forma de poesia, pedindo que o seu poder de atração seja fortalecido, que o fogo remova as dificuldades da sua vida e expressão pessoal e que, assim, a sua luz possa brilhar e ser reconhecida.

O povo basco comemorava Urtz, a deusa do céu, Sirona, a deusa das estrelas e Auge, a deusa do calor e da fertilidade.

Aniversário de Hécuba, a mãe de Paris e Cassandra. Paris foi o causador da guerra de Tróia e Cassandra era uma linda sacerdotisa do Sol. O deus Apolo sentiu-se tão atraído por sua beleza que lhe prometeu o dom que ela quisesse caso Cassandra fizesse amor com ele. Ela pediu o dom da profecia, mas depois de recebê-lo, não cumpriu a promessa. Enfurecido, Apolo amaldiçoou-a: suas profecias, embora verdadeiras, não eram acreditadas e Cassandra foi considerada louca. Este mito pode ser visto como uma advertência dupla: que as mulheres não confiem totalmente nas promessas masculinas, nem elas prometam algo que não vão cumprir.

Dia de Yashodhara, a esposa de Buda, e dos Parikas, os anjos hindus das estrelas cadentes.

11 de agosto

Antiga celebração de **Medusa**, a deusa solar originária da Anatólia, reverenciada por suas sacerdotisas, que usavam máscaras de serpentes. Segundo a lenda grega, Medusa, a amada do deus Poseidon, era uma linda mulher. A versão mais recente do seu mito relata como a deusa Atena, enfurecida com o fato de Medusa ter feito amor com Poseidon em seu templo, transformou-a em Górgona – uma terrível criatura com serpentes na cabeça. Depois  incumbiu e ajudou o herói Perseu a matá-la, colocando sua cabeça em seu escudo. Na lenda antiga Medusa era descrita como uma rainha das Amazonas, cujo escudo era formado por serpentes, simbolizando a independência da "Mulher selvagem". Mais tarde, a serpente passou a ser um atributo de Atena, representando o poder mágico feminino.

Dia de Kista, a deusa persa da sabedoria, protetora da humanidade e reverenciada por Zaratustra como a mãe do conhecimento religioso. Celebração da deusa Aradia na Toscana, Itália. Aradia era filha da deusa Diana, sendo responsável pela perpetuação de seu culto. Foi perseguida na Idade Média como a "Rainha das Bruxas", mas voltou a ser cultuada pela tradição Strega e Wicca.

Na tradição dos índios Lakota era reverenciada a deusa Wohpe, cujo nome significava "meteoro"; descrita como uma mulher muito linda, ela gerava harmonia no ambiente e unidade da tribo através do ritual do cachimbo sagrado e o uso da sálvia para purificação.

Nessa época do ano, em alguns lugares pode ser avistada a chuva de meteoros; quando você vir um, conecte-se com a deusa Wohpe, pedindo que ela lhe revele o que você precisa fazer ou mudar para tornar a sua vida melhor. Se precisar harmonizar a relação entre você e outras pessoas, queime folhas de sálvia soprando a fumaça na direção da pessoa; peça para que a Deusa retire a desarmonia e as dificuldades entre vocês e que, assim, reine a paz e harmonia no seu ambiente.

Na Santeria e nas tradições africanas, celebra-se Odudua, cultuada como a mãe de todos os deuses e deusas iorubas. No sincretismo religioso, este dia foi dedicado a Santa Clara.

Na Irlanda, início de um antigo festival da fertilidade, que sobreviveu por toda a Idade Média como a Feira de Puck.

12 de agosto

Lychnapsia, o festival egípcio das luzes com a cerimônia de bênção dos barcos realizada pelos sacerdotes e sacerdotisas de Ísis, vestidos com túnicas brancas e com os peitos nus, adornados com insígnias e joias. Aqueles que pediam orientações à deusa eram conduzidos a uma câmara secreta nos templos e esperavam receber a cura durante o sono ou ter sonhos premonitórios. Ísis foi reverenciada por três milênios como Mãe nutridora, protetora e curadora de seu povo.

Em homenagem a **Ísis**, acenda uma vela azul e queime pétalas de rosas ou flores de verbena secas em seu caldeirão. Visualize sua imagem luminosa clareando seu caminho e ajudando-a a encontrar seu verdadeiro rumo e objetivo na vida, seja ele material, emocional, mental ou espiritual. Permaneça de olhos fechados, aspirando a fumaça aromática, enquanto toca um sistro ou um sino. Quando sentir a presença da Deusa, saúde-a como a Grande Mãe, a Deusa dos Mil Nomes, a Senhora da Lua, da iniciação, da cura, da magia, do sucesso, da purificação e do renascimento. Converse com ela e abra sua percepção sutil para ver, ouvir ou intuir as orientações ou mensagens que a Deusa está lhe transmitindo.

Festa de Santa Clara no sudeste dos Estados Unidos, uma atualização de um antigo festival dos índios Pueblo homenageando a deusa Selu, que residia na essência do milho. Para os Pueblo o milho é a sua sustentação e para garantir suas colheitas eles dançavam pedindo chuva e evocavam o espírito do milho durante o plantio.

Se na sua região está faltando chuva, bata um tambor ou sacuda um chocalho, enquanto bate os pés no chão ou está jogando alguns grãos de milho na terra; ore e peça à deusa Selu para enviar a chuva que beneficie a terra. Se precisar "colher" um determinado resultado na sua vida, leve com você alguns grãos de milho e, cada vez que puder durante o dia, segure-os e visualize seu objetivo alcançado; no fim do dia plante os grãos na terra e agradeça à Deusa.

13 de agosto

Na Grécia, celebração da deusa tricéfala **Hécate**. Deusa da lua minguante e negra, Guardiã das encruzilhadas e dos caminhos, Senhora do mundo subterrâneo e Rainha da noite, Hécate era homenageada com procissões com tochas e várias oferendas, as chamadas "ceias de Hécate". Como uma deusa "escura", Hécate tinha o poder de afastar os espíritos maléficos, encaminhar as almas e usar sua magia para a regeneração. Invocava-se sua ajuda neste dia para afastar as tempestades e os animais predadores que poderiam prejudicar as colheitas.

Reverencie essa poderosa deusa pedindo-lhe que a ajude a transmutar as sombras do passado, facilite e guie suas escolhas no presente e ilumine seu rumo e realizações no futuro. Acenda uma vela preta para a transmutação, uma branca para clarear as dúvidas e uma amarela para iluminar e abrir as "portas" do seu caminho. Ofereça à deusa alguns bolinhos de milho, um ovo cru (de preferência galado) e uma cabeça de alho; deposite a oferenda em uma encruzilhada de três caminhos ou embaixo de uma árvore com três grandes galhos. Agradeça à Deusa pela ajuda recebida e peça-lhe para afastar as sombras com a luz de sua tocha, removendo os empecilhos e transformando os resíduos do passado em novos estímulos. Use essa meditação ritualística quando estiver em uma encruzilhada em sua vida e não souber por qual caminho se decidir.

O povo maia celebrava a deusa Xmucane, a Senhora do tempo e dos calendários, data que ela regia ao lado do seu parceiro Xpiyacoc. Seus títulos incluíam "Avó dos dias" e "Criadora da taça azul do céu" e os maias acreditavam que ela podia ver o passado e o futuro. Por ser um dia propício aos novos começos, acenda uma vela azul e invoque esta deusa para abençoar o bom uso do seu tempo e a concretização de um objetivo corrente.

14 de agosto

Comemoração da deusa polinésia **Hina**, conhecida também com o nome de Tapa. Hina é uma deusa complexa, associada com muitos símbolos, sendo uma das mais importantes deusas polinésias. Era representada às vezes como a Grande Mãe da morte, às vezes como deusa lunar, ou ainda como a rainha guerreira da Ilha das Mulheres. Em alguns mitos ela era descrita com sendo a primeira mulher que apareceu na Terra, de cujo ventre nasceu todos os outros seres, ou ainda como uma mulher com dois rostos, um olhando para frente e o outro para trás. A lenda mais conhecida relata o namoro entre Hina (que era uma mortal) e uma enguia. A comunidade, enfurecida com a aberração, matou a enguia, descobrindo, depois, que na realidade era a metamorfose de um deus. Desesperada, Hina enterrou a cabeça da enguia e no dia seguinte, em seu lugar, nasceu um lindo coqueiro. A mãe de Hina era Navahine, a deusa da serenidade ou a Senhora da Paz, representando a força geradora do Sol.

Cerimônias para as deusas Diana, Titânia e Selene, personificando manifestações da deusa Luna, além de Ártemis.

Celebração da deusa assíria Ishtar e da deusa egípcia Ísis, com procissões de barco, orações e bênçãos depois de acender as lamparinas dos seus templos.

Comemoração da deusa persa e árabe Al-Lat, cujo nome foi abolido dos livros sagrados e substituído pelo seu equivalente masculino Allah. Mesmo assim, a sua presença continua presente na luz prateada da Lua e ainda é invocada como guardiã das casas, mulheres e crianças e protetora das causas justas. Memórias do seu antigo culto permaneceram nas práticas muçulmanas do jejum de Ramadan, quando as pessoas devem se abster de tentações e dedicar seus corações e espíritos à devoção religiosa.

Conecte-se com as energias lunares que permeiem este dia. Descubra qual é a sua fase lunar de nascimento e qual e o seu signo lunar. Medite a respeito da influência da Lua na sua vida, acendendo uma vela prateada ou branca; invoque a deusa lunar ligada à sua data de nascimento e imante sua energia em uma pedra da Lua, que irá levá-la sempre consigo como um talismã do poder sagrado feminino.

15 de agosto

Celebração de **Atargatis**, a deusa síria do céu, do mar, da chuva e da vegetação, também cultuada pelos romanos como Dea Syria. Deusa poderosa com atributos muito complexos, Atargatis podia ter várias representações. Como deusa celeste, ela surgia cercada de águias,

viajando sobre as nuvens. Como regente do mar, podia ser uma deusa serpente ou peixe. Podia ainda ser a essência fertilizadora da chuva que era vista como a "água das nuvens e das estrelas". Ainda podia aparecer como a própria deusa da terra e da vegetação, cuidando da sobrevivência de todas as espécies. Um mito antigo descreve a descida de Atargatis do céu como sendo um ovo, do qual surgiu uma linda deusa sereia. Por ser considerada a Mãe dos Peixes, os sírios recusavam-se a comer peixes ou pombos, considerados seus animais sagrados.

Festa celta do Pão Fresco, reverenciando a Deusa Mãe. Em fogueiras feitas com madeira de árvores sagradas (carvalho, bétula, freixo, espinheiro e sorveira), assava-se o pão feito com o trigo recém-colhido. As pessoas agradeciam a colheita com cânticos, orações e oferendas para as divindades da Terra.

Celebração no Japão da deusa Inari que era invocada para propiciar longevidade e a condução dos espíritos no Além. Para honrar os ancestrais, era realizado o festival Obon com oferendas de arroz e orações para confortar seus espíritos.

Trung Thu, celebração vietnamita da Lua. Neste dia as famílias se reúnem, as ruas são decoradas com lanternas coloridas e as crianças, usando máscaras variadas, seguem em procissão pelas ruas. Os dançarinos realizam a "dança dos unicórnios" e todos comem doces em forma de lua ou de peixe. Os adultos homenageiam os familiares falecidos queimando incenso e notas falsas de dinheiro, para enviar boa sorte pela fumaça.

Na Polônia, festa de Nossa Senhora de Czestochowa, a Virgem Negra, cujo mosteiro era um antigo local de culto à Matka Boska Zielna, a deusa das ervas.

A Igreja Católica aproveitou a egrégora formada nesta data pelas antigas celebrações dos dias doze, treze e quatorze e criou neste dia a comemoração da morte e assunção de Maria, o aspecto "cristão" da Grande Mãe.

16 de agosto

Na antiga Pérsia era celebrada a deusa **Anahita**, regente da Lua, amor e fertilidade. Ela era a Senhora do céu cuja força fluía do cosmos como o poder de dar e cuidar da vida. Eram-lhe ofertados galhos verdes para ativar a vitalidade dos seres humanos e retiradas as obstruções energéticas. Para isso, as pessoas limpavam suas casas varrendo todos os espaços com vassouras de galhos verdes e depois aspergiam água aromatizada com essências de eucalipto, pinheiro e cipreste. Neste dia era também comemorado o nascimento do profeta Zaratustra, a quem os gregos chamavam de Zoroastro, fundador do zoroastrismo (masdaísmo, ou parsismo), uma religião monoteísta fundada na antiga Pérsia. De acordo com historiadores, algumas das suas concepções religiosas, como a crença no paraíso, na ressurreição, no juízo final e na vinda de um messias, viriam a influenciar o judaísmo, o cristianismo e o islamismo.

Celebração eslava de Zorya ou Zarya, a deusa tríplice das estrelas. Às vezes ela é descrita como três irmãs: Zorya Utrennyaya, a deusa da estrela matutina; Zorya Vechernyaya, a deusa da estrela vespertina, e Zorya, a deusa da meia-noite. Elas são as guardiãs do mundo e cuidam para que o cão preso à constelação de Ursa Menor não quebre sua corrente, o que poderia acabar com o mundo. As Zoryas também têm seu aspecto guerreiro, como Amazonas, protegendo seus afilhados, escondendo-os no campo de batalha com um espesso véu de neblina.

Na antiga Ibéria, celebrava-se Belisama, a rainha do Céu, deusa da arte de viver e companheira do deus Lugh. Ao seu redor, tudo se convertia em riqueza e alegria, pois ela era a grande transformadora da realidade e criadora das mudanças mágicas.

Comemoração romana para Vesta, a guardiã da chama sagrada e protetora do lar e da família. Para homenageá-la, queime ervas sagradas e acenda seis velas vermelhas, pedindo-lhe que abençoe sua casa e seus familiares.

Chung Ch'iu, o festival chinês da colheita em comemoração à deusa lunar Chang-O.

Dia da primeira Convergência Harmônica Mundial, em 1987, com meditações e orações em vários países em benefício da Terra e da paz.

17 de agosto

Na Roma antiga, festival da deusa **Diana**, regente da fertilidade lunar e do movimento das marés. Procissões de mulheres iam até o santuário de Arícia pedir a ajuda da Deusa para a abundância das colheitas e agradecer-lhe pelas dádivas obtidas ao longo do ano. Mais tarde, em Roma, as mulheres iam aos templos para a lavagem ritualística dos cabelos (com uma infusão de plantas lunares e leite) e para fazer oferendas de frutos, flores e cereais à Deusa.

Inspire-se nessa antiga celebração e homenageie você também a deusa Diana ou Ártemis. Prepare um pequeno altar com uma vela prateada ou branca em forma de meia-lua, incenso de artemísia, algumas pedras lunares (selenita, calcita, pedra-da-lua ou opala), flores brancas, amêndoas e chá de jasmim. Cante ou ouça alguma música sobre a Lua e transporte-se mentalmente para a floresta sagrada de Nemi, onde seus rituais eram celebrados apenas por mulheres, nas noites de lua nova ou cheia. Veja-se dançando com elas e reverenciando a Deusa. Peça-lhe para que os *alani*, seus cães sagrados, protejam sempre você e que sua luz ilumine sua vida e suas realizações.

Portunália, comemoração do antigo deus Portuno (Portumnos), senhor das portas, dos portos, mercados e granários, pedindo sua proteção contra incêndios. Seus símbolos eram as chaves, abençoadas em seu nome.

Neste dia, nas Filipinas, fazem-se oferendas a Darago, divindade hermafrodita que controla os vulcões e as guerras.

18 de agosto

Início da autoimolação do deus nórdico **Odin**. Como sacrifício para conseguir alcançar a profundidade da sabedoria mágica das runas, Odin ficou pendurado durante nove dias e nove noites em Yggdrasil, a Árvore do Mundo.

No País de Gales, festival druídico Eisteddfod que mantém a antiga tradição druídica das competições artísticas e ritualísticas para obter o título de bardo, realizadas dentro dos círculos de menires. Druidas vestidos com túnicas azuis, verdes e brancas, segundo seu grau iniciático, conduziam a multidão em uma procissão respeitosa para os círculos de menires, recitando orações e cânticos sagrados. Depois eram realizadas várias apresentações musicais, poéticas e artísticas, os vencedores recebendo prêmios, o título de "bardo" e um cordão azul, atestando assim seu reconhecimento público.

Festival chinês dos Fantasmas Famintos, quando eram feitas oferendas aos espíritos dos mortos.

Aproveite a egrégora deste dia e leia a respeito deste antigo e sagrado oráculo: as runas. Foi a deusa Freyja que ensinou ao deus Odin o uso mágico das runas; portanto peça a ambos conselhos e orientações em seu aprendizado rúnico e crescimento espiritual. Escolha uma runa e medite a respeito de seu significado e mensagem. Reverencie Odin em seu "aspecto escuro" de condutor de almas, participando de um culto aos antepassados ou homenageando seus ancestrais.

Desde 1918 as tribos nativas norte-americanas se reúnem em Montana para reverenciar Genetaska, a Mãe das nações, com danças, canções, oferendas tradicionais (de milho e abóboras) e rituais ancestrais visando à união tribal e a manutenção da paz entre as nações. A reunião é patrocinada pela tribo Crow, cujo nome representa os corvos, pássaros totêmicos da tribo e também os mensageiros do deus Odin. Conecte-se com estes aliados alados e procure intuir quais são as mensagens que eles estão trazendo para você.

19 de agosto

Brauronia, celebração grega de Ártemis como **Potnia Theron**, a Senhora dos animais. Na noite deste dia, as *arktoi*, meninas dedicadas a seu culto, iam ao templo vestindo túnicas amarelas e usando máscaras e mantos de peles de urso, reverenciando seu aspecto de "Senhora dos Ursos" com danças e cantos. Antigamente, na Suíça e na Gália, celebrava-se Dea Artio, a deusa da caça e protetora dos ursos, representada como uma mulher ursa ou cercada de ursos. Na Espanha, ela era chamada de Arco, tendo as mesmas características de Ártemis.

Comemorações das equivalentes eslavas de Diana: Devana na Eslovênia, Dziewona na Polônia e Diiwica na Sérvia. Sempre representadas como deusas da caça, elas surgem correndo pelas florestas, vestidas com peles e acompanhadas por seus cachorros.

Desde os tempos neolíticos, a Deusa tem sido associada aos animais, seja assumindo suas formas, seja tendo-os como acompanhantes ou símbolos. Em sua forma de Mãe Ursa, a Deusa era associada aos nascimentos e à proteção dos recém-nascidos. A raiz da palavra "urso" (*bear*) e "dar à luz" (*to bear*) é a mesma nas línguas anglo-saxãs. Nos países eslavos, a avó colocava o recém-nascido sobre uma pele de urso e na Lituânia a parturiente era chamada de *meska* (ursa).

Conecte-se à força protetora e nutriente da Mãe Ursa. Enrole-se em uma colcha felpuda e deite-se, visualizando-se entrando na toca da Grande Ursa. Fique com ela por algum tempo, deixando-se embalar e acariciar por seu abraço quente e peludo.

Comemoração da deusa solar galesa Olwen, a roda dourada. No mito é descrita a sua determinação e coragem para superar treze obstáculos (referentes as treze lunações de um ano solar) para alcançar o amor verdadeiro. Ela era representada com longos cabelos

dourados, enfeitada com colares e pulseiras de ouro e aparecendo no meio das árvores cujas flores tinham cores outonais.

Para atrair as dádivas de tenacidade e resiliência de Olwen prepare um amuleto solar juntando treze tipos de pétalas de flores amarelas (ou cores de folhas outonais), embrulhando-as em um pano dourado. Junte um citrino ou pedra do sol, guarde este amuleto na sua mesa de trabalho e invoque Olwen quando precisar para inspirar e iluminar a sua criatividade.

20 de agosto

Cerimônia **Hopi** do casamento sagrado entre a Donzela Serpente e o Jovem Antílope, promovendo a fertilidade das colheitas. Nos anos bissextos celebram-se Tse Che Nako, a Mulher Aranha, durante a Cerimônia da Flauta. Também chamada de Sussistinako, ela era considerada a Grande Mãe, criadora da vida e da Terra, tecelã dos fios sutis da criação. Quando chamada de "Mulher Pensamento", era reverenciada como a criadora do fogo, da chuva, do relâmpago, do trovão e do arco-íris, considerada a protetora das crianças e padroeira dos artistas e artesãos. Em seu aspecto escuro ela é "A Mulher Bruxa" (*Witch Woman*), podendo agir de forma malévola e vingativa.

Neste dia, em 1994, nasceu em uma reserva indígena nos Estados Unidos, uma vitela de búfalo branco. Esse nascimento simbolizou o retomo da Mulher Búfala Branca, divindade dos índios Lakota, que trouxe a dádiva e a sabedoria do ritual do "Cachimbo sagrado".

Também neste dia em 1977 foi lançada a nave Voyager levando uma mensagem de paz e saudações terrestres para qualquer forma de vida encontrada no espaço cósmico.

Celebração da deusa Inanna, na antiga Mesopotâmia, a criadora da vida, senhora do Céu e da Terra, regente da natureza, da fertilidade e da sexualidade. Reverenciada como a Rainha do Céu, ela trouxe os dons da civilização e da escrita para o povo sumério, sendo por isso venerada durante milênios. Para direcionar suas energias para a sua vida, prepare um bastão mágico: corte um galho de roseira, salgueiro ou laranjeira numa medida mágica (o cumprimento do seu antebraço desde o dedo mindinho até o cotovelo ou multiplicando por três a largura da sua cabeça). Deixe-o secar e depois o lixe e envernize. Risque sobre ele runas ou outros símbolos e cole cristais no seu comprimento, encimando-o com uma ametista. Dedique o bastão para o direcionamento das energias de amor universal, poder mágico ou liderança positiva, invocando a permissão e bênção de Inanna.

21 de agosto

Consuália, a Festa da Colheita em Roma, dedicada às deusas Abundita, Ceres, Deméter, Gaia, Reia, Ops e Tellus Mater. Em todas as culturas, a colheita era regida e abençoada por inúmeras deusas, cujo nome e apresentação variavam conforme seu lugar de culto. Podemos mencionar a deusa asteca Chicomecoatl; a celta Habondia; a eslava Mati Syra Zemlja; a mexicana Mayahuel; a sumeriana Mah; a africana Mawu; a peruana Mama Allpa; a europeia Perchta; as incas Pachamamma e Mama Allpa; a japonesa Uke-Mochi e a germânica Zisa.

Avalie sua "colheita" destes últimos oito meses. O que você plantou (projetos, mudanças), o que colheu (conquistas, oportunidades); quais suas expectativas (em relação a novos projetos), quais suas frustrações (fracassos, desistências, oposições).

Medite sobre os meios necessários para erradicar as "ervas daninhas", combater os "invasores e predadores" e fortalecer os novos "brotos" de suas esperanças. Lembre-se de sempre celebrar os frutos maduros já colhidos e agradecer às deusas da Terra por eles.

Heráclia, celebração grega em homenagem ao herói Hércules.

22 de agosto

Celebração de **Qetesh**, a deusa egípcia da Lua, do amor e da sexualidade. Seu nome antigo era Qadesh, um dos títulos de Ishtar em seu aspecto de Senhora do prazer. Qetesh costumava ser representada nua, cavalgando um leão e segurando serpentes e uma flor de lótus em suas mãos. Ela era reverenciada como a expressão divina da sexualidade.

Dia dedicado a Nu Kwa, a Criadora chinesa com corpo de serpente. Segundo a lenda, Nu Kwa modelou os primeiros seres humanos com argila. Na versão mais recente do seu mito Nu Kwa sentiu-se entediada com essa tarefa e embebeu uma corda com a argila úmida e a sacudiu sobre o chão. Nasceram, assim, duas classes de seres: os nobres, que foram modelados de forma diferenciada, e os camponeses, das gotas iguais. É nítida a diferença hierárquica entre as classes sociais, algo que jamais teria sido um conceito divino. Além da criação dos seres humanos. Nu Kwa também consertou a abóbada celeste (danificada por um grupo de homens rebeldes) fundindo e colando várias pedras multicoloridas. Acabadas todas essas tarefas, Nu Kwa refugiou-se no Céu; de lá, ela observa e orienta as ações dos homens, inspirando as mulheres em suas atividades com argila.

Em sintonia com o arquétipo de Nu Kwa modele você também, com argila, uma figura ou símbolo sagrado. Unte a figura com a essência de seu signo, dedique-a para um projeto ou desejo seu, junte uma pedra semipreciosa associada com o seu signo astrológico e coloque este talismã em seu altar, pedindo sua realização às deusas criadoras.

Celebração da deusa grega Astrea ou Astreia. O seu mito está ligado ao signo e à constelação de Virgem, que tem como imagem uma mulher de olhos vendados que segura na mão espigas de trigo. Deusa virtuosa e justa, filha de Zeus e de Têmis – por muitos considerada a verdadeira deusa da justiça – ela viveu entre os mortais na Era de Ouro, quando Saturno ainda governava e as pessoas eram justas, felizes e não entravam em conflito. Ela incentiva nas pessoas as qualidades benéficas e sustenta a habilidade de lutar pelo bem de todos e do Todo, através de palavras e ações. Astreia auxilia as virginianas a não se apegar

somente aos detalhes, mas olhar o todo, restabelecendo assim a perspectiva necessária para agir de uma maneira mais ampla, grupal e global.

Para se conectar com ela, acenda uma vela azul coberta com purpurina dourada, invoque sua proteção olhando uma imagem do céu estrelado e exponha-lhe seus problemas. Veja-se coberta pela sua luz estelar e sinta-se purificada, renovada e fortalecida, pronta e segura para vencer os desafios e alcançar seus objetivos.

23 de agosto

Nemésia, celebração grega de **Nêmesis**, a deusa defensora das relíquias e das memórias dos mortos, guardiã da vingança justa.

Na mitologia mais recente, Nêmesis aparece como uma figura monstruosa, furiosa e sedenta por vingança. Nos tempos mais antigos, porém, ela era representada como uma mulher alva e alada, que punia todos aqueles que transgrediam as regras morais e sociais impostas por Têmis – a deusa da justiça. Ao contrário das Erínias, o poder de Nêmesis não era de retaliação, mas sim de restabelecimento da ordem justa, tirando a felicidade ou a riqueza excessiva, dádivas dadas por sua irmã Tiché (ou Tique) equivalente da romana Fortuna.

Em seu aspecto de Adrasteia, a inevitável, Nêmesis era representada com uma guirlanda na cabeça, uma maçã na mão esquerda e um jarro na mão direita. Era a deusa da fúria divina, que castigava os mortais transgressores das leis divinas, humanas e dos tabus. Vista como uma força rápida e implacável, ela simboliza a aceitação daquilo que deve ser. Nêmesis pode solucionar ou remover problemas interpessoais, desde que não tenham sido criados por nós. Invoque-a em seu auxílio somente se você aceita sua responsabilidade. Acenda uma vela preta, ofereça-lhe uma maçã e um jarro com água de fonte e peça-lhe que desembarace os nós de sua vida, fazendo justiça.

Celebração na Bretanha de Ahes, a regente da abundância marinha, da fertilidade e da paixão. Ela protege as mulheres perseguidas e lhes ensina a coragem e a resiliência na luta contra injustiças e violências. Ahes era honrada com rituais e oferendas na beira do mar ou no meio das florestas. Honre esta antiga deusa com uma oferenda de flores e plantas aromáticas;

tome um banho de purificação (no mar, rio ou na sua banheira com sais e essências) e perfume-se depois com uma água de cheiro (de flores do campo ou jasmim). Use como temperos na sua comida ou como chás, tomilho, manjericão, manjerona, alecrim, sálvia e hortelã. Conecte-se com a Deusa por intermédio de conchas, corais, seixos ou uma imagem do mar, buscando sua ajuda para vencer dificuldades e oposições.

Vertumnália, celebração do deus romano Vertumnus, regente da transformação das flores em frutos e da mudança das estações.

Vulcanália, festival romano celebrando o deus do fogo Vulcano e as deusas Juturna, a senhora das fontes, e Stata Mater, a guardiã que controlava os fogos. As deusas eram invocadas para evitar os incêndios e a exacerbação dos ânimos provocados pela energia ígnea de Vulcano. Neste dia eram feitas adivinhações usando as figuras e sinais formados pela a fumaça dos fogos rituais, apagando-os depois com a água das fontes. Procurava-se assim manter o equilíbrio entre o fogo e a água, no nível material (para evitar incêndios) e no humano, diminuindo conflitos, brigas e a belicosidade que podia levar a guerras.

Na época de seca e de aumento dos incêndios, invoque a proteção das deusas das fontes, salpicando água com um pouco de álcool de cereais ao redor de sua casa ou propriedade, no sentido horário, visualizando uma cerca fluídica de proteção. Acenda incensos que definam seu objetivo: rosa ou jasmim para amor, hortelã para assuntos materiais, sálvia para purificação sutil, alecrim para a saúde. Observe o movimento da fumaça e as imagens por ela criadas e tente perceber nelas um alerta ou uma mensagem. Misture as cinzas e a água e guarde tudo em um recipiente fechado, que irá abrir em situações de conflitos e discussões, pedindo para Juturna amenizar a raiva ou a animosidade entre as pessoas. Para atrair as energias protetoras e equilibrantes da Deusa das Fontes, beba água da fonte ou mineral, em pequenos goles, sussurrando seu nome e pedindo que ela equilibre sua aura e seus canais energéticos.

24 de agosto

Em Roma, abertura dos labirintos dos templos de Deméter, o "**Mundo Cereris**".

Mania, cerimônia romana louvando os Manes, espíritos divinizados dos ancestrais.

Na Irlanda, Dia das Marés, celebrando Mari, a deusa do mar. Ela aparecia aos pescadores como uma linda mulher, de longos cabelos pretos, vestida de azul e enfeitada com pérolas e conchas, similar à apresentação de Iemanjá, a Mãe d'Água da mitologia ioruba.

Na Escandinávia, Mari Ama ou Mere Ama era a deusa do mar e senhora da morte. Ela aparecia como uma mulher com quatro braços, segurando uma caveira, um tridente, uma corda e um tambor.

Percorra, no plano físico ou mentalmente (em um desenho), um labirinto. Busque a solução certa para algum problema ou impasse da sua vida. A solução pode ser revelada na forma de uma "saída" inesperada que percebe de repente no traçado do labirinto. Depois, conecte-se com Mari ou Iemanjá, ouvindo alguma música com sons de ondas. Visualize-se recebendo sua purificação, cura e harmonização emocional pelo contato com a energia dessas deusas, que chegaram até você pelo som da água ou das ondas do mar.

25 de agosto

Em Roma, celebração de Opseconsiva, o festival da colheita dedicado à deusa **Ops**. Ela representava a fartura e a opulência, palavra que se originou de seu nome. Ops era uma deusa pré-helênica muito antiga, equiparada posteriormente a Reia, a deusa grega da terra, honrada com oferendas de flores, vegetais, cereais e frutas. Seus seguidores sentavam-se sempre no chão, honrando assim a terra.

Dia de Canandaigua, o festival das luzes na tradição nativa norte-americana (*Canandaigua* é uma cidade localizada no Estado americano de Nova Iorque, no Condado de Ontário). Este festival costumava ser celebrado apenas por moças virgens em agradecimento pela colheita. Honrava-se a deusa Hatai Wuhti ou Awitelin Tsita, a Mãe Criadora da vegetação e dos homens, gerados – segundo a lenda – pelo toque dos raios solares em seu ventre virgem. Também chamada de "Vaso Quádruplo", ela criou as montanhas, as nuvens, os seres vivos e a chuva. Dessa maneira, Hatai Wuhti, unida ao Pai Céu, seu consorte, garantiu a sobrevivência de seus filhos.

Considerada uma deusa da terra, Hatai Wuhti, às vezes, se apresentava como uma enorme aranha vermelha.

No sul da Índia, cultua-se Hathay, considerada uma das encarnações de Parvati. Inicialmente Hathay era uma moça de uma aldeia, que se recusou aceitar um casamento imposto e para dele escapar se afogou num rio. Depois de algum tempo ela fez uma aparição luminosa assumindo sua origem divina e estabelecendo assim as bases do seu culto.

Celebração de Damona, a deusa galesa protetora dos animais domésticos, principalmente de vacas, ovelhas e cabras, bem como das águas termais. Invoque-a para proteger seus animais próximos (gatos, cachorros, pássaros) aspergindo um pouco de água morna sobre o pelo do animal, pronunciando o nome da Deusa e pedindo sua proteção. Se tiver dificuldade para pegar no sono use o antigo recurso de contar carneiros, mas veja-os pulando sobre a fonte termal de Damona e trazendo para você o calor da sua lã.

Conecte-se à energia da terra, caminhando descalça, abraçando uma árvore, honrando seus irmãos de criação ou ofertando algum produto da terra às deusas Ops e Hatai Wuhti. Acenda uma vela verde e pronuncie: "a Terra nos dá seus frutos, por isso eu louvo e agradeço à Mãe Terra".

26 de agosto

Festival de **Ilmatar** ou Luonnotar, a deusa finlandesa da água, Grande Mãe que organizou o caos e criou a Terra. Filha virgem do ar e da natureza, Ilmatar possuía imensos poderes criativos, sendo também conhecida como a "Mãe dos Céus e Mãe d'Água". Segundo a lenda, ela engravidou com o sopro do vento, mas custou a dar à luz porque não existia a Terra. Com seu poder mágico ela criou, com cascas de ovos, o Sol, a Lua, a Terra e as nuvens. Seu filho Vainamoinem foi um grande feiticeiro e mago, inventor da cítara.

Quando precisar da ajuda da deusa Ilmatar para conceber uma criança ou melhorar sua criatividade, crie um altar com ovos e flores. Acenda uma vela vermelha e queime incenso de rosas ou uma vela amarela e incenso de canela. Projete-se mentalmente para um lago

tranquilo, navegando ao lado da deusa. Faça seu pedido e ouça sua orientação, agradecendo-lhe sua sabedoria e seu amor.

Fim da peregrinação ao Monte Fuji, no Japão, homenageando Kamui Fuchi, a ancestral suprema, deusa do fogo e da lareira e protetora das mulheres.

Celebração da deusa romana Ops, regente da fertilidade da terra e das oportunidades para produzir mais e melhor. Ela propiciava o crescimento material e também o espiritual, sendo a padroeira da opulência. Era representada segurando em uma das mãos um pão e estendendo a outra para abençoar e ajudar.

Conecte-se com a deusa Ops ofertando-lhe um pão de grãos, alguns produtos da terra e frutas comendo um pouco de tudo para comungar da sua abundância e deixando algumas migalhas para os pássaros. Imante sua carteira com as energias da terra colocando-a no chão ou perto de uma árvore frondosa e mentalize a energia da plenitude divina preenchendo as suas necessidades materiais e espirituais.

Celebração hindu do renascimento periódico do deus Krishna, a mais benévola e amorosa encarnação de Vishnu.

27 de agosto

No Egito, celebração de **Bast**, a deusa solar com cabeça de gato, regente da música, dança e alegria. Embora normalmente associada aos poderes criativos do Sol, Bast também era associada à Lua. Seu aspecto escuro, como Pasht, "A Rasgadora", era ligado à lua negra e representava a retribuição e a vingança contra todos aqueles que matavam ou maltratavam os gatos, seus animais sagrados. O templo de Bast, em Bubastis, mantinha gatos especialmente consagrados e que eram embalsamados após sua morte.

Celebração de Drol-ma, deusa nepalesa detentora do poder de transformação: tristeza em alegria, pobreza em abastança, desespero em esperança. Aproveite esta data e faça uma caridade, ajude uma pessoa necessitada ou simplesmente demonstre gentileza e altruísmo para com alguém.

Bast era representada com cabeça de gato, carregando uma cesta e um sistro (instrumento musical). Era uma deusa do fogo, da fertilidade, da alegria, do prazer, da dança, dos ritos sexuais, da cura, da intuição e da proteção. Para homenageá-la, coloque uma estatueta de gato, onça ou lince ou a foto do seu gato favorito em seu altar. Invoque-a para saber como desfrutar melhor de sua vida sexual, ter mais prazer e alegria, amar e ser amada e obter sua proteção para si e para seus animais de estimação. Toque um sino e acenda uma vela verde, visualizando na chama os olhos verdes da deusa.

Em Roma, celebra-se Consus, o deus protetor dos cereais. Neste dia, concedia-se repouso aos animais de carga, aumentando sua ração.

Na Índia, comemora-se a deusa Devaki, a mãe da sabedoria, e o deus Krishna, seu filho. Celebrava-se também Kamala, a deusa do prazer que promove a plena realização nos relacionamentos e a abundância do amor. Honrada como uma manifestação de Lakshmi, Kamala recebia oferendas de especiarias, chás e temperos quentes para acender a chama da paixão. Use uma túnica amarela e comemore com o seu parceiro (a), com comida indiana ou um simples arroz aromatizado com açafrão, gengibre, cardamomo, canela e alho.

28 de agosto

Festival nórdico da colheita, celebrando os deuses da fertilidade Frey e **Freyja**, filhos de Nerthus, a deusa da terra.

Freyja era a deusa do amor sexual e da magia, enquanto Frey era o deus da alegria, da paz e da fertilidade. Juntos, eram chamados de "O Senhor e A Senhora", representando o casamento sagrado, ritual encenado pela união do rei a uma sacerdotisa. Por meio deste rito sexual, promovia-se a fertilização da terra: o rei era o representante humano do deus Frey e a sacerdotisa, a representante da deusa Freyja.

Neste dia, procure criar ou fortalecer seu "casamento interior", fortalecendo e alinhando suas polaridades internas para poder atrair ou manter seu parceiro adequado no mundo real.

Raksha Bandhan, festival dos irmãos na Índia. As irmãs amarram pulseiras trançadas – chamadas *rakhis* – no pulso

dos irmãos, em troca do comprometimento deles em cuidarem delas. As famílias se reúnem nos altares domésticos para a cerimônia de Puja, reverenciando a deusa Lakshmi e o deus Ganesha, abençoando-se mutuamente com as *tilak*, marcas sagradas feitas com açafrão. Depois, todos festejam com doces de arroz e leite de coco (*laddu*).

Celebração da deusa celta da vitória Andraste, "A Invencível", invocada pelos exércitos bretões antes das lutas. Ela era venerada por Boudica (ou Boadicea), a famosa rainha celta, destemida guerreira que sacrificava animais para a Deusa antes de iniciar suas campanhas contra os exércitos romanos.

No Japão era celebrada a deusa Saki-Yama-Hime, doadora da boa sorte e abundância. Para obter seus dons eram levados para os templos e lá libertados insetos (grilos, gafanhotos, joaninhas, aranhas, vaga-lumes) antes presos em gaiolas ou caixas. Simbolizava-se assim a abertura para a prosperidade e acreditava-se que os insetos iam levar para a deusa o nome dos seus libertadores e interceder em benefício deles.

Aniversário das deusas Atena, na Grécia, e Néftis, no Egito.

29 de agosto

Aniversário de **Hathor**, a deusa egípcia do Céu e do mundo subterrâneo, mãe e filha do Sol. Reverenciada ao longo de três milênios, Hathor foi representada com vários nomes e apresentações. Fosse como leoa ou vaca alada, mulher com o disco solar ou a Lua na cabeça ou uma árvore frondosa, ela sempre simbolizava a complexidade do potencial feminino e patrocinava os prazeres da vida como, a música, a dança, artes, cosméticos e o amor. Suas festas incluíam rituais sexuais celebrando o amor e o prazer. Este dia marca o início do Ano Novo egípcio.

Celebração, na Bretanha, da deusa do mar Ahes ou Dahut, cristianizada como Santa Anna. Os marinheiros e pescadores temiam suas aparições, na forma de uma linda sereia, que os iludia e enfeitiçava com seu canto até que se perdessem no mar. De lá, ela os recolhia, levando-os para seu frio e escuro reino no fundo do mar. Comemorava-se também Braciaca, a deusa galesa da agricultura e protetora dos viticultores. Eram realizadas procissões por pessoas enfeitadas com guirlandas de folhas de parreira e levando oferendas de uvas recém-colhidas, das quais os participantes também desfrutavam, com taças de vinho. Faça você também um pequeno altar para Braciaca, com folhas de videira ou outra trepadeira, cachos de uvas e uma taça de vinho. Invoque-a para obter fertilidade no seu plantio e inspiração criativa nos seus projetos (sem precisar das visões proporcionadas pelo vinho).

Ritual anual de Gelede, na Nigéria, para afastar os espíritos malignos com o uso de máscaras grotescas, tambores, chicotes e espanadores de palha com guizos.

30 de agosto

Antigamente, na Grécia, celebrava-se nesta data Charistheria, festa com oferendas e agradecimentos para a deusa da caridade Charis, uma das Cárites.

As **Cárites** ou **Graças**, eram antigas manifestações da Deusa Tríplice doadora das "graças" (*charis* em grego e *caritas* em latim), ou seja, os dons que vinham do céu e das estrelas. Os romanos chamaram-nas de Vênia, considerando-as aspectos benevolentes da deusa do amor Vênus. Na mitologia grega, Graças ou Cárites eram as deusas do banquete, concórdia, encanto, gratidão, prosperidade familiar e sorte. Eram as únicas filhas de Zeus e da deusa Eurínome, dotadas de beleza e virtudes, acompanhantes de Afrodite, deusa do amor e beleza, e dançarinas nas festas no Olimpo. Também se identificavam com as primitivas Musas, em virtude de sua predileção pelas danças corais e pela música. Ao que parece, seu culto se iniciou na Beócia, onde eram consideradas deusas da vegetação. Os nomes de cada uma delas variam nas diferentes lendas, mas apesar das variações regionais, o trio mais frequente é: Tália – a que faz brotar flores;

Eufrosina – o sentido da alegria, esposa de Hypnos; Aglaia – a claridade, esposa de Hefesto. Elas eram as parteiras dos deuses, as padroeiras da arte, da música, da poesia e da dança, as Ninfas Celestes atendentes da Deusa, sendo representadas como três mulheres nuas dançando.

O cristianismo despojou a palavra *caritas* de qualquer conotação sexual, atribuindo-lhe um significado puramente ascético. Caridade tornou-se, assim, um requisito para conseguir um lugar no Céu, empobrecendo o significado inicial de *charis* (amor, afeição, hospitalidade, generosidade e compaixão). As Graças não mais representavam a amplitude dos aspectos da Deusa, mas apenas liberalidade e sensualidade.

Na Bretanha eram honradas as deusas das fadas *Bon Dammes*, cuja energia jovial e juvenil despertava a candura nos corações humanos. Elas gostavam de receber oferendas de bolos, mel, pedras e objetos brilhantes, colocadas perto de arbustos ou canteiros de flores, cujo crescimento elas auxiliavam.

Dia de Santa Rosa de Lima, no Peru, e de Santa Lúcia Rosa, na América hispânica, ambas as cristianizações da Deusa da Luz.

Oferendas para a deusa hindu da terra Tari Pennu, visando assegurar a fertilidade da terra e a fartura das colheitas. Tari Pennu era uma deusa ancestral do povo dravidiano de Bengala. Segundo a lenda, ela recusou-se a aceitar os avanços amorosos do Sol, preferindo ficar só. Para se vingar, o Sol criou as mulheres para amá-lo e servi-lo, mas elas se recusaram a venerá-lo, dedicando-se ao culto da Mãe Terra. Antigamente, para invocar as bênçãos de Tari Pennu para a abundância das colheitas, as mulheres lhe ofertavam seu sangue menstrual. Com o passar do tempo, os homens começaram a lhe sacrificar animais e, às vezes, mesmo prisioneiros de guerra, atribuindo à deusa atributos sanguinários e malévolos antes inexistentes, considerando-a provocadora de doenças, desgraças, fome e morte e que devia ser acalmada com sacrifícios sangrentos.

Resgate a antiga oferenda feminina para a Deusa e ofereça seu sangue menstrual ou na falta dele vinho tinto ou suco de romã. Ore por todas as mulheres que estão sendo violentadas, estupradas, mutiladas, aprisionadas ou assassinadas pelos homens e peça à Deusa proteção, compaixão e salvação para elas.

31 de agosto

Anant Chaturdasi, festival de purificação das mulheres hindus dedicado à deusa **Ananta**, senhora do fogo criador e da força vital feminina.

Ananta, cujo nome significa "o infinito", era descrita como uma grande serpente; seus grandes anéis serviam de apoio aos deuses hindus durante seu sono ou durante seu repouso nos períodos de atividade. Esse mito é similar ao egípcio, que descreve a deusa serpente Mehen, "A Toda Envolvente", enroscando-se ao redor do deus Ra, enquanto ele "morria" a cada noite, no mundo subterrâneo. Segundo os historiadores, Ananta é a precursora cósmica de Kundalini, a energia em forma de serpente ígnea que se enrosca na base da coluna vertebral humana e cujo despertar leva à iluminação.

Procissão de Eyos, na Nigéria, antigo ritual de purificação espiritual das famílias. As pessoas, usando máscaras de demônios e escondidas embaixo de longas túnicas brancas, caminhavam em procissão pelas ruas de Lagos, afugentando os espíritos obsessores e as almas perdidas com tochas e tambores.

Comemoração nos países eslavos de Baba Yaga, a deusa da transformação e regeneração, representada pela última espiga de milho ou trigo da colheita, que era vestida com trajes de mulher e guardada no altar para atrair a prosperidade.

Aproveite a egrégora da antiga tradição e faça um ritual de purificação. Defume sua casa, queime tabletes de cânfora, salpique água do mar e toque sinos ou chocalhos para afugentar as más vibrações. Depois, acenda uma lamparina ou vela amarela, abrindo as portas e janelas e invocando as Deusas e os Espíritos de Luz a entrarem em sua morada. Para deusa Ananta, entregue a orientação de seu caminho espiritual; à Baba Yaga peça a remoção dos obstáculos do seu caminho material e espiritual, oferecendo-lhe um punhado de milho ou três espigas de trigo.

SETEMBRO

No antigo calendário romano, *Septem* era o sétimo mês. Apesar da mudança do calendário e do acréscimo de outros meses, seu nome permaneceu o mesmo e Pomona, a deusa romana padroeira dos frutos e das árvores frutíferas, foi escolhida sua regente.

O nome irlandês deste mês era Mean Fomhair, o anglo-saxão Haligmonath e o nórdico Witumonath. Os povos nativos o chamavam de Lua do Vinho, Lua da Cantoria, Lua do Esturjão, Lua da Madeira, Lua quando o Gamo bate a pata no chão e Mês Sagrado, entre outros.

No calendário sagrado druídico, a letra Ogham correspondente é Muin e a planta sagrada é a videira. Seu lema é "para tomar as decisões certas e fazer as escolhas corretas, entre em contato com sua voz interior".

As pedras sagradas são a safira azul e a olivina. As deusas regentes, Ariadne, Asase Yaa, Deméter, Gauri, Medusa, Meditrina, Mami, Néftis, Perséfone, Radha, Têmis e Tonantzin.

Neste mês, em vários lugares no hemisfério norte, era celebrado o equinócio de outono, chamado pelos celtas de Sabbat Mabon ou Alban Elfed. Reconhecia-se e comemorava-se a diminuição da luz, do calor e do ritmo da vida, à espera dos meses de atividade reduzida e de introspecção. Começava a regência das "Deusas Escuras", as Senhoras da Noite, do mundo subterrâneo, da morte, da reencarnação e dos mistérios espirituais. Os povos celtas e escandinavos consideravam este mês um tempo para o desenvolvimento do ser, olhando para dentro e além de si mesmo, observando a realidade em sua totalidade e não apenas o mundo cotidiano. O espírito iniciava sua ascensão em espiral, saindo de Abred – o mundo material – para Gwynvyd – o mundo da iluminação espiritual.

A mais famosa cerimônia grega – os Grandes Mistérios Eleusínios – homenageava as deusas Deméter e Perséfone. Cercados de profundo mistério e silêncio, esses rituais eram reservados apenas aos iniciados e reencenavam os mistérios da morte e do renascimento. Outra importante festa grega era dedicada à deusa Têmis, guardiã da ordem social e da consciência coletiva, protetora dos inocentes e punidora dos que transgrediam a lei.

No Egito, a cerimônia do "Acendimento dos Fogos" celebrava os deuses e as deusas, colocando-se lanternas e tochas em todos os altares e estátuas. Festejava-se também Thoth, o deus lunar com cabeça de íbis, senhor das palavras sagradas e das leis da magia.

Na China, reverenciava-se a Lua durante o festival de Yue Ping, no qual as pessoas presenteavam os amigos com bolos em forma de meia-lua ou lebre. Na Índia, a deusa Gauri era homenageada com doces feitos com mel, os quais eram depois comidos pelas pessoas para terem mais doçura em suas vidas.

Também os incas celebravam a Lua, na forma da deusa Mama Quilla, durante o ritual de purificação e agradecimento Citua, próximo ao equinócio.

A entrada do Sol no signo de Libra e as antigas celebrações do equinócio proporcionam neste mês, oportunidades para buscar o equilíbrio entre a luz e a escuridão, a razão e a emoção, a matéria e o espírito. É um tempo propício para organizar sua vida e buscar soluções para seus problemas físicos, mentais, emocionais e espirituais.

1º de setembro

Dia de **Radha**, a deusa hindu do amor, "A mais amada", considerada uma encarnação de Lakshmi, a deusa da abundância e amante de Krishna, o consorte de Lakshmi. O amor entre Radha e Krishna foi imortalizado em vários poemas, e Radha, ainda hoje é honrada como Shakti – a energia feminina – aparecendo como uma linda mulher nua, adornada com joias e flores. Venerada por homens e mulheres como o próprio princípio feminino cósmico.

Thargélia, festival grego dos primeiros frutos. Acreditava-se que dava azar não celebrar a colheita dos primeiros frutos, esquecimento que atrairia pragas, seca ou fome. As pessoas levavam suas oferendas para os templos de Deméter, onde as sacerdotisas ofereciam uma parte para terra, guardando a outra para seu consumo.

Existia um encantamento especial para atrair sorte para a comunidade. Rapazes e moças que não haviam tido nenhum contato com a morte, carregavam galhos de oliveiras, chamados *eiresione*, no qual haviam sido pendurados vários produtos naturais (lã tosada das primeiras ovelhas, tingida de vermelho e branco, bolotas de carvalho, figos, tâmaras e bolos de cevada). Esses galhos eram colocados nas casas como um talismã para atrair as colheitas fartas e como proteção contra as pragas. No final da celebração, as pessoas festejavam comendo bolo de cevada, pão fresco, queijo de ovelha, azeitonas, alho-poró, frutas, mel e vinho. Ofereciam-se também músicas para a Deusa e os cantores premiados recebiam uma bênção especial.

Neste dia, a tribo dos índios Apaches festejava a "Cerimônia do Nascer do Sol", marcando o rito de passagem das meninas para a puberdade. Antes de o Sol nascer, as meninas, vestidas com roupas novas, enfeitadas com colares de turquesas e um disco de abalone em suas testas, eram levadas a um lugar sagrado. Orando e cantando, elas esperavam até que os primeiros raios solares tocassem o disco de abalone. Acreditava-se que neste momento "A Mulher que Muda" ou "A Mulher Concha Branca" (*Changing Woman* ou *White Shell Woman*) abençoava as meninas, transformando-as em mulheres. "A Mulher que Muda" era a deusa da terra dos Apaches, que jamais envelhecia, apenas se modificava, renovando sempre suas feições.

Em Gana era celebrada a deusa Ichar-Tsirew – regente da paz e da tranquilidade doméstica – com o festival Odwira, em que se honravam os elos entre as pessoas que constituíam uma nação, bem como as leis e costumes estabelecidos no ano de 1600 d.C. Um desses costumes era enterrar um maço de galhos, simbolizando o descartar das negatividades e dos maus hábitos, que podiam perturbar o fluxo da vida e a união da comunidade.

2 de setembro

Celebração de **Asase Yaa**, a Grande Mãe Terra do povo Ashanti, na África. Asase Yaa ou Aberewa e Asase Efua, era uma importante divindade da África Ocidental. Ela era a Criadora da humanidade e a condutora das almas após a morte. As pessoas invocavam-na no momento do plantio e também quando honravam seus ancestrais. Seu dia sagrado era a quinta-feira, quando a terra e os camponeses descansavam. O cristianismo encontrou uma forte oposição ao tentar mudar, neste local, o dia do descanso e ao designar as igrejas como lugar de oração, já que o local sagrado era a terra, onde a Deusa morava. Até hoje os ashanti oram: "*Mãe Terra, quando morrer, irei para o teu ventre. Enquanto viver, dependo de ti. Por isso te amo e te reverencio*".

Festival da Videira na Grécia, dedicado a Dioniso, o filho da deusa lunar Sêmele e à Ariadne, a deusa lunar de Creta. Ariadne era uma antiga deusa cretense, Senhora da vegetação e do mundo subterrâneo, precursora de Perséfone, venerada somente por mulheres. Com a chegada dos gregos, convertendo à força seus seguidores, a deusa foi transformada em uma simples mortal, tendo ajudado o herói Teseu a sair do labirinto ao dar-lhe um novelo de linha.

Eram celebradas também as Horas, deusas greco-romanas das estações e das horas do dia, que regiam a ordem da natureza e do tempo. No ano de 1700 foi mudado o calendário juliano para o gregoriano, o que gerou muita confusão; as pessoas apelaram à ajuda das Horas para restabelecer seu esquema cotidiano e o seu ritmo diário e realizaram feitiços com todos os tipos de relógios pedindo a ajuda delas.

Cerimônia da deusa Gauri, na Índia, um aspecto pouco conhecido da deusa Durga. Gauri significa "A Dourada", considerada a padroeira dos casamentos e dos nascimentos. Neste dia, as pessoas comiam e ofereciam-lhe doces com mel, para que a Deusa lhes abençoasse com a doçura da vida.

Escolha a deusa que está em sintonia com o seu momento de vida e se conecte com ela, fazendo seu pedido e lhe ofertando grãos, pão coberto com mel, vinho tinto e uma representação do objetivo que deseja realizar.

3 de setembro

Akwambo, festival anual de "Abertura dos Caminhos" em Gana. Honravam-se as **divindades das águas** Aberewa, Abenawa e Amelenwa, pedindo suas bênçãos para "abrirem os caminhos".

Nas tradições nativas brasileiras, as divindades das águas correspondentes são: as três sereias Janaína, Jandira e Yara, a Mãe d'Água; Taru, deusa do rio e Oxum, Iemanjá e Nanã, deusas dos cultos afro-brasileiros.

Lakon, cerimônia de cura realizada pelas mulheres dos índios Hopi honrando as Donzelas das Quatro Direções.

Seguindo a tradição xamânica, prepare seu ritual pessoal de cura. Vá para um lugar tranquilo, perto da natureza, junto a árvores, pedras ou água. Leve consigo um chocalho e um pouco de fubá. Salpique fubá no chão fazendo um círculo. Entre nele e saúde as Quatro Direções. Invoque as divindades e os atributos dos Quatro Caminhos, virando-se para cada direção, sacudindo o chocalho e oferecendo fubá. Para Leste, peça clareza, coragem, inspiração e iluminação. Para Sul, peça confiança, segurança e equilíbrio emocional. Para Oeste, peça saúde, proteção e prosperidade. Para Norte, peça renovação, abertura mental, sabedoria e discernimento. Finalize pedindo aos Espíritos da Natureza e aos seus aliados que abram seus caminhos para você poder concretizar seus projetos e aspirações.

Na tradição Jainista da Índia, Tripura era a Grande Mãe, que morava no céu, no ar e na terra, ou no corpo físico, mental e espiritual. Ela unia esses três poderes para o equilíbrio espiritual, que se refletia na conduta moral e na ética das ações. O seu festival Paryushana focalizava as dez virtudes cardeais do perdão, caridade, simplicidade, contentamento, verdade, disciplina, jejum, desapego, humildade e comedimento.

Ao longo de sua duração, eram restabelecidos os relacionamentos que tinham sido prejudicados no decorrer do ano e reavaliados os objetivos e perspectivas individuais, pedindo a assistência de Tripura durante as meditações e orações. Para atrair os atributos de Tripura eram usados seus metais ou cores correspondentes: ouro, prata ou ferro.

4 de setembro

Marathonia, celebração dedicada a **Ártemis** e precursora dos Jogos Olímpicos, constituída de demonstrações e competições esportivas e artísticas.

Na Melanésia e na Nova Guiné celebração de Goga, a deusa do fogo, do tempo, da chuva e do conhecimento. Representada como uma mulher velha e sábia, Goga criou o fogo de dentro de seu corpo. Alguns homens lhe roubaram um galho incandescente e, ao serem perseguidos por Goga, deixaram cair o galho que incendiou uma árvore. Goga tentou apagar o fogo com chuva, mas dentro da árvore morava uma serpente, cuja cauda ficou em brasas. O fogo foi apagado pela chuva, mas o rabo da serpente continuou fumegando e foi dele que os homens conseguiram, enfim, acender suas primeiras fogueiras.

Antigo festival na África celebrando os espíritos das fontes e Igoni, Imo e Aziri, as deusas dos rios.

Cerimônia Cahambal, na Guatemala, com procissões e oferendas para apaziguar as divindades maias.

Na Inglaterra eram realizadas danças ao som de cornetas imitando as caçadas dos cervos (reminiscências dos antigos rituais de fertilidade) e honrando a donzela Marian, personagem das histórias do Robin Hood. Para atrair a presença de Marian, as casas eram enfeitadas com flores e as pessoas vestidas de verde festejavam com doces e canções. Conecte-se com esta egrégora, compre um vaso com flores para o seu altar e ofereça às divindades da natureza seu compromisso para participar de um projeto de defesa da fauna e flora, combatendo a matança dos animais selvagens e o desmatamento das florestas.

Anpu, ritual egípcio da transformação.

5 de setembro

Festival de **Ganesha**, na Índia, o deus da prosperidade e da boa sorte. Filho de Shiva e Parvati, Ganesha tinha um corpo rechonchudo e cabeça de elefante. Era considerado o padroeiro da literatura, sendo invocado pelos estudantes, que lhe ofertavam frutas e bolos de arroz no início do ano escolar e às vésperas das provas.

Comemoração das deusas Bereginy, um grupo de deusas eslavas da fertilidade, das florestas e dos animais selvagens, representadas como metade mulher, metade animais (ursos, lobos, pássaros ou peixes). Seu culto era feito nas florestas de bétulas, perto dos rios ou dos lagos e reservado exclusivamente às mulheres.

No Brasil, os índios Camayurá reverenciam Noitu, a mãe do Sol Kuat e da Lua Yai, protetora dos animais selvagens, aparecendo em forma de onça.

Na Índia, Nanda Devan, celebração, para Nanda Devi, a deusa das montanhas que gerou o Monte e o Rio Ganges. Era honrada como a Deusa Abençoada, que matou um demônio disfarçado de búfalo (semelhante com o mito da deusa Durga).

Guie-se pelas influências deste dia e adquira uma estatueta ou imagem de urso, lobo, onça, águia, búfalo ou elefante. Conecte-se com esses animais totêmicos e as divindades correspondentes, pedindo sua proteção em seus momentos de fragilidade, medos ou insegurança.

Na Índia era celebrada a deusa Ka-Blei-Jew-Lei-Hat, regente dos mercados e mercadores, que a honravam repousando nesse dia. A ela eram pedidas bênçãos para conseguir emprego e desempenhar bem as atividades pessoais. Suas essências incluíam canela, cravo, gengibre, hortelã, laranja e pinheiro, que eram aspergidas nos locais de trabalho e nas moradias.

6 de setembro

Dia da deusa **Tonantzin** ou Temazcalteci "a Avó dos banhos doces" no México, que ensinava o uso das plantas medicinais para manter a saúde ou curar doenças; ela continua sendo celebrada em sua versão moderna como Nossa Senhora dos Remédios. Deusa Mãe dos astecas, a guardiã da Terra e do tempo, Tonantzin era honrada com danças de mulheres vestidas com roupas brancas e cobertas de conchas e penas de águia. No dia seguinte, as casas eram purificadas com incenso de sálvia ou cedro e varridas com vassouras de galhos verdes. Os homens das comunidades "batiam" nas mulheres com sacos de papel recheados de folhas verdes, simbolizando a ativação e renovação da força vital. Depois realizavam danças em conjunto e tomavam chás, preparados com ervas curativas.

Celebração de Salus, a deusa romana da cura e do bem-estar. Acredita-se que ela era uma antiga deusa agrícola dos Sabinos, adotada pelos romanos e transformada na padroeira do bem-estar das pessoas e da comunidade. Ao adotar alguns atributos da deusa grega Higeia, Salus tornou-se uma deusa da cura e da saúde.

Invoque você também o poder de cura da Grande Mãe, para despertar sua capacidade regeneradora e ativar sua energia vital. Use os recursos da natureza – sol, ar, terra, água, ervas, argila, cristais ou florais – para aumentar sua vitalidade e libertar-se, assim, da necessidade constante dos remédios e produtos artificiais.

Situa, antigo festival inca para afastar os espíritos das doenças por meio de oferendas de sangue dos sacrifícios, mas que atualmente pode ser substituído pelas mulheres pelo seu sangue menstrual.

7 de setembro

Festival de **Durga**, em Bengali, na Índia. Conhecida como "A Vingadora" ou "A Inacessível", Durga aparecia com várias formas e diversos nomes. Essa deusa tem um simbolismo complexo, representando a guerra justa, o combate ao mal, os princípios do amor e da sexualidade, a inteligência, a criatividade e o ciclo da vida e da morte. Segundo a lenda, ela foi criada pela concentração da energia ígnea dos deuses, que não conseguiam vencer a batalha contra as forças do mal. Apesar de ter sido criada pelos deuses, Durga era mais forte do que todos eles e conseguiu vencer a batalha, munida com várias armas, montada sobre um tigre feroz e matando o demônio do mal disfarçado em búfalo. Durga se apresenta de várias formas, tendo inúmeros nomes e atributos conforme seu lugar de culto. Ela era descrita como uma linda mulher, tendo quatro ou dez braços, que seguravam suas insígnias específicas. No festival, as pessoas vestidas de amarelo se reúnem no pôr do sol, acendem velas amarelas, vão aos templos e invocam a proteção de Durga ofertando-lhes incenso e arroz; comemoram depois com pratos de arroz colorido com açafrão.

Celebração da Daena, a Deusa Mãe persa, guardiã das mulheres. Filha da deusa da fertilidade Armaiti, Daena é também a "Condutora das Almas". Ajudada por um cão mágico, que sabe distinguir entre o bem e o mal, Daena conduz as almas, ora para o Céu, ora para o mundo subterrâneo. Geralmente, ela era invocada junto à Kista, a deusa do conhecimento religioso, protetora dos seres humanos.

Vendimia, festa da colheita das uvas na Espanha.

Dia dos Avós: reverencie-os neste dia, mostrando sua gratidão e amor por tudo que fizeram, viveram, ensinaram e deixaram de herança. Tire fotos deles e coloque-as no altar dos ancestrais, para honrá-los na "Noite dos Ancestrais" e em ocasiões específicas, como esta.

Dia dedicado aos Curadores e a todos que têm o dom da cura e o usam de forma altruísta para ajudar seus semelhantes. Honre a sua "curadora interior" e se conecte com o arquétipo de Quiron, representado no seu mapa astrológico, para saber como desenvolver seu potencial de autocura.

8 de setembro

Antiga comemoração de **Mami**, também conhecida como Ma, Mah, Mama e Ninmah, a Mãe Criadora dos sumérios, protetora das mulheres durante o parto. As lendas descrevem como a deusa criou a humanidade modelando quatorze imagens de si mesma, com barro vermelho. Depois de colocadas as imagens em duas fileiras unidas por uma ponte, Mami cantou e soprou sobre  elas até que da fileira direita se levantaram os homens e da fileira esquerda as mulheres. O culto a Mami atravessou o Mediterrâneo e foi recebendo novas interpretações; além dos atributos maternais, ela tornou-se uma deusa guardiã da terra e das propriedades. Ao chegar a Roma, seu mito foi deturpado e sua imagem reinterpretada, adquirindo características guerreiras e tornando-se Mah Bellona, uma deusa da guerra.

Celebração de Ki, a Deusa Mãe da Caldeia, a fonte primeira da vida e da matéria, a Mãe Terra ancestral.

Na Espanha celebrava-se neste dia Arian, a deusa da abundância, da paz e do bem-estar, considerada a padroeira da Espanha celta.

Festa da Natividade no calendário cristão, comemorando o nascimento da Virgem Maria. No México era celebrada "Nossa Senhora dos Milagres", que atende aos pedidos de todos que lhe oferecem moedas e sua bebida sagrada, o leite. Em Cuba, celebra-se Iemanjá com o nome de Virgem de Regla. Os descendentes dos iorubas oferecem até hoje, na véspera deste dia, sacrifícios de animais aos seus Orixás, acendendo também velas diante do altar católico. Após a vigília, as pessoas vão dançando até a praia, acompanhadas por atabaques e cantando em sua língua nativa. Depois da purificação com a água do mar, a procissão segue visitando as autoridades civis, outros altares e acaba no cemitério para homenagear os antepassados.

No Tibete, o Festival da Água celebra os espíritos dos rios e fontes.

Honre e use os poderes da terra e da água, reunindo suas qualidades ao usar argila para modelar um símbolo que a represente e também como uma compressa posta em alguma região dolorida do seu corpo. Coloque a figura modelada no seu altar, junto de um copo de leite e ore para que a Deusa Mãe lhe purifique e cure.

9 de setembro

Festival dos Crisântemos na China e no Japão, celebrando as deusas da longevidade Ame no Uzume, Iwa-naga-hime e **Lan Caihe**, a padroeira budista dos floricultores e dos agricultores. As pessoas festejavam tomando um vinho feito dessas flores e comendo saladas feitas com suas pétalas temperadas com limão. É uma data importante nesses países, onde a idade avançada é um sinônimo de sabedoria. As pessoas pediam as bênçãos para que os seus projetos desabrochassem como flores de crisântemo. O crisântemo é cultivado no Japão há dois mil anos e aparece como emblema na bandeira nacional.

Celebração na Irlanda de Flidais, a Senhora dos cervos, deusa regente das florestas e dos animais selvagens, que representava o instinto da liberdade e da procriação. Ela era descrita como uma mulher altiva e forte, conduzindo sua charrete puxada por oito cervos e chamando os animais da floresta de "seu gado". Sua filha, Fland, vivia sob as águas e seduzia os homens, levando-os como companhia para o seu reino escuro e frio.

As tribos dos índios *haida*, do Alaska, reverenciavam Gyhldeptis, a Senhora dos cabelos longos, uma deusa benevolente da floresta que, se devidamente invocada, protegia os lenhadores e passantes. Os índios acreditavam que os musgos e liquens pendurados nos galhos dos cedros representavam os longos e fartos cabelos da Deusa.

Na Sardenha, homenageava-se Giane, a deusa tecelã da floresta, descrita com garras de metal e cabelos desalinhados. Enquanto tecia sua teia mágica, ela entoava canções de amor para atrair os homens. Se algum fizesse amor com ela, ficaria tão enfraquecido que morreria.

Te Veilat, na Albânia, festival da colheita dos frutos, dedicado à deusa da colheita Laukamate ou Laukosargas, a guardiã dos campos, e à Mãe Terra.

Deleite-se você também com esta antiga receita: despeje um vinho licoroso, aquecido, sobre duas dúzias de crisântemos, deixando-os em infusão até desmancharem. Coe depois brinde e ofereça às divindades da natureza, da longevidade e da sabedoria, como gratidão pela sua vida.

10 de setembro

Twan Yuan Chieh, a **Cerimônia das Mulheres** na China. Celebrava-se, neste dia, a deusa da Lua Chang-O ou Heng-O com festas, danças e oferendas de bolos em forma de semiluas, chamados "jue-ping".

Os etruscos homenageavam Lalal (Losna ou Lucna), a deusa lunar, Senhora da noite e da magia, com danças noturnas de mulheres e oferendas de leite de cabra e flores brancas.

Antiga celebração, na Colômbia, da deusa lunar Huitaca ou Chia, que ensinou às mulheres a alegria e as artes mágicas.

Sua equivalente inca era Mama Quilla, a deusa cujo rosto redondo de prata diminuía à medida que suas forças enfraqueciam, recuperando-se com as orações e oferendas de seus seguidores. Durante os eclipses, acreditava-se que um jaguar celeste a devorava e, para impedi-lo fazia-se rituais e sacrifícios de animais.

Na Suíça era celebrada a deusa mãe Matrona, a provedora da comida e da sustentação, através da abundância da terra. Ela era descrita como uma mulher madura, acompanhada por um cachorro e segurando pratos com frutas e legumes. Os moradores dos Alpes se reúnem neste dia para celebrar suas colheitas e festejar com os seus famosos queijos, pães, saladas e frutas silvestres.

No Brasil, os índios tupinambás reverenciavam Muyrakitan, a Deusa que floriu das águas. Suas sacerdotisas virgens eram chamadas cunhatay e elas preparavam os amuletos de proteção com argila verde retirada dos lagos sagrados nas noites de lua cheia.

É uma data propícia para reunir um grupo de mulheres, preparando um ritual e um altar para celebrar as deusas lunares. Se o tempo e a fase da lua forem favoráveis (crescente ou cheia), procure com seu grupo um lugar seguro na natureza (perto de árvores, rios, cachoeira, lago ou mar). Prepare um pequeno altar com uma vela prateada ou branca, incenso de artemísia ou lótus, um cálice com água ou leite, um pouco de sal, um galho de artemísia, um espelho redondo e um prato com biscoitos caseiros em forma de meia-lua. Crie um círculo de proteção com o incenso, o galho de artemísia e a água com sal, juntas invoquem a deusa Luna na manifestação compatível às suas afinidades e peçam-lhe a orientação ou a ajuda da qual necessitam. "Banhem-se" na luz prateada da Lua, canalizando seus raios curativos para suas famílias, suas amigas e todas as mulheres do mundo, criando e reforçando, assim, os elos que tornam as mulheres "irmãs e filhas da Lua" e contribuindo para o despertar e fortalecimento da sacralidade lunar feminina.

11 de setembro

Celebração da deusa egípcia **Tauret**, Mãe Criadora, guardiã do céu e do submundo, protetora dos animais selvagens. Originariamente ela era uma deusa do céu, morando na Constelação de Ursa Maior; com o passar do tempo suas atribuições passaram a incluir a proteção dos recém-nascidos e o transporte das almas para novos destinos. Tauret é representada como um hipopótamo, com seios pendentes, uma barriga volumosa e patas de leão. Em seu aspecto escuro, ela era "A Vingadora" dos crimes contra mulheres e crianças, e era descrita com cabeça de leão, corpo de hipopótamo, segurando um punhal e carregando um crocodilo nas costas.

Dia das Rainhas, no Egito, honrando Hatshepsut, Nefertiti e Cleópatra, consideradas encarnações das deusas Hathor, Bast, Mut, Neith, Sekhmet, Maat, Satis e Ísis.

Nefertiti ou Aahmes Nefertari, chamada de "A esposa de Amon", foi uma rainha que governou entre 1546 -1526 a.C. Ela dormia no templo de Amon e seus filhos foram considerados filhos do Deus. Após sua morte, foi deificada e considerada protetora das mulheres, guardiã da justiça e defensora das crianças.

O começo do ano novo egípcio era celebrado em função da inundação do Nilo, que marcava o começo de uma nova estação de plantio. Eram feitas oferendas para a deusa Esfinge, a guardiã das pirâmides e regente das águas do Nilo, de quem dependia a produtividade agrícola e a sobrevivência do povo. Para se conectar com a plenitude da egrégora egípcia, adquira uma pirâmide, oriente-a com a ajuda de uma bússola, coloque-a sobre um cristal de fluorita e acrescente um símbolo das suas necessidades e propósitos atuais. Entregue os resultados para o cuidado da Deusa e peça para que a força das pirâmides possa trazer prosperidade para você, vinda das quatro direções.

12 de setembro

Festa da deusa grega **Astrea** (ou Astreia), a Senhora das estrelas e dos planetas. Filha da deusa Têmis e de Zeus, Astrea personificava inocência, perfeição e justiça. Segundo a lenda, Astrea vivia no meio dos homens, mas quando eles se tornaram corruptos e maus, ela abandonou a Terra e se refugiou na constelação de Virgem. Fontes mais antigas descrevem-na como Erigone, a deusa regente da Constelação de Virgo, que foi chamada na Líbia de Libera ou Libra, a Senhora da Balança do Destino, juíza e governante da vida dos homens. Era invocada como deusa protetora dos governos, das cidades e dos impérios, para que fossem dirigidos com justiça.

Na Mesopotâmia, a deusa Aderenosa, a Virgem Celestial, era a regente da constelação de Virgem, representada como uma mulher sentada em um trono decorado com estrelas e amamentando uma criança.

No Egito, as "Virgens Zodiacais" regiam o signo intermediário entre Leão e Libra, enquanto a deusa Ta-repy representava a constelação da Esfinge, sinônimo de Virgem.

Na Índia, Kanyá – um dos aspectos de Devi – era a deusa regente da constelação de Kandra (Virgem) e a mais antiga divindade do panteão hindu.

Na China era celebrada Meng Jiangnu, a guardiã das culturas de abóboras, uma jovem nascida da mescla de duas "famílias" diferentes de sementes. O seu nascimento uniu as famílias e trouxe a harmonia, em lugar da disputa anterior e a competição pela melhor variedade. Em outros lugares do mundo as pessoas vão aos mercados procurando abóboras para as decorações e celebrações de outono.

Prepare uma sopa, um ensopado e um doce de abóbora e partilhe com sua família, imaginando que a cor laranja – que reflete a energia do Sol – está esquentando e adoçando os relacionamentos entre os familiares. Confeccione uma lanterna mágica cortando na superfície de uma abóbora alguns símbolos, fazendo uma tampa e tirando as sementes, colocando no seu interior uma vela e ore para que a luz e o calor solar iluminem e clareiem alguma dúvida ou problema da sua família.

Comemoração do casal divino Bel e Beltis, na Babilônia. Beltis foi identificada às deusas Cibele, Ishtar, Astarte e Belit.

Celebração de Anfitrite e Tétis, as deusas do mar na Grécia, festejadas pelas mulheres com a dança Tratta.

13 de setembro

Celebração egípcia do "Acendimento do Fogo", dedicando lamparinas acesas à deusa **Néftis** e aos espíritos ancestrais. Néftis era uma deusa da Lua e da noite, regente do céu noturno, do mundo subterrâneo, da água, do tempo e das aves de rapina. Filha da deusa Nut, irmã de Ísis e esposa de Geb, ela era representada como uma deusa abutre, personificando a escuridão e tudo o que a ela pertence. Neste dia, os templos eram iluminados com tochas e lamparinas, reverenciando Néftis como a Senhora dos mortos. Seu animal sagrados era o falcão, que cuidava da trajetória da alma no outro mundo. Néftis vivia no Leste, onde recebia o sol nascente como símbolo da esperança da ressureição. As pessoas lhe faziam oferendas de incensos aromáticos como a mirra, para que cuidasse dos seus familiares falecidos e levavam para os templos velas coloridas, cuja cor representasse os seus desejos.

Para se conectar a essa poderosa deusa, use seus elementos para lhe preparar um altar: objetos de prata e ferro, galhos de cipreste, incenso de mirra, uma cruz ansata (Ankh) e penas de falcão, gavião ou corvo. Acenda uma vela preta e ofereça-lhe suco ou pedaços de romã. Peça à deusa que proteja e encaminhe seus familiares falecidos, abrindo-lhes os portões para o mundo do silêncio e repouso, à espera do renascimento.

Comemoração de Hel (Hela, Halja), a deusa escandinava da morte e soberana do Helheim, o submundo nórdico, uma dos três filhos de Loki e Angerboda, a giganta. Seu corpo foi descrito como metade luz e metade escuridão, sendo meio jovem e meio velha. Hel foi banida por Odin para o mundo inferior, localizado nas profundezas do Niflheim, às margens do Rio Naströnd (equivalente ao Rio Aqueronte dos gregos) e foi feita a governante desse lugar. Odin lhe deu o domínio sobre os nove mundos dos mortos que compõem Helheim, onde a Deusa decide o destino de todas as pessoas que morreram de doenças e de velhice. Como agradecimento por fazê-la governante do submundo, Hel deu como presente a Odin dois corvos, Huginn e Muninn (Pensamento e Memória), que são os mensageiros entre os mundos. A personalidade de Hel difere dos deuses do mundo inferior das demais mitologias: ela não é boa e nem má, simplesmente justa, cuidando das almas à espera do seu renascimento. Hel aparecia prenunciando a morte por doença ou velhice, cobrindo as almas com o seu manto e levando-as para seu reino.

Festival romano de Lectisternia, honrando os deuses Júpiter, Juno e Minerva.

14 de setembro

Celebração de **Kalika**, a Mãe dos Deuses, a deusa hindu dos nascimentos. No complexo panteão hindu, Kalika representa um aspecto de Durga e um atributo de Kali, sendo o equivalente de Ambika ou Amari De. Como manifestação da Grande Mãe, Amari De personifica a natureza, seu culto tendo sido preservado pelos ciganos, cultuada atualmente como Sara Kali. Transformada pela Igreja cristã em Santa Sara, ela continua sendo para os ciganos a Mãe de seu povo. Devido à sua cor escura, Sara Kali é considerada a precursora das Virgens Negras europeias.

Início das procissões da Madona Negra, que duravam até o dia vinte na Suíça, e em outros lugares na Europa. Existem aproximadamente 450 imagens de Virgens Negras espalhadas em vários lugares da Europa; na França já foram localizadas mais de 300 *Vierges Noires*, das quais sobreviveram intactas cerca de 150, as demais tendo sido pintadas de branco pelos monges, destruídas por fanáticos, roubadas ou adquiridas por colecionadores. As mais famosas Madonas Negras são as da Catedral de Chartres, Paris, Saintes-Maries-de-la-Mer, Rocamadour e Le Puy, na França; Einsiedeln, na Suíça; Zaragoza, Mont

Serrat e Guadalupe, na Espanha; Loreto, Pádova e Nápoles, na Itália, e Czestochowa, na Polônia. Das estatuetas pós-renascentistas, podemos mencionar Nossa Senhora de Guadalupe (México) e Nossa Senhora Aparecida (Brasil). Há também um número razoável dessas estátuas na África e nas Américas, mesmo com inúmeras delas tendo sido destruídas pela fúria das revoluções e guerras e ignoradas pela Igreja, apesar dos milagres a elas atribuídos. As que restaram, foram pintadas de branco para disfarçar sua cor escura, atribuída pelos padres à fumaça das velas. O culto da Virgem Negra ressurgiu no século XII, com as Cruzadas, que trouxeram inúmeras estatuetas de deusas negras de suas expedições na Ásia e no Egito. Na realidade, as Madonas Negras eram o disfarce sob o qual as antigas deusas pagãs continuavam usando seus atributos de Mães Divinas e seus símbolos sagrados: a cor negra da sabedoria oculta, o barco para as oferendas, as *navettes* – biscoitos doces representando a Yoni da Deusa (vagina, portal sagrado) – as cores das roupas, os cânticos e as procissões.

Conecte-se com a Virgem Negra e procure compreender a sua misteriosa e antiga sabedoria, que pode ajudá-la resgatar a sua verdadeira força e identidade, seus talentos ocultos ou reprimidos, que devem ser expressos agora, como um tributo à sua perene essência sagrada.

Celebração da deusa ancestral Ame No Uzume no Japão, com festivais que invocam seus atributos de longevidade, prosperidade, proteção e união familiar. Em alguns lugares ela era honrada como a padroeira dos videntes e médiuns psíquicos.

Na Gália, comemorava-se Berecynthia, a deusa da fertilidade, reminiscência do culto da deusa Cibele.

Mabsant, a festa da colheita das nozes no País de Gales, com danças e serenatas de harpas.

15 de setembro

Início dos Grandes Mistérios de Elêusis, os "**Mistérios da Mãe e da Filha**", oriundos de um antigo festival da colheita dos cereais. Neste dia, fazia-se a proclamação oficial, excluindo-se todos aqueles que tinham cometido algum delito ou não falavam grego. Na véspera,

os objetos sagrados (*sacra*) de Deméter eram trazidos de Elêusis pelas sacerdotisas, que percorriam em silêncio os trinta quilômetros que separavam a cidade de Atenas, com as cestas sobre suas cabeças. Eles eram depositados no Eleusinion, o santuário de Deméter na Ágora (templo) de Acrópole, até o dia seguinte, quando eram purificados no mar.

Comemoração do aniversário de Chang-O, a deusa lunar chinesa, cuja luz ilumina a Terra, promove as marés e o crescimento vegetal, rege os ciclos biológicos femininos, abre a intuição e inspira a criatividade e visão.

Dedique este dia para avaliar a arrumação do seu altar ou espaço sagrado. Considere o que deve ser descartado, purificado, renovado ou substituído. Talvez você queira ampliar o seu "ponto de força" ou reforçar as defesas energéticas do seu ambiente. Use os ensinamentos da milenar tradição do Feng Shui para alinhar sua casa com as correntes cósmicas e telúricas, crie o "canto da espiritualidade", colocando nele imagens de anjos, estatuetas de deusas, mandalas ou yantras ou os objetos que para você representem o sagrado. Comece um "diário dos sonhos" e conecte-se com a energia lunar descobrindo a fase, o signo lunar e a deusa regente do seu nascimento. Reserve algumas horas para se isolar, permanecendo em silêncio e meditando a respeito de sua busca espiritual, dos caminhos percorridos, dos desafios enfrentados e das realizações alcançadas.

16 de setembro

Holade Mystai, segundo dia dos **Mistérios Eleusínios**, com a purificação no mar dos objetos sagrados, levados pelas sacerdotisas escoltadas por rapazes adolescentes (*epheboi*).

Os candidatos à iniciação, vestidos com túnicas brancas, eram chamados pelos sacerdotes, com batidas de tambores e gritos de: "Para o mar, iniciantes". A purificação era uma característica essencial dos Mistérios, conhecida como "renovação" ou "expurgo", separando a pessoa, com esse ritual, de sua vida profana anterior. Cada pessoa levava consigo para o mar um leitão, que precisava ser purificado também, antes de ser sacrificado. Os leitões eram considerados animais puros, consagrados à deusa Deméter, simbolizando a fertilidade e promovendo, assim, a abundância na Terra.

Rosh Hashana era o início do Ano Novo hebraico (em data variável deste mês), comemorado com orações, introspecção emocional e reflexão sobre os atos passados – do ano anterior –, os pedidos e as rezas para o ano vindouro, ou seja, um dia de julgamento pessoal que cada um devia fazer de si mesmo. Era celebrada Malkuth, a deusa regente da décima séfira da Árvore da Vida da Cabala, a manifestação final das forças, o último estágio da energia onde ela se solidifica. Porém, Malkuth não representa apenas a matéria, mas também seu aspecto psíquico e sutil, que ensina a lidar com a matéria e perceber sua real influência e poder. Malkuth é simbolizada nas mitologias pelos deuses e deusas relacionados ao ciclo da natureza, plantação, semeadura, flora, fauna, colheita e fartura, a própria Mãe Natureza. Ela nos lembra da necessidade de realizar boas ações no plano físico, não apenas com palavras, mas com fatos e ações eficientes para criar mudanças. Também ela nos ensina equilibrar a busca espiritual com a vida real e manter a conexão com a terra, que ela personifica. Para atrair a harmonia da deusa Malkuth para a sua vida, vista uma roupa amarela e abençoe um colar ou pulseira de cristais de citrino para melhorar a sua habilidade de comunicação; ofereça à Deusa um pão redondo e fatias de maçãs cobertas com mel.

Festa de São Cornélio, na Bretanha, reminiscência das antigas celebrações do Deus Cornífero, considerado o padroeiro dos animais com chifres. Neste dia, benze-se o gado em seu nome.

Reserve este dia para a purificação do seu altar ou de um espaço sagrado, ambiente de trabalho, casa, carro ou animais de estimação. Lave seus objetos de poder com água do mar, coloque-os em cestas e exponha-os à luz do Sol ou da Lua. Borrife água do mar nos cantos da sua casa, dentro de seu carro e tome um banho de mar ou de água com sal marinho. Medite a respeito das mudanças necessárias para que você equilibre seus pensamentos e emoções, purificando, assim também, o seu campo áurico.

17 de setembro

Hiereia devro, o terceiro dia dos **Ministérios Eleusínios**, dedicado às orações e oferendas de leitões. Os iniciados ficavam recolhidos em suas casas, jejuando e orando, preparando-se para serem dignos da iniciação.

Na Grécia atual, neste dia, celebra-se Santa Sofia, reminiscência da antiga festa de Sophia, a deusa hebraica da sabedoria. Em sua manifestação original, Sophia era a companheira de Jeová, cocriadora dos anjos e responsável pela espiritualidade dos homens. Suas imagens representam-na ora como uma árvore cheia de frutos, ora como uma mulher velada, ou ainda, como a manifestação do Espírito Divino. Sua simbologia é complexa e contraditória, por ter sido deturpada e modificada pelos textos gnósticos, hebraicos, cabalísticos e medievais. Sophia, no entanto, permanece um potente símbolo da sacralidade e sabedoria feminina.

No Egito era celebrada a deusa celeste Hathor, uma das deusas mais veneradas do Egito Antigo, a padroeira das mulheres, do céu, do amor, da alegria, do vinho, da dança e da fertilidade. As mulheres solteiras oravam para ela para "enfeitiçar" seus espelhos de metal e para abençoar seus sistros (feitos em bronze, madeira ou faiança). Distribuidora do amor e da alegria, "Aquela que trazia a felicidade", muito celebrada em festas, foi nutriz do deus Hórus e do faraó. Mas também era cultuada na necrópole de Tebas, pois acolhia os mortos e velava os túmulos.

Celebração de Sabek, o deus com cabeça de crocodilo no Egito, e de Ganesha, o deus hindu com cabeça de elefante.

Festival tibetano homenageando Mtsho Sman, as Deusas da Água.

Procure dedicar algum tempo para se interiorizar, avaliando a melhor maneira de contatar sua sabedoria interior por meio de práticas de equilíbrio (mental e emocional) e conexão ao plano espiritual. Peça à deusa Sophia que a conduza em seu processo de iniciação espiritual, afastando os véus que obscureçam sua visão psíquica e permitindo-lhe colher os frutos de sua sabedoria ancestral.

18 de setembro

Asclepia, o quarto dia dos **Mistérios Eleusínios**, com procissões e oferendas para Asclépio, o deus da cura, e Dioniso, o protetor dos vinhedos. Por meio de libações de vinho, chamadas *trygetos*, invocava-se a proteção das divindades masculinas. Os sacerdotes preparavam *kykeon*, a bebida sagrada, e os iniciados continuavam recolhidos, orando em silêncio e jejuando.

Antiga celebração da deusa celta da abundância e da riqueza Rosmerta, cujo nome significa "A Boa Provedora". Ela era representada carregando um grande cesto repleto de frutas ou uma enorme panela cheia de comida. Como outras deusas celtas, ela regia também as fontes sagradas e as águas termais.

Festival do "Cavalo Branco" na Inglaterra, com competições esportivas e corridas de cavalos, reminiscência de antigos rituais de fertilidade dedicados às deusas equinas Rhiannon e Epona (Gália), Rigatona ou Rigantona (Itália) e Bubona (Escócia). Rhiannon – cujo nome significa "Divina Rainha das Fadas" –, era considerada uma Deusa regente da Lua, dos pássaros, dos encantamentos, da fertilidade, do submundo e da morte (por ser filha de Hefaidd, "Senhor do Outro Mundo"). Ela era venerada na Irlanda, no País de Gales, na Gália (como Epona), mas também aparece na Iugoslávia, África do Norte e Roma. Era descrita cavalgando uma égua branca e trazendo bênçãos de fertilidade, mudança e liderança. Algumas imagens de Rhiannon, onde ela se apresenta com cestas de frutos e flores, nos remetem ao simbolismo da fertilidade e abundância da terra. Vivia sempre acompanhada por três pássaros mágicos, que podiam encantar os vivos e acordar os mortos. Também conhecida como a deusa dos encantamentos, da fertilidade e do submundo, que regia a noite, a emoção, o sangue, a Lua, o drama. Suas celebrações incluíam procissões para a colina do "Cavalo Branco" (*White Horse*) de Uffington, onde um imenso desenho pré-histórico de um cavalo branco, gravado no chão calcário no meio da grama, mantém viva a sua memória.

Na África do Sul, comemora-se o dia da chuva sagrada, celebrando a deusa Mbaba Mwana Waresa, a guardiã da chuva e do arco-íris. Segundo a lenda, ela mora em uma casa cujo telhado é o arco-íris. Também teria sido ela quem ensinou os homens a fabricarem a cerveja para usá-la nas celebrações.

Neste dia, faça alguma oferenda de flores, frutas ou cereais para a Mãe Terra, agradecendo sua saúde, bem-estar, prosperidade e realização, antecipando assim, o recebimento dessas dádivas por meio do poder da oração e das mentalizações positivas. Reverencie também as divindades masculinas, pedindo-lhes que fortaleçam e equilibrem seu animus, sem, no entanto, desvirtuar as qualidades masculinas, assumindo atitudes ou comportamentos incompatíveis com a sua sagrada essência feminina.

19 de setembro

Agyrmos ou *Pompe*, o quinto dia dos **Mistérios Eleusínios**, com a reunião dos iniciados para começar a procissão, percorrendo a pé os trinta quilômetros que separam Atenas de Elêusis. Eles vestiam roupas novas, eram coroados com guirlandas de murta e carregavam os *bacchus*, cajados feitos de galhos entrelaçados, símbolos da morte do velho e do nascimento do novo. Entoando cânticos, a procissão parava em certos lugares para deixar oferendas sob as figueiras sagradas – *hiera syke* – consagradas a Deméter. Na ponte sobre o rio Kefisos, os sacerdotes expunham publicamente os vícios e as verdades vergonhosas dos iniciantes, que deveriam ouvir com humildade e sem protestar. A intenção era expor o velho Eu para que ele morresse de vergonha e pudesse renascer. À noite, ao chegar a Elêusis, apesar do cansaço, os iniciados começavam as cerimônias à luz das tochas, honrando com danças e cânticos as deusas Deméter e Perséfone. Na Babilônia, celebrava-se, neste dia, a deusa Gula, a Grande Mãe, doadora e destruidora da vida. Gula era a Grande Curadora, tendo poder tanto para infligir, como para curar as doenças. Ela era representada cercada de uma aura com oito raios de calor vital, o calor que sustenta ou destrói a vida. Gula vivia em um jardim no centro do Universo, onde ela cuidava e regava a Árvore do Mundo, repartindo seus frutos com aqueles que a reverenciavam. Às vezes, era acompanhada de um cachorro, pois ela defendia os espaços das pessoas assim como um cão o faria. Outras vezes, ela aparecia com as duas mãos levantadas em prece, mostrando aos homens a postura apropriada para lhe pedir ajuda.

Na Polinésia, celebração de Papa, a Mãe Terra que gerou os seres vivos e todas as coisas, fazendo amor com o Pai Céu; agradecia-se a terra por fornecer seus frutos e também ao céu, que trazia a chuva para fertilizar a terra. Conhecida também como Papa Raharaha, a rocha de sustentação, a deusa providenciava a fundação e sustentação para os objetivos do corpo, da mente e do espírito. Para atrair as energias de firmeza de Papa, leve com você cristais de rocha ou pedras semipreciosas de acordo com o seu objetivo: cristal de rocha para ter clareza, citrino para criatividade, cornalina ou granada para o amor, sodalita para a conexão com as energias do céu, quartzo verde para prosperidade, ágata para obter a sustentação e a força da terra e turmalina preta para afastar as energias negativas.

Comemoração com jejuns e orações para Thoth, o deus da sabedoria e da magia no Egito. Thoth tinha características lunares (a cabeça de íbis, adornada com o disco lunar e a lua crescente) e era representado segurando a palheta do escriba. Ele gerou a si mesmo e foi o criador dos hieróglifos e dos números, sendo considerado o Senhor dos Livros e das Palavras Sagradas.

Faça uma avaliação honesta e acurada dos seus comportamentos compulsivos, condicionamentos limitantes, hábitos prejudiciais, dependências e atitudes negativas. Olhe-se no espelho da verdade e comprometa-se a mudar tudo aquilo que envergonha, diminui, prejudica ou limita seu verdadeiro Eu, libertando-se, assim, das máscaras da falsa identidade. Anote tudo o que quer, deseja e precisa descartar e queime o papel, firmando na sua mente a sua intenção e vontade mágica de se libertar daquilo que não precisa mais.

20 de setembro

Sexto dia dos **Mistérios Eleusínios**, com a preparação dos peregrinos para a iniciação, assimilando o significado do mito e o simbolismo de *synthema*, a senha recebida dos sacerdotes. Por ter sido extremamente bem guardado, o conhecimento verdadeiro dos segredos dos Mistérios desapareceu com a morte do último iniciado. Para a posteridade, sobrou apenas o conhecimento exotérico e as deduções dos historiadores e antropólogos, baseadas nas inscrições e gravuras. A mais famosa inscrição resume, de forma enigmática, o que os iniciados faziam: *"Eu jejuei, eu bebi o kykeon, eu peguei algo no cesto, eu coloquei algo de volta no cesto e depois passei do cesto para o meu peito"*. As explicações são repletas de diversas especulações e interpretações. A mais óbvia sugere que o *kykeon* era a bebida de cevada fermentada com ervas, o "retirar do cesto" referia-se aos objetos sagrados (uma esfera, um cone e um espelho), o "colocar de volta no cesto" designava as oferendas, e a menção ao peito assinalava a complementação de um ciclo: tirar, devolver e se preparar para o novo, com orações e encantamentos.

Celebração da antiga deusa pré-helênica Perse ou Perseis, uma das oceânides, filha de Oceano e de Tétis. Chamada de "Portadora da Luz" ou "A Destruidora", ela era uma deusa lunar, esposa do deus Hélio (o Sol), mãe das deusas Pasifae e Circe. Provavelmente Perse originou o mito e o culto a Perséfone.

Na América do Sul, festeja-se o nascimento do deus solar tolteca Quetzalcoatl, a "serpente emplumada" dos astecas, o deus da vida, da fertilidade e da sabedoria. Considerado um Deus Criador, ele era relacionado ao Planeta Vênus e, por isso, requeria apenas um sacrifício humano anualmente (ao contrário de outros deuses, bem mais sanguinários). Quetzalcoatl regia o vento, a respiração, a arte, a civilização e era o eterno rival de Tezcatlipoca, o deus da morte, cujo rosto era de obsidiana negra.

Na tradição inca celebrava-se a Mama Kilya, uma deusa solar regente do tempo e das profecias. Os incas reverenciavam diariamente o nascer do Sol e pediam as bênçãos da deusa solar para a sua saúde, prosperidade e longevidade. Eram feitas divinações observando o movimento das chamas da fogueira para perceber os presságios enviados pela deusa em relação a uma questão previamente definida: chamas altas, resultado positivo; chamas baixas, energias reprimidas; quando o fogo apagava, o resultado era negativo; mas se as brasas podiam ser avivadas, havia a chance de conseguir, pela determinação e insistência no empenho.

21 de setembro

Epopteia, o sétimo dia dos Mistérios, a "Noite da Iniciação" dentro do recinto mais sagrado e oculto do templo, o Telesterion. Pouco se sabe sobre esses ritos sagrados, reservados apenas àqueles que tinham passado pelos Mistérios Menores, celebrados em Agra no início da primavera. Os iniciados juravam manter sigilo absoluto, sob pena de morte. Sabe-se apenas que, antes da entrada no Telesterion, eram feitas oferendas de cereais e sacrifícios de leitões na gruta de Hades, situada no templo triangular Plutonion. Uma pedra da entrada da gruta, chamada *omphalos* – o umbigo do mundo –, assinalava a transição da luz para a escuridão, a descida de Perséfone – guiada pela tocha de Hécate – ao mundo subterrâneo, revivida pelos iniciados que deviam encarar os fantasmas de seus medos da morte e as aparições tenebrosas dos espíritos dos mortos. Após esses momentos de sofrimento, os iniciados presenciavam o *hieros gamos*, o casamento sagrado, a união ritualística dos sacerdotes e a encenação do nascimento de Iacchos, a criança divina, simbolizada por uma única espiga de trigo, que era elevada pelo sacerdote no auge da reverência, no meio de luzes e ao som de címbalos. Em seguida, havia a revelação dos objetos da *cista mystica*, a cesta sagrada de Deméter e a celebração da continuidade da vida após a morte com os gritos de *Hye* (chuva) e *Kye* (nascimento), ou seja, "flua e conceba", a chuva celeste fertilizando a terra.

Festa da vida no Egito, celebrando a Mãe Divina doadora da vida em sua tríplice manifestação como Filha (renovadora), Mãe (criadora) e Mãe Negra (o absoluto). Essa festa egípcia celebrava a Lua e as águas vitais que dela se originaram.

Dia dedicado à deusa celta Morrigan, regente da vida e da morte. Morrigan era uma deusa lunar tríplice, apresentando-se como Badb, Macha, Anu (ou Nemain), ou Badb, Macha e Morrigu, as características e os nomes variando segundo a fonte.

Como deusa da morte, ela sobrevoava os campos de batalha, na forma de um grande corvo, entoando a canção do fim da vida daqueles guerreiros que tinham sido por ela escolhidos.

Na Mesopotâmia era celebrada a deusa Ningal, regente dos pântanos, dos musgos e da vegetação de juncos ao redor dos lagos. Para atrair as suas energias de fertilidade (a mescla de terra e água) para seus lares, as pessoas usavam fontes, vasos com musgos ou lírios. Atualmente, como uma continuação da egrégora desta Deusa, no estado americano de New Jersey são feitas coletas de fundos para preservar a fauna e flora lacustres e proteger as espécies aquáticas ameaçadas de extinção. Colabore você também em algum projeto ou movimento que preserve os recursos da Mãe Terra e o livre fluxo das correntes das Mães das águas.

Comemoração grega do nascimento de Pallas Atena, a deusa da justiça e da sabedoria.

Dia Internacional da Paz, com demonstrações em favor da paz.

22 de setembro

Oitavo dia das celebrações de **Elêusis**, *Mysteriotides Nychtes*, a "Noite dos Mistérios". Reencenava-se o mito de Deméter e Perséfone em três estágios: *legomena* – coisas faladas –, *dromena* – coisas encenadas – e

deiknymena – coisas reveladas. No final, os iniciados se reuniam no grande salão do templo onde, à luz de tochas, celebrava-se a volta de Perséfone do mundo subterrâneo e sua transformação de Kore, a donzela, em Perséfone, a "Rainha das Sombras", esposa de Hades, Senhor do mundo escuro dos mortos. A essência dos Mistérios representava a esperança da vida renovada, a coragem em enfrentar as sombras e o medo da morte, bem como a confiança no eterno ciclo das reencarnações.

Comemoração da morte de Tiamat, na Suméria, a Mãe das Águas Primordiais, representada em forma de dragão. Segundo os mitos patriarcais, seu filho Marduk a enfrentou e matou, dividindo seu corpo em metades para formar o céu e a terra. Outros mitos descrevem Tiamat como uma Deusa Peixe, similar a Atargatis.

Equinócio da primavera no hemisfério sul, marcando a entrada do Sol no signo de Libra, celebrado pelos celtas como o *Sabbat Mabon* ou *Alban Elfed*, com rituais de gratidão, introspecção e dedicação espiritual. As famílias se reuniam ao redor de mesas decoradas com flores, cestas de frutas e verduras, partilhando pães de grãos e tubérculos assados, tomando vinho da colheita recente e agradecendo a Mãe Terra – na sua personificação como Autumnus – pela abundância das colheitas e a solidariedade humana na comunidade.

Dia tradicional para práticas oraculares em vários lugares do mundo. Na antiga Alemanha, as jovens ofertavam guirlandas de flores e galhos de pinheiro para a deusa do amor Minne, pedindo-lhe ajuda para encontrar o namorado certo.

23 de setembro

Plemo Choai, o nono e último dia dos **Mistérios Eleusínios**, a celebração dos "Vasos Sagrados", feitos em barro e representando o ventre fértil de Deméter, a fonte da abundância na Terra. Reverenciavam-se os ancestrais com libações de vinho e oferendas. Os sacerdotes deixavam as

oferendas nas frestas da terra, depois despejavam o conteúdo misterioso de dois vasos sagrados, um para o leste, outro para o oeste. As pessoas gritavam *hye, kye* ("flua e conceba") e os sacerdotes invocavam o princípio paternal (para fluir) e a origem maternal (para conceber), depois comiam – de forma ritualística –, romãs e maçãs, consideradas as frutas do renascimento, comemorando a continuidade da vida e encarando a morte como uma simples pausa entre as vidas.

Na Índia era celebrada a deusa Tula, regente da constelação de Libra, cujo ensinamento era buscar harmonizar todos os aspectos da vida humana. As pessoas nascidas no signo de Libra possuem as características de Tula de harmonia e equilíbrio, principalmente no aspecto estético; elas se empenham em ter relacionamentos harmoniosos e contribuem para as causas justas. Mesmo não sendo uma libriana, passe esse dia revisando o seu comportamento diário, observe quais são as áreas em que você precisa buscar mais equilíbrio, caminhar mais suavemente sobre o manto da Mãe Terra, encontrar e fortalecer o seu centro interno de estabilização.

Celebração da deusa grega do outono, Carpo, associada às Horas, as deusas das estações.

Na Finlândia, dia de Mielikki, a deusa protetora dos animais selvagens e das florestas. Seu animal totêmico era o urso, por isso, nos altares a ela dedicados, havia sempre um crânio ou uma pele de urso.

24 de setembro

Dia de Nossa Senhora da Misericórdia, na Igreja Católica, antiga celebração de Odudua, a fonte criadora do panteão ioruba, dia sagrado no culto da Santeria.

Odudua, a Mãe Terra dos iorubas, rege a terra, a natureza, o amor, a fertilidade e a sexualidade. Sua cor é o preto, representando a terra, a matéria e "tudo o que está embaixo". Ela é a consorte de Obatalá ou Orishalá, o "Rei do Pano Branco", que representa o princípio masculino, o espírito, o céu e "tudo o que está em cima". Seus altares eram representados por duas cabaças, uma preta virada para cima e outra branca virada para baixo. Alguns escritores e pesquisadores consideram Odudua como um ser masculino, sendo Iemanjá a consorte de Obatalá. Mas o mito verdadeiro é uma adaptação de uma tradição muito antiga de Dahomey, a do casal divino constituído por Mawu (a deusa da Terra, da Lua e da noite) e Lisa (o deus do Sol e do dia).

No Japão celebrava-se a deusa Izanami-No-Kami, a criadora de tudo e padroeira das atividades criativas; ela era honrada com competições de dança, canto, música e poesias no estilo *haiku*. Breve composição poética, de origem japonesa, o *haiku* (ou hokku, haikai, haicai) se baseia nas relações profundas entre o homem e a natureza e obedece a uma estrutura formal de dezessete sílabas ou fonemas, distribuídos em três versos. O fundamento filosófico do *haiku* é o preceito budista de que tudo neste mundo é transitório e que o importante é sabermos como fluir nas mudanças contínuas, da vida e da natureza, acompanhando as estações. O estilo tradicional *haiku* tem uma cadência rítmica contendo sete sílabas na primeira linha, cinco na segunda e sete ou cinco na última; cada linha evoca uma imagem ou um sentimento na mente de quem o lê. Tente você também compor o seu próprio poema *haiku*, invocando a inspiração e assistência da deusa regente e depois analise o que as suas palavras estão refletindo do seu interior através das imagens evocadas ou pelas emoções que elas suscitam.

No Egito, celebração anual do renascimento do deus Osíris, com cantos, danças e plantios cerimoniais.

25 de setembro

Pyanopsia, na Grécia, a "Festa dos Feijões", comemorando as belas deusas das estações chamadas **Horae** ou Horas. As Horas eram as filhas de Têmis e Júpiter, chamadas de "Porteiras do Céu" e encarregadas de abrir e fechar as portas do tempo. Originariamente eram apenas três: Eunomia, da boa ordem; Diceia, da justiça, e Eirene, da paz. Posteriormente, foram relacionadas às estações e acrescentaram-se mais duas: Carpo e Telete, as guardiãs dos frutos e das flores. Quando os gregos dividiram o dia em doze partes iguais, o número delas foi aumentado para doze e foram chamadas de "as doze irmãs": Acme, Auxo, Anatole, Carpo, Diceia, Disis, Eirene, Eunomia, Euporia, Gimnasia, Telete e Talo. As Horas presidiam a educação das crianças e regulavam a vida dos homens. Antigamente eram representadas coroadas com folhas de palmeiras; depois, nos tempos modernos, com asas de borboletas e segurando ampulhetas ou relógios.

Na Groenlândia, Alaska e Sibéria, comemoração esquimó da deusa Sedna, a protetora dos mares profundos, Senhora da vida e da morte, nutridora e guardiã de seu povo, desde que ele respeitasse suas leis. Após serem abatidas, as almas dos animais deviam permanecer junto aos seus corpos por três dias, para coletarem e levarem para a Deusa informações sobre o comportamento dos homens. Se suas leis fossem infringidas, ela punia os homens com doenças, fome e tempestades.

Celebração dos Serafins, os anjos da sabedoria. Na Cabala, as *Sephiroth* são os dez atributos ou emanações do Divino, sendo reverenciados antigamente no Oriente próximo e na Espanha. As *sefirot* são "canais" através dos quais a energia divina flui, permeia e se torna parte de cada coisa que existe, criando assim uma "corrente espiritual" que liga e vivifica todas as coisas, impregnando-as da Essência Divina. As leis que regem o fluxo destas energias foram estabelecidas durante o processo da Criação, visto como uma progressiva transformação de níveis de energia espiritual. Nesta transformação paulatina foram criados universos espirituais paralelos, sendo o nosso, o último mundo desta corrente. A Mãe Primordial das Sefirot é *Sephira* ou *Séfira* que, junto de *Binah* e *Chokmah*, forma uma tríade, sendo identificada, às vezes, com Sophia, por ser chamada de "A Divina Inteligência".

Celebração da deusa japonesa Sung Tzu Niang Niang, "aquela que traz as crianças"; ela não somente promove a fertilidade, mas também inspira comportamentos gentis e compassivos. Esta deusa ouve e atende as orações a ela endereçadas, desde que feitas de coração limpo e com boas intenções. Os casais sem filhos, mas que desejam um, ofertam-lhe um boneco, em que amarram mechas de seus cabelos, o colocando no altar da deusa e orando para obter a fertilidade física. Usando a egrégora do dia, você pode fazer uma representação artística das áreas em que precisa de maior produtividade ou abundância e depois colocar o desenho em um envelope, com brotos de trigo ou alfafa, algumas imagens de moedas e o seu pedido. Coloque o envelope no altar e guarde-o por algum tempo, para depois enterrá-lo em um canteiro ou vaso de flores, orando para que a Deusa a atenda.

Festa budista para o Bodhisattva da Sabedoria.

26 de setembro

Celebração da morte de Tammuz, o consorte amado da deusa Ishtar, deus da vegetação da Babilônia transformado pelos gregos no belo Adônis. Segundo as lendas, Tammuz morria anualmente para ressuscitar na primavera seguinte, simbolizando assim o ciclo das estações na natureza. Tammuz, assim como **Dumuzi**, o consorte da deusa **Inanna**, era um deus sacrificial, chamado de "O ungido", título correspondente ao grego *Christos*.

Na Irlanda homenageava-se neste dia Aibell, a encantadora, a regente dos Sidhe, as colinas encantadas, morada das fadas. Lendas posteriores transformaram-na em um espírito guardião das pedras de Killaloe, onde os viajantes que ouviam sua harpa mágica encontravam a morte. Os irlandeses acreditavam que as fadas, principalmente as verdes, gostavam de ouvir e ensinar a tocar harpas, protegendo por isso os bardos e os cantores.

Theseia, o festival grego em homenagem ao herói Teseu. Antigamente, na Palestina, sacrificava-se neste dia um bode para apaziguar Azazel, o anjo caído, que representava o mal para os hebreus e era associado ao Planeta Marte.

Nas tribos siberianas, venerava-se Umaj, a deusa protetora dos recém-nascidos, a quem eram oferecidas as placentas e feitos pedidos de proteção das crianças.

A tribo dos índios Miwok, da Califórnia, comemoravam Chup, a "Mãe da comida", padroeira também das energias da natureza, especialmente do vento, chuva e fogo, que ensinou os seres humanos usarem seus recursos com moderação e sabedoria. A tribo se reunia para agradecer pela colheita, partilhando pães e sopas de grãos e assando as abóboras recém-colhidas. Como oferendas para a deusa eram preparadas guirlandas de folhas verdes, espigas de trigo e galhos de alecrim, hortelã e alfazema.

27 de setembro

Dia das **Górgonas**, as três filhas de Fórcis e Ceto, cujos nomes eram: Medusa (a impetuosa), Esteno (a que oprime) e Euriale (a que está ao largo). Elas tinham rostos lindos e asas douradas, mas seus corpos eram cobertos por escamas de lagartos e seus cabelos formados por ninhos de cobras. Dotadas de presas afiadas e garras metálicas, seu olhar era tão terrível que petrificava quem as encarasse. Por essa razão muitas pessoas usavam as imagens das Górgonas como amuleto contra o mal. As três Górgonas viviam juntas no além-mar, no mundo da noite, e eram protegidas por suas outras irmãs mais velhas, as Greias, que tinham apenas um olho e uma presa. Alguns historiadores creem que as Górgonas eram sacerdotisas lunares usando máscaras para assustar os visitantes inoportunos. Outros acreditam que elas eram uma tribo de Amazonas da Líbia, denegridas pelos gregos como sendo monstros.

Antes das Górgonas terem as características citadas acima, elas eram extremamente belas e seus cabelos eram invejáveis; todavia, eram desregradas e sem escrúpulos. Isso causou a irritação dos demais deuses, principalmente de Atena, a deusa da sabedoria, que percebeu que a beleza das Górgonas, tornava-as semelhantes a ela, mas tendo um comportamento maligno, totalmente diferente do seu. Como punição, Atena, deformou suas aparências: transformou os belos cachos das irmãs em ninhos de serpentes venenosas e violentas, seus dentes alvos em presas de javalis, seus pés e mãos macias em bronze frio e pesado e cobriu suas peles com escamas douradas. Para terminar, Atena condenou-as a transformar em pedra tudo aquilo que pudesse contemplar seus olhos; assim, o belo olhar das Górgonas se transformou em algo perigoso. Envergonhadas e desesperadas por seu infortúnio, as Górgonas fugiram para o Ocidente e se esconderem na Ciméria, conhecida como "o país da noite eterna".

Festa de Zisa, a deusa germânica da colheita, Mãe Criadora da vida e da Terra, equivalente da deusa egípcia Ísis.

Na China, cerimônia anual para a Lua, com rituais celebrados apenas por mulheres, agradecendo as colheitas e homenageando a lebre lunar, o animal sagrado da deusa Chang-O.

Festival Lunar Choosuk, na Coreia e em Taiwan, honrando os espíritos dos mortos e dos ancestrais.

No Havaí começava um festival que durava uma semana honrando a deusa Haumea, a Mãe Terra, fornecedora da nutrição física e de proteção para que as tradições ancestrais fossem preservadas da extinção. As pessoas celebravam com danças, competições esportivas e feiras de artes. Para honrar Haumea, prepare uma mesa decorada com flores, pratos com abacaxi, castanhas e milho e reúna suas amigas para um luau, ouvindo e dançando ao som das belas músicas havaianas e agradecendo à Mãe Terra pela beleza dos seus frutos e flores.

Comemoração de Cosme e Damião, no Brasil, os "Ibeji" da Umbanda popular, com a distribuição de doces e roupas para as crianças carentes. Aproveite a data para visitar um orfanato ou um hospital infantil e ajudar alguma criança carente, de forma efetiva e não apenas dando balas ou roupas.

28 de setembro

Celebração das deusas astecas da água e da fertilidade. A mais conhecida era a deusa **Chalchiuhtlicue**, "a deusa com saia de jade", representada coberta de joias de turquesa e jade, usando uma coroa com penas azuis e a saia enfeitada com lírios. Ela regia todas as águas – dos rios, dos lagos, da chuva e das cachoeiras – e gostava de oferendas de flores e penas azuis e brancas. Chalchiuhtlicue e aparecia sob outras inúmeras formas, tendo vários nomes, de acordo com sua origem e seus atributos. A deusa do mar era Acuecueyotlcihuatl, a "mulher que faz as ondas crescerem", invocada pelas parteiras e parturientes para romper as bolsas d'água e iniciar o parto.

Festival grego homenageando Têmis como governante de Delos, sua equivalente romana sendo a deusa Justitia. Themis ou Têmis era uma dos Titãs, filha de Urano e Gea, mãe das Horas, das Moiras, das Hespérides, de Astrea, de Atlas e de Prometeu. Conselheira de Zeus, ela personificava a lei e a ordem cármica no Universo e regia a consciência coletiva, o ajuste de divergências, a paz e a justiça. Têmis presidia todas as questões morais e éticas e fortalecia a voz da verdade e o dom da visão, sendo uma conselheira sábia nas decisões difíceis por oferecer perspectivas equilibradas e justas. Carregando uma balança e aparecendo com os olhos vendados, Têmis protegia os inocentes e os juramentos eram prestados em seu nome; se alguém omitisse a verdade, a deusa o punia com a morte.

Aproveitando a egrégora de Têmis, coloque uma imagem dela no seu altar, arrume suas pendências legais, mantenha seus pagamentos em dia, planeje e organize seu orçamento reduzindo gastos supérfluos, observe e equilibre seus relacionamentos. Dedique algum tempo para avaliar a repercussão das suas palavras e ações, no nível mundano e espiritual e trate as pessoas com moderação, equilíbrio e respeito.

No antigo Peru, comemorava-se Mama Occlo, a deusa celeste que inventou a tecelagem e a ensinou às mulheres, e Mama Cocha, a Mãe do mar.

Dia de Saleeb, no Egito, celebrando o nível máximo do Nilo e as deusas Hathor, Sothis, Ísis, Neith e Anath.

Festa dos Salgueiros, na Mesopotâmia, homenageando Mah, a deusa da Lua e Terra, regente da fertilidade, da procriação vegetal, animal e humana. Originariamente uma Mãe Criadora, ela foi assimilada posteriormente à deusa romana Bellona, tornando-se Mah Bellona, a padroeira da guerra.

29 de setembro

Dia dedicado a **Heimdall**, o deus nórdico guardião de Bifrost, a ponte que estabelecia a ligação entre o domínio dos deuses, Asgard e a Terra, Midgard, a morada dos mortais. A ponte era representada por um enorme arco-íris, cuja cor vermelha era formada por um fogo flamejante, que servia como defesa contra os gigantes.

Celebra-se, neste dia, o arcanjo Miguel (em hebraico: Mîkhā'ēl; em grego: Mikhaḗl; em latim: Michael ou *Míchaël;*) inimigo das injustiças e maldades, invocado para proteção e defesa. Sempre que precisar de segurança e proteção, acenda uma vela azul e ore pedindo para que esse Espírito de Luz possa lhe abençoar e defender, cortando as amarras ou infortúnios de sua vida com sua espada flamejante.

Festival de Saint Michael (São Miguel) ou Michaelmas, nos países anglo-saxões, comemorado com uma ceia especial (ganso assado com castanhas). Rudolf Steiner considerava esta data muito importante e até hoje nas Escolas Waldorf é celebrada como "o dia da força de vontade" para honrar e ativar a coragem em vencer desafios.

Comemoração de Gwynn ap Nudd, o deus celta do mundo subterrâneo, cuja morada é dentro da colina sagrada de Tor, em Glastonbury, a antiga Ilha de Avalon.

Na Escandinávia e na Islândia, homenageava-se Fylgja ou Fylgukona, espírito guardião e protetor das famílias. Apresentando-se sob uma forma feminina, Fylgja era parecida com as deusas ancestrais Disir, embora se tornasse visível apenas na iminência da morte. Segundo as lendas, Fylgja avisava sobre os acontecimentos, tanto os bons quanto os ruins, e permanecia sempre junto a uma pessoa ou de toda uma família.

Celebração da deusa celta tríplice Niskai, regente das águas e dos ciclos da roda da vida: nascimento, maturidade, morte e renascimento. Ela ensina como usar sabiamente o nosso tempo e respeitar os ciclos e as fases da existência e da natureza. Conecte-se com as qualidades dela e avalie como está decorrendo a sua vida; procure perceber se você está em sintonia com seu traçado cármico e se usufrui das habilidades e dons recebidos nesta encarnação.

30 de setembro

Meditrinália, comemoração da deusa **Meditrina**, em Roma, a padroeira das artes curativas.

As pessoas iam neste dia em procissão aos lugares sagrados, levando oferendas de frutas e pedindo ou agradecendo as curas. Acreditava-se que essa deusa usava o poder do vinho e das ervas para curar, por isso as pessoas bebiam neste dia vinho misturado com as ervas de cura, invocando as bênçãos da deusa para a sua saúde.

Uma deusa da cura muito mais antiga era Angitia, padroeira da tribo Oscan, no norte da Itália. Ela governava os poderes mágicos e de cura, sendo uma grande especialista em feitiços verbais e com ervas. Era invocada, principalmente, para curar mordidas de cobras e envenenamentos.

Celebração anual da deusa hindu Lakshmi com procissões que invocavam suas dádivas de boa sorte e prosperidade. Para se conectar com a sua energia prepare uma oferenda de arroz cozido com especiarias e salpique sobre ele açafrão e folhas de manjericão; ofereça com algumas moedas, pedindo as bênçãos de Lakshmi para o seu crescimento profissional e para ter boa sorte, saúde e determinação em conseguir seus objetivos.

Nos países nórdicos comemorava-se a deusa Snotra, conselheira e guardiã da sabedoria, cuja gentileza e compreensão da natureza humana orientavam os homens para agir corretamente e sabiamente nas suas vidas.

Dia de São Jerônimo, sincretizado na Umbanda com o Orixá Xangô, o Senhor da vibração original ígnea, deus da justiça, do trovão e dos relâmpagos. Sintonize-se com a egrégora deste dia, vá para perto de uma pedreira ou cachoeira, faça uma oferenda: batata-doce, espigas de milho verde, fatias de coco ou abóbora, cerveja preta ou vinho misturado com leite de coco, fumo na forma de charuto ou cigarro de palha, velas marrons ou vermelhas. Acenda as velas ao redor da oferenda firmando o pensamento em seus pedidos para o Senhor da justiça. Medite sobre as motivações e os resultados de suas ações passadas, responsabilizando-se por seus atos e pedindo força e luz para poder agir sempre de forma justa, correta e para o bem de todos.

Epitaphia, antiga comemoração grega homenageando as almas dos guerreiros mortos em combate.

OUTUBRO

Mesmo após o acréscimo de novos meses, em várias mudanças de calendário, Octem – o oitavo mês do calendário romano antigo – continuou assim sendo chamado.

Na antiga tradição europeia, este mês chamava-se "Lua de Sangue" devido aos preparativos para o inverno, quando se caçavam animais silvestres ou matavam os animais domésticos que não serviam mais para a reprodução, defumando depois a sua carne para poder guardá-la durante o inverno. Na Irlanda, o mês chamava-se Deireadh Fomhair, sendo o nome anglo-saxão Winterfelleth e o nórdico Windurmonath.

Os povos nativos o denominaram de Lua do Sangue, Lua dos Mortos, Lua da Caça, Lua das Folhas que Caem, Lua da Vindima, Lua da Mudança de Estação e Mês do Tempo Mutável.

No calendário druídico, a letra Ogham correspondente é Ngetal e a planta sagrada é o junco. O lema do mês é *"prepare-se, pois surpresas ou contratempos estão lhe aguardando"*.

Os celtas celebravam neste mês Cernunnos, o Deus Cornífero, o caçador, consorte da Deusa e representação do poder fertilizador masculino.

Na Grécia, o mês começava com o Festival da Thesmophoria, reservado apenas às mulheres. Durante três dias, reencenava-se o retorno da deusa Perséfone ao seu reino no mundo subterrâneo. Invocavam-se também as deusas Deméter e Ártemis para punir todos aqueles que tinham ofendido ou agredido mulheres. As sacerdotisas liam as listas com seus nomes e acreditava-se que os culpados, assim amaldiçoados, morreriam até o final do ano. Durante os rituais da Thesmophoria, eram feitas oferendas de leitões nos altares montados nas frestas da terra; os restos das oferendas do ano anterior eram misturados a terra recém--arada, invocando assim o poder fertilizador de Deméter. Nos países nórdicos, o Festival Disirblot celebrava a deusa Freyja.

Na Índia, celebra-se até hoje a deusa Durga, com o festival de quatro dias Durga Puja, e a deusa Lakshmi, com o Festival de Luzes Diwali. Lanternas e lamparinas são acesas por toda a parte e as famílias se reúnem para honrar seus pais. Todos tentam resolver seus conflitos, invocando as bênçãos das deusas com cânticos e orações.

No Tibete, comemora-se o fim da estação chuvosa, enquanto que no Havaí inicia-se um longo festival chamado Makahiki, honrando o deus Lono com competições de dança sagrada (*hula*), surfe e muitas festas.

No último dia do mês, os celtas celebravam o Sabbat *Samhain*, o terceiro e último festival da colheita, reverenciando a Deusa em sua face escura como "A Ceifadora", os ancestrais e comemorando o início do seu Ano Novo. Considerado um festival dos mortos, precursor das atuais homenagens prestadas a eles, *Samhain* era celebrado com fogueiras, oferendas às divindades e aos ancestrais, além de práticas oraculares.

As pedras sagradas do mês são a opala e a turmalina. As divindades regentes são Deméter, Perséfone, Ishtar, Durga, Lakshmi, Cernunnos, Cailleach, Freyja, Astarte, Ísis, Osíris e Hel.

Guiada pelas antigas crenças e tradições, dedique algum tempo durante este mês para descobrir, avaliar e superar suas perdas, sejam elas materiais ou emocionais. Liberte-se das mágoas e dos ressentimentos, cure suas feridas com o bálsamo do perdão, purifique seu ambiente e reverencie seus ancestrais. Encomende um culto aos antepassados, preparando também em sua casa um altar especial para eles com fotografias, flores, velas e pedras pretas. Cuide de seus túmulos, orando para que encontrem a paz, a luz e a oportunidade para um novo renascimento.

1º de outubro

Início do festival de Durga Puja, na Índia, celebrando **Durga**, a defensora contra o mal. A Grande Mãe Durga, "A Inacessível", era parte de uma tríade de deusas, juntamente a Parvati ou Maya como donzelas e Uma ou Prisni como anciãs. Representada como uma deusa guerreira, cavalgando um leão ou tigre e carregando diferentes armas em seus oito ou dez braços, ela lutava ferozmente para defender seus filhos, divinos e humanos, contra os demônios e os monstros maléficos. Como ela bebia o sangue dos inimigos, seus altares eram salpicados com o sangue dos cativos de guerra ou dos criminosos, substituído depois pelo dos animais a ela sacrificados.

Durga personifica o instinto animal da maternidade, a mãe que defende suas crias contra qualquer perigo. Às vezes, era chamada Shashti, "A Sexta", padroeira das mães, invocada no sexto dia após os partos para tecer encantamentos de proteção aos filhos e às mães. O sétimo dia após o parto era considerado dia de repouso, tradição antiga que antecede em muito os mitos dos deuses criadores como Ahura, Mazda, Ptah, Marduk, Baal e Jehovah, que descansaram no sétimo dia após a criação do mundo.

A função atual de Durga é restaurar a ordem no mundo e a paz nos corações em tempos de crise. Seu festival na Índia é precedido de purificação, jejum e abstinência. As imagens da deusa são limpas, purificadas com água dos rios sagrados e decoradas com guirlandas de flores. As pessoas lhe oferecem flores, folhagens, incenso e sacrificam cabras e ovelhas. A multidão canta e dança ao redor das fogueiras em louvor à deusa. No final da cerimônia, algumas imagens são jogadas nos rios como um ritual de purificação. No Nepal, o festival equivalente é Dussehra, com duração de quinze dias. Nesse período, ninguém trabalha e as famílias se reúnem para rituais de purificação e oferendas. Comemora-se a vitória de Durga sobre o demônio disfarçado de búfalo, que ela matou.

Celebre a deusa Durga preparando um altar com uma vela dourada ou amarela, dez objetos significativos (cada um representando um de seus braços), incenso de sândalo, flores, uma imagem da deusa e um sino tibetano. Transporte-se mentalmente para seu templo dourado e prostre-se diante dela, pedindo-lhe força e coragem para tomar decisões, resolver situações familiares ou profissionais complicadas e realizar as mudanças necessárias, "cortando o mal pela raiz". Veja-se recebendo a força dessa deusa por meio das armas de suas dez mãos; materialize essa força em algum símbolo, imagem ou mensagem. Comemore sua vitória dançando com Durga, vencendo os monstros do medo e libertando-se das garras da submissão ou humilhação. Peça-lhe para ajudá-la a libertar-se da raiva ou da dor, esquecendo os sofrimentos, mas lembrando das lições, para não repeti-las novamente. Agradeça e, ao finalizar o ritual, leve um dos objetos a um templo oriental.

Festa de Fides, deusa romana da fé e da lealdade. Essa deusa era muito antiga e, da mesma forma que Têmis (a deusa grega guardiã dos juramentos dos homens e da lei, invocada nos julgamentos perante os magistrados) personificava a base espiritual da comunidade humana. Sem a influência de Fides, duas pessoas não podiam confiar o suficiente para cooperarem. Ela era a guardiã da integridade e honestidade em todos os empreendimentos e transações entre indivíduos ou grupos. Fides era representada coberta com um véu branco, sua mão direita estendida e recebendo oferendas de cereais e frutas. Seus símbolos eram as mãos entrelaçadas e a pomba-rola. Neste dia, em seu templo no Capitólio, os três sacerdotes mais importantes de Roma iam levar-lhe oferendas em uma carruagem coberta e com as mãos direitas envoltas em panos brancos. O significado da carruagem coberta era a necessidade de zelar e proteger sua honra, enquanto as mãos direitas – as que selavam os pactos – deviam ser mantidas puras e sagradas. O resto da solenidade era secreto para não vulgarizar a sacralidade do culto a Fides.

Os índios Cherokee celebram a deusa ancestral chamada "A Primeira Mulher", Criadora dos animais e das plantas, que também propiciava abundância e a prosperidade no mundo. Anualmente essa deusa gerava uma criança, fato que simbolizava a chegada do novo ano. A tribo realizava oferendas para selar a união com sua ancestral e as pessoas se banhavam nos rios, para a purificação e remoção das barreiras energéticas que impediriam a conexão.

Dia de Santa Teresa, no México e em Cuba, modernização de uma antiga celebração de Oyá, a deusa ioruba do vento e das tempestades.

2 de outubro

Festival da deusa chinesa **Hsi Wang Mu** ou Wang Mu, a protetora das mulheres. Essa deusa do Oeste morava em um palácio de ouro nas montanhas Kunlun, onde dava uma grande festa, a cada três mil anos, quando distribuía as frutas da imortalidade da árvore "p'an-t'ao". Wang Mu representava a energia feminina, a essência do Yin; em sua forma antiga, ela aparecia como uma mulher selvagem, com o rosto peludo, dentes de tigre e cauda de gato e em vez de palácio, Wang Mu morava em uma gruta. Lá, ela era alimentada por pássaros mágicos com  três pés; por meio deles, Wang Mu enviava para os homens a morte e as doenças, em função do seu destino. Posteriormente, ela tomou a forma de uma linda mulher, que curava as doenças e distribuía os pêssegos mágicos da renovação. Obviamente, essas formas representavam os dois aspectos – claro e escuro – da mesma deusa.

Antiga celebração celta dos Anjos de Guarda, preservada até hoje na Espanha com festejos nas paróquias, fogueiras, dança de espadas e encenações da luta entre o bem e o mal, defronte da imagem de um Anjo.

Aproveite esta data e faça um pequeno ritual. Acenda uma vela da cor de seu signo e queime um incenso de sândalo, ao lado de um copo com água mineral ou de fonte. Toque um sino, abra sua percepção sutil e fique em silêncio, procurando conectar-se ao seu Anjo Guardião ou aos arquétipos dos Anjos Planetários, regentes de seu signo solar, seu ascendente e seu signo lunar. Os Anjos são forças cósmicas com as quais podemos nos conectar, usando nossa capacidade de mentalização, visualização e o poder da oração, esperando suas mensagens expressas por sons, luzes, imagens e palavras.

Na tradição gnóstica, Ennoia é a deusa do conhecimento, das intenções e dos pensamentos que designava e manifestava a criação de todos os seres, incluindo os anjos. Através dela podiam ser aprendidas as artes mágicas e a comunicação com os anjos, vistos como mediadores entre nós e os deuses. Uma tradição antiga da Espanha ensinava o uso do tilintar dos sinos, que representava a beleza da música angelical e era um meio para se comunicar com eles.

3 de outubro

Marawu, rituais dos índios Hopi para assegurar a fertilidade das mulheres e a da terra, garantindo a continuidade da vida. Reverenciavam-se as deusas da agricultura Angwu-Shahai-i, "A Mãe Corvo", Hano Mana, Angwusnasomtaka e Hokyang Mana, responsáveis pelas dádivas da terra e regentes dos seres da natureza.

Dia de São Dionísio, versão cristianizada do deus pagão pré-helênico Dionysus, a divindade do vinho, da fertilidade e da colheita. Um antigo ritual recomendava misturar vinho da safra anterior com o da atual e beber um copo, pedindo a cura dos males antigos e recentes. Dioniso ou Baco era o deus greco-romano do prazer, da natureza selvagem, da expressão livre, das sensações e emoções, dos rituais de renovação e regeneração. Nos Mistérios de Elêusis, ele era Iacchos, a criança divina, que nascia e morria anualmente nos ciclos de renovação.

Dioniso era acompanhado pelos Sátiros e por um séquito de mulheres, as Mênades ou Bacantes, que participavam dos seus rituais orgiásticos e, nos momentos de fúria etílica, despedaçavam os homens. Seus símbolos eram a hera, a videira, o vinho, a flauta, o tamborim e os címbalos. Originariamente conhecido como um deus da Trácia, o culto a Dioniso influenciou outras culturas. Devido à sua natureza hermafrodita, atualmente Dioniso é cultuado nos círculos femininos da Wicca Diânica (também conhecida como Bruxaria Diânica e Bruxaria Feminista Diânica, uma tradição ou denominação da religião neopagã Wicca), além dele ser considerado um deus da vegetação pelas seitas neopagãs e os grupos ecológicos.

Na Coreia era celebrada a "Mãe Ursa", considerada a fundadora do país. A sua lenda conta o encontro entre uma ursa e um tigre, ambos querendo ser humanos. Para conseguir essa transformação deveriam permanecer em uma gruta durante cem dias, comendo apenas insetos, alho e vermes. O tigre não teve paciência, achou tudo muito difícil e foi embora, mas a ursa continuou determinada e, no final dos cem dias, se transformou em uma linda mulher, cujo filho fundou a Coreia chamando-a de "terra da calma matinal". A Mãe Ursa inspira tranquilidade e devoção para alcançar a transformação pessoal; a conexão com ela é feita através da projeção astral para uma gruta, onde a encontra hibernando e lhe transmitindo as qualidades de paciência, determinação e resiliência para alcançar seus objetivos.

4 de outubro

Dia de **Santa Clara**, na Itália, antiga data da deusa siciliana Hybla, regente da terra e da natureza (plantas, árvores, animais, rios, nascentes, ventos, pedras, campos e florestas), que gerou a humanidade, ajudando-a ter a clareza e compreensão dos ciclos da vida e buscar a conexão espiritual.

Celebração da antiga deusa celta Boann, a "Senhora das Vacas Brancas", padroeira do Rio Boyne, na Irlanda, protetora das artes, da inspiração e da fertilidade. Segundo a lenda, havia uma fonte mágica na cabeceira do Rio Boyne, onde cresciam nove aveleiras encantadas, cujos frutos conferiam o dom do conhecimento. As avelãs maduras caíam no rio, onde eram comidas pelo salmão, que era a mais sábia entre todas as criaturas da mitologia celta. As deusas eram proibidas de se aproximar da fonte, mas Boann tentou chegar perto. O rio enfurecido saiu de seu leito, ameaçando afogar Boann. Ela se salvou e o rio não pode voltar atrás, levando assim o fluir dos dons de sabedoria a todas as pessoas.

Celebração de Mylitta, deusa fenícia da Lua e do amor, padroeira da sexualidade, da fertilidade e dos nascimentos; ela unia a essência da água da chuva com a força do fogo celeste, produzindo energia vital e sexual.

Dia Mundial dos Animais, dedicado a São Francisco de Assis, considerado o irmão de todos os animais e por isso, entronado como Padroeiro dos movimentos ambientais. Dia adequado para cuidar e benzer os seus animais de estimação, invocando a proteção de São Francisco.

Em Roma, Jejunium Cereris, dia de jejum dedicado à deusa Ceres, a "Mãe dos Cereais", guardiã da agricultura e dos frutos da terra.

Festa do Alce dos índios norte-americanos, celebrando as "Mães dos Cervos" (Deer Mothers), deusas protetoras dos animais selvagens.

5 de outubro

Comemoração do Espírito Santo pelos gnósticos, metamorfose da antiga deusa da sabedoria **Hagia Sophia**. O espírito da sabedoria feminina era chamado de Sapientia em latim e Sophia em grego, sendo simbolizado pela pomba branca, o totem da deusa Afrodite. O Espírito Santo, antigamente, representava a parte feminina de Deus, sua alma, da mesma forma que Kali-Shakti completava os deuses hindus. Sophia era considerada pelos gnósticos a Mãe de Deus, a Virgem que concebeu o todo.  Era identificada com a deusa Ísis-Hathor, cujas sete emanações criaram as sete almas da mitologia egípcia. Foi venerada pelos gnósticos como Rainha, Senhora da Sabedoria, Mãe abrangente, de cuja luz, Jesus foi gerado. Seu maior templo, em Constantinopla, foi considerado uma das maravilhas do mundo e o mais rico da Europa. Os cristãos, ao negarem o sagrado feminino, atribuíram esse templo a uma mártir, virgem, mas mãe de três filhas, as santas: Fé, Esperança e Caridade, adaptações das três Cárites.

Festival da deusa anciã do milho Nubaigai, na Lituânia. A última espiga de milho colhida é modelada e vestida como se fosse uma mulher, sendo guardada até a próxima colheita para dar sorte. As pessoas honravam a deusa com oferendas, festejos, músicas, danças e jogos.

Celebração da Serpente do Arco Íris, a deusa nativa da Austrália, chamada também de Julunggul, regente das chuvas e da água do mar. De acordo com a tradição, as suas bênçãos fluem na vida das pessoas levando filhos, alegria, conhecimento mágico e a reverência às tradições sagradas. Para honrá-la era realizado um Carnaval de flores, que celebrava a alegria de viver, a beleza e a abundância da natureza. Para atrair os atributos de Julunggul junte água da chuva e nela deixe em infusão de um dia para outro, pétalas de flores; depois de coar beba desse chá e use-o para purificar a sua casa, aspergindo em cada cômodo e canto.

Dionisíadas, antigas celebrações do deus Dioniso, das Mênades e da deusa Ariadne, na Romênia e nos Balcãs. Em Roma, comemoravam-se os espíritos ancestrais, com oferendas e orações.

Acredita-se que neste dia começava a abertura do mundo subterrâneo para as viagens xamânicas, favorecendo a passagem e as comunicações dos espíritos ancestrais e protetores.

6 de outubro

Festa mexicana da chuva homenageando a **Virgem de Zapopan**, reminiscência das antigas celebrações das deusas astecas da água e da chuva: Chalchiuhtlicue Ix Chel, Ix Ku, Matlalcuye, Tatei Hamuxa e Xixiquipilihui. No Novo México celebrava-se a deusa Chicomecoatl com um festival gastronômico com comidas típicas. A deusa era regente do milho e da abundância da colheita, sendo reverenciada na lareira das casas por suas dádivas de calor, energia e fertilidade. As suas oferendas incluíam comidas temperadas com pimentas, para despertar o fogo interior e ativar o calor físico e emocional. Como ela "mora" no fogo, para honrá-la, acenda uma vela ou uma lareira e peça a presença da deusa em sua vida, ativando a sua chama sagrada e ampliando seus recursos criativos.

Celebração de Mokosh, antiga deusa eslava da terra e da água, cujo culto sobreviveu até o século XVI na Sérvia. Mokosh regia as águas do céu e da terra, a umidade, a fertilidade, os animais aquáticos e a pesca. Era simbolizada por pedras em forma de seios e acreditava-se que a chuva era o leite que saía deles. Na época da seca, as pessoas seguiam em peregrinação às pedras a ela consagradas para pedir saúde, boa sorte e prosperidade. No folclore russo, seu nome sobreviveu como Mokushka, os espíritos femininos que assombram as casas, cantando e tecendo durante toda a noite em teares invisíveis.

Festival hindu de Vishnu, o deus da luz e do Sol no Nepal.

Aproveite esta data para invocar ou agradecer as bênçãos da chuva fertilizadora e purificadora. Se estiver chovendo, recolha água da chuva para seus rituais. Molhe sua cabeça na chuva e sinta-se purificada e rejuvenescida. Coloque alguns seixos ou pedras em formato de seios em seu altar, criando um elo com as deusas da água e da terra.

7 de outubro

Festa da deusa Pallas Atena, homenageada como padroeira da cidade de Atenas. Posteriormente, essa celebração foi modificada, passando a ser dedicada à deusa Victoria, equivalente romana de **Nike**, a deusa grega das vitórias. Com a cristianização, Victoria foi transformada em Santa Vitória ou Nossa Senhora das Vitórias. Victoria, a deusa, foi imortalizada em diversas esculturas, colocadas sobre vários Arcos do Triunfo, como os de Paris, Roma, Lisboa, Munique e Berlim.

Antiga comemoração do Ano Novo na Suméria, celebrando Bau, a Grande Mãe, Criadora da vida, guardiã da saúde e da cura. Era considerada a padroeira e principal divindade da cidade de Lagash, onde seu festival iniciava as comemorações do Ano Novo. Originariamente realizado na Babilônia, o culto a Bau fundiu-se ao da deusa Gula, sendo mais tarde assimilado pelo culto à deusa Ishtar.

Celebração de Cathubodua, antiga deusa celta da guerra, venerada principalmente na Gália. Com esse nome também era designado o corvo guerreiro, símbolo das deusas da guerra e da morte. Um aspecto da deusa irlandesa da terra, Banba, tinha um nome similar – Cathubodia – representando a deusa como Senhora da Morte.

Kermese era um antigo festival teutônico, preservado até hoje como uma festa com música, danças, cantos, jogos e competições. Eram premiados aqueles que desenterrassem mais rápido um símbolo sagrado, que era levado depois em procissão pelas ruas da cidade, para abençoar e atrair a prosperidade. O desenterrar do símbolo significava provavelmente o ressurgimento das antigas tradições ocultas na terra.

Esta data era dedicada às "Mulheres Brancas" (Weisse Frauen), deusas das florestas, reverenciadas pelos pagãos em altares construídos no seu próprio habitat. As pessoas formavam procissões, indo das cidades para o meio das florestas, onde eram realizadas danças e oferendas, pedindo suas bênçãos e assumindo o compromisso de cuidar das árvores. Com o passar do tempo, as pessoas as procuravam para lhes pedir fertilidade e proteção para a sua terra e família, além de inspiração para ler oráculos.

Aproveite a egrégora antiga e enterre no seu jardim, sob uma árvore, arbusto ou em um vaso com plantas uma pedra branca, com o intuito de atrair as bênçãos das Deusas da terra e da natureza. Depois de sete dias, desenterre a pedra e a coloque no seu altar, segurando-a sempre que precisar de força, firmeza, inspiração e proteção para si, para sua casa, seus bens e sua família.

Festival Galungau, em Bali, reverenciando os espíritos ancestrais.

8 de outubro

Oschophoria, a festa dos galhos verdes na Grécia. Celebrava-se o retorno do labirinto de Teseu, o herói que, ao matar o Minotauro, libertou Atenas dos tributos que precisavam ser pagos ao rei de Minos.

A origem dessa lenda é bem mais antiga, descrevendo o culto cretense do **Minotauro** ou o "touro lunar", possivelmente uma variante do culto egípcio a Ápis o deus com cabeça de touro. "Touros lunares" eram chamados os reis de Minos, dinastia que governou Creta até 2.000 a.C. Nos rituais, os "touros lunares" se uniam à Deusa, representada por Reia Dictynna ou Pasifae, na forma de suas sacerdotisas. Anualmente, o "Rei do Ano" era sacrificado simbolicamente na forma de um touro, sendo substituído depois para renovar as energias da terra. Os historiadores, desconhecendo o verdadeiro significado do *Hieros Gamos* (casamento sagrado), interpretaram a união da sacerdotisa ao "Deus Touro" ao pé da letra, vista como uma aberração sexual perversa, considerando o Minotauro um monstro, quando na verdade era apenas o Rei que usava uma máscara.

Na China era reverenciada Bixia Yuanjin, a Deusa das nuvens e dos lugares altos, que aparecia nos nascimentos, trazendo saúde e boa sorte para as crianças. Como padroeira dos ventos, ela coordena os seus movimentos distribuindo chuva ou céu azul, de acordo com as necessidades da Terra. Para honrá-la era realizado um concurso de pipas e ofertado vinho de crisântemo e bolo de arroz aos participantes.

Aproveite esta tradição antiga e observe o movimento e as formas das nuvens enquanto medita, ou solte uma pipa, enquanto expressa uma dúvida ou questão, olhando para o céu; espere ouvir a resposta da deusa através dos sinais, imagens e sons percebidos pela sua intuição.

Nos países escandinavos, reverenciava-se Audhumbla, a "Vaca Primordial", a Criadora da vida. De acordo com o mito, antes da criação, a Escandinávia era uma terra de extremos: gelo no norte, fogo constante no sul e caos no meio. Da interação do frio com o calor, da contração com a expansão, foram criados dois seres: Audhumbla, de cujas tetas jorravam rios de leite, e Ymir, o ancestral dos gigantes, que sugava todo o leite da Vaca Divina. Um dia, enquanto lambia o gelo salgado, Audhumbla pariu o primeiro ser humano – Bur, o avô do deus Odin –, que matou Ymir e usou-o como matéria-prima na criação do mundo.

9 de outubro

Wima Kwari, celebração dos *Ojos de Dios*, "Olhos de Deus" no México. O **olho** era um símbolo antigo dedicado à Deusa e usado como bênção e proteção.

A sílaba *ma*, presente em inúmeros nomes das deusas-mãe, significava "ver" em egípcio e seu hieróglifo correspondente era um olho. A deusa Maat, originariamente, era a detentora do "olho que tudo vê"; posteriormente, esse atributo foi transferido ao deus Hórus. Inúmeras estatuetas das deusas neolíticas apresentam grandes olhos em corpos femininos. Um dos símbolos da deusa Inanna eram seus olhos e a deusa assíria Mari era representada com grandes olhos que "perscrutavam as almas dos homens". O cristianismo denegriu esse poder do olhar feminino, transformando-o em uma forma de maldição pertencente às "bruxas". Esse dom era considerado tão poderoso que, durante os julgamentos da Inquisição, as supostas bruxas eram proibidas de olhar para os juízes, permanecendo todo o tempo de costas para eles. No entanto, curiosamente, até hoje em talismãs contra o mau-olhado, são usados símbolos femininos como búzios, olhos e triângulos iônicos.

Na Coreia, as mulheres xamãs invocavam a deusa da água, Mulhalmoni. Oferendas de moedas e de um prato tradicional à base de arroz, cozido em um caldeirão consagrado, eram feitas nas fontes sagradas para curar as afecções dos olhos ou problemas de visão. O ritual envolvia a lavagem dos olhos do paciente com a água da fonte e, depois de comer parte do arroz, orar para a deusa. Seus efeitos eram curativos e preventivos.

Celebração da deusa germânica Holda, conhecida como a "Senhora Branca", a sábia anciã que cuidava do destino das pessoas e ensinava os mistérios do conhecimento mágico. Os descendentes americanos dos antigos adeptos da Holda honram a sua sabedoria comemorando e cuidando dos anciãos da sua comunidade.

Para melhorar sua percepção das leis cármicas ou para ampliar a sua visão interior, coloque uma roupa branca, abençoe um colar ou pulseira com pedras da lua e use um oráculo para entrar em contato com a sua sabedoria interior. Como oferenda, partilhe com a deusa um pouco de vinho de safras antigas e queijo envelhecido, reconhecendo assim o valor da passagem do tempo.

Aproveite a combinação desses presságios e adquira um talismã em forma de olho, que tem o poder de absorver energias negativas. Além de proteger da inveja, ele simboliza o olhar da Deusa que ilumina e protege as pessoas, transmite paz e lhes da sorte. Consagre-o, dedicando-o à sua deusa interior, depois de purificá-lo com água de fonte ou mineral. Ao passar perto de qualquer fonte, saúde a divindade que nela habita, lave seus olhos com a água e ore para que a deusa Mulhalmoni cuide da sua visão.

10 de outubro

Na Espanha, celebração da Virgem del Pilar, versão moderna da deusa lunar asteca **Coyolxauhqui**, filha de Coatlicue, a Deusa Mãe. Em 1978, nas escavações da cidade do México, foi encontrada uma grande pedra com uma inscrição. Era uma antiga lenda descrevendo a disputa entre Coyolxauhqui, cujo nome significa "sinos dourados", e Huitzilopochtli, seu irmão e deus do Sol. No fim dessa luta, vista como a oposição entre o dia e a noite, o irmão mata a irmã. A Deusa Mãe, comovida com a bondade da filha, cortou sua cabeça e transformou-a na Lua, que brilha apenas durante a noite e jamais encontra seu irmão, o Sol.

Nas lendas tupi-guarani, conta-se a história de Perimbó e Poré, o casal lunar. Perimbó, a deusa criadora de toda a vida na Terra, e o deus lunar, Poré, eram divindades de natureza benevolente. Apesar disso castigavam, sem hesitar, todos os humanos que infringissem as leis divinas.

Na antiga Alemanha, homenageava-se Alraune, a deusa da sorte e da magia, com oferendas de raiz de mandrágora. Essa raiz era utilizada na confecção de amuletos de proteção e de boa sorte.

Na Dinamarca, celebrava-se a "Anciã dos Sabugueiros", uma antiga divindade invocada antes da retirada dos galhos de sabugueiro para a confecção de varinhas mágicas.

Na Polinésia era celebrada a deusa Ra'i Ra'i, regente da luz solar e da felicidade, que iluminava a vida para vivê-la com alegria. Quando ela desceu para a Terra para gerar os primeiros seres humanos, trouxe consigo um grupo de fadas alegres, que viviam brincando com crianças e cuidando da natureza. Em Samoa as pessoas se vestem de branco e dedicam o dia para cuidar e brincar com as crianças, inventando atividades para entretê-las.

Para encontrar as fadas, procure nas florestas os círculos de cogumelos, o som de pequenos sinos e o jogo de luzes que indicam a presença delas. Aqueça-se no sol ou, se o tempo for nublado, use uma roupa amarela, um espelho e uma vela e medite, visualizando a deusa Ra'i Ra'i envolvida numa luz dourada e abençoando você.

11 de outubro

Início de *Thesmophoria*, o festival grego de três dias reservado apenas às mulheres. Sua origem é muito antiga, sendo oriundo dos cultos neolíticos de celebração da colheita dos cereais e das oferendas de leitões, que foram perpetuadas no culto a Ísis e, posteriormente, no culto a **Deméter**. Durante esse festival – que celebrava Deméter Thesmophorus, a guardiã da lei –, as mulheres se reuniam e praticavam vários rituais relacionados à fertilidade das plantações, animais e pessoas.

Neste primeiro dia, havia o ritual de *Kathodos* e *Anados*, a cerimônia do "ir abaixo e voltar para cima". As mulheres escolhidas eram sacerdotisas que tinham passado por várias purificações, inclusive por abstinência sexual, e evitado contato com objetos de ferro nos últimos três dias. Vestidas com túnicas vermelhas, elas descem para o altar de Deméter, localizado em uma gruta profunda, levando consigo os leitões consagrados à Deusa, que eram deixados nas fendas da gruta. Era um ritual perigoso, pois nessas fendas existiam serpentes que se alimentavam das oferendas. As sacerdotisas utilizavam chocalhos e encantamentos para mantê-las afastadas, enquanto recolhiam os restos das oferendas do ano anterior para levá-los de volta à superfície e enterrá-los. Celebração de Damkina, a Senhora da Terra, deusa babilônica protetora das mulheres e das crianças. Ela foi posteriormente associada a outras deusas sumérias da Terra como Ki, Kadi, Ninhursag e Nintu. Seu culto foi levado para Acádia, onde foi chamada Daukina e identificada com Deméter.

Na Coreia era celebrada Ti Chih Hsing Chun, a guardiã das portas do Céu, que observava e anotava o comportamento humano, observando as boas e as más ações. Ela regia a comunicação e ensinava as consequências das ações, da inércia e dos comportamentos errados que influenciam o curso da nossa vida. Nesse dia era comemorada a origem do alfabeto coreano, que era celebrado pelas crianças aprendendo a caligrafia, bem como copiar e reconhecer os rebuscados sinais do alfabeto coreano.

Aproveite este estimulo para novos aprendizados e aprenda um novo alfabeto, como o rúnico (nórdico) ou o oghâmico (celta) e suas correspondências, oraculares e mágicas, que poderá usar para obter orientações e conselhos para a sua vida, nas práticas de magias e na conexão espiritual.

12 de outubro

Nestia, o segundo dia de *Thesmophoria*, celebração da deusa **Deméter**, a guardiã da lei. Deméter ensinou os homens a providenciarem o sustento por meio de seu esforço pessoal; reconhecia-se, assim, que as mulheres não deveriam cuidar dos homens a vida toda, apenas até certa idade. Neste dia, todos jejuavam, os prisioneiros eram libertados, anistias eram conferidas, os julgamentos suspensos e todos veneravam Deméter. Sua estátua era posta no altar e os restos das oferendas e dos objetos trazidos da gruta eram deixados como oferendas ou enterrados no chão.

Invocava-se também a justiça divina para todos aqueles que tinham transgredido as leis, ofendido a moral da comunidade, desrespeitado ou agredido as mulheres.

Dia de Fortuna Redux, a deusa romana das viagens. Ela protege os viajantes e os meios de translado e também prevê o que pode acontecer durante as viagens.

Invoque sua proteção para viajar com segurança, independentemente se é de carro, ônibus, trem ou avião; confeccione amuletos de proteção para as bagagens costurando uma pequena sacola de pano recheada de camomila, hortelã, artemísia, acrescentando uma pedra da lua e uma turquesa. Pode colocar também uma oração de proteção escrita à mão e uma imagem da Deusa.

Celebração de Kali, a deusa da morte em Bengali.

13 de outubro

Kallingeneia, terceiro dia do festival de *Thesmophoria*, dedicado ao "plantio" de volta para a terra, nos campos dos futuros plantios, de tudo o que tinha sido retirado das fendas da gruta onde existia o altar de **Deméter** (restos das oferendas do ano anterior, sementes e pinhas). Era uma fertilização mágica, feita ritualisticamente pelas mulheres que não tinham tido nenhuma morte em suas famílias.

Fontinália, ritual romano de consagração e veneração das fontes de água e da deusa Fons, sua padroeira. Esse antigo festival agradecia pela água potável e aos espíritos das águas que moravam nela. Fons era também, a padroeira das fontes termais e da cura pela água e para ela eram feitas oferendas de flores e moedas, entregues nos rios e nascentes. Para atrair seu poder tome um banho de pétalas de flores feito com água de fonte, beba água mineral, agradeça aos espíritos das fontes e invoque a deusa pedindo para que a sua vida seja calma e tranquila.

Ofereciam-se também moedas e flores às deusas Carmenae, protetoras das fontes e dos rios, pedindo em troca cura e paz. No final, todos celebravam cantando e dançando, agradecendo às deusas as promessas de novas colheitas.

Comemoração celta para Sulis, a deusa das águas termais e curativas. Seu antigo altar e fonte eram na cidade de Bath, na Inglaterra, transformados depois em termos pelos romanos. Sulis era uma deusa solar, representada como uma mulher madura vestindo um manto de pele de urso, com uma coruja a seus pés. Os romanos identificaram-na com sua deusa Minerva e a estação de águas termais passou a ser conhecida como Sulis Minerva.

Neste dia, em Portugal, houve a última aparição de Maria, a manifestação cristã da Grande Mãe. Foi em 1917, em Fátima, sendo presenciada por setenta mil pessoas.

14 de outubro

Antiga celebração eslava para as Rodjenice, as deusas do destino. Semelhantes às **Parcas** gregas ou às Nornes nórdicas, elas se apresentavam como três mulheres de idades e trajes diferentes, que presenciavam todos os nascimentos, uma delas tecendo o fio da vida, outra o medindo e a terceira cortando-o. A elas eram oferecidas as primeiras porções da comida dos festejos de batismo e a placenta dos recém-nascidos, que era enterrada sob uma árvore frondosa. De

acordo com o país de origem, consideram-se na formação da tríade as deusas Rodjenice, Sudnice e Sudjenice, ou as deusas Fatit, Ore e Urme.

Na Noruega, Disirblot, celebração celta para as Disir, os espíritos ancestrais femininos venerados antes da chegada dos clãs patriarcais. As famílias honravam essas ancestrais divinizadas com festejos e oferendas, visando receber suas bênçãos e sua assistência, por terem elas o controle sobre as qualidades ou defeitos hereditários.

Durga Puja ou Dasain, no Nepal, Índia e Bangladesh, comemorando a vitória de Durga sobre o mal.

Festa das "lamparinas flutuando nos rios", celebração siamesa para as divindades das águas.

Festa para a deusa da fertilidade Ma, na África do Sul. Na Anatólia, Ma também era a Senhora dos animais, Criadora da terra e da natureza, além de ser um dos nomes de Reia e Gea, as deusas greco-romanas da terra e da criação. Na mitologia grega, Reia é uma deusa titânica, filha de Urano e de Gaia. Na mitologia romana é identificada como Ops, uma das manifestações da Deusa mãe, semelhante à *Magna Mater* para os romanos.

Comemoração de Eadon, a deusa irlandesa da poesia e das artes.

Dia da Confederação Interplanetária nos Estados Unidos, celebrando os planetas da Via Láctea.

Na mitologia asteca, a deusa Citlalicue personificava a Via Láctea, sendo chamada de "A mulher com saia de estrelas", Mãe e Guardiã do Sol, da Lua e das estrelas.

As tribos indígenas do alto Amazonas reverenciam Ituana, "A Mãe Escorpião", que mora na Via Láctea. De lá, ela direciona as almas para a reencarnação e nutre os recém-nascidos com o leite de seus inúmeros seios.

A tribo Maori de Nova Zelândia celebrava a deusa Hine Turama, Criadora das estrelas e regente das leis universais. Ela morava na Via Láctea e de lá supervisiona os projetos espaciais, cuidando para que fossem respeitados os limites da expansão espacial humana.

Para se conectar com qualquer destas deusas estelares, olhe para a Via Láctea numa noite clara e escolha uma das suas estrelas; invoque a Deusa, faça seu pedido e ouça o que ela esta lhe dizendo no piscar da sua luz.

15 de outubro

Comemoração, nos países nórdicos, de **Freyja** ou Freya, a deusa do amor e magia, condutora das almas para o mundo subterrâneo. Freyja era a Matriarca Ancestral do grupo de divindades Vanir, precursoras dos Aesir, as divindades patriarcais vindas da Ásia. Como dirigente das matriarcas ancestrais Afliae, as poderosas, e das Disir, as avós divinas, Freyja tinha múltiplos atributos. Ela regia o amor, a fertilidade, a sexualidade, a Lua, o mar, a Terra, o mundo subterrâneo, o nascimento, a morte e a magia. Aparecia como uma Deusa Tríplice (virgem, mãe, anciã), como Senhora dos gatos, Dirigente das Valquírias e Condutora das almas dos guerreiros mortos em combate, das quais metade ia para seu reino e a outra metade para Valhalla, o

palácio de Odin. Freyja era irmã e também consorte do deus da fertilidade Frey, com quem formava o casal divino "A Senhora e o Senhor", celebrado nos ritos de fertilidade com o "casamento sagrado", a união sexual entre o rei do ano e a sacerdotisa da Deusa.

Freyja era representada como uma linda mulher, com longos cabelos dourados, vestida com um manto de peles de gato, enfeitada com penas de cisne e adornada com joias de ouro e âmbar, vinha sentada em sua carruagem dourada puxada por quatro gatos. Seu dia sagrado era a sexta-feira, que foi nomeado em sua homenagem (Friday ou Freitag), sendo invocada em todos os assuntos de amor, sexo e magia. Segundo as lendas, foi Freyja quem ensinou a Odin como usar a magia das runas.

Nos países nórdicos, celebravam-se "As noites de inverno", marcando o início do inverno, o fim das atividades externas (colheita, caça, pesca) e os preparativos para a sobrevivência durante o inverno.

No País de Gales reverenciava-se Dwynwen ou Branwen, a deusa do amor, também conhecida como "A Vênus do Mar do Norte" ou "Lindos Seios Alvos". Filha de Llyr, o deus do mar, ela era regente da lua cheia e padroeira dos namorados.

Em Canãa, antiga celebração de Kades, a deusa do amor e da sexualidade. Ela era representada nua, cavalgando um leão e segurando uma serpente nas mãos.

Festival do deus romano Marte, com competições de carruagens e o sacrifício do cavalo que fosse o último colocado.

Na tradição grega, Gaia, regia a passagem do tempo abençoando a vida e a sustentação de todos os seres do Planeta. Deusa criadora da Terra, Mãe geradora de todos os deuses, Gaia, Geia ou Gê, nascida do Caos, foi a ordenadora do Cosmos, acabando assim com a desordem e a destruição existente e criando harmonia. Sozinha, gerou Urano (o céu) e Pontos (o mar) e criou do seu próprio corpo, montanhas, vales, planícies e a água, dando origem aos seres vivos. O Oráculo de Delfos pertencia a Gaia, antes que o deus Apolo o usurpasse.

Para se conectar com Gaia, reverencie a Terra como sendo sagrada e assuma um compromisso para cuidar e proteger a natureza. Pronuncie este voto colocando as mãos sobre a terra. Leve consigo um pouco de terra, pedras ou galhos secos de algum lugar sagrado para colocá-los no seu altar, na direção correspondente.

16 de outubro

Celebração de Lakshmi Puja no Nepal, Bangladesh e Índia, o "Festival das Luzes", comemorando a deusa da fortuna e da prosperidade Padma, **Lakshmi** ou Kamala com orações, cânticos e oferendas de flores e incenso.

Padma ou Lakshmi era representada por um cesto cheio de arroz ou brotos; sua planta sagrada era o manjericão, cultivado próximo aos templos e casas como sinal de proteção. Por ser encontrada nas várias formas de riqueza, como: ouro, moedas, conchas raras, recém-nascidos e vacas sagradas, não havia na Índia templos dedicados à Padma. A conhecida reverência pelas vacas é baseada no culto a essa deusa em sua forma de Shakti, a fonte de poder do deus Vishnu. A filosofia hindu define a divindade masculina como sendo, passiva, distante e abstrata, a não ser que seja ativada por uma deusa. Segundo os mitos, Lakshmi sempre existiu, mesmo antes da criação, flutuando sobre um lótus (de onde vem seu nome de Padma – deusa do lótus), que se tornou o símbolo da iluminação espiritual. Na Índia pré-védica, Padma era uma deusa da terra e da fertilidade, que no hinduísmo se transformou em Lakshmi, a deusa da riqueza – não apenas material, mas também espiritual.

Era comemorada também Anna Purna, a deusa dos grãos, fornecedora da nutrição e sustentação, tanto material, quanto espiritual.

Na Irlanda celebrava-se, neste dia, a deusa Ker, a Senhora dos grãos e da colheita, com oferendas de cereais e frutas. Seu símbolo era a última espiga de milho colhida das plantações, que depois era modelada e vestida como mulher. Era chamada de Kernababy, sendo utilizada em rituais de fertilidade, enterrada na terra no início da semeadura e acompanhada de bênçãos para a prosperidade.

Dia Mundial da comida, criada pelas Nações Unidas para chamar a atenção do público para os problemas de fome no mundo e promover a cooperação entre as nações para combater a fome e a pobreza.

Inspire-se na egrégora do dia e doe mantimentos para abrigos, orfanatos, asilos ou pessoas necessitadas, abençoando previamente as doações e pedindo para as Deusas dos grãos zelarem e cuidarem de quem está passando por privações. Espalhe alguns grãos no chão no sentido horário e visualize que os pássaros levarão seus pedidos para a Deusa, em gratidão pelos grãos, que simbolizam seus objetivos de realização material.

17 de outubro

Dia de Pandrosós, a deusa grega da agricultura e do orvalho. Juntamente a Agraulós e Herse, ela formava a tríade das **Augrálides**, antigas deusas pré-helênicas de Áttica. Agraulós, a irmã mais velha, era a deusa da terra; as outras duas irmãs eram as deusas do orvalho, mas agiam sempre em conjunto para fertilizar a terra.

Posteriormente, criou-se um novo mito, ligando essas antigas deusas a Atena. As Augrálides teriam recebido de Atena uma caixa para guardar e jamais abrir. Por certo tempo elas obedeceram; porém, a curiosidade foi mais forte do que a promessa e Agraulós e Herse abriram a caixa, encontrando Erichthomus, o "nascido da terra", o terrível filho-serpente de Atena. Esse fato comprova a ancestralidade de Atena como deusa fértil da terra, antes de ser transformada na filha virgem de Zeus. As consequências da abertura da caixa são controversas, mas a teoria mais simples aponta para Agraulós e Herse sendo transformadas em pedra, enquanto que a obediente Pandrosós foi nomeada a principal sacerdotisa de Atena.

No Japão, Kanname Sai, o festival dos novos grãos ofertados à deusa solar Amaterassu-o-mi-kami, a filha do casal divino Izanami e Izanagi. Considerada a ancestral da família real, Amaterassu ensinou as pessoas a cultivarem a terra e criarem o bicho-da-seda.

Na Alemanha e na Escandinávia celebrava-se Nott, a deusa regente do céu noturno, da Lua, da noite, dos metais, das estrelas e dos planetas, doadora da inspiração artística e do conhecimento mágico. Nott era representada envolta pelo manto do céu estrelado, atravessando o céu em sua carruagem prateada, feita da mescla de todos os metais e adornada com pedras preciosas, sendo puxada por uma égua coberta por cristais de gelo. Ela conferia inspiração e criatividade e, quando invocada, removia as preocupações e a tristeza. Como *Dream-Njörun* (a Senhora dos sonhos) Nott era invocada por escritores, poetas, pintores e compositores, para que removesse os bloqueios da sua expressão criativa e abrisse os "canais" de inspiração. Invoque as bênçãos de Nott antes de redigir um texto ou entregar seus escritos para serem publicados.

Durante séculos, neste dia na Escandinávia, eram inauguradas as feiras de livros com publicações e escritores vindos de vários países.

Festival xintoísta das divindades do Céu e da Terra.

18 de outubro

Antiga comemoração da deusa **Vir-ava**, a Senhora das Florestas na mitologia finlandesa. Ela assumia uma forma diferente em cada floresta, podendo aparecer como árvore ou como uma mulher, com seios enormes, pernas grossas como troncos, cabelos longos e emaranhados como raízes. Às vezes, ela aparecia perto das fogueiras dos lenhadores para aquecer suas longas e nodosas mãos.

Na Finlândia, também se celebra Tava-ajk ou Ganis, deusa da terra, da natureza, da fertilidade e da sexualidade. Ela aparecia como uma linda mulher, com uma longa cauda, seduzindo os homens com sua bela voz. Às vezes, ela se dividia, surgindo como um casal. A mulher vestia um manto verde e um chapéu feito com agulhas de pinheiro, enquanto o homem tinha uma barba de folhas. Vistos por trás, o casal parecia apenas um tronco de árvore.

Até hoje, em alguns lugares da Inglaterra, acontece neste dia a Grande Feira Anual dos Chifres, celebrando os poderes da fertilidade e virilidade da natureza, animal e humana. Há muito tempo, os homens desfilavam pelas ruas, vestidos com roupas verdes, arranjos de folhas e adornados com chifres para homenagear Cernunnos. Atualmente, muitos círculos e adeptos da Wicca realizam rituais e cerimônias honrando-o como o Deus Cornífero da caça, da natureza selvagem, da virilidade e do amor físico. Além de ser o símbolo do princípio masculino, Cernunnos é o consorte da Deusa. Os *covens* de Wicca geralmente reverenciam a Deusa com o ritual chamado "puxar a Lua" para a sacerdotisa, que é o elemento principal da cerimônia. No entanto, neste dia, realizam o ritual de "puxar o Sol" para o sacerdote, que representa o deus Cernunnos.

Combine os presságios deste dia, criando um pequeno ritual pessoal para entrar em contato com as forças da natureza, o Sol e a Lua, o Pai Céu e a Mãe Terra, a sua polaridade Yin-Yang, unindo os polos opostos em busca da unidade e do equilíbrio. Deixe sua intenção guiá-la e procure o Senhor e a Senhora da sua própria natureza interior.

19 de outubro

Festival Bettara-Ichi no Japão, festejando uma das **sete divindades da boa sorte**, o deus Ebisu. Procissões de crianças percorrem as ruas carregando vários cordões, nos quais se atavam picles pegajosos e diversos objetos e talismãs para atrair e capturar a boa sorte para a comunidade. As mulheres reverenciam Benten ou Benzaiten, a única Deusa das sete divindades da boa sorte. Essa deusa trazia inspiração, talentos, riqueza e amor para todos aqueles que a honravam. Benten era também a Rainha do mar, uma mulher-dragão que nadava cercada por um grupo de serpentes brancas. Nessa apresentação de mulher-dragão, Benten protegia seus devotos dos terremotos, tendo relações sexuais com as serpentes monstruosas – que se escondiam sob as ilhas japonesas – para acalmar sua agitação, causadora dos terremotos. Benten se apresentava também como uma linda mulher cavalgando um dragão, que era seu corcel e amante.

Para atrair a sorte, use um dos sete símbolos destas divindades: uma chave, uma moeda, um chapéu, um baú, um cravo (prego), um peso (de balança) e uma capa de chuva. Faça desenhos ou procure miniaturas para serem colocadas em seu cofre, em sua bolsa ou em sua carteira. Se preferir, use somente uma gravura de dragão, pedindo à deusa Benten que lhe traga proteção, boa sorte, amor e prosperidade.

Celebrava-se também no Japão a deusa Yama-No Shinbo, a Mãe das montanhas, cuja correspondência no Feng Shui representava o poder protetor e ancestral, que trazia felicidade e prosperidade. Para atrair suas bênçãos, aproveite o dia dela e faça as correções energéticas necessárias – de acordo com o Feng Shui – para que as energias telúricas possam fluir harmoniosamente dentro da sua casa.

20 de outubro

Celebração de Pi-Hsia-Yuan-Chin, a "Princesa das nuvens azuis e púrpuras". Para os chineses taoistas, ela era uma divindade muito importante e muito amada. Assistida por um grupo de parteiras divinas, essa deusa auxiliava os partos, protegendo as mães e trazendo saúde e boa sorte para os recém-nascidos. Ela também era conhecida com os nomes de Sheng Mu – a Mãe divina –, **Yu Nu** – a Donzela de jade – e T'ien Hsien – a Imortal celeste.

Dia dedicado à deusa pré-helênica Eileithyia, a guardiã dos partos e dos recém-nascidos, posteriormente assimilada à deusa Ártemis. Uma deusa extremamente antiga venerada pelos egeus, Eileithyia foi parteira de todos os deuses e deusas da Grécia clássica. Segundo algumas fontes, ela foi mãe de Eros – não o frívolo Cupido, mas a representação da força ancestral da criação, nascida do ovo primordial. Eileithyia podia castigar uma parturiente, travando seus joelhos e fechando a pélvis, impedindo assim a passagem da criança. Para conseguir sua benevolente ajuda, sacrificava-se um cachorro e entoava-se seu nome sagrado.

Chung Yeung, comemoração aos ancestrais na China e no Tibete, honrando as deusas Chang-O, Chih Nu, Kwan Yin, Hsi Ho, Nu Kwa, Tien Hou e Tou Mou.

Celebração de Srinmo, deusa tibetana, que gira a Roda cósmica sobre qual é gravado cada movimento da vida humana através dos seus atos, pensamentos e palavras. A sua face macabra representa o medo da morte e nos lembra de que devemos nos empenhar em agir corretamente, pois somente desta forma iremos colher bons resultados na próxima encarnação, de acordo com a lei cármica que "tudo o que é enviado no Universo, volta a você triplicado".

Reserve um tempo para meditar a respeito das consequências das suas escolhas e decisões anteriores, procurando descobrir de que forma você criou um "bom carma" ou pelo contrário "semeou vento e colheu tempestade".

21 de outubro

Na Grécia, ritual dos *Kouretes*, sacerdotes dedicados ao culto da grande mãe **Cibele**, que serviam como iniciadores nos mistérios da vida e das artes mágicas. Como mestres e protetores dos jovens, eles criaram a Ordem Sagrada dos Sacerdotes da Grande Mãe. O nome *kouretes* tem origem na expressão "filhos de Cronos", o consorte da deusa Reia que devorava seus filhos com medo de ser destronado. Os *kouretes* eram jovens dedicados ao serviço da Deusa, perpetuando uma antiga linhagem de sacerdotes que cultuavam a Grande Mãe e as divindades matrilineares, antes do surgimento das sociedades patriarcais. Antigos hinos descrevem os *kouretes* como jovens praticando artes marciais em forma de dança. Supõe-se que as danças folclóricas que usam armas, espadas ou escudos sejam reminiscências dessas antigas práticas sagradas. Eles tinham também a atribuição de proteger os jovens, atuar como curadores, artesãos, construtores, armeiros, magos, videntes e participar dos ritos sexuais com as sacerdotisas.

Na Alemanha, antiga celebração de Horsel, a deusa da Lua e da noite, padroeira dos cavalos e dos cavaleiros. Nos antigos locais de culto a essa deusa, foram erigidas igrejas cristãs dedicadas a Santa Úrsula. O nome dessas cidades é derivado do nome da deusa – como em Horselberg e em Horsenden –, comprovando a sua veneração.

Dia de Santa Úrsula, a cristianização da antiga deusa eslava lunar Orsel ou Ursala, cujo animal totêmico era o urso, assim como o da deusa Ártemis/Diana. Ela era representada cercada por onze mil virgens, que simbolizavam as estrelas.

Em Uganda era celebrada Meme, a Criadora da vida, que assumiu forma humana para ensinar aos xamãs a arte da cura. Siga o costume antigo e reúna parentes e amigos para agradecer pelas dádivas recebidas nesta vida. Abençoe as comidas (a base de cereais como milho, trigo, aveia, cevadinha, arroz), as bebidas (sucos de frutas, leite de arroz ou aveia) e faça uma oração pedindo à Deusa que ela as imante com energias de vitalidade, saúde e resistência perante os ventos contrários e proteção contra os predadores (assim como os cereais, que resistiram até a colheita). Leve depois uma parte das comidas para ofertar como gratidão, entregando-as sob uma árvore.

22 de outubro

No Japão, festival do fogo **Hi Matsuri**, com procissões de tochas para os altares antigos das divindades, honrando principalmente a deusa regente da purificação Izu No Me Mo Kami. *Matsuri* são antigas cerimônias relacionadas à preparação, manutenção e colheita do arroz, acompanhadas de procissões com tochas, lamparinas e velas. Tradicionalmente eram precedidas por ritos de purificação e abstinência, seguidas de oferendas de *mochi* (um bolo tradicional de arroz), saquê e vegetais específicos, sem nenhum sacrifício de ser vivo. O elemento essencial das *Matsuri* era a comemoração comunitária, as pessoas partilhando das oferendas junto às divindades.

Succoth, a antiga festa dos tabernáculos dos hebreus. Celebrava-se o fim da colheita do trigo e da uva e a chegada das chuvas, anunciando o início de um novo ciclo. Esse festival tem origem nas antigas celebrações assírias de Belili. Equivalente de Ishtar, conhecida como Beltis na Fenícia, Belili era uma deusa lunar, regente da água, das fontes e dos salgueiros, irmã do deus Tammuz.

Também chamado de "Festival das Tendas", *Succoth* era uma cerimônia alegre, que comemorava a fuga dos hebreus do Egito. Durante os sete dias do festival, as pessoas se acomodavam em tendas feitas de galhos de palmeiras, lembrando os antigos hábitos, mandamentos e tradições canaanitas. Nos tempos antigos, faziam-se libações e oferendas com a água retirada de uma antiga fonte dedicada a Shulamita, a deusa da fertilidade e da sabedoria. Nas Escrituras, essa deusa foi diminuída à condição de noiva do rei Salomão e a fonte passou a ser chamada de Fonte de Salomão. Durante o festival, as pessoas cantavam e dançavam, fazendo processões com tochas ao cair da noite. No sétimo dia, jejuavam, oravam e se purificavam com galhos de salgueiro, palmeira, limoeiro e mirra. No oitavo dia, festejavam com muita alegria, sacudindo os galhos para as quatro direções em forma de agradecimento, levando-os depois para os templos.

Inspire-se neste antigo costume e tome um banho de purificação com uma infusão de agulhas de pinheiro e cipreste, folhas de louro, funcho, hortelã e alecrim, sussurrando o nome da Deusa e pedindo-lhe que a purifique das energias negativas agregadas à sua aura. Acenda depois uma vela laranja e conecte-se com a sua chama sagrada.

23 de outubro

Entrada do Sol no signo de Escorpião, um dia dedicado às deusas do fogo. Entre as deusas do fogo vulcânico têm, a romana Aetna, a japonesa Fuji, a havaiana **Pele**, Chuginadak – a padroeira das cento e cinquenta ilhas e montanhas vulcânicas do arquipélago das Aleutas no Alaska – e Loo-Wit, a anciã da ilha de Santa Helena. Dentre as deusas do fogo criador ou destruidor, a celta Brighid, a grega Héstia, a hindu Durga, a romana Ferônia, a nigeriana Oyá, a papuesa Goga, a japonesa Izanami e a siberiana Poza Mama.

Uma antiga deusa da Mesopotâmia, Isara, era conhecida pela sua natureza ígnea e sua apresentação como escorpião. Ela era invocada para receber as dádivas de paixão sexual, sensualidade, criatividade e tenacidade, suas oferendas incluindo condimentos, pimentas, picles, ostras e comidas picantes. Nos países eslavos, celebravam-se as Polengabia, deusas protetoras dos lares e guardiãs do fogo sagrado, equivalentes da deusa grega Héstia e Matergabia, "A Mulher do Fogo", a quem era oferecido o primeiro pedaço de um pão recém-assado.

Invoque uma dessas deusas de acordo com sua afinidade ou necessidade, procurando saber mais a respeito dela e entrando em sintonia com seus atributos e qualidades. Aproveite a egrégora deste dia e medite sobre a melhor forma de despertar, direcionar ou usar seu fogo interior. Acenda uma vela vermelha ou laranja ou pule uma fogueira. Avive pela força de vontade a sua chama interior e crie a sua própria dança sagrada do fogo.

24 de outubro

Celebração dos espíritos do ar, dos Devas e das deusas ligadas ao elemento ar como Aditi, Arianrhod, Maat, Minerva, "A Mulher que Muda" (Estsanatlehi), Nuit, Nisaba, **Sarasvati** e Sofia.

Na Mesopotâmia, antiga celebração da deusa Ninlil, a Senhora dos ventos, guardiã da Terra, do Céu, do ar e do mundo subterrâneo. Seus emblemas eram a montanha celeste, as estrelas, a árvore de galhos entrelaçados e a serpente. Padroeira da cidade de Nippur, ela foi aos poucos assimilada no culto das deusas Ishtar e Belit.

Celebração de Eurínome, a deusa grega que ordenou o caos primordial com a sua dança sagrada. Através dos seus movimentos foram criados os ventos, as estrelas, a terra e o mar. Depois, ela criou as polaridades e para manifestá-las, um casal humano. Para atrair a ordem e o equilíbrio de Eurínome na sua vida, em uma jarra com água, coloque três gotas de essências com polaridade masculina (cedro, cravo, pinheiro, limão, alecrim) e outras três gotas de uma essência feminina (rosa, jasmim, laranja, violeta, maçã). Salpique a mistura aromática na sua sala, coloque uma música alegre e dance livremente, imaginando que através dos seus movimentos está irradiando a energia harmonizadora de Eurínome.

Dia dedicado a Uriel, o anjo da justiça.

Aproveite os influxos deste dia e faça uma boa purificação em sua casa. Queime em cada cômodo incenso de benjoim, sândalo ou mirra, riscando pentagramas com as varetas no ar. Inicie no cômodo mais distante da porta da sala e circule pelos outros em sentido anti-horário. Toque um sino, bata o tambor ou sacuda um chocalho e repita o mesmo para todos os outros cantos do ambiente, deixando por último a porta de saída. Para finalizar, abra a porta e faça o sinal do pentagrama com o incenso, feche a porta da sala e deixe o incenso queimar no ambiente. Coloque depois pot-pourris aromáticos (lavanda ou alfazema) em todos os quartos, enquanto põe uma música suave para reverenciar os espíritos do ar. Ore para as deusas da sabedoria pedindo equilíbrio mental, discernimento em suas decisões e o bom uso de suas habilidades criativas e poderes mentais.

25 de outubro

No Japão, realizava-se a celebração da deusa da agricultura e dos alimentos **Uke-Mochi-no-Kami** e de sua filha Waka-Saname-no-Kami, a deusa dos brotos de arroz. Essas deusas, responsáveis pela fertilidade da terra, eram homenageadas com oferendas de arroz e brotos.

Celebração das deusas coreanas do Sol – Hae Sun –, da Lua – Dae Soon – e das estrelas – Byul Soon.

Na China, festival da deusa lunar Han Lu.

Celebração de Felicitas, a deusa romana doadora da felicidade, sucesso e boa sorte, cuja energia é irradiada cada vez que uma pessoa trata outra com gestos e palavras gentis e amorosas. Indo além dos gestos de amor com seus pares e familiares, use esta antiga data para expandir as energias da Deusa para mais pessoas. Crie cartões com palavras, imagens e augúrios positivos, unte-os com essências aromáticas (rosa para amor ou amizade, canela para boa sorte, sálvia ou sândalo para saúde, lavanda para alegria, louro para prosperidade), imponha suas mãos sobre eles, mentalizando as pessoas a quem irá destinar os cartões, invoque as bênçãos de Felicitas e envie suas vibrações energéticas de acordo com as intenções das palavras e essências usadas.

Dia de São Crispim, o padroeiro dos sapateiros. Segundo as lendas, comprar um par de sapatos neste dia traz boa sorte e prosperidade.

Faça um pequeno ritual diferente, porém muito útil. Prepare um talco mágico para colocar em seus sapatos, misturando maizena com raiz de lírio em pó e bicarbonato de sódio em partes iguais. Acrescente depois pitadas de pó de casca de limão, de folhas de hortelã e de alecrim. Adicione nove gotas de essência de pinheiro ou cedro, misture e exponha a mistura ao luar ou à luz das estrelas. No dia seguinte, abençoe o pó e depois abençoe seus pés, pedindo à Deusa que a ajude caminhar com segurança e proteção, de acordo com suas convicções, fiel a sua verdade e sabendo encontrar a trilha que leva da escuridão à luz, das incertezas às realizações.

26 de outubro

Antiga celebração egípcia das sete divindades Kine, descritas como precursoras de **Hathor**, originárias das deusas assírias com cabeças de vaca. Essas deusas eram representadas tendo um disco solar entre os chifres, ou com cabeça de vaca e corpo de mulher. Por terem criado o Universo, elas detinham o poder de vida e de morte, determinando os destinos dos homens e protegendo principalmente as mulheres e crianças.

Hathor possuía vários títulos, entre eles o de "Vaca Celestial, Rainha do Céu e da Terra, Mãe da Luz e Guardiã dos Cemitérios". Hathor era a mãe do deus solar Ra, assim como de outras diversas divindades. Nas celebrações, suas estátuas eram expostas aos raios solares, enquanto as pessoas, adornadas com flores, cantavam e dançavam o dia todo, celebrando os prazeres e as alegrias da vida.

Comemoração da deusa irlandesa Macha, a tríplice manifestação da Grande Mãe como atleta, guerreira e rainha. Segundo alguns historiadores, Macha era uma faceta de Morrigan ou Badb, ambas, deusas da guerra, cujos animais sagrados também eram os corvos. Macha regia os pilares nos quais eram empaladas as cabeças dos guerreiros mortos em combate, originando, assim, o culto celta da cabeça.

Neste dia os romanos reverenciavam Tellus Mater, a Mãe Terra, doadora da abundância, regente da fertilidade, vegetação e multiplicação. Foi ela quem gerou os seres humanos e por isso eles voltam para o seu ventre sagrado no fim da sua jornada terrestre. Conecte-se com ela fazendo um passeio em algum lugar puro e silencioso da natureza, procurando ouvir a voz da Deusa no soprar do vento, zumbido dos insetos, movimento das ondas, farfalhar das folhas ou no som dos seus passos pisando na grama, areia ou folhas secas. Pegue uma pedra, galho ou pedaço de musgo como símbolo da sua conexão e ofereça em troca uma oração em benefício da preservação da flora e da fauna, da paz entre os povos e do reconhecimento humano da sacralidade do Planeta, que é a nossa morada e do qual depende a nossa sobrevivência.

27 de outubro

Celebração de **Idunna**, a deusa escandinava guardiã das maçãs mágicas da imortalidade, que os deuses deviam comer diariamente para preservar sua juventude.

Owaqlt, a cerimônia dos melões no vinho, ritual dos índios Hopi para curar e fortalecer as mulheres, vistas como receptáculos para a semente da vida. Durante esses rituais, consagrava-se a energia geradora e o poder sagrado do ventre da mulher, homenageando-se A-ha Kachin' Mana, a Kachina da fertilidade.

Dia da Maçã na Cornuália, Inglaterra. As moças solteiras colocam nesta noite uma maçã sob seu travesseiro para receber em sonho algum presságio sobre seu futuro companheiro. Antes de o sol nascer, a maçã devia ser comida em absoluto silêncio, orando para receber alguma mensagem. Sem trocar de roupa ou falar com alguém, a moça devia sair de casa e sentar-se sob uma árvore. A lenda diz que a primeira pessoa que passasse representava características de seu futuro marido. Se ninguém aparecesse, devia recorrer à sua voz interior.

Para atrair vibrações amorosas e bons presságios para sua casa, prepare uma maçã mágica, espetando em toda sua superfície cravos e polvilhando-a depois com canela e gengibre em pó. Se preferir, faça uma guirlanda com fatias de maçãs entremeadas com pedaços de canela, pendurando-a depois na cozinha. Tome bastante suco de maçã, descasque uma maçã sem interromper para que fique inteira e jogue a casca sobre seu ombro esquerdo; observe qual é a letra ou o símbolo que ela formou, refletindo depois a seu respeito. Coma a maçã pedindo a Idunna que melhore a sua comunicação e os seus relacionamentos.

Essas crenças e hábitos populares relacionados ao uso mágico da maçã tiveram sua origem, nas antigas celebrações das deusas do amor, a quem as maçãs eram consagradas.

Uma lenda celta descreve como a princesa irlandesa Ailinn morreu de tristeza ao saber da morte acidental de seu amado príncipe Baile. Eles foram enterrados juntos e de seus túmulos nasceram duas árvores – uma macieira e um teixo – cujos galhos ficaram eternamente entrelaçados como testemunho de seu amor. A lenda é baseada no arquétipo da deusa Ailinn, padroeira do amor leal e fiel.

28 de outubro

No Egito, início de Ísia, cerimônias de seis dias que comemoravam a morte e a ressurreição de **Osíris**. Havia uma encenação da luta entre Osíris e Seth, simbolizando o combate simbólico entre a luz e a escuridão. Osíris era morto e pranteado por Ísis. Segundo o mito, Osíris – irmão e consorte de Ísis, deus do rio Nilo e da vegetação – tinha sido morto por seu irmão malvado Seth – deus da escuridão e da morte. Ísis rasgou suas roupas, cortou seu cabelo e começou uma busca desesperada pelo corpo de seu amado esposo.

Mesmo após achá-lo, seu sofrimento não terminou, pois Seth despedaçou o corpo de Osíris e escondeu, em vários lugares, os doze pedaços. Ísis conseguiu recuperar o corpo, menos o pênis, que ela substituiu por um de ouro. Com encantamentos e usando ervas, Ísis ressuscitou Osíris e concebeu, por meio de recursos mágicos, o deus solar Hórus.

Reverencie essa antiga trindade e o simbolismo da morte e do renascimento, desapegando-se de algo "morto" em sua vida e renovando, de forma mágica, um projeto ou relacionamento seu.

Celebração de Aida Wedo, a deusa serpente haitiana, guardiã do arco-íris, e de Damballah Wedo, o deus serpente, seu companheiro. Segundo a lenda, Aida Wedo é vista deslizando sobre a terra molhada pela chuva, com sua tiara feita de pedras preciosas formando o arco-íris, iludindo os homens com a promessa do tesouro enterrado no final.

Celebração de Eos, a deusa indo-europeia regente do céu, cultuada pelos gregos como a inspiradora da paixão, do amor e da fertilidade. As oferendas para Eos incluíam pratos temperados com açafrão, que era apreciado por ser de difícil cultivo, considerado pelos antigos como uma erva mágica, usada para tingir as roupas dos reis. Para ampliar os seus dons inatos de liderança, capacidade de realização e melhorar a sua vida afetiva e material, prepare um amuleto confeccionando uma sacolinha de tule amarelo, nele colocando um pouco do açafrão, um cristal de citrino, um quartzo rosa e uma turmalina tricolor (rosa, verde e azul). Use-o consigo ou guarde-o no seu altar pedindo as bênçãos de Eos no aspecto que mais necessita.

29 de outubro

Celebração do deus **Baal** e da deusa Beltis ou Baalath, na Fenícia, com fogueiras e ritos sexuais. Baal era o deus da fertilidade, do céu, do Sol, das nuvens e da atmosfera, enquanto Baalath era a deusa da terra, da natureza e dos nascimentos. Baalath se apresentava de várias formas, fosse usando um disco com chifres lunares, ou uma tiara com serpentes. Um de seus aspectos – Baalath Ashtart – teria vindo do céu, na forma de uma estrela de fogo, caindo no lago Aphaca, onde foi construído seu templo em torno dessa "Pedra do Céu".

Dia das Almas, festa dos mortos na tradição dos índios iroqueses, reverenciando os ancestrais. A deusa criadora e destruidora da vida na mitologia iroquês é Aataentsic, "A Mulher que caiu do céu", considerada a primeira mulher de sua civilização. Ela regia o céu, a terra e a magia. Ela curava, mas também provocava as doenças fatais sendo, por isso, encarregada da guarda das almas à espera do renascimento. Sua equivalente, na mitologia Zuni, era Awitelin Tsita.

Comemoração de Aditi, a deusa hindu que representava a Mãe Espaço, o próprio cosmo e a criação contínua. Ela gerou várias divindades com seu nome – as Adityas –, que correspondiam aos meses e aos planetas.

Na Índia era celebrada a deusa Aramati, cujo nome significa "piedade", Ela personificava os atributos da devoção religiosa e do altruísmo, que promovem estados elevados de consciência e permitem a conexão com a Fonte Divina. O período entre outubro e novembro denominado de Kartika era considerado sagrado e dedicado aos banhos nos rios e mar para purificação, seguidos de meditação e oração, invocando as bênçãos de Aramati.

Aproveite a antiga sabedoria e acenda algumas velas ou lamparinas na sua casa; purifique os espaços com incenso de sândalo, tome um banho com sal marinho e essência de benjoim e peça a proteção da deusa Aramati para o afastamento das energias negativas, internas ou externas, que impedem a sua conexão espiritual.

Segundo dia de Ísia, com a preparação das réplicas do corpo morto de Osíris com areia e pasta de grãos (cevada). Essas efígies podiam ser molhadas com a água do Nilo, para que as sementes brotassem, ou secas ao Sol, embalsamadas e enterradas, para serem desenterradas e celebradas no fim do festival.

30 de outubro

Angelitos, comemoração mexicana para as almas das crianças abortadas ou natimortas, originada no culto de Xipe Totec, o deus asteca da morte, e de **Mictecacihuatl**, a deusa que regia os nove rios que as almas deveriam atravessar em sua passagem. Antigamente, celebravam-se também as seguintes deusas, regentes da vida e protetoras das crianças: Cihuatzin, "A mãe e guardiã das crianças"; Ilamatecuhtli, "A mulher

velha com saia longa", deusa da Terra e da Lua; Quilaztli, "A mãe guerreira", protetora das crianças, dos animais e dos pássaros; Tonantzin, "A Mãe Terra", deusa dos cereais e da natureza; Teteoinnan, "A mãe das coisas sagradas", padroeira das parteiras, senhora da fertilidade e da Terra; Tonacacihuatl, "A mãe do corpo", criadora e protetora dos espíritos das crianças após sua morte e Toci, "A Avó", deusa anciã da Terra, guardiã dos poderes de cura e regeneração.

É uma data propícia para reverenciar os espíritos das crianças que não conseguiram nascer ou sobreviver. Se você teve algum aborto, espontâneo ou provocado, encomende um culto ou uma cerimônia em favor dessas almas. Faça um ritual de perdão para si mesma e ofereça durante os próximos nove dias um copinho com leite, uma vela branca e uma flor na frente de uma imagem da Grande Mãe. Ore para que as deusas do destino encaminhem novamente essa alma para você ou para sua família, permitindo, assim, o reencontro e o resgate.

Terceiro dia das celebrações de Ísia. De acordo com a localização dos templos, os rituais eram diferentes; todos, porém, enfatizavam o desmembramento do corpo de Osíris, o sofrimento de Ísis e sua busca desesperada para encontrá-lo.

31 de outubro

Samhain, o mais importante dos oito Sabbats celtas, marcando o início do Ano Novo celta e o terceiro e último festival da colheita. Nesta noite, celebra-se a deusa em sua face escura, como a "Anciã", a Senhora da morte e da sabedoria, buscando-se o contato com  os espíritos dos familiares falecidos e dos ancestrais. Na Escócia celebrava-se a deusa Nicnevin, a Anciã, Senhora da magia e dos ritos de passagem, cujo festival anunciava a chegada do inverno e antecedeu os atuais festejos de Halloween.

Seguidores da tradição Wicca e druídica do mundo inteiro celebram esse Sabbat com fogueiras, rituais e oferendas para os ancestrais, uso de divinações e práticas oraculares (bola de cristal, espelho negro, caldeirão com água, runas, tarô, I Ching). Os celebrantes usam trajes especiais, máscaras de animais e lanternas de abóboras, consumindo comidas e bebidas tradicionais (torta de abóbora, maçãs assadas, bolo dos ancestrais). Era o único dia em que os celtas procuravam o intercâmbio com o além, "conjurando" espíritos e se comunicando com aqueles que estavam no "País do Verão", a terra onde as almas esperam a reencarnação. Segundo as lendas, todos aqueles que tinham morrido durante o ano esperavam o dia de *Samhain*, quando os véus que separam os mundos são mais tênues para atravessar as fronteiras. Para guiá-los nessa passagem, eram acesas fogueiras, tochas, velas e as lanternas de abóbora com velas laranja no seu interior.

Honre essa poderosa egrégora e conecte-se à antiga tradição criando um ritual apropriado. Acenda uma vela preta ou roxa e queime nela todos os aspectos negativos ou ultrapassados de sua vida. Ofereça um bolo de abóbora aos ancestrais, uma romã, uma maçã e uma vela branca a Cailleach ou Nicnevin, as Deusas Anciãs, pedindo-lhes a transmutação da "escuridão", a regeneração e o dom da sabedoria. Finalize o ritual procurando uma orientação por meio dos oráculos ou buscando uma mensagem do "além".

Celebrações gregas dedicadas às deusas Perséfone e Hécate, Senhoras do mundo subterrâneo. As versões cristianizadas desses antigos festivais são o "Dia dos Mortos" e as festas mundanas conhecidas como Halloween.

Quarto dia das celebrações de Ísia, com procissões e oferendas públicas e rituais secretos no interior dos templos de Osíris.

Celebravam-se também as deusas solares Bast e Sekhmet, em seus aspectos escuros, como destruidoras do mal e condutoras das almas.

Na antiga Suméria, reverenciava-se Ereshkigal, a deusa da escuridão e da morte, Senhora do mundo subterrâneo e irmã de Inanna. Originariamente, ela era um dos aspectos da Mãe Terra, semelhante à Ishtar, Irkalla e Mami, entre outras. Mitos mais recentes descrevem-na como a consorte do deus Nergal, compartilhando do domínio sobre Kigalla – A Terra Morta – ou como a condutora da barcaça das almas, atravessando a barreira entre o mundo dos vivos e seu escuro reino dos mortos.

Em seu aspecto benéfico, Ereshkigal podia permitir aos humanos a retirada de riquezas de seu reino – como pedras preciosas, metais e petróleo – se devidamente honrada e ofertada.

NOVEMBRO

Apesar de ser o décimo primeiro mês do atual calendário, Novembro ainda guarda seu antigo nome – *Novem*, significando nove – em referência à sua posição no calendário romano original.

Na tradição celta, o *Sabbat Samhain*, no primeiro dia deste mês, marcava o início de um novo ano, cujo nome celta era La Shamhna. O nome anglo-saxão era Blotmonath e o nórdico, Herbistmonath e Fogmoon. Os povos antigos chamavam o mês de Lua Escura, Lua da Névoa, Lua da Neve, Lua do Castor, Lua das Tempestades, Lua quando os Alces Trocam os Chifres, Lua do Velório e Mês do Sacrifício.

No calendário sagrado druídico, Beth é a letra Ogham e o álamo, a árvore sagrada. O lema do mês é "purifique-se e prepare-se para novos desafios e mudanças pessoais em sua vida".

A pedra sagrada deste mês é o topázio e as divindades regentes são Bast, Cailleach, Ferônia, Gaia, Hécate, Holda, Ísis, Kali, Mawu, Nicnevin, Odin, Osíris, Skadhi e Tiamat.

Independente do nome, este mês representava uma transição entre o velho e o novo, o tempo de términos e novos começos. A escuridão aumenta, a vida está em declínio e os véus entre os mundos se tornam mais tênues, permitindo a passagem e as comunicações "do além".

Inúmeras culturas antigas reverenciavam os espíritos dos ancestrais e as almas durante este mês. As celebrações celtas de *Samhain* – que proporcionavam o contato com os espíritos dos falecidos – eram dedicadas a Cailleach, a Anciã e Senhora da Morte.

No Egito, as celebrações de Ísia lembravam a ressurreição do deus Osíris com encenações ritualísticas do combate entre as forças do bem e do mal e cerimônias de plantio no fim das inundações.

Ao contrário da atmosfera de tristeza e luto das comemorações cristãs dos mortos, até hoje, no México, o "Dia de Los Muertos" é comemorado de forma divertida e alegre. Os túmulos são enfeitados com flores coloridas de papel, as famílias se reúnem para piqueniques no cemitério e comemoram com as comidas e bebidas preferidas dos mortos. As crianças se divertem com doces e brinquedos em forma de esqueletos e caveiras.

Na Grécia, no dia dezesseis, havia uma celebração muito importante para Hécate, a deusa da lua minguante, da noite, das encruzilhadas e Senhora do mundo dos mortos. Para reverenciar a deusa e pedir sua proteção, eram deixadas nas encruzilhadas as "Ceias de Hécate".

Nos países nórdicos, a deusa Hel, Holda ou Bertha era comemorada como a condutora das almas durante "A Caça Selvagem". Na Escócia, acreditava-se que a deusa Nicnevin também "cavalgava" durante a festa de *Samhain*, junto aos seus adeptos, atravessando o céu noturno.

No Japão, homenageava-se Kami, a deusa do fogão e das mulheres que preparavam a comida. No Tibet, havia o Festival das Lanternas e os Incas tinham seu festival dos mortos, que era chamado de Ayamarca.

Com o fim do ano se aproximando, reserve este mês para completar ou finalizar seus projetos e compromissos. Descarte tudo aquilo que não lhe serve mais, livre-se dos "pesos mortos" para abrir novos espaços e reflita sobre os ciclos da vida e da natureza. Reverencie os espíritos de seus ancestrais e familiares agradecendo pelo seu legado, aceite a partida deles sem tristeza e ore por sua evolução espiritual.

1º de novembro

Celebração, no Egito, do quinto dia de **Ísia**, o encontro do corpo de Osíris por Ísis e Néftis. Procissões de barcos levavam as réplicas de Osíris morto para seus templos. As pessoas choravam e lamentavam sua perda. A dor de Ísis causava a seca do Rio Nilo.

No calendário cristão, celebra-se o Dia de Todos os Santos, criado no século II para assimilar as antigas celebrações celtas de Samhain. As fogueiras foram trocadas por velas e as datas das antigas divindades foram substituídas pelo dia de "todos os santos".

Na Bretanha, neste dia, ofereciam-se bolos, vinho e leite nos túmulos dos entes queridos. A família permanecia em vigília a noite toda à luz das tochas, que iluminavam o caminho das almas que retornavam para comemorar junto aos parentes vivos.

Nos países eslavos e nórdicos, havia verdadeiros banquetes nos cemitérios, confraternizando os mortos e os vivos. Na Escandinávia, faziam-se rituais e oferendas invocando as deusas Hel, a Senhora do mundo das almas e Tuonetar, a Rainha dos Mortos, para que elas cuidassem e orientassem as almas durante sua passagem e espera por uma nova reencarnação.

Na Inglaterra, as pessoas oravam enquanto comiam um pouco dos bolos feitos para as oferendas aos ancestrais, ainda quentes. Depois, saíam às ruas coletando dinheiro para preparar as celebrações comunitárias. Esse hábito degenerou nos atuais costumes de Halloween, nos Estados Unidos, com as brincadeiras de *trick or treat*, as crianças indo de casa em casa pedindo doces, frutas e moedas. Esse costume lembra as antigas crenças de oferecer "subornos" aos espíritos zombeteiros e aos seres elementais, para que eles não perturbassem as celebrações.

Na Irlanda, comemoravam-se as Banshees, espíritos ancestrais femininos, que choravam quando anunciavam a morte de alguém das suas antigas famílias. As pessoas temiam que essas Fadas Escuras pudessem raptar ou prejudicar os mortais; para repeli-las, usavam objetos de ferro. Para conquistar sua boa vontade, faziam-se rituais, acendendo fogueiras e fazendo oferendas. As chaminés das casas eram limpas e o fogo era mantido aceso o tempo todo, aquecendo e iluminando os espíritos familiares que vinham visitar suas antigas moradias. As pessoas jogavam nozes, avelãs e maçãs nas fogueiras em busca de presságios e fazendo adivinhações para o próximo ano.

O uso das frutas nos rituais celtas é reminiscência do antigo festival romano de Pomona, que celebrava a colheita dos últimos frutos e sua armazenagem para os dias frios de inverno.

No País de Gales, as pessoas, ainda hoje, encenam a perseguição da porca preta. A porca representa o frio, a escuridão e a morte e sua perseguição lembra os antigos sacrifícios de animais realizados nesse dia.

No México, altares são preparados em cada casa e são decorados com flores, principalmente calêndulas. Neles, são colocadas as comidas e bebidas preferidas dos falecidos ou reproduções, em açúcar, dos pratos tradicionais. Para os *angelitos* – as almas das crianças –, as comidas não levam temperos, havendo muitos doces e frutas nos altares.

Celebração de Nisaba, a deusa suméria guardiã das leis divinas, que criou a escrita para facilitar a comunicação. Ela também regia os oráculos e os sonhos.

Dia consagrado a todas as deusas "escuras" como Baba Yaga, Cailleach, Cerridwen, Ereshkigal, Hécate, Hel, Kali, Morrigan, Néftis, Oyá, Samia, Scota, Sedna, Skadhi e Tara.

Dia considerado extremamente nefasto para casamentos, atraindo azar, divórcio ou viuvez.

2 de novembro

Festival de **Odin**, celebrado como o Senhor das almas e do mundo astral. Neste dia, os escandinavos encenavam os mistérios da vida, morte e renascimento com mímicas, cantos e oferendas para as almas dos mortos.

Odin, ou Wotan, em seu aspecto de Senhor da guerra e da morte, auxiliado pelas Valquírias – as deusas guerreiras –, escolhia as almas dos melhores guerreiros, os mais valentes daqueles que morreram em combate. Eles eram levados para Valhalla, o palácio de Odin, onde esperavam para lutar na batalha final de Ragnarök, o Crepúsculo dos deuses. Cavalgando Sleipnir, seu cavalo de oito patas, Odin voava pelos céus noturnos, cercado de corvos, buscando, durante a "Caça Selvagem", as almas perdidas, conduzindo-as para uma nova encarnação.

Sexto dia de Ísia, celebrando a ressurreição de Osíris do mundo dos mortos, com danças, músicas, alegorias, mímicas e oferendas. Novas estátuas eram oferecidas a Osíris e Tet, a coluna representando o seu falo, era erguida para simbolizar sua força geradora e regeneradora. Reverenciava-se a deusa Néftis, regente da força da morte e da reencarnação, cujo nome significava "a morte não é eterna", simbolizando a crença na reencarnação.

"Dia das Almas" no calendário cristão, comemorando-se, no México, o segundo dia dos mortos. Ao contrário da atmosfera fúnebre e triste das comemorações cristãs, no México ainda prevalece a antiga concepção sobre a morte, como uma etapa natural e normal do processo da vida. Em vez de chorar e lamentar a "passagem" dos entes queridos, o povo mexicano celebra a morte de forma alegre, divertida e colorida. Existe toda uma indústria de doces, brinquedos, enfeites, lampiões e decorações em forma de esqueletos e caveiras para celebrar esse dia. As crianças comem e brincam com as caveiras, sem temê-las. As famílias, vestidas com roupas coloridas, fazem piqueniques nos túmulos enfeitados com flores de papel e iluminados com velas, compartilhando com os falecidos o *pan de muerto*, as *enchilladas*, os *tacos* e os doces em forma de caveiras.

Na Inglaterra, o Dia das Almas é festejado com oferendas de "bolos das almas", colocados nos túmulos ou distribuídos para os pobres.

Pomonia, festa do final da colheita dedicada à deusa romana Pomona, protetora das árvores frutíferas e personificação do outono. Os romanos anunciavam neste dia seus noivados e casamentos, como uma afirmação positiva sobre o eterno girar da roda da vida.

Adapte alguma das antigas tradições e comemore seus ancestrais preparando um pequeno altar com suas fotos ou alguns dos seus objetos herdados. Acenda uma vela branca e ore para que encontrem a cura e a renovação espiritual, se desligando das amarras das lembranças telúricas, se elas ainda existirem (tanto as suas como as deles). Ofereça-lhes uma fatia de pão untado com mel e um pouco de vinho, simbolizando assim o seu agradecimento pelo legado que eles deixaram para seus descendentes.

3 de novembro

"Hilária", o último dia das celebrações de Ísia com o renascimento de Osíris pelo leite de Ísis, festejando assim a continuidade da vida.

Peregrinação para as fontes sagradas na antiga Grã-Bretanha, reverenciando as deusas da água Beag, Boann, Borvonia, Brighid, **Coventina**, Sequana, Sulis e Triduana. Na Idade Média, os peregrinos que buscavam a cura bebiam e se banhavam nas famosas fontes de Santa Winefrida, em Wales e de Sulis em Bath, antigas fontes sagradas da deusa Brighid.

O ciclo outonal das celebrações egípcias para Ísis e Osíris era chamado de *Zetesis* e *Heuresis*, ou seja, "a procura e a descoberta". Considerado o equivalente egípcio das celebrações gregas para Deméter e Perséfone – os Mistérios Eleusínios – esse festival continuou existindo durante o Império Romano e teve uma influência muito grande na estruturação inicial do cristianismo.

A tribo nativa dos Inuit e de outros povos nórdicos reverenciavam as Três Irmãs Kadlu, regentes do tempo, que brincavam com os raios e trovões enviando por eles sinais para os homens. Se o raio ou o trovão aparecia do lado esquerdo da pessoa, era um sinal de alerta para ter cautela; à direita anunciava a melhora do tempo e da vida; na frente, era um incentivo para o crescimento pessoal e atravessando o céu, era um estimulo para ter coragem e ir adiante, confiando na proteção divina.

Na tradição gaélica, acreditava-se que neste dia começava um novo ciclo para a iniciação da alma, sendo finalizado no Sabbat Imbolc, no dia 1º de fevereiro. É um dia propício para dar início a um novo projeto ou empreendimento, pedindo as bênçãos da deusa Brigid. Acenda uma vela amarela e medite a respeito do seu caminho espiritual. Avalie se ele contribui para o seu conhecimento e sua elevação espiritual e como você contribui com práticas de meditação e autoaperfeiçoamento. Agradeça à Deusa pela sua presença e ajuda ofertando-lhe flores e velas amarelas ou laranja, pão, mel e um pouco de cerveja clara (por se atribuir à Brigid, a invenção desta bebida).

4 de novembro

Festival grego de **Oschophoria**, celebrando a colheita das uvas com procissões, corais, banquetes e corridas de jovens, do templo de Dioniso até o santuário de Atena.

Nos países celtas, dia de retornar às atividades e começar novos projetos após as celebrações de *Samhain*. Na Inglaterra, na noite deste dia, celebrava-se o Senhor da Morte, o "Deus da face escura", cujo reinado começava após o Sabbat *Samhain*, juntamente ao da Anciã, a manifestação da Face Escura da Deusa. Eles governavam a metade sombria do ano (outono e inverno), a caça e a morte da vegetação, dos animais e dos homens. Seu símbolo era o azevinho e o teixo. Reminiscências dessa celebração ainda permaneceram na Bélgica, como a Missa de São Humberto, em que se encena o combate entre um padre e um cervo, ou seja, a perseguição de Cernunnos, o deus cornífero, pela nova religião.

Celebrava-se Henwen, a deusa celta da fertilidade, que percorria o país cuidando dos cereais, abelhas, gatos, coelhos e águias, auxiliando nas práticas mágicas e nos cuidados agrícolas. Ela se apresentava como uma porca prenha e trazia as promessas da futura abundância, tão necessárias após os dias de luto, no começo do período árido e vazio do inverno.

Em Devon, na Inglaterra, havia uma antiga pedra sagrada (que teria sido deixada lá pelo diabo, segundo a igreja cristã), que devia ser virada para garantir a paz, prosperidade e as boas colheitas. Anualmente, os rapazes de Devon se reúnem neste dia para virar a enorme rocha vermelha chamada de "pedra do diabo", hábito secular que visava conjurar poderes mágicos e trazer paz e prosperidade. Reminiscência dos antigos rituais de fertilidade e reverência às pedras sagradas e aos poderes ocultos da Terra, perseguidos, difamados e distorcidos pelo cristianismo.

Para aproveitar os ensinamentos da antiga tradição, faça uma boa arrumação na sua casa, livre-se das coisas desnecessárias, transmute as lembranças ruins e observe o que a mantém presa às armadilhas do passado. Imante depois uma drusa de cristal de quartzo com o objetivo de preservar a energia positiva e o bom astral da sua casa. Arrume seus móveis, livros e objetos sagrados de outra

maneira e deixe uma oferenda de grãos e mel para atrair a benevolência e os bons influxos da deusa.

Nos países eslavos, homenageavam-se as deusas da morte. De acordo com o país de origem, elas eram conhecidas com vários nomes. Na Sérvia, Chuma surgia coberta por um véu branco, indo de casa em casa para conversar com aqueles cuja morte era próxima. Mora era uma mulher alta, magra e pálida; caso a morte fosse causada por doenças incuráveis, ela se apresentava com a pele negra, olhos de cobra e patas de cavalo. Smert era reverenciada, na antiga Rússia, com cânticos e rituais de exorcismo.

Comemoração celta das deusas Tea e Tephi, fundadoras de Tara, o antigo centro religioso e político da Irlanda.

5 de novembro

Comemoração nativa norte-americana de Sussistinako, S'ts'tsi'naku, Tse-che-nako, Stich-tche-nako, Ts'its'nako, **A Mulher Aranha** ou "A Mulher Pensamento" ela era a Criadora da vida, Mãe e guardiã das tribos e da vida familiar. Criou o fogo, os raios, a chuva, o arco-íris, teceu os fios da criação e gerou todos os seres. Sussistinako também tem seu aspecto escuro: a "Bruxa", a Mãe Devoradora, representada como uma enorme aranha preta, que tece e depois destrói a sua teia, para poder se renovar.

Na Melanésia, acreditava-se que, antes que a alma fizesse a sua passagem para o mundo dos mortos, ela deveria enfrentar Le Hev Hev, a deusa representada por uma aranha ou um caranguejo gigante. Se a alma não passasse pelos testes da deusa era devorada por Le Hev Hev, nome que significa "aquela que nos atrai com um sorriso para nos jantar".

Wuwuchim, cerimônia do fogo dos índios Hopi celebrando Masaw, o deus da morte. No decorrer dos dezesseis dias dessa celebração, os rapazes eram submetidos a rituais de iniciação, sendo depois apresentados à comunidade dos adultos.

No antigo Irã era celebrada a deusa Axtis, cujo nome significava "a paz vitoriosa", entre pessoas, nações e países. Siga seu exemplo e procure pacificar e apaziguar situações belicosas existentes entre seus familiares, colegas, amigos ou vizinhos. Contribua com seu tempo, energia ou meios financeiros para projetos que buscam criar a paz no mundo.

Faça um ritual para a remoção dos fios energéticos negativos, oriundos de situações ou relacionamentos passados. Pegue um novelo de lã preta e passe pelos cômodos da sua casa, "tecendo" uma teia em que imagina que capta os fios e as lembranças negativas alojadas nas coisas e objetos, no seu corpo ou criados pela sua mente e coração. Peça à Mulher Aranha que ajude você a tecer uma teia negativa nela, captando tudo que lhe prejudique, depois de terminar, queime os fios na chama de uma vela preta.

6 de novembro

Neste dia era celebrada a deusa **Vasudhara**, "a Mãe Terra dos seios dourados" que providenciava abundância da natureza, a prosperidade humana e que incentivava a doação amorosa entre as pessoas, sem esperar retribuição. Ela era representada às vezes como uma vaca dourada, o animal considerado sagrado na Índia; a cor dourada, aludindo aos poderes vitais do Sol. Aproveite este convite divino e engaje-se em alguma atividade filantrópica ou projeto voluntário comunitário.

Dia de Tiamat, a Grande Mãe da Babilônia, personificação de *Tohu Bohu*, o "Grande Vazio". O mito original atribui a criação do Universo unicamente à Grande Mãe. Modificações posteriores incluem a participação de seu filho, Marduk, que teria matado a mãe e dividido seu corpo em duas metades: da superior criou o céu e da inferior, a terra, revelando assim a deturpação dos mitos matrifocais pelos panteões patriarcais. Em outro mito, Tiamat tem um consorte, Apsu, o deus do céu, cuja função era fertilizar o Grande Vazio da Mãe com seu líquido seminal, representado pela chuva. Ele, no entanto, não era seu superior, nem mesmo seu igual, pois Tiamat era a verdadeira fonte de criação. Mitos mais antigos descrevem o processo de criação como um fluxo contínuo de energias originadas do sangue menstrual de Tiamat, armazenado no Mar Vermelho, ou *Tihamat* em árabe. Foi essa a razão pela qual, mesmo após a interpretação patriarcal do mito – na qual foi acrescentada a figura de Marduk, que teria matado Tiamat, o dragão do caos e criado o mundo com seu sangue – foi mantido na Babilônia, durante muito tempo, o calendário menstrual, celebrando os Sabbats e nomeando os meses do ano de acordo com as fases da Lua.

Na Índia, celebração das deusas Makaris, representadas por animais anfíbios, provavelmente crocodilos ou peixes gigantes, com patas de antílope e cabeças de corças. Elas eram consideradas deusas criadoras e chamadas de "peixes ígneos da vida".

7 de novembro

Na Grécia, na noite deste dia, comemorava-se **Hécate**, antiga deusa do Céu, da Terra e do mundo subterrâneo, originária da Trácia e reconhecida pelos gregos como uma deusa ancestral que pertencia aos Titãs (divindades pré-olímpicas) e por isso honrada e respeitada pelo próprio Zeus. Na mitologia grega, Hécate era a Rainha da noite e Senhora das encruzilhadas, a Anciã de três rostos, Regente da lua minguante e Condutora das almas. Ela era invocada para proteger as pessoas das almas errantes, dos perigos nos caminhos e dos espíritos zombeteiros.

Dia dedicado a Thea, deusa pré-helênica da luz, do Sol, do dia e da Lua. Thea era uma das Titânides, filha de Gaia e Urano, mãe de Hélios – o Sol; de Eos – a Aurora e de Selene – a Lua. Nada restou do culto dessa antiga divindade, cujo nome significava apenas "Deusa". Como muitas outras deusas gregas antigas, ela foi substituída por divindades solares dos invasores indo-europeus, que assumiram seus atributos e as transferiram aos deuses do panteão patriarcal.

Comemoração de Gwynn Ap Nudd, antigo deus celta soberano do mundo subterrâneo e senhor das almas. Sua morada era em Avalon, dentro da montanha Tor, que era guardada por seres elementais.

Makahiki, o festival da colheita no Havaí, celebrando Lono, o deus da terra, por toda uma semana, chamada de "Semana Aloha".

No México era celebrada Ahnt Kai, a protetora das mulheres e crianças, regente da fertilidade e da dança, que expressava a beleza feminina e a livre expressão criativa. Seu alimento sagrado era o peixe, simbolizando a fertilidade. As mulheres aproveitavam este dia para se isentar das tarefas domésticas, dançar, passear, se reunir com amigas, se alegrar e cuidar da sua beleza: externa e interna. É um bom exemplo para seguir e dedicar um tempo a si mesmo, se empenhando para conseguir que este hábito (e direito seu) seja respeitado pelos seus familiares.

8 de novembro

No Japão, celebração do festival shintoísta **Fuigo Matsuri**, homenageando Hettsui No Kami e Oki Tsu Hime, as deusas padroeiras do fogão, da cozinha e da organização do lar. Elas cuidavam das comidas e dos relacionamentos familiares, se empenhando para manter a saúde e o calor emocional no lar. Tradicionalmente, qualquer pote com água fervendo representava a presença da deusa. Para atrair suas bênçãos, as mulheres acendiam velas e limpavam as vasilhas e o  fogão até brilharem, para que dessa forma, a luz das deusas abençoasse a preparação das comidas.

Os antigos japoneses honravam também Apemeru-ko-yan-mat, "a mulher que acende o fogo", deusa guardiã da lareira e extremamente importante na hierarquia religiosa. As mulheres da civilização Ainu veneravam-na como sendo sua ancestral, dedicando-lhe um altar na cozinha. Neste dia, as donas de casa não precisavam trabalhar e sim apenas descansar, festejar e receber homenagens.

Reverencie, neste dia, as deusas da lareira e do lar, inclusive a você mesma, renovando ou melhorando a organização de sua cozinha. Além de adquirir alguns utensílios novos, defume o ambiente com uma mistura de erva doce, alecrim e manjericão para harmonizá-lo, coloque num canto um pot-pourri de especiarias para aromatizá-lo, uma réstia de alho para protegê-lo e um vasinho com flores para as fadas. Festeje indo almoçar fora ou presenteie a pessoa que cozinha para você.

Festival romano Mania, comemorando os Manes, espíritos do mundo subterrâneo. Comemore você também, procurando estabelecer contato com eles.

Oferendas de inhames aos espíritos ancestrais no Haiti, invocando suas bênçãos para assegurar a colheita do ano seguinte.

9 de novembro

Antiga celebração **Loy Krathong**, na Indonésia, a "Festa das Luzes" para acalmar as deusas da água.

Reverenciavam-se Annawan, a deusa do mar, para impedir os furacões; Dara Rambai Geruda, que provocava afogamentos quando irritada; Dewi Danu, que fornecia água potável; Ratu Laut Selatan, a "Mãe das águas"; Inawen, a deusa do oceano, a quem se ofereciam arroz e sangue de galinha; Karo Kung, a deusa do rio, que podia provocar febres e infecções; Minti Dara Bunsu, que podia ajudar ou afundar os mergulhadores; Njai, a Senhora dos mares, que governava todos os espíritos da água, sentada no seu lindo palácio no fundo do mar e a quem todas as pessoas recorriam em busca de proteção e ajuda, e Nyai Loro Kidul, a sereia que atraía os jovens, a quem se ofereciam cocos verdes, cabelos e unhas para apaziguar seu gênio.

Na Tailândia era celebrada Phra Naret, a deusa da boa sorte, prosperidade e beleza; nascida da água, ela fluía na vida das pessoas trazendo fertilidade, abundância e boa sorte. Durante o festival, eram preparados pequenos barcos de folhas de bananeiras, colocando neles velas, flores de lótus e gardênia, moedas e incenso, junto de papéis com pedidos escritos. Ao soltar os barquinhos na correnteza dos rios, as pessoas murmuravam seus desejos e alegravam-se caso as velas permanecessem acesas até os barquinhos sumirem de vista, sinal de que os pedidos iam ser atendidos pelas deusas das águas e seus desejos realizados.

Para internalizar as energias destas deusas, beba bastante água, coma brotos de sementes germinadas e quando for lavar o chão ou molhar a grama, economize água, para que não falte e assim todas as pessoas sejam beneficiadas.

10 de novembro

Kali Fuji, na Índia, celebrando **Kali**, a terrível deusa escura que eternamente transforma a vida em uma fascinante dança da morte. Apresentando-se de uma forma atemorizadora, com pele escura, língua vermelha saltando da boca, ornada com um colar de caveiras e um cinto de mãos decepadas, Kali é a força do tempo que leva à destruição, para que novas formas e eras possam surgir. Kali é uma deusa muito popular na Índia, com seu retrato presente em todas as casas, seus templos recebendo muitas oferendas, às vezes de sangue, de seus seguidores.

Uma vez compreendido seu poder, ela oferece a libertação dos medos, principalmente o da aniquilação física e a oportunidade de uma nova visão e aceitação da vida e da morte.

Na Escócia, festival celebrando a deusa Nicnevin, a Caçadora Selvagem, que rodopia no céu durante a noite para encontrar e conduzir as almas perdidas em sua passagem. A equivalente irlandesa de Nicnevin é Cailleach Beara, a Anciã que pertence à tríade ancestral da Grande Mãe, ao lado de Cailleach Bolus e Corca Duibhne. Ela regia o inverno, secava a vegetação e soltava os rios nas enchentes.

Celebração na França da Deusa da Liberdade e da Razão, guardiã do conhecimento e da sabedoria. Após a Revolução Francesa, realizava-se, neste dia, uma grande parada com o desfile de uma mulher que usava uma túnica branca, uma capa azul e uma touca vermelha. Ela representava a Deusa e era coroada com folhas de carvalho e louro na igreja de Notre Dame, local onde outrora havia um santuário da Deusa.

Para se conectar com esta Deusa e atrair seus dons, use suas cores, queime incenso de sálvia (para sabedoria), alecrim (para melhorar a memória) e hortelã (para ficar alerta). Purifique com estes incensos seu material de estudo e trabalho (computador, impressora, telefones, papéis e livros), invoque a proteção e ajuda divina e coloque uma folha de louro no livro que está estudando ou ao lado do computador.

11 de novembro

Na Irlanda, celebrava-se o **"Povo das Fadas"**, as Lunantishees e Oonagh, a "Senhora Branca", Rainha dos elfos, com a colocação de oferendas embaixo de espinheiros pretos, carvalhos ou teixos. Oonagh era representada como uma jovem muito bonita, com cabelos longos e sedosos e trajes de prata e orvalho. Ela aparecia para despertar a "criança interior" e lembrar às pessoas para usar a magia das fadas. O Povo das Fadas se apresentava vestido com trajes de cor verde e sinos prateados nos sapatos.

Para atrair os dons das fadas, se vista de verde, toque um sino e ofereça-lhes grãos, cristais de quartzo, doces e trevo de quatro folhas. Como talismã para receber a boa sorte das fadas, use estaurolita, a pedra em forma de cruz e pingentes ou brincos em forma de trevos de quatro folhas.

Vinália, a festa de Dioniso ou Baco, deus greco-romano do vinho, da geração e da vegetação. Dioniso era venerado e acompanhado pelas Mênades, sacerdotisas que se vestiam com peles de animais, coroadas com folhas de hera e que praticavam rituais reservados apenas às mulheres, com transes extáticos induzidos pela intoxicação com vinho e plantas sagradas, além de orgias sexuais. As lendas contam que as Mênades corriam nuas pelos campos, dançando de forma selvagem ao som de flautas e tambores, às vezes caçando e comendo a carne crua dos animais. Elas perseguiam e matavam aqueles que tentavam espionar seus rituais. Há várias teorias tentando explicar essa "loucura sagrada", porém, a origem desse culto é muito antiga, proveniente da Trácia, onde as mulheres reverenciavam as deusas da vida e da morte. Com o passar do tempo, o culto degenerou em manifestações de raiva e violência, até ser substituído pelo culto masculino a Orfeu.

Dia dos Heróis, festival nos países nórdicos, homenageando os guerreiros celestes e os heróis dos antigos mitos.

12 de novembro

Antiga celebração da deusa grega **Praxidike**, a guardiã da justiça, da vingança justa e da recompensa das boas ações. Era ela quem punia aqueles que não honravam seus juramentos. Às vezes, Praxidike ou Praxidicae, era representada como uma mulher com três rostos; outras vezes, aparecia junto a suas irmãs Aulis, Alalkomenia e Thelxinoea.

Algumas fontes citam a deusa Dike e suas irmãs Poena e Adicia como as guardiãs da justiça e da ordem natural e humana, sendo que Dike administrava a justiça e as recompensas, Poena se encarregava das retaliações e retribuições e Adicia representava os atos injustos, sendo controlada e combatida por suas irmãs. Outras fontes consideram Dike como sendo a filha da deusa da justiça, Têmis, irmã das Horas e das Moiras ou, como Diceia, sendo uma das Horas, ao lado de Eunomia e Eirene.

Na Escandinávia, celebrava-se Var, um dos aspectos da Mãe Terra, guardiã dos compromissos e juramentos. Como Var via, ouvia e sabia de tudo, ela cuidava para que nenhum parceiro ou cônjuge enganasse o outro. Caso isso ocorresse, ela punia o infrator, defendendo a verdade e se vingando daqueles que mentiam ou quebravam seus juramentos. As mulheres traídas ou abandonadas recorriam sempre a Var, pois somente ela sabia distinguir a verdade das mentiras e enganos.

A tribo Pueblo reverenciava a "Mulher Amarela" (*Yellow Woman*), protetora da agricultura, caça e magia, guardiã das cerimônias sagradas. Ela era representada como uma mulher idosa, envolta numa manta amarela bordada e usando uma máscara verde, ou uma mulher jovem, enfeitada com espigas de trigo e vestindo um manto amarelo. Nesse dia, a tribo realizava a "dança do búfalo", que imitava um antigo ritual de caça, feito para atrair a boa sorte e apaziguar as almas dos animais que iam ser capturados.

Como uma adaptação atual deste antigo ritual, podemos nos imaginar indo "caçar" o nosso objetivo e pedindo para a "Mulher Amarela" nos auxiliar e proporcionar o sucesso. Para se conectar com ela, alimente-se de comidas preparadas com milho, use roupas na cor amarela, branca ou verde e faça uma oferenda de milhos e folhas verdes para ela.

Epulum Jovis, festa no Capitólio, em Roma, comemorando os deuses Júpiter, Juno e Minerva com fogueiras e sacrifícios.

13 de novembro

Oferendas e rituais de purificação para as divindades das fontes: os deuses Pan, Foris, Baco e Dionísio, as ninfas das águas – Limnades e Ionides, uma irmandade de **ninfas aquáticas** e das fontes curativas, das quais as mais conhecidas são Iasis, Calliphaea, Synallasis (ou Synallaxis) e Pegea. As Ionides tinham o dom de cura das doenças e moravam em Elis, no santuário perto da fonte, que se transformava no rio Cytherus.

Festival romano *Ludi Plebeli* com competições esportivas e práticas de libertação das amarras. Celebrava-se Ferônia, a deusa guardiã do fogo, provedora da fertilidade e da abundância, padroeira dos escravos e – por extensão – de tudo aquilo que escraviza ou amarra o ser humano. Para se conectar com ela, guarde um pedaço de carvão perto de seu fogão, da lareira ou do aquecedor, para que dessa maneira possa ser feita a conexão com a sua energia ígnea. Se tiver mágoas e raiva acumuladas, faça uma pequena fogueira e libere as energias negativas através de uma catarse, batendo tambor, gritando, pulando ou jogando galhos secos nas chamas.

Celebração de Nossa Senhora de Garabandal, na Espanha, um aspecto da Mãe Cósmica, vista por quatro crianças em 1965.

Na Idade Média, este dia era considerado "escuro", azarento e propício às práticas de magia negra, necromancia e rituais satânicos. Se caísse em uma sexta-feira, seus influxos maléficos aumentavam, conferindo às pessoas nascidas neste dia o poder negativo do mau-olhado e da materialização das pragas ou maldições. Estas superstições são difamações da sacralidade do dia de sexta feira, dedicado às deusas

Afrodite, Vênus e Freyja e do poder curador das mulheres, que afastavam as pragas das colheitas, removiam as maldições e usavam o "olho da Deusa" como talismã.

Reserve algum tempo neste dia para "limpar" sua mente. Medite, procurando identificar quais seus padrões mentais negativos e pensamentos derrotistas, desfazendo-se deles e substituindo-os por atitudes otimistas e positivas. Não faça nenhum ritual ou exercício mágico, apenas purifique sua mente e seu coração, orando, meditando e invocando os poderes da Luz Maior. Use um pingente com a imagem do "olho da Deusa" (erroneamente renomeado de "olho de Deus ou de Hórus"), símbolo de proteção espiritual divina (feito com fios de lã ou seda) que, por sua beleza, magia e pureza, têm o poder de dissolver as emanações negativas.

Se você tiver nascido neste dia, tenha sempre muito cuidado com seus pensamentos e desejos, evitando vibrar na faixa negativa, vingativa, invejosa, derrotista ou pessimista. Jamais pragueje, amaldiçoe ou deseje mal a alguém, pois existe a lei do retorno triplicado.

14 de novembro

Celebração da deusa celta Mocca e da deusa hindu **Fórcis**, Deusas Mães com cabeças de porcas, protetoras das famílias e das crianças.

Desde o período neolítico existem representações de Deusas da Terra com formas suínas, por ser a porca um animal extremamente ligado a terra, representando a fertilidade. Em certos rituais, as mulheres usavam máscaras ou tatuagens de porcas; faziam-se sacrifícios ritualísticos de leitões em Creta e durante os Mistérios de Elêusis. Essa reverência pela porca seria uma das explicações de sua abominação pelos povos patriarcais e pelos perseguidores dos cultos matrifocais.

Comemoração da deusa celta da guerra Scathach, a padroeira das mulheres independentes e a guardiã das jovens que buscam sua realização.

Festival esquimó Asking, agradecendo as dádivas das divindades e retribuindo-as com oferendas para as deusas Sedna, Akycha,

Apasinasee e Pukkeenegak, padroeiras dos lares e das comunidades. O povo Inuit realiza neste dia uma grande festa comunitária com troca de presentes no final, engajando todos na energia alegre de *Thanksgiving* (agradecer as graças). Os esquimós acreditam que possuir bens em demasia traria azar para a comunidade. Por isso, neste dia, jovens com rostos pintados, vão de casa em casa recolhendo comida e peles. No final do dia, as provisões são distribuídas para quem não tem o necessário para sobreviver durante o inverno.

Adapte este costume para a sua realidade e engaje-se em alguma campanha de arrecadação de fundos para projetos humanitários, ecológicos ou de defesa das mulheres e crianças.

15 de novembro

Festival dedicado a **Ferônia**, a deusa romana guardiã do calor vital, do fogo criador e do fogo subterrâneo. Sua energia não podia ser contida nas cidades, por isso, seus santuários eram próximos a suas moradas – vulcões e águas termais – onde se faziam grandes celebrações e oferendas. As pessoas caminhavam descalças sobre brasas incandescentes para curar doenças, assistidas e fortalecidas pelas preces de seus sacerdotes. Depois, eram feitas oferendas de frutas à deusa, colocando-as ao redor das fogueiras e agradecendo pela purificação e pela cura.

Festival Shichi-Go-San, no Japão, pedindo proteção para as crianças de três, cinco e sete anos. As crianças são abençoadas nos templos e recebem doces com o formato dos símbolos de saúde e boa sorte. Eram colocados nos altares das casas, oferendas de arroz, doces e uma mecha do cabelo da criança em um envelope escrito com o nome da deusa, para atrair suas bênçãos.

Bênção das crianças também na Índia, onde são reverenciadas as deusas protetoras e guardiãs das crianças: Rohina, deusa da cura representada como uma vaca vermelha e Surabhi, conhecida como a "Vaca da Plenitude". Ambas simbolizavam os dons da maternidade e o poder de realizar todos os desejos. A deusa Surabhi ou Kamadhenu –

que surgiu da espuma do oceano – cuidava das mães, das crianças, das famílias e dos animais domésticos.

Em Roma, dia de culto a Rumina, a deusa protetora das mães que amamentavam e das crianças que dormiam. Conhecida como "O seio materno", Rumina era homenageada com oferendas de leite colocadas próximas às figueiras pelas mães que desejavam ter leite suficiente para amamentar seus filhos.

No Japão era celebrada a deusa Tatsu Ta Hime, padroeira da abundância, das tecelãs e dos ventos. A lenda conta que ao tecer, do seu tear caíam folhas das mais variadas cores e quando as pessoas iam varrê-las, suas doenças eram afastadas. Os marinheiros usavam um amuleto com o seu nome, para se protegerem das tempestades.

Se você tiver filhos pequenos (de três, cinco ou sete anos), leve-os nesta data para receber a bênção em algum templo budista. Para protegê-los, coloque uma foto deles (independente da sua idade) no seu altar, num envelope escrito com o nome da Deusa e junte uma trança feita de fios de lã ou seda na cor branca, amarela e lilás, no número correspondente à idade da criança. Diariamente ore e peça a proteção das Deusas guardiãs e protetoras das crianças para cuidar, proteger e guiar os passos dos seus filhos, defendendo-os de perigos e doenças.

16 de novembro

Festival hindu Diwali em homenagem a Lakshmi, a deusa da prosperidade e da boa sorte. Reverenciava-se também **Sri**, um aspecto da deusa Gauri ou da própria deusa Lakshmi, representando tudo o que é benéfico, também chamada Dharani ou Giriputri na Indonésia.

Seus atributos eram boa sorte, abundância, prosperidade e plenitude; seus símbolos: cestas com grãos, manjericão, arroz e brotos de bambu.

Diwali significa "guirlanda de luzes" e seu nome resume as características dessa festa muito popular na Índia e no Tibete. Durante os cinco dias do festival, as ruas são iluminadas e soltam-se fogos de artifícios. As casas são limpas, decoradas com flores e imagens de Lakshmi e depois enfeitadas com pequenas lâmpadas, as *diye*. As famílias se visitam trocando presentes e celebrando com comidas tradicionais, como os bolos de arroz *khil* e os doces *patashe*. Os altares das casas e dos templos são enfeitados com guirlandas de flores e com desenhos tradicionais coloridos, chamados *rangoli*. Colocam-se pequenos barcos feitos de cocos e enfeitados com velas e fitas nos rios e as crianças andam carregando tochas acesas. Os brâmanes visitam as casas e deixam símbolos e moedas abençoadas para atrair a prosperidade e as bênçãos da deusa. Trocam-se os livros de contas nas lojas e compram-se novas imagens de Lakshmi para carregar nas bolsas.

Para atrair os dons de Lakshmi lave seu chão, carro, sapatos, roupas e animais de estimação, com uma infusão de manjericão para se livrar de todos os resquícios de energias negativas. Acenda velas amarelas untadas com essência de manjericão quando orar para ela e leve, como oferenda – para deixar sob uma árvore frondosa ou frutífera –, uma cesta com arroz, doces, especiarias e flores amarelas. Para invocar a abundância da Deusa e atrair a boa sorte, ofereça à Lakshmi um prato de arroz cozido com especiarias e mel, decorado com folhas de manjericão; agradeça a sua ajuda e peça que espalhe sobre você suas bênçãos de plenitude e boa sorte.

Noite de Hécate Trívia ou Triformis, a Senhora das encruzilhadas e dos caminhos, Padroeira das magas, curandeiras, parteiras, videntes, mulheres e crianças. Os grupos místicos e os círculos de mulheres que seguem a tradição greco-romana e celta promovem ao pôr do sol deste dia o Festival de Hécate, com oferendas de ovos galados, alho, romãs, maçãs, velas e pelos de cachorro preto, colocadas nas encruzilhadas ou embaixo de árvores com galhos tríplices, pedindo a proteção e orientação da Deusa nos momentos de escolha e decisão.

Celebração da deusa celta da magia Tlachtga, a Senhora dos raios, Padroeira das revelações súbitas. Na colina com seu nome eram celebrados os Sabbats de *Samhain*.

Festival de Bast, a deusa egípcia com cara de gato, que representava as qualidades benéficas dos raios solares.

17 de novembro

Dia de Santa Hilda, a padroeira das mulheres que têm uma profissão. Modernização da deusa nórdica **Holda** ou Holla, uma antiga Deusa da Terra e da natureza, Padroeira das mulheres e dos assuntos domésticos. Ela presidia os lagos e rios, o cultivo e a fiação do linho, a lareira, o lar e a maternidade. Originariamente, Holda tinha uma simbologia muito  complexa, porém, com o passar do tempo, prevaleceu seu aspecto escuro, como a Condutora das almas, acompanhando a "Caça Selvagem" e voando sobre vales e montanhas nos rodopios dos ventos. Quando chovia, acreditava-se que Holda lavava suas roupas; quando nevava, ela sacudia seus travesseiros. Costumava ser representada de forma pejorativa nos contos de fada, como uma velha feia e furiosa, apelando-se a essa imagem para assustar as crianças desobedientes.

Comemoração de Poldunica, a deusa eslava da morte e do calor do meio-dia. Ela era vista como uma mulher pálida, que sobrevoava os campos matando as pessoas com o toque de sua mão. Na Morávia, ela costuma ser descrita como uma velha com os olhos esbugalhados e cascos de cavalo. Na Polônia, ela surge como uma mulher alta, carregando uma foice, que faz perguntas difíceis às pessoas; caso elas não soubessem respondê-las, ela os matava. Na Rússia, ela era uma linda mulher, que torcia suavemente os pescoços de sua vítima, enquanto que na Finlândia, ela raptava as crianças que andassem sozinhas ao meio-dia.

Último dos três festivais anuais dos mortos na China. Queimam-se efígies de papel e notas de dinheiro inscritas com o nome dos familiares falecidos como oferendas para os ancestrais. Celebrava-se Dou Mou, a deusa da Estrela do Norte, guardiã dos espíritos dos falecidos e protetora dos seres vivos contra as doenças. Seu reino se estendia no céu entre o Sol e a Lua; ela registrava cada nascimento e cada morte, cuidando assim dos destinos das pessoas; também regia as videntes e as práticas oraculares. Para atrair a sua proteção para saúde, use prata e ouro (que representam o Sol e a Lua), beba laranjada e limonada e adquira algum talismã mágico com os símbolos zodiacais do seu signo Solar e Lunar no mapa natal.

Invoque neste dia a deusa Holda pedindo ajuda e proteção para a sua promoção e sucesso profissional; agradeça-lhe com uma oferenda de moedas e oferte-lhe um símbolo da sua realização e independência.

18 de novembro

Festa de **Ardvi Sura Anahita**, deusa persa, a Criadora e Guardiã da vida, padroeira da Lua, estrelas, noite, água, amor e sexualidade.

Chamada de "A Força Imaculada da Água", ela era a mais popular das sete principais divindades do panteão Zoroastriano. Regia a água (a força fertilizadora da terra), presidia na concepção e geração das crianças (purificando o sêmen e fortalecendo o útero), mas também governava a guerra, surgindo em sua carruagem puxada por quatro cavalos que representavam o vento, a chuva, as nuvens e o granizo. Era associada à sexualidade sagrada e aos rituais de fertilidade. Equivalente às deusas Anath (fenícia, grega e hebraica), Anahit (persa), Anthrathi (egípcia) ela era conhecida, na Babilônia, como uma deusa da guerra e do amor. No Egito, era chamada Anthrathi, Antit, Anit, Anti, Anant, a Senhora do Céu e na Armênia, era denominada Anahit. Na Grécia, foi chamada de Anaitis e seu culto originou o de Afrodite. Independente do lugar e do nome, essa antiga e poderosa deusa era venerada pelas mulheres que invocavam seu poder à luz das estrelas, cantando seu nome sagrado.

Nesta noite, entre em sintonia com essa egrégora milenar. Afaste-se um pouco das luzes da cidade, vá para o campo e admire a beleza e a imensidão do céu estrelado, conectando-se aos seres espirituais de outras dimensões e às deusas da Lua, do céu noturno e das estrelas. Se vir uma estrela cadente, peça à deusa Ardvi a realização de um desejo seu.

Celebração egípcia da deusa Anant (Anahita ou Anata), a Senhora do Céu, equivalente às deusas Anath e Anthrathi, adaptações egípcias das lendas assírias.

Makahiki, a celebração das Plêiades no Havaí, outrora o início do Ano Novo. A aparição das Plêiades no céu – representando a deusa Matariki e seus seis filhos – era saudada com muitas festas e alegria, as pessoas cantavam e dançavam e agradeciam o término das colheitas.

Durante a segunda metade do mês de novembro, os havaianos participam de rituais especiais para celebrar a aparição das Plêiades no céu, evento que representa o começo da estação da colheita. Nesse período, a guerra e as disputas são proibidas e as pessoas usam talismãs ou desenhos de estrelas em suas roupas ou bolsas.

As Plêiades ou as Sete Irmãs, tiveram grande importância em várias tradições e celebrações antigas, como na Índia pré-védica, nos cultos a Afrodite e Ártemis, nas celebrações do Ano Novo na Babilônia, Ásia, Grécia e América Central, nos mitos egípcios e greco-romanos e nas crenças da Idade Média, com a suposição de que a sétima filha de uma família seria bruxa ou vampira.

Aproveite a antiga egrégora, medite e ore depois da aparição das estrelas, pedindo a benção dessas deusas para a sua vida. Guarde no seu altar (ou na sua bolsa) a imagem das Plêiades ou sete estrelas cortadas em papel prateado (sendo uma maior). Na sua vida diária procure evitar desentendimentos e discussões e empenhe-se para harmonizar seus relacionamentos.

19 de novembro

Bharatri Dwitya, o festival hindu dos irmãos e irmãs, celebrando o deus **Yama** e a deusa **Yami** ou Yamuna.

Yami era considerada a Mãe Criadora da raça humana, enquanto seu irmão Yama era o Senhor da Morte. Yami também era a padroeira dos rios, principalmente do Rio Yamuna. No Tibet, os animais consagrados a esses deuses – a vaca e o cachorro –, são venerados e respeitados, sendo ornamentados com guirlandas de flores e amplamente festejados neste dia. Os homens e as mulheres são considerados iguais, companheiros e parceiros na vida, desfrutando dos mesmos direitos e privilégios.

Celebração filipina de Bugan, a Criadora da vida e de seu irmão e consorte Wigan. Considerados os padroeiros dos partos, teriam sido eles que criaram os primeiros seres humanos após o grande dilúvio.

Em Senegal era comemorada Tenga, a Mãe Terra, guardiã da justiça e da moral, que equilibrava a balança da vida e corrigia as ações erradas.

Para se conectar com ela, pegue um pouco de terra na sua mão e medite sobre como você agiu durante os últimos meses em relação às pessoas e circunstâncias. Avalie se você vibrou de forma negativa ou se alimentou sentimentos de inveja ou raiva, de desprezo ou discriminação em relação aos outros. Seja honesta consigo mesma e reconheça seus erros para assim poder assumir a responsabilidade em corrigi-los.

Aproveite a data e visite ou ligue para seus pais ou irmãos carnais. Na ausência física deles, confraternize com todos aqueles que são seus parentes espirituais. Vejam-se como partes do Todo, filhos de uma mesma Mãe Divina, irmanados com todos os outros seres, dos outros níveis de criação.

20 de novembro

No México, celebra-se a **Virgem de Guadalupe**. Segundo a lenda, a Virgem Maria apareceu, em 1531, para Juan Diego, um humilde camponês índio. Na forma de uma mulher jovem, com pele escura, envolvida por uma nuvem luminosa, a Virgem disse-lhe, em *nahuatl* – a língua nativa –, para pedir ao Arcebispo do México que construísse uma igreja na colina de Tepeyac. Para convencer o bispo da autenticidade da mensagem, a Virgem imprimiu sua imagem nas roupas do camponês. Nos tempos pré-hispânicos, a colina de Tepeyac abrigava o templo da deusa  Tonantzin, a Mãe Terra, Senhora da Lua. Essa aparição deu-se após a conquista do México pelos espanhóis, servindo de consolo e apoio aos índios, que lamentavam a perseguição e abolição de suas divindades.

Dia de Praetextatus e Paulia, os guardiões dos Mistérios Eleusínios, que permitiram a continuação das celebrações apesar de sua interdição pelo imperador cristão Valentiniano.

Comemoração de Strenia, a deusa romana protetora das crianças e jovens, doadora da saúde e força física. Para receber suas bênçãos eram feitas defumações com folhas de louro e oferendas de tâmaras, figos e pães de frutas.

Passe este dia na companhia dos seus filhos, partilhando atividades e brincadeiras ao ar livre e dividindo guloseimas. Elogie suas qualidades e oriente-os como desenvolver suas habilidades. Ensine-os como se proteger no mundo externo e como pedir e confiar na proteção divina. Prepare um talismã para eles guardarem na mochila, colocando em uma bolsinha de pano três folhas de louro, uma ametista, uma hematita, o assim chamado "olho grego" (na realidade "o olho da Deusa") e um pingente em forma de pimenta vermelha (que afasta as vibrações espirituais negativas). Acredita-se que o "olho grego" tem o poder de absorver as energias negativas do mau-olhado e da inveja. O olho de vidro azul também simboliza o olhar da Deusa, que ilumina e protege as pessoas, além de transmitir paz.

Dia internacional para abandonar o nocivo ato de fumar. Participe você também desta campanha, direta ou indiretamente.

21 de novembro

Celebração da deusa **Cailleach**, a Senhora da Noite e regente da morte. Nas suas diversas apresentações Cailleach é a personificação da idade e da sabedoria, regente do inverno, que ela chamava pulando de uma colina para outra e sacudindo seu bastão mágico feito de um galho de bétula ou salgueiro. Ela era a "Senhora das Colinas Sagradas" (*Sidhe*) e dos "Portais para o Mundo das Fadas" (*Fey People*), pois também regia sonhos e percepções sutis, sendo a Mãe Anciã das pedras e rochas, os ossos sacros e os registros das memórias da terra.

Como deusa neolítica Cailleach era conhecida como "anciã azulada", "deusa ursa", "deusa javali", "a velha com cara de coruja", tendo sido cultuada durante milênios pelos povos protoceltas, que mesclaram e fundiram seus vários aspectos em imagens que evocavam tanto o amor, quanto o terror, pois Ela controlava as estações e o tempo, sendo regente da terra e do céu, da Lua e do Sol. Seu nome não aparece nos relatos escritos, apenas nas antigas lendas e crenças ligadas aos lugares que levam seu nome. Acredita-se, por isso, que ela era uma divindade pré-celta, trazida pelos povos colonizadores das Ilhas Britânicas, vinda do leste europeu, possivelmente da Índia devido à semelhança com os atributos da deusa Kali. Seus inúmeros nomes variavam entre Cally Berry e Caillighe na Irlanda do

Norte, Caillech Bherri, "Anciã de Bheara" e Digne na Irlanda do Sul, Cailliach ny Gromach na Ilha de Man, Carline, Dirra, Scota e Nicnevin na Escócia, Black Annis na Grã Bretanha.

Cailleach regia o céu e a Terra, o Sol e a Lua, o tempo e as estações. Ela criava as montanhas com as pedras que carregava em seu avental, mas também trazia aos homens as doenças, a velhice e a morte. Nas lendas medievais, ela é descrita como a "Rainha Negra" ou a "Velha Bruxa", seu nome passando a ser sinônimo de "mulher velha". Cailleach é a guardiã do portal que leva à parte escura do ano, "aberto" no Sabbat *Samhain*, sendo invocada nos rituais de morte e transformação, com muita seriedade e profundo respeito.

No Japão era celebrada a deusa Okame, guardiã do lar, da boa sorte e dos atos bondosos. Seguindo a tradição japonesa, faça uma limpeza fluídica da sua casa, varrendo todos os cômodos no sentido anti-horário com uma vassoura em que foram presos sinos e símbolos de boa sorte (do Feng Shui). Para limpar prateleiras de livros e objetos de decoração, use um espanador de penas, da mesma forma. No final, caminhe pelos cômodos no sentido horário, levando um incenso aceso de laranja, sândalo, rosa ou violeta.

Dia do deus maia Kukulcan, a "Serpente Emplumada", o primitivo deus tolteca que foi, posteriormente, sobrepujado pelo deus Quetzalcoatl.

22 de novembro

Dia dedicado à deusa greco-romana **Ártemis/Diana**, celebrando a entrada do Sol no signo de Sagitário.

Dia de Santa Cecília, a padroeira dos músicos, uma modernização da deusa Calisto, padroeira da música. Calisto era uma antiga deusa pré-helênica das montanhas da Arcádia, personificando a força do instinto e sendo representada ora como uma jovem atleta, caçadora, correndo velozmente pelas florestas, ora como a poderosa e amorosa Mãe Ursa. Com a chegada das tribos invasoras gregas, sua imagem e seus atributos foram incorporados aos da deusa equivalente, Ártemis, transformando Calisto em uma simples Ninfa. Quando Calisto teria morrido acidentalmente, Ártemis – que gostava muito dela – assumiu seus atributos e símbolos, mudando seu próprio nome para Ártemis Caliste.

Celebre a Deusa Caçadora meditando a respeito do alvo que você quer alcançar. Defina e anote com palavras concisas e precisas qual será o seu objetivo imediato. Prepare seu arco, seu equilíbrio e sua flecha, sua determinação e força de vontade. Aguce seu instinto, chame seu animal de poder, invoque a Deusa e confie no sucesso. Guarde o papel no seu altar, junto de uma imagem ou estatueta de Ártemis. Assim que conseguir seu objetivo, queime o papel e sopre as cinzas no ar ou enterre-as no pé de uma planta.

Celebração da deusa grega Leucothea "a deusa branca feito leite", protetora da gestação e dos partos, transformada depois em uma deusa do mar, com corpo de sereia. Através desta transformação conceitual vemos a mescla da natureza intuitiva (água) com a terra (a apresentação semi-humana), personificando assim a energia sagitariana. Para comungar da natureza maternal de Leucothea, vista roupas brancas, tome um banho com sal marinho, beba devagar um copo de leite de amêndoas ou arroz, oferte-lhe flores brancas e um mingau de aveia.

23 de novembro

No Japão, **celebração Shinjosai** dedicada a Kono-Hana Sakuya hime, deusa das cerejeiras, neta da deusa solar Amaterassu. Esta deusa, cujo longo nome significa "a Senhora que faz as árvores florescerem", era filha do deus das montanhas e irmã da deusa das pedras, ela mesma Regente da Terra, da natureza, do fogo e das cerimônias. Uma apresentação semelhante é Kaguya-hime-no-mikoto, a "Princesa lunar"; seu nome significa "beleza e brilho" e seu presente para a humanidade, a árvore e o aroma de canela.

Na Indonésia, comemoração da Donzela das Bananas, uma deusa da terra e da vegetação, cuja lenda é similar à da deusa japonesa.

Antiga celebração de Zytniamatka, a deusa alemã da agricultura, cultuada na Prússia como A Mãe do Milho. O milho sempre foi um símbolo importante em várias mitologias e, em diversas partes do mundo, há celebrações dedicadas às Mães do Milho, simbolizando a fertilidade e a abundância da Terra.

Nihinahe, festival japonês celebrando a colheita do arroz e a preparação do saquê (licor de arroz).

Na Índia, comemoração de Sita, deusa da terra, natureza e agricultura.

Tellabration, o "festival anual dos contadores de história" foi iniciado em 1988 em Connecticut e está sendo realizado em inúmeras cidades americanas, com encontros, concertos e competições de poesia e música. Ele foi embasado no arquétipo de Calíope, a Musa da poesia épica e da eloquência, padroeira de todos os músicos e poetas, cujos símbolos eram uma tabuinha e um estilete para escrever. O festival foi criado como uma forma de preservar e perpetuar as tradições orais e o costume dos antigos bardos celtas para contar histórias e lendas em público. Atualmente, Calíope pode ser invocada para incentivar a criatividade, ampliar o uso poético da linguagem, diversificar a comunicação, falada e escrita.

Para honrá-la reserve um tempo livre para avaliar como você expressa e transmite suas ideias, como ativa e usa a sua capacidade criativa e a fluência das palavras. Peça à Deusa que fortaleça a sua memória, amplie a sua inspiração e lhe ajude em se expressar de forma correta, bela e verdadeira.

24 de novembro

Antiga comemoração de **Berchta** ou Percht, a Deusa Mãe da Alemanha e da Áustria. Chamada de "Mulher Elfo", ela sobrevoava a terra envolta em seu manto de neblina e fertilizava os campos e os animais. Como não tolerava a preguiça, ela inspecionava os teares e, caso encontrasse algum trabalho malfeito ou alguma casa em desordem, ela arranhava ou feria a tecelã descuidada. Em suas festas, as pessoas comiam panquecas e bebiam leite, deixando uma parte para Berchta. Ela vinha comer furtivamente e, caso alguém espiasse, recebia como castigo uma cegueira temporária. Sintonize-se

com esta data e acenda uma vela ou uma lamparina, ofereça um pedaço de bolo e um pouco de leite para a deusa Berchta e peça-lhe incentivo, criatividade e perseverança em seu trabalho.

Festa das Lamparinas no Egito, honrando e celebrando as deusas da luz e dos nascimentos Ahi, Heket e Meshkent com orações, libações e rituais de queima de lamparinas especiais. Na Grécia celebrava-se, neste dia, Héstia, a deusa do fogo sagrado e protetora dos lares.

Os romanos celebravam Spes, cujo nome significava "Esperança", regente da colheita, da gratidão e da fartura, cujo símbolo era um buquê de flores. Assim como Salus (salvação, segurança, saúde), Ops (abundância, prosperidade) e Victória (vitória, sucesso), Spes era uma dádiva vinda dos deuses, diferente dos poderes residentes nos seres humanos como Mens (inteligência), Virtus (virtude), Fides (fé, fidelidade, lealdade).

Sua origem era uma deusa cretense da natureza, chamada Elfis na Grécia, a única energia benéfica que restou na caixa de Pandora depois que os males saíram para o mundo. Regente do mundo subterrâneo e do sono, ela protegia as colheitas dos campos e pomares, mas com o passar do tempo, seu atributo principal passou a ser abundância e esperança. Seus templos ficavam dentro das feiras de produtos agrícolas e era invocada nos batizados e casamentos. Descrita como uma linda jovem coroada com papoulas e espigas, que segurava sua saia com uma mão e na outra levava espigas, flores ou uma cornucópia.

Inspire-se nesta tradição e celebre sua "colheita" com sua família ou amigos, abrindo seu coração para a gratidão e fortaleça o sentimento de esperança para que a terra possa ser pacificada e seus recursos preservados e ampliados. Prepare uma refeição à base de milho, batata doce e abóboras, com suco de frutas e doces. Ofereça à Deusa uma fatia de pão com grãos, algumas nozes, um buquê de flores do campo e leve alguns mantimentos para um orfanato ou asilo.

Festival japonês Tori No Ichi para atrair os bons espíritos. As pessoas carregam pelas ruas galhos de bambu decorados com símbolos de boa sorte.

25 de novembro

Festa de **Gaia** ou Gea, a deusa grega da Terra. Segundo o mito, no início havia apenas o caos, sem forma. Dele surgiu Gaia, a Mãe Terra, que criou o tempo e o céu. Ao se unir a seu filho Urano, Gaia gerou todas as outras divindades, além de inúmeras criaturas. Mesmo depois de seu culto ter sido substituído pelo das divindades do Olimpo, os gregos ainda honravam-na, colocando cevada e mel nas fendas da superfície da Terra. Também era para Gaia que eram feitos os mais sagrados juramentos, sendo ela a inspiradora de todos os oráculos.

Siga a antiga tradição e honre Gaia, a nossa Mãe Terra, ofertando-lhe cereais ou sementes e assumindo o compromisso de colaborar na manutenção do equilíbrio ecológico e planetário. Reúna um grupo de mulheres e compartilhem seus problemas, anseios e realizações, com a mente e os corações abertos, ouvindo e falando com confiança e segurança. Orem para que Gaia lhes dê força e alegria, união e proteção. Deem-se as mãos, formando um círculo de força feminina e irradiem paz, harmonia e amor para o Planeta.

Cerimônia do Milho dos índios norte-americanos honrando – nas tribos Zuni – as Seis Donzelas do Milho (que representavam as cores do milho). Nas tribos das planícies celebrava-se a Mãe do Milho e nas tribos do Norte, a Avó Nokomis.

Dia da bênção dos moinhos de vento na Holanda. Neste dia, os donos dos moinhos espalham no ar farinha ou fubá para apaziguar os espíritos malévolos dos ventos.

Nos países celtas, as mulheres festejavam "O dia de alegria das mulheres", com músicas, danças e rituais, celebrando os mistérios femininos.

Comemoração, no calendário cristão, de Santa Catarina de Alexandria também conhecida como "A Grande Mártir", santa e mártir cristã, uma notável intelectual no início do século IV, considerada a padroeira dos estudantes, filósofos e juristas, das mulheres solteiras e das tecelãs. Ela era uma mulher linda e extremamente inteligente e estudiosa, que, por se declarar cristã foi condenada ao suplício "da roda", decapitada (de suas veias saiu leite ao invés de sangue) e por isso canonizada. Esta santa é a adaptação cristã do arquétipo de Arianrhod, a deusa galesa da "roda prateada", cuja antiga magia estelar era tecida e entrelaçada em múltiplas manifestações. Sua morada era na constelação de Corona Borealis, onde recebia os espíritos à espera da reencarnação, pois ela regia a Roda da vida, morte e reencarnação.

26 de novembro

Comemoração de **Coventina**, a deusa celta das fontes, cultuada na Bretanha e na Espanha. Chamada de "A Deusa do Divisor das Águas", Coventina era considerada uma deusa regente da água, do destino, da vida e das cerimônias sagradas. Semelhante a outras deusas celtas padroeiras dos rios como Boann, do Rio Boyne; Belisama, do Rio Mersey; Sulis, do Rio Bath; Sinann, do Rio Shannon ou Sequana, do Rio Sena, Coventina cuidava do Rio Carrawburgh. Ela era representada como uma mulher madura vertendo água de uma urna, simbolizando assim o conhecimento e a cura. Todas essas deusas eram reverenciadas com ritos de fertilidade e oferendas em suas fontes sagradas. Até hoje, na Ilha de Maiorca, as pessoas perpetuam "a dança da cisterna", cujos passos ondulantes e em ziguezague lembram as antigas danças sagradas das deusas dos rios, das ondas do mar e da chuva.

Festival tibetano das luzes dedicado aos deuses e deusas regentes da luz. Reverenciavam-se Nang-gsal-ma, a Senhora da luz e do fogo e Tho-og, a Mãe Eterna, o ser primordial. Representada pelo espaço preexistente a qualquer criação, Tho-og é equivalente à deusa hindu Aditi.

No Senegal, ritos de iniciação dos meninos na puberdade.

Celebre as deusas das águas. Vá a seu habitat (rio, fonte ou cachoeira) e ofereça-lhes uma vela branca, flores, sucos de frutas, um objeto ou moeda de prata e um espelho. Peça-lhes que a ajudem a deslizar suavemente no rio de sua vida, contornando os obstáculos e refletindo harmonia, serenidade e suavidade.

27 de novembro

Celebração de **Gujeswari**, no Nepal, uma poderosa deusa da terra e de suas riquezas com oferendas precedidas de jejuns e orações. Nos templos a sua presença é marcada por uma simples vasilha com água, o elixir da vida e a energia purificadora do corpo, mente e espírito.

Celebrava-se também Parvati-Devi, na Índia, a Deusa Mãe do Universo, dividida em três manifestações ou as três Mães hindus: Sarasvati, representada pela cor branca; Lakshmi, pela cor vermelha e Parvati, pela cor preta.

A religião hindu é politeísta, atribuindo muitos nomes e formas ao poder divino, mas é também monoteísta, por reduzir todas as manifestações da divindade a uma só deusa, Devi. Mesmo que existam deuses com poder maior que as deusas, sem Devi não haveria nada, pois foi ela quem gerou todas as forças e formas, criando a unidade e a separação e organizando o caos. Todas as deusas são Devi, seja a dourada Gauri, a tenebrosa Kali, a brincalhona Lalita, a valente Durga, a sábia Sarasvati, a poderosa Parvati ou a linda Lakshmi. Mesmo que a cultura indiana pré-védica tivesse sido absorvida e modificada pelos invasores indo-europeus, o culto a Devi permaneceu e reapareceu nos movimentos shakticos e tântricos.

Nas comemorações, durante todo este dia, as pessoas jejuam, recitam mantras e orações e, ao pôr do sol, procissões entoando cânticos sagrados seguem para os templos das Deusas, levando suas oferendas.

Entre em sintonia com esta milenar e poderosa egrégora e faça uma meditação para se conectar à manifestação de Maha Devi – a Grande Mãe – e pedir-lhe para ajudar e iluminar sua vida neste momento. Coloque uma vasilha com água no seu altar e salpique antes de dormir desta água no seu quarto e nos outros cômodos da sua casa, primeiro no sentido anti-horário para banir as energias negativas que impedem o recebimento das bênçãos divinas, e depois no sentido horário para renovar o campo energético. Faça isso também com seu carro e seus animais de estimação. Acenda depois um incenso de lótus, uma lamparina ou vela, entoe o mantra OM, toque um sino e espere a energia de Devi se manifestar de forma luminosa, amorosa ou poderosa em sua mente ou em seu coração.

Comemoração de Mina Koya, a deusa dos salários cultuada pelos Pueblos, os nativos norte-americanos que moram no estado de Novo México. No seu festival – Shalako – o ritual dedicado a ela dura a noite toda com danças ao som de tambores, orações e canções para abençoar as casas, comemorar os ancestrais, atrair bom tempo e melhorar a saúde das pessoas. Use este simbolismo e salpique sal grosso nos cantos da sua casa; bata tambor e peça à Deusa a remoção das energias negativas que serão transmutadas pelo sal; varra depois o sal e enterre-o em algum lugar ermo. Purifique sua casa com incenso de sálvia branca e agradeça, ofertando depois à Mina Koya milho e batatas cozidas salpicadas com sal.

28 de novembro

Celebração anual de Chokmah ou Hokhmah, a deusa hebraica da sabedoria e da verdade, chamada de Sophia pelos gregos, de **Sapientia** pelos romanos e cristianizada como Santa Sofia. Na mitologia hindu, suas equivalentes são Prajna, a personificação do princípio feminino da sabedoria e da inteligência e Vac, a deusa da comunicação, do conhecimento e da sabedoria oculta, mãe dos Vedas, inspiradora dos videntes e detentora do poder mágico.

Nas escrituras judaicas, Hokhmah era a personificação da sabedoria, aparecendo como companheira de Jeová, igual a ele em poder e conhecimento. Suas representações são diversas: pode aparecer velada, iluminada, como uma árvore cheia de frutos ou como uma mulher sábia e cheia de dons. Por meio desses dons as pessoas podem aprender as artes, os trabalhos manuais, a política ou o discernimento justo. Para os gnósticos, ela é cocriadora dos Anjos e Arcanjos, coexistindo e colaborando com Deus na criação. Para alguns estudiosos, ela é o Espírito Santo da trindade cristã. Para os filósofos helênicos, Sophia era o Espírito de Deus responsável pela espiritualidade da alma humana.

Contemple uma imagem (da Deusa ou de um Anjo) e medite sobre sua verdade interior e sobre a sabedoria e força necessárias para poder afirmá-la e vivê-la. Invoque as deusas da sabedoria e inspiração antes de meditar, para que elas possam lhe abrir novos canais de conhecimento, intuição e comunicação.

Celebração das divindades nativas da tribo Ainu (Sibéria e Japão) Chiu-Rang-Guru e sua esposa Chiu-Rang-Mat (cujos nomes significam "correntes poderosas"), que moram nas correntezas e cachoeiras. Elas protegem os seres humanos nos períodos turbulentos das suas vidas e os ajudam para saírem vitoriosos do turbilhão dos embates. Nos Estados Unidos, o Festival das Luzes celebrado na famosa cachoeira Niágara Falls perpetua – mesmo sem ser reconhecido ou divulgado – o antigo culto das divindades das águas com inúmeras velas flutuantes coloridas colocadas nas águas, que atraem muitos turistas.

Se tiver passando por um período difícil, conecte-se com a energia purificadora da água: acenda uma vela branca e tome um banho de imersão, mentalizando seus problemas. No final, olhando a água escoando pelo ralo, visualize seus problemas indo embora com ela. Sopre a vela e coloque a sua sobra no lixo.

29 de novembro

Festa de **Sekhmet**, no Egito, a deusa solar com cabeça de leão, a face destruidora da deusa Hathor. Sekhmet é a contraparte da deusa solar com cabeça de gato Bast, que representava as qualidades nutridoras do Sol.

Segundo o mito, Sekhmet ficou tão desgostosa e decepcionada com a decadência e a violência da humanidade que decidiu aniquilá-la. Sua fúria tornou-se tão terrível, matando milhares de pessoas, que o próprio deus Ra interveio. Ele misturou uma grande quantidade de cerveja com suco de romã e ofereceu a bebida a Sekhmet, em vez de sangue humano. De fato, após beber e cair em sono profundo, a deusa acordou sem sentir mais raiva. Essa bebida era preparada e consumida neste dia, honrando, assim, essa antiga deusa solar.

Também se celebrava outra deusa egípcia leonina, Mehit, representada pelas montanhas atrás das quais nascia o Sol e que era um dos aspectos de Tefnut. Mesmo parecendo contraditório Tefnut era a deusa da aurora, da Lua e da umidade e, ao mesmo tempo, da seca provocada pelo intenso calor solar e pela falta da umidade. Originariamente ela era vista como o "olho lunar do deus Ra", representada como uma mulher com cabeça de leoa ou coroada com o disco solar, segurando um cetro e a *ankh* (ou cruz ansata, símbolo da vida e do renascimento).

Na Grécia era celebrada a deusa Héstia, guardiã da chama sagrada, do lar e da lareira. Ela não tinha representações por ser considerada a fonte da qual tudo mais foi ativado e colocado em movimento.

Nesta noite, segundo as antigas lendas sobre os rituais do culto aos lobos, os animais totêmicos dos dacos (ramo dos celtas e antigos moradores da atual Romênia), os vampiros (*strigoi, moroi*) acordavam e se levantavam dos seus túmulos, após um descanso de um ano, saindo em busca de sangue humano. Havia o encontro entre os *strigoi* mortos e os vivos e a escolha do seu novo dirigente. Os strigoi mortos saíam dos seus túmulos e os vivos (filhos dos incestos, que nasciam com resquícios de rabo ou uma vertebra ou órgão a mais) saíam dos seus corpos, caminhavam pelas aldeias, tirando o poder vital dos homens e dos touros e dançavam junto dos lobos e ursos. Como proteção, colocavam-se cruzes de madeira e réstias de alho atrás das portas e das janelas das casas, untavam-se com alho fechaduras, portas, janelas, camas, berços, os chifres do gado e as portas dos estábulos. Evitava-se passar perto dos cemitérios e todos rezavam bastante antes de dormir. Na cristianização, nesta data – em que era celebrada a antiga divindade geto-daca Santandrei – foi sobreposta à comemoração do Santo Andrei, o protetor dos lobos.

Inspire-se nas antigas tradições e crie defesas energéticas de proteção e harmonização para a sua casa. Mantenha uma vela sempre acesa no seu altar, coloque sete cabeças de alho dentro de uma vasilha de vidro de boca larga cheia com sal grosso, ou pendure uma réstia de alho na sua cozinha. Use o Baguá (uma espécie de mandala em forma octogonal do Feng Shui, que mapeia o fluxo de energia nos espaços, quando é sobreposta à planta baixa do imóvel e delimita os setores que correspondem aos aspectos mais importantes da vida). Observe as brechas e distorções energéticas da sua moradia e as corrija segundo os ensinamentos milenares do Feng Shui.

30 de novembro

Dia de **Mawu**, Grande Mãe de Dahomey, a Criadora do Universo que estabeleceu a ordem no caos primordial. Mawu criou não somente a Terra, mas também os seres humanos. No início, ela usou argila para modelar os corpos. Quando a argila acabou, ela passou a ressuscitar os mortos, fato que explica a semelhança de certas pessoas a seus ancestrais. À medida que a humanidade crescia, e se fortalecia, as pessoas tornaram-se arrogantes e violentas. Mawu ficou aborrecida com sua criação e retirou-se para 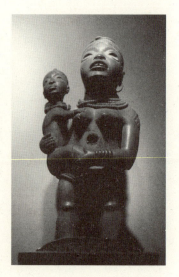 sua morada no Céu. Como a situação na Terra tornava-se cada vez pior, Mawu mandou seu filho Lisa para ensinar à humanidade a obediência e o respeito às leis. Em alguns mitos, Mawu aparece como uma deusa lunar e Lisa, um deus solar. Em outros mitos, Mawu tem dois rostos: um de mulher, com luas nos olhos e regendo a noite e o outro de homem, com sóis nos olhos, regendo o dia. Há um antigo provérbio que diz que "Lisa pune, mas Mawu perdoa", atestando, assim, suas qualidades maternais.

Celebração de Skadhi, a deusa padroeira da Escandinávia, regente da neve, sombra, inverno e morte, protetora dos esquiadores e dos lobos. Era reverenciada por sua coragem, força física, honra, lealdade, combatividade e resistência perante dificuldades e desafios. Ela é associada com a destruição pelo frio, a escuridão, os esquis, trenós, patins, ursos e lobos. O seu arquétipo é adequado para as práticas mágicas de "esfriamento" de emoções, para a proteção e busca da independência feminina e o fortalecimento necessário para superação de limitações e dos desafios.

Na Suíça era celebrada a deusa celta Aine, regente da luz solar (seu nome significava "brilhante") e da terra, guardiã da fertilidade, saúde e boa sorte, protetora e curadora. Reminiscências do seu culto são encontradas no festival suíço chamado Zibelemärit, que começou em 1400 em Berna e incluía paradas com figuras alegóricas e comemoração da colheita de cebolas. Eram feitos encantamentos com cebolas (associadas com o Sol e purificadoras das energias negativas), para curar feridas (fatiadas e cruas eram passadas sobre machucados e depois queimadas) e afastar piolhos e pulgas. Também eram preparados elixires e xaropes para evitar as gripes com cebolas e alhos assados e macerados em vinho.

Invoque a deusa Mawu caso precise melhorar ou renovar algum aspecto de sua vida material (saúde, profissão ou produtividade). Modele com argila símbolos ou formas que representem seus objetivos, visualizando-os já realizados. Exponha, depois, seu amuleto de argila à luz da Lua e peça à Deusa que concretize seu pedido ou desejo.

DEZEMBRO

Decem era o décimo mês do antigo calendário romano. Seu nome também surgiu como uma homenagem à deusa Décima, uma das Parcas – as Senhoras do Destino – que era a regente do presente e tecelã do fio da vida, equivalente à deusa grega Clotho.

O nome anglo-saxão do mês era Aerra Geola, o irlandês, Mi Na Nollag e o nórdico, Wintermonath ou Heilagmonath. No calendário druídico, a letra Ogham é Luís e a árvore, a sorveira. O lema do mês é "assuma o controle de sua vida e não se deixe guiar pelos outros".

Os povos nativos denominaram este mês de Lua Fria, Lua do Lobo, Lua das Longas Noites, Lua do Uivo dos Lobos, Lua do Carvalho, Lua do Inverno, Lua das Árvores que Estalam e Mês Sagrado.

A mais importante celebração deste mês é o solstício de inverno no hemisfério norte, festejado pelos povos celtas como o Sabbat Yule ou Alban Arthuan. Em várias tradições e lugares no mundo antigo, o solstício era lembrado juntamente aos mitos das deusas virgens dando à luz seus divinos filhos solares, como Osíris, Boal, Átis, Adônis, Hélios, Apolo, Dionísio, Mitra, Baldur, Frey e Jesus. Na tradição romana, esta data chamava-se Dies Natalies Soles Invictus ou o "Dia do Nascimento do Sol Invicto" e todos os deuses solares receberam títulos semelhantes, como a "Luz do Mundo, o Sol da Justiça, o Salvador". As celebrações atuais do Natal são um amálgama de várias tradições religiosas, antigas e modernas, pagãs, judaicas, zoroastrianas, mitraicas e cristãs.

Na antiga Babilônia, existiam doze dias entre o solstício e o Ano Novo. Era um tempo formado por dualidades, oscilando entre o caos e a ordem. Os romanos concretizaram essa ambiguidade no famoso festival Saturnália, as festas dedicadas ao deus do tempo Saturno e à sua consorte, a deusa da fertilidade Ops. Durante oito dias, as regras sociais eram revertidas, patrões e escravos trocavam de funções e roupagens, ninguém trabalhava, todos festejavam. O último dia do festival chamava-se Juvenália, dedicado às crianças, que recebiam agrados, presentes e talismãs de boa sorte.

Nos países do Oriente Médio, a Deusa Mãe, Senhora do céu e das estrelas – conhecida como Astarte, Athar, Attar Samayin ou Ashtoreth –, era celebrada nesta época do ano, desde os tempos neolíticos.

Essas antigas celebrações permaneceram nos países anglo-saxões, como o Modresnacht, "A Noite da Mãe", cujos costumes ainda sobrevivem nos festejos natalinos atuais. Os simbolismos preservados são: a árvore de Natal, decorada como a Árvore do Mundo, a estrela em seu topo representando a Deusa Estelar, a ceia farta e os presentes sob a árvore, lembrando as oferendas e os agradecimentos dos seres humanos feitos à Grande Mãe.

Na Escócia, a véspera do Ano Novo é chamada Hogmanay, sendo celebrada com comidas típicas e procissões de homens vestindo peles e chifres de animais, reminiscências da tradição xamânica, assim como as renas, o duende e o próprio xamã metamorfoseado em Papai Noel.

Nos países eslavos, o Festival Koleda começava no solstício – com duração de dez dias –, celebrando o renascimento de Lada, a deusa do amor, da fertilidade e da juventude.

Na Europa, a deusa solar Lucina era comemorada com procissões de moças vestidas de branco e coroadas com velas acesas.

No México, a antiga deusa maia Ix Chel era homenageada com procissões e rituais para abençoar os campos e as embarcações.

Os incas celebravam Capac Raymi, o "festival magnífico" e Huara Chico, os ritos de iniciação dos meninos.

Na Polinésia, no solstício de verão, celebrava-se Parara'a Matahiti, o "Festival das primeiras frutas".

Neste mês, em datas que variam de um ano para outro, os judeus celebram até hoje o "Festival das luzes", chamado Hannukah, durante o qual se acende diariamente – em todas as casas – uma nova vela branca, em um castiçal de nove braços chamado *menorah*. Comemora-se o antigo milagre da reconquista do Templo de Jerusalém, há dois mil anos. Antigamente era celebrada a deusa hebraica Sephira, a personificação da luz e da energia universal. O seu nome deu origem às dez esferas da Árvore da Vida da Cabala, chamadas de Sephiroth ou Séfiras.

As pedras sagradas do mês são a turquesa e o zircônio. As divindades regentes são todos os deuses e deusas solares, além das deusas Ix Chel, Astrea, Ops, Astarte, Freyja, Sekhmet, as Nornes, Iemanjá e Arianrhod.

Dezembro representa o fechamento de um ciclo, um período para refletir sobre o ano que passou. Desta forma, na avaliação daquilo que passou e na expectativa de um novo ano, repete-se o momento mítico da passagem do caos para a ordem. O giro da Roda do Ano para entrar em um novo limiar, no limite entre os tempos e os mundos, quando se torna possível refazer conceitos e padrões.

Reveja, portanto, todos os aspectos de sua vida do ano que passou: realizações profissionais, relacionamentos, saúde, caminho espiritual, expressão pessoal, projetos e sonhos. Medite sobre os sucessos e fracassos, criando uma nova imagem do futuro. Consulte algum oráculo, faça uma lista de desejos e projetos, assuma compromissos, prepare encantamentos, invoque as Deusas e entre no Ano Novo com fé, força, luz e esperança.

1º de dezembro

Festival Poseidea, na Grécia, honrando **Poseidon** e **Anfitrite**, as divindades do mar. Poseidon ou Netuno, para os romanos, era o deus dos mares, lagos e rios, o regente de todas as criaturas aquáticas e senhor dos terremotos e tempestades. Ele tinha duas esposas: uma mortal, Cleito e uma imortal, Anfitrite. Embora descrita nos mitos gregos mais recentes como uma simples Nereide (ninfa marinha) obrigada a se  casar com Poseidon, Anfitrite era, na verdade, uma antiga deusa tríplice, pré-helênica, cujo nome significava "A Tríade toda abrangente". Ela era a manifestação feminina dos oceanos, morando nas grutas submarinas repletas com suas joias, de onde emergia para provocar ou acalmar as tempestades, direcionar as ondas ou cuidar dos peixes e mamíferos marinhos. Uma das manifestações de Anfitrite era a deusa grega da água, Halsodine e suas equivalentes romanas: Salácia, deusa da água salgada e Venilia, deusa do vento e do mar.

Dia dos seres elementais, nos países eslavos, povos que acreditavam na existência de vários tipos de elementais ou o "Pequeno Povo", como eram chamados nas tradições celtas. Os Domovoj eram os elfos caseiros;

eles moravam atrás das lareiras nas casas que eles tinham adotado e eram extremamente leais às famílias que os abrigavam. Os Bannik viviam nos banheiros e gostavam de encontrar uma vasilha com água fresca, colocada a seu dispor após o anoitecer. Os Vazila cuidavam dos cavalos e os Bagan, das cabras e das ovelhas. Já o Leshi era o "Senhor das Florestas", cuidando de todos os animais e podendo tornar-se malévolo e perigoso nos meses de verão. Os Poleviki, ou elfos dos campos, viviam nos trigais e prejudicavam as colheitas se não recebessem agrados e respeito.

Independente dos nomes ou características específicas às culturas e lugares, os seres elementais estiveram sempre presentes na natureza, dispostos ao convívio amistoso com os seres humanos, desde que houvesse respeito e colaboração recíproca. Procure entrar em contato com os seres elementais do seu ambiente próximo: jardim, campo, porão, sótão, cozinha ou escritório. Tente atraí-los ou agradá-los oferecendo-lhes leite, manteiga, mel, gengibre e canela em pó, nozes, frutas cristalizadas, flores, cristais, pedaços de prata ou pirita, músicas de flautas, gaitas ou harmônicas, essências florais, sucos de frutas e velas coloridas. Comunique-se telepaticamente com eles, pergunte-lhes quais seus nomes e preferências e peça-lhes que cuidem de suas coisas, animais de estimação, plantas, arbustos, ambientes e propriedades. Uma vez prometendo-lhes algo em troca, jamais esqueça sua promessa, pois eles se irritam facilmente, tornando-se vingativos, maldosos e podendo lhe trazer inúmeros aborrecimentos ou prejuízos.

Homenagens celtas para as "Senhoras Verdes", elfos femininos que moram nos carvalhos, teixos, salgueiros, freixos, pinheiros, cerejeiras ou macieiras. Todas as árvores deveriam ser tratadas com respeito para que as "Senhoras Verdes" não se ofendessem. Eram elas que davam a permissão para que os galhos fossem cortados ou os frutos colhidos.

Dia dedicado a práticas oraculares na Europa, quando as jovens camponesas tentavam descobrir o nome de seus futuros maridos inscrevendo as iniciais dos candidatos em cebolas, colocando-as depois perto do fogão. O eleito seria aquele cuja cebola brotasse em primeiro lugar. Ou elas descascavam uma maçã sem quebrar a casca e depois a jogavam no ar, observando a letra que ela formava ao cair no chão.

Celebração de Pallas Atena, na Grécia e de Minerva, em Roma, deusas da sabedoria, estratégia e justiça.

Com tantas celebrações diferentes neste dia, a melhor coisa a fazer é pedir um aconselhamento para a sábia deusa Atena. Prepare um pequeno altar com uma vela amarela, incenso de louro, uma estatueta de coruja, um copinho com azeite de oliva, outro com vinho tinto e um papel com o símbolo astrológico do asteroide que leva seu nome. Visualize Atena vestida com uma túnica ornada de serpentes, tendo uma coruja em seu ombro e desenrolando um longo pergaminho, onde você poderá ler conselhos e orientações importantes para seu momento atual.

2 de dezembro

Hari Kugo, o Festival das Agulhas no Japão honrando as ferramentas e artes das mulheres, dedicado às deusas padroeiras das artesãs japonesas. Reverenciavam-se as deusas Chih Nu, a "Tecelã do Céu", que tecia as roupas das divindades com as cores do arco-íris; Hsua Yuan, a deusa dos bordados; Hani-yasu-bime-no-kami ou a "Princesa do Barro", padroeira dos artesãos de argila; **Huang Daopo,**

a deusa do algodão; Kamu-hata-hime, a deusa do tear; San Gufuren, a deusa do bicho-da-seda e Unchi-Ahchi, a "Avó da lareira", que patrocinava a cerimônia do chá dos encontros femininos.

Comemoração grega de Arachne, a jovem e orgulhosa tecelã que desafiou a deusa Atena para uma competição. Arachne teceu uma maravilhosa tapeçaria, retratando, porém, todo o Panteão grego em poses indecorosas. Atena rasgou seu trabalho e Arachne, envergonhada, enforcou-se. Seu espírito foi transformado em aranha por Atena e sua espécie guarda até hoje seu nome (aracnídeos).

Reserve algum tempo neste dia para meditar a respeito de suas atitudes impensadas e suas demonstrações de falso orgulho. Avalie os padrões distorcidos de sua vida, visualizando novos recursos criativos para alterá-los. Inspire-se na paciência e habilidade da aranha para tecer um novo modelo para sua vida, sem enredar-se nos nós, sem apertar ou soltar demais os fios. Beba depois devagar, saboreando cada gole, uma xícara de chá verde com jasmim e elabore por escrito as percepções e intuições recebidas, colocando depois o papel no seu altar, próximo à imagem da deusa Atena ou de uma coruja, aranha, teia ou tessitura.

Festival de Shiva, o deus hindu da dança.

3 de dezembro

Celebração romana para **Bona Dea**, a personificação da Terra e de sua fertilidade. Bona Dea – "A Boa Deusa" – era, originariamente, um termo que descrevia a deusa Fauna (filha de Faunos, deus da natureza selvagem e da fertilidade, protetor dos rebanhos, identificado depois com o Pan) em seu aspecto de Mãe da Terra e regente da abundância, especialmente venerada pelas matronas romanas. Ela tinha um templo no Monte Aventino, mas os seus rituais secretos eram feitos nas casas de matronas ricas ou na casa de um proeminente magistrado romano, em quartos  decorados com folhagens, conduzidos por Vestais e que incluíam danças e festejos. Os ritos eram conduzidos pela matrona da casa ou a mulher do magistrado, assistida pelas virgens vestais. Só as mulheres eram admitidas e até representações de homens e animais eram removidos, as estátuas de homens que não podiam ser removidas, eram cobertas. Nessas reuniões secretas, era proibido falar as palavras "vinho" e "murta" porque Faunos, no passado, tinha embebedado Fauna e a espancado com uma vara de murta. Com o passar do tempo, seu nome passou a designar apenas a Mãe Terra. Ela também era uma deusa da cura e era retratada sentada num trono, segurando uma cornucópia. A cobra é seu atributo, um símbolo de cura, serpentes foram mantidas em seu templo em Roma e sua imagem podia ser frequentemente encontrada em moedas.

Antiga comemoração de Airmid, a deusa irlandesa da cura. Embora pouco conhecida, Airmid era uma famosa curandeira, utilizando ervas; ela pertencia aos Tuatha de Danann, grupo de divindades pré-celtas. Airmid aparecia vestida com um manto coberto de ervas e protegia todos aqueles que utilizavam plantas nas curas.

Celebração da Dama de Baza, antiga deusa da Terra e da natureza, padroeira da tribo dos turetanos, na Espanha.

Celebração da deusa húngara Boldogasszony, Mãe e Guardiã, cuja bebida sagrada era o leite materno. Ela era invocada nos casamentos e batizados para fortalecer a união do casal e abençoar as crianças.

Na Grécia, festejos para Cibele e Reia, manifestações da Grande Mãe Terra.

Fortaleça-se guiada pelos influxos favoráveis deste dia. Reúna algumas amigas e preparem um ritual de cura. Usem velas de cera de abelhas, ervas aromáticas, água da chuva, pedras de rio, cristais, conchas, argila e pinhas. Invoquem a Mãe Terra e as Deusas da terra, das plantas e dos minerais, pedindo-lhes saúde, vitalidade, força e paz. Deixem-se conduzir pela intuição, sintonizando as energias e os meios de cura necessários, específicos para cada uma das mulheres. Depois ofereçam a água, algumas pedras, conchas e cristais, bem como ervas, frutas e flores para as deusas, agradecendo e visualizando sua saúde melhorada e sua vitalidade aumentada.

4 de dezembro

Celebração da deusa ioruba **Oyá** na África Ocidental. Originariamente a deusa padroeira do Rio Níger, Oyá passou a personificar a força das tempestades, dos ventos e dos relâmpagos. Seu nome em ioruba significa "quebrar, rasgar", pois seus ventos quebram a superfície calma da água. Oyá é uma guerreira de temperamento fogoso, protetora das mulheres envolvidas em disputas ou lutas. Seu poder, no entanto, pode ser construtivo ou destrutivo. Segundo as lendas, foi Oyá quem deu o poder do fogo e dos raios para seu irmão e esposo, o deus Xangô. Em seu aspecto escuro – Egungun Oyá – ela é a "Senhora dos Mortos" e sentinela dos cemitérios. Como padroeira da justiça e da memória, ela preserva as tradições ancestrais. Em seus altares ela recebe oferendas de vinho de palmeira, inhames, feijão fradinho (acarajés) e carne de cabra. Suas insígnias são: chifres de búfalo, espada, o espanador com o qual controla os eguns (os desencarnados) e a machadinha com duas lâminas. Seu culto migrou para o Brasil, onde é chamada de Iansã e foi sincretizada à Santa Bárbara; para Cuba, onde é Olla; Haiti, como Aido Wedo e Nova Orleans, como Brigette, sendo uma das deusas importantes do candomblé, umbanda, santeria e vodu.

Quando presenciar uma tempestade, saúde Oyá, visualizando-a envolta nos raios e adornada com chifres de búfalo. Sinta seu vento limpando a raiva, a vingança e a negatividade de sua vida, invocando seu fogo para poder lutar e alcançar seus objetivos, com a saudação Êpa Hey Oyá. Ofereça-lhe, depois, inhames assados com mel, servidos sobre folhas de palmeiras, acarajés, maçãs caramelizadas, uma garrafa de vinho tinto, uma vela roxa ou uma incolor de cera de abelhas.

Os Derviches rodopiantes (uma ordem religiosa Sufi da Turquia) realizam neste dia a dança ritual Mevlana. Usada para induzir um estado elevado de consciência, a dança rodopiante tornou-se uma forma de reverência, unindo o indivíduo ao Divino e expandindo a percepção do Universo.

Este ritual é oriundo do culto da deusa hitita Istustaya, guardiã do destino, padroeira dos partos, das divinações e oráculos; no seu espelho ela lia o que o futuro preservava para seus adeptos e tecia os fios da vida de cada ser humano.

5 de dezembro

Antiga celebração de **Arinna**, a deusa hitita regente da luz solar e da claridade. Ela era esposa do deus do tempo Im, a quem era superior, indicando a existência de uma religião matrifocal nesta cultura. Arinna era assemelhada à deusa leonina Hepat, a guardiã da justiça e à Wurusemu, a deusa do Sol e do dia da Anatólia.

Nas tradições bascas, reverenciava-se Lur ou Lurbira, a criadora da vida, o ser supremo que criou o Sol, a Lua e a Terra.

Celebre a Luz reverenciando o Sol como fonte de vida, calor e luz. Saúde-o e absorva seus raios, coloque um cristal citrino ou um topázio em seu chacra solar para se energizar e depois o use preso em uma corrente como colar; vista roupas amarelas, coma sementes ou brotos de girassol e imante um pote de mel com o Sol do meio-dia.

Primeira festa de Santa Lúcia, na Itália. A segunda comemoração dessa Santa – modernização da antiga deusa da luz e do nascimento, Lucina –, é dia treze.

Na Grécia era celebrada a deusa Castália, a padroeira da inspiração artística, representada como uma fonte, da qual cada pessoa podia beber para ativar ou ampliar a sua criatividade e inspiração. Para se conectar com ela, procure uma fonte de água mineral e beba um copo, visualizando a água sendo preenchida e colorida com as cores do arco-íris. Encha e leve para a sua casa uma vasilha de barro com esta água, guarde-a tampada e exposta aos raios solares e beba dela cada vez que precisar de inspiração ou fluência na sua expressão literária ou artística.

Véspera de Sinterklaas, o dia de São Nicolau na Holanda, quando as crianças colocam seus sapatos ou botas de feltro nas janelas para receberem presentes do velho Sinter Klaas, transformado posteriormente em Santa Klaus; em troca, devem deixar cenouras e feno para seu cavalo. As crianças levadas recebem um feixe de galhos de salgueiro, pedaços de carvão ou um diabinho vermelho, enquanto as boas ganham doces e brinquedos. Esses costumes e os contos a eles relacionados são reminiscências dos antigos rituais xamânicos.

6 de dezembro

Dia de São Nicolau ou "Santa Klaus", o Papai Noel, um dos aspectos do deus **Odin**, festejado atualmente no Natal. Sua imagem surgiu apenas no século XIX, mas é repleta de símbolos antigos. Ele vinha do Norte, a direção sagrada da Antiga Religião; suas roupas tinham as cores da Deusa (vermelho, branco, preto); sua carruagem era puxada por oito renas (as oito direções da tradição xamânica) e ele descia pela chaminé trazendo presentes, como faziam os xamãs nórdicos quando,

em estado de transe, "desciam" para o mundo subterrâneo e traziam bênçãos de cura e previsões para os moradores. Há fontes que afirmam que o transe era provocado pelo cogumelo Amanita Muscaria, cuja cor é vermelha com pontos brancos.

Antiga celebração da deusa persa Spenta Armaiti ou Spandaramet, a "Piedade divina" ou a "Devoção bondosa". Ela protegia a terra juntamente as Amesha Spentas, as "Imortais", guardiãs dos elementos e da vegetação, seu número variando entre seis ou mais. Essas deusas cuidavam da terra, da água, da vegetação, dos animais e dos metais, além de serem responsáveis pelos aspectos físicos e espirituais da vida. Posteriormente foram transformadas em Arcanjos.

A tribo nativa Kashim de Alaska comemorava a deusa marinha Takanakapsaluk, padroeira da caça e da pesca, cuja morada era embaixo das ondas geladas, onde ela recebia os espíritos dos mortos e cuidava deles até a sua reencarnação. Os rituais realizados pela tribo visavam apaziguar as almas dos animais que iam ser abatidos e, para agradecer o seu sacrifício, suas vísceras eram devolvidas para as águas ou florestas. As pessoas pulavam fogueiras e realizavam saunas sagradas para se purificar e cuidar melhor da saúde.

Inspire-se na antiga tradição xamânica e participe de um ritual de fogueira, dança tribal ou de uma sauna sagrada. Ou simplesmente tome um banho quente com sal marinho, adote remédios naturais e uma alimentação vegetariana, para poupar o sacrifício da vida animal e também melhorar a sua saúde.

7 de dezembro

Na Irlanda, neste dia, celebra-se o **"Povo das Fadas"** e os espíritos da natureza – ou "Povo Pequeno" – conhecidos por vários nomes. As "Mulheres das Colinas" ou *Bean Sidhe* moravam escondidas nas colinas – *sidhe* –, de onde saíam apenas para anunciar a morte dos seus familiares com um canto agudo e triste. As *Leanan Sidhe* ou "Fadas do Amor", ao contrário de suas irmãs, inspiravam os cantores e músicos com a beleza de seus cantos, mas faziam-nos morrer de saudade quando deles se afastavam. Na Romênia, os camponeses temiam a aparição da *Fata Pădurii*, a "Moça da Floresta", uma fada dos bosques, cujo canto enfeitiçava os homens, atraindo-os para a morte que os esperava na escuridão dos bosques.

Dos seres elementais, os mais conhecidos são os *Brownies*, também conhecidos por *Pixies*, na Cornuália, por *Bodach*, na Escócia, e por *Fenodoree*, na Ilha de Man, gnomos amáveis que cuidam das casas onde moram. Os *Goblins* são grotescos e, às vezes, irritadiços quando contrariados ou enganados; os "Míneros" cuidam das

pedras e dos metais, se portando como verdadeiros guardiões da terra. Há também os "Elfos e as Fadas escuras", que podem criar desconforto e pequenos contratempos para os moradores das casas, onde gostam de se esconder em lugares escuros e úmidos. Todos eles gostam de objetos brilhantes, moedas, pedaços de metais, cristais, pedras lunares, flores, fitas coloridas, biscoitos de gengibre, canela e mel, creme de leite ou manteiga e de música alegre, para poderem dançar. Aproveite a energia deste dia, homenageando as fadas e os elfos, dançando com eles, girando até conseguir abrir sua percepção e ver detalhes do mundo deles.

Halóia, ritual anual na Grécia dedicado a Deméter, deusa da terra e dos cereais, lembrando a busca de sua filha Perséfone e a morte da vegetação, prenunciando a aridez do inverno.

Na Guatemala era celebrada a deusa Ix Chebel Yax, um aspecto da deusa maia Ix Chel, que além de ensinar às mulheres fiar e tecer, era a protetora das famílias e casas. Com a chegada do fim do ano, era realizado um festival chamado "La queima do Diablo" quando as pessoas queimavam seu lixo visando banir a negatividade, o mal e suas falhas, purificando assim seus lares e melhorando sua saúde. Inspire-se neste costume antigo e junte papéis velhos, notas fiscais e recibos expirados, alguns galhos e folhas secas e faça uma fogueira de limpeza. Junte também roupas e objetos que não usa mais, defume-os com incenso de arruda ou sálvia e leve-os para os locais que cuidam de doações.

8 de dezembro

Celebração Ibó Osun, na Nigéria, festejando **Oxum**, a deusa ioruba das fontes, cachoeiras e rios, da beleza e do amor, da sensualidade e da arte. Oshun é a divindade principal dos Oshogbó, uma região africana, e recebe oferendas de *mulukun* (feijão fradinho com cebola e camarão), *adun* (farinha de milho com azeite e mel) e objetos de cobre e latão, principalmente joias. Suas insígnias são as pulseiras e colares dourados, o leque, o espelho e os seixos brancos de rio. Além da África, ela é cultuada no Brasil no Candomblé e na Umbanda,

em Cuba e no Haiti na Santeria (literalmente "caminho dos santos", é um conjunto de sistemas religiosos relacionados que funde crenças católicas com a religião tradicional ioruba, praticada por escravos e seus descendentes em Cuba, Porto Rico, República Dominicana, Panamá e em centros de população latino-americana nos Estados Unidos como Flórida, Nova York e Califórnia), onde é chamada Erzulie ou Freda.

Conecte-se à fluidez e limpidez da água, à luz da Lua e das estrelas, ao poder do amor. Para homenagear a deusa Oxum, tome um banho de cachoeira, ofereça-lhe flores, um espelho, leque ou pente, pulseiras douradas, mel, leite de coco, champanhe ou sidra. Invoque as bênçãos da deusa com a saudação *Ore Yéyè O*, visualizando essa linda deusa afastando, com seu leque mágico e o tilintar das suas pulseiras douradas, os empecilhos e azares de sua vida afetiva. Peça-lhe que aumente sua graciosidade, seu poder de sedução e seu magnetismo para atrair ou manter o parceiro adequado e compatível com você, em todos os aspectos da sua vida.

Comemoração de outra deusa ioruba da água, Obá, filha de Iemanjá e Oxalá. Rival de Oxum, ela representa a água revolta dos rios e a força necessária para alcançar a vitória nos embates. Seus símbolos são o escudo e a espada, suas cores o vermelho e o amarelo e, no sincretismo religioso, foi equiparada a Joana d'Arc. As mulheres valorosas, porém incompreendidas, podem invocá-la para alcançar o sucesso profissional.

Comemoração nos templos shintoístas do Japão, do aniversário da deusa solar Amaterassu e o festival Naru Kami honrando a deusa de mesmo nome, padroeira da inspiração, da tecelagem e da magia ligada ao tempo. As mulheres agradeciam à Deusa pela sua ajuda na arte da costura e levavam para entregar no mar ou nos rios suas agulhas quebradas.

Festival egípcio para Neith, antiga Deusa Mãe, Senhora do Céu, padroeira da dança e da guerra e protetora das famílias e das mulheres.

Cerimônias maias honrando Ix Chel, a deusa da Lua, da água, da magia e do amor.

Solenidade da Imaculada Conceição no calendário cristão.

Entre em sintonia com a energia feminina representada por todas essas deusas, vendo-as como reflexos multicoloridos da complexa imagem da Grande Mãe.

9 de dezembro

Festa da Virgem de Guadalupe, no México. Neste dia, pessoas de vários lugares vêm orar no templo da Virgem, pedindo sua bênção. Esta era uma antiga data dedicada à deusa asteca Tonantzin, "A Mãe da Saúde". A Grande Mãe asteca tinha vários nomes e diferentes atributos, de acordo com os lugares e tribos que a veneravam. Como Tonan, Tonantzin, Cihuatzin, Toci ou **Teteoinnan**, ela era a Mãe Sagrada e reverenciada, padroeira das parteiras e curandeiras, detentora dos poderes de regeneração e cura pela terra e pelas ervas. Seu altar mais famoso era na colina de Tepeyac (local de um antigo templo pagão) onde, no ano de 1531, ela apareceu perante um

camponês índio e pediu que seu altar fosse reconstruído, o que de fato aconteceu e a Igreja Católica dedicou-o à Virgem de Guadalupe.

Em seu aspecto de anciã, como Vovó Toci, ela era invocada nos rituais de purificação e reverenciada como a padroeira dos curandeiros, parteiras, xamãs, médicos, videntes e adivinhos. Os xamãs dançavam calados – em estado de transe – por oito dias consecutivos, defronte uma mulher coberta de flores, representando a Deusa.

Acenda uma vela ou lamparina e coloque-a no seu altar na frente de uma imagem da Virgem (Maria ou Guadalupe) e peça-lhe que traga luz, paz e harmonia para o seu lar e familiares. Ore neste dia para sua saúde ou a de seus entes queridos, pedindo intuição e orientação para encontrar as soluções adequadas para seu estado. Invoque as Deusas Tonantzin e Toci, entregando a elas sua cura.

10 de dezembro

Celebração de Danu, a Deusa Mãe irlandesa, guardiã do conhecimento, protetora das famílias e tribos, regente da terra, da água e da constelação de Cassiopeia, chamada pelos celtas de Llys Don – a corte de Danu – em sua homenagem. Como a mais importante das antigas deusas irlandesas, Danu era a dirigente de uma tribo de divindades nomeada Tuatha de Danann – o povo de Danu –, que depois foram diminuídos (pelos mitos posteriores às invasões dos povos celtas) a uma classe de fadas chamadas Daoine Sidhe. Seu nome – *Dan* – significava "conhecimento", tendo sido preservada na mitologia galesa como a deusa Don, enquanto que outras fontes equipararam-na à deusa Anu. Segundo as lendas, os Tuatha de Danann, exímios magos, sábios, artistas e artesãos, foram vencidos pelos rudes e guerreiros Milesianos, retraindo-se depois nos "Mundos Internos das Colinas", chamadas *sidhe*.

Reverencie a remota lembrança dessa Deusa, transportando-se para **Paps of Anu**, seu lugar sagrado, duas colinas irlandesas reproduzindo os seios da Deusa. Veja-se cercada por mulheres vestidas com túnicas verdes bordadas, longas tranças ruivas enfeitadas com flores, usando colares de âmbar e tiaras douradas, tocando harpas e dançando ao seu redor. Peça-lhes, então, para levarem-na à presença da deusa Danu; abra a sua percepção sutil, ajoelhe-se perante ela e peça uma orientação ou apenas sua bênção.

Celebração da Deusa da Liberdade na França, cuja origem era o Festival romano Lux Mundi, dedicado à deusa Lucina com procissões de velas e orações.

Rituais de purificação dos índios Inuit, do Alaska. Em seguida, cerimônias noturnas honravam os espíritos dos animais mortos ao longo do ano nas caçadas, reverenciando Sedna, a deusa do mar, da vida e da morte e protetora das baleias.

Comemoração de Samja, a deusa hindu padroeira do aprendizado, da razão, lógica e sabedoria. Ela auxilia os pensamentos e ações conscientes e pode ser invocada para melhorar seus conhecimentos profissionais ou alcançar um nível mais elevado de acuidade mental, de maior percepção e compreensão espiritual.

11 de dezembro

Dia consagrado à deusa celta **Arianrhod**, Rainha da Neve, Senhora da Lua e da magia, Guardiã da "Roda de Prata", cuja morada celeste era na constelação Corona Borealis. Segundo as lendas, Arianrhod era uma pálida e linda mulher, filha preferida da deusa galesa Don, vivendo em seu  castelo Caer Arianrhod, em uma ilha isolada. Ela se apresentava de forma dupla, como Virgem e também como Mãe, padroeira da Lua, noite, amor, sexualidade, magia, justiça e Guardiã da Roda do Destino. Mitos mais tardios apresentam-na como uma Deusa Mãe, girando a sua "Roda de Prata" e transformando-a em uma barca lunar. Nela, Arianrhod transportava as almas dos mortos para a Lua ou para sua constelação. Outro mito também a descreve como Morgause ou Margawse, deusa celta da Lua e da noite, transformada pelos romances medievais em uma simples feiticeira.

Comemoração japonesa da deusa Yuki One, "A Donzela de Neve", o espírito da morte pelo frio. Ela aparecia para aqueles que tinham se perdido nas montanhas geladas como uma mulher pálida e silenciosa, cantando suavemente para eles adormecerem, para que depois ela soprasse sobre eles o hálito frio da morte.

Em Creta, antes da chegada das tribos gregas patriarcais, reverenciava-se Britomartis que, apesar de ser originariamente uma deusa lunar, também estava associada à Terra e à natureza, às árvores e aos animais. Como deusa telúrica, ela também era a guardiã dos mortos, padroeira dos caçadores e pescadores. Era reverenciada no Monte Dikte, chamada por isso, às vezes, de Dictina (Dictynna). Após as invasões gregas, seu culto foi absorvido e adaptado ao de Ártemis.

Celebração de Bruma, a deusa romana do inverno.

Antigamente, neste dia, começavam as celebrações celtas e nórdicas de Yule, marcadas pela runa Jera, simbolizando a complementação dos ciclos naturais e o casamento sagrado entre o Céu e a Terra. Era comemorada também a deusa Skadhi no seu aspecto de "Senhora do Vento do Norte", que anunciava a chegada do seu reino branco e gelado, coberto de neve.

Conecte-se mentalmente com a magia contida na estrutura hexagonal do floco de neve, simbolizado pela runa Hagalaz. Sendo a nona runa do alfabeto antigo Futhark ela representa as forças limitantes da natureza e a mente subconsciente, que guarda lembranças negativas do passado, oriundas do trauma do nascimento, doenças ou privações. Por ser imbuída de poder mágico cristalizado, Hagalaz auxilia a transmutação ritualística, assim como os cristais de gelo derretem com a luz solar (o poder de vontade e a consciência espiritual). Medite a respeito destas coordenadas e crie o seu próprio ritual de libertação e renovação.

12 de dezembro

Antiga data sagrada da deusa asteca **Coatlicue**, cujo nome em *nahuatl* significava "A Deusa da saia de serpentes", posteriormente sincretizada no cristianismo com a Virgem Maria, assim como também acontecera com a deusa Tonantzin. Na mitologia asteca, a Terra era representada como uma Deusa com cinco saias de serpentes, correspondentes às cinco direções (incluindo o centro). Às vezes, havia cinco irmãs como Deusas da Terra, mas na maior parte dos mitos, Coatlicue aparece como a Mãe Criadora, Senhora da vida, da morte e da natureza. Ela era a Mãe Terra que gerou todas as coisas celestiais, Senhora do fogo e da fertilidade, Guardiã da vida, morte e renascimento. Em seu aspecto luminoso, ela era representada adornada de penas brancas, joias de jade e esmeraldas, flutuando, envolta em névoa, na luz prateada da Lua. O seu mito conta que ela foi fertilizada magicamente por uma bola de penas – que caiu do céu enquanto ela varria o seu templo – e gerou o deus Quetzalcoatl, a "Serpente emplumada". Em seu aspecto escuro, ela era a Anciã da morte, uma mulher velha e feia, escura, desmazelada, com garras, usando uma saia de serpentes enroscadas, adornada com colares de cabeças, mãos e corações humanos, cercada de sapos e nutrindo-se de cadáveres. Devido a uma disputa pelo poder entre seus filhos, Coatlicue foi decapitada e sua cabeça transformou-se na

Lua. Suas estátuas a representam com serpentes enroladas em lugar da cabeça, uma alusão ao seu sacrifício no processo da criação do mundo.

Festival anual mexicano dedicado a Nossa Senhora de Guadalupe.

Angeronália, dia consagrado a Angerona, a deusa romana do silêncio, da ordem e do medo, que produz ou alivia. Suas estátuas representavam-na com um dedo sobre os lábios ou com a boca amarrada. Era invocada para guardar segredos ou vencer os medos, restabelecendo o equilíbrio. Alguns autores consideram-na a padroeira do inverno, dedicando-lhe a regência do solstício.

Sada, festival zoroastriano do fogo dedicado à deusa solar Bamya, celebrando a vitória das forças do bem e da luz sobre o mal e a escuridão.

Dedique um tempo para refletir sobre seus processos internos desarmônicos e os conflitos psíquicos que "envenenam" você. Identifique suas "sombras" e encontre uma maneira de transmutá-las e integrá-las, através de terapias ou práticas espirituais, para que a sua vida seja mais harmoniosa, plena e feliz.

13 de dezembro

Festa da Belíssima, na Itália, celebração da antiga deusa romana **Juno Lucina**, deusa da luz, padroeira do parto, protetora das mães e das famílias, trazendo proteção e bem estar. Seu emblema era o pirilampo e em suas festas realizavam-se procissões com velas. As lendas diziam que a deusa, vestindo uma roupa branca e coroada de luz, aparecia ao alvorecer, deslizando sobre a neve e trazendo comida para os pobres.

Neste dia, as *streggas* (bruxas italianas) acendem fogueiras ou usam tochas em rituais para afastar o mal, a escuridão e para combater o *mal'occhio* (mau olhado). São confeccionadas coroas de arruda amarradas com fitas vermelhas; as pessoas cospem três vezes através delas, invocando a proteção de Juno Lucina para afastar o mal de suas vidas.

Dia de Santa Lúcia, celebrada, com um festival de luzes, na Suécia. Neste dia, a filha mais velha, vestida com uma longa túnica branca e coroada com treze velas acesas, percorre toda a casa, oferecendo depois o desjejum a seus pais. Esse costume perpetua os antigos símbolos da Deusa, que trazia aos seus fiéis luz e comida. Todos os familiares se vestem de branco e vão para a igreja, assim como faziam seus antepassados, indo depois em uma procissão com velas para abençoar as comunidades e os campos. As crianças, vestidas com túnicas brancas e cintos vermelhos, acompanham uma menina coroada com velas, escolhida entre as melhores alunas. O prato típico dessa festa é *Lussekatts* ou "gatos da Lúcia", roscas com passas e açafrão com formas felinas, para homenagear o gato, um dos animais totêmicos da Deusa (o outro era a joaninha). Por ser uma deusa dos partos, proibia-se às mulheres trabalharem neste dia, fato este que poderia atrair o azar.

Este dia também era celebrado na Hungria e em outros países da Europa com procissões de velas e moças vestidas de branco, carregando velas e distribuindo biscoitos e bebidas.

Para honrar Lucina, acenda uma vela branca, oferte-lhe biscoitos de gengibre, mel e açafrão e imante com a sua luz uma pedra da lua para usá-la como pingente ou anel, como ponto de conexão com as energias lunares.

No Brasil, no sincretismo religioso, comemora-se Ewá, a deusa do céu, da terra, do vento, das nuvens e da água. Seu nome significa "a que se banha nas águas doces", sendo considerada "os olhos de todos os Orixás", podendo, por isso, também ser chamada de "Senhora dos Olhos". De acordo com o mito, Ewá passa uma metade do ano como mulher e a outra como serpente. Invoque-a para melhorar e preservar sua visão; entoe seu nome como um sussurro, sinta sua presença soprando para limpar sua aura durante um banho de purificação em uma cachoeira ou na chuva.

14 de dezembro

Festival Soyal dos índios Hopi, celebrando o retorno do Sol e o renascimento. A partir desta data e durante os próximos nove dias, os rapazes passavam por rituais de iniciação, a comunidade orando às deusas Sakwa Mana, Mulher Aranha, Donzela Falcão, Donzela do milho azul e aos **Kachinas** (espíritos ancestrais), pedindo saúde, prosperidade e alegrias ao longo do Ano Novo.

As celebrações eram feitas dentro das *Kivas*, as câmaras sagradas subterrâneas reservadas aos rituais e conselhos. Festejava-se a criação e o renascimento, anunciado pela proximidade do solstício, que trazia o aumento dos dias e da luz solar. Após cânticos e invocações às Direções, ao Grande Espírito, às Divindades e aos ancestrais, faziam-se oferendas de fubá e fumo, purificavam-se as pessoas com fumaça de sálvia e cedro e fumava-se o cachimbo sagrado. Na noite anterior, as pessoas oravam e dançavam ao redor da fogueira ao som do tambor, purificando-se, depois, na *Sweat Lodge*, a Sauna sagrada (ou a Tenda do suor), preparando o corpo, a mente e o espírito para um novo ciclo em suas vidas.

Guie-se por essa antiga sabedoria e faça sua própria purificação e celebração. Defume-se com sálvia, participe de uma Sauna sagrada, reverencie o Grande Espírito, a Mãe Terra, a Vovó Lua, o Vovô Sol e todas as forças da natureza, oferecendo-lhes orações e canções, fubá e fumo picado. Confeccione ou adquira um "filtro dos sonhos" e coloque-o perto de uma janela, para que ele permita a passagem apenas dos "bons sonhos" e das vibrações benéficas.

15 de dezembro

Dia de **Halcyone**, a linda mortal que, por amor a um pescador, foi transformada no alcião (ou maçarico), uma ave aquática. Seu nome foi dado à maior estrela da constelação das Plêiades, um grupo de sete estrelas, também chamadas de  "Sete Irmãs", facilmente reconhecíveis no céu, formando a cauda da constelação do Touro. No mito grego, as Plêiades ou Vergílias, eram as sete filhas de Atlas e Pleione, filha do Oceano. Nascidas na Arcádia, elas acompanhavam a deusa Ártemis em suas caçadas, até que a deusa transformou-as na constelação das Plêiades para livrá-las da perseguição pelo caçador Órion feita durante sete anos. As Plêiades são: Alcione, Celeno, Electra, Maia, Merope, Asterope e Taigete. A aparição e desaparecimento das Plêiades no céu coincidem com importantes fases climáticas, mudanças das estações e ritmos naturais. Por isso, desde a antiguidade, as Plêiades serviram como ponto de referência para o cálculo dos calendários, marcação das celebrações, início ou fim das colheitas, definição das fases propícias para caça, pesca ou plantio, festas e festivais.

Segundo a lenda, deste dia até o sétimo após o solstício de inverno, a energia mágica do alcião contribuía para que o tempo transcorresse calmo e tranquilo, já que ele fazia seu ninho no mar e acalmava o vento e as ondas com seu canto.

Na antiga Mesopotâmia, as "Sete Irmãs" eram reverenciadas sob o nome de Kimah ou Ayish, na Índia elas eram as Krittikas e nas tribos norte-americanas simplesmente as "Sete Irmãs".

Nas lendas dos índios do Alto Amazonas, conta-se que Ceiuci, uma das Plêiades, veio para a Terra e criou todas as espécies de animais. Na lenda dos tupis-guaranis Temiona, a criadora da vida, gerou uma filha, que se metamorfoseou na constelação das Plêiades e um filho, que se transformou na estrela Orion.

Festa de Fauna, Fátua, Fatídica ou Damia (uma deusa de atributos semelhantes a Faunos, associada a seu culto, ora como esposa, filha ou irmã), deusa romana dos campos, bosques, plantas e animais silvestres, que recebia oferendas dos caçadores para receberem a permissão de abater apenas os animais necessários para a sua sobrevivência, respeitando assim o equilíbrio ecológico. Neste dia, os camponeses lhe ofereciam leite, mel e nozes; às vezes, incluía-se o sacrifício de uma ovelha ou cabra.

Inspire-se nas antigas celebrações e permaneça algum tempo observando o vasto panorama do céu noturno, procurando identificar algumas constelações e as Plêiades. Se o tempo for nublado, medite e invoque as energias estelares para que possa usufruir dos dons indicados pelo seu mapa natal; amplie-os através de práticas mágicas, estudo, dedicação e oração para as Deusas das Estrelas.

16 de dezembro

Festival de **Sapientia**, a Deusa da Sabedoria, em Roma. Sapientia – do latim, Senhora Sabedoria, equivalente à grega Sophia – tornou-se uma deusa venerada pelos gnósticos, alquimistas, cabalistas, filósofos medievais e mestres hermetistas (Hermetismo, estudo e prática da filosofia oculta e da magia associadas aos escritos atribuídos a Hermes Trismegisto, "Hermes Três-Vezes-Grande", uma deidade sincrética que combina aspectos do deus grego Hermes e do deus egípcio Thoth). Sapientia era representada, às vezes, como a "Sereia dos Filósofos", vertendo o vinho branco do conhecimento e o tinto da iluminação de seus seios, enquanto ela surgia do Mar Universal. Os místicos renascentistas assemelharam-na à sabedoria de Deus, à Deusa Interior, à Mãe Natureza ou à Virgem Maria. Era descrita como a Rainha querida de Deus, fundação primordial de toda a criação, apresentada como uma tríade: Sapientia Creans, a criadora; Disponans, a que une todas as coisas em harmonia e Gubernans, a Divina Providência, ou seja, aspectos ancestrais da tríplice manifestação da Grande Mãe.

Outra antiga deusa romana da sabedoria e das profecias era Egeria, cujo nome, ainda hoje, é usado para designar as mulheres conselheiras. A lenda descreve-a como uma ninfa aquática que se apaixonou e casou com o rei Numa Pompilius, ensinando-lhe os rituais corretos de veneração da Terra. Também foi Egeria quem deixou como legado as primeiras leis de organização das cidades. Mais tarde, ela tornou-se uma divindade complexa, regente das fontes, conselheira e curadora, venerada pelas mulheres grávidas, que lhe pediam presságios e orientações sobre seus filhos. Seu culto foi assimilado ao da deusa Diana, com quem dividia o altar e a fonte do bosque sagrado de Nemi.

Comemoração de Sephira, a manifestação feminina da luz divina e do fluxo das energias universais, personificada nas dez esferas da Árvore da Vida da Cabala.

Medite neste dia sobre aqueles aspectos de sua vida onde precisa buscar ou demonstrar mais sabedoria. Invoque as deusas da sabedoria – Atena, Minerva, Sofia, Kista, Sapientia ou "A Mulher Coruja" – e peça ao seu animal totêmico ou à Coruja Branca, que intercedam perante as Deusas e lhe tragam mensagens esclarecedoras, ou sinais e presságios sobre como agir com segurança e sabedoria.

17 de dezembro

Início da Saturnália, os doze dias de festejos dedicados aos deuses romanos da agricultura **Saturno** e Ops. Esse festival era marcado por extrema liberalidade e licenciosidade, com orgias, fantasias com máscaras, peças burlescas e troca de presentes entre amigos. Por ser um tempo de transição entre a morte do velho ano e o nascimento do novo,

havia um período de caos e abolição de regras e leis. Donos e escravos trocavam de lugares, os prisioneiros eram libertados e todas as atividades públicas e os julgamentos eram suspensos. As crianças recebiam presentes e tinham várias regalias. Esses festejos, precursores do Natal, existiam também em outras culturas, como Creta, Tessália e Babilônia.

Saturno era o deus agrícola invocado no plantio das sementes, enquanto Ops era a deusa da fertilidade e prosperidade. Por isso, esse é um dia favorável para encantamentos que atraiam a prosperidade e também para rituais de banimento de tudo aquilo que escraviza ou impede você de crescer ou progredir. Use os elementos correspondentes: sementes, azeitonas, lã, tesoura e vinho com especiarias para Saturno e, arroz, essência de pinheiro, um véu, espigas, uma imagem de um campo de trigo e um pantáculo de prosperidade para Ops. Medite, abra a sua percepção sutil e crie seu próprio ritual para atrair a abundância das suas "colheitas" pessoais.

Celebração nórdica para Hlodyn, ou Fjorgyn, a deusa primordial da Terra, regente do lar e da lareira. Ela representava a terra primitiva, não cultivada e árida, sendo descrita nas lendas como o espírito feminino das árvores e plantas. Hlodyn era associada com as plantas usadas no Yule como visco, azevinho, pinheiro e com a neve. Filha de Nott, a deusa da Noite, e de Annar, o deus da água, Hlodyn era uma das esposas de Odin e mãe de vários deuses. Era reverenciada como personificação da terra e da natureza no topo das montanhas, onde, segundo o mito, ela esperava para unir-se ao céu, imagem universal que simboliza o casamento sagrado entre a Mãe Terra e o Pai Céu. Considerada a guardiã do sagrado caldeirão do renascimento, era representada cercada de vasos de barro com formas humanas e cestos de frutas, uma mulher grávida que emergia da terra ou a mãe segurando um filho e uma filha no colo (símbolos dos dois mundos, masculino e feminino).

18 de dezembro

Nos países celtas, festejava-se a deusa equina **Epona** originaria de Gália, cujo culto foi mantido pelos romanos e sincretizado ao da deusa Ops, sendo considerada como a protetora dos cavalos, éguas e burros, enquanto Bubona era a protetora do gado. Epona era representada de três maneiras: cavalgando uma égua branca; em pé, cercada de cavalos ou deitada nua sobre um cavalo. Na sua representação como "Deusa da Fertilidade" ela segurava nas mãos espigas de trigo, um cálice, um prato redondo ou uma cornucópia. Semelhante à deusa galesa Rhiannon, Epona também detinha o poder sobre o ciclo de vida dos homens, do berço ao túmulo e por isso seus símbolos eram um pano branco e uma chave, que abria todas as portas do além. Epona e Rhiannon originaram um verdadeiro culto celta ao cavalo, cujas reminiscências são encontradas nas gigantes

reproduções de cavalos esculpidas em várias colinas calcárias da Inglaterra e na frequência do nome "Cavalo Branco" (*White Horse*) para lugares, *pubs*, lendas (como a de Lady Godiva) e na aparição de "fantasmas" de mulheres cavalgando. Diferente de outras deusas celtas, o culto de Epona se espalhou e permaneceu por muito tempo no Império romano.

Comemoração de uma antiga deusa equina irlandesa Etain, "A Veloz", regente da magia e da cura. Etain era também uma deusa solar, padroeira irlandesa da medicina. Filha do deus da cura Dian Cecht, ela casou-se com Ogma, o deus da literatura e da eloquência.

Na Alemanha era cultuada uma antiga deusa Hexe (cujo nome significava "bruxa") que regia a saúde, as práticas de banimento, o uso de encantamentos e magias para melhorar a saúde e a sorte na vida. Um dos seus métodos de cura das feridas era esfregar a metade de uma batata sobre elas e depois enterrá-la, banindo assim a doença. As suas discípulas usavam chás de plantas variadas, compressas com argila, banhos de purificação e pedras semipreciosas como: azeviche para absorver o mal (sendo depois limpo com água e sal), fluorita para fortalecer a mente, lápis-lazúli para ampliar a percepção psíquica ou ametista para proteção.

Conecte-se às imagens das deusas equinas quando você precisar alcançar velozmente algum objetivo, aumentar sua resistência física ou encontrar soluções "mágicas" para seus problemas de saúde. Faça uso também das antigas práticas curativas da deusa Hexe e use a sua intuição para saber como utilizar as ervas e pedras.

Celebrações de Consuália, homenageando o casal divino romano – Saturno e sua consorte Ops –, assinalando o fim do ano agrícola.

19 de dezembro

Festa de **Opália**, celebrando o aspecto de fertilidade da deusa Ops, em Roma, uma deusa da Terra, protetora de tudo o que era associado à agricultura. Como Ops Consiva, "A Senhora que Planta", ela era reverenciada nos plantios e nas colheitas. Em seu aspecto de Opífera, era a padroeira dos partos, protetora dos recém-nascidos. Considerada um dos aspectos da Magna Mater, ela

também era conhecida como a deusa Patella, "A que abria o invólucro das sementes para que o broto pudesse sair" e a deusa Runcina, "A que facilitava o corte das hastes na colheita". Conecte-se com um dos aspectos da deusa Ops e use sua intuição para reverenciá-la, lhe ofertando uma "ceia" de brotos, sementes, espigas e frutas, em um lugar limpo da natureza.

Festival hindu Pongol, dedicado às deusas Sankranti e Sarasvati, comemorando a deusa Makara Sankranti com purificações ritualísticas dos altares, estátuas e animais e bênçãos das casas e das pessoas. Oferecia-se arroz doce para a Deusa, pedindo-lhe prosperidade e boa sorte. As mulheres cozinham o Pongal (arroz com leite, açúcar e especiarias) e, após distribuírem-no para a comunidade, oferecem também para as vacas. Celebra-se, ainda, a proximidade do solstício e a volta das divindades que estavam "dormindo" nos últimos seis meses. As pessoas trocam presentes entre si e oferecem arroz, manteiga, especiarias, açúcar e espelhos aos Brâmanes, para que intercedam perante as divindades, garantindo, assim, uma vida plena e uma passagem de ano pacífica. As vacas são lavadas com ervas e açafrão, cobertas com guirlandas de folhagens e frutas, seus chifres pintados, para que depois desfilassem pelas ruas.

Na China, as pessoas se reúnem nas cozinhas decoradas com flores, acendem velas, queimam incenso e festejam com pastéis, a tradicional carne de porco e vinho de arroz, levando, depois, um pouco como oferenda para as árvores. Este dia é considerado muito favorável para noivados e casamentos.

Comemorações para as deusas romanas Sabina, da fertilidade e Orbona, a protetora das crianças órfãs ou com doenças terminais.

Celebração nas Filipinas de Ikapati, a "Doadora da comida", deusa da abundância das colheitas e protetora dos animais domésticos. As pessoas realizavam procissões fazendo muito barulho para afastar as influências negativas e levavam oferendas de arroz e frutas para a Deusa.

Dia dos Mortos no Egito. Eram deixadas lamparinas acesas e comida nos túmulos em homenagem aos familiares falecidos.

20 de dezembro

Modresnacht ou Modraniht "A Noite da Mãe" comemorando as antigas deusas saxãs **Matres** ou **Matronas**, as deusas nórdicas Nerthus, Frigga e as ancestrais Disir, pedindo suas bênçãos e proteção para as famílias. Nesta noite começavam os complexos festejos do Blot Jul – equivalente ao Sabbat celta Yule – que terminavam na véspera do Ano Novo, a Décima Segunda Noite ou Tolften Natt. No dia seguinte era celebrado o solstício de inverno, quando a criança solar nascia do ventre da Deusa Mãe. Esta data sempre foi muito importante, tendo precedido a escolha cristã para a celebração da Natividade. Durante a noite, as pessoas podiam ter sonhos proféticos e divinatórios. Acreditava-se que os animais podiam falar e que a água de certas fontes sagradas se transformava no sangue sagrado da Mãe Divina.

Festival nórdico das estrelas, celebrando Austrine Valkirine ou Saules Meita, a deusa báltica das estrelas, filha de Saule (a deusa solar reverenciada como a Mãe Criadora nos países bálticos). Chamada de "Senhora da Estrela Matutina", Austrine acendia, a cada manhã, o fogo para que o Sol pudesse iniciar sua jornada diária. Sua irmã, Zleja, governava o meio-dia, enquanto que outra irmã, Breksta, regia a escuridão e a noite.

Os sonhos durante esta noite eram muito significativos, até mesmo premonitórios.

Reviva a antiga tradição "programando-se" antes de dormir para ter um sonho revelador. Ore e peça a seu Mestre Espiritual, Anjo de Guarda ou Deusa Madrinha para remover os resíduos diários e os conflitos do seu subconsciente e, assim, possa penetrar no mundo mágico dos símbolos e imagens.

Festa de Tsao Chun, na China, homenageando Tsao Wang e sua consorte Tseu Niang Niang, deuses protetores do lar. Segundo a lenda, esse deus de rosto redondo e sorridente, vigia o comportamento da família ao longo do ano. Nesta noite, ele volta ao céu para relatar aos deuses tudo o que observou. Por isso, as pessoas tentam suborná-lo, untando a boca de suas imagens com melado – para

adoçar suas palavras – e oferecem-lhe doces e guloseimas. As crianças jogam feijões no telhado, simulando o galope dos cavalos de Tsao Wang.

Na China era celebrada Xi Hou, a "Mãe do Sol", que banhava toda manhã os dez sois – seus filhos – no lago da criação, para que depois eles fossem levados pelos céus em carruagens puxadas por dragões. As pessoas abriam as portas e janelas para receberem os raios solares e agradeciam a Xi Hou pelas suas dádivas com oferendas de velas, incenso, laranjas e doces. Imite o exemplo delas e faça o mesmo, orando e visualizando a sua pessoa, casa e vida sendo abençoadas pela luz, a cura e o amor da Grande Mãe, nas suas múltiplas manifestações.

21 de dezembro

Entrada do Sol no signo de Capricórnio, marcando o **solstício de inverno** no hemisfério norte, celebrado pelos povos celtas como o Sabbat Yule ou Alban Arthan e pelos nórdicos como o Blot Jul. Simbolicamente, o signo de Capricórnio relaciona-se com a montanha, símbolo da estabilidade e manifestação, da elevação ascética e da iniciação. Todas as tradições antigas apresentam mitos ligados à revelação feita numa elevação: como o Monte Fujiyama, sagrado para os xintoístas; ou Monte Sinai, onde Moisés recebeu as Tábuas dos Mandamentos; ou ainda do Monte Ararat, o único ponto poupado das águas do Dilúvio, onde pousou a Arca de Noé. O próprio Cristo foi crucificado no alto de um monte, o Calvário, símbolo de sua proximidade com os céus. Outra associação simbólica com Capricórnio e o seu planeta regente, Saturno, é com os joelhos, que nos permitem fazer as escaladas e nos ajoelharmos diante do Sagrado, para receber as bênçãos e a Iniciação.

Comemorava-se, nesta data, o renascimento do Sol do ventre escuro da Mãe Terra, simbolizando a renovação das esperanças, novas promessas de alegrias e realizações, assegurando à humanidade que a Roda do Ano, em seu movimento perpétuo, novamente chegaria ao fim das vicissitudes do inverno e da escuridão. Desde os tempos mais remotos, a transição entre o ponto mais baixo (a noite mais longa do ano) e o início do

retorno da trajetória do Sol em sua Roda Anual, era celebrada com vários rituais em todas as culturas antigas.

Para festejar o renascimento do Sol, os povos celtas e nórdicos acendiam fogueiras e tochas nas colinas, casas e ruas, ofertavam presentes para as divindades, reverenciavam as árvores sagradas (como o carvalho e o pinheiro), as plantas que representavam os poderes de Deus (como o visco) e da Deusa (como o azevinho), realizando também, vários rituais de fertilidade. O mais importante símbolo de Yule era o fogo que devia queimar durante os doze dias das celebrações, representação da luz solar brilhando durante os doze meses. Preparava-se o tronco de Yule ou "Yule log", decorado com folhagens, pinhas, nozes, maçãs, doces, galhos de visco e de azevinho. Esse tronco era guardado até o mesmo ritual no próximo ano, quando era queimado ritualisticamente e substituído.

Prepare você também um tronco de Natal, escolhendo uma tora ou um galho grosso, fazendo três furos para prender três velas, nas cores, vermelha, verde e dourada. Enfeite-o a seu gosto, mas mantenha sempre as velas acesas durante os doze dias das antigas celebrações, convidando, assim, os Espíritos da Luz a iluminarem e abençoarem sua casa e seus familiares. Coloque uma imagem do signo ou da constelação de Capricórnio no seu altar e cerque-o com algumas das pedras associadas como cristal de rocha, ônix, azeviche, obsidiana, hematita, turmalina preta. Anote em um papel as áreas da sua vida em que precisa de perseverança, tenacidade e determinação e mentalize a sua realização ativando e usando as qualidades assinaladas.

Celebração eslava Koleda, na Rússia, comemorando a deusa Koliada, Senhora do tempo, do Sol e da luz, personificando o próprio solstício de inverno. Ela simbolizava o Sol, cercada pelas forças da escuridão, precisando da ajuda da humanidade para vencê-las. Essa tarefa era executada pelas mulheres, que estimulavam, por meio de rituais, o poder procriador da Deusa. Com o passar do tempo, Koliada foi transformado em deus e, nesta data, celebrava-se seu nascimento. A lembrança de Koliada permaneceu disfarçada na figura de São Nicolau, o velhinho bondoso que ajudava as mulheres nos trabalhos de parto. Na Rússia, celebrava-se também Maslenitza, a deusa da fertilidade e da agricultura.

Na Grécia era comemorada Amalteia, a deusa caprina que alimentou Zeus enquanto era recém-nascido e escondido pela sua mãe para evitar que seu pai Saturno o engolisse com medo que fosse destronado. Anos mais tarde Zeus tirou um dos chifres de Amalteia e o transformou na cornucópia e colocou sua ama no céu como a constelação de Capricórnio. Uma das luas de Júpiter foi nomeada Amalteia lembrando assim a sua conexão.

22 de dezembro

Celebração nativa norte-americana da deusa Awehai, a Criadora da vida, protetora das famílias e das tribos e Senhora do Céu. Sua lenda conta a criação da Terra e do povo Iroquês. Originalmente, Awehai morava no céu com seu marido, que desconfiou de sua fidelidade e expulsou-a. Em sua queda do céu, Awehai pegou algumas sementes e animais e foi conduzida por vários seres alados até pousar sobre o casco de uma grande tartaruga. Lá, ela juntou poeira e misturou-a com água, formando, assim, a Terra. Depois, ela espalhou as sementes e soltou os animais. Encantada com a beleza da Terra, ela completou a criação criando seus filhos, o povo Iroquês.

Danças noturnas Hopi, festejando os **Kachinas**, os espíritos da natureza.

Festival taoista dedicado às deusas Hsi Wan Mu, a Mãe Terra e Tao, a Mãe Natureza. Hsi Wang Mu era a representação do princípio feminino Yin e, juntamente ao seu consorte Mu Kung, o princípio masculino Yang, criou a Terra e os seres vivos. Hsi Wang Mu era representada com corpo de mulher e com cauda de leopardo, dentes de tigres e cabelos desgrenhados. Ela é a guardiã da "Erva da Imortalidade" e mora no Monte Kunlun, comandando todos os gênios da Natureza. Dao ou Tao (significando "caminho") era considerada a Mãe Primordial e, juntamente ao seu consorte, o Vento, gerou as divindades e os seres humanos.

Crie um ritual de harmonização das polaridades existentes na sua vida (internas e externas). Faça um altar com imagens ou símbolos dos princípios divinos (uma mandala de Yin/Yang), colocando ao redor os objetos dos elementos mágicos (incenso, vela, água e terra), conchas, sementes e cristais. Evoque as energias e espíritos da natureza, modele em argila um símbolo que represente a sua harmonização, medite a respeito dos meios necessários para realizá-la, ore para o Pai celeste e a Mãe Terra e lhes agradeça, levando uma oferenda de pão e vinho para algum lugar na natureza.

Comemoração de Tonan ou Tlakatellis, uma das manifestações da Grande Mãe asteca. Ainda hoje o povo *nahuatl* reverencia, colocando guirlandas de calêndulas e folhas em suas estátuas ou nas de sua "substituta", a Virgem de Guadalupe.

Festa de Hadijah, a mulher do profeta Maomé, mãe de Fatimah.

23 de dezembro

Em Roma, Larentália, a celebração de **Acca Laurentia**, Larunda ou Lara, a mãe dos Lares, os deuses protetores dos lares. Acca Laurentia era considerada a parteira divina de Romulus e Remus, os fundadores de Roma, por tê-los tirado do Rio Tibre, onde flutuavam abandonados em um cesto. Foi desta mesma maneira que Akka, a deusa da Anatólia, salvou o herói Sargon. Lara era a deusa padroeira dos lares e das lareiras, onde ela morava e protegia as famílias. Ela também era guardiã das almas, protegendo-as na sua transição entre os mundos. Em Roma neste dia eram feitas orações para os mortos e também para a paz e o bem estar da nação.

Os Lares eram filhos de Mercúrio e de Lara e foram cultuados pelos romanos durante muitos séculos. Associados aos Manes – divindades arcaicas dos mortos – eles passaram a ser adotados no culto doméstico primitivo como personificações dos antepassados. O lar era associado ao fogo sagrado – mantido aceso pelas Vestais nos templos – e com a lamparina do altar doméstico, onde sua guarda era passada de pai para filho, geração após geração. A associação do culto prestado aos Lares com o culto aos mortos e a responsabilidade hereditária para cuidar do fogo sagrado do lar, se repete em quase todas as culturas europeias e em grande parte das asiáticas. Mesmo nas Américas, existem variantes do mesmo mito e sua associação com divindades.

Akka era uma deusa ancestral da Anatólia, chamada de "Avó Parteira", que ajudou o nascimento dos deuses. Existem duas deusas com atributos similares: Madder-Akka, a Mãe Divina dos lapões e Akna, na América Central.

Comemorava-se também o retorno da luz, após a noite mais escura do ano.

Na Grécia, comemoração de Sêmele e Dioniso. Sêmele era a deusa grega do amor e da sexualidade, amante de Zeus e mãe do deus Dioniso.

Nos países celtas era comemorada a deusa escocesa Cailleach Bheur, a Anciã do rosto azulado, que trazia a neve (para proteger as sementes enterradas na terra), a escuridão e o frio do inverno (que obrigavam as pessoas a se recolherem no silêncio e na introspecção). Ela reinava até a chegada da primavera e o Sabbat Beltane.

Na tradição celta, este era o "dia branco", sem nenhuma regência de árvore ou letra do alfabeto Ogham. Era chamado de "O segredo da pedra que não foi talhada," simbolizando o potencial oculto existente em todas as coisas.

Reflita sobre seu potencial inato e que ainda não foi explorado ou manifestado. Peça à Anciã, detentora da sabedoria ancestral, que a auxilie neste processo de exploração e identificação de dons ocultos e ore para que a Mãe Criadora lhe indique os meios necessários para manifestá-los.

Dia dos Bobos, na Europa antiga, reminiscência da celebração de Tália, a Musa regente do humor e das festas, quando o bobo da cidade era coroado como rei e o verdadeiro rei simulava uma morte temporária para renascer depois.

Celebração do dia de Hathor, no Egito, com a Noite das Lanternas marcando o sepultamento final de Osíris. As pessoas deixavam lamparinas acesas e comidas nos túmulos em homenagem aos familiares falecidos.

24 de dezembro

Antiga festa anglo-saxã e alemã dedicada à **Grande Mãe Nerthus** ou Frau Gode. Muitas das tradições deste festival sobreviveram, tendo sido adaptadas às celebrações do atual Natal. Em lugar de fogueiras festejando o nascimento da Criança Divina, passaram a ser usadas tochas, depois velas inscritas com símbolos rúnicos. As árvores sagradas, reverenciadas como símbolos da Árvore do Mundo, foram substituídas pelos pinheiros decorados com bolas prateadas (representações dos planetas) e o Anjo no topo (em vez da imagem da Deusa). Nerthus era conhecida como "A Mãe da Terra do Norte" e simbolizava a fertilidade, a paz e a harmonia familiar.

Neste dia, os povos antigos ofertavam presentes para as Divindades, agradecendo as dádivas recebidas ao longo do ano.

Atualmente, as pessoas presenteiam-se entre si, a celebração tendo perdido seu significado sagrado para tornar-se uma reunião familiar e comercial.

Juvenália celebração romana em homenagem a Juventas, a deusa da juventude equivalente à grega Hebe.

Na Finlândia, acendem-se velas brancas nos túmulos dos ancestrais, pois se acredita que os fantasmas dos falecidos voltam para suas casas nesta noite.

Na tradição basca era comemorada a deusa Eguski, filha da Mãe Terra, manifestada como o disco solar, que irradiava calor e luz sobre o manto da sua mãe. Ela trazia o calor do verão e a fertilidade para toda a natureza. Suas cores eram o amarelo e dourado do nascer do Sol e os tons de púrpura e violeta do pôr do sol.

Na noite antes do nascimento da deusa Sol, as pessoas se preparavam para a sua renovação e agradeciam as bênçãos da Mãe Terra e da sua filha solar. Aproveite o antigo costume e levante-se cedo neste dia, esperando o nascer do Sol, enquanto medita e ora pedindo energia vital, a coragem para lutar e vencer, a luz da compreensão e o crescimento espiritual. Abra os braços, sinta seus pés enraizando na terra, inspire profundamente e perceba no seu ser a mescla das energias telúricas e solares, alinhando seu eixo e abençoando sua vida com saúde, força e prosperidade.

Uma antiga crença europeia afirma que os pedidos de casamento feitos e aceitos nesta noite asseguram casamentos longos e amorosos.

25 de dezembro

Os festejos de Natal originaram-se nas antigas celebrações universais do solstício de inverno, um festival da luz e do Sol. Apenas no século IV foi escolhida esta data para o nascimento de Jesus, antes tendo sido dedicada ao nascimento dos deuses solares e da vegetação, como Tammuz, Attis, Osíris, Adônis, Dionísio e Mithra. Eles eram filhos de Mães Virgens como Spenta Armaiti, Mirrha, Maya, Adha Nari, Astaroth, Ísis, **Maria**, Iacy e Coatlicue. A meia-noite deste dia, os sacerdotes emergiam dos altares subterrâneos anunciando: "A Virgem deu à luz, a escuridão diminui". As civilizações mexicanas,

peruanas e dos nativos americanos, também celebravam o nascimento da "Criança Divina".

Em Roma, celebrava-se o "Dies Natalis Invicto", o nascimento do Sol Invicto e o fim dos festejos libertinos da Saturnália. Na Babilônia, comemoração de Sacaea, dedicada ao nascimento do deus solar de sua Divina Mãe.

Nos países nórdicos era celebrada a deusa Hertha, Erda ou Erce, regente da terra, natureza, fertilidade e magia. Segundo as lendas, Hertha descia para a terra através da fumaça das fogueiras ou pelas chaminés e trazia presentes para as crianças.

No folclore alemão, há uma lenda sobre uma bruxa chamada Lutzelfrau, que voava montada em sua vassoura, levando infortúnios para aqueles que não a presenteavam. De acordo com um antigo costume dos camponeses, neste dia as crianças usavam máscaras e iam de casa em casa pedindo dinheiro e doces em nome de Lutzelfrau. A origem desta lenda é a antiga celebração da deusa Perchta, a Mãe Terra, que era homenageada com oferendas para que proporcionasse um ano abundante e feliz.

Continuação de Juvenália (Ludi Juvenales), a festa romana das crianças, que recebiam presentes e se divertiam com jogos, teatro de marionetes e danças com fantasias e máscaras.

Antigo festival Jolnir, na Escandinávia, honrando o deus Odin com oferendas de cervejas especialmente preparadas para essa ocasião, homenageando também as almas dos heróis mortos em combate.

Celebração da deusa Astarte, na Mesopotâmia, conhecida como Athar Samayin pelos aramaicos, Ashtoreth pelos canaanitas e Aisha Qandisha pelos marroquinos. Ela era a Grande Mãe, regente do céu e do Planeta Vênus.

Aproveite o significado do termo gaélico Yule (roda) e crie a sua própria celebração para manifestar o giro da "roda do tempo". Faça uma guirlanda de galhos verdes e prenda nela doze velas brancas. Acenda uma vela de cada vez, plasmando no campo astral os seus objetivos associados com cada mês do próximo ano. Anote-os num papel dourado e guarde o papel no seu altar até o fim do próximo ano para avaliar quantos dos seus projetos foram realizados, agradecendo pelas conquistas e aprendendo com os desafios.

26 de dezembro

Celebração de **Lilith**, a deusa suméria da sexualidade. Mencionada nos antigos mitos hebreus como a primeira mulher de Adão. Lilith, assim como Adão, foi criada do barro, portanto desfrutando dos mesmos direitos que ele. Adão, no entanto, queria que ela fosse submissa, ficando por baixo dele durante o ato sexual. Lilith rebelou-se e fugiu, escondendo-se às margens do Mar Vermelho. Deus criou então Eva da costela de Adão, que, por não lhe ser igual, devia acatar sua  supremacia, obedecendo às suas regras patriarcais. As escrituras judaicas transformaram Lilith em uma figura demoníaca, Lilithu, a "Mãe dos Demônios", que deu origem, na Idade Média, aos íncubos e súcubos, vampiros sexuais masculinos e femininos. Originariamente, Lilith era a padroeira das gestantes, das mães e dos recém-nascidos, mas as deturpações judaicas denegriram-na, tornando-a "Rainha das Bruxas", um demônio que roubava o leite das mães, as almas das crianças e a virilidade dos homens. Como defesa contra os poderes nefastos de Lilith, eram recomendados amuletos cabalísticos e a prática da abstinência sexual. Lilith, atualmente, é o nome usado na astrologia para designar tanto a Lua Negra, quanto um asteroide que influencia a sexualidade humana.

Comemoração de Pandora, um dos aspectos da deusa Gaia como "a Doadora" ou "a que possui todos os dons", cuja caixa guardava a esperança. O costume das caixas de presente possivelmente foi inspirado no seu mito e até hoje podem ser confeccionadas "caixas mágicas", com itens que sugiram a esperança.

Ritual da "Dança da Tartaruga", tradição nativa norte-americana celebrando a Igaehinvdo, a deusa do Sol e do dia, irmã da deusa da terra Elihino e da deusa do milho Selu. Se fosse devidamente homenageada, Igaehinvdo não ia queimar a terra com os seus raios causticantes.

Comemoração da deusa nórdica Sunna, a Senhora Solar, a "noiva brilhante do céu", responsável pela manutenção da vida na Terra.

Nascimento de Hórus, filho da deusa Ísis e do deus Osíris.

Nascimento de Buda, filho da deusa Maya, na Índia.

Festival Junkanoo nas Bahamas, honrando todas as divindades com procissões de máscaras e fantasias, músicas e danças.

Fim dos Dias de Halcyone dedicados às Plêiades iniciados em 15 de dezembro.

Aproveitando a lembrança dos dons doados à Pandora pelas divindades olímpicas, podemos ignorar os males que teriam escapado da sua caixa – como castigos para humanidade – e procurar atrair para a nossa vida as dádivas divinas. De Atena, a deusa da sabedoria e da guerra, pediremos a estratégia e a arte de tecer, necessárias para alcançar nossas metas. De Afrodite, o encanto e a arte de sedução; das Cárites, deusas da beleza e graça, os dons criativos e de Hermes, o mensageiro dos deuses, a capacidade de falar bem, saber se comunicar e se expressar de forma convincente. Podemos escolher itens significativos para estes dons, colocá-los numa caixa e pedir aos Deuses sua manifestação na nossa vida no próximo ano.

27 de dezembro

Celebração nos países nórdicos de **Frigga** ou **Frigg**, a deusa da natureza e do tempo, protetora das famílias e das tribos, a "Senhora Branca", amada por todos. Apesar da sua origem telúrica (como filha da deusa da terra Fjorgyn) era a Rainha das divindades celestes e guerreiras.

Frigga representava os três estágios da vida da mulher como: a donzela regente da primavera; a mulher madura, padroeira das mulheres, dos mistérios de sangue, da família e do lar e a Anciã, padroeira do tempo, do conhecimento e das nuvens.

Muitos pesquisadores e autores afirmam que as deusas Freyja e Frigga são aspectos de uma só Deusa, facetas complementares da mesma energia feminina. No entanto, Frigga tinha atributos bem diferentes: ela era a Mãe e guardiã das famílias, padroeira do casamento, da maternidade, do lar e da terra. Uma das esposas do deus Odin, mãe do deus solar Baldur, a loura Frigga morava em Fensalir, um lindo palácio aquático, cercada por uma constelação de doze acompanhantes. Vestida com um manto de penas de falcão, ela tecia a trama delicada das nuvens e os fios do destino, passando-os depois para as Nornes. Seus símbolos eram: roca de fiar, fuso, chaves, manto, a constelação Ursa menor, penas (de falcão e garça), fios de lã e linho.

Jhul, festival nos países escandinavos, celebrando com fogueiras e danças ao seu redor o casal divino: Freyja, a deusa do amor, da beleza e da fertilidade e seu irmão Frey, o deus da fertilidade e da agricultura. O nome de Freyja deu origem – em inglês e alemão – ao do sexto dia da semana, dedicado ao Planeta Vênus. Freyja representava a essência do amor e da sexualidade e era conhecida por sua intensa vida amorosa e seus inúmeros amantes, embora também tivesse um marido, Odhr. Como deusa do amor, ela era reverenciada como a mais bonita das deusas nórdicas, vivendo em um vasto palácio, para onde eram levadas as almas dos guerreiros por ela escolhidos. Era de lá que ela saía em sua carruagem dourada puxada por gatos, o que a tornava, também, a "Senhora dos Gatos", como a deusa egípcia Bast. Freyja também era a chefe das Valquírias, as Amazonas celestes, que recolhiam as almas dos guerreiros mortos em combate, afirmando, assim, sua atuação como uma Deusa da Morte. Como "Senhora da Magia", Freyja era a padroeira dos xamãs e das *völvas*, as sacerdotisas que praticavam *seidhr* – uma complexa forma de magia extática, visionária e sexual –, projeção astral e técnicas oraculares usando runas (cuja magia rúnica Freyja ensinou ao deus Odin). Freyja tinha um poderoso talismã, o colar mágico Brisingamen, confeccionado magisticamente pelos gnomos, que lhe dava acesso à Árvore do Mundo e domínio sobre os elementos e os seres elementais.

Invoque os poderes mágicos de Freyja, de Frigga e de suas sacerdotisas sagradas quando precisar reforçar seu magnetismo pessoal ou seus poderes psíquicos. Escolha uma música adequada, como a "Cavalgada das Valquírias", chame os poderes dos elementos e peça às deusas para abençoarem e imantarem um colar de âmbar ou citrino, utilizando as runas para conseguir esclarecimentos ou orientações oraculares. Agradeça oferecendo-lhes pão, vinho tinto e uma maçã untada com mel.

Nos Pueblos Hopi, festeja-se o retorno para a Terra dos Kachinas, espíritos ancestrais e divindades regentes da natureza.

28 de dezembro

Na Escandinávia, celebração a **Gunnlod**, a deusa da educação, do conhecimento, padroeira das artes e guardiã do *odroerir*, o elixir da inspiração. Segundo a lenda, Odin cobiçava tanto os potes em que Gunnlod guardava o elixir da inspiração, que acabou por seduzi-la, enganando-a para roubar o hidromel sagrado.

Comemoração de Cliodhna, a deusa irlandesa da beleza, moradora na "Terra Prometida" e que legou aos celtas o dom da eloquência. Segundo a lenda, todo aquele que beijasse a Blarney Stone, sua pedra sagrada em Cork, na Irlanda, adquiria o dom da oratória. O desafio era a difícil localização da pedra, que deveria ser beijada com a pessoa de cabeça para baixo, pendurada na margem de um barranco.

Outra deusa irlandesa, com nome similar, era Clidna, uma das Tuatha de Danann, as divindades dirigidas pela deusa Danu. Clidna aparecia como um pássaro marinho, regendo a nona onda de cada série de ondas. Esta onda, por ser maior que as outras, detinha poderes mágicos, sendo chamada de "a onda de Clidna". Quando assumia forma humana, Clidna aparecia como uma mulher de extraordinária beleza.

Festival africano celebrando a unidade familiar e reverenciando a deusa Odudua (cujo nome pode ser traduzido como "a cabaça de onde jorrou a vida"), a Criadora da Terra e da humanidade, que preside sobre os assuntos de fertilidade, amor e união. Odudua era uma das divindades primordiais iorubas, que personifica a divinização da Terra e é considerada, ao lado de Obatalá (a representação divinizada do céu), como o casal primordial e propulsor da criação. Cada um foi incumbido de determinadas funções no papel da criação do Aiyê, o Universo, incluindo o mundo em que vivemos. O Universo é visto dentro do culto aos Orixás como uma grande cabaça, representada por Odudua (a parte de baixo da cabaça) e Obatalá (a parte de cima da cabaça). Ao longo do festival, eram focados vários temas como harmonia, determinação, responsabilidade, tenacidade, criatividade, união e fé.

Celebração das matriarcas e deusas tecelãs: "A Mulher Aranha, A Mulher que Muda, A Mulher de Cobre, as deusas Arachne, Arianrhod, Atena, Chalchiuhtlicue, Befana, Morrigan, as três Nornes, as Parcas e Moiras e as três Mães".

Festival anual de paz e renovação espiritual na China. Um grande cavalo de papel, contendo nomes e pedidos, era queimado na frente de um templo, para que a fumaça levasse os pedidos para o céu, acompanhados pelas orações dos presentes.

Reverencie as divindades ancestrais Odudua e Obatalá, fazendo uma oferenda perto de uma árvore: uma vela preta e outra branca, um punhado de terra preta e uma pemba branca. Jogue água sobre a terra e acenda as velas, invocando as forças criadoras da vida. Peça a elas que equilibrem, dentro de si e em sua vida, a união das polaridades opostas – mas complementares –, as energias masculinas e femininas, para assim alcançar o equilíbrio interno e externo.

29 de dezembro

Dia das ninfas, na Grécia, celebrando Andrômeda e **Ariadne**. O mito grego descreve Ariadne como a filha do rei de Minos, em Creta, que deu um novelo de linha para que o herói Teseu, ao desenrolá-lo, pudesse encontrar o caminho de saída do labirinto de Minos. Após matar o Minotauro, Teseu levou Ariadne consigo e a deixou depois em outra ilha, Naxos. Lá ela foi encontrada pelo deus Dioniso, que a transformou na líder de suas sacerdotisas – as Mênades – e na mãe de seus inúmeros filhos. Ao morrer durante um parto, ela foi transformada na constelação de Aridella.

Originariamente, Ariadne era a deusa do amor e da sexualidade de Creta, reverenciada exclusivamente por mulheres. A chegada dos conquistadores gregos modificou seu mito original, mostrando claramente a fusão do antigo culto matrifocal aos elementos patriarcais mais recentes.

Andrômeda era a deusa das estrelas e planetas, da beleza e da magia. Segundo o mito, Poseidon ofereceu-a como tributo aos monstros marinhos para que eles não mais destruíssem os navios e inundassem as cidades. Ela foi salva pelo herói Perseu e, posteriormente, transformada na constelação que leva seu nome.

Na Malásia era celebrada Takel, a deusa suprema da abundância e sustentação da terra. No seu mito ela é descrita segurando o céu com um pilar fincado no centro da Terra, o seu reino. Neste dia, as pessoas agradecem pelas suas dádivas e oram para que a Deusa lhes proporcione saúde, proteção e vitória sobre os males – ao longo do novo ano –, ofertando-lhe inhames e batatas doces assadas.

Dia das mulheres, na África, celebrado com festas, danças e muita alegria.

Reserve algum tempo para você neste dia. Faça um retrospecto do ano que passou, avalie suas conquistas e medite sobre suas derrotas. Concentre-se em suas qualidades e prepare-se para novas possibilidades e oportunidades no próximo ano. Ofereça às deusas telúricas produtos da terra (sementes, frutas, flores) e peça às regentes estelares a visão e proteção mágica para alcançar seus objetivos futuros.

30 de dezembro

Início do festival africano **Kwanza**, com rituais dos povos Kwanza e Swahili, celebrando a colheita e os primeiros frutos. O festival durava até primeiro de janeiro, sendo dedicado às Sete Forças Originais que, na tradição ioruba, são os orixás Obatalá, Yemoyá, Oyá, Oxum, Xangô, Ogum e Elegbá. Conecte-se com a egrégora africana e acenda sete velas nas sete cores do arco-íris, correspondendo aos sete planetas. Invoque as bênçãos das Divindades Regentes das Sete Forças Originais e dos Senhores dos Sete Raios, pedindo para estarem sempre presentes em sua vida no próximo ano.

Limpe sua casa seguindo a tradição africana. Salpique sal grosso nos cantos da casa, começando na porta da frente e finalizando na dos fundos. Respingue aguardente sobre uma vassoura nova e passe-a sobre todas as paredes e cantos, de cima para baixo. Andando em sentido

anti-horário, junte todo o sal e jogue-o em água corrente. Molhe um pano em uma solução feita com uma colher de amônia, uma colher de açúcar mascavo e nove gotas de essência de lavanda, diluída em um litro d'água. Passe o pano no chão na casa toda, enquanto diz, em voz alta, o que deseja remover, atrair e realizar em sua casa.

Também pode preparar uma garrafa mágica para sua proteção e segurança. Procure uma garrafa com a boca larga, que tenha uma boa tampa e escolha os ingredientes de acordo com seu objetivo. Consagre-os e encha devagar a garrafa, mentalizando de forma clara e firme seu propósito. Invoque o Orixá de sua vibração planetária original, seu anjo tutelar, seu mestre espiritual e seu guardião. Sele a garrafa riscando símbolos ou pronunciando mantras. Os ingredientes podem ser: para proteção – angélica, alho, alecrim, alfinetes, agulhas ou pregos; para atrair dinheiro – canela, louro, cravo, cinco folhas e pedaços de prata; para a harmonização – jasmim, canela, sálvia, casca de laranja e pétalas de rosa; para saúde – lavanda, casca ralada de laranja e limão, tomilho e eucalipto.

Comemoração de Íris, a deusa grega alada, mensageira dos deuses, que desliza sobre a ponte do arco-íris, fazendo a comunicação entre o reino divino e o humano. Para atrair suas energias crie um reflexo multicolorido na sua janela, colocando um prisma de cristal que reflita a luz solar. Acenda uma vela de sete cores e um incenso de lavanda e leve como oferenda para Íris alguns figos, trigo em grão, frutas e mel.

31 de dezembro

No Brasil, celebra-se neste dia o Orixá **Iemanjá**, a Deusa Mãe ioruba, regente da água salgada. Iemanjá ou Ymojá é uma das maiores deusas africanas; na sua pátria ela era a deusa regente do Rio Ogum, filha do mar primordial, para cujo seio ela fluía. Era também a Mama Watta, a Mãe d'Água, que deu origem a todas as águas e gerou inúmeras divindades. Mesmo dormindo, ela criava, incessantemente, novas fontes de água. Era representada como uma mulher madura, com seios volumosos, longos cabelos negros, cercada de conchas

e peixes, já que seu verdadeiro nome – Yéyè Omo Ejá – significa "Mãe cujos filhos são peixes". Os vários nomes a ela atribuídos, na verdade, representam os sete caminhos pelos quais se chega ao local de sua origem: mar, lagoa, rio, fonte, espuma, ondas e arrecifes. Seu culto atravessou o Atlântico, difundindo-se nas religiões afro-brasileiras do candomblé e umbanda, na santeria de Cuba e no vodu de Haiti. Ela foi sincretizada à Virgem Maria, adotando vários de seus nomes e dons conforme o local do culto.

Sintonize-se com a intensa egrégora criada pelos adeptos de Iemanjá. Vista roupas brancas e leve uma oferenda para perto da água do mar, rio ou lagoa. Podem ser flores, colares, pulseiras, moedas, perfume, pentes, sabonetes, espelho ou champanhe. Agradeça a Iemanjá pela proteção e peça-lhe um Ano Novo, com muita luz, paz, harmonia, saúde e amor, saudando-a de forma tradicional "Odó Iyá"!

Festa de Strenia, a deusa da terra e da abundância na Sicília, celebrando os dons de Pandora.

Danças do fogo em Samoa para a deusa do fogo vulcânico Pele.

Comemoração das três Nornes, na Escandinávia, as Deusas do Destino.

Noite dos Desejos, no México e o Dia de Sorte, no Egito, celebrando a deusa com cara de leão Sekhmet.

Festa da Fada Dourada, no País de Gales.

Antiga celebração na França da deusa da abundância Abonde ou Abunciada, equivalente da romana Abundita, da celta Habonde ou Habondia, padroeira da abundância e prosperidade, guardiã do lar, da fertilidade e das colheitas. Seu culto sobreviveu na Europa até a Idade Média, tendo sido reverenciada, especialmente, pelas bruxas e pelos magos.

Expulsão dos demônios do azar e chamada dos espíritos da sorte, no Japão. As pessoas, vestidas com máscaras grotescas e roupas de palha, andavam pelas ruas, fazendo muito barulho e coletando de cada casa dinheiro, bolos de arroz e saquê.

Cerimônia Hogmanay, para o deus solar Hogmagog, na Escócia, afastando os maus espíritos usando máscaras e fazendo barulho.

Homenagem para Hécate, a Senhora dos Caminhos na tradição greco-romana, invocada nesta noite para abrir os portais entre os mundos, que permitissem a saída do velho ano e a chegada do novo. Reserve um tempo para refletir sobre suas realizações do ano que está terminando e agradeça à Hécate pela luz da sua tocha que lhe auxiliou clarear opções, escolhas e decisões. Peça a ela, que afaste do seu caminho ao longo do novo ano, os "fantasmas" do passado – experiências negativas, ações precipitadas, erros, falhas, culpas, dores ou fracassos. Use uma roupa branca, acenda uma vela prateada ou branca, abençoe uma pedra da Lua e uma turmalina preta em seu nome, que irá usar consigo ou deixará no seu altar. Como agradecimento pela presença, orientação e ajuda permanente na sua vida, leve uma oferenda de pão preto, vinho e uma maçã para uma encruzilhada na natureza ou deixe-a sob uma árvore com uma trifurcação de galhos ou raízes.

Capítulo II
A Roda do Ano e os Sabbats

Nos primórdios da humanidade, os homens viviam em contato direto e permanente com a Terra, o Sol, a Lua e as estrelas, sintonizados com os ritmos cósmicos e altamente influenciados pelas forças e manifestações da natureza. Para garantir sobrevivência em um ambiente muitas vezes hostil, cheio de perigos e imprevistos, os homens assim ditos "primitivos" observavam cuidadosamente os sinais e as mudanças da natureza a seu redor. Suas vidas e atividades dependiam dos ciclos do Sol e da Lua, das mudanças das estações, dos efeitos climáticos e da interação com as forças naturais ou sobrenaturais. Os povos antigos consideravam a viagem circular da Terra ao redor do Sol uma roda, representando o eterno ciclo de nascimento e desabrochar, crescimento e florescimento, maturidade e frutificação, envelhecimento e decadência, morte e decomposição e, novamente, renascimento, refletido na vida humana e na natureza.

Em sua aparente trajetória anual, o Sol atinge dois pontos de afastamento máximo em relação ao equador celeste, tanto para o norte quanto para o sul. Esses pontos são chamados solstícios, o de inverno marcando o dia mais curto do ano e o de verão, o dia mais longo do ano. Os equinócios são os pontos de interseção dessa trajetória aparente do Sol com o equador celeste, determinando dois momentos em que o astro se encontra exatamente sobre o equador, quando o dia e a noite tem a mesma duração. O equinócio de primavera representa o ponto mediano entre o solstício de inverno e o de verão, enquanto que o equinócio de outono marca a metade do caminho entre o solstício de verão e o de inverno.

Os povos antigos celebravam as transformações ocorridas na natureza ao longo da Roda do Ano, por meio de festivais. Os Festivais Solares marcavam os solstícios e equinócios em datas determinadas pela entrada do Sol em certos signos astrológicos. Os Festivais de Fogo acontecem em datas fixas, marcando os pontos intermediários entre os solstícios e os equinócios.

Estas oito celebrações, chamadas *Sabbats*, constituem os oito raios da Roda do Ano (na gravura da próxima página os raios são relativos ao hemisfério norte por ser esta a sua egrégora de origem).

Estima-se que os *Sabbats* são celebrados, em suas várias formas e nos mais diferentes lugares do mundo, há doze mil anos, marcando a relação da humanidade com seu meio ambiente telúrico, solar e cósmico. Os "Festivais de Fogo" originaram-se no calendário agrícola, marcando a passagem das estações, o plantio e a celebração das colheitas. A palavra *Sabbat* tem origem no verbo grego *sabatu*, que significa "descansar". Os *Sabbats* eram datas festivas, celebrando as mudanças da natureza, a alegria das pessoas e a reverência às divindades. À medida que nossa sociedade tornou-se cada vez mais tecnológica, eficiente e complexa, os homens se distanciaram – física, psicológica e espiritualmente – de nosso ambiente natural (ecológico e cósmico). Esse distanciamento resultou na atual crise ecológica e planetária, a humanidade tendo esquecido que a Mãe Terra e o Pai Céu criaram e sustentam nossa vida. Para superarmos essa cisão e sabermos honrar a sacralidade da natureza, devemos reconhecer nossa interdependência com suas leis, manifestações e ciclos e relembrar ou recriar, festivais que celebrem a passagem do tempo e das estações.

O Mito da Roda do Ano

Os rituais e atributos dos oito Sabbats são derivados do mito da "Roda do Ano". Milhares de anos atrás, a humanidade reverenciava a Grande Mãe como a origem de toda a criação. Considerada uma figura complexa, andrógina por se autofertilizar, ela tanto criava a vida, como era a própria vida. Com o passar do tempo, surgiu a figura de Deus como seu filho e consorte, gerado pela Deusa e, ao tornar-se adulto, unindo-se a ela, morrendo e renascendo em um ciclo interminável. Essa ideia pode ser melhor compreendida se observarmos a trajetória anual do Sol, que "desaparece" no inverno e "renasce" no verão. Dessa forma, podemos considerar o Sol como a representação dos processos de morte e renascimento e esse ciclo permanente como a personificação do relacionamento da Deusa – o eterno princípio da vida – com o Deus – que nasce, cresce, fertiliza a terra, morre e renasce.

A Deusa contém o Deus em sua totalidade; Ela é a Terra e Ele é sua força, o princípio dinâmico e criativo que resplandece, definha e reacende. Eles se complementam e juntos representam a criação.

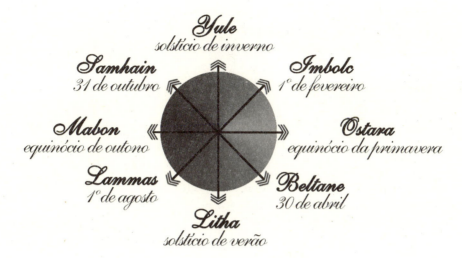

A sequência do relacionamento da Deusa e do Deus é retratada pelos *Sabbats*. Para os celtas, o ano começava em *Samhain*, quando o Deus descia ao mundo subterrâneo e tornava-se o Senhor de tudo o que é escuro, oculto e misterioso. A Deusa era a Anciã, a Senhora da magia, uma figura paradoxal, pois é, ao mesmo tempo, viúva – capaz de compreender o sofrimento humano – mãe – por carregar em seu ventre escuro seu futuro filho, como uma semente de luz.

Em *Yule*, o solstício de inverno, o Deus renasce, como filho divino da Deusa e de si mesmo. A Deusa, então, assume a plenitude de seu aspecto de Mãe.

Em *Imbolc*, o Deus e a Deusa são jovens, cheios de energia e promessas; a natureza revive e a vida desabrocha. Em *Ostara*, no equinócio da primavera, a natureza floresce e se rejubila na antecipação da união do Deus e da Deusa em *Beltane*. A Deusa, como Donzela, abençoa e promove a fertilidade das plantas e da terra.

Em *Beltane*, o Deus e a Deusa celebram seu Casamento Sagrado, abençoando a fertilidade humana e animal.

Em *Litha*, toda a natureza frutifica. A Deusa está grávida com as plantações que serão colhidas em breve e o Deus está mudando sua face, que começa a tornar-se escura à medida que o Sol se distancia e a luz começa a diminuir.

Em *Lammas*, o Deus e a Deusa presidem sobre a colheita, mas ele se sacrifica, morrendo quando os grãos são colhidos. É seu sacrifício que vai alimentar a humanidade e oferecer as sementes para um novo plantio.

Em *Mabon*, a Deusa é uma Mãe amadurecida e sábia, enquanto o Deus é apenas uma presença sutil, percebida nas celebrações das últimas colheitas e nos preparativos para a aproximação da escuridão.

E o ciclo se fecha em *Samhain*, recomeçando novamente.

É evidente o tema do nascimento, fertilidade, polaridade sexual e morte, repetindo-se de várias formas ao longo dos Festivais.

O "Casamento Sagrado" da Deusa e do Deus não representa um incesto, embora ele seja, além de consorte, seu filho. É apenas a metáfora de um antigo costume perpetuado em várias culturas ao longo dos milênios, o da união do Rei com a Sacerdotisa para ativar a fertilidade da Terra. Atualmente, essa celebração pode ser simbólica, dedicada à nossa própria união interior, juntando as polaridades ou o subconsciente ao consciente. Visa-se não apenas a fertilidade física, mas principalmente a criatividade intelectual ou artística.

As celebrações dos *Sabbats* têm múltiplos e complexos significados, reverenciando a dualidade – Deus/Deusa, homem/mulher, vida/morte, transitório/permanente – e o ciclo das estações, além da passagem do tempo. Mas acima de tudo, os *Sabbats* celebram a alegria e o encontro da comunidade, podendo ser adaptados ou modificados conforme as condições locais, mas sempre respeitando a Tradição Antiga.

Alguns escritores ou praticantes de Wicca do hemisfério sul propõem a inversão das datas dos *Sabbats,* conforme as estações correspondentes. Mesmo que, do ponto de vista científico, essa proposta possa ser válida, esotérica e magicamente ela não tem sustentação. Ao longo dos milênios, os povos europeus criaram uma egrégora fortíssima em torno dessas celebrações, tendo sido inclusive aproveitada pela Igreja Católica quando se apropriou dessas datas antigas e sobrepôs a elas as festividades cristãs, na tentativa de erradicar as lembranças dos rituais pagãos. Como o Brasil foi colonizado por europeus, que trouxeram consigo suas tradições e costumes – como os festejos natalinos e as festas juninas – a lógica é continuar respeitando e seguindo as datas do calendário original. Tente imaginar a discrepância energética e espiritual que seria celebrar *Samhain* (o *Sabbat* que honra os espíritos ancestrais nos cemitérios) em maio e *Beltane* (uma festa alegre de união das polaridades) em Finados, (na comemoração nostálgica dos mortos) ou *Yule* (e os costumes natalinos) em junho e *Litha* (com as danças circulares ao redor das fogueiras) no Natal!

Uma opção alternativa é seguir a "Roda mista" que consiste em celebrar os Festivais de Fogo (*Samhain, Imbolc, Beltane, Lughnasadh*) nas datas fixas originais do hemisfério norte (oriundas do antigo calendário agrícola europeu) e os Festivais Solares (equinócios e solstícios, determinados pela entrada do Sol em certos signos astrológicos e definindo assim as estações) nas datas correspondentes do hemisfério Sul, adaptando os conceitos e arquétipos dos rituais. Na Tradição da Deusa são celebradas as Deusas associadas às energias e significados das estações (para maiores detalhes vide o livro *Círculos sagrados femininos*, citado na Bibliografia).

Os *Sabbats* podem ser celebrados por grupos mistos, por grupos só de mulheres ou, em sua forma mais simplificada, por praticantes solitários. Nos grupos femininos, dá-se maior ênfase às mudanças e transformações individuais que acompanham o ciclo das estações e o ritmo da Terra. As mulheres sabem que os ciclos naturais estão presentes em seus corpos, mentes e espíritos e que elas podem aprender a usar o movimento simbólico da "Roda do Ano" para realizar mudanças interiores ou exteriores. Sentindo-se parte da Terra e da Deusa, a mulher acompanha a natureza, fluindo com os seus ciclos e percebendo-se como um reflexo da deusa da terra dos nativos norte-americanos, chamada "A Mulher Que Muda". Cria-se, também, um maior sentido de união e irmandade sabendo que nos *Sabbats*, mulheres do mundo inteiro se reúnem para celebrar a Terra e o ressurgimento dos valores e tradições da Grande Mãe.

SAMHAIN
31 de outubro

Samhain (pronuncia-se "souêin") ou *Hallows* significava, para os celtas, o final de um ciclo e o prenúncio de um novo, o mergulho na escuridão e na morte à espera do renascimento. Era o mais importante dos *Sabbats*, representando a passagem do Ano Novo celta e o terceiro e último festival da colheita. Simbolizava não mais a celebração dos cereais ou das frutas, mas a matança dos animais que não mais serviam para a reprodução, sendo transformados em conservas para o inverno. Na "Roda do Ano", *Samhain* é o oposto de *Beltane*, regido pela Deusa Anciã e pelo Deus da Morte.

A atmosfera desse festival era de nostalgia, saudade, lembranças, desapego, retraimento, compreensão e mutação. Os véus entre os mundos se tornavam mais tênues na noite de *Samhain*, permitindo a comunicação com os espíritos dos ancestrais e dos familiares falecidos. Ao ser cristianizado, *Samhain* foi dividido na comemoração do "Dia de Todos os Santos" e de "Finados", enquanto que sua vulgarização e comercialização moderna o caricaturaram como *Halloween*, a "Festa das Bruxas".

Na mitologia irlandesa, em *Samhain* celebrava-se a união da deusa da guerra *Morrigan* com *Dagda*, o deus da terra, garantindo, assim, a sobrevivência da terra durante as vicissitudes do inverno. As lendas celtas contam como *Cailleach*, a deusa Anciã, congelou a terra, batendo nela com seu cajado. Lamentando a morte sacrificial do Deus, representada pelo fim do ciclo da vegetação, a Anciã se recolhe para preparar em seu caldeirão sagrado a poção mágica do renascimento. Nos países nórdicos e celtas, acreditava-se que vários Espíritos da Natureza, principalmente as "Fadas e Elfos Escuros", perambulavam pela terra nesta noite, perturbando as pessoas e assustando os animais. Para mantê-los à distância, fogueiras e lanternas feitas de abóboras e nabos eram acesas nas colinas e oferendas eram deixadas nos bosques. Em Roma, celebravam-se neste dia as deusas *Pomona* e *Fortuna*, com oferendas agradecendo pela colheita e rituais para atrair a boa sorte.

Na Tradição da Deusa, esta noite é dedicada a *Cerridwen*, a deusa celta detentora do caldeirão sagrado da sabedoria e da transmutação, a face anciã da Grande Mãe. Comemora-se também, a descida da deusa suméria *Inanna*, em visita a sua irmã *Ereshkigal*, a senhora do mundo subterrâneo, sendo imolada e morta antes de voltar, renovada e mais sábia, ao mundo dos homens. No mito grego, *Deméter* parte para buscar sua filha Perséfone no mundo escuro dos mortos, implorando-lhe para que volte com ela à superfície. *Hécate*, a deusa das encruzilhadas, encaminha as almas, iluminando a passagem com sua tocha.

São inúmeras as deusas relacionadas a este *Sabbat* presentes em várias tradições, entre elas: *Baba Yaga, Black Annis, Cailleach, Cerridwen, Ereshkigal, as Erínias, Hécate, Hel, Holda, Inanna, Ísis, Kali, Macha, as Moiras, Morrigan, Néftis, as Nornes, Oyá, as Parcas, Perséfone, Scathach, Sedna, Sheelah na Gig, Skadhi, Tonantzin, Tuonetar*.

A noite de *Samhain* é propícia à reflexão sobre as emoções e os acontecimentos do passado, encarando seus medos e suas limitações, desapegando-se do "peso morto" e buscando inspiração e sabedoria para mudanças e transformações. Usam-se várias formas de adivinhação – bola de cristal, vasilha com água, espelho negro, runas, I Ching e tarô – buscando orientação espiritual por meio de viagens xamânicas, mensagens, visões, canalizações ou psicografias.

Os elementos ritualísticos para este *Sabbat* são as velas pretas, para a transmutação e as velas laranja, para procissão e iluminação, colocadas dentro das lanternas feitas com abóboras. Também são utilizadas representações de aranhas e suas teias, serpentes, flores de crisântemo e calêndula para enfeitar o altar, folhas de salgueiro, samambaia e cipreste, galhos e bolotas de carvalho, raiz de mandrágora e as frutas consagradas: avelãs, para atrair sabedoria mágica e maçãs e romãs, representando a morte e o renascimento. Os incensos e óleos essenciais correspondentes são os de sálvia, carvalho, cedro, sândalo, mirra e copal e as pedras são ônix, obsidiana, jaspe sanguíneo e o cristal esfumaçado. É importante criar um altar especial para os ancestrais ou colocar suas fotografias junto a uma oferenda de bolo ou de frutas; a oferenda será depois levada e depositada embaixo de uma árvore. O caldeirão é imprescindível para queimar papéis, fios ou resíduos negativos, assim como o oráculo. Se possível, faça uma procissão com velas ou percorra mentalmente um labirinto ao som de batidas de tambor. As roupas devem ser pretas e as pessoas podem usar máscaras de animais, representando seus aliados, mas sem nenhuma conotação grotesca. A comemoração é feita com bolo de abóbora ou de frutas, sidra ou chá preto com especiarias.

Neste ritual, reverenciam-se os ancestrais e, com sua ajuda, pode-se empreender uma viagem simbólica ao ventre escuro da Mãe Terra, percorrendo o labirinto do mundo subterrâneo, buscando a regeneração e a transformação ao mergulhar no caldeirão sagrado da deusa Cerridwen.

YULE OU ALBAN ARTHUAN
Solstício de inverno no hemisfério norte
Aproximadamente em 21 de dezembro

O solstício de inverno é uma data muito importante para os povos nativos norte-americanos, porque marca o início de um novo ciclo. Aparentemente, o Sol não se move por quatro dias e os nativos chamavam este período de "Regeneração da Terra", dedicado a jejuns, orações e rituais de "fortalecimento" do Sol. Os xamãs abriam as "sacolas de poder" da tribo e refaziam-nas, enquanto as pessoas eram purificadas e abençoadas.

No antigo Egito, comemorava-se, nesta data, o renascimento do deus solar *Ra* e a criação do Universo. Se chovesse, acreditava-se que eram as lágrimas de Ra, abençoando a terra neste início de um novo ciclo.

Vários outros deuses solares, de várias culturas, eram celebrados; dentre eles, *Apolo, Balder, Bel, Frey, Lugh, Mabon, Mithra e Quetzalcoatl*. Foi por causa da força e permanência dessas antigas comemorações pagãs que a Igreja Católica escolheu essa data para celebrar o nascimento de Jesus.

Yule era um *Sabbat* extremamente importante para os povos nórdicos e celtas, suas tradições tendo originado os atuais costumes do Natal. *Yule* significava em norueguês arcaico, "roda" e este *Sabbat* era considerado o "tempo de mudança". Na "Roda do Ano", *Yule* é o oposto de *Litha*, marcando o início da metade clara do ano e o fortalecimento da luz.

Na tradição nórdica, *Yule* era celebrado durante doze noites. A primeira – na véspera do solstício – era chamada "A Noite da Mãe", sendo dedicada à deusa *Frigga*. A Grande Mãe, a Criadora do Universo, era reverenciada pelos celtas e representada no topo da "Árvore do Mundo". Com o passar do tempo, ela foi sendo substituída pelo anjo ou pela estrela no topo da árvore de Natal. A Deusa transforma-se: de Anciã velada, guardiã do mundo subterrâneo de *Samhain*, torna-se, agora, a mãe amorosa e cheia de vida, dando à luz seu filho solar.

Na tradição druida encenava-se, nesta data, o combate entre o "Rei do Carvalho" – o regente da metade luminosa do ano, de *Yule* a *Litha* – e o "Rei do Azevinho" – o regente da metade escura do ano, de *Litha* a *Yule*. Essa luta, vencida pelo Rei do Carvalho, simbolizava a vitória da luz, da expansão e do crescimento sobre a escuridão, a decadência e a aridez. O visco, a planta sagrada, era colhido com foices de ouro e distribuído pelos sacerdotes aos participantes como um talismã de boa sorte e proteção.

Confeccionavam-se, também, guirlandas de pinhas e frutas secas dedicadas à Deusa em seu aspecto de "Tecelã da Vida", simbolizando a Roda do Ano. Os povos escandinavos e saxões enfeitavam pinheiros com oferendas para as Divindades e os Espíritos da Natureza, costume este que originou no século XVI a Árvore de Natal. A figura do Papai Noel surgiu das crenças dos lapões, cujos xamãs, viajando em trenós puxados por renas, levavam as dádivas de cura e auxílio às pessoas necessitadas.

No solstício, os romanos celebravam o deus *Saturno* com as festas libertinas da *Saturnália* e com a distribuição de presentes para amigos e familiares. O deus solar *Apolo* também era homenageado, as casas sendo enfeitadas com galhos de louro e lamparinas acesas. Na África, o festival *Kwanzaa* celebra os Sete Princípios da Vida (correspondendo aos Orixás), enquanto a festa judaica *Hannukah* comemora a Luz.

As divindades solares relacionadas a este *Sabbat* são os deuses *Apolo, Attis, Baldur, Dioniso, Frey, Hórus, Lugh, Mabon, Mithra, Odin, Osíris, Quetzalcoatl, Rá, Surya e Tammuz* e as deusas *Amaterassu, Arinna, Bast, Befana, Bertha, Grainne, Holda, Lucina, Olwen, Skadhi, Sunna* e as *deusas tecelãs*.

Yule é a noite mais longa do ano no hemisfério norte, mas, por conter em si a semente da luz – que começa a aumentar juntamente a duração do dia – é o momento adequado para tentar vislumbrar o futuro, buscando presságios e sinais ou orando, meditando e confiando nas orientações de sua voz interior. A atmosfera deste *Sabbat* era de alegria, celebração e confiança nas promessas do retorno da luz, da renovação e do renascimento.

Atualmente, nos círculos de mulheres, celebra-se, também, o nascimento da criança solar, a Deusa dando à luz, bem como a ativação da energia vital, as novas ideias e os novos planos preparando o futuro.

Os elementos ritualísticos para *Yule* são as velas vermelhas, verdes e douradas, as guirlandas de pinhas, flores frescas e secas, nozes, sinos e fitas coloridas, os galhos de pinheiro e cedro enfeitando o altar, folhas de louro, azevinho, hera e visco. A iluminação é feita com tochas e lamparinas e o elemento central é o tronco com três velas – *Yule log* – ou um pequeno pinheiro enfeitado com: doze estrelas representando as constelações, dez globos prateados representando os planetas e uma deusa ou anjo no topo. Os incensos e óleos essenciais correspondentes são de louro, carvalho, junípero, pinheiro, alecrim, sândalo e canela. As pedras são granada, esmeralda, rubi, diamante e cristal de rocha. Pode ser encenado o nascimento da criança solar, fruto do casamento sagrado do Deus e da Deusa ou a luta entre o "Rei do Azevinho" e o "Rei do Carvalho", que tinha sido derrotado no solstício de verão, mas agora vence. O "Rei do Azevinho", por sua vez, é recebido pela Anciã, que o conduz ao mundo subterrâneo, onde ele passará os próximos seis meses, à espera de um novo combate. Os participantes preparam oferendas para as divindades e levam-nas para um bosque ou alguma árvore, brindando com sidra ou vinho branco. O ritual pode ser encerrado com a cerimônia nativa de *give away*: as pessoas trazem algum objeto que foi importante em suas vidas e passam-no a outra pessoa, contando sua história e sua mensagem simbólica de renovação.

IMBOLC, CANDLEMAS ou OIMELC
1º de fevereiro

Este *Sabbat* originou-se na antiga Irlanda, nas comemorações da deusa *Brighid, Brigid ou Bridget*, homenageada como a "Noiva do Sol". Estando no auge do inverno, este festival era dedicado ao prenúncio do aumento da luz e ao despertar das sementes enterradas na terra congelada. Na "Roda do Ano", *Imbolc* é o oposto de *Lammas* e festeja a Deusa como Donzela. *Imbolc* ocorria seis semanas após o *Yule*, simbolizando a recuperação da Deusa após o parto da criança solar e sua transformação em Donzela jovem e cheia de vigor. A Igreja Católica aproveitou o antigo significado pagão e transformou esta data na festa de *Candelária*, a "Purificação de Maria". A própria deusa Brighid foi cristianizada como Santa Brígida e seu antigo santuário transformado em um mosteiro de monjas.

Brighid ou Bride (pronuncia-se *Bríd*) era uma deusa celta tríplice, regente da inspiração (artes, criatividade, poesia e profecia), da cura (ervas, medicina, cura espiritual e fertilidade) e da metalurgia (artesãos, ferreiros e ourives). Por ser uma deusa do fogo era homenageada com fogueiras, rodas e cruzes solares, coroas de velas e rituais que despertavam ou ativavam o fogo criador. As lendas celtas descrevem-na como a Deusa em sua apresentação de Donzela, tocando com seu bastão mágico, a terra congelada pelo cajado da Anciã, despertando-a para a vida e aumentando a luz do dia.

O *Sabbat Imbolc*, cujo nome significava "apressar-se", celebrava o aumento da luz e a derrota do inverno. Na véspera, todos os fogos e luzes eram apagados para serem reacesos, ritualisticamente, com as brasas das fogueiras dedicadas a Brighid. Neste dia, com a comemoração de *Disting*, os povos nórdicos "enterravam" a negatividade e as agruras do inverno, acendendo fogueiras nas encruzilhadas e purificavam a terra, salpicando sal e cinzas sobre ela. A versão romana deste *Sabbat* era *Lupercália* e os alegres festejos para as deusas *Februa, Diana e Vênus*.

Na Tradição da Deusa, nesta data são feitas as iniciações das novas candidatas e as confirmações do compromisso espiritual das sacerdotisas mais antigas. Por ser Brighid uma deusa da cura, padroeira das fontes sagradas, ela era invocada nos rituais de purificação e cura, sendo reverenciada nas fontes a ela consagradas. Até hoje, em certos lugares da Grã-Bretanha e da Irlanda, as pessoas amarram fitas com pedidos ou pedaços de roupas dos doentes nas árvores próximas às antigas fontes sagradas de Brighid, atualmente rededicadas a Maria ou às santas católicas, orando para obter a cura de seus males.

A atmosfera deste festival é marcada pelo despertar das sementes, dos novos planos e novos projetos, pela iniciação ou confirmação em um caminho espiritual ou em novas atividades, pela aceleração e renovação das energias, pela purificação e pelo renascimento material ou espiritual, pela busca de presságios e preparação para sua realização. Nos círculos de mulheres confecciona-se uma boneca de palha de milho – *Grain Dolly* ou *Bride* – representando a Deusa vestida como noiva, deitada em uma cama especial, juntamente a um bastão (feito de um galho de uma árvore sagrada) representando o Deus. Cruzes solares, rodas de Brighid ou símbolos tríplices como *triskelion* são tecidos com palhas, junco ou fios coloridos, sendo colocados acima das portas ou nos carros, como proteção.

Imbolc é uma data propícia para despertar a criatividade e abrir-se para a inspiração por meio da poesia, canções, narrativas, desenho, tecelagem, cerâmica ou dança. As deusas associadas a este Festival são as da cura, do fogo e da luz, como *Airmid, Amaterassu, Arinna, Brighid, Diana, Eadon, Eir, Freyja, Gerda, Héstia, Juno Februa, Lucina, Pele, Rana Neidda, Rinda, Sulis, Sunna, Vesta e Vênus*.

Os elementos ritualísticos são as coroas com treze velas amarelas ou os arranjos com velas de cera, guirlandas de fitas e flores amarelas, as rodas e cruzes solares de palha e espigas de trigo e a *Grain Dolly*, a boneca de palha de milho, representando o aspecto jovem da Deusa, vestida como noiva e colocada em uma cama de folhagens, com um bastão decorado com fitas e uma bolota de carvalho ou pinha no topo, simbolizando o Deus. A purificação é feita com um arco de fogo ou com uma fogueira, uma vassoura de galhos verdes de salgueiro, aveleira, alecrim, bambu ou manjericão e com um incenso especial feito a partir de uma mistura de olíbano, sândalo, cravo, canela e sangue de dragão. As pedras associadas com *Imbolc* são jaspe sanguíneo, âmbar, coral, berilo, estaurolita e quartzo rosa. Os animais totêmicos são a vaca, a serpente, o cisne, o lobo e o falcão.

Os rituais indicados para este *Sabbat* são de iniciação, dedicação ou confirmação espiritual com oferendas de flores, fitas e moedas nas fontes ou nos rios, atividades curativas ou criativas como o artesanato, a poesia, a música e a dança, a purificação dos ambientes, das pessoas e dos objetos e a busca de presságios, consultando oráculos, observando sinais da natureza, captações psíquicas ou avisos nos sonhos. A comemoração é feita com pratos tradicionais à base de leite, ovos, especiarias, saladas de sementes e brotos e chás depurativos de ervas.

Imbolc é uma data alegre, repleta de novas possibilidades, cheia de esperança nas realizações futuras.

OSTARA, EOSTAR ou ALBAN EILIR
Equinócio da primavera no hemisfério norte
Aproximadamente em 31 de março

O *Sabbat Ostara* é celebrado na entrada do Sol no signo de Áries, marcado pela igualdade entre os dias e as noites, o equinócio. Para os povos europeus, esta data marcava a transição da metade escura para a metade clara do ano, sendo considerado o primeiro dia da primavera.

Festejado antigamente como o tempo da concepção da criança solar que nascerá em *Yule*, este *Sabbat* foi cristianizado como a Festa da Anunciação, em 25 de março. O jovem Deus, nascido em *Yule*, está alcançando sua maturidade enquanto a deusa Donzela resplandece no auge de sua beleza e vitalidade, personificando o renascer da natureza e transformando "tudo que ela toca".

Os povos antigos comemoravam, nesta data, a morte e o renascimento de vários deuses como *Tammuz e Dumuzi*, na Suméria; *Attis*, na Caldeia; *Osíris*, no Egito; *Adônis e Dioniso*, na Grécia; *Baldur e Odin*, na Escandinávia e de algumas deusas, como *Perséfone* e *Inanna*. A Igreja Católica celebra a Ressurreição de Jesus no domingo seguinte à primeira lua cheia após o equinócio, continuando, assim, a antiga tradição.

Considerado o Início do "Ano Novo Zodiacal", o equinócio vernal festeja a ressurreição da luz com o deus solar, o aquecimento da terra, a germinação das sementes após a hibernação, o desabrochar da vegetação e a renovação da vida. Na "Roda do Ano", *Ostara* é oposto a *Mabon*, marcando o despertar da natureza e o aumento da luz solar.

A atmosfera deste *Sabbat* é de renovação, regeneração, expectativas e esperanças. *Ostara* ou *Eostre* é o nome da deusa saxã da primavera. Esta data também é relacionada aos atributos de outras deusas antigas, como *Astarte, Ashtoreth, Ishtar,* regentes da fertilidade, do amor e da criatividade. Seus símbolos são a lebre, um animal extremamente fértil e os ovos, representando o potencial da vida e o novo início. Há um mito muito mais antigo, descrevendo a formação do mundo a partir do Ovo Primordial, posto pela Deusa Pássaro e chocado pelos raios do Sol. Tanto o ovo – pelo fato da ovulação ser estimulada pelos raios da Lua – quanto à lebre – pelo fato de ser relacionada às deusas lunares em vários mitos – são atributos lunares. Da combinação destes antigos símbolos místicos resultou o costume atual de se presentear as crianças com ovos de chocolate trazidos pelo "Coelho da Páscoa", relação esta que não tem nenhuma explicação plausível, não fazendo sentido nem mesmo quando contada às crianças.

A lebre tem outro significado esotérico mais profundo, o da imolação ou autossacrifício, lembrando os antigos rituais de transformação em que se sacrificava algo de si para conseguir um favor divino ou propiciar uma mudança. O sacrifício não é visto como um castigo, mas sacrifica-se algum prazer em prol do crescimento do Eu Maior.

O *Sabbat* celta *Ostara* coincidia com outras celebrações antigas, como as festas de *Ísis* e *Osíris*, *Cibele* e *Attis*, *Astarte*, *Deméter* e *Perséfone*, *Atena*, entre outros. Também outras divindades são relacionadas a este *Sabbat*, como *Chalchiuhtlicue, Eurínome, Gaia, Gerda, Hina, Kwan Yin, Lilith, Oxum, Parvati e A Mulher que Muda*. Os círculos de mulheres celebram o retorno de Perséfone do mundo subterrâneo e a alegria de sua mãe Deméter, enchendo a terra com folhas e flores. É uma data propícia a rituais, celebrando o encontro mãe e filha, a cura da criança interior e a bênção de sementes e da terra.

São elementos ritualísticos deste *Sabbat* as cestas de vime com ovos pintados ou inscritos com símbolos rúnicos. Estes ovos, chamados *pysanky* nos países eslavos, são considerados amuletos mágicos de fertilidade, proteção e prosperidade. Esvaziados dos seus conteúdos podem ser guardados nos altares; crus e galados podem ser ofertados à Deusa e, se cozidos antes de pintados, podem ser comidos. Por representar um símbolo de renascimento, os ovos podem ser enterrados nos túmulos dos familiares falecidos ou na terra, antes do plantio. As velas usadas durante o ritual são verdes ou em tons pastéis, o incenso e o óleo essencial podem ser de jasmim, íris, bétula, lírio ou narciso e o altar será enfeitado com flores, folhagens, penas, imagens das Deusas Pássaros e de animais totêmicos, como galinhas, galos, lebres ou pássaros, com fotografias de crianças, sinos ou chocalhos. Os rituais celebram a vida, o renascimento, a criança interior, a menarca, a Deusa e seu Filho, o equilíbrio e a harmonia. A comemoração é feita com pães especiais, bolos de frutas, gelatinas coloridas e ovos de chocolate.

BELTANE
Noite de 30 de abril

Beltane e seu oposto *Samhain* – os dois maiores festivais da tradição celta –, marcavam o início do verão e do inverno. *Beltane* – no início de Maio – assinalava o começo do verão e o fim do inverno e representava o casamento sagrado da Deusa e do Deus, a união do Céu e da Terra. A Deusa e o Deus tinham alcançado o auge de sua vitalidade e vigor, enquanto o calor do Sol e a exuberância da natureza festejavam a sua paixão. Os "Fogos de Beltane" com seu símbolo – o "Mastro de Maio" (*May pole*) – celebravam o "Casamento Sagrado" da Deusa da Terra com o Deus Verde da Vegetação, personificados e manifestados nos seus representantes: o Rei e a Sacerdotisa.

Apesar de ter sido celebrado por vários povos antigos com outros nomes, como os festejos de *Florália* e *Bacanália*, a festa de *Bona Dea* e a *Noite de Walpurgis*, o atual nome deste *Sabbat* é relacionado a *Bel*, o deus celta do fogo e da luz. Os celtas acreditavam que o mês de maio era regido pelo "Povo das Fadas", ajudantes da Mãe Terra em sua tarefa de florescer e frutificar. O símbolo principal de *Beltane* era o "Mastro de Maio"; ao seu redor, os casais dançavam, trançando fitas vermelhas e brancas. A simbologia é bem evidente: o símbolo fálico fertilizando o ventre da terra e as pessoas vivenciando, nos campos e nos bosques, a energia do amor sexual. Os casais pulavam sobre as fogueiras para atrair a boa sorte, a fertilidade ou a abundância. Homenageavam-se os representantes do Deus – o melhor dançarino – e da Deusa – a mais bonita das mulheres presentes, eleita a "Rainha de Maio".

Inúmeros encantamentos para a cura, o amor e a prosperidade eram feitos nesta noite, colhendo e utilizando plantas sagradas como o espinheiro branco e preto e o salgueiro, purificando-se com eles campos e animais. Deixavam-se oferendas para o "Povo das Fadas", pedindo-lhes a abertura da visão sutil e o conhecimento do uso mágico das ervas e pedras.

A atmosfera deste *Sabbat* é de excitação, celebração da sexualidade e da fertilidade, conscientização dos impulsos e das reais necessidades, harmonização e complementação dos opostos. Nos círculos de mulheres, comemora-se o florescimento da Terra reverenciando as deusas Flora e Gaia, o despertar da mulher para o amor e a fertilidade, a ativação da energia vital e do fogo criador com a ajuda de diversas deusas.

As deusas associadas a este *Sabbat* são *Cliodhna Fand, Grainne, Maeve e Isolt*, na Irlanda; *Blodeuwedd* e *Blathnat*, no País de Gales;

Belisama, na Gália; *Marian* e *Cordélia*, na Bretanha; *Matronit*, na Ibéria; *Afrodite, Chloris, Kore, Flora, Gaia, Íris, Perséfone* no Império romano, *Minne e Walburga*, na Alemanha e *Freyja, Gefjon, Hnoss, Ingeborg, Lofn e Sjofn*, na Escandinávia. Os deuses correspondentes são *Cernunnos, Frey, Fauno e Pan*.

Os dois principais temas deste Festival são o mito da "Mulher Aranha" tecendo os fios da criação e o despertar da deusa Donzela para o amor e para a união com o deus Cornífero.

Os elementos ritualísticos deste *Sabbat* são o "Mastro de Maio", um tronco de pinheiro ou um mastro, onde dançarinos trançam fitas coloridas (tradicionalmente vermelhas e brancas, atualmente podendo ser escolhidas em outras cores de acordo com a intenção mágica), as guirlandas de flores e folhagens para os dançarinos, a "dança das fitas" e a fogueira, para purificar-se ou saltar sobre ela. As velas são vermelhas, representando a cor do sangue menstrual, e brancas representando a cor do sêmen. O incenso e os óleos essenciais são de rosas, patchouli, almíscar, melissa, hibisco ou gerânio. No altar, flores vermelhas, galhos e folhas de macieira, sabugueiro, louro e madressilva e um óleo para unção especialmente preparado com óleo de amêndoas e resina de almíscar, mirra, aspérula e sangue de dragão. Reverenciam-se os Seres da Natureza ofertando-lhes frutas, leite, mel, cristais e contas coloridas, realizando encantamentos amorosos enquanto trançam fios ou fitas. É uma noite propícia para celebrar uniões. *Handfasting* – o antigo ritual celta, amarrando as mãos dos noivos com uma trança de fitas coloridas para abençoar a união – estabelecia a duração do compromisso tradicional de um ano e um dia, podendo ou não, ao término deste período, ser renovado ou confirmado. A comemoração é feita com frutas vermelhas (maçãs, morangos, cerejas, melancia e framboesas), pratos com aspargos, cogumelos e especiarias, ponche de vinho com frutas, sorvetes e mousses.

LITHA ou ALBAN HEFLIN
Solstício de verão no hemisfério norte
Aproximadamente em 21 de junho

Os povos antigos festejavam a noite mais curta e o dia mais longo do ano com diferentes celebrações: *Vestália*, em Roma; o "Dia dos Casais", na Grécia; festa de *Epona*, no País de Gales; *Thing-Tide*, na Escandinávia; *Alban Heflin*, na tradição anglo-saxã ou a "Dança do Sol", dos nativos norte-americanos. O auge da luz solar marcava o poder máximo do Sol, prenunciando, também, o começo de seu declínio. Por isso, o solstício de verão era um marco que assinalava o início da metade escura do ano, ao contrário de *Yule*.

Em *Litha*, a Deusa e o Deus estão vivendo o êxtase de sua união enquanto a natureza comemora com a beleza das flores e a abundância dos frutos. A Deusa e a Terra estão plenas de promessas e os rituais visam nutrir e fortalecer a nova vida no ventre humano, animal e no da própria natureza. No entanto, não era reverenciada somente a maternidade; como o Sol culminava no céu e o Deus atingia, novamente, o auge de seu vigor, festejava-se também, sua paternidade e a glorificação da luz. Encenava-se, novamente, a batalha entre o "Rei do Carvalho" e o "Rei do Azevinho". Porém, desta vez, o Deus da Luz é vencido por seu irmão, o Deus Escuro. Por mais paradoxal que isso possa parecer, estando-se no auge da luz, é assim que se inicia a inevitável jornada do Deus Solar para as profundezas da escuridão. Esse paradoxo nos lembra de que a mudança é a essência da vida, tudo carregando dentro de si a semente de seu oposto. Esse princípio da mudança eterna é exemplificado pela odisseia do Deus em seu ciclo anual.

O amor passional entre o Deus e a Deusa atinge seu clímax neste *Sabbat*, a exuberância da natureza sendo a manifestação desse orgasmo cósmico. A Deusa, radiante e plena, floresce por toda a parte. Em breve, de seu ventre pesado, nascerão as colheitas. O Deus, em seu amor pela Deusa, modifica-se; o alegre e vibrante Deus Verde da Vegetação amadurece e, com certa melancolia, inicia a jornada sobre o oceano para o oeste, fundindo-se no Sol poente e mergulhando no mundo subterrâneo.

Apesar de *Litha* ser um festival de fogo, a água tem grande importância como elemento de transformação. A imagem do Sol refletido na água simboliza a fusão do masculino e do feminino e, sua transformação pela água, o reflexo dourado da luz no cálice sagrado. A atmosfera deste *Sabbat* é de plenitude, realização, manifestação e mudança. Todos os desejos podem ser realizados, pois a Deusa e a Terra estão plenas de possibilidades e a força vital está em seu auge.

Em Creta, o Ano Novo começava no solstício de verão, marcando o fim da colheita do mel. Para os cretenses, o zumbido das abelhas era a voz da Deusa anunciando a regeneração. O touro personificava o Deus – como filho e consorte – e, ritualisticamente, era sacrificado para simbolizar a morte de Deus e seu renascimento das entranhas da Terra.

A lenda do Minotauro representa, simbolicamente, a descida para a escuridão, encarando os medos e encontrando os meios da regeneração, ao seguir o fio da vida tecido pela Deusa.

No solstício de verão, pode-se escolher como tema a jornada no labirinto, o mito de *Ariadne* ou de *Arianrhod*, a descida de *Perséfone* ou *Inanna* ao mundo subterrâneo. Associadas a este *Sabbat* estão as deusas solares, da Terra e da beleza como *Afrodite, Aine, Anahita, Arianrhod, Astarte, Bast, Blathnat, Blodeuwedd, Freyja, Gaia, Grainne, Hathor, Inanna, Ishtar, Ix Chel, Maia, Maile, Marian, Mawu, Melissa, Olwen, Rhiannon, Saule, Sunna, Sif e As Mães do Milho*, entre outras.

Os elementos ritualísticos são baseados no calor, na vibração e nas cores do Sol e do verão. São imprescindíveis as fogueiras, as tochas ou as rodas solares acesas, de palha ou galhos ou uma profusão de velas vermelhas e laranja. Cortam-se ervas sagradas – lavandas, hipericão, arruda, sorveira, verbena, alecrim – com a faca ritualística ao amanhecer e preparam-se os amuletos de proteção, colocando as ervas em saquinhos de pano vermelho com sal grosso, carvão, símbolos rúnicos, inscrições cabalísticas e cristais. Confeccionam-se, também, as rodas solares de proteção com galhos entrelaçados, enfeitados com fitas e flores amarelas, penas, conchas, sinos e cristais, que serão purificadas com incenso de alecrim, louro ou carvalho e colocadas acima das portas ou sobre os telhados. O altar deve ser enfeitado com flores de girassol, camomila, calêndula, laranjeira, galhos de hipericão (a verdadeira erva de São João), tomilho, alecrim e capim santo. Durante os rituais, prepara-se água solarizada e imantam-se cristais e talismãs ao nascer do Sol, purificando-se pessoas, objetos, carros e animais com fumaça de ervas sagradas e água do mar. Pede-se a benevolência dos Seres da Natureza para as colheitas ofertando-lhes pão, leite, manteiga, gengibre e mel. Finaliza-se com a dança espiral, a procissão no labirinto e a consulta aos oráculos. A comemoração é feita com pães especiais, frutas, batatas assadas, vinho de sabugueiro, hidromel, cidra ou vinho branco com especiarias.

Nos tempos antigos, os casamentos eram celebrados em junho para garantir a fertilidade, sendo esta uma data muito propícia, embora diferente de *Beltane*, que era reservada aos ritos de fertilidade e ao "Casamento Sagrado" das divindades.

Na Europa, principalmente em Portugal, as celebrações deste *Sabbat* foram absorvidas pela festa popular que tem lugar de 23 para 24 de

Junho. Oficialmente, trata-se de uma festividade católica, em que se celebra o nascimento de São João Batista, mas a sua origem é a antiga festa pagã do solstício de Junho. As pessoas festejavam a fertilidade, associada à alegria das colheitas e da abundância, uma festa cheia de tradições, das quais se destacavam o uso mágico do manjericão, dos alhos-porós (símbolo fálico da fertilidade masculina) e da erva cidreira (representando os pelos púbicos femininos). Atualmente usa-se a erva de São João (ou hipérico), com fins curativos ou mágicos, como proteção ou para proporcionar bons sonhos e presságios. As antigas homenagens aos Seres da Natureza ou às Divindades do solstício foram substituídas pelas populares e folclóricas festas juninas, com fogueiras e danças ao redor.

LUGHNASSADH ou LAMMAS
1º de agosto

Lughnassadh, o primeiro dos três festivais celtas da colheita, homenageia o deus solar *Lugh*. Consorte da deusa da terra Danu, Lugh "morria" no momento da colheita dos grãos e era "enterrado", no plantio das sementes, para poder renascer nas próximas colheitas.

No mundo antigo, havia outras celebrações da colheita, como a *Cereália*, em Roma, dedicada à deusa dos grãos *Ceres*; a "Dança do Milho", dos nativos norte-americanos; comemorações para a deusa Ísis, no Egito e para os deuses: *Dagon*, na Fenícia; *Dumuzi*, na Suméria; *Attis*, na Anatólia; *Tammuz*, na Assíria; *Lleu Llaw Gyffes*, na Irlanda; *Netuno*, em Roma e *Thoth*, no Egito.

Cada um desses deuses morria e renascia, tendo sempre uma mãe ou consorte para prenteá-lo, apesar de ela ser, às vezes, a causadora de sua morte. Nos mitos, é evidente o tema do casamento do Deus com a Deusa e seu sacrifício posterior, simbolizado na morte da natureza e na colheita dos grãos. Enquanto do ventre da Deusa nascem colheitas de grãos e frutas, o Deus se funde aos grãos e, ao ser sacrificado, entra no mundo subterrâneo. Apesar da abundância reinante, a atmosfera é de luto, pois a Deusa e a natureza lamentam a morte anual de Deus. Mesmo sendo um festival que honra a morte, *Lughnassadh* representa também a alegria, anunciando o renascimento do Deus em *Yule*. A vida se torna a morte e a morte torna-se a vida, o mistério eterno da criação.

O nome anglo-saxão deste *Sabbat* era *Lammas*, que significava "A Missa do Pão", representando o mito do "Rei dos Grãos" que morre com eles para alimentar e preservar a vida. Na Roda do Ano, *Lammas* se opõe a *Imbolc*, representando a Deusa como Mãe dos Cereais. Nos países celtas e eslavos, das últimas espigas de trigo ou milho, confeccionavam-se as figuras das "Mães dos Grãos" ou *Corn Mothers*, em cujas efígies acreditavam que permanecia a essência da Deusa, as bonecas sendo guardadas para serem enterradas nos plantios da próxima primavera.

Nos círculos de mulheres, celebra-se a conexão com a natureza e com todos os seres da criação. A Deusa é reverenciada em seu aspecto de "Mãe dos Grãos e Senhora dos Animais", celebrando-se os resultados das energias movimentadas no solstício de verão.

As deusas relacionadas a este *Sabbat* são as Senhoras dos cereais, dos animais e da abundância, como *Abundita, Ártemis, Bast, Bau, Braciaca, Ceres, Chicomecoatl, Danu, Deméter, Epona, Gaia, Habondia, Mawu, Odudua, Pales, Spes, Surabhi Reia, Tailtu, Tonantzin, A Mãe do Milho, "A Mulher que Muda"* e *"A Mulher Amarela"* entre outras.

Os elementos ritualísticos são os símbolos da colheita e principalmente a "Mãe dos Grãos" e a "Roda do Sol", confeccionadas a partir de espigas e palha de milho, enfeitadas com fitas de cor amarela, laranja, verde e marrom. As velas são laranja, douradas e verdes; o incenso e o óleo essencial são de sândalo, louro, alecrim, flor de laranjeira ou calêndula. O altar é decorado com frutas cítricas, produtos da terra (espigas, tubérculos e verduras), representações do Sol e dos animais totêmicos (leão, águia, salmão e galo), objetos dourados, flores ou sementes de girassol e abóbora e miniaturas de ferramentas agrícolas. Fazem-se oferendas de grãos para a fogueira – simbolizando o Sol – e para a Mãe Terra ou as Mães dos Cereais. As pessoas confeccionam colares mágicos com grãos de milho, sementes de girassol ou pedacinhos de casca de laranja, mentalizando os resultados de sua colheita ou as promessas do próximo plantio. É uma data propícia para a bênção dos animais de estimação, invocando a "Senhora dos Animais". Comemora-se com pão assado na fogueira, bolo de milho, canjica, torta de cebolas, arroz doce, cerveja, chá de ervas ou de noz moscada com cravo, cardamomo e canela.

O tema para meditação é a avaliação realista da colheita pessoal, contando os sucessos e os fracassos. Avalie também tudo aquilo que você deveria abrir mão ou rejeitar, limpando assim, a terra e guardando novas sementes para novos plantios.

MABON ou ALBAN ELFED
Equinócio de outono no hemisfério norte
Aproximadamente em 21 de setembro

Celebra-se este *Sabbat* no dia da entrada do Sol no signo de Libra, reforçando, assim, a temática de equilíbrio entre o dia e a noite, a luz e a escuridão, o indivíduo e a comunidade.

Sendo o segundo dos festivais da colheita, *Mabon* recebeu seu nome do deus galês de mesmo nome e representa o tempo da colheita dos frutos, a preparação para o inverno e a tristeza pelo fim do verão. Na "Roda do Ano", *Mabon* é o oposto de *Ostara* e marca o fim da vegetação e a diminuição da luz solar. Na coletânea de mitos gauleses, Mabinogion, descreve-se a derrota de *Llew*, deus da luz, por seu irmão *Goronwy*, deus da escuridão. Em outras culturas comemoravam-se, nesta data, as mortes de deuses solares como *Adônis, Attis, Osíris e Tammuz*, o final da colheita de arroz, o festival do deus grego do vinho *Dioniso* e as festas judaicas *Rosh Hashana* e *Yom KippurKippur*.

A mais famosa das celebrações antigas era a dos *Mistérios Eleusínios*, que durava nove dias, era centrada no culto às deusas *Deméter e Perséfone* e revivia a interligação da morte com a vida. Os rituais eram mantidos sob o mais absoluto silêncio e mistério e sabe-se apenas que sua finalidade era a expansão da consciência, mudando o nível de percepção, indo além dos medos e das limitações e compreendendo o mistério da vida e da morte.

Enquanto *Lammas* celebrava a primeira colheita, *Mabon* representava o tempo de armazenar os cereais, frutas e tubérculos para garantir a sobrevivência dos homens e dos animais durante o inverno. *Mabon* era a festa celta de "Dar graças", perpetuada no *Thanksgiving Day* atual e cristão. Durante os festejos antigos, consumiam-se pães frescos, batatas assadas, uvas e nozes e bebia-se a sidra recém-preparada. As pessoas dançavam e cantavam, elegiam o Rei e a Rainha da colheita, agradecendo às divindades pela abundância da terra. Uma reminiscência moderna dessas comemorações é a festa da uva ou da cerveja.

Os ancestrais também eram reverenciados, levando-se uma parte das comidas para seus túmulos. Esse costume ainda é perpetuado no México e em alguns países da América Central, China e Tailândia. Os povos nórdicos jejuavam no dia anterior, orando para serem perdoados por seus erros. Depois, despejavam vinho no chão, homenageando a Mãe Terra e os ancestrais.

Da mesma forma que *Ostara*, *Mabon* é uma data propícia para buscar o equilíbrio e, pela introspecção, avaliar tudo que foi "plantado e colhido" no ano que passou como: sucessos e realizações profissionais, relacionamentos, filhos, compras, estudos, viagens, projetos ou práticas espirituais, agradecendo todos os frutos – os doces ou os amargos – provenientes dos aprendizados, sem pedir nada nesta ocasião. O Deus está se preparando para sua morte sacrificial em *Samhain*, enquanto a Deusa alcança sua maturidade, tornando-se a Anciã sábia, mas carregando dentro de si seu aspecto jovem, a Donzela, que se tornará Mãe em *Yule*.

Nos círculos de mulheres, reverenciam-se as deusas *Deméter e Perséfone*, assim como *Inanna*, que alcançou o último portal do mundo subterrâneo antes de sua imolação. Os temas deste *Sabbat* são a gratidão à Mãe Terra, aquela que nutre todos seus filhos, demonstrada por orações, oferendas e rituais de cura em benefício do Planeta, assim como a preparação para ingressar em um período de recolhimento, introspecção e reavaliação pessoal.

As deusas associadas a este *Sabbat* são as "Mães dos Grãos" e as deusas da colheita como *Abundita, Athana Lindia, Braciaca, Ceres/ Deméter, Chicomecoatl, Chup, Habonde, Fortuna, Frigga, Ma-emma, Pacha Mama, Patella, Perséfone/ Pomona, Prosérpina, Sif, Nerthus, Tellus Mater, Tonan, Zaramama, Zytniamatka*.

Os elementos ritualísticos deste *Sabbat* simbolizam a atmosfera do outono, suas cores, as colheitas e as oferendas de gratidão. Prepara-se uma cornucópia ou cesta de vime repleta de frutas, guirlandas de folhagens, sementes e espigas enfeitadas com fitas, cabaças ou vasilhas de barro com cereais e cachos de uva. O altar é enfeitado com folhas, galhos ou imagens de árvores sagradas como carvalho, freixo, álamo, faia, bordo ou teixo, flores de maracujá, calêndulas, crisântemos, margaridas, girassol, pinhas e sementes. As velas, em tons de amarelo, laranja, vinho e marrom, reproduzem as cores das folhas mortas. O incenso e o óleo essencial são de sálvia, pinheiro, lavanda, madressilva ou benjoim e as pedras podem ser ágata, cornalina e jaspe. As pessoas preparam e usam colares de sementes com pedaços secos de maçãs, canela e nozes. Depois inscrevem runas em batatas, que serão posteriormente enterradas para atrair prosperidade. Em cabaças – furadas e depois fechadas –

colocam-se pedrinhas ou cristais, confeccionando-se assim chocalhos, que serão depois decorados com penas e contas coloridas. Também são confeccionados diversos objetos mágicos com folhas, raízes, sementes e lã. As oferendas de agradecimento pela colheita pessoal são levadas para perto de árvores ou pedras, invocando-se os Seres da Natureza, a Grande Mãe e o Deus Cornífero, Senhores da vida e da morte.

Os rituais da Tradição da Deusa dão ênfase aos *Mistérios de Elêusis*, à reverência das Mães dos grãos, à gratidão pela colheita, às encenações do mito de *Inanna* e *Ereshkigal*, de *Dioniso e Ariadne* ou de *Cerridwen e Taliesin*. A comemoração é feita com nozes, maçãs, uvas, tubérculos como batatas, inhame e cenouras, pães variados, queijos, patê vegetais com temperos, sidra, suco de uva e vinho.

Mabon é uma celebração de gratidão e não deve ser usada para pedidos ou manipulações mágicas, apenas para agradecimentos e oferendas.

Capítulo III
A Misteriosa Influência da Lua sobre a Humanidade

Não se sabe ao certo quando os homens começaram a observar a Lua, mas provavelmente foi logo nos primórdios da humanidade. A famosa representação da Grande Mãe encontrada em Laussel, na França, data de 20.000 a.C., e mostra a Deusa segurando um chifre de bisão com treze entalhes, correspondentes às treze lunações de um ciclo solar. Em uma gruta em Angles-sur-l'Anglin, também na França, foi encontrada uma escultura datada de 13.000 a.C. representando três mulheres sentadas sobre um bisão, possivelmente representando as três fases da Lua. Diferente da presença constante do Sol, as aparições mutantes da Lua, com suas fases diversas e sua luz misteriosa, fascinam e intrigam os homens de todas as partes da Terra. Inúmeros povos comungavam do fascínio e da reverência pela Lua, tendo crenças idênticas. Havia um elo entre a Lua, a fertilidade e os nascimentos, bem como entre os ciclos menstruais das mulheres e os ciclos da Lua. Devido a essa ligação e sintonia, durante milênios as mulheres foram sacerdotisas, curandeiras, profetisas, guardadoras dos calendários e conselheiras sobre quais datas eram propícias aos rituais, às cerimônias, aos plantios, às colheitas e às caçadas. Os ciclos lunares eram a maneira natural e fácil de marcar a passagem do tempo. O padrão rítmico da Lua formou a semana de sete dias e o mês lunar de vinte e oito dias, equivalente ao ciclo menstrual da mulher. Um mês durava de uma lua nova até a seguinte, cada quarto durava uma semana e treze lunações formavam um ano. Cada lunação era nomeada de acordo com suas qualidades, associações ou acontecimentos característicos, nomenclatura esta mantida até hoje pelos povos nativos, principalmente entre os índios norte-americanos.

As mudanças que ocorriam no corpo das mulheres ao longo de suas vidas eram vistas como uma imitação das fases da Lua. A mulher menstruava próximo à lua nova, em sua fase minguante e ovulava perto da lua cheia. Os nascimentos ocorriam, com maior frequência, na mudança das fases, principalmente na lua cheia e na lua nova, fato comprovado, atualmente, por estatísticas de maternidades. Pesquisas recentes comprovaram também que, nos tempos antigos, as mulheres de uma mesma tribo menstruavam juntas, sua ovulação coincidindo com a lua cheia. Atualmente, os ciclos das mulheres não estão mais tão sincronizados com as fases lunares devido à moderna vida urbana, com seus diferentes ritmos e atribuições, com casas de concreto, luz artificial, pílulas anticoncepcionais, alimentação desregrada, stresse, poluição, entre outros.

Nossa Lua é pequena em suas dimensões, tendo apenas 27% do tamanho da Terra, mas sua importância na história da humanidade é enorme. Por milhares de anos, sua presença misteriosa no céu tocou profundamente a alma humana, inspirando mitos, lendas, crenças e visões. Os cultos lunares existem desde 70.000 a.C., aproximadamente e religiões centradas em divindades lunares existem há pelo menos 12.000 anos. Devido às suas características associadas à fertilidade, a Lua foi considerada desde os tempos mais remotos, como símbolo celestial do princípio feminino, a Grande Mãe, a Deusa e a Rainha da Noite, em contraposição ao Sol, que era o Pai, o Deus da Luz e o Rei do Dia. Considerada como representação da Grande Mãe, a Lua tornou-se a fonte mitológica e a inspiração de todos os antigos cultos e rituais de crescimento e fertilidade, sendo protetora dos partos, semeaduras e colheitas, bem como controladora dos poderes destrutivos da natureza; alternava, portanto, sua face clara e escura. As sociedades matrifocais veneravam as fases da Lua como manifestações da Deusa Tríplice: a Donzela manifestava-se na Lua Crescente; a Mãe, na Lua Cheia e a Anciã, na Lua Minguante e Negra.

A Grande Mãe tem sido venerada em inúmeras culturas, do berço da civilização na Suméria, Babilônia, Caldeia, Egito e Ásia Menor, através da Grécia, Império Romano, países celtas e escandinavos, até as Américas, África, Índia, China, Polinésia e Austrália. A principal deusa da Babilônia era Ishtar, cujo cinturão era adornado com os signos do zodíaco, pelos quais a Lua se movimentava, dando, assim, origem ao primeiro calendário astrológico, chamado "As Casas da Luz". Outras deusas lunares da Caldeia e da Babilônia, como Astarte, Ashtoreth, Anunit e Cibele, aparecem também em outros mitos e tradições. No Egito prevalecia o culto à deusa Ísis, a Rainha do Céu, a Luz Prateada,

Mãe de toda a Natureza, deusa da fertilidade, do amor sensual e da magia, protetora das mulheres e das crianças. Nos antigos mitos gregos, surge a tríplice manifestação da Grande Mãe, na forma das deusas Ártemis-Selene-Hécate, como seus aspectos lunares. Mais tarde, houve a transformação de algumas deusas lunares em deusas da terra e da água, como ocorreu com Gaia, Reia, Deméter, Perséfone e Afrodite. Esses mitos foram absorvidos pelos romanos, com mudanças nos nomes e certas adaptações patriarcais.

Muitos contos bíblicos e judaicos originaram-se de antigas lendas lunares e rituais da Deusa, sendo deturpados e modificados pelos profetas e dirigentes patriarcais para servir a seus interesses. Antes de o Deus Pai surgir no judaísmo, venerava-se a Lua Mãe, a Arca da Aliança, seu símbolo como receptáculo da vida sendo a própria "Barca da Lua".

As limitações impostas pela cultura patriarcal judaica reduziram em muito a simbologia feminina no cristianismo. Mesmo assim, alguns antigos mistérios sobreviveram ocultos em imagens, símbolos e dogmas cristãos. O Vaticano, por exemplo, foi construído sobre um antigo santuário da Deusa; a Igreja Católica é chamada de Santa Madre Igreja; o mês de maio, antigamente consagrado às deusas Maia e Vesta, tornou-se o mês de Maria; a pomba é um antigo símbolo da Magna Dea, a Grande Mãe e de Afrodite; até mesmo Maria é chamada de Nossa Lua, Lua Espiritual, Lua Perfeita e Eterna, entre outros nomes. Os gnósticos acreditavam que o Espírito Santo era o Divino Feminino e que a verdadeira trindade seria Pai – Mãe – Filho, como as próprias leis da natureza o demonstram.

À medida que o cristianismo se fortalecia, a religião da Lua começou a ser considerada nociva e perversa, negando-se, assim também, a natureza feminina, os ritmos naturais, os instintos e os ciclos emocionais. Com o declínio das antigas religiões, houve a ascensão e consolidação da sociedade patriarcal, a marginalização e perseguição das mulheres, das práticas naturais de concepção, parto, cura e dos rituais lunares e de transição, os assim chamados "ritos de passagem". A Antiga Tradição foi reprimida de forma brutal e violenta com as perseguições religiosas, as conversões à força, as caças às bruxas e a queima das feiticeiras, quando nove milhões de mulheres pereceram à mercê da paranoia dos inquisidores.

Durante séculos, a sociedade patriarcal e as religiões fundamentalistas negaram as qualidades e a sabedoria do *Sagrado Feminino*. Mas ignorar sua existência não significou anulá-la. A atualidade está presenciando o ressurgimento da antiga sabedoria, dos ensinamentos mágicos, pagãos, ocultistas e herméticos do passado. A força arcaica da Deusa está emergindo da escuridão do inconsciente coletivo e as tradições lunares estão voltando à luz, reafirmando o poder sagrado e mágico da Lua e a face clara e escura da Grande Mãe.

Por meio de estudos, pesquisas e técnicas psicológicas, foram (re)descobertos os segredos da psique humana, ensinados antigamente nas escolas de mistérios e nos santuários de várias religiões. Pelo trabalho pioneiro e ousado de Carl Jung, foram encontradas explicações racionais sobre a complexa natureza emocional e os arquétipos humanos, comprovando os antigos mitos e lendas. Jung percebeu que, ocultos nos mitos e crenças, havia profundos ensinamentos espirituais, bastando apenas ao homem moderno reintegrar o feminino em sua natureza e civilização para evitar um desequilíbrio maior. Reconhecendo e integrando a *anima*, o homem podia aprender a liberar suas energias bloqueadas, a enfrentar seus sentimentos reprimidos e a trazer à luz seus aspectos escuros, para serem reconhecidos e transmutados, conseguindo assim sua cura e equilíbrio. Todas essas questões estão relacionadas aos conceitos da Lua astrológica, a análise do mapa astral ajudando, em muito, a compreensão dos padrões comportamentais, das reações emocionais, das influências do passado e o encontro de soluções criativas para a integração psíquica no presente.

Paralelamente ao movimento psicológico e astrológico, velhas tradições estão ressurgindo como: xamanismo, paganismo, ocultismo, alquimia, artes curativas com o uso de plantas, pedras, imposição de mãos e encantamentos, diversos tipos de magia, antigos ensinamentos e práticas orientais e ocidentais, cultos celtas e nórdicos, bem como os rituais da Tradição da Deusa e da Wicca, que estão cada vez mais conhecidos e praticados.

No mundo inteiro, está acontecendo uma ativação e expansão da dimensão mágica e espiritual da Deusa Luna, levando assim, ao crescimento do movimento feminista e ao fortalecimento espiritual da mulher. Os raios prateados da Lua estão iluminando os porões do inconsciente coletivo, prenunciando o surgimento de uma nova consciência. A luz mágica da Lua está revelando o antídoto contra as consequências nefastas do domínio da sociedade e mentalidade patriarcais. Esse antídoto será o realinhamento com o Divino Feminino, recuperando nossa percepção lunar e a sintonia com o fluxo de energia cósmica refletida pelas fases da Lua.

Seguir a Lua em sua dança cíclica no céu, perceber as mudanças e os ritmos da natureza, conhecer as qualidades e desafios de nossa Lua Natal, participar de rituais ou meditações na lua cheia, buscar e canalizar a energia da Grande Mãe caracterizam alguns dos meios que nos auxiliarão em nosso alinhamento energético e crescimento espiritual, rumo a uma nova consciência ecológica, lunar, global e Universal.

Capítulo IV
O Efeito das Fases Lunares em Nossas Vidas

A Lua sempre foi considerada o marcador natural das mudanças periódicas que ocorriam no reino mineral, vegetal e animal, assinalando as etapas e os padrões do eterno ciclo de vida e morte. Como um espelho prateado, a Lua mostrava o momento certo para o plantio, a colheita, o acasalamento dos animais, a caça, a pesca, as viagens e as mudanças climáticas. Os antigos gregos descreviam-na como um cálice vazio, enchendo e esvaziando lentamente, representando as mudanças cíclicas das emoções, reações e necessidades humanas. Algumas das mais primitivas inscrições rupestres, descobertas nos mais diversos sítios arqueológicos no mundo inteiro, reproduzem as fases da Lua e as atividades humanas a elas relacionadas.

Os estudos e as pesquisas modernas comprovam, de forma científica, o efeito das fases lunares sobre os organismos vivos. Durante a lua cheia, por exemplo, há um aumento na tensão superficial dos líquidos. Sendo 70% do nosso organismo composto de líquido, há uma retenção maior de fluidos em nosso corpo, um aumento da tensão molecular produzindo um efeito bioquímico. Como o cérebro não pode se expandir dentro da caixa craniana, a pressão formada age sobre os neurônios, resultando em mudanças comportamentais; a palavra, "lunático", por exemplo, vem da raiz latina *luna* ou lua. Durante a lua cheia, há uma ionização positiva na atmosfera, aumentando a circulação e a temperatura do corpo e ativando assim, o cérebro. Estatísticas comprovam a maior incidência de desequilíbrios mentais e emocionais durante a lua cheia, aumentando a frequência com que ocorrem acidentes, crimes, surtos psicóticos e suicídios.

Para entrar em sintonia positiva com a energia lunar, é importante conhecer como ela influencia os organismos vivos.

Durante a lua nova, quando predomina a escuridão no céu, há uma diminuição do campo magnético, um vazio: a vida está em seu estado inicial de semente. Para que ela nasça, é necessária a ação espontânea e o impulso. Prevalece o instinto e a consciência ainda não foi despertada.

Nesta fase, recomenda-se plantar sementes, seja como plantas em seu jardim, seja como novos projetos e atitudes. Use este momento para criar a fundação de seus desejos, mesmo que nem todas as sementes venham a germinar ou que todos os projetos vinguem.

A fase seguinte é a da lua emergente, o tempo da manifestação, quando as sementes brotam. O jardineiro sábio examina agora sua plantação e arranca aquelas plantas que não se desenvolveram. Os planos e compromissos assumidos na lua nova são revisados: alguns são descartados, outros modificados. Os brotos tênues representam o primeiro estágio do desenvolvimento de seus desejos, mas exigem ainda muitos cuidados para vencerem as dificuldades.

O quarto crescente ou meia-lua representa o estágio seguinte: o crescimento. Os objetivos estão agora enraizados em nosso consciente e as plantinhas estão criando folhas. Há uma determinação em se concretizar os projetos e compromissos antes assumidos e revisados. É necessário agir, arregaçar as mangas e trabalhar, enfrentando os desafios e procurando a direção certa.

Ao entrar em sua fase convexa, a lua está chegando ao fim de sua fase ascendente. Obstáculos podem aparecer na evolução dos planos, trazendo decepções ou desânimo. A planta está pronta para florescer, mas ainda é um momento que requer cuidados. É necessário clarificar e analisar as opções, apelar para a paciência e verificar os detalhes, talvez abrindo mão de algumas exigências.

Na fase cheia, a Lua alcançou sua luz plena e sua posição astrológica é exatamente oposta ao Sol. Seu campo magnético influencia os líquidos dos corpos vivos e exalta a manifestação do potencial total. Não há como crescer ou brilhar além: os projetos atingiram seu auge. Se não percebermos essa realização, permitiremos a aparição da frustração e do descontentamento, o que leva aos distúrbios emocionais, à "loucura" da lua cheia. Os relacionamentos podem tornar-se obsessivos, pois os ânimos estão exaltados.

Após esta fase frenética, A Lua chega a sua fase disseminadora. Dependendo da reação da fase cheia, a sensação pode ser de alegria ou tristeza, revendo o que foi feito e qual será o próximo passo. O momento requer introspecção e avaliação dos frutos: o jardineiro deve colhê-los ou eles apodrecerão. Os resultados devem ser avaliados com clareza e assumidos integralmente, independentemente de estarmos satisfeitos ou não. Deve-se colher aquilo que foi semeado. Disseminar significa dispersar: este é o momento de ajudar nossos companheiros que ainda não terminaram suas colheitas.

O quarto minguante representa o acerto de contas. Completadas as tarefas e cumpridos os prazos, podemos esperar, com humildade e paciência, pelas recompensas. Se não estivermos satisfeitos com o resultado final, devemos encarar os fatos e descobrir quais as mudanças internas necessárias para que, exteriormente, também haja melhorias. Podem aparecer sentimentos de inadequação e decepção; não devemos entrar em crise, mas sim aceitar a morte natural das sementes plantadas na lua nova, limpar o terreno e se preparar para um novo plantio.

O último estágio da lua minguante denomina-se lua balsâmica. É considerado um período de retração, recomposição e renovação. Sem a ação do campo magnético da Lua, podemos mergulhar no vazio, buscando o bálsamo curativo do silêncio e da meditação. O campo deve ser limpo, a mente purificada, a percepção psíquica aguçada para ouvirmos a orientação de nossa voz interior. Na escuridão da lua negra podemos contemplar nossos objetivos mais elevados e abrir espaço para que o destino possa agir. Precisamos renovar nossas energias, preparando-nos para um novo ciclo, iniciado com a chegada da próxima lua nova.

Recomendações para sintonizar-se com a energia das fases lunares

Lua Nova

Olhe para a escuridão do céu em uma noite de lua nova. As estrelas brilham, mas a lua é invisível, pois ela se fundiu com o Sol.

Experimente o poder pleno de seu potencial latente. Este é o momento de apenas ser, sentir-se una com o vazio, com o desconhecido, com a escuridão e com o mistério do cosmos.

Invoque a *Deusa da Lua Escura* e peça-lhe para ajudá-la a mergulhar no vácuo, conhecer as suas sombras e transmutá-las, despertando o seu potencial adormecido para alcançar a cura e a renovação.

Lua Emergente

Abra-se para o mistério da Lua e do mar, indo para uma praia (real ou imaginária). Contemple as ondas coroadas de espuma, observe seus pensamentos dançando com o sopro do vento. As ondas se formam, crescem e se quebram no momento exato. O poder real da onda vem de cima e de baixo, da ação da Lua e da profundeza da água.

Invoque a *Deusa do Mar* e peça-lhe para ajudá-la a gerar seu projeto ou compromisso. Tome a iniciativa, começando sua jornada com coragem e prudência para poder seguir as marés e fluir com as ondas.

Quarto Crescente

Avalie seu jardim interior: quais as plantas ou árvores que você nele cultiva? Conecte-se a suas reais intenções e ao seu propósito de vida, encontre sua direção e positive suas afirmações.

Invoque a *Deusa da União* e peça-lhe para ajudá-la a integrar seus polos opostos, alcançando assim o casamento interior, a união do masculino e do feminino, do Céu e da Terra.

A Lua Convexa

Imagine-se contemplando um lago do topo de uma montanha. Sua superfície límpida reflete o céu e também revela as pedrinhas de seu fundo. Jogue uma pedra e observe o modo como a imagem se fragmenta. Medite a respeito das mudanças e dos obstáculos imprevistos.

Invoque a *Deusa da Sabedoria* e peça-lhe para ajudá-la a encontrar a verdade oculta nos padrões cíclicos de transformação e que se manifestam em sonhos, avisos e intuições.

Lua Cheia

Contemple o disco perfeito da Lua. Descubra sua verdade interior, sua trajetória de vida, se aceite em sua totalidade e expresse suas realizações.

Invoque a *Grande Mãe* e agradeça-lhe por sua colheita, pela culminação de seus planos e projetos. Peça-lhe ajuda para transmutar qualquer pensamento negativo ou atitude destrutiva, saber como expressar a sua plenitude feminina e honrar a sua essência sagrada.

Lua Disseminadora

Encare seus medos, liberte-se dos padrões ultrapassados, reconheça e aceite as forças primitivas e emoções arcaicas que moram dentro de si para poder fragmentá-las e dispersá-las.

Invoque a *Deusa da Natureza Selvagem* e peça-lhe ajuda para direcionar seus instintos e fortalecer seu poder, enfrentando com coragem e confiança os predadores visivéis ou ocultos nas sombras e evitando as armadilhas do caminho.

Quarto Minguante

Enfrente sua sombra, caminhe dentro do seu labirinto interior, liberte-se dos medos para poder encontrar a saída. Aceite a morte de certos projetos, planos ou relacionamentos; encare a solidão, troque sua pele e explore a riqueza do seu subconsciente.

Invoque a *Deusa Górgona* e peça-lhe ajuda para trilhar seu labirinto interior, tirando sua máscara e descobrindo sua verdadeira face, que reflete seu poder, sua beleza e sabedoria.

Lua Balsâmica

Aprenda a se desapegar do velho para abrir espaço para o novo. Transforme seus desejos e anseios em amor próprio e compaixão por todos os seres da Criação. Liberte-se da falsa identidade, busque e reconheça a sua verdadeira sabedoria, ancestral e atual.

Invoque a *Deusa da Compaixão* e peça-lhe para abençoá-la com a sua luz e seu amor, regenerando e curando sua vida. Dissolvendo as limitações de seu Ego, você se tornará uma fonte de amor, sabedoria e abundância para todo o mundo.

Capítulo V
As Faces da Deusa Luna

Os estudos das antigas culturas e mitologias revelaram que a interpretação da Grande Mãe como uma deusa tríplice foi baseada no ciclo das fases lunares para assim facilitar a divisão e compreensão das múltiplas qualidades, faces e atributos do Sagrado Feminino. Poucas culturas, como o Japão e os países escandinavos, associaram a Lua a divindades masculinas. Todas as outras mitologias e tradições religiosas lhe atribuíram inúmeras deusas, comparando suas fases aos estágios da vida humana (juventude, maturidade e velhice).

O número três tem um significado sagrado desde a antiga Babilônia, simbolizando nascimento, vida e morte; início, meio e fim; infância, idade adulta e velhice ou corpo, mente e espírito. Várias lendas e mitos falam de três fadas madrinhas, três desejos ou três tarefas a cumprir. Aceitando-se a premissa de que a humanidade foi criada a partir da própria matriz da Deusa, é fácil compreender e aceitar sua tríplice manifestação como um padrão repetitivo de nascimento, crescimento e transformação.

A Lua é o símbolo do princípio feminino, representando potencialidades, estados de alma, valores do inconsciente, humores, emoções, receptividade, fertilidade, mutação e transmutação. As fases da Lua caracterizam aspectos da natureza feminina e representam os estágios e as transformações na vida da mulher.

A primeira face da Deusa é a Donzela, a Virgem ou Ninfa, correspondendo à fase entre a lua nova e a crescente. Representa a juventude, a vitalidade, a antecipação da vida, o início da criação, o potencial de crescimento, a semente do "vir a ser".

Dentre as deusas que representam a Donzela, as mais conhecidas são Aradia, Ártemis ou Diana, Astrea, Atena, Bast, Blodeuwedd, Brighid, Britomartis, Chalchiutlicue, Ceiuci, Kore, Coyolxauhqui, Donzela do milho, Eir, Eos, Ewá, Flidais, Flora, Gefjon, Hebe, Héstia ou Vesta, Idunna, Íris, Maat, Maia, Marian, Maeve, Melissa, Neith, Ninlil, Ostara,

Oxum, Palas Atena ou Minerva, Perséfone ou Prosérpina, Oyá, Parvati, Sar-Akka, Saules Meita as Valquírias.

As atividades favorecidas por estas Deusas e esta fase lunar são relacionadas a novos inícios, seja nos projetos ou empreendimentos, ou para estudos, compras, investimentos, mudanças, viagens, relacionamentos ou plantios. Os festivais celtas correlatos são *Imbolc*, em 1º de fevereiro e *Ostara*, marcado pela entrada do Sol no signo de Áries, correspondendo ao equinócio da primavera no hemisfério norte e celebrado como o Início do "Ano Novo Zodiacal".

O aspecto de Mãe da Deusa foi o mais acessível para que a humanidade o reconhecesse, invocasse e se identificasse. A lua cheia está ligada à imagem maternal da Deusa, à mulher em toda sua plenitude, ao potencial pleno da força vital. Ela corresponde ao crescimento e amadurecimento de todas as coisas, ao ponto culminante de todos os ciclos, à semente germinada e à plenitude do caldeirão.

Nas várias tradições e religiões do mundo inteiro, existem milhares de deusas com o aspecto de Mães, reverenciadas durante milênios por todos os povos que encontraram nelas o amor, o apoio, a proteção, a segurança do verdadeiro lar espiritual e o poder divino da Mãe. A palavra *Ma* ou *Mama* encontra-se em várias línguas, sempre ligada ao nome da Mãe ou das Deusas Mães, como A-Ma, Aima, Ma, Maat, Macha, Maeve, Ma Emma, Mamaldi, Mami, Madder-Akka, Mama Occlo, Mama Quilla, Maria, Marzana, Matres, Mawu, Maya, Mayahuel, Omamama, Pacha Mama, Zaramama e Iemanjá.

Outras deusas Mãe conhecidas são Aataentsic, Aditi, Ala, Al-Lat, Asherah, Astarte, Badb, Carmenta, Ceres ou Deméter, Cerridwen, Cibele, Coatlicue, Danu, Devi, Durga, Eileithyia, Epona, Erda, Euríynome, Freyja, Frigga, Gaia, Hathor, Hera ou Juno, Hina, Inanna, Ísis, Ishtar, Ix Chel, Kwan Yin, Lakshmi, Luonnotar, Lur, Mater Matuta, Meza Mate, Mokosh, Mut, Neith, Nerthus, Nu Kwa, Odudua, Reia, Sar-Akka, Sarasvati, Sedna, Selene, Sundy Mumy, Tanit, Tara, Tétis, Tiamat, Tonan, Tonantzin, Umaj, "A Mulher Que Muda" e a "Mãe do Milho".

Os aspectos da Grande Mãe são variáveis, refletindo suas qualidades criadoras e nutridoras, sua fertilidade e flexibilidade ou seu lado guerreiro e justiceiro, mas seu ensinamento principal sempre foi o amor irrestrito e o apoio para nossa transformação.

Os festivais celtas correlatos são *Beltane*, em 30 de abril; *Litha*, coincidindo com o solstício de verão no hemisfério norte e *Lammas*, ou a "Festa da Colheita" celebrada em 1º de agosto.

O terceiro aspecto da Deusa, como Anciã, corresponde à fase da lua minguante e à lua negra, sendo o menos compreendido e o mais temido. Chamada também de "Mãe Escura ou Terrível", de maga, bruxa ou mulher sábia, essa manifestação nos leva para o mundo das sombras e do desconhecido. Corresponde ao lado, oculto, escuro e inconsciente do princípio feminino e, por isso, traz terror e fascínio, mostrando ao mesmo tempo a luz e a sombra, o bem e o mal, a criação e a destruição, o positivo e o negativo. Representa o declínio das coisas, a diminuição da força vital, o envelhecimento, o fim do ciclo, a iniciação para os mistérios da morte e da reencarnação, a sabedoria adquirida pela experiência, o recolhimento e a espera por um novo ciclo.

Todo ser humano entrará em contato mais cedo ou mais tarde com a face escura da Grande Mãe. Não há juventude eterna; a idade traz o declínio físico, mas também a experiência, a sabedoria, o poder mágico e o desapego. A Anciã é a detentora dos registros *akáshicos* e é por meio dela que aprendemos a canalizar a energia para nosso crescimento espiritual, a finalizar um ciclo, a nos reciclar e esperar que após o devido repouso e cura, seja iniciada uma nova fase no nosso processo cármico e evolutivo.

A Anciã se funde com a Mãe e a Donzela, criando assim, um ciclo contínuo contido na essência completa da Grande Mãe. Ela é tão importante quanto às outras faces, os aspectos se entrelaçando e se fundindo, um levando ao outro, pois a Grande Mãe é cada um deles e sua soma também.

A deusa, como Anciã, foi conhecida por várias designações em diferentes tradições, fosse como a Mãe Negra, a Velha, a Sábia e a Bruxa ou como a Guardiã da Noite e Senhora do Mundo dos Mortos. As deusas da Face Escura da Grande Mãe mais conhecidas são: Acca Laurentia, Akka, Anna Perenna, Asase Yaa, Baba Yaga, Befana, Black Annis, Cailleach, Cerridwen, Chin Mu, Chuma Erda, Ereshkigal, Goga, Gula, Haumea, Hécate, Hel, Holda, Hsi Wang Mu, Kali Ma, Mala Laith, Mora, Morrigan, Nanã Buruku, Nekhebet, Néftis, Ran, Reia Cronia, Scathach, Scota, Sedna, Sekhmet, Sheelah na Gig, Sipe Gialmo, Tiamat, Toci, Tuonetar, Unchi-Ahchi, Urdh, Vanth, Völuspa, Yuki One e "A Mulher Aranha", entre outras.

Os festivais celtas dedicados à Anciã são *Samhain*, comemorado em 31 de outubro e honrando as ancestrais, e *Yule*, correspondendo ao solstício de inverno no hemisfério norte.

Os poderes mágicos das fases lunares são conhecidos e usados, desde os mais remotos tempos, nas várias culturas e tradições. Para se sintonizar ou atrair as qualidades energéticas e próprias de cada fase lunar, pode ser feito rituais e cerimônias, invocando as respectivas Deusas e usando os elementos e os procedimentos afins.

Os trabalhos mágicos e os encantamentos para promover o crescimento, fortalecimento ou aumento – em assuntos de cultivo, saúde, boa sorte, amor ou prosperidade – ou para iniciar novos projetos ou empreendimentos, são feitos na fase que vai da lua nova até a crescente.

Para os assuntos ligados à fertilidade, gestação, nutrição, frutificação, complementação e aperfeiçoamento de projetos, casamento, percepção psíquica, sonhos e oráculos, é escolhida a fase da lua cheia, principalmente seu auge – o plenilúnio.

Já a movimentação e os trabalhos mágicos para diminuir, enfraquecer, remover ou transmutar resíduos e bloqueios energéticos, problemas, doenças, infortúnios, limpar o "velho" para abrir caminho para o "novo", são praticados durante a fase minguante.

No plano individual, o ciclo das fases lunares reflete-se no fluxo das energias físicas, emocionais e mentais, passando do ritmo crescente para a plenitude e diminuindo para a introspecção, silêncio e espera. Podemos observar as fases lunares nos acontecimentos de nossa vida, principalmente na fase escura no mês que antecede nosso aniversário, o assim chamado "inferno zodiacal" e nos momentos de perda e dor ou "a noite escura da alma".

Ao perceber e seguir o movimento da Lua no céu, observando, reconhecendo e integrando suas três fases, poderemos nos sintonizar e nos alinhar com o fluxo do tempo e com os ritmos naturais. Conhecendo e usando os poderes mágicos da Lua e reverenciando as Deusas ligadas a ela, criaremos condições para melhorar e transformar nossa realidade, harmonizando-nos e vivendo de forma mais equilibrada, plena e feliz.

Como celebrar e contatar as três fases da Deusa Luna

Ritual para a Donzela

Deve ser feito no primeiro dia da lua crescente. Leia a respeito das características dessa manifestação da Grande Mãe e escolha um dos nomes da Deusa com o qual você se identifica mais.

Afrodite, Aradia, Ártemis, Atena, Blodeuwedd, Britomartis, Ceiuci, A Donzela do Milho, As Donzelas das Ondas, Calisto, Chloris, Cliodhna, Kore, Diana, Eos, Eostre, Ewá, Flora, Gamelia, Gefjon, Hebe, Hina, Íris, Maeve, Marian, Melissa, Ninlil, Ostara, Oyá, Oxum, Palas Atena ou Minerva, Pele, Perséfone, Saules Meita, Sêmele, Sequana, Skuld, Vila, as Valquírias, Xochiquetzal.

Prepare um pequeno altar com uma vela branca, incenso de lótus ou jasmim, algumas folhas de artemísia, um pratinho com brotos e um cálice com água de fonte. Tome um banho de harmonização com chá de artemísia e nove gotas de óleo essencial de lavanda. Imagine a água retirando todo o desânimo, estagnação e negatividade, lhe trazendo renovação e vigor. Ao sair do banho, afirme com convicção: *"Sou a Donzela, linda, jovem, revigorada e renovada"*. Vista algo que a faça sentir-se jovem e livre, enfeite seu cabelo com flores, dance diante o altar, imaginando-se junto a outras jovens, celebrando a Deusa.

Acenda a vela e o incenso, afirmando: *"Com esta vela eu avivo o espírito da Donzela dentro de mim"*. Toque um gongo ou sino e medite um pouco, olhando para o fino aro prateado da lua crescente. Invoque a Deusa dizendo: *"Linda Deusa Donzela, caçadora livre e indómita, eu a chamo agora. Preciso de sua orientação para meu crescimento espiritual. Necessito também de sua ajuda para meu projeto... (descreva-o). Desejo de todo meu coração realizar este propósito de maneira positiva. Se não for para meu bem maior, revele-me qual a melhor direção a seguir e a qual objetivo devo aspirar. Espero por sua proteção, orientação e ajuda"*.

Após receber imagens, sinais ou intuições, agradeça à Deusa. Beba um gole da água, coma alguns brotos, faça algumas respirações profundas, sentindo o sopro da Deusa preencher seu ser com energia, vitalidade e confiança.

Ritual para a Mãe

Faça esse ritual ao ar livre, na noite de lua cheia. Antes, leia sobre as características da Deusa Mãe, escolhendo uma dentre estas deusas:

A-Ma, Aima, Anna Perenna, Al-Lat, Anna Purna, Asherah, A Mãe do Milho, Bau, Bona, Dea, Ceres, Cerridwen, Cibele, Damkina, Danu, Deméter, Devi, Epona, Erda, Frigga, Gaia, Ganga, Gauri, Hathor, Hera, Hsi Wang Mu, Hybla, Iemanjá, Inanna, Ishtar, Ísis, Izanami, Ki, Lakshmi, Luonnotar, Maat, Macha, Madder-Akka, Ma Emma, Maeve, Mamaldi, Mami, Mama Occlo, Mama Quilla, Maria, Marzana, Matres, Mawu, Maya, Mayahuel, Mulaprakriti, Mut, Nerthus, Nu Kwa, Odudua, Omamama, Ops, Pacha Mama, Parvati, Potnia Theron, Reia, Sar-Akka, Sarasvati, Saule, Sunna, Sundy Mumy, Tara, Tellus Mater, Tiamat, Tétis, Tonan, Tonantzin, Vagitanus, Verdandhi, Zaramama.

Prepare um pentáculo (o pentagrama dentro de um círculo) em uma cartolina, colorindo cada ponta de acordo com os elementos: amarelo para o espírito, azul claro para o ar, vermelho para o fogo, azul profundo para a água e verde para a terra.

Monte um pequeno altar portátil com um pano vermelho, uma rosa, uma vela vermelha, incenso de rosas, o pentáculo, um chocalho e alguma imagem que represente a Mãe Divina ou a maternidade.

Crie um círculo de proteção em volta de si, mentalmente ou salpicando sal grosso. Fique em silêncio e observe a natureza ao seu redor, pedindo mentalmente que seja aceita e protegida, invocando, se quiser, seus guardiões e aliados.

Quando a Lua nascer, contemple seu disco luminoso, deixando-se banhar por sua luz e atraindo-a para seus centros de força e seus órgãos reprodutores.

Acenda a vela e o incenso e dedique-os à Deusa Mãe. Medite um pouco sobre sua vida e seus objetivos ou necessidades.

Invoque a Deusa dizendo: *"Oh, Grande Mãe, Criadora de tudo que existe, eu te chamo agora. Preciso da tua orientação para o meu desenvolvimento espiritual. Necessito também da tua ajuda para completar ou realizar este projeto... (descreva-o). Eu desejo de coração realizar este propósito de maneira positiva. Mas se não for para meu bem maior, revela-me qual a melhor direção a seguir ou a qual objetivo devo aspirar. Espero por tua proteção, orientação e ajuda"*.

Entoe por algum tempo o som *"maaaaa"* sacudindo o chocalho no ritmo de sua pulsação. Abra-se para receber mensagens ou imagens, toque seu coração e sinta o amor da Mãe preenchendo seu ser. Segure o pentáculo e agradeça-lhe por sua presença amorosa e luminosa.

Ritual para a Anciã

Você pode fazer esse ritual na lua minguante, sendo, porém, melhor na lua negra, os três dias que precedem a lua nova. Prepare-se lendo sobre a Deusa Anciã, escolhendo uma suas múltiplas manifestações.

Acca Laurentia, Ana, Akka, Ame no Uzume, Annath, Angwu Shahai, Asase Yaa, Avó Aranha, Baba Yaga, Befana, Befana, Black Annis, Breksta, Cailleach, Cerridwen, Chin Mu, Coatlicue, Chuma, Eileithyia, Erda, Haumea, Hel, Hécate, Holda, Kali, Mala Laith, Mora, Morrigan, Nanã Buruku, Nekhebet, Néftis, Poldunica, Ran, Reia Cronia, Scota, Sedna, Sekhmet, Sheelah Na Gig, Tiamat, Toci, Tonan, Tonacacihuatl, Tuonetar, Urdh, Unchi-Ahchi, Völuspa, Yuki One.

Procure passar algum tempo em silêncio e isolamento. Vista uma roupa escura e prepare seu altar com uma vela preta, um pratinho com sal, um caldeirão ou vaso de cerâmica, folhas de sálvia ou cipreste, uma folha de papel e uma caneta preta, uma pedra escura e alguma imagem representando a Deusa Anciã ou seus animais de poder.

Crie um círculo de proteção salpicando o sal ao seu redor. Acenda a vela e medite sobre os obstáculos de sua vida ou aquilo que você quer liberar ou transmutar: atitudes, padrões mentais ou lembranças negativas.

Veja-se entrando em uma gruta e indo ao encontro da Anciã. Perceba sua presença, sentada ao lado de um grande caldeirão, queimando ervas e resinas. Fale com ela: *"Oh, Mãe Escura, Guardiã do Livro da Vida, detentora do sagrado caldeirão da transmutação, eu peço tua orientação para o meu conhecimento espiritual. Preciso que me ajudes a me livrar de tudo aquilo que não me serve mais, cortando os laços escuros destes sentimentos de... (enumere-os) ou da dor destas lembranças... (descreva--as). Desejo, de coração, que eu possa ser purificada e fortalecida para começar um novo caminho ou um novo projeto"*.

Veja a deusa Anciã queimando em seu caldeirão mágico toda sua negatividade. Agradeça-lhe e volte para o aqui e agora, abrindo os olhos e respirando profundamente. Anote no papel os obstáculos, amarras e dificuldades que quer transmutar. Queime o papel em seu caldeirão ou em uma vasilha de barro com uma pedra de cânfora, liberando as formas mentais negativas. Acenda depois a sálvia para completar a purificação, entregando as cinzas para o vento dispersar.

Invocação da Deusa Tríplice

Em nome Daquela que existe nas ondas do mar,
Nas profundezas das grutas escondidas,
No farfalhar das verdes folhas,
E na ardente chama das paixões,
Eu te invoco minha Senhora,
Para me proteger e guiar.

Tu que és Donzela,
Livre e virgem, por não pertencer a ninguém.

Tu que és Mãe,
Amada e procurada por todos.

Tu que és Anciã,
Que vais velar por todos nós.

Ártemis, Selene, Hécate,
Ana, Diana, Nana, Anahita, Inanna,
Astarte, Ísis, Chang-O, Brighid,
Deméter, Ix Chel, Freyja, Rhiannon, Arianrhod,
Iemanjá Odó Iyá.

Mãe Antiga, Deusa dos Mil Nomes,
Ilumine a nossa vida
Com cada raio de luar.

E com o longínquo brilho estelar,
Guia-nos com amor maternal
Nesta nova jornada
De volta para Ti,
Oh, Grande Mãe.

Capítulo VI
Os Plenilúnios (*Esbats*)

Além dos oito *Sabbats* (celebrações ao longo da Roda do Ano), os povos celtas celebravam também os *Esbats*, ou seja, as treze luas cheias (plenilúnios) ao longo do ano solar. A lua cheia foi venerada durante milênios por grupos de homens e mulheres, reunidos nos bosques, nas montanhas ou na beira da água, como a manifestação visível do princípio cósmico feminino, na forma das deusas lunares ou da Vovó Lua. Com o advento das religiões patriarcais, houve uma divisão na vida religiosa familiar. Os homens passaram a reverenciar os deuses – solares e guerreiros –, enquanto que as mulheres continuavam se reunindo para celebrar a lua cheia e honrar a Grande Mãe. A cristianização forçada e, principalmente, as perseguições dos "caçadores de bruxas" durante os oito séculos de Inquisição, procuraram erradicar a "adoração pagã da Lua" e os *Esbats* foram considerados orgias de bruxas e manifestações do demônio.

A palavra Esbats deriva do verbo *esbattre*, em francês arcaico, significando "alegrar-se", pois essas celebrações não eram tão solenes como os *Sabbats*, proporcionando, além dos trabalhos mágicos, uma atmosfera jovial. Há também uma semelhança com a palavra *"estrus"* – o ciclo lunar de fertilidade –, reforçando a ideia da repetição mensal dessas comemorações.

Durante os *Esbats*, reverencia-se a força vital criativa, geradora e sustentadora do Universo, manifestada como a Grande Mãe. A noite de lua cheia ou o plenilúnio é o auge do poder da Deusa, sendo o momento adequado para rituais de cura e trabalhos mágicos. Usam-se altares – simples ou elaborados – com os símbolos da Deusa e acrescentam-se os elementos específicos da lunação. Além dos rituais, há cantos, danças, contam-se mitos e histórias e fazem-se meditações. No final, comemora-se repartindo pão de grãos ou bolo e bebendo vinho, suco ou chá, brindando à Lua e ofertando um pouco à natureza em sinal de gratidão à Mãe Terra. O pão sempre simbolizou o alimento tirado da terra, enquanto que o vinho favorecia a atmosfera de alegria e descontração.

Atualmente, os plenilúnios são comemorados não somente pelos grupos estruturados da tradição *Wicca* (os *covens*), grupos neopagãos ou xamânicos, mas principalmente, por círculos de mulheres ou os "solitários". A Deusa está cada vez mais presente na vida e na alma das mulheres, os raios prateados da Lua realçando suas múltiplas faces.

Na Antiga Tradição, nas reuniões praticadas por *covens* ou individualmente, o ponto máximo do *Esbats* é o ritual de "Puxar a Lua", ou seja, invocar e imantar uma sacerdotisa ou mulher com a energia da Deusa. O objetivo desse ritual é triplo: primeiro, procura-se a união com a Deusa para compreender melhor seus mistérios; segundo, busca-se impregnar o espaço sagrado com a energia mágica da Deusa e, em terceiro lugar, objetiva-se o equilíbrio dos ritmos lunares das mulheres e o aumento da sua fertilidade, física e mental.

Para atrair a energia da Lua, usa-se o punhal ritualístico tradicional (*athame*) ou um bastão consagrado, direcionando-o para um cálice com água. Invoca-se a Deusa e expõe-se seu pedido ou, simplesmente, entra-se em contato com sua essência, deixando-a penetrar em todo seu ser. Fundir-se com a energia da Deusa é um ato de realização espiritual e jamais deve ser usado com fins egoístas, forjando mensagens ou avisos "recebidos" durante o ritual. Quando o propósito é sincero e o coração puro, a experiência é sublime e comovente. Após um tempo de interiorização e contemplação, tomam-se alguns goles da água "lunarizada" e despeja-se o resto sobre a terra, para "fertilizá-la". Como em outros rituais, os *Esbats* devem ser feitos após evocarem-se os Guardiões das direções e os elementos correspondentes, criando assim o círculo mágico.

Além desse ritual tradicional e formal, pode-se celebrar o plenilúnio de forma mais atual, complexa e criativa, usando-se os conhecimentos astrológicos da polaridade Sol-Lua e os atributos e elementos específicos de um arquétipo divino. Durante a lua cheia, a Lua se encontra no signo oposto ao do Sol, estabelecendo-se, assim, um eixo de complementação. Em certos grupos mistos, trabalha-se a polaridade Sol-Lua reverenciando-se o casal divino, representado por deuses solares e deusas lunares, escolhidos conforme as características astrológicas e espirituais do mês ou a sintonia com uma determinada tradição.

Nos rituais de plenilúnio celebrados pelos grupos de mulheres pertencendo à *Teia de Thea* em Brasília, usam-se significados astrológicos dos luminares, dos planetas e dos asteroides associados à finalidade do ritual, reverenciando a Deusa regente do dia ou outra Deusa em destaque no respectivo mês. Acrescentam-se músicas, cantos e danças adequadas, purificação com ervas sagradas, evocações das direções e dos elementos mágicos, harmonização energética com mantras ou batidas de tambor, alinhamento dos chacras, criação do círculo de proteção, algum trabalho mágico usando elementos e objetivos correlatos, meditação dirigida para a conexão com a Deusa celebrada, o direcionamento das suas qualidades específicas e irradiação de energia curativa para a vida das mulheres, em benefício da Mãe Terra e de todos os seres da Criação.

São estes os passos de um roteiro básico: Purificação. Harmonização. Abertura. Presságios astrológicos. Evocações das direções e dos elementos. Invocação da Deusa que será reverenciada. Círculo de proteção mágica. Mito e descrição dos aspectos e qualidades do arquétipo. Meditação dirigida ou ativa. Prática mágica. Celebração. Encerramento.

Resumirei a seguir as diretrizes básicas para as celebrações dos plenilúnios relacionados aos signos astrológicos, usadas desde os primeiros rituais celebrados a partir de 1994 na Chácara Remanso em Brasília e continuados pela *Teia de Thea*, círculo sagrado feminino. A lunação será nomeada pelo signo em que se encontra a Lua, o oposto ao signo solar, na ordem dos meses, a partir de janeiro. Nas páginas iniciais de cada mês, no capítulo "Celebrações panculturais diárias", são citadas as comemorações e os atributos do mês, bem como os das deusas regentes. Como a data do plenilúnio varia de ano para ano, ele pode cair no final de um mês ou no começo do seguinte. Por isso é incluída uma listagem de elementos ritualísticos, divindades e rituais associados aos signos lunares e solares de cada plenilúnio.

Plenilúnio em Câncer. Sol em Capricórnio "Lua da Renovação da Terra"

Conceito da polaridade astrológica

Câncer é um signo de água, regido pela própria Lua, ligado à sensibilidade e vulnerabilidade emocional, às raízes ancestrais, à família (principalmente à mãe), ao passado e à percepção psíquica. Capricórnio é um signo de terra, formal, estruturado, prático e realista, propício para fornecer as bases materiais e ordenar a vida. Essa combinação de dois signos femininos (um, fluido e emotivo; o outro, seco e racional), favorece o estabelecimento de novas normas e limites, afastando velhas influências, dependências ou carências emocionais, nutrindo a "criança interior" e trazendo mais equilíbrio, objetividade e contato com a Mãe Terra sem que, porém, disso resulte qualquer atitude de fechamento ou endurecimento emocional.

Elementos ritualísticos

Velas brancas, prateadas ou azuis.

Banho de purificação com arruda e sal grosso.

Óleo essencial de lírio, limão, jasmim ou artemísia, incenso de arruda e cânfora. Folhas ou imagens de álamo, tuia ou cipreste, flores de dama da noite, copo de leite, magnólia ou rosas brancas.

Pedras brutas ou polidas de selenita, pedra da lua, calcita, calcedônia, cornalina, opala, mármore, cristais brancos ou com "fantasmas", objetos ou joias de prata, madrepérola, corais, conchas e água do mar.

Roupas brancas, imagens, pelo ou penas dos animais totêmicos (corça, caranguejo, foca, gaivota, abelha, lontra, cabra, ganso, cisne, golfinho, urso e baleia).

Músicas com sons do mar (ondas, canto de baleias) ou louvando a Lua. Comemoração com pão de cereais, leite vegetal ou queijo de cabra.

Divindades

Como deuses, podem-se escolher àqueles ligados aos atributos saturninos e telúricos como Cernunnos, Cronos, Hanuman, Pan, Saturno, Shiva.

As deusas são lunares ou ligadas ao mar primordial, como:

Afrodite, Ahes, Anaitis, Anfitrite, Atargatis, Chang-O, Erzulie, Iemanjá, Ilmatar, Ishtar, Ísis, Ix Chel, Leucothea, Luna, Mama Cocha, Marah, Mari Ama, Ran, Salácia, Selene, Tétis, Tiamat, Ved Ava ou as telúricas, como Cailleach, Ceres, Deméter, Erce, Erda, Gaia, Gerda, Lur, Madder-Akka, Mah, Mawu, Nerthus, Omamama, Pacha Mama, Reia, Ops, Tacoma, Tellus Mater.

Os anjos associados são Gabriel e Cassiel (Tsaphkiel).

Os Orixás correspondentes são Iemanjá, Nanã Burukê, Oxum, e Yorimã.

Rituais

Para reavaliar assuntos antigos; descartar aquilo que não serve mais; purificar emoções e ambientes; harmonizar a vida familiar e o lar; atrair energias positivas (saúde, abundância, equilíbrio, harmonia, segurança, realização para o Ano Novo); nutrir novos projetos; aumentar a fertilidade; conectar-se aos arquétipos femininos; meditações com as Deusas.

Mentalização

Projeção de luz branca, prateada ou violeta para as pessoas ou as situações em sua vida que lhe deixaram ou ainda despertam mágoas, tristezas, insegurança, medo e raiva.

Afirmação

"Liberto-me de todo o negativismo que me bloqueia em relação aos outros e à vida."

A Matriarca da Primeira Lunação

É "Aquela que fala com todos os seres", a guardiã do aprendizado da verdade, do tempo e das estações. Ela nos ensina o parentesco com todos os seres da criação e a necessidade de honrar a verdade de cada ser, respeitando os direitos de todas as formas de vida e abrindo o coração. Sua sabedoria está na sintonia com os ritmos da vida e no uso dos quatro elementos para alcançar o equilíbrio.

Plenilúnio em Leão. Sol em Aquário
"Lua vermelha da purificação"

Conceito da polaridade astrológica

Leão é um signo de fogo, que enfatiza a expressão criativa individual, a expansão da capacidade de amar, a coragem, a determinação e o poder. Aquário é um signo de ar que favorece a consciência social, as mudanças, as preocupações humanitárias, a impessoalidade, o racionalismo e a inventividade. A combinação desses dois signos masculinos – em que um (o ar) é necessário para a combustão do outro (o fogo) – proporciona uma atmosfera propícia às mudanças pessoais, saindo das questões individuais na direção dos interesses comunitários, assumindo compromissos humanitários e expandindo a consciência planetária. Incentiva-se a criatividade intelectual ou artística e a projeção de ondas de luz e de amor para as pessoas e para o Planeta.

Elementos ritualísticos

Velas amarelas ou douradas.

Defumações com resinas ou ervas sagradas, como sálvia, louro, frutas cítricas, alecrim, mirra e benjoim.

Flores amarelas, como calêndula, camomila, girassol, margarida, hipericão (erva de São João) ou palmas.

Incenso de sândalo, acácia ou bálsamo, óleo essencial de heliotrópio (girassol), néroli (bergamota), tangerina ou angélica.

Pedras amarelas, como citrino, topázio, pedra-do-sol, olho-de-tigre ou de falcão, jaspe sanguíneo, âmbar e pirita.

Roupas douradas, objetos de ouro, um globo terrestre ou uma imagem do Planeta Terra, imagens ou reproduções dos animais totêmicos (leão, tigre, jaguar, onça, águia, falcão, escaravelho, esfinge, pavão, galo, grilo, dragão do fogo ou do ar), tocha.

Sinos, gongos, músicas com instrumentos de percussão, mantras (principalmente OM), danças sagradas circulares e pirâmides (para usar ou meditar).

Comemoração com bolo preparado com especiarias, arroz com cúrcuma, especiarias e passas, chá indiano, suco de laranja ou maracujá.

Divindades

São os deuses com características uranianas, como Ganesha, Heimdall, Ogma, Urano.

Das deusas solares, pode-se escolher dentre Aine, Amaterassu, Arinna, Bamya, Bast, Dae Soon, Etain, Grainne, Hathor, Iarilo, Mama Kylia, Olwen, Paivatar, Saule, Sekhmet, Sif, Shapash, Sunna, Sundy Mumy, Wurusemu ou Brighid, a padroeira celta do mês.

Os anjos associados são Mikael (Miguel) e Uriel (Tsadkiel).

Os Orixás correspondentes são Obá, Orunmilá, Oxalá, Oxumaré, Yorimã.

Rituais

De limpeza e purificação; remoção dos resíduos energéticos do passado para preparar o corpo, a mente e o espírito para novas lições e experiências espirituais; iniciação ou confirmação de seu caminho espiritual; irradiação de amor e luz para amigos, familiares, o país e o Planeta; cura e abertura do coração; fortalecimento interior, ativando a coragem, a força de vontade e a independência; ativação da intuição e energização pela luz solar.

Mentalização

Visualizar um feixe de luz dourada ligando você a seu Eu Divino, trazendo à tona seu potencial criativo e libertando-a de qualquer dependência, medo, dúvida, insegurança ou limitação.

Afirmação

"Sinto-me conectada ao Divino e irmanada com toda a humanidade."

A Matriarca da Segunda Lunação

É a guardiã da sabedoria, que cuida das tradições sagradas e da memória planetária. Ela nos ensina a buscar e encontrar a sabedoria inata e ancestral, tornando-nos receptivos aos pontos de vista dos outros e aprendendo com as experiências alheias. Aceitando a verdade e o espaço sagrado de cada ser, expandimos a noção da família planetária e reafirmamos nossos laços com todos nossos irmãos de criação.

Plenilúnio em Virgem. Sol em Peixes "Lua das sementes"

Conceito da polaridade astrológica

Virgem é um signo de terra que promove a ordem, a estruturação, os detalhes, a busca da perfeição, o senso crítico, a responsabilidade e o serviço. Peixes é um signo de água, imbuído de sensibilidade emocional e psíquica, compaixão, inspiração criativa e acesso a outras dimensões (subconscientes e supraconscientes). A combinação da estruturação virginiana à fluidez pisciana favorece o plantio de novas sementes na mentalidade, na vida e nos procedimentos. Tornar-se menos crítica e mais compassiva, julgar menos e aceitar mais, desfazer as couraças e abrir novos canais de percepção, são metas e propostas que podem ser trabalhadas energética e espiritualmente nesse plenilúnio.

Elementos ritualísticos

Velas verdes ou marrons.

Vasilhas de barro com sementes e brotos, folhagens e flores silvestres, galhos de aveleira, álamo ou madressilva, musgo e casca de árvores, uma taça com lama (água e terra vegetal).

Incenso de lavanda, narciso ou capim-santo, óleo essencial de capim-limão, cominho, hortelã ou manjerona.

Cristais e pedras verdes e marrons (jade, malaquita, turmalina, peridoto, amazonita, aventurina, ágata musgosa, cornalina, quartzo verde), argila.

Roupas verdes ou estampadas, imagens ou representações dos animais totêmicos (corça, tatu, castor, camundongo, pica-pau, marmota, esquilo, formiga, coelho, rouxinol, unicórnio).

Músicas com sons da natureza, chocalho, tambor ou *didgeridoo* (flauta aborígene australiana).

Comemoração com bolo de fubá ou pão de cereais, suco de verduras ou de frutas, chá de hortelã, alecrim e tomilho, canjica, nozes e castanhas.

Divindades

Dentre os deuses marinhos, pode-se escolher Aegir, Manannan Mac Lyr, Nereu, Netuno (ou Poseidon), Njord, Oceano.

São inúmeras as deusas da terra, por isso menciono apenas algumas, como Bona Dea, Cailleach, Cerridwen, Cibele, Danu, Dea Domnann, Deméter (ou Ceres), Erda, Gaia, Gujeswari, Holda, A Mãe do Milho, Madder-Akka, Makara Sankranti, Mati Syra Zemlja, Mawu, Mokosh, Nerthus, Omamama, Ops, Pacha Mama, Pomona, Reia, Tacoma, Tailtu, Tellus Mater, Tonan, Zaramama, Zemyna.

Os anjos associados são Azariel (Metatron) e Rafael.

Os Orixás correspondentes são Ewá, Logun-edé, Ossaim, Oxóssi, Xangô, Yori.

Rituais

Para promover a cura das pessoas, dos animais, das instituições ou da natureza; ativar novas sementes, ideias, iniciativas ou projetos; descartar a negatividade e os complexos de inferioridade; mudar atitudes, como substituir a crítica pela aceitação e o rancor pela compaixão, invocando a Deusa Kwan Yin; jornada xamânica para buscar seus animais de poder invocando as Deusas das florestas e seus guardiões; conexão com os elementos, forças e seres da natureza.

Mentalização

Visualizar-se banhada por uma luz verde brilhante, removendo todos os pontos escuros e obscuros de sua vida. Em seguida, sinta seu chacra cardíaco se ampliando e vibrando com a chama rosa do amor. Vitalize seus vórtices energéticos com irradiações de luz verde e aplicações de pedras e argila.

Afirmação

"Tenho amor e compaixão por mim mesma e por tudo aquilo que me cerca."

A Matriarca da Terceira Lunação

É "Aquela que avalia a verdade", a guardiã da justiça que ensina os princípios da Lei Divina, a lei da ação e reação, o reconhecimento da nossa força e a aceitação da nossa fraqueza, mostrando-nos como avaliar as situações com imparcialidade, aceitando a verdade sem ferir ninguém.

Plenilúnio em Libra. Sol em Áries
"Lua das árvores que crescem"

Conceito da polaridade astrológica

Libra é um signo de ar, simbolizando a busca do equilíbrio, tanto no nível pessoal, quanto no nível de relacionamentos, sendo regido por Vênus, o Planeta e a Deusa do amor, da beleza e da harmonia. Áries é um signo de fogo, caracterizado pela iniciativa, impulso, rapidez, entusiasmo, individualidade e audácia, regido por Marte, o Planeta e o deus da guerra. A combinação desses dois signos representa a complementação dos opostos para a realização do equilíbrio e da harmonia, interior e exterior. Libra é o signo dos relacionamentos, representando o "outro", enquanto que Áries representa o Eu, proporcionando, assim, uma atmosfera de avaliação, conciliação e renovação das atitudes pessoais, para superar dificuldades ou suprir necessidades nos relacionamentos. Por ser a lua cheia mais próxima do *Sabbat* de *Ostara* e do início do Ano Novo Zodiacal, esta é uma lunação de renovação, harmonização e crescimento.

Elementos ritualísticos

Velas azuis ou cor-de-rosa.

Flores variadas, como amor-perfeito, verbena, violetas, flox, palmas, miosótis, hibiscos, galhos de espinheiro branco, sabugueiro ou amoreira.

Incenso de rosas, patchouli, gardênia ou maçã, óleo essencial de gerânio, erva-doce, cidreira, melissa ou pêssego.

Cristais e pedras cor-de-rosa ou azul, como quartzo rosa, quartzo azul, rodocrosita, turmalina, kunzita, lápis-lazúli, esmeralda e sodalita.

Roupas esvoaçantes, echarpes e enfeites, imagens e reproduções dos animais totêmicos (lebre, pomba, cisne, lontra, íbis, andorinha, cegonha, gato), frutas vermelhas (maçãs, morangos, framboesas), espelho, balança, ovos pintados, símbolo do Yin/Yang, mandalas para meditação.

Músicas de piano, harpas, flautas ou cítaras.

Comemoração com bolo ou ovos de chocolate, sorvete, amêndoas, mousse e suco de morango, champanhe ou vinho rosé.

Divindades

Além do deus Ares (ou Marte), outros deuses guerreiros são Indra, Nuada, Odin, Ogum, Thor, Tyr.

As deusas correspondentes a essa lunação são Afrodite/Vênus, Astarte, Concordia, Erzulie, Fides, Flora, Freyja, Gefjon, Harmonia, Hlin, Hnoss, Idunna, Indrani, Ishtar, Juno, Kamala, Libertas, Lofn, Maat, Maeve, as Musas, Nike, Ostara, Oxum, Palas Atena, Rati, Rhiannon, Sjofn, Syn, Turan, Xochiquetzal.

Os Anjos associados são Haniel (Anael) e Samael (Camael).

Os Orixás correspondentes são Ogum, Oxóssi, Oxum, Oyá.

Rituais

Para favorecer a renovação, recomenda-se uma purificação energética e limpeza fluídica (pessoal, no ambiente de trabalho, no carro e na casa), meditações e reavaliações de sua atuação pessoal, profissional e sentimental; exercícios para harmonização e equilíbrio (respiração, mantras, yoga, tai chi chuan); reconciliação dos polos opostos: Eu/o outro, animus/anima, ação/repouso, combatividade/diplomacia, trabalho/relacionamentos, desejo /aceitação. Busca-se o fortalecimento da luz interior e da conexão divina.

Mentalização

Visualizar uma luz azulada, harmonizando as áreas de conflito de sua vida, transmutando a raiva e criando o equilíbrio. Imagine depois seu coração envolto em uma chama rosa, que traz a cura das antigas feridas e dores através do perdão e do amor.

Afirmação

"Liberto-me do sofrimento causado por antigos relacionamentos e abro meu coração para receber e dar o verdadeiro amor."

A Matriarca da Quarta Lunação

É "Aquela que vê longe", a guardiã dos sonhos. Ela nos ensina a usar a força de nossos pensamentos e sentimentos para alcançar os resultados almejados. Ela também nos mostra a importância de prestar atenção e valorizar nossos sonhos e visões, nos guiando para usarmos nossas habilidades no descobrimento e desenvolvimento de nosso potencial pessoal.

Plenilúnio em Escorpião. Sol em Touro "Lua das flores e do retorno dos sapos"

Conceito da polaridade astrológica

Escorpião é um signo de água, de intensa emoção e magnetismo. As palavras-chave são sexualidade, possessividade, apego, rancor, vingança, controle, transformação, cura e interesses místicos. Touro é um signo de terra, que necessita de segurança e rotina, paciente, prático, determinado, porém rígido e apegado aos sentidos. Essa combinação exalta o descontrole emocional e sensorial, o apego e a necessidade de possuir e controlar. Portanto, este plenilúnio favorece a avaliação das "sombras", mergulhando nos registros do subconsciente para descobrir e transmutar os padrões compulsivos, obsessivos, vingativos, rígidos e escravizantes. Aproveitando a energia transformadora de Escorpião, a tenacidade e perseverança de Touro e a energia luminosa de *Wesak*, busca-se alcançar, assim como a fênix, o renascimento. *Wesak* é uma festividade budista celebrada geralmente na lua cheia do signo de Touro, em maio, comemorando simultaneamente o nascimento e "a iluminação" do príncipe Sidarta Gautama, mais conhecido como Buda. No budismo tibetano, comemora-se o *Saga Dawa* – que corresponde ao *Wesak* –, no período que vai da lua nova até a lua cheia de maio.

Elementos ritualísticos

Velas pretas ou metade preta e metade branca.

Galhos e folhas de figueira, iuca, hera, flores de trombeta ou beladona (cuidado, são tóxicas), romãs ou maçãs (cortadas horizontalmente).

Incenso de benjoim, almíscar, noz-moscada ou estoraque, óleo essencial de tuberosa, coriandro, anis, patchouli ou jacinto.

Cristais e pedras escuras (quartzo esfumaçado, hematita, magnetita, obsidiana, ônix, granada, moldavita), pedaços de lava, pedras vulcânicas e ferro.

Roupas "misteriosas", xales, véus, mantos com capuz, máscaras de animais ameaçados de extinção, imagens ou reproduções dos animais totêmicos (escorpião, raposa, gambá, porco-espinho, gavião, javali, cobra, sapo, aranha, lagarto, coiote, fênix, hidra), imagens de gruta e labirintos, teias de aranha.

Músicas rítmicas, tambor.

Comemoração com licor de anis ou tchai e pratos vegetarianos ou veganos (para honrar os princípios de Buda), salada de frutas tropicais e sorvete de chocolate.

Divindades

Escolher dentre os deuses telúricos como Ápis, Baal, Cernunnos, Dagda, Dioniso, Fauno, Lono, Pan, Rudra e Thor.

As deusas "escuras" mais conhecidas são Angwu Shahai, Baba Yaga, Black Annis, Cailleach, Chuma, Coatlicue, Ereshkigal, Erinias, Eris, Hécate, Hel, Kali, Le Hev Hev, Lilith, Macha, Medusa, Morrigan, Néftis, Oyá, Pele, Perséfone, Ran, Sedna, Selkhet, Sekhmet, Sheelah na Gig, Skadhi, Tiamat, Tuonetar.

Os Anjos associados são Azrael (Raziel) e Haniel (Anael).

Os Orixás correspondentes são Elegbá, Obá, Obaluaê, Ogum, Oxóssi, Oyá.

Rituais

Para descartar padrões comportamentais ultrapassados; livrar-se de dependências, comportamentos negativos e apegos; "trocar de pele", despertar a energia kundalínica e direcioná-la para sua evolução espiritual; purificação dos sentimentos negativos; reconhecimento, aceitação e integração da "sombra"; sauna sagrada, meditações em busca de energias transmutadoras, viagens xamânicas para grutas ou vulcões; queima das larvas astrais e dos resíduos energéticos (papéis, objetos); oferendas para as deusas Hécate ou Pele.

Mentalização

Imagine-se absorvendo a energia curativa dos planos espirituais e direcione-a para aqueles setores de sua vida que você precisa transformar.

Afirmação

"Liberto-me de todos os ressentimentos e mágoas que acumulei e guardei, reconheço meu verdadeiro poder, tornando-me capaz de transformar minha vida."

A Matriarca da Quinta Lunação

É "Aquela que ouve", a guardiã do silêncio. Seu ensinamento é silenciar para ouvir as mensagens do nosso interior, da natureza, dos aliados, dos Mestres, da Mãe Criadora. Encontraremos, assim, a calma e a paz necessárias para avaliar, ordenar e transformar nossa vida.

Plenilúnio em Sagitário. Sol em Gêmeos "Lua dos cavalos"

Conceito da polaridade astrológica

Sagitário é um signo de fogo; seu impulso dominante é direcionado para a liberdade física, mental, emocional e espiritual, transpondo barreiras e limites, buscando a expansão. Gêmeos é um signo de ar, inquieto e curioso, que busca os conhecimentos intelectuais e as mudanças profissionais, afetivas e existenciais, enfatizando a diversidade e a mutabilidade. A combinação desses dois signos móveis possibilita um direcionamento das energias físicas ou mentais, sem dispersar ou desviar o foco. O próprio símbolo de Sagitário exemplifica a busca de um alvo, com concentração e objetividade, sem se deixar perturbar pela dualidade e superficialidade geminiana. A deusa Ártemis/Diana nos mostra o exemplo de suas Arqueiras Celestes e nos traz o apoio de suas Ninfas da floresta.

Elementos ritualísticos

Velas púrpuras ou laranjas, tochas ou fogueiras (pela proximidade do *Sabbat Litha*).

Galhos e folhas de mangueira, castanheira, figueira ou cedro, flores de lírio da cachoeira, colônia, dália ou madressilva, sementes de anis estrelado, cardamomo ou cumaru, musgo e liquens.

Incenso de sândalo, vetiver, sálvia ou bálsamo, óleo essencial de cravo, hissopo, açafrão ou gengibre.

Cristais ou pedras polidas de topázio, turmalina, fluorita, malaquita, turquesa, pedaços de estanho.

Roupas esportivas e botas, bastão mágico, a imagem de um alvo, a representação de uma flecha, imagens ou reproduções de animais totêmicos ou xamânicos (cavalo/égua, lobo/loba, alce, cervo, rena, antílope, jaguar, faisão, falcão, cão de caça, grifo, unicórnio).

Músicas indígenas, a *Cavalgada das Valquírias* ou a *Nona Sinfonia*. Comemoração com comida grega (salada de batatas com molho de iogurte, massa folhada com recheio salgado ou doce), vinho ou hidromel.

Divindades

Os deuses regentes da comunicação são Apolo, Ganesha, Hermes/Mercúrio, Nuada, Odin, Ogma, Taliesin, Thoth.

As deusas ligadas à comunicação são Eadon, Epona, Etain, Iambe, Íris, Macha, Minerva, Musas, Nisaba, Rhiannon, Sarasvati, Vac, Var.

Dentre s regentes da natureza selvagem podem ser escolhidas: Ártemis/Diana, Artio, as Amazonas, Bushfrauen, Calisto, as Dríades, Ewá, Fauna, Flidais, Feng Po, Gyhldeptis, Leshachikha, Mara, Meza Mate, Mielikki, "A Mulher Bufala Branca" e "A Mulher Ursa", Nemetona, Potnia Theron, Rauni, Saule, as Valquírias, Vila, Vir Ava.

Os Anjos associados são Saquiel (Tsadkiel) e Rafael.

Os Orixás correspondentes são Ewá, Irôko, Ossain, Oyá, Xangô, Yori.

Rituais

Para a complementação das polaridades e integração da dualidade (o casamento interior, harmonizando os opostos); direcionamento da energia física e mental para um determinado objetivo; viagens xamânicas para encontrar seus animais de poder e contatar a Amazona interior; homenagens e conexão com as Deusas das florestas e a Mãe dos animais, reconhecendo e equilibrando seu lado instintivo e a necessidade da liberdade interior e exterior; jornadas xamânicas, "busca da visão", oferendas para os Seres da Natureza, práticas de centramento e equilíbrio.

Mentalização

"Abro-me para novos conhecimentos e abandono minha inquietação e dispersão."

Matriarca da Sexta Lunação

É "A Contadora de histórias" que, por meio de seus contos, ensina o relacionamento correto com nossos irmãos de criação, usar o humor e leveza para afastar os medos, equilibrar o sagrado e o profano e preservar a tradição oral de nossos ancestrais.

Plenilúnio em Capricórnio. Sol em Câncer "Lua da luz forte e da bênção"

Conceito da polaridade astrológica

Capricórnio é um signo de terra, caracterizado por disciplina, organização, praticidade, tenacidade, seriedade, tendo dificuldade em expressar seus sentimentos e se relacionar. Ao contrário dele, Câncer – por ser um signo de água regido pela própria Lua – é muito emotivo e sensível, necessita de segurança, proteção, é apegado à família, ao lar e ao passado. Essa combinação favorece o retorno às raízes (familiares, ancestrais, espirituais) e a abertura psíquica para receber orientações do seu Eu Divino, dos ancestrais ou da Deusa. Usando as qualidades telúricas (disciplina, responsabilidade e perseverança), cria-se uma estrutura segura para desenvolver e direcionar a sensibilidade psíquica da água e da Lua.

Elementos ritualísticos

Uma vasilha de barro com terra ou um vaso com uma planta, galhos de azevinho, tuia, hera, junco, eucalipto ou salgueiro, folhas de artemísia, cinerária, avenca ou lágrimas de Nossa Senhora, flores de trombeta, papoula ou íris. Óleo essencial de limão, pinho ou cipreste, incenso de cânfora, madeira, raízes ou mirra.

Joias ou pedras polidas de ônix, obsidiana (lágrimas do apache ou floco de neve), lodolita, cristais esfumaçados (fumê), objetos de azeviche ou prata, fósseis. Fotografias das ancestrais, símbolos da maternidade, imagens ou estatuetas de deusas lunares, chifres (de cabra, vaca ou cervo), conchas, imagens dos animais totêmicos (cabra montanhesa, escaravelho, coruja, corvo, urubu, águia, condor, iguana, elefante, salmão, sapo, ganso, tartaruga).

Músicas com sons da natureza, chocalhos ou ritmo de tambor.

Comemoração com pão integral e sopa de inhame, queijo de cabra, tabule de trigo ou quinoa, salada de frutas, uvas e vinho do Porto.

Divindades

As deusas personificam a Mãe Terra, como, Al Lat, Abundita, Anna Purna, Asase Yaa, Baalath, Chup, Coatlicue, Deméter/Ceres, Coatlicue, Erda, Gaia, Gerda, Habonde, Mati Syra Zemlja, Mayahuel, Mokosh, Nerthus, Nokomis, Omamama, Ops, Pacha Mama, Papa, Reia, Selu, Tellus Mater, Uke-Mochi-no-Kami, Zemyna, Zisa.

Os deuses têm características lunares, como Hórus, Mani, Odin, Ptah, Shiva, Sin, Thoth, Varuna.

Os Anjos associados são Cassiel (Orifiel) e Gabriel.

Os Orixás correspondentes são Ewá, Iemanjá, Nanã Burukê, Yorimã.

Rituais

Para reverenciar a Grande Mãe, a Mãe Terra e as ancestrais; honrar a fertilidade e a maternidade, da Terra ou da mulher; gerar, incentivar e fortalecer novos projetos e planos; remover as energias bloqueadas, cristalizadas ou ultrapassadas das lembranças, dos ambientes, das pessoas, dos condicionamentos ou dos relacionamentos; enviar vibrações de cura para a Terra.

Mentalização

Visualize-se como se fosse uma árvore, cujas raízes estão firmemente entranhadas na terra, de onde extrai sua nutrição e sustentação, enquanto seus braços – como se fossem galhos – se estendem para captar a energia cósmica e a luz lunar.

Afirmação

"Sinto-me perfeitamente segura, liberta das preocupações e influências negativas do passado. A Grande Mãe me apoia, orienta e ilumina sempre."

A Matriarca da Sétima Lunação

É "Aquela que ama todas as coisas", a guardiã do amor incondicional. Ela ensina o amor e a compaixão em todas as manifestações da vida. Amar a si mesma sem restrições e quebrar os padrões impostos ou adquiridos de dependência, ajudará nossa criança interior a aceitar e dar amor, curando assim as feridas do passado.

Plenilúnio em Aquário. Sol em Leão "Lua dos frutos maduros"

Conceito da polaridade astrológica

Aquário é um signo de ar, regido por Urano, representando o potencial criador, inventivo, renovador e transformador. Tendo características humanitárias, favorece as preocupações sociais e os objetivos comunitários, em oposição ao signo de Leão, regido pelo Sol e centrado na expressão da individualidade e dos interesses pessoais. Essa combinação favorece a expansão do indivíduo na direção do grupo, o confronto entre o comodismo e a ousadia, a inércia e o impulso de libertação. São necessárias avaliações e reestruturações antes de romper com o passado e realizar os ideais de independência e liberdade. Iluminando e fortalecendo o Eu favorece-se a interação com o grupo e a participação em projetos comunitários e humanitários.

Elementos ritualísticos

Velas brancas, amarelas ou douradas.
Purificação em torno de fogueiras, aproveitando a egrégora do *Sabbat Lammas*, "A festa da colheita".
Flores amarelas e brancas como girassol, dente de leão, jasmim, madressilva, margaridas.
Incenso de eucalipto, gardênia, cedro ou copal, óleo essencial de bergamota, bétula, jasmim, mimosa ou tuberosa, folhas de louro, dente-de-leão e hipericão.
Cristais de ametista, fluorita, lápis-lazúli, olho-de-tigre, safira, zircônio, lepidolita, labradorita, joias de âmbar, ouro ou com diamantes.
Representações dos meios modernos de comunicação ou criatividade (computador, pincéis, esquadros, ferramentas, instrumentos científicos ou musicais), imagens dos animais totêmicos (borboleta, lontra, albatroz, beija-flor, libélula, aranha, cuco, búfalo branco).

Músicas *New Age* com flautas, cítaras, címbalos ou sons sintetizados.

Comemoração com pratos a base de milho, travessas com frutas, legumes cozidos salpicados com sementes de girassol, linhaça, chia e gergelim, uvas, suco de frutas ou sidra.

Divindades

Como deusas com características uranianas, mencionamos Arachne, Astrea, Atena, Brighid, Castália, Cliodhna, Charila, Eadon, Egeria, Freyja, Gunnlod, Ix Chel, Kista, Libertas, Lilith, "A Mulher Búfala Branca", as Musas, Nut, Prajna, Saga, Samnati, Sapientia, Sarasvati, Saule, Sirona, Snotra, Sofia, Sopdet, Tashmit, Tou Mou, Vac.

Dentre os deuses solares podem ser escolhidos Apolo, Baldur, Bel, Guaracy, Inti, Lugh, Llyr, Mithra, Surya.

Os Anjos associados são Uriel (Tzadkiel) e Mikael (Miguel).

Os Orixás correspondentes são Obá, Orunmilá, Oxalá, Oxumaré, Yorimã.

Rituais

Devido à proximidade do *Sabbat Lammas*, celebrado com fogueiras, festas da colheita e a "dança xamânica do Sol", pode-se usar o fogo como elemento purificador e ativador das mudanças, para queima de resíduos negativos, oferendas de grãos e danças ao redor da fogueira. Recomendam-se irradiações de luz em benefício dos projetos comunitários, após os rituais de cura pessoal, com energização, fortalecimento da vontade e do poder pessoal e afirmações positivas. Avaliam-se as amarras e os obstáculos que impedem a expressão e a realização pessoal, bem como pode ser ativada a interação e a cooperação com o grupo ou a comunidade.

Meditação

Medite a respeito de alguma contribuição que possa fazer para o mundo, visualizando-se conectado às pessoas que possam proporcionar ou participar desse projeto.

Afirmação

"Abro mão dos interesses pessoais pelo bem de todos e liberto-me da rebeldia desnecessária, confiando em minha capacidade plena."

A Matriarca da Oitava Lunação

É "Aquela que cura", a guardiã das artes curativas e dos ritos de passagem. Ela mostra à humanidade que cada ato da vida é um passo no caminho da cura. Abrindo mão dos julgamentos e condicionamentos do passado, seremos capazes de curar o medo do futuro e iniciar um novo ciclo por meio de um rito de passagem.

Plenilúnio em Peixes. Sol em Virgem "Lua da colheita"

Conceito da polaridade astrológica

Peixes é um signo de água, cujas características principais são a compaixão, a sensibilidade e a busca da realização espiritual. Virgem é um signo de terra, que valoriza a organização, a análise e discriminação racional, a responsabilidade e o serviço. A combinação das qualidades de água e terra favorece a fertilidade, o plantio e a colheita. É uma data propícia às práticas oraculares e à abertura da percepção psíquica, compartilhando os frutos – dos esforços pessoais ou da própria terra – e agradecendo os resultados e as dádivas (flores, frutos, filhos, poemas, projetos, realizações criativas ou artísticas como canções, pinturas, danças, artesanato). Avaliam-se os resultados, ponderando sobre os erros e as dificuldades e preparando a terra e as sementes para a próxima colheita.

Elementos ritualísticos

Velas violetas ou lilás.

Infusões de ervas que proporcionem a percepção psíquica (artemísia, sálvia, angélica, louro, tomilho e hortelã).

Cestas com flores silvestres, espigas de trigo e frutas, um vaso com terra molhada pronta para ser semeada. Incenso de artemísia, lótus ou olíbano, óleo essencial de nardo, gardênia, artemísia ou violeta.

Cristais de ametista, água-marinha, azurita, safira, amazonita, amolite, lepidolita, labradorita.

Roupas exóticas, imagens com representações dos animais totêmicos (peixes, foca, baleia, cavalo-marinho, golfinho, pinguim, gaivota, enguia, sapo, martim-pescador, cegonha, cisne), oráculos (runas, tarot, I Ching), mandalas para meditação, pincéis e tintas para artesanato, pedaços de argila para modelar símbolos ou figuras, lãs coloridas, imagens do Planeta Terra.

Música com batidas de tambor ou instrumentos de sopro.

Celebração com pão caseiro com sementes e passas, gelatina de agar-agar com maçã, suco de melancia ou melão, ponche de frutas.

Divindades

As deusas do mar mais conhecidas são Afrodite, Ahes, Anfitrite, Asherah, Atargatis, Donzelas das Ondas, Iemanjá, Ilmatar, Ísis, Leucothea, Levanah, Mama Watta, Marah, Mari Ama, Mariamna, Nammu, Návia, Nehelennia, Nina, Ran, Salácia, Sedna, Tétis, Tiamat, A Velha Mulher do mar, Ys.

Dos deuses telúricos, pode ser escolhido Attis, Crom Cruaich, Dumuzi, Freyr, Hanuman, Mabon, Osíris, Tammuz.

Os Anjos associados são Metatron (Assariel) e Rafael. Os Orixás correspondentes são Ewá, Iemanjá, Logun-edé, Ossaim, Yori.

Rituais

Para celebrar a abundância da colheita, exterior e interior; proporcionar a abertura da percepção psíquica em viagens astrais ou xamânicas, canalizações, radiestesia ou oráculos; oferendas para os seres da natureza e a Mãe Terra; purificação com água do mar; irradiação em benefício das áreas poluídas ou dos desmatamentos do Planeta; invocação da compaixão divina para curar a humanidade, por intermédio de Maria e de Kwan Yin.

Mentalização

Esvazie a mente para sentir a ligação com o plano divino. Concentre-se em sua respiração e entoe o mantra OM, irradiando paz e luz para o Planeta e para a humanidade.

Afirmação

"Sinto-me conectada ao Divino e desapego-me de todo o supérfluo."

A Matriarca da Nona Lunação

É "A Mulher do Sol Poente", a guardiã das gerações futuras. Ela nos ensina a encontrar a verdade pessoal, encarando o futuro sem medo e manifestando nossas visões na Terra. Somos responsáveis pelas próximas sete gerações e não devemos lhes deixar um legado negativo, doentio, violento, materialista, consumista ou fragmentado.

Plenilúnio em Áries. Sol em Libra
"Lua do voo dos patos e da caça"
Conceito da polaridade astrológica

Áries representa o espírito combativo do guerreiro, favorecendo a iniciativa pioneira e os novos empreendimentos. Libra traz influxos de moderação, equilíbrio e harmonia, além das tendências artísticas venusianas. Essa combinação ressalta a oposição/complementação das polaridades – Marte/Vênus, combate/conciliação, eu/outro, dar/receber, imposição/diplomacia, exteriorização/contemplação, assertividade/sensibilidade, indivíduo/comunidade. É um momento propício para avaliar os relacionamentos, procurando os meios adequados para criar harmonia e igualdade, sem sobrecarregar nenhum dos "pratos da balança", sempre visando o "caminho do meio", entre a agressividade marciana e a passividade venusiana, a competição masculina e a submissão feminina.

Elementos ritualísticos

Velas cor-de-rosa ou vermelhas.

Flores diversas (flamboyant, buganvília, cravos, palmas, dálias), folhas de hortelã pimenta, lança e espada-de-Ogum, carqueja ou aloé, um vaso com cacto. Incenso de cravo, canela, noz moscada ou gengibre, óleo essencial de mil folhas, manjericão, cardo santo ou cominho.

Cristais ou pedras polidas de granada, rubi, rubilita, turmalina, jaspe sanguíneo, ágata, opala de fogo, hematita ou magnetita.

Roupas em tons vermelhos ou rosa, um punhal (ou bastão) e um cálice, uma mandala do Yin/Yang, os arcanos seis, oito e quatorze do Tarô (os Enamorados ou os Dois Caminhos, a Justiça e a Temperança), reproduções dos animais totêmicos (carneiro, antílope, leopardo, tigre, javali, porco-espinho, garanhão, falcão, gavião, corvo, galo, sabiá), algum chifre de animal (carneiro, cervo), um búzio ou concha grande.

Músicas e artes marciais, exercícios bioenergéticos.

Comemorações com arroz com açafrão ou cúrcuma, pratos temperados com *curry, mango chutney*, pimenta ou mostarda, chá indiano com gengibre, cravo, cardamomo e canela.

Divindades

Escolha uma destas deusas guerreiras: Amazonas, Ártemis, Anath, Andraste, Badb, Bellona, Cathubodua, Dakinis, Enyo, Gefjon, Hlin, Macha, Maeve, Morrigan, Obá, Oyá, Pele, Scathach, Securita, Skadhi, Thorgerd Holgabrud, Valquírias.

Os deuses do amor são Adônis, Angus Mac Og, Baldur, Dumuzi, Eros, Kama, Krishna, Vishnu.

Os Anjos associados são Samael (Camael) e Haniel (Aniel). Os Orixás correspondentes são Oyá, Oxum, Oxóssi, Ogum.

Rituais

Para entrar em contato com sua força interior; aprender a lidar com a raiva ou o medo; a agressividade ou a desistência; saber quando lutar ou negociar. É uma data propícia para a descoberta e liberação, por meio da catarse, das emoções reprimidas ou dos bloqueios energéticos, queimando papéis, fios ou galhos na fogueira, dançando ou gritando, para curar as feridas emocionais do passado, encenando o mito do Graal e respondendo à pergunta *"O que me aflige realmente?"*.

Mentalização

Visualize uma bola de energia vermelha trazendo à tona qualquer energia bloqueada ou raiva reprimida, direcionando-a para ser transmutada depois pelo fogo, o vento e a terra.

Afirmação

"Liberto-me de toda a raiva que me intoxica e canalizo minha energia para fins construtivos."

A Matriarca da Décima Lunação

É "Aquela que tece a teia", a guardiã da força criativa que nos ensina a desenvolver nossas habilidades, destruindo as limitações, saindo da estagnação e materializando nossos sonhos. Nossa criatividade é determinada por nossa capacidade de sonhar e usar nossa imaginação.

Plenilúnio em Touro. Sol em Escorpião
"Lua escura das folhas que caem"

Conceito da polaridade astrológica

Touro representa a estabilidade e a segurança da terra, enfatizando a rotina, a praticidade, a determinação e a perseverança. Seu oposto, Escorpião, ressalta a intensa emotividade e intensidade da água em turbilhão, trazendo um profundo envolvimento dos sentidos e um acentuado potencial psíquico. A combinação da rigidez da terra com o vórtice das "águas turvas" favorece o trabalho interior de observação, reconhecimento e transformação dos padrões emocionais e comportamentais, compulsivos ou obsessivos. A proximidade do "Dia dos Mortos" permite a avaliação do "peso morto", a iluminação e a transmutação das sombras, a transição do velho para o novo, as homenagens para os ancestrais e a reverência às Deusas "escuras".

Elementos ritualísticos

Velas pretas ou roxas.

Galhos ou frutas de amora e romã, maçãs, amêndoas, flores de crisântemos, junquilho, prímulas ou violetas.

Incenso de gardênia, lírio, maçã ou magnólia, óleo essencial de hortelã, murta, ylang-ylang, gerânio ou morango.

Cristais ou pedras polidas de quartzo verde, malaquita, amazonita, turmalina, crisocola, obsidiana, turquesa ou esmeralda.

Um xale preto, objetos de cobre, um caldeirão ou vasilha de cerâmica, enfeites ou máscaras com penas ou pele de animais, representações dos animais totêmicos (touro, vaca, búfalo, serpente, corvo, pêga (ave de rapina), garça, cisne, pombo, castor, esquilo). Fotografias, objetos e oferendas para os ancestrais, lista de hábitos ou lembranças para descartar (queimando no caldeirão), lanterna tradicional talhada em abóbora com uma vela dentro, representação de um labirinto.

Músicas meditativas ou com sons da natureza.

Comemoração com sopa de abóbora com gengibre, humus com pão preto e suco de uvas.

Divindades

Escolha dentre as deusas, Astarte, Blodeuwedd, Cerridwen, Charila, Drol-ma, Egle, Ennoia, Ereshkigal, Freyja, Hathor, Hécate, Hexe, Inanna, Kadru, Lâmia, Lilith, Manasa Devi, Mulher que muda, Morgan Le Fay, Ninlil, Obá, Pales, Parvati, Perséfone, Radha, Rangda, Rhiannon Selkhet, Syn, Surabhi, Tauret.

Os deuses da morte são Anúbis, Adônis, Aegir, Arawn, Gwynn ap Nudd, Hades, Odin, Xipe Totec.

Os Anjos associados são Haniel (Anael) e Azariel (Raziel).

Os Orixás correspondentes são Elegbá, Ewá, Obá, Ogum, Oxóssi, Oyá.

Rituais

Para abandonar velhos hábitos ou resíduos dolorosos de antigos relacionamentos ou vivências; meditações sobre as mudanças necessárias para ampliar sua consciência e reverenciar os ancestrais; fortalecimento da vontade para alcançar seus objetivos (encantamentos, talismãs, afirmações, exercícios de centramento); ritos de passagem para separações, menopausa, viuvez e cirurgias com retirada de órgãos; contato com o corpo e a terra; invocações para saúde e prosperidade; meditações sobre a morte e conexão com as divindades do reino subterrâneo.

Mentalização

Envolva-se em uma esfera de luz verde e avalie todas as atitudes e conceitos limitantes em relação à sua saúde, seu corpo, sua profissão e sua situação financeira.

Afirmação

"Liberto-me de todos os pensamentos e atitudes que me bloqueiam ou empobrecem."

A Matriarca da Décima Primeira Lunação

É "Aquela que anda com firmeza", a Mãe da inovação e da perseverança. Ela nos ensina o uso adequado da vontade e do nosso poder para modificar as circunstâncias da vida pela ação pessoal, sem depender dos outros para agir, afirmando nossa autoestima e autossuficiência.

Plenilúnio em Gêmeos. Sol em Sagitário "Lua dos dias sagrados"

Conceito da polaridade astrológica

Gêmeos, representado pelos irmãos Castor e Pólux, representa a dualidade, a curiosidade e a inquietação mental, a superficialidade e multiplicidade dos conhecimentos, a dispersão e mutabilidade. Sagitário traz o entusiasmo do buscador, o fogo da motivação e a necessidade da liberdade pessoal, em todos os planos e circunstâncias. Enquanto Gêmeos quer saber "os porquês" e "como", Sagitário se deixa levar pela fé, sem questionar ou duvidar. Essa combinação proporciona uma ativação do potencial energético, visando um objetivo específico, sem se deixar dispersar ou desviar. A imaginação pode ser usada como uma flecha disparada pela vontade para alcançar o alvo dos projetos, enquanto a coragem e a força interior do arqueiro sustentarão a expressão concreta dos ideais.

Elementos ritualísticos

Velas amarelas e lilás.

Flores silvestres ou flores miúdas (margaridas, verbenas, flox, ervilha-de-cheiro, petúnias ou ipê), capim-limão, trevo, funcho ou orelha de urso. Incenso de benjoim, alfazema ou alecrim, óleo essencial de hortelã, lavanda, endro ou citronela.

Cristais ou pedras polidas de berilo, ágata, crisoberilo, fluorita, olho-de-tigre ou de gato, alexandrita.

Reproduções dos animais totêmicos (papagaio, pica-pau, macaco, pardal, arara, borboleta, camaleão, canário, urso), símbolos da deusa Ártemis (lua crescente, cinto de metal ou de pedras, arco e flecha, máscara ou imagem de urso), roupas de couro ou camurça, botas, fotografias da nossa adolescência, imagem de uma floresta.

Comemoração com sanduíches naturais, frutas, pipoca, limonada e sorvete.

Divindades

Os deuses correspondentes são Baal, Odin, Quiron, Tupã, Tyr, Xangô, Zeus/Júpiter.

As deusas com características geminianas são: Ártemis/Diana, Atena/Minerva, Brighid, Calíope, Ennoia, Gunnlod, Iambe, Íris,

Juventas, Mielikki, Mnemósine, as Musas, Oonagh, Oshion, Prajna, Sarasvati, Sapientia, Savitri, Seshat, Sirona, as Senhoras das florestas e dos animais, Sofia, as Valquírias.

Os Anjos associados são Rafael e Saquiel (Tsadkiel).

Os Orixás correspondentes são Ewá, Oxóssi, Oxumaré, Oyá, Xangô, Yori.

Rituais

Práticas para melhorar e aprofundar a comunicação no nível interno (buscando o contato com o Eu Superior e os mentores espirituais) ou no nível exterior (adquirindo mais conhecimentos e transformando-os em sabedoria); encantamentos para alcançar um objetivo, inscrevendo-o em um alvo e mentalizando a flecha de sua vontade e determinação "voando" em sua direção. Conexão com as qualidades de coragem, força interior e expressão da autossuficiência, simbolizadas pelas Amazonas. Valquírias e as deusas lunares virgens; danças xamânicas para homenagear a Mãe Ursa; confecção e uso de máscaras de animais; meditações ao som de tambores para encontrar seus aliados.

Mentalização

Para acalmar e equilibrar suas ondas mentais visualize raios prateados iluminando seu cérebro, enquanto respira de forma calma e ritmada e entoando o mantra OM. Imagine suas ondas mentais diminuindo de intensidade e frequência até que, suavemente, reproduzam a superfície tranquila de um lago.

Afirmação

"Liberto-me de bloqueios em minha comunicação e aprendo tudo o que necessito com rapidez e segurança."

A Matriarca da Décima Segunda Lunação

É "Aquela que agradece as dádivas", que nos ensina a agradecer por tudo que recebemos na vida, abrindo assim, espaço para a futura abundância. Não importam as dificuldades ou desafios que enfrentamos, devemos agradecer por essas oportunidades que nos permitem desenvolver e revelar nossa força interior. Como a "Mãe da Abundância", esta Matriarca nos mostra o valor do "dar para receber".

Capítulo VII
As Luas Especiais

A Lua Azul da Abundância

Acredita-se que a **Lua Azul** começou a ser cultuada inicialmente, entre os egípcios, com a substituição do calendário lunar, que marcava o tempo usando as fases da lua, pelo calendário solar, que introduziu o conceito de mês com trinta dias. "Lua Azul" é o nome que se dá à segunda lua cheia dentro do mesmo mês, um fenômeno que acontece, em média, uma vez a cada dois anos e sete meses, sete vezes a cada dezenove anos e trinta e seis vezes no século. Desde a antiguidade, a Lua Azul é considerada um acontecimento de muita força magnética e poder espiritual, reforçando o sentido de plenitude da lua cheia.

A Lua Azul nos proporciona uma oportunidade a mais de tocar o divino, um aumento de consciência diante das forças sobrenaturais, reforçando assim, o intercâmbio com os outros planos, reinos e dimensões. Por ser considerado "um tempo entre os tempos", um momento raro e, por isso, muito mais poderoso e mágico, fica mais fácil alcançar "o mundo entre os mundos" por meio dela. É uma lua de abundância, que permite colher muito mais do que se plantou, os encantamentos têm maior poder e os resultados são mais rápidos. Pensamentos e desejos tornam-se mais intensos e assim, qualquer ritual exige maior cautela em relação aos objetivos e pedidos. Mais do que nunca vale a advertência *"cuidado com o que pedir, pois poderá conseguir"*!

Com o surgimento do calendário Juliano, no início do cristianismo, o culto à Lua Azul foi reprimido por ser considerado uma exacerbação da simbologia lunar do poder feminino e do culto às Deusas, assuntos negados, perseguidos e proibidos. Mesmo assim, permaneceu sua aura romântica e poética e a Lua Azul passou a ser associada à crença de que era propícia ao romance e ao encontro de parceiros. Surgiu o termo inglês *blue moon*, significando algo muito raro, impossível ou valioso, dando origem a inúmeras músicas e poemas melancólicos ou esperançosos.

Na mitologia celta, essa lua favorece o contato com o "Reino Encantado" dos seres da natureza. Invocam-se as Rainhas das Fadas –, Aine, Airmid, Eadon, Etain, Grainne, Inghean Bhuidhe, Lasair, Latiaran, Maeve, Morgen le Fay, Scota, Tailtu – e empreendem-se viagens reais ou imaginárias para as *Sidhe*, as colinas encantadas, moradas do *Little People*, o "Povo Pequeno".

Para agradar as Fadas, os celtas cultivavam perto das casas suas plantas preferidas – calêndulas, verbenas, violetas, prímulas e tomilho – e deixavam oferendas de mel, leite, manteiga, pão e cristais nas clareiras onde os círculos de cogumelos denotavam sua presença. Para favorecer a "visão", abrindo a percepção psíquica, usava-se artemísia, em chá ou em infusões para banho, suco de samambaias ou orvalho passado nas pálpebras, sachês de mil folhas e hipericão, invocações mágicas adequadas.

A Lua Azul é regida pela Matriarca da 13ª Lunação, "Aquela que se torna a visão", a guardiã de todos os ciclos de transformação, a Mãe das mudanças. Essa Matriarca nos ensina a importância de seguir nosso caminho sem nos deixar desviar por ilusões, que possam vir a interferir em nossas visões. Cada vez que nos transformamos, realizando nossas visões, novas perspectivas de compreensão se abrem, permitindo-nos alcançar outro nível na eterna espiral da evolução do espírito. A última visão a ser alcançada é a decisão de simplesmente SER. Sendo tudo e sendo nada, eliminamos os rótulos e definições que limitam nossa plenitude.

Para criar uma atmosfera adequada a uma celebração da Lua Azul, use velas e roupas azuis. Prepare "água lunarizada" expondo aos raios lunares garrafas de vidro azul, cheias de água. Prepare "travesseiros dos sonhos" enchendo uma fronha de tecido azul com flores de sabugueiro, lavanda ou alfazema, macela, hipericão, folhas de artemísia e sálvia. Imante com a energia lunar, cristais e pedras azuis como: topázio azul, safira, berilo, água-marinha, lápis-lazúli ou sodalita. Usando músicas com sons da natureza, como pios de corujas, cantos de baleias ou uivos de lobos, permita que sua criatividade e intuição levem-na ao "Reino das Fadas" ou ao encontro das Deusas Lunares. Olhe fixamente para a Lua, eleve seus braços e "puxe" a luz para sua testa, seu coração e seu ventre.

Conecte-se, em seguida, à Matriarca, pedindo-lhe orientação sobre as mudanças necessárias para alcançar uma real transformação.

Permaneça, depois, em silêncio e ouça as mensagens e respostas ecoando em sua mente ou alegrando seu coração.

A Lua Rosa dos Desejos

Na Antiga Tradição, acreditava-se que determinadas luas cheias eram imbuídas de uma energia especial para realizar desejos, projetos ou aspirações. Essas luas, chamadas "Lua rosa dos desejos" ou "Lua dos pedidos", são aqueles plenilúnios mais próximos dos quatro grandes *Sabbats* celtas – *Samhain*, em 31 de outubro; *Imbolc*, em primeiro de fevereiro; *Beltane*, em 30 de abril e *Lammas* em primeiro de agosto – com um intervalo de três meses entre si.

Muitos grupos e pessoas seguem essa prática sem conhecer sua origem ou significado, apenas continuando a tradição. Sua origem é longínqua, perdida na bruma dos tempos, e a razão dessas datas é atribuída ao aumento do poder magnético e espiritual nos períodos de mudanças telúricas e cósmicas marcados por esses antigos *Sabbats*.

Para acompanhar o fluxo energético desses plenilúnios, prepare uma lista em um papel rosa com seus pedidos, esperanças, desejos, sonhos ou aspirações. Com o dedo indicador umedecido em óleo essencial de jasmim, rosas, salgueiro, artemísia ou sândalo, trace um pentagrama sobre o papel. Mentalize seu pedido e faça uma pequena oração, repetindo-a por três vezes. Dobre o papel e coloque-o em seu altar ou mesa de cabeceira, pondo sobre ele uma pedra da lua, um cristal de rocha ou quartzo rosa.

Repita esse pequeno ritual em cada mudança de fase lunar, a cada sete dias, aproximadamente, até a próxima Lua Rosa.

De acordo com seu merecimento ou necessidade cármica, em função da intensidade de seu desejo e da sua intenção, seu pedido será atendido dentro de três luas cheias.

A Lua Negra da Transmutação

A fase lunar denominada Lua Negra acontece mensalmente, nos três dias que antecedem a lua nova. Durante este período, o fino disco da lua minguante diminui até desaparecer na escuridão da noite. Tendo em vista que a luz da lua é na verdade a luz solar refletida pelo disco lunar, podemos dizer que a lua negra "mostra" a verdadeira face oculta da lua.

Durante essa fase de escuridão mensal, os povos antigos reverenciavam as "Deusas Escuras", dedicando este tempo a rituais divinatórios, de cura e transmutação. Com o advento das sociedades patriarcais, os mistérios da Lua Negra tornaram-se sinônimo de terror, azares e malefícios. Devido à incapacidade de perceber ou compreender o significado do "desaparecimento" da Lua, surgiram lendas e superstições sobre os demônios ou forças malignas que "comiam" a Lua. Dessa maneira, a Lua Negra passou a representar o auge dos poderes destrutivos, vaticinando cataclismos naturais, como inundações, tempestades ou secas e pragas humanas como guerras, doenças e fome. A Lua Negra era tida como aziaga para qualquer empreendimento, por ser considerada a lua do período escuro em que fantasmas e espíritos malévolos perambulam sobre a Terra e as bruxas executam seus rituais de magia negra. Atribuía-se à Lua Negra a conexão com o mundo subterrâneo por ser regida por divindades em forma de serpente ou com serpentes nos cabelos ou ao seu redor.

Na verdade, a Lua Negra facilita o acesso aos mundos e planos sutis e às profundezas de nossa psique. Por isso, atualmente é considerada uma fase favorável para trabalhos de transformação e renovação. Somente mergulhando no nosso lado escuro, desvendando os mistérios e as sombras de nosso inconsciente, poderemos achar os meios secretos para nossa renovação. A Lua Negra tem o poder de criar e de destruir, de curar e de regenerar, de descobrir e fluir com o ritmo das mudanças e dos ciclos naturais, dependendo da capacidade individual em reconhecer e integrar sua sombra.

Ao entrar na fase da Lua Negra, podemos presenciar a transição entre a destruição do velho e a criação do novo. É, portanto, um período favorável para rituais de cura, renovação e regeneração. O processo de transformação destrói os padrões ultrapassados de condicionamento, comportamento e estruturação, liberando-nos daquilo que não serve mais, de tudo que é limitante e negativo, que impede a nossa expansão.

Os objetivos dos rituais são variados e de acordo com as necessidades de cada um. Podemos citar a remoção de uma "maldição", a correção de uma disfunção, o afastamento dos obstáculos ou das dificuldades na realização afetiva ou profissional, a limpeza de resíduos energéticos negativos de pessoas, objetos ou ambientes, a preparação e imantação do espelho negro. Entra-se em contato com as ancestrais e com as Deusas Escuras como: Baba Yaga, Black Annis, Cailleach, Cerridwen, Ereshkigal, Hécate, Hel, Holda, Kali, Macha, Medusa, Morrigan, Néftis, Nekhebet, Oyá, Ran, Sedna, Sekhmet, Sheelah Na Gig ou Tuonetar. As palavras-chave para esses rituais são: complementação, finalização, dissolução, desapego, introspecção, sabedoria ancestral, morte, libertação, transformação e transmutação.

Os elementos ritualísticos são as velas pretas para afastar a negatividade, as brancas para os novos inícios e as vermelhas para realização, correspondendo às três cores da Deusa e aos três estágios da condição feminina: idosa, adulta e jovem. Por ser a Anciã a Deusa regente desta lua, são oferecidos no altar, em vez de flores, um xale preto, galhos e folhagens secas, penas pretas, pelo de cachorro preto ou lobo, teia ou a imagem de uma aranha, além de representações do poder transmutador da serpente. Os objetos mais importantes para o ritual da Lua Negra são: o caldeirão – para queimar e transmutar as energias negativas – espelho negro ou bola de cristal, além de tarô e runas para orientação e autoconhecimento.

A meditação ao som de tambor ajuda a mergulhar no ventre escuro da Mãe Terra, trazendo mensagens e sugestões para a cura, regeneração e transformação.

A Lua Violeta da Reflexão

Da mesma maneira que eventualmente existem duas luas cheias em um mesmo mês, também podem ocorrer duas luas novas. A segunda lua negra (correspondendo à fase de três dias que antecede a segunda lua nova dentro do mesmo mês) é muito pouco divulgada, sendo conhecida apenas por mensagens espirituais e alguns grupos restritos. Denominei esse raro fenômeno de Lua Violeta devido às suas qualidades purificadoras e transmutadoras, alcançadas por meio de silêncio e meditação.

A Lua Violeta é um momento misterioso e sagrado que deve ser dedicado à introspecção, à contemplação silenciosa e às reflexões. Deve ser feita uma reavaliação da sua escala de valores, da sua vida atual e de seu propósito nesta encarnação. Alcança-se, assim, uma compreensão maior, um conhecimento autêntico que brota de seu próprio Eu Divino.

Recomendo procurar levantar os véus sutis que encobrem as motivações ocultas da vida atual e o propósito maior da alma, porém faça isso somente após pedir a intercessão de seu Anjo Guardião e da Deusa Madrinha, além de ter feito uma invocação e pedido de permissão e proteção às Deusas do Destino. Com a ajuda de sua sacerdotisa interior, poderá transpor o portal entre os mundos e entrar em contato com sua própria essência espiritual.

A Lua Vermelha da Menstruação

Na antiguidade, o ciclo menstrual da mulher seguia as fases da lua com tanta precisão que a gestação era contada por luas. Com o passar dos tempos, a mulher foi se distanciando dessa sintonia e foi perdendo, assim, o contato com seu próprio ritmo e seu corpo. Fato que teve como consequência vários desequilíbrios hormonais, emocionais e psíquicos.

Para restabelecer essa sincronia natural, tão necessária e salutar, a mulher deve se reconectar à Lua, observando a relação entre as fases lunares e seu ciclo menstrual. Compreendendo o ciclo da lua e a relação com seu ritmo biológico, a mulher contemporânea poderá "cooperar" com seu corpo, fluindo com os ciclos naturais, curando seus desajustes, evitando desequilíbrios e fortalecendo sua psique.

Para compreender melhor a energia de seu ciclo menstrual, cada mulher deve criar um "Diário da Lua Vermelha", anotando no calendário o início de sua menstruação, a fase da lua, suas mudanças de humor, disposição, nível energético, comportamento social e sexual, preferências, sonhos e outras observações que queira.

Para tirar conclusões sobre o padrão de sua "Lua Vermelha", faça essas anotações durante pelo menos três meses, preferencialmente por seis. Após esse tempo, compare as anotações mensais e resuma-as, criando, assim, um guia pessoal de seu ciclo menstrual, baseado no padrão lunar. Observe a repetição de emoções, sintonias, percepções, visões e sonhos, fato que vai lhe permitir estar mais consciente de suas reações, podendo evitar, prever ou controlar situações desagradáveis, perturbações hormonais ou energéticas desgastantes.

Do ponto de vista mágico, há dois tipos de ciclos menstruais, determinados em função da fase lunar em que ocorre a menstruação.

Quando a ovulação coincide com a lua cheia e a menstruação com a lua negra, a mulher pertence ao "Ciclo da Lua Branca". Como o auge da fertilidade ocorre durante a lua cheia, esse tipo de mulher tem melhores condições energéticas para expressar suas energias criativas e nutridoras por meio da procriação e da criatividade.

Quando a ovulação coincide com a lua negra e a menstruação com a lua cheia, a mulher pertence ao "Ciclo da Lua Vermelha". Como o auge da fertilidade ocorre durante a fase escura da lua, há um desvio das energias criativas, que são direcionadas ao desenvolvimento interior, em vez do mundo material. Diferente do tipo "Lua Branca", que é considerada "a boa mãe", a mulher do ciclo "Lua Vermelha" é "bruxa, maga ou feiticeira", que sabe usar sua energia sexual para fins mágicos e não somente procriativos.

Ambos os ciclos são expressões da energia feminina, nenhum deles sendo melhor ou mais correto que o outro. Ao longo de sua vida, a mulher vai oscilar entre os Ciclos Branco e Vermelho, em função de seus objetivos, de suas emoções e ambições ou das circunstâncias ambientais e existenciais.

Além de registrar seus ritmos no "Diário da Lua Vermelha", a mulher moderna pode reaprender a vivenciar a sacralidade de seu ciclo menstrual. Para isso, é necessário criar e defender um espaço e um tempo dedicado a si mesma. Sem poder seguir o exemplo de suas ancestrais, que se refugiavam nas "Tendas Lunares" para um tempo de contemplação e oração, a mulher moderna deve respeitar sua vulnerabilidade e sensibilidade aumentadas durante sua Lua. Ela pode diminuir seu ritmo, evitando sobrecargas ao se afastar de pessoas e ambientes "carregados", não se expondo ou se desgastando emocionalmente e procurando encontrar meios naturais para diminuir o desconforto, o cansaço, a tensão, irritabilidade ou agitação.

O mundo atual – em que a maior parte das mulheres trabalha – ainda tem uma orientação masculina. Para se afastar dessa influência, a mulher moderna deve perscrutar seu interior e encontrar sua verdadeira natureza, refletindo-a em sua interação com o mundo externo.

Com determinação e boa vontade, mesmo no corre-corre cotidiano dos afazeres e obrigações, é possível encontrar seu "tempo e espaço sagrados" para cuidar de sua mente, de seu corpo e de seu espírito. Meditações, "banhos de luz lunar", água "lunarizada", contato com seu ventre, sintonia com a Deusa regente de sua lua natal ou com as Deusas Lunares, meditações com mantras, alinhamento dos chacras com cores, "viagens xamânicas" com batidas de tambor e danças rítmicas, visualizações dos animais de poder, uso de florais ou elixires de gemas e cristais, contribuem para o restabelecimento do padrão lunar rompido e perdido ao longo dos milênios de supremacia masculina e racional.

No livro "O Legado da Deusa - Ritos de passagens para mulheres" e em "Círculos sagrados para mulheres contemporâneas" (vide Bibliografia) encontram-se capítulos sobre os "Mistérios do Sangue" e "Consciência lunar", com orientações detalhadas, práticas e rituais específicos para a menarca, fase menstrual, gravidez e menopausa, além de recomendações para o fortalecimento, consagração e cura do ventre e a conexão com as deusas regentes das fases lunares.

Os Eclipses

Os eclipses lunares ocorrem durante a lua cheia, quando a Terra fica no alinhamento entre a Lua e o Sol. Há, aproximadamente, dois ou quatro eclipses por ano, a maioria sendo parcial.

O eclipse solar ocorre apenas durante a lua nova, quando o Sol fica eclipsado pela Lua, levando ao seu escurecimento parcial ou total, dependendo do grau do eclipse.

Os povos antigos observavam com muito respeito e temor esses fenômenos celestes inexplicáveis. Usavam cantos, danças, oferendas e orações para evitar o "desaparecimento" dos astros.

Atualmente, leva-se em consideração a colocação do eclipse no mapa astrológico de uma pessoa, pois a casa zodiacal afetada será um foco especial de concentração energética por meses ou até mesmo por um ano depois do eclipse, dependendo dos aspectos. Se o eclipse solar acontecer no dia de seu aniversário, suas influências serão aumentadas, exigindo um trabalho de fortalecimento pessoal, principalmente para aumentar sua autoestima e autoconfiança.

Os eclipses lunares anuais caem, geralmente, nos mesmos signos zodiacais ocorrendo, portanto nas mesmas casas do mapa natal. Evidencia-se, assim, a necessidade de trabalho interior para equilibrar e integrar os assuntos das áreas afetadas pelos próximos três a nove meses. Os eclipses "regridem" nos signos zodiacais, na velocidade de um signo ou uma casa, por ano. Sendo assim, ao longo de doze anos, o sombreamento da Lua pela Terra acontecerá em todos os signos e em todas as casas zodiacais dos mapas individuais.

Em termos de magia, um eclipse marca um ponto intermediário muito poderoso, uma transição entre o claro e o escuro, entre o dia e a noite, entre a luz e a escuridão.

Realizar encantamentos e rituais durante um eclipse aumenta sua potência e a responsabilidade de quem os faz. Para direcionar de forma competente as energias, é necessário um mínimo de conhecimento astrológico, principalmente dos aspectos formados no mapa natal individual.

Aconselho criar um ritual pessoal, tentando se "comunicar" com os planetas envolvidos e reconhecer a atuação deles em sua vida. Peça aos anjos ou mestres planetários, aos seus guias espirituais e à Deusa Lunar regente da sua Lua natal, ideias e orientações para o seu crescimento e alinhamento energético e espiritual. Use as palavras-chaves e/ou atributos dos planetas, invoque as divindades a eles relacionadas e deixe-se guiar por sua intuição e sabedoria para encontrar uma maneira simples e prática de expressar as energias do eclipse. Lembre-se de que o "reaparecimento" do astro, após o eclipse, simboliza o início de um novo ciclo ou uma nova fase em sua vida, podendo ser celebrada e afirmada ritualisticamente.

Capítulo VIII
Os Mistérios do Sangue e a Cura Emocional da Mulher

A primeira e mais antiga forma de medir o tempo foi pelo ciclo menstrual das mulheres. Olhando o céu e contando os dias para a chegada da menstruação ou para a confirmação da gravidez, as mulheres criaram os primeiros calendários e estabeleceram as bases do conhecimento mítico e mágico da Lua. A raiz da palavra "menstruação" vem do latim *mens* e significa "lua" e "mês".

Para os povos antigos, a menstruação era um dom dado às mulheres pela Deusa, para que elas pudessem criar e perpetuar a própria vida. A sincronização entre o ciclo lunar e o menstrual refletia o vínculo entre a mulher e a divindade, pois ela guardava o mistério da vida em seu corpo e tinha o poder de tornar real o potencial da criação. Esses ciclos também refletiam as estações e mudanças da natureza, o ventre aparecendo como receptáculo da vida eterna, simbolizado pelo cálice, caldeirão ou Graal em vários mitos. Todos os homens nascem da mulher, seus corpos são formados dos tecidos de seu útero, o sangue que corre nas veias do recém-nascido é o sangue de sua mãe. O poder da mulher vem através de seu sangue, por isso ela não deve temê-lo ou desprezá-lo, mas considerá-lo sagrado, imantado com o poder que liga a mulher à Fonte da Criação.

Considerada pelos povos antigos como a "Flor da Lua" ou o "Néctar da Vida", a menstruação passou a ser denegrida e desprezada pelas sociedades patriarcais, que a consideravam a origem do poder maligno da mulher, a marca do demônio, o castigo dado a Eva por ter transgredido as regras de obediência e submissão. Enquanto nas sociedades matrifocais as sacerdotisas ofereciam seu sangue menstrual à Deusa e faziam suas profecias durante os estados de extrema sensibilidade psíquica da fase menstrual, a Inquisição atribuía a esse poder oracular a prova da ligação da mulher com o Diabo, punindo e perseguindo as mulheres "videntes". E assim originaram-se os tabus, as proibições, as crendices e as superstições referentes ao sangue menstrual.

Tabu é uma palavra de origem polinésia, cujo significado – "sagrado" – refere-se a tudo aquilo que, por ser imbuído de um poder especial chamado *mana*, não podia ser tocado ou usado por pessoas que não estivessem preparadas para lidar com essa energia, o que poderia ser prejudicial. O sangue menstrual ou pós-parto era impregnado de "mana", sendo por isso considerado sagrado, ou seja, "tabu".

Com o passar do tempo, o significado da palavra "tabu" foi deturpado para "proibido", recebendo uma conotação negativa e até mesmo perigosa, principalmente para os homens que temiam esse sangramento misterioso da mulher. Esse temor vinha do fato de que o homem, quando sangrava, era por ferimento ou doença, com consequências quase sempre fatais.

Infelizmente, milênios de supremacia e domínio patriarcal despojaram as mulheres de seu poder inato e negaram-lhe até mesmo seu valor como criadoras e nutridoras da própria vida. Reduzidas a meras reprodutoras, fornecedoras de prazer ou de mão-de-obra barata, as mulheres foram consideradas incompetentes, incapazes, desprovidas de qualquer valor e até mesmo de uma alma!

Não mais o respeito e a veneração pelo poder sagrado de seu sangue, mas a vergonha, a repulsa, o silêncio sobre "aqueles dias", as acusações e explicações "científicas" dos estados depressivos, explosivos ou das mudanças de humor como algo mórbido, que deveria ser tratado com remédios ou com a indiferença.

Em vez dos antigos rituais de renovação e purificação nas Cabanas ou Tendas Lunares, onde as mulheres se isolavam para recuperar suas energias e abrir seus canais psíquicos para o intercâmbio com o mundo espiritual, a mulher moderna deveria disfarçar, esforçando-se para continuar com suas atribuições cotidianas, perdendo o contato e sintonia com seu corpo e com a energia da Lua. O resultado é a tensão pré-menstrual, as cólicas, o ciclo desordenado, o desconhecimento dos "Ritos de Passagem" e dos "Mistérios da Mulher". As meninas passam por sua menarca sem nenhuma preparação ou celebração, aprendendo, muitas vezes, as verdades sobre seus corpos de forma dolorosa ou prejudicial. Ao chegar à menopausa, a mulher sente-se marginalizada, desprezada, excluída, envelhecida, sem receber o apoio ou o ensinamento de como atravessar e aproveitar essa nova fase, plena de possibilidades de transformação, expansão e sabedoria.

Pelo ressurgimento do Sagrado Feminino, as mulheres estão reaprendendo o verdadeiro valor sagrado de seus corpos, de suas mentes e de seus corações. Restabelecem-se os rituais de passagem, celebrando as fases de transição na vida da mulher: a menarca (a primeira menstruação), a maturidade sexual, a gestação, o parto e a menopausa.

É imperativo à mulher contemporânea recuperar a sacralidade de sua biologia. Para isso, ela deve lembrar seus antigos conhecimentos, compreender os verdadeiros mitos e arquétipos de sua natureza lunar, reconhecer o poder mágico de seu ventre e sua conexão com a Deusa.

A sociedade atual, altamente industrializada e intelectualizada, é carente de Ritos de Passagem e Celebrações, preocupando-se apenas com a produtividade, o consumismo e os modismos.

É vital para a mulher moderna suprir essa lacuna lendo e reaprendendo as antigas tradições, usando sua intuição e sabedoria para adaptá-las à sua realidade moderna, celebrando os Ritos de Passagem.

Esse ato de "acordar" e "relembrar" reconecta a mulher à sua essência verdadeira, dando-lhe novos meios para viver de forma mais plena, harmônica, mágica e feliz.

Celebração do Primeiro Sangue

A partir do momento em que a mulher reconhece e honra o poder sagrado de seu sangue, é importante para ela reviver sua primeira menstruação, principalmente se foi uma experiência dolorosa ou traumática.

A primeira menstruação chama-se menarca, proveniente do grego *men* – significando lua e mês – e *arkhe* – significando início e começo. É um momento extremamente importante na vida da mulher, não apenas por ser o primeiro contato com seu sangue, mas também por ser o começo de um longo processo mensal, que marcará sua vida por cerca de trinta e cinco anos. Nas antigas culturas e tradições, a mãe apoiava a filha nesses momentos, de forma amorosa e sábia, ensinando-lhe os "segredos" de seu poder e dando-lhe a certeza de seu potencial e de sua missão como mulher. Como uma borboleta saindo de seu casulo, a menina, ao sair da infância, emergia em um mundo novo, cheio de possibilidades e imprevistos, necessitando, por isso, conhecer e confiar em seu próprio poder.

Infelizmente, nas culturas patriarcais que prevalecem até hoje, inúmeras mulheres passaram por experiências extremamente negativas durante sua menarca, não dispondo de informações ou recursos internos para, por sua vez, guiar e iniciar suas filhas na condição de mulher.

Originariamente, a menarca era a entrada da menina para o misterioso e poderoso reino do poder sagrado – *mana* –, sendo um acontecimento repleto de significados e alegria.

Atualmente, ao contrário, a passagem da maior parte das mulheres pela menarca foi acompanhada de medo, vergonha e insegurança. Da noite para o dia a menina se vê mulher, sem ter uma cerimônia ou ritual para marcar, celebrar e consagrar essa passagem.

Lembrar e reviver a menarca a partir de uma perspectiva adulta possibilita à mulher ter uma nova visão de si mesma, dando-lhe os recursos interiores para poder apoiar e conduzir sua filha por essa passagem, de forma segura e sábia. Essa exploração pode ser transformada em um verdadeiro rito tardio de passagem, permitindo a cura das feridas, conscientes ou não, vistas como marcas relacionadas a esse momento – tão importante e pouco compreendido.

É necessário reconhecer a primeira menstruação como um momento marcante na experiência da condição feminina, pois as emoções permanecem impressas para sempre na psique, determinando os conceitos sobre os ciclos menstruais, a sexualidade e a própria postura como mulher.

Não importa se você menstrua há anos ou se já parou de verter seu sangue, tornando-se uma "mulher sábia". A cerimônia recomendada vai curar as feridas da psique e transformar sua própria essência de mulher. Mudando o conceito sobre menstruação, revivendo a menarca e criando seu próprio "Rito de passagem", a mulher moderna reclama seu poder, iniciando uma transformação mental e emocional e se reconectando ao seu poder sagrado original.

Ritual individual para reconsagrar o ventre

Recolha-se a um lugar tranquilo e silencioso. Relaxe da maneira que mais gosta, por meio de música, respiração ou meditação. Concentre-se em sua respiração, inalando paz e tranquilidade e exalando as tensões corporais e preocupações mentais.

Visualize uma energia branca opalescente cercando você e impregnando cada célula do seu ser com harmonia e bem estar. Sinta essa energia sendo absorvida pelos seus centros de força: a vagina, o ventre, o estômago, o coração, a garganta, a testa e o alto da cabeça.

Concentre-se em seu umbigo, respirando calmamente. Coloque as mãos sobre seu ventre e sinta sua energia de mulher pulsando dentro de seu útero. Mergulhe sua consciência em seu ventre, começando a contar, pausadamente, de 10 para 1, no ritmo de sua respiração.

10. Perceba seu corpo e relaxe os músculos.
9. Entre em contato com seu útero.
8. Conecte-se com o seu ciclo menstrual.
7. Volte no passado até a sua menarca.
6. Reveja o momento exato das primeiras gotas do sangue menstrual.
5. Perceba as emoções, pensamentos e sensações da sua "menina".
4. Reveja suas reações.
3. Relembre as reações, atitudes e comentários das outras pessoas.
2. Reviva todos os momentos da experiência.
1. Mergulhe mais profundamente nas memórias da sua "menina" e permita que a experiência volte para você, em sua totalidade.

Analise seu estado emocional, relembrando como você se sentiu, se a experiência foi positiva, negativa ou indiferente. Descubra em seu corpo alguma energia estagnada ou bloqueada, alguma dor, bloqueio ou conceito, criados naquele momento e que foram se perpetuando ao longo de seus ciclos.

Reveja as pessoas envolvidas em sua menarca: sua mãe, seu pai, suas irmãs, irmãos, avós, tios, amigas, colegas, namorado e parentes. Qual foi a reação deles? Por mais que as lembranças sejam vagas, procure perceber suas emoções e seus pensamentos.

Quando você conseguir trazer de volta todas suas lembranças, por mais insignificantes ou dolorosas que sejam, coloque suas mãos sobre seu coração e abra devagar os olhos.

Registre agora toda essa vivência em seu diário e caso assim deseja compartilhe com uma amiga, terapeuta ou dirigente espiritual. Mas lembre-se, antes de repartir essas impressões, entre em contato com sua Deusa interior, pedindo-lhe orientação e apoio para criar seu próprio "Rito de passagem".

Se ainda tiver algum bloqueio mental ou alguma dificuldade em perceber sua voz sutil, vá para perto de um rio, lago, cachoeira ou mar. Tome um banho ritualístico, visualizando a energia pura da água limpando as lembranças e registros dolorosos de sua mente e de seu corpo. Com movimentos circulares, em sentido anti-horário, insista naqueles pontos físicos onde percebeu algum bloqueio ou energia residual estagnada.

Reponha depois, a energia negativa removida expondo-se à luz solar, lunar ou estelar, captando e canalizando a frequência luminosa com movimentos em sentido horário, mentalizando e orando pela cura de suas feridas físicas ou emocionais.

Em casa, na mesma fase lunar de seu nascimento, abençoe seu ventre com óleo essencial de seu signo. Toque seu corpo de maneira amorosa, invocando a Deusa correspondente ao seu dia de nascimento ou a própria Grande Mãe, se preferir, criando sua própria bênção ou usando as frases tradicionais, mencionadas a seguir, reestabelecendo assim, a sacralidade de seu ventre.

Essa cerimônia pode ser modificada e usada também, após traumas cirúrgicos, estupro ou violência sexual, remoção de útero ou ovários ou sempre que sentir necessidade de reivindicar seu poder, reafirmando sua identidade de mulher e reconsagrando o *maná* de seu sangue menstrual e de seu ventre.

Como abençoar-se

Pode-se usar água – "lunarizada", de fonte ou da chuva – ou óleo essencial do seu signo ou da Deusa escolhida. À medida que recita em voz alta as seguintes invocações, toque cada parte de seu corpo, sentindo seu poder de mulher sendo restabelecido.

Toque seus olhos

"Abençoe, Mãe, meus olhos, para ter a visão clara".

Toque sua boca

"Abençoe, Mãe, minha boca, para falar a verdade".

Toque seus ouvidos

"Abençoe, Mãe, meus ouvidos, para ouvir tudo que está sendo dito para mim".

Toque seu coração

"Abençoe, Mãe, meu coração, para preencher-me com amor".

Toque seu ventre

"Abençoe, Mãe, meu ventre, para poder conectar-me à energia curativa do Universo e fortalecer minha criatividade e sexualidade".

Toque seus pés

"Abençoe, Mãe, meus pés, para poder caminhar na minha verdadeira senda e voltar para Ti".

Celebração do último sangue

Assim como a menarca, a menopausa é uma mudança dramática na expressão física e na percepção mental e emocional da feminilidade. Conhecida como "A Grande Mudança", a menopausa pode se tornar uma fase positiva de crescimento espiritual e enriquecimento interior, compensando os problemas físicos e os conflitos emocionais.

Enquanto a mulher fértil pode usar o ciclo menstrual para mergulhar em seu interior em busca de orientação e renovação, a percepção da mulher pós-menopausa não segue esse padrão cíclico. Por guardar seu sangue e não mais vertê-lo, ela não mais é sujeita às alterações hormonais e influências ambientais, podendo permanecer de forma equilibrada entre o rico potencial de seu mundo interior e a capacidade de manifestá-lo criativamente.

Tendo essa vantagem da percepção constante dos dois mundos, a mulher pós-menopausa é uma mulher sábia, curadora, sacerdotisa, xamã e profetisa em potencial. Ela tem um acesso contínuo para a dimensão oculta do mundo, que é acessível para a mulher que menstrua somente nos dias de seu ciclo menstrual. Essa percepção aguçada e o potencial de cura, premonição e sabedoria das mulheres mais idosas eram largamente reconhecidos e reverenciados nas antigas culturas, onde as anciãs eram respeitadas como as guardiãs das tradições, conselheiras, curandeiras, guias e intermediárias entre a comunidade e o mundo dos ancestrais.

A celebração da menopausa reconhece a transição entre a antiga percepção cíclica e o intercâmbio permanente com o mundo interior. Reverencia-se a descida da mulher para a escuridão e sua emergência renovada, mais sábia e mais poderosa. O ritual – por mais simples que seja – vai ajudar no início da nova vida, reconhecendo seu poder, seu ingresso na "Irmandade das Mulheres Sábias" e sua conexão com a Anciã. Combatem-se, assim, os estereótipos socioculturais negativos, removendo-se os efeitos da supremacia patriarcal e da solidão afetiva.

A cerimônia pode ser feita no começo ou no término da menopausa ou, se preferir, no segundo retorno de Saturno em seu mapa natal, em torno dos 58-59 anos. Cercada de amigas ou parentes, a mulher escolhe e cria o ritual, após uma preparação especial incluindo banhos de purificação, meditação e oração. É importante ter no altar as três cores da Deusa, representando os três estágios na vida da mulher: Donzela e jovem, o branco; Mãe e adulta, o vermelho; Anciã e sábia, o preto. Essas cores podem estar presentes na forma de velas, fitas ou fios trançados em um cordão. Os incensos para essa cerimônia são o cipreste, o cedro, a sálvia ou o sândalo. As flores podem ser crisântemos ou rosas, cercados de folhagens e espigas de trigo. As deusas são, Anna Perenna, Baba Yaga, Befana, Black Annis, Bona Dea, Cerridwen, Hathay, Hécate, Holda, , Jun Ti, Kali Ma, Malkuth, Matres, "A Mulher que muda", Nanã Buruku, as Nornes ou as Parcas, Reia, Toci, Vovó Aranha.

As mulheres convidadas trazem presentes e compartilham suas histórias, poemas, conselhos e bênçãos. O propósito é abençoar a nova fase na vida da "Mulher Sábia", finalizando com sua "coroação", usando-se uma coroa – de flores, folhas de hera, espigas de trigo e fitas –, feita pela própria mulher. Agora, em vez de "coroa", ela será uma "coroada"!

Dependendo da pessoa e de seu momento, podem ser acrescentados outros elementos ritualísticos para aceitação, desapego do passado, transmutação da dor de alguma perda, abertura da visão, desenvolvimento de algum dom, escolha de um caminho espiritual ou compromisso para contribuir, de alguma forma, na comunidade. O importante é a aceitação do presente, o desapego e perdão do passado e a visualização de novos objetivos e possibilidades no futuro.

Capítulo IX
A Lenda das Treze Matriarcas

Ao longo dos tempos, entre os índios *kiowa, cherokee, iroquês, seneca* e em várias outras tribos nativas norte-americanas, as anciãs contavam e ensinavam, nos "Conselhos de Mulheres" e nas "Tendas Lunares", as tradições herdadas de suas antepassadas. Dentre várias dessas lendas e histórias, sobressai a lenda das "Treze Mães das Tribos Originais", representando os princípios da energia feminina manifestados nos aspectos da Mãe Terra e da Vovó Lua.

Neste momento de profundas transformações humanas e planetárias, é importante que todas as mulheres conheçam este antigo legado para poderem se curar antes de tentarem curar e nutrir os outros. Dessa forma, as feridas da alma feminina não mais se manifestarão em atitudes hostis, separatistas, manipuladoras ou competitivas. Alcançando uma postura de equilíbrio, as mulheres poderão expressar as verdades milenares que representam, em vez de imitarem os modelos masculinos de agressão, competição, conquista ou domínio, mostrando assim ao mundo, um exemplo de força equilibrada, se empenhando na construção de uma futura sociedade de parceria.

Como regentes das treze lunações, as Treze Matriarcas protegem a Mãe Terra e todos os seres vivos, seus atributos individuais sendo as dádivas trazidas por elas à Terra. O símbolo da Mãe Terra é a Tartaruga, e seu casco, formado de treze segmentos, simboliza o calendário lunar.

Conta a lenda que:

No início da vida no nosso Planeta, havia abundância de alimentos e igualdade entre os sexos e as raças. Mas, aos poucos, a ganância pelo ouro levou à competição e à agressão; a violência resultante desviou a Terra de sua órbita, levando-a aos cataclismos e mudanças climáticas. Em consequência, para que houvesse a purificação necessária do Planeta, esse primeiro mundo foi destruído pelo fogo.

Assim, com o intuito de ajudar em um novo início e para restabelecer o equilíbrio perdido, a Mãe Cósmica, manifestada na Mãe Terra e na Vovó Lua, deu à humanidade um legado de amor, perdão e compaixão, resguardado no coração das mulheres. Para isso, treze partes do Todo foram manifestadas no mundo material como as Treze Matriarcas, representando as treze lunações de um ciclo solar com atributos de força, beleza, poder e mistério do Sagrado Feminino. Cada uma por si só e todas em conjunto, começaram a agir para devolver às mulheres a força do amor e o bálsamo do perdão e da compaixão que iriam redimir a humanidade. Essa promessa de perfeição e ascensão iria se manifestar em um novo mundo de paz e iluminação, quando os filhos da Terra teriam aprendido todas as lições e alcançado a sabedoria.

Cada Matriarca detinha no seu coração o conhecimento e a visão, e no seu ventre a capacidade de gerar os sonhos. Na Terra, elas formaram um conselho chamado "A Casa da Tartaruga" e, quando voltaram para o interior da Terra, deixaram em seu lugar treze crânios de cristal, contendo toda a sabedoria por elas alcançada.

Por meio dos laços de sangue dos ciclos lunares, as Matriarcas criaram uma Irmandade que une todas as mulheres e visa a cura da Terra, começando com a cura das pessoas. Cada uma das Matriarcas detém uma parte da verdade representada, simbolicamente, em cada uma das treze lunações. Conhecendo essas verdades milenares e a sabedoria das ancestrais, as mulheres atuais podem recuperar sua força interior, desenvolver seus dons, realizar seus sonhos, compartilhar sua sabedoria e trabalhar em conjunto para curar e beneficiar a humanidade e a Mãe Terra.

Lenda das Treze Matriarcas

Somente curando a si mesmas é que as mulheres poderão curar os outros e educar melhor as futuras gerações, corrigindo assim, os padrões familiares corrompidos. Apenas honrando seus corpos, suas mentes e suas necessidades emocionais, as mulheres terão condições de realizar seus sonhos.

Falando suas verdades e agindo com amor, as mulheres atuais poderão contribuir para recriar a paz e o respeito entre todos os seres, restabelecendo assim, a harmonia e a igualdade original, bem como o equilíbrio na Terra.

Meditação para entrar em contato com a Matriarca de qualquer lunação

Transporte-se mentalmente para uma planície longínqua. Ande devagar por entre os arbustos e diferentes tipos de cactos, que nascem do chão pedregoso. O ar está calmo, o silêncio quebrado apenas pelo canto de alguns pássaros. Veja o Sol se pondo, colorindo o céu nos mais variados tons, do dourado à púrpura.

No meio dos arbustos você enxerga uma construção rudimentar de adobe, meio enterrada no chão, lembrando o casco de uma tartaruga. Ao redor, há um círculo formado por treze índias, algumas idosas, outras jovens, vestidas com roupas e xales coloridos e enfeitadas com colares e pulseiras de prata, turquesa e coral. A mais idosa bate um tambor, as outras cantarolam uma canção que lhe parece familiar. Uma delas lhe faz sinal para que se aproxime e você a segue, respeitosamente.

Sabendo que chegou à "Casa do Conselho", onde receberá apoio e orientação, você entra na estranha construção pelo teto, por uma abertura, descendo por uma escada rústica de madeira. Ao descer a escada, você se percebe dentro de uma *Kiva*, a câmara sagrada de iniciação dos povos nativos. As paredes estão decoradas com treze escudos, cada um deles ornado de maneira diferente, com penas, símbolos, conchas e fitas coloridas. O chão de terra batida está coberto com ervas e plantas aromáticas e algumas esteiras de palha trançada. No fundo da *Kiva*, você vê duas pequenas fogueiras, cuja fumaça sai por duas aberturas no teto. Esses "fogos cerimoniais" representam os dois mundos – o material e o espiritual – e as aberturas representam os canais ou "antenas" que permitem a percepção dos planos sutis. A fumaça descreve o caminho pelo qual os pedidos de auxílio e as preces são conduzidos para o "Grande Espírito".

No centro, perto de um caldeirão, está sentada a Matriarca que você veio procurar. Ajoelhe-se, respeitosamente, e exponha-lhe seu problema. Ouça então sua orientação sábia ecoando em sua mente. Peça em seguida que ela toque seu peito, acendendo assim o terceiro fogo cerimonial, a chama amorosa de seu próprio coração. Sinta o calor de sua bênção curando antigas feridas e dissolvendo todas as dores, enquanto a chama lhe devolve a coragem, a força, a fé e a esperança. Agradeça à Matriarca pela sua dádiva que lhe devolveu o dom inato de sabedoria e comprometa-se a restabelecer os vínculos com a Irmandade das mulheres, lembrando e revivendo o legado ancestral.

Despeça-se e volte pelo mesmo caminho, tendo adquirido uma nova consciência e a certeza de que jamais estará só, pois a Matriarca da Lunação de seu nascimento a apoiará e guiará sempre.

Adendo: No livro "Círculos sagrados para mulheres contemporâneas" da editora Pensamento (vide bibliografia) encontra-se a versão ampliada da lenda das Treze Matriarcas e da conexão detalhada com as Mães de Clãs, sugestões para celebrar as Matriarcas na lua negra e na lua cheia, bem como orientações específicas para a comemoração de cada Matriarca de uma determinada lunação.

Capítulo X
Considerações sobre Altares e Rituais

Como criar um altar

O lugar onde meditamos, oramos ou realizamos algum ritual ou cerimônia é um espaço sagrado, seja ele um pequeno altar em nossa casa, um templo ou um santuário natural como: grutas, florestas, cachoeiras, rio, beira-mar, montanha, círculos de pedras, labirintos ou pontos de força. É importante reservar um local especial para nossos rituais, por mais reduzido ou simples que seja o lugar de que dispomos. Um altar é um espaço sagrado, dedicado à Deusa e ao Deus, destinado à introspecção, conexão e oração, um ponto de força onde reabastecemos nossas energias sutis.

Os altares variam imensamente de uma mulher a outra. Alguns são portáteis, guardados em uma caixa, gaveta ou cesto, para resguardá-los dos olhares indiscretos ou "protegê-los" dos familiares oponentes. Outros são permanentes, espontâneos ou elaborados, simples ou sofisticados. Algumas mulheres preferem o estilo "zen", com apenas alguns objetos essenciais; outras exibem coleções de estatuetas, imagens de Deusas, cristais, conchas, pedras ou lembranças de lugares sagrados, cartas de tarô, runas, talismãs, pentagramas ou pentáculos, fotografias de ancestrais, velas, flores, penas, sinos, chocalhos, mandalas, caldeirão, pedidos e símbolos pessoais, entre outros elementos. Qualquer que seja seu formato ou conteúdo, o altar é um centro de poder pessoal, um reflexo do mundo interior da mulher que o criou, em função de seus valores, interesses e objetivos, uma "bateria" ou receptáculo de energia sutil e de irradiação da Deusa, atraída por meio dos símbolos, objetivos e as finalidades dos rituais. O altar é o microcosmo individual, reflexo do macrocosmo da Grande Mãe. Por isso, há tantos tipos de altares; um para cada uma das manifestações da Deusa Interior, expressas por meio das mulheres.

Além do altar pessoal, existem altares coletivos, sendo alguns para trabalhos em grupo, cada mulher colaborando com um objeto sagrado e outros para fins específicos, como para as celebrações dos *Sabbats* e *Esbats*, dos ritos de passagem e outras datas festivas. Para os rituais grupais, o altar se torna o foco central, catalisando as energias e os propósitos dos participantes e direcionando o "cone de poder", criado pela conjunção vibratória e energética das pessoas e ativado pelo dirigente.

O simbolismo básico de qualquer altar está ligado às direções cardeais e aos elementos correspondentes. No centro, coloca-se a representação do quinto elemento: o Espírito, a Deusa e o Deus ou o "Grande Mistério". O círculo, por ser a forma mais perfeita da natureza, é o modelo mais usado para delimitar um espaço sagrado. A maneira mais simples de criar um altar é riscar o círculo sobre uma mesa ou cortar uma tábua ou cartolina em forma circular. Nos ambientes naturais usam-se as pedras e os troncos das árvores do local; também se pode criar um círculo de pedras, conchas, galhos, folhas, sementes, flores, fitas ou fios coloridos. Os pontos cardeais devem ser marcados e acrescentados os objetos representando os elementos de cada direção. No centro, simbolizando o Espírito, coloca-se uma drusa de cristais, uma estatueta ou imagem – representando a Deusa em uma de suas inúmeras manifestações – um símbolo e imagem do Deus, como um chifre, pinhas, um cristal biterminado, a representação do céu ou do Sol.

Antes de fazer qualquer ritual, o espaço e os objetos a serem usados devem ser purificados com água e sal, incenso, uma oração ou projeção mental. O altar deve ser dedicado a uma Deusa ou Deus específico ou simplesmente à Grande Mãe.

Na tradição europeia (greco-romana, eslava, egípcia, cabalística, hermética, celta, nórdica, Wicca), a disposição mais simples seria esta:

Para o Leste, correspondendo ao ar, coloca-se o *athame* – o punhal ou faca ritualística – juntamente a um incenso e uma pena.

Para o Sul, correspondendo ao fogo, coloca-se uma vela branca ou na cor relacionada à finalidade do ritual, juntamente ao bastão mágico ou rúnico.

Para o Oeste, correspondendo à água, coloca-se um cálice ou taça com água, seixos rolados, conchas, corais, estrelas do mar e um espelho.

Para o Norte, correspondendo à Terra, coloca-se uma vasilha de barro com terra ou sal, o pentáculo – pentagrama contido dentro de um círculo, gravado em metal ou madeira – e um caldeirão de ferro.

O Centro representa a origem, a Fonte Criadora, o Espírito, a força vital.

Na tradição xamânica, a correspondência entre as direções e os elementos é diferente, deslocando-se as direções cardeais com 90º no sentido horário em relação aos elementos. Desta maneira o Leste corresponde ao fogo (e representa o nascer do Sol); o Sul, a água (por mais incompreensível que pareça, o equivalente é o calor do meio-dia que faz a água ferver); para Oeste, a terra (quando o Sol mergulha no ventre da Mãe Terra no poente); para o Norte, o ar (as palavras que trazem a sabedoria dos ancestrais e o silêncio da noite e da introspecção). O centro representa o Grande Mistério, o reino divino e sobrenatural e o espírito, que irá se manifestar na terra como homem ou mulher.

Como realizar um ritual

Para realizar qualquer tipo de ritual é necessário levar em conta as seguintes etapas:

1. Preparação: é extremamente importante, pois pode aumentar ou anular o efeito mágico do ritual. Além da arrumação do altar e da escolha do ritual, essa etapa implica em uma mudança vibratória, "fechando" o contato com a realidade material e com as obrigações/preocupações cotidianas, "abrindo" a porta da percepção interior e da expansão espiritual. Recomenda-se uma purificação energética pessoal com banhos de ervas, defumações ou um passe de limpeza, algum tipo de exercício respiratório ou bioenergético para centramento e harmonização, danças circulares, meditações ou visualizações dirigidas para entrar em um estado alterado de consciência, porém sem o uso de plantas de poder, sagradas ou enteógenas.

2. Criar o círculo mágico de proteção: escolher uma destas três maneiras: fisicamente – salpicando sal, água ou fubá no chão, riscando com giz o piso ou no ar com o *athame*, colocando pedras, folhas ou gravetos no chão ou estendendo uma corda; mentalmente – visualizando barreiras energéticas, chamas violetas protetoras ou uma cúpula energética ou verbalmente – com evocações para os guardiões das direções e dos elementos, espíritos da natureza,

além de afirmações e orações. É importante imaginar o círculo como tridimensional, uma esfera abrangendo o espaço com a parte superior acima do chão e a inferior penetrando na terra.

3. Evocações aos guardiões das direções e dos elementos correspondentes: pede-se a sua permissão para abertura dos portais, a colaboração e ajuda para o trabalho mágico. Acendem-se as velas e o incenso.

4. Invocação da Grande Mãe ou de outra Deusa e Deus, em conformidade com o objetivo do ritual ou a data da celebração. Convidam-se depois outros seres espirituais como Anjos, Orixás, Kachinas, Devas, protetores e guardiões individuais das mulheres, seres ou forças da natureza e ancestrais, entre outros.

5. Explicações sobre a finalidade e as etapas do ritual: as praticantes solitárias podem ler ou meditar a respeito. Nos grupos, a dirigente ou uma pessoa escolhida, faz uma pequena preleção sobre a data ou o objetivo do ritual. Nos plenilúnios, uma mulher conhecedora de astrologia pode explicar de forma simples e sucinta as coordenadas e influências planetárias da noite e orientar como podem ser usadas na vida cotidiana. A energia da Lua cheia pode ser "puxada" pela dirigente ou por cada pessoa, para o altar, o círculo ou para si mesma.

6. Meditação xamânica ou visualização dirigida: busca-se o contato com as divindades, Matriarcas, xamãs e mestres interiores, os animais de poder e as ancestrais, entre outros.

7. O trabalho mágico propriamente dito: utiliza-se um substrato material – velas, incensos, cristais, conchas, talismãs, cordões, fitas, moedas, penas, água do mar, óleo essencial ou espelho – aliado à intenção mental, manipulando-se a energia por meio da força de vontade, do desejo e da permissão e orientação superior. Cria-se, eleva-se e direciona-se o "cone de poder" para o objetivo desejado. Usam-se cantos, mantras, sons de sinos ou tambores, visualizações, invocações, orações, sopros e gestos.

8. Voltar para o "aqui-agora": com alguma técnica de enraizamento ou centramento.

9. Agradecimentos: aos seres invocados e evocados que auxiliaram no trabalho ritualístico.

10. Abertura do círculo: feita no sentido anti-horário, caminhando ou verbalizando, direcionando-se o excesso de energia para a terra ou para um objetivo que beneficie a comunidade.

11. Harmonização e despedida: finalizando com a tradicional saudação: *"Alegres nos encontramos, alegres nos despedimos, para alegres nos encontrarmos novamente"* e *"Abençoadas sejamos pelo poder e o amor da Grande Mãe"*.
12. Compartilhar: partilhar comentários, um lanche, sucos e abraços.

Essa é a estrutura básica do ritual que eu sigo e recomendo. Há ainda muitos outros detalhes, como procedimentos, invocações, correspondências ritualísticas específicas. Para esses casos, existem inúmeros livros que podem servir de ajuda e inspiração; entre eles "O Legado da Deusa - Ritos de passagem para mulheres" e "Círculos sagrados para mulheres contemporâneas" (vide bibliografia).

O que sempre deve ser lembrado, é que qualquer pessoa pode idealizar, materializar e realizar um ritual; mas para que o ritual seja eficiente e harmonioso, não bastam boas intenções e imaginação, são necessárias as condições básicas e indispensáveis de conhecimento, preparação e conexão espiritual. Existe uma diferença muito tênue entre a intuição e a imaginação, que pode confundir e alterar as percepções sutis com pensamentos e desejos. Todas nós podemos nos comunicar com a Deusa pela oração, meditação ou ritual, desde que tenhamos o canal da intuição bem aberto e limpo, a mente tranquila e o coração puro e em sintonia.

A Deusa existe em nós e fora de nós, pois ela é o Todo e nós somos partes Dela. A mulher é um reflexo da Deusa e a contém dentro de si. O ritual, a meditação e visualização são maneiras para se conectar com a Deusa, expor seu problema, pedir ajuda, proteção e orientação e ouvir as respostas no silêncio da mente, no sussurro da voz interior e no pulsar do seu coração.

Capítulo XI

Ritual para "puxar" a energia da Lua

A maneira antiga e tradicional para se conectar aos arquétipos das deusas lunares é o ritual clássico celta *Drawing Down the Moon*, ou seja, "puxar" a essência da Lua para o corpo físico e seus vórtices energéticos.

Na noite da lua cheia, procure um lugar tranquilo na natureza; se não for possível, fique na frente de uma janela, olhando para a Lua. Entoe por alguns minutos algum som lunar, como *Maa, Luna* ou o nome de alguma deusa lunar como *Aine, Aradia, Arianrhod, Ártemis, Britomartis, Chang-O, Diana, Horsel, Huitaca, Io, Lalal, Levanah, Luna, Iemanjá, Ísis, Ix Chel, Mama Quilla, Selene, Zirna*. Levante as palmas das mãos na direção da Lua formando um triângulo, com os dedos polegares e indicadores se tocando. Estenda os outros dedos o mais que puder, como receptores da energia lunar. Espere até sentir os dedos vibrarem ou formigarem. Focalize toda sua atenção olhando fixamente para a Lua, começando então, a puxar os raios de luz prateada para seu corpo. Leve as mãos, sem desfazer o triângulo, para sua testa, seu coração e seu ventre, direcionando a energia para dentro do seu corpo. Invoque a deusa lunar de sua preferência, pedindo-lhe auxílio ou orientação. Agradeça o contato e desfaça a conexão, tocando a terra com a ponta dos dedos. Coloque depois seus cristais ou joias de prata para ficarem expostas à luz da Lua, durante toda a noite, para imantar.

Para preparar água "lunarizada", encha com água de fonte ou mineral uma garrafa de vidro azul ou vidro branco embrulhado em papel celofane azul. Exponha a garrafa à luz lunar durante três noites, começando um dia antes da Lua Cheia. Mas lembre-se: tenha o cuidado de recolhê-la antes que os raios solares incidam sobre ela. Use essa água para rituais, cerimônias ou para estabelecer um vínculo maior com a energia da Lua ou com as deusas lunares, durante suas meditações ou seu ciclo menstrual.

Outra forma de atrair e conservar a energia lunar, é com a magia das cordas. Direcionando a energia da Lua (seja na fase crescente, cheia ou minguante) para fios trançados ou nos quais se dão nós, podemos concentrar e preservar a força lunar, até quando precisarmos dela para um ritual específico. A magia dos fios trançados e dos nós é muito antiga, existente em várias culturas, tendo sido praticada durante séculos pelos celtas, que desenvolveram trabalhos artísticos e artesanais ricamente ornamentados com intrincados desenhos de nós. Na magia celta, as cordas simbolizavam o espírito, cuja força unificadora agregava os outros elementos, permitindo sua plena manifestação. Nos rituais lunares, usam-se as cordas para "amarrar" e fixar intenções através da concentração do magnetismo lunar. Usam-se também as cordas para vários tipos de encantamentos, criação do círculo de poder, rituais de *handfasting* (compromissos de união) e para firmar e selar trabalhos mágicos, seja canalizando a negatividade – que deve ser transmutada – seja imprimindo vibrações positivas ou curativas.

Para atrair a essência das fases lunares para as cordas e fios, usa-se uma técnica parecida com a descrita para "puxar" a Lua para si. A finalidade das cordas é servir como receptáculos para guardar a energia de uma determinada fase lunar, que poderá ser usada depois, quando dela precisar.

As cordas devem ser de fibras naturais, como seda, algodão, lã, sisal, cânhamo ou ráfia – com espessura menor que um centímetro, para poder trançar três fios juntos. As cores tradicionais são as que representam a tríplice manifestação da Deusa: branca, vermelha e preta. Porém, de acordo com a afinidade e a necessidade, podem ser escolhidas outras cores, relacionadas às fases lunares e seus atributos. Para a lua crescente, pode ser usado branco, azul claro ou amarelo; para a lua cheia, vermelho, laranja ou verde; para a lua minguante e negra, preto, cinza ou roxo.

Procedimento: após cortar as cordas em pedaços de um metro e vinte centímetros, purifique-as com a água na qual colocou alguns cristais de sal marinho ou algumas gotas de óleo essencial de jasmim, lírio ou sândalo. Ao passar a água pelas cordas, visualize a dispersão das energias residuais (da confecção e do manuseio) e sua substituição por uma matriz luminosa e pura. Entoe algum mantra, canção ou oração. O próximo passo é a impregnação das cordas com a energia lunar. Da mesma forma que no ritual anterior, escolha um lugar tranquilo na natureza, na primeira noite do ciclo lunar cujas energias você quer atrair e guardar. Crie um círculo a seu redor (com sal, pedras, fubá, galhos, corda ou traçando com o *athame*). Invoque a deusa lunar relacionada à fase da lua ou associada ao propósito do seu trabalho mágico. Levante as cordas e apresente-as à Lua, segurando-as como uma oferenda, o mais alto possível. Coloque seu pedido em forma de oração, poema ou canção e peça à deusa lunar para transferir e impregnar, com sua força, as cordas, pelos raios da Lua. Sinta o poder começando a fluir, dando-lhe uma sensação de calor ou formigamento nas mãos.

Quando perceber que as cordas estão repletas de energia, comece dando oito nós, em distâncias iguais entre si. Enquanto faz isso, coloque as cordas de forma que você possa ver a Lua através da alça formada para dar o nó. Mentalize com firmeza que você realmente "capturou" a Lua nas cordas e que a cada nó prende e segura essa energia. Dê um nono nó, imaginando que esse gesto sela o poder e sinta-o como se fosse o fechamento do ritual. Recite algum mantra ou afirmação e trace com o dedo indicador ou com o *athame*, um pentagrama, alguma runa ou símbolo sagrado sobre todos os nós. Anote e guarde a runa ou o símbolo, pois você precisará usá-los novamente quando abrir os nós para liberar o poder. Agradeça à Deusa com uma frase sua ou use esta oração tradicional.

"Deusa Luna (ou cite o nome da deusa lunar escolhida), abençoe estas cordas com a Tua luz e sele estes nós com o Teu poder. Com a Tua bênção e proteção e pelo meu desejo e vontade, eu puxei uma parte da Tua energia para as minhas mãos. Que esta corda e estes nós possam ser usados somente para fins benéficos, sem prejudicar ninguém e para o bem de todos e do Todo. Eu Te agradeço poderosa e bondosa Deusa Luna. Que seja assim".

As cordas energizadas poderão ser utilizadas para imantar plantas para a cura, pedras, cristais, conchas, amuletos, runas e objetos mágicos, enrolando-os ao seu redor. Podem ser usadas sobre seu corpo ou sobre o altar durante os rituais para fornecer a energia da fase lunar captada por elas, mesmo nas ocasiões em que a fase da Lua não seja favorável. Não é indispensável desfazer os nós, no entanto, algumas pessoas preferem "liberar" a energia das cordas, durante um encantamento ou ritual, abrindo os nós e mentalizando a liberação do magnetismo lunar. Muitas vezes, as "novatas" temem que a energia possa "escapar"; por isso, selar os nós com um símbolo, pentagrama ou runa e abri-los depois com o mesmo símbolo reforça o propósito.

Para ativar ou reforçar a carga eletromagnética nas cordas usadas durante um ritual, a qual os nós não foram abertos, recomenda-se uma repetição da canalização inicial durante uma mesma fase lunar.

As cordas imantadas devem ser guardadas em lugar escuro, dentro de uma bolsa de tecido de algodão ou veludo preto. Não deverão ser tocadas por outras pessoas. Não abra a bolsa sem antes criar o círculo de proteção e fazer as invocações necessárias para o trabalho mágico.

Meditação para contatar sua Deusa interior

Em cada mulher prevalece uma das manifestações ou aspectos da Grande Mãe. Mesmo que não se expresse por um dos nomes ou arquétipos conhecidos, ela surge às vezes, como a expressão pura e verdadeira da essência feminina individual. Em busca da descoberta e da realização do nosso potencial interno, essa faceta da Grande Mãe – a "Deusa Interior" – pode se tornar nossa mestra, conselheira, protetora e aliada espiritual.

Para facilitar esse contato e aprofundar a conexão, sugere-se uma meditação ou visualização dirigida, a ser feita quando a vida nos coloca frente a dificuldades, lições, desafios ou opções, cuja compreensão, aceitação ou solução é difícil ou dolorosa para nós. Ou pode-se, simplesmente, buscar esse contato como uma oração ativa e viva, seguindo um "roteiro" imaginativo para prender a atenção, mas permitindo a surpresa das revelações espontâneas.

Crie um ambiente favorável, com música suave, penumbra, incenso e cristais. Deite-se no chão ou sente-se com a coluna ereta. Inspire profundamente por algum tempo, trazendo sua consciência para seu centro de poder (*hara*), três dedos abaixo do umbigo. Perceba as áreas de tensão em seu corpo e relaxe-as, dando-se ordens mentais para afrouxar os músculos do corpo, dos pés à cabeça.

Permita que a música e sua vontade transportem-na para um lugar amplo e luminoso; pode ser uma planície, topo de uma colina, uma clareira na floresta, um campo ou uma praia. Sinta a brisa em seus cabelos, observe o movimento das nuvens, ouça o canto dos pássaros, perceba o cheiro da vegetação e sinta a terra firme sob seus pés. À sua frente surge um caminho e você o segue até um portal, pelo qual passa observando a paisagem a seu redor. O caminho segue subindo uma colina, serpenteando no meio de árvores e de grandes pedras. Inspire o ar puro e fresco, continue andando na direção do topo absorvendo a energia do lugar. Perto do topo você descobre a entrada de uma gruta, aproxime-se, abaixe a cabeça e entre.

Depois de acostumar-se à luz difusa dentro da gruta, você percebe um grupo de mulheres vestidas com roupas brancas que a saúdam e cercam-na, cantando melodias suaves. Confiante e agradecida, você as segue até um pequeno lago de águas cristalinas. Lá, você tira suas roupas e mergulha, sentindo a água fresca e pura retirando suas dores, dúvidas ou angústias. Ao sair, você veste uma túnica branca oferecida por uma das mulheres e segue-as até o fundo da gruta, onde a escuridão é maior. Você sabe que chegou o momento de entrar em contato com sua Deusa Interior. Senta no chão, fecha os olhos e faz uma prece ou invocação silenciosa pedindo, com todo o respeito e humildade, algum sinal, mensagem ou, até mesmo Sua presença. De repente, mesmo com os olhos fechados você percebe uma luz e, ao abri-los, você vê uma presença luminosa na sua frente. Comovida, você tenta perceber algum detalhe desse Ser de Luz, começando a olhar seus pés, depois suas roupas, o corpo e, finalmente, cheia de gratidão e amor, olha reverentemente para seu rosto. Sinta-se iluminada por seu olhar, acariciada por seu sorriso e abençoada pelo intenso amor, bondade e compaixão que dela irradiam.

Fique por algum tempo com ela, pedindo alguma resposta, orientação, mensagem ou um sinal que simbolize a conexão entre vocês. Agradeça-lhe a presença e guarde, em sua mente e coração, sua imagem de Luz, que vai lentamente se esvaecendo enquanto você faz uma reverência, agradece e se despede dela. Volte para a entrada da gruta, vista novamente suas roupas e inicie o caminho de volta, descendo a colina, passando pelo portal e chegando a seu ponto de partida.

Sinta-se renovada, fortalecida, em paz, sabendo que, pela conexão com a Deusa, você conectou a si mesma com o Universo e o mundo. Abra os olhos devagar, respire profundamente, estique o corpo, observe seu espaço e levante-se com cuidado, voltando à sua realidade.

Anote sua experiência e suas percepções no diário, fazendo dessa meditação um ritual no caminho que a leva de volta à Grande Mãe.

Essa meditação pode ser feita para se conectar a uma Deusa específica; pode ser a "madrinha" do seu dia de nascimento ou de um dia especial, a regente da sua fase lunar natal ou do plenilúnio do mês, ou aquela deusa associada ao elemento, direção, qualidade ou atributo de seu momento ou propósito presente.

Invocação à Lua

*"Senhora do céu da noite, salpicado por estrelas,
guardadora dos nossos sonhos e visões
mostre-me como transformar os sonhos em realidade
e como viver bem a minha verdade.*

*Ensine-me a usar a força de vontade
para recuperar meu antigo poder.*

*Revele as minhas facetas de sombra e de luz
para assim alcançar a totalidade.*

*Mãe, ensine-me a ouvir a minha voz interior,
silenciando o turbilhão da mente
e escutando teu chamado no pulsar do meu coração."*

Capítulo XII
Classificação das Deusas conforme seus atributos

Corpos e Eventos Celestes:

Alvorada: Al-Uzza, Astarte, Aurora, Austrine, Bau, Bixia Yuanjin, Dea Dia, Eos, Hemera, Hina, Ishtar, Leucothea, Mater Matuta, Rukmini, Tefnut, Usas, Vênus, Wakahiru, Wakahirume, Zorya.

Céu: Aataentsic, Aditi, Anath, Atargatis, Awehai, Bau, Belisama, Chih Nu, Dione, Eos, Estsanatlehi, Ganga, Hathor, Hebat, Hera, Hsi Wang Mu, Inanna, Kwan Yin, Luonnotar, Maia, Mama Occlo, Mawu, Mayahuel, Mylitta, Neith, Nu Kwa, Nut, Saule, Tamar, Tanit, Zorya.

Crepúsculo: Astarte, Bast, Belit-Ilani, Ishtar, Néftis, Rukmini, Vakarine, Vênus, Wakahirume, Zorya.

Escuridão e Noite: Breksta, Ereshkigal, Erínias, Hécate, Kali, Maya, Mayahuel, Madona Negra, Nyx, Rhiannon, Tanit, Tuonetar, Zirna.

Estrelas: Al-Uzza, Andrômeda, Ashtart, Astarte, Astreia, Austrine, Belit-Ilani, Byul Soon, Ceiuci, Chih Nu, Citlalicue, Cynosura, Hine Turama, Ishtar, Kanyá, Matariki, Nut, Saules Meita, Sirona, Sete Irmãs (Ayish, Kimah, Krittikas, Plêiades), Ta-repy, Tou Mou, Vakarine, Yu Nu, Zhi Nu, Zorya.

Lua: Aine, Anahita, Andrômeda, Anunit, Aradia, Arianrhod, Ártemis, Auchimalgen, Belili, Bendis, Britomartis, Chang-O, Coatlicue, Coyolxauhqui, Diana, Erzulie, Han Lu, Hécate, Hina, Horsel, Hovava, Huitaca, Iemanjá, Io, Ishtar, Ísis, Ix Chel, Juno, Lalal, Leucothea, Levanah, Luna, Mama Quilla, Mawu, Mayahuel, Orsel, Perseis, Selene, Shakuru, Tanit, Zirna, Yacy.

Luz e dia: Ahi, Anunit, Ártemis, Bamya, Bau, Bisal Mariamna, Brighid, Ch'un Ti, Dea Dia, Dea Matuta, Diana, Gerda, Hemera, Inari, Ísis, Lucina, Lur, Meshkent, Poldunica, Thea, Zleja.

Sol: Aine, Amaterassu, Arinna, Bast, Bisal Mariamna, Brighid, Dae Soon, Djanggawul, Etain, Grainne, Hae Sun, Hathor, Hebat, Hsi Ho, Iarilo, Igaehinvdo, Koliada, Kutnahin, Medusa, Mama Kilya, Narvik, Olwen, Paivatar, Pasht, Pattini, Rosmerta, Satet, Saule, Sekhmet, Shapash, Si, Sif, Sunna, Sundy Mumy, Xi Hou, Wurusemu.

Tempo:

  Arco-íris: Íris, Julunggul, Oxumaré, Nut.

  Chuva: Aditi, Anahita, Aobh, Azer-Ava, Doda, Hara Ke, Ino, Kadlu, Mokosh, Mujaji, Rana Neida, Seshat, Urtz, Wonambi, Xixiquipilihui.

  Estações: Estsanatlehi, Holda, Horas, Idunna, Kadlu, Niskai, Sopdet, Tamar, Wohpe, Xmucane.

  Neve: Bruma, Skadhi, Shirata, Snegurotchka, Yuki One.

  Relâmpago: Oyá, Perkuna Tete, Rauni.

  Tempestade: Holda, Oyá, Ran, Rauni, Sedna, Skadhi, Tempesta.

  Vento: Cailleach, Ewá, Feng, Oyá, Feng Po, Ninlil, Shina Tsu Hime, Tatsu ta Hime, Veja Mate, Venilia.

Fases da vida:

Anciãs: Akka, Ame no Uzume, Anna Perenna, Baba Yaga, Befana, Black Annis, Cailleach, Chin Mu, Erda, Eileithyia, Goga, Haumea, Hécate, Hel, Holda, Hsi Wang Mu, Jun Ti, Mala Laith, Menat, Nanã Buruku, Nokomis, Poldunica, Sedna, Sheelah Na Gig, Toci, Völuspa.

Donzelas: Aradia, Ártemis, Atena, Blodeuwedd, Brighid, Britomartis, Calisto, Diana, Donzela do Milho, Eir, Eos, Fadas, Flora, Gauri, Gefjon, Hebe, Hina, Íris, Kore, Marian, Meng Jiangnu, Ninlil, Ostara, Palas, Pele, Perséfone, Prosérpina, Ra'i Ra'i, Sar-Akka, Saules Meita, Sêmele, Sequana, Wakahirume, Yuki One.

Mães Ancestrais: Acca Laurentia, Al Lat, Amaterassu, Angerboda, Anu, Apasinasee, Asase Yaa, Atabei, Awitelin Tsita, Brigantia, Danu, Erda, Gaia, Hathor, Hel, Hina, Junkgowa, Lara, Mama Occlo, Mami, Mawu, Mokosh, Mulaprakriti, Mut, Nammu, Nanã Buruku, Neith, Nu Kwa, Odudua, Savitri, Scota, Sedna, Tonantzin, Toci.

Mães Criadoras: Aataentsic, Aditi, Al Lat, A-Ma, Asherah, Badb, Bau, Ceres, Cerridwen, Cibele, Chang-O, Coatlicue, Damkina, Danu, Deméter, Devi, Epona, Eurínome, Frigga, Gaia, Haumea, Hera, Hina, Iemanjá,

Inanna, Inari, Ishtar, Ísis, Izanami, Jun Ti, Kadru, Kali, Kubai-Khotun, Luonnotar, Madder-Akka, Mami, Matres, Mawu, Mayahuel, Mokosh, Mut, Neith, Nu Kwa, Odudua, Omamama, Ops, Pandora, Parvati, Reia, Sar-Akka, Sarasvati, Savitri, Sedna, Sundy Mumy, Tanit, Tiamat, Tellus Mater, Zaramama.

Mães Partenogenéticas: Aataentsic, Aditi, Arianrhod, Ártemis, Atena, Audhumbla, Ceiuci, Cibele, Deméter, Eurínome, Frigga, Gaia, Hera, Hertha, Lorop, Maria, Mawu, Maya, Nammu, Neith, Nyx, Parvati, Perséfone, Sofia, Tiamat, Wawalag.

Senhoras do Destino: Ananke, Arachne, Bona Dea, Egeria, Felicitas, Fortuna, Hathor, Ísis, Istustaya, Hécate, Laima, Matres, Menat, Moiras, Morgan Le Fay, Narucnici, Nisaba, Nomes, Nyx, Parcas, Postvorta, Rodjenice, Sar-Akka, Seshat, Shait, Skuld, Sopdet, Srinmo, Têmis, Ti Chih Hsing Chun, Tou Mou, Valquírias.

Estações – Direções – Elementos:

Primavera: Anaitis, Anna Perenna, Artio, Eostre, Fadas, Flora, Freyja, Frigga, Gauri, Gerda, Gefjon, Hara Ke, Hebe, Hsi Ho, Juturna, Kachina, Kono-Hana-Sakuya-Hime, Kore, Lada, Libera, Maia, Mama Kilya, Marian, Oonagh, Ostara, Nana, Nerthus, Perséfone, Prosérpina, Rana Neida, Rinda, Russalkas.

Verão: Aine, Ártemis, Bellona, Berecynthia, Braciaca, Ceres, Deméter, Diana, Estsanatlehi, Fadas, Freyja, Frigga, Furrina, Grainne, Grismadevi, Inghean Bhuidhe, Inna, Irmãs Kadlu, Kupalo, Maile, Melissa, Olwen, Pattini, Poldunica, Sif, Tailtu, Tamar.

Outono: Anna Purna, Athana Lindia, Autumnus, Axtis, Baba Yaga, Braciaca, Ceres, Deméter, Ferônia, Gaia, Idunna, Lakshmi, Latiaran, Mama Allpa, Mama Pacha, Matres, Meng Jiangnu, Nerthus, Pomona, Sif, Zisa.

Inverno: Acca Laurentia, Angerona, Arianrhod, Baba Yaga, Berchta, Befana, Black Annis, Bruma, Boldogasszony, Cailleach, Gerda, Holda, Irmãs Kadlu, Kachinas, Marzana, Nicnevin, Nuvak'Chin'Mana (Donzela da Neve), Oniata, Rinda, Snegurotchka, Skadhi, Tonan, Yuki One.

Leste: Al-Uzza, Aurora, Bau, Britomartis, Changing Woman, Eos, Hemera, Mater Matuta, Ninlil, Usas.

Sul: Bast, Nekhebet, Rana Neida, Sekhmet, Si, Sundy Mumy, Sunna.

Oeste: Estsanatlehi, Hsi Wang Mu, Irmãs Kadlu, Saule.

Norte: Breksta, Black Annis, Cailleach, Hel, Holda, Nehelennia, Sedna, Skadhi.

Ar: Atena, Bixia Yuanjin, Freyja, Holda, Iris, Minerva, Ninhil, Nut, Poldunica, Sarasvati, Shina Tsu Hime, Tamar, Tamra, Valquírias.

Fogo: Aetna, Aibheaog, Brighid, Chicomecoatl, Chuginadak, Darago, Durga, Eos, Februa, Ferônia, Fuji, Gabija, Goga, Gula, Héstia, Holika, Isara, Izanami, Kundalini, Kupalo, Latiaran, Lilith, Macha, Maia, Mama Kilya, Matergabia, "Mulher do fogo", Mylitta, Oki Tsu Hime, Oynyena Maria, Oyá, Pele, Pirra, Ponyke, Poza Mama, Ra'i Ra'i, Rinda, Vesta.

Água: Afrodite, Aisha Qandisha, Ahes, A-Ma, Anahita, Anfitrite, Anuket, Asherah, Atargatis, Brighid, Boann, Britomartis, Chalchiuhtlicue, Chiu-Rang-Guru, Clidna, Coventina, Donzelas das Ondas, Dóris, Fand, Fons, Gujeswari, Iemanjá, Ilmatar, Ichar-Tsirew, Ix Chel, Janaina, Jandira, Julunggul, Jurates, Juturna, Lakshmi, Luonnotar, Luna, Mama Watta, Mariamna, Mere Ama, Muyrakitan, Náiades, Nammu, Nanã Buruku, Nanshe, Nehelennia, Nemetona, Nereides, Nimue, Ningal, Ondinas, Oxum, Pattini, Phra Naret, Ran, Ranu Bai, Rosmerta, Russalkas, Salácia, Sarasvati, Sedna, Sinann, Sipe Gialmo, Sulis, Rosmerta, Tamayorihime, Tiamat, Ved Ava, Velha Mulher do Mar, Yara, Ys.

Terra: Aataentsic, Ala, Al-Lat, Asase Yaa, Augrálides, Awitelin Tsita, Banba, Berecynthia, Boru Deak Parudjar, Ceres, Coatlicue, Damkina, Deméter, Dea Domnann, Devi, Danu, Erce, Eir, Frigga, Fulla, Gaia, Gefjon, Gerda, Gujeswari, Hertha, Holda, Hu Tu, Hybla, Iyatiku, Irmãs Kadlu, Ki, Ker, Larunda, Leshachikha, Li, Lur, Madder-Akka, Ma-Emma, Maeve, Makara Sankranti, Malkuth, Mami, Mati Syra Zemlja, Mawu, Mayahuel, Medusa, Mokosh, Nanã Buruku, Nerthus, Ningal, Ninlil, Nokomis, Omamama, Ops, Pacha Mama, Pandora, Papa, Prithivi, Reia, Sêmele, Sita, Spes, Tacoma, Tailtu, Tamra, Tari Pennu, Tellus Mater, Têmis, Tonantzin, Umaj, Zemyna.

Morte e mundo subterrâneo: Aataentsic, Ala, Anath, Angerona, Angwu Shahai, Ariadne, Asase Yaa, Baba Yaga, Banshees, Belit, Black Annis, Britomartis, Ceres, Cerridwen, Chuma, Coatlicue, Dou Mou, Erínias, Eris, Ereshkigal, Freyja, Hathor, Hécate, Hel, Hina, Inanna, Ishtar, Izanami, Kali, Le Hev Hev, Macha, Machalath, Mania, Mari Ama,

Marzana, Maya, Medusa, Mictecacihuatl, Mora, Mordgud, Morrigan, Nantosuelta, Néftis, Nekhebet, Nicnevin, Oyá, Perséfone, Poldunica, Prosérpina, Ran, Rhiannon, Sedna, Sekhmet, Smert, Sheelah Na Gig, Tonacacihuatl, Tuonetar, Yuki One.

Natureza:

Animais aquáticos: Anfitrite, Atargatis, Boann, Britomartis, Iemanjá, Mama Cocha, Makaris, Mere Ama, Moruadh, Nugua, Ran, Sedna, Sereias, Tiamat.

Árvores: Ailinn, Idunna, Lilith, Saule (macieira); Atena (oliveira, louro); Asherah, Askefruer (teixo); Druantia (pinheiro); Dríades, Fangge, Heliades (álamo); Hsi Wang Mu (pessegueiro); Kono-Hana-Sakuya-Hime (cerejeira); Kupalo (bétula); Idunna, Lilith (macieira), Mayahuel (cacto); Maile (murta); Pomona (frutíferas); Rauni (sorveira); Rumina (figueira); Vênus (cipreste); Veelas (arbustos); Bushfrauen, Helena Dendritus, Yakshini (todas), Zemyna (carvalho, tília).

Desertos: Al-Lat, Al-Uzza, Menat, Ningal, Sekhmet.

Fadas e flores: Aibell, Aine, Blathnat, Blodeuwedd, Donzela Borboleta, Grian, Flora, Kono-Hana-Sakuya-Hime, Lakshmi, Lan Caihe, Maia, Maile, Olwen, Oonagh, Ostara, Povo das Fadas, Perséfone, Prosérpina, Xochiquetzal.

Florestas: Arduinna, Ártemis, Artio, Bereginy, Bushfrauen, Calisto, Senhoras Verdes, Fangge, Fauna, Flidais, Gyhldeptis, Irnini, Juno, Kupalo, Luot-Hozjik, Lu Pan, Meza Mate, Mielikki, Mulheres Brancas, Nemetona, Senhoras Verdes, Vila, Vir Ava.

Insetos: Arachne, Le Hev Hev, Lucina, Melissa, Selkhet, Vovó Aranha.

Lagos e oceanos: Afrodite, Ahes, Anfitrite, Asherah, Atargatis, Britomartis, Clidna, Dzydzilelya, Donzelas das Ondas, Dóris, Eurínome, Iemanjá, Ilmatar, Ísis, Julunggul, Junkgowa, Jurates, Levanah, Lorop, Luonnotar, Mama Cocha, Marah, Mari Ama, Mariamna, Mere Ama, Morgan Le Fay, Mulher Concha Branca, Munakata, Nanshe, Návia, Nereides, Ningal, Oceânides, Ran, Salácia, Sedna, Tamayorihime, Tétis, Tiamat, Tien Hou, A Velha Mulher do Mar, Venilia, Ys, Zaden.

Mamíferos: Acca Laurentia, Reia (loba); Aine, Epona, Etain, Horsel, Macha, Rhiannon (égua); Ajysyt, Anahita, Audhumbla, Hathor, Hera,

Neith, Nut, Pales, Prithivi, Surabhi, Mulher Búfala Branca (vaca); Amalteia (cabra); Anu, Bast, Freyja (gato); Ártemis, Artio, Arduinna, Calisto (urso); Cibele, Durga, Ereshkigal, Lamashtu, Leona, Mehit, Sekhmet, Tefnut (leão); Hécate, Nehelennia (cachorro); Deméter, Ceres, Cerridwen, Fórcis, Mocca (porca); Tauret (hipopótamo); Coatlicue, Egle, Lâmia, Lilith, Kadru, Manasa Devi, Mehen, Nekhebet, Píton, Ua Zit (serpente); Damona, Mara (domésticos), Ndlovukazi (elefante).

Montanhas: Anu, Banba, Cailleach, Cibele, Domnia, Gaia, Gefjon, Hertha, Hsi Wang Mu, Nanda Devi, Pacha Mama, Reia, Saule, Skadhi, Tacoma, Tefnut.

Pássaros: Angwu Shahai, Atena, Badb, Blodeuwedd, Branwen, Donzelas Cisne, Freyja, Frigga, Huitaca, Macha, Minerva, Morrigan, Mut, Néftis, Nekhebet, Nêmesis, Rhiannon, Valquírias.

Plantas: Airmid, Athana Lindia, Ariadne, Ártemis, Blodeuwedd, Deméter, Eir, Ewá, Flora, Haumea, Iyatiku, Kachinas, Kornmutter, Maile, Mães do Milho, Mati Syra Zemlja, Matka Boska Zielna, Nokomis, Pandora, Rana Neida, Rauni, Vênus, Wawalag, Zemyna.

Rios e fontes: Anuket, Boann, Brigantia, Brighid, Chiu-Rang-Guru, Carmenae, Coventina, Doda, Egeria, Epona, Fons, Ganga, Halsodine, Ichar Tsirev, Juturna, Marzena, Mnemósine, Mtsho Sman, Mylitta, Nekhebet, Nornes, Nixies, Obá, Oxum, Ranu Bai, Russalkas, Sabina, Saga, Sarasvati, Satet, Sequana, Sinann, Sipe Gialmo, Sulis.

Vulcões: Aetna, Chuginadak, Darago, Ferônia, Fuji, Pacha Mama, Pele.

Qualidades:

Afeto nos relacionamentos: Ailinn, Afrodite, Amari De, Anahita, Anaitis, Asherah, Ashtart, Bai Mundan, Boldogasszony, Cibele, Eos, Epona, Eurydice, Erzulie, Fand, Felicitas, Flora, Freyja, Frigga, Gamelia, Gefjon, Halcyone, Hathor, Hera, Hlin, Hnoss, Idunna, Iemanjá, Inanna, Inari, Ísis, Juno, Laima, Lofn, Kamala, Kamuhata Hime, Lakshmi, Makara Sankranti, Minne, Oxum, Pirrha, Sjofn, Snotra, Vênus, Zhi Nu.

Artes: Arachne, Arianrhod, Atena, Boann, Brighid, Calíope, Calisto, Cárites, Castália, Chih Nu, Eileithyia, Frigga, Fuwch Gyfeilioru, Giane, Hathor, Holle, Hotogov Mailgan, Iambe, Ishikore-Dome, Ísis, Laume, Izanami-no Kami, Ix Chebel Yax, Kamuhata Hime, Laka, Mami,

Minerva, Mnemósine, Moiras, Mulher Aranha, Musas, Olwen, Naru Kami, Neith, Nomes, Rana Neida, Paivatar, Saga, Saule, Scathach, Sif, Sunna, Valquírias, Wakahirume.

Beleza: Afrodite, Akurime, Amari De, Astarte, Blathnat, Blodeuwedd, Cárites, Cliodhna, Cordélia, Kore, Cípria, Dione, Donzela Borboleta, Emer, Eos, Epona, Erzulie, Estsanatlehi, Ewá, Fadas, Fand, Flora, Freyja, Gauri, Gefjon, Gerda, Hebe, Hnoss, Idunna, Inanna, Janaina, Lakshmi, Lilith, Macha, Marian, Maeve, Morgan Le Fay, Olwen, Oonagh, Ostara, Oxum, Parvati, Poldunica, Radha, Rhiannon, Sedna, Sengen Sana, Sif, Skadhi, Sunna, Turan, Tefnut, Vênus.

Conhecimento: Alaghom, Atena, Brighid, Cerridwen, Chokmah, Danu, Devaki, Durga, Eadon, Ennoia, Fuwch Gyfeilioru, Kista, Hécate, Mala Laith, Mens, Minerva, Mnemósine, as Musas, Saga, Samnati, Samja, Sapientia, Sarasvati, Seshat, Shulamita, Snotra, Sofia, Tashmit, Ti Chih Hsing Chun, Tou Mou, Vac.

Dança: Ahnt Kai, Bast, Baubo, Cárites, Donzelas Cisnes, Donzelas das Ondas, Eurínome, Ewá, Hathor, Iemanjá, Ísis, Janaina, Kachinas, Kali, Laka, Lilith, Maia, Musas, Muyrakitan, Nereides, Nixies, Pele, Povo das Fadas, Rangda, Russalkas, Oxum, Oyá, Saule, Têmis, Turan, Vila, Wawalag.

Justiça: Al-Lat, Arstat, Astrea, Augrálides, Axtis, Belit, Concórdia, Daena, Dikaiosyne, Dike, Egeria, Erínias, Fides, Harmonia, Hepat, Ichar Tsirev, Ishtar, Justitia, Kadi, Libertas, Maat, Maeve, Mala Laith, Mari, Metis, Nanshe, Nêmesis, Nike, Oyá, Perimbó, Praxidike, Syn, Têmis, Tenga, Thmei, Tou Mou, Tula.

Magia e xamanismo: Amaterassu, A-Ma, Alaghom, Angitia, Banba, Basihea, Bast, Boann, Brighid, Carman, Cerridwen, Chuginadak, Drol-Ma, Ennoia, Freyja, Fulla, Gefjon, Hécate, Hexe, Holda, Hosia, Huitaca, Ísis, Ishtar, Izu No Me Mo Kami, Iyatiku, Junkgowa, Laima, Lara, Lucina, Maeve, Morgen Le Fay, Morrigan, Mulher Búfala Branca, Mulher Aranha, Mulher que muda, Nimue, Nina, Ninlil, Oyá, Oonagh, Oshion, Shakuru, Scathach, Skuld, Syn, Uto, Vac, Vila.

Música: Bast, Brighid, Cárites, Fadas, Hathor, Ísis, Minerva, Morrigan, Musas, Rhiannon, Russalkas, Sarasvati, Savitri, Sereias, Wawalag, Yuki One.

Paz: Anna Perenna, Athana Lindia, Akerbeltz, Axtis, Binah, Concórdia, Ececheira, Eurínome, Horas, Irene, Íris, Kwan Yin, Ichar-Tsirew, Inanna, Lara, Leucothea, Mala Laith, Malkuth, Matariki, Nakisawame-no Mikoto, Navahine, Nerthus, Nicnevin, Pax, Saga, Tara, Tula, Turan, Vesta, Wohpe.

Poesia e inspiração: Brighid, Cárites, Castália, Cliodhna, Ceibhfhionn, Cerridwen, Devaki, Dione, Eadon, Gunnlod, Iambe, Mawu, Musas, Naru Kami, Nisaba, Saga, Sarasvati, Saule, Savitri, Sjofn.

Sabedoria: Ame no Uzume, Atena, Befana, Buddhabodhiprabhavasita, Ceibhfhionn, Danu, Egeria, Frigga, Genetaska, Gunnlod, Hokhmah, Holda, Jun Ti, Kista, Mala Laith, Metis, Minerva, Mnemósine, Mulher Aranha, Muta, Prajna, Saga, Samnati, Sarasvati, Sapientia, Sofia, Tara, Tashmit, Völuspa.

Sexualidade: Aida Wedo, Ailinn, Aisha Qandisha, Anahita, Afrodite, Astarte, Belili, Blathnat, Cliodhna, Cípria, Eostre, Erzulie, Flora, Foseta, Freyja, Gefjon, Harmonia, Hathor, Inara, Indrani, Ingeborg, Isara, Ishtar, Isolt, Jurates, Kades, Kamala, Kundalini, Lada, Lilith, Maeve, Maia, Mylitta, Oxum, Qadesh, Rati, Sêmele, Sheelah Na Gig, Turan, Vênus, Xochiquetzal.

Sustento da vida:

Agricultura: Abundita, Ala, Anesidora, Anna Purna, Athana Lindia, Braciaca, Carna, Ceres, Charila, Chicomecoatl, Chup, Habonde, Haltia, Haumea, Hainuwele, Ineno Pae, Junkgowa, Ker, Kornmutter, Laukamate, Libera, Ma, Mães do Milho, Ma-Emma, Mama Allpa, Nerthus, Nicnevin, Nokomis, Pacha Mama, Pandora, Patella, Perchta, Po Ino Nogar, Pomona, Prosérpina, Robigo, Selu, Sif, Spes, Tellus Mater, Uke-Mochi-no-Kami, Vênus, Zaramama, Zemyna, Zisa, Zytniamatka.

Boa sorte: Acca Laurentia, Aditi, Asherah, Alraune, Ashisti Vanuhi, Benten, Bona Dea, Damara, Dharani, Fama, Felicitas, Fors, Fortuna, Gamelia, Habonde, Hsi Ho, Kamala, Kwanseieun, Laima, Niskai, Nokomis, Nortia, Oshion, Phra Naret, Pi Hsia-Yuan-Chin, Praxidike, Saki-Yama-Hime, Sequana, Sipe Gialmo, Slata Baba, Takel, Tou Mou, Yama-No-Shinbo.

Cura: Airmid, Ajysyt, Akerbeltz, Ananta, Anceta, Angitia, Aine, Airmid, Argante, Bona Dea, Brighid, Bushfrauen, Carmenae, Carna, Chin Mu,

Cibele, Coventina, Damona, Eir, Eos, Estsanatlehi, Etain, Ewá, Fons, Gamelia, Ganga, Gefjon, Grismadevi, Gula, Habonde, Hertha, Hexe, Higeia, Ikapati, Ísis, Izu-no-me-Kami, Iwa-naga-hime, Ix Chel, Juturna, Kwan Yin, Madona Negra, Mama Kilya, Meditrina, Minerva, Mokosh, Morgan Le Fay, Mulhalmoni, Nantosuelta, Neith, Nerthus, Nugua, Nut, Orbona, Panaceia, Rohina, Rosmerta, Salus, Sara Kali, Sequana, Sitala, Strenia, Sulis, Tamra, Toci, Triduana, Vatiaz, Vila.

Fertilidade: Al Lat, Ahes, Anahita, Anaitis, Anna Perenna, Ártemis, Asase Yaa, Boann, Boldogasszony, Bona Dea, Carmenta, Cerridwen, Chicomecoatl, Damara, Dea Domnann, Djanggawul, Epona, Fauna, Ferônia, Flora, Fortuna, Foseta, Freyja, Frigga, Habonde, Henwen, Hertha, Hu Tu, Iemanjá, Inari, Ishtar, Ix Chel, Jun Ti, Kwan Yin, Kostroma, Kupal'nitsa, Maia, Madder-Akka, Matres, Mayahuel, Minne, Mokosh, Mujaji, Odudua, Omamama, Ops, Oxum, Po Ino Nogar, Ranu Bai, Rangda, Rhiannon, Russalkas, Sêmele, Sri, Sung Tzu Niang Niang, Tamra, Tiamat, Wawalag, Xtah.

Lar: Acca Laurentia, Al Lat, Anna Purna, Anne, Apasinasee, Aspelenie, Atena, Cardea, Chantico, Fornax, Fuchi, Fylgja, Gabija, Górgona, Hlin, Haltia, Héstia, Hettsui No Kami, Hlodyn, Huchi Fuchi, Ichar-Tsirew, Isara, Ix Chebel Yax, Mania, Niski-Ava, Okame, Oki Tsu Hime, Paivatar, Polengabia, Purt Kuva, Poza Mama, Tseu Niang Niang, Uks-Akka, Unchi-Ahchi, Vesta.

Nascimento/Renascimento: Ajysyt, Ártemis, Bixia Yuanjin, Carmenta, Chang Mu, Dea Matuta, Egeria, Eguski, Eileithyia, Erigone, Frigga, Ituana, Kalika, Iemanjá, Ísis, Inari, Ix Chel, Leto, Lucina, Madder-Akka, Mami, Mater Matuta, Mawu, Moiras, Neith, Ninhursag, Niskai, Nornes, Okame, Papa, Parcas, Perséfone, Postvorta, Sar-Akka, Saule, Savitri, Selkhet, Sheelah Na Gig, Sirona, Surabhi, Tamra, Tiamat, Uks-Akka, Umaj, Vagitanus, Ved-Ava, Vesta, Zemya.

Preservação das florestas e da caça: Arduinna, Ártemis, Artio, Bushfrauen, Calisto, Damas Verdes, Diana, Dziewona, Ewá, Fangge, Flidais, Gyhldeptis, Ininni, Juno, Leshachikha, Libera, Luot-Hozjik, Lu Pan, Kono-Hana Sakuya Hime, Kupalo, Meza Mate, Mielikki, Mulheres Brancas, Nemetona, Sedna, Vila.

Prosperidade: Aida Wedo, Aditi, Ame-no-uzume, Anu, Anna Purna, Auchimalgen, Banba, Benten, Bona Dea, Fulla, Gamelia, Ganga,

Gunnlod, Gujeswari, Ikapati, Habondia, Henwen, Holda, Inna, Ino, Ka-Blei-Jew-Lei-Hat, Kamadhenu, Kwan Yin, Lakshmi, Mama Kilya, Moneta, Nerthus, Nokomis, Mokosh, Oonagh, Oshion, Ops, Pandora, Saki-Yama-Hime, Sri, Slata Baba, Surabhi, Takel, Tailtu, Tellus Mater, Tsai Shen, Vasudhara, Yama No Shinbo.

Proteção e Defesa: Abeona, Aditi, Agatha, Al-Uzza, A-Ma, Amazonas, Anahita, Anahita, Andraste, Ártemis, Ashtart, Atena, Auchimalgen, Badb, Bellona, Calisto, Cardea, Carmenae, Cathubodua, Charila, Dakinis, Dea Matuta, Gefjon, Gula, Fides, Fuchi, Fylgja, Hera, Hina, Hlin, Hlodyn, Ikapati, Inna, Ino, Juks-Akka, Juno, Juturna, Kwan Yin, Lada, Lara, Leshachikha, Lucina, Macha, Maeve, Mahesvari, Mami, Marzena, Morrigan, Mulher Concha Branca, Nemetona, Nut, Obá, Oyá, Pi Hsia Yuan Chin, Rinda, Rumina, Saule, Scathach, Securita, Shakti, Sheelah na Gig, Shirata, Sri, Tara, Tauret, Uks-Akka, Umaj, Valquírias, Vac, Vacuna, Vatiaz, Zorya.

Vingança: Erínias, Eris, Furrina, Górgonas, Hécate, Macha, Maeve, Medusa, Nêmesis, Pele, Poena, Praxidike, Sedna, Sita, Skadhi, Valquírias, Var.

Índice das Deusas e Deuses e as datas das suas celebrações

Aataentsic: Criadora e destruidora da vida, deusa do céu e da terra dos índios Iroquês 26/06; 29/10

Abundita/Abonde/Abundantia: Deusa romana da agricultura, regente da abundância ... .06,21/08; 31/12

Acca Laurentia/Lara/Larunda: Guardiã dos espíritos ancestrais, mãe dos Lares, protetora do lar, das famílias e das almas.. 18, 20/02; 23/12

Aderenosa: Deusa estelar da Mesopotâmia 12/09

Aditi: Mãe Espaço hindu, mãe das divindades, personifica a criação contínua 09/03; 24,29/10; 26/11

Aestas: Deusa romana do verão e da colheita do milho 30/06

Aetna/Etna: Deusa romana regente do fogo vulcânico e do monte Etna.............. 23/10

Afrodite: Rainha do céu fenícia, deusa grega regente da beleza física, do amor e da sexualidade 06/02; 09, 30/03; 23/05; 03,04/06; 12/07; 09/08; 18/11; 26/12

Agatha (Santa): Matrona Maltesa, padroeira das enfermeiras e curadoras 05/02

Agraulós: Deusa grega do orvalho, irmã de Pandrosós....................................... 17/10

A-ha Kachin Mana: "Donzelas do milho", espíritos ancestrais Pueblo da natureza...... .... 30/05; 27/10

Ahes/Dahut: Deusa bretã, regente do mar, da fertilidade e sexualidade.......... 23,29/08

Ahi: Deusa egípcia regente da luz... 24/11

Ahnt Kai: Regente mexicana do mar, da dança e música 07/11

Ahurani: Regente persa da prosperidade, fertilidade e boa sorte 30/03

Aibell: Deusa irlandesa guardiã das *Sidhe*, as colinas encantadas 26/09

Aibheaog/Aodh: Deusas celtas antigas, regentes do fogo.................................... 07/08

Aida Wedo: Deusa serpente do Haiti... 05/03; 28/10

Ailinn: Deusa celta regente do amor e da fidelidade 09/08; 27/10

Aima: Grande Mãe celta da antiga Espanha, regente do céu e dos planetas........ 04/08

Aine: Deusa solar celta, regente do amor, sexualidade, boa sorte 02/04; 23/06; 29/07; 09/08; 30/11

Airmid: Deusa irlandesa da cura e padroeira da medicina 06/05; 27/07; 03/12

Aisha Qandisha: Equivalente marroquina de Astarte 10/02; 25/12
Ajysyt: Regente siberiana dos nascimentos, protetora dos animais domésticos.... 15/01
Akerbeltz: Deusa basca, protetora da saúde e regente da colheita 18/07
Akka: Deusa Anciã da Anatólia, a "Avó Parteira" 23/12
Akna: Mãe Divina da América Central 23/12
Akurime: Deusa celta da vida, da beleza e do amor.. 30/ 04
Akwin: Deusa Apache regente da terra.. 04/07
Ala/Ane: A Mãe Terra da tribo Ibo da Nigéria... 09/03
Alaghom: Criadora maia, doadora da habilidade de pensar, raciocinar e calcular 21/07
Al-Lat/Elath/Alilat: Divindade ancestral suprema árabe, regente da terra e da geração humana 10/03; 14/08
Alraune: Deusa alemã regente da sorte e da magia 10/10
Al-Uzza: Deusa árabe do deserto, regente da estrela matutina......................... 10/03
A-Ma: Deusa lunar protetora dos marinheiros em Macao (China) e Portugal .... 02 e 09/04
Amalteia: Deusa caprina, ama de leite de Zeus, regente do signo de Capricórnio ... 21/12
Amari de Mãe: Natureza hindu, cultuada pelos ciganos romenos 17/07; 14/09
Amaterassu-omikami: Deusa solar do Japão, governante das divindades 04,08/02; 03/05; 17/07; 17/10; 08/12
Ame no Uzume: Deusa chinesa regente da longevidade................................ 09,14/09
Amesha Spentas: Guardiãs persas da Natureza, dos animais e metais 06/12
Amma: Anciã protetora dos marinheiros vikings e suas famílias 09/04
Amra: Deusa solar eslava, regente da vida... 14/05
Ana: Deusa do céu e da terra da Babilônia... 18/06
Anahita/Ardvi Sura: Deusa governante da Pérsia, equivalente de Anath/Anthrathi/Anahit, rege a fertilização pela água e também a guerra ....
.... 10,15/02; 19/03; 11/04; 10/06; 02,16/08; 18/11
Anaitis: Deusa da água, regente da paixão e fertilidade da Babilônia ....
.... 19/03; 11/04; 10/05; 18/11
Ananta: Deusa serpente hindu, regente do fogo criador e da força vital 31/08
Anapel: Deusa eslava ligada aos nascimentos e à reencarnação.......................... 15/01
Anath: Deusa assíria regente da vida e da morte 11/04
Anceta: Deusa romana padroeira da cura... 30/01
Andrasta/Andraste: Deusa celta regente da guerra, "A Invencível" 09/04; 28/08
Androktiasi: Deusas gregas regentes dos infortúnios e dos sofrimentos 06/03
Andrômeda: Deusa pré-helênica regente da Lua e das estrelas................. 06/06; 29/12
Anfitrite: Deusa pré-helênica tríplice do mar, equivalente à romana Salácia ....
.... 14/04; 12/ 09; 01/12
Angerona: Deusa romana regente do silêncio, do medo e da ordem................... 12/12
Angitia: Deusa romana da cura, curadora das mordidas de serpente 30/01; 26/02; 30/09
Angwu Shahai: Deusa corvo dos índios Hopi... 03/10

Anjos / Arcanjos:
- **Anjo da Guarda** 02/10
- **Gabriel:** Protetor das mulheres grávidas 24/03
- **Mikael:** Justiceiro e defensor dos humanos 29/09
- **Parikas:** Anjos hindus das estrelas cadentes 10/08
- **Querubins:** Antigas deusas protetoras de Canaã, transformadas em anjos 16/05
- **Rafael:** Padroeiro das curas 20/04
- **Serafins:** Anjos da sabedoria 25/09
- **Tennin:** Seres semidivinos budistas, semelhantes aos anjos 20/04
- **Uriel:** Justiceiro 24/10

Ani: Deusa africana protetora da terra e das mulheres 18/05
Anna Perenna: Deusa etrusca da reprodução; deusa romana da cura, guardiã do tempo 10,15/03; 18/06
Anna Purna: Deusa hindu provedora da comida e da sustentação 18/06; 16/10
Anne: Antiga deusa bretã da água e guardiã do lar, atualmente uma Santa 26/07
Anta: Deusa egípcia Senhora do céu 18/11
Anteia: Padroeira grega das uniões e amizades 30/06
Anu/Ana/Aine/ Danu/Don: Mãe Divina e ancestral da Irlanda, rege a abundância 20/01; 05/02; 31/03; 04,23/06; 10/12
Anuket: Deusa egípcia regente da água 07,20/05
Anunit/Antu/Anatu: Deusa do céu e da terra (Mesopotâmia e Canaã), rege o amor e a guerra 09/01; 10/01
Aobh: Deusa celta do tempo, Senhora da névoa 10/02
Apasinasee: Deusa esquimó padroeira do lar 14/11
Apemeru-ko-yan-mat: Deusa japonesa, guardiã da lareira e da cozinha 08/11
Arachne: Deusa aranha pré-helênica; tecelã transformada por Atena em aranha 07/01; 02/12
Aradia: Filha da deusa Diana, regente da Lua e da Terra 11/08
Aramati: Deusa hindu personificando a devoção religiosa 29/10
Arduinna: Deusa celta guardiã das florestas 12/02
Arenmetia: Padroeira celta das águas curativas 04/08
Argante: Deusa celta da saúde e da cura 04/08
Ariadne: Deusa cretense do amor e da fertilidade, heroína dos mitos gregos 02/09; 05/10; 29/12
Arian: Deusa celta regente da abundância e do bem-estar 08/09
Arianrhod: Deusa lunar galesa, Guardiã da Roda de Prata, padroeira dos nascimentos 24/10; 25/11; 11/12
Arinna: Deusa hitita, regente da luz solar e da claridade 22/07; 05/12
Arstat: Deusa persa, regente da justiça e da honestidade 18/07

Ártemis: Complexa deusa grega, protetora da natureza, crianças e mulheres; Rainha guerreira das Amazonas ....
12/02; 29/03; 08,11,12, 18/04; 07,24/05; 27/06; 02/07; 14,17,19/08; 04/09; 22/11; 11/12

Asase Yaa/Aberewa: Grande Mãe Africana, criadora e condutora das almas 15/04; 02/09

Asherah: Rainha do céu assíria, deusa do amor, força moral e fertilidade, equiparada com Anahita, Astarte, Atargatis, Ishtar, Tanit................ 22/01; 25/02; 03,11/04; 01/05

Ashisti Vanuhi: Deusa persa regente da fortuna.. 25/03

Ashtart: Deusa estelar do Líbano 29/05

Askefruer: Deusas nórdicas da Natureza, padroeiras dos freixos........................ 03/08

Aspelenie: Deusa eslava padroeira do lar e da família 04/02

Astarte/Atharath/Ashtoreth/Athar/Anahita/Aisha Qandisha: Grande Mãe da Mesopotâmia, regente do Planeta Vênus, do amor e da guerra .. 27/01; 15/02; 12,17/03; 25/12

Astrea/Astreia: Deusa grega da justiça, da perfeição e das estrelas 22/08; 12/09

Atabei: Deusa ancestral pré-hispânica das Antilhas... 24/02

Atargatis/Dea Syria/Derceto/Tirgata: Deusa-peixe da Síria, rege o poder fertilizador da água 06/03; 01/07; 15/08; 22/09

Atena/Minerva: Deusa grega regente da ordem, justiça, sabedoria, artes, estratégia. Como Palas Atena era a deusa padroeira e defensora de **Atenas:** ....
........................17/01; 19, 23/03; 19/05; 09,10/ 07; 28/08; 21/09; 17/10; 01,02,16,28/12

Athana Lindia: Deusa grega ancestral, padroeira da colheita 27/03

Auchimalgen: Deusa chilena da Lua, esposa do Sol... 22/01

Audhumbla: O ser primordial da mitologia nórdica, criadora da vida 08/10; 20/04

Auge: Deusa basca da Espanha, regente do calor e da fertilidade 10/08

Augrálides: Deusas gregas pré-helênicas, regentes do orvalho e da terra............. 17/10

Aurora: Deusa grega da alvorada, equivalente a Eos e à báltica Austrine . 10/05; 09/06

Auroras: Deusas celestes eslavas, regentes do céu diurno e do céu noturno 09/06

Au Set/Ast: Deusa egípcia precursora de Ísis 14/05

Austrine/Auseklis: Deusa báltica da alvorada, Senhora da estrela matutina 10/05; 20/12

Autumnus: Aspecto da Mãe Terra romana personificação do outono................. 22/09

Awehai: Mãe Criadora dos índios Iroquês.. 10/06; 22/12

Awitelin Tsita: Grande Mãe dos índios Zuni, criadora e destruidora................. 29/10

Axtis: Deusa regente da paz no antigo Irã 05/11

Ayizan: divindade da tradição Vodu, padroeira da moral humana 06/02

Azer-Ava/Ved-Ava/Vir-Ava: Mãe d'Água eslava, regente da fertilidade, e da chuva ... 11/05

Baalath: Deusa fenícia da terra e da fertilidade 29/10

Baba Yaga: Anciã eslava, Senhora da morte e da regeneração .. 21/01; 27/02; 31/08; 01/11

Bai Mundan: Deusa coreana, regente do amor e fidelidade 20/05

Bamya: Deusa solar da Pérsia... 12/12

Banba: Junto de Fotla e Eire integra a tríade feminina da Mãe Terra na Irlanda ....
.... 11,23/01; 07/10

Banshees: Espíritos femininos ancestrais, na Irlanda, anuncia a morte 01/11
Basihea/Bakeaki: Deusa celta do céu, dos pássaros e das viagens 31/05
Bast: Deusa-gato egípcia rege o poder benéfico do Sol, a música e alegria, sua contraparte destruidora é Sekhmet 22/03; 16/04; 11/05; 27/08; 11/09; 31/10; 16/11
Bau: Grande Mãe da Mesopotâmia, deusa das águas primordiais e do espaço ....
.... 30/03; 10/04; 07/10
Baubo: Deusa grega regente do riso e da alegria... 08/01
Befana: Deusa anciã romana, regente da magia, personagem folclórico ....
.... 05/01; 27/02; 28/12
Belili: Deusa suméria da Lua, água, amor e sexualidade, equivalente de Ishtar e Beltis..22/10
Belisama: Rainha do céu basca, regente da arte de viver, criadora das mudanças mágicas...
.... 16/08
Belit Ilani: Deusa Mãe da Mesopotâmia, equivalente de Astarte, Belili, Ishtar, Ninlil...
.... 12/03; 24/10
Bellona: Deusa romana da guerra, identificada com Vacuna e Néria ....
.... 16/02; 09/04; 23/05; 03,06,08,28/09
Beltis/Baalath: Deusa Mãe (Fenícia e Babilônia), equiparada com Cibele, Ishtar, Astarte, Belit.. 12/03; 12/09; 22,29/10
Bendis: Deusa lunar grega (da Trácia), assemelhada com Ártemis, Hécate e Perséfone.
.... 24/05; 06/06
Benten/Benzaiten: Rainha do mar, a única deusa entre as divindades chinesas da sorte e fertilidade 01, 02/01; 19/10
Berchta/Perchta: A "Senhora Branca", deusa alemã do destino, terra, tecelagem e inverno. Semelhante a Holda, Holle, Baba Yaga e Erda 01/01; 09/05; 21/08; 24/11; 25/12
Berecynthia: Deusa galesa regente da fertilidade 14/09
Bereginy: Deusas eslavas protetoras das florestas e dos animais 05/09
Binah: Mãe Divina da Cabala personifica a consciência espiritual..................... 22/02
Bisal Mariamna: Deusa hindu regente da luz solar.. 24/01
Bixia Yuanjin: Deusa chinesa regente da alvorada, nuvens e nascimentos 15/04; 08/10
Black Annis: Senhora da morte na Irlanda 05/02; 21/11
Blajini: Seres da natureza na Romênia.. 07/04
Blathnat: Deusa celta regente da sexualidade e da morte......................... 01/04; 04/05
Blodeuwedd: Deusa celta padroeira das flores, do amor e da magia ...01,08/04; 04/05; 09/08
Boann: Deusa celta da água, protetora das artes, inspiração e fertilidade....................
.... 26/05; 04/10; 3,26/11
Boldogasszony: Mãe Divina húngara, guardiã das crianças............. 1/02; 29/05; 03/12
Bon Dammes: Deusas bretã da natureza (aparecem como Fadas)................. 30/08
Bona Dea: "A Boa Deusa", padroeira romana da cura e das mulheres, semelhante à Angitia, Ops, Ceres, Reia e Tellus Mater 01/03; 01,03/05; 02/07; 03/12
Boru Deak Parudjar: Criadora e guardiã da vida na Malásia 18/05
Braciaca: Deusa regente da agricultura na Gália 29/08

Branwen/Dwynwen: Deusa galesa da Lua, amor e sexualidade, semelhante à Afrodite 23/05; 09/08; 15/10

Breksta: Deusa báltica regente da escuridão e da noite.. 20/12

Brigantia: Deusa irlandesa regente da lua nova, primavera e águas correntes...... 03/02

Brighid/Brigid/Bridget/Brigit: Tríplice Deusa celta, preside a cura, artes e magia, padroeira do fogo criador e dos artesãos..................... 01,09, 29/02; 02/04; 23/10; 03/11

Britannia/Prytania: Padroeira da Grã Bretanha.. 24/03

Britomartis/Dictyna: Deusa pré-helênica lunar e telúrica cretense, guardiã dos mortos 11/12

Bruma: Deusa romana padroeira do inverno.. 11/12

Buddhabodhiprabhavasita: Deusa tibetana da regeneração espiritual e da luz 08/07

Bugan: A Grande Mãe do povo filipino, Criadora da vida junto ao seu consorte Wigan 19/11

Bushfrauen: Guardiãs das florestas na Europa Central... 13/01

Byul Soon: Deusa coreana regente das estrelas... 25/10

Cailleach: Deusa Anciã celta, regente da Terra e Natureza 27/02; 27/07; 31/10; 01,10, 21/11; 23/12

Calíope: Musa padroeira da poesia épica e da eloquência 23/11

Calisto/Helic: Deusa pré-helênica regente da música e da Ursa Maior 04/01; 22/11

Cardea: Deusa romana guardiã da vida doméstica, protetora das portas e das crianças 02/06; 16/07

Cárites: Deusas gregas regentes da graça e da beleza............................... 30/08; 26/12

Carman: Deusa irlandesa regente da aridez, padroeira da magia negra 02/08; 16/07

Carmenae: Equivalentes romanas das Musas gregas, protetoras das fontes..... 04/04; 13/10

Carmenta: Deusa romana da cura, protetora dos nascimentos..... 10,14,15/01; 02,16/07

Carna: Deusa romana protetora do corpo e do bem-estar físico............... 01/06; 16/07

Carpo: Deusa grega regente do outono 23/09

Casal divino:

    Africano:... 24/09; 27/12

    Babilônio: 12,26/09; 11/07; 06/11

    Celta: 01,30/04; 01/05; 28/07; 18/10

    Chinês:.. 20/12

    Egípcio: 19/07; 03,28/11

    Eslavo: 14/05; 22/06

    Fenício: 11/07; 29/10

    Filipino: 19/11

    Grego: 09/03; 19/07

    Hindu: 18/01; 10/05; 25/07; 19,28/11

    Japonês: 13,22/04; 29/07; 17/10

    Nativo:.. 03,30/07; 13,20/08; 10/10; 04,28/11

    Nórdico: 14/05; 28/08; 15/10; 27/12

Persa: 30/03
Romano: 09/01; 18/02; 10/03; 25/03; 06/05; 20/06; 11, 19,23/07; 18/12
Taoista: 22/12

Castália: Deusa grega personificando a inspiração artística 05/12
Cathubodua: Deusa celta da guerra que sobrevoa as batalhas em forma de corvo..... 07/10
Ceadda: Deusa celta regente das fontes 02/03
Ceibhfhionn: Deusa irlandesa que rege a inspiração e criatividade 02/03
Ceiuci: Deusa brasileira regente das estrelas, uma das Plêiades................. 03/03; 05/12
Ceres: Deusa romana da fertilidade da terra, vegetação, agricultura, cereais, protetora da maternidade e das mulheres................ 27/01; 28/02; 12,19/04; 29/05; 21/08; 04/10
Cerridwen: Deusa celta padroeira dos grãos, da inspiração e sabedoria, detentora do caldeirão sagrado da transmutação 27/02; 04/05; 20/06; 03/07; 01/11
Chalchiuhtlicue: Deusa asteca regente da água, agricultura, meio-dia......21/07; 28/09; 06/10
Chang Mu: Deusa chinesa padroeira das parturientes e dos recém-nascidos 13/01
Chang-O/Ch'ango: Deusa tríplice lunar chinesa............ 07,16/08; 10,15, 27/ 09; 20/10
Chantico: Deusa mesoamericana protetora do lar e da lareira................................. 06/05
Charila: Deusa grega, protetora e purificadora da comunidade 03/06
Charis: Deusa grega regente da caridade, uma das Cárites 30/08
Chicomecoatl: Deusa asteca regente do milho e da colheita 21/07; 21/08; 06/10
Chih Nu/Zhi Nu: Padroeira chinesa da tecelagem e do casamento.........................
.... 07/03; 06/07; 20/10; 02/12
Chin Hua Fu Jen: Deusa guerreira chinesa 26/05
Chin Mu/Jin Mu: Padroeira chinesa da cura, longevidade e magia 03/01
Chiu-Rang-Mat: Divindade nativa Ainu, regente das correntezas e embates da vida.....28/11
Chloris: Deusa grega regente dos brotos e flores, similar a Flora 28/04
Chokmah/Hokhmah: Deusa hebraica regente da sabedoria 28/11
Chuginadak: Padroeira dos vulcões de Alaska.. 23/10
Chuma: Deusa eslava padroeira da morte 04/11
Ch'un Ti/Jun Ti: Deusa chinesa regente do céu e da luz....................................... 13/03
Chup: Deusa nativa norte-americana, regente da colheita e comida 26/09
Chu-Si-Niu: Deusa chinesa padroeira dos partos e recém-nascidos 12/04
Cibele: Grande Mãe do Oriente próximo, Grécia e Império Romano, deusa regente da Terra, montanhas e cavernas .... 27/ 01; 15, 22,24 /03; 04,10/04; 24/07; 14/09; 21/10; 03/12
Cihuatzin: Mãe criadora e protetora das crianças no México................................ 30/10
Citlalicue: Deusa asteca das estrelas e da Via Láctea 14/10
Clidna: Deusa celta regente das ondas do mar.. 28/12
Cliodhna: Deusa celta padroeira da beleza e da sedução 28/12
Coatlicue: Deusa serpente asteca, governante da vida e da morte.........................
.... 16/04; 10/10; 21,25/07; 12/12

Concórdia/Caristia: Deusa romana regente da paz e da harmonia 16,29/01; 22/ 02; 01/04

Cordélia/Creiddylad: Deusa celta padroeira da terra e natureza.......... 28/04; 01,26/05

Core/Kore: O aspecto juvenil/donzela de Perséfone; junto à mãe (Deméter) e a anciã (Hécate) formam a tríplice manifestação da Deusa grega 04,06/01; 16/07; 22/09

Coventina: Deusa celta regente da água (rios e fontes), equiparada com Minerva 07/04; 26/05; 03,26/11

Coyolxauhqui: Deusa asteca, filha de Coatlicue, regente da água, Lua e guerra...... 10/10

Cynosura: Deusa cretense, regente das estrelas.. 10/05

Cípria/Kypris: O nome dado a Afrodite no Chipre, sua terra natal 03/06

Dae Soon: Deusa coreana regente do Sol.. 25/10

Daena: Deusa persa da justiça, protetora das mulheres 11/04; 07/09

Dakinis/Apsaras: Auxiliares da deusa hindu Kali, detentoras de poderes ocultos....... ....09/02; 15/06

Damara: Deusa celta, regente da fertilidade e boa sorte 12/05

Damkina: Deusa celeste da Babilônia, protetora dos nascimentos 19/04; 11/10

Damona: Deusa galesa protetora dos animais domésticos 24/08

Danu/Don/Anu: Grande Mãe da Irlanda, ancestral dos Tuatha de Danann 31/03; 04,23/06; 10/12

Darago: Divindade controladora dos vulcões e guerras nas Filipinas................. 17/08

Dea Artio/Artio: Deusa-ursa, protetora da vida selvagem e da caça 27/05; 19/08

Dea Dia: Antiga deusa romana da agricultura, equiparada com Ceres 17/05

Dea Matuta: Deusa romana da alvorada, a "Mãe da Luz" 09/06

Dea Domnann: Deusa irlandesa protetora da Terra e da fertilidade 28/07

Dea Matuta: Deusa romana da alvorada, a "Mãe da Luz" 09/06

Deméter: Deusa grega regente da fertilidade da terra, cereais, protetora das mulheres, equivalente à romana Ceres... .... 27/01; 03,28/02; 19/04; 13/07; 21, 24/08; 01,15,19,22,23/09; 11,13/10; 07/12

Deusa Esfinge: Guardiã egípcia das pirâmides e do rio Nilo 21/04; 11/09

Deusas regentes:

    Agricultura:..03,25/10

    Água: 01,09,14,30/01; 10/02; 17,26/04; 11,26,30/05; 09/07; 03,04/08; 03,10,17,28/09; 06,09,22/10; 09,26/11; 01,08/12

    Alvorada: 08/01,10/04; 10/05; 09/06

    Amor: 12,20/07; 09/08; 04/10

    Ancestrais: 23/01; 22/05; 26/06; 15/08; 29/09

    Anciãs: 21/01; 27/02; 02/03; 21/07; 05,30/10

    Animais: 12/02

    Ar e vento: 12/05; 24/10

    Árvores: 20/01; 02/05

    Chuva: 17/04; 05,11/05; 20/07; 15/08; 18/09; 06/10

Colheita: 13/01; 12/02; 26/03; 18,23,25,29/04; 12/06; 01,15,16,21,25,28,30,31/08; 09,27/09; 01,16,31/10; 02,04/11

Cura: 06/05; 04/08

Destino: 01,25/01; 20,23/03; 14/10

Escuras: 01/11

Estelares: 12/09; 14,25/10; 18/11; 20/12

Flores: 12/02

Florestas: 13,20/01; 12/02; 29/03; 06,12,22/05; 18/07; 02,08,19/08; 05,09, 23/09; 04,18/10; 03,26/11; 11/12

Fogo: 04/12

Fogo vulcânico: 24/10

Fontes: 07/04; 26/05; 18/09, 13/10; 01,02,03,13,26/11

Fortuna: 05/02; 20,25/03; 26/05;24/06

Lar e lareira: 18,20/02; 13/05; 08,24/11; 23/12

Leoninas: 24/07; 29/11

Liberdade e razão: 10/11

Longevidade: 09/09

Lunares: ....
23/01; 12/02; 08,18/04; 06,20/06; 06,12/07; 14,19/08; 03,10,15,21/09; 10/10

Lunares com chifres de vaca: 06/07; 29/08

Luz: 24,27/11; 05,13/12

Mãe: 17/05

Mar: 03/09

Meninas: 03/03; 27/04

Milho: 12/02; 30/05; 30/06; 03/07; 01,21/08; 05/10; 25/11; 14/12

Morte: 04/11

Natureza: 03/10

Padroeiras japonesas das artes manuais:

    Hani-yasu-bime-no-kami: a "Princesa do Barro", artesanato em argila ... 02/12;

    Hsua Yuan: bordados 02/12

    Kamu-hata-hime: tear 02/12

    San Gufuren: bicho-da-seda 02/12

    Unchi-Ahchi: a "avó da lareira, a cerimônia do chá 02/12

Pássaros: 24/03; 08/05

Protetoras das crianças: 30/10, 15, 24/11, 19/12

Protetoras das gestantes: vide Ártemis, Eileithyia, Lucina, Juks-Akka, Uks-Akka

Protetoras do lar e comunidade: 12/04; 14/11

Rios: 04/09; 26/11; 08/12

Serpentes: 05/03; 07,28/05; 25/07; 20,31/08; 28/10

Solares: 07,18/01; 09/02; 02,27,28/04; 03,14,20/05; 21,22/06; 04,08,17,24,29/07; 07,11,19/08; 25/10;29/11; 08,12,18, 25/12
Taurinas: 20,21/04; 03/06; 06/07; 04,08,26/10
Tecelãs: 07/01; 07/03; 06,08/07; 09,20/08; 09/09; 02,21,28/12
Terra: 09,23,28/02;26/03; 29/04;12/05;11,26/06; 02/09; 25/11; 03,12,28/12
Tríplices: ....
01,06,31/01; 27/02; 01,05,06,15,20/03; 24/05; 19/06; 16,30/08; 15/10; 01,31/12
Vulcões: 24/10; 15/12

Deusas nativas brasileiras:

Ituana: Mãe escorpião do Amazonas cuida das almas 14/10
Janaína: Sereia do mar 03/09
Jandira: Regente do mar 03/09
Jarina e Jurema: Padroeiras das árvores 20/01
Muyrakitan: Regente das águas 10/09
Noitu: Protetora dos animais selvagens 05/09
Perimbó: Criadora tupi-guarani 10/10
Taru: Regente da água dos índios Botocudos 03/09
Temiona: Criadora da vida dos índios tupi-guarani 15/12
Yacy: Mãe da Lua e da natureza tupi-guarani 27/01
Yara: Mãe das águas tupi-guarani 02/02; 03/09

Divindades masculinas:

Adônis: Lindo jovem, amado de Afrodite 09/03; 12/07; 07/08; 25/12
Aegir: Deus escandinavo do mar 13/01; 23/07
Ahura Mazda: Deus persa da sabedoria e boa sorte 02/04
Annar: Regente nórdico da água 17/12
Ápis: Deus egípcio com cabeça de touro 20/04; 08/10
Apolo: Deus grego da luz solar e do dia 09/02; 16,18/04; 07,25,28/05; 19/07
Apsu: Deus celeste da Babilônia, consorte de Tiamat 06/11
Aranya Shashti: Padroeiro hindu da floresta e dos animais 12/05
Asclépio: Deus grego regente da cura 18/09
Attis: Jovem amado da deusa Cibele 23/03; 25/12
Ayt'ar: Deus eslavo da fertilidade 14/05
Baal: Regente fenício do céu, sol e fertilidade 29/10
Betoro Bromo: Regente indonésio do fogo 16/01
Buda: Avatar hindu, fundador do budismo 08/04; 15/05; 15/06; 26/12
Cernunnos: Deus celta regente da fertilidade, Senhor dos animais e das florestas ...
.... 26/01; 23/04; 12/05; 16/09; 18/10
Chiu-Rang-Guru: Regente Ainu das correntezas e dos conflitos humanos .. 28/11
Consus: Deus romano dos cereais 27/08

Cu Chulainn: Herói, filho de Lugh, o deus solar celta 23/06
Dag: Elfo da aurora, representação nórdica da luz e da iluminação 14/05
Damballah Wedo: Deus serpente do Haiti... 28/10
Domhnach Chron Dubh: Deus irlandês dos grãos...................................... 28/07
Dioniso: Deus grego regente da vegetação..
.... 17/02; 07/03; 09/07; 02,18/09; 03, 05/10; 04, 11, 13/11; 23,29/12
Ebisu: Deus japonês da boa sorte 19/10
Ekeko: Deus peruano da abundância 26/01
Egungun: Espíritos ancestrais reverenciados na Nigéria e no Candomblé... 06/06
Espíritos protetores eslavos (Divja Davojke, Blajini): 07/04
Faunus: Regente romano da fertilidade e dos animais selvagens...... 15/02; 06/05
Frey/Freyr: Deus nórdico regente da fertilidade, irmão de Freyja ....
.... 22,30/04; 28/08; 15/10; 27/12
Ganesha: Deus hindu com cabeça de elefante.................. 16/01; 28/08; 05,17/09
Green Man: Deus Verde da vegetação dos países celtas................... 23/04; 23/06
Gion Matsuri: Deus solar japonês 29/07
Gwynn Ap Nudd: Senhor do mundo subterrâneo celta 23,29/09; 07/11
Hércules: O mais famoso herói grego, filho de Zeus........................ 11/03; 21/08
Heimdall: Deus nórdico, guardião brilhante da Ponte do Arco-Íris 24/03; 29/09
Hélios: Deus solar grego, irmão de Selene (deusa lunar)................. 09/02; 18/04
Hermaphroditos: Divindade andrógina grega que rege a união das polaridades..16/06
Hermes: Deus grego da inteligência, comunicação e viagens 15,28/ 05
Hogmagog: Deus solar celta... 31/12
Hórus: Deus solar egípcio com cabeça de falcão 14/07; 09,28/10; 13/1126/12
Huitzilopochtli: Deus solar asteca 10/10
Ing/Ingvi: Deus escandinavo regente da fertilidade, consorte de Nerthus ... 04/05
Inti: Deus solar supremo do panteão inca.. 24/06
Indra: Deus hindu da chuva, esposo de Indrani 13/04
Janus: Padroeiro romano do mês de janeiro, guardião das entradas 01,09/01
Júpiter: Deus supremo do panteão romano, regente do céu, dos raios e juramentos ..
.... 23/04; 12,15/06; 13/09; 12/11; 21/12
Kama: Regente hindu do amor.. 19/01
Kanamara Matsuri: Deus japonês da fertilidade... 15/04
Kemo-tama-yori-hine: Deus japonês da fertilidade.................................... 22/04
Krishna: Avatar hindu, generoso e bondoso 13/03; 27/08
Konati: Regente Seminole da caça 03/07
Kronos/Cronos: Pai Tempo cretense 11/07
Kukulcan: Deus arcaico tolteca, predecessor de Quetzalcoatl..................... 21/11
Lares: Deuses romanos protetores dos lares 12/01, 27/06
Lemures: Espíritos ancestrais romanos.. 09/05

Leshi: Senhor eslavo das florestas 01/12
Liber Pater: Deus romano da fertilidade 27/09
Loki: Deus trapaceiro nórdico 01/04
Lono: Deus havaiano da terra 07/11
Lugh: Deus solar celta 23/06; 01,31/07; 01/08
Macchendrana: Deus hindu da chuva 17/04
Manes: Espíritos ancestrais romanos 27/06; 24/08; 08/11
Marte: Deus romano da guerra, equivalente do grego Ares 06, 25/03; 15/10
Masaw: Deus da morte dos índios Hopi 05/11
Mithra: Deus solar persa 25/12
Mot: Senhor hitita da morte 18/01
Naga Panchami: Deus serpente hindu 25/07
Netuno: Deus romano regente do mar 23/07; 01/12
Odin: Condutor nórdico das almas, padroeiro da magia, das runas e da guerra..
.... 26/07; 18/08; 13/09; 15/10; 02/11; 06,25/12
Okuke: Deus africano da virilidade 18/05
Osíris: Regente egípcio da fertilidade, irmão e consorte da deusa Ísis ....
.... 24/06; 13,18/07; 24/09; 28,30/10; 01,02,03/11; 23,25/12
Pai Céu: Princípio cósmico masculino dos povos nativos 30/07
Pan: Deus greco-romano rege a força vital da natureza, fertilidade, sexualidade.
.... 18/05; 13/11
Plutão/Hades: Deus greco-romano, Senhor do mundo subterrâneo 31/05
Poseidon: Deus grego do mar (precursor de Netuno) 01/12
Poré: Deus lunar tupi-guarani 10/10
Quetzalcoatl: Deus solar tolteca, regente da vida e da sabedoria 20/09
Rama: Avatar hindu, encarnação de deus Vishnu 18/04
Sabek: Deus egípcio com cabeça de crocodilo 17/09
Santandrei: Deus geto-daco protetor dos lobos 29/11
Saturno: Deus romano regente do tempo e da terra 22/08; 17,18/12
Senhor da Morte: Deus celta da face escura 04/11
Seth: Regente egípcio da destruição e morte 15,18/07; 28/10
Shichi Fukujin: As sete divindades japonesas masculinas da boa sorte, riqueza, felicidade, amor e música 01/01; 19/10
Shiva: Regente hindu da destruição, renovação e movimento 24/02; 02/12
Sleipnir: O cavalo mágico do deus Odin 26/07; 02/11
Tammuz: Regente da vegetação e do ciclo das estações da Babilônia 26/09
Taru: Deus hitita Senhor do tempo 20/05
Terminus: Padroeiro romano das fronteiras 23/02
Teseu: Herói grego 26/09; 08/10

Ti Tsang: Senhor do mundo subterrâneo na China 15/07
Thor: Deus nórdico regente dos raios e trovões 19/01; 23/04; 20/05; 28/07
Thoth: Deus egípcio da sabedoria 06/08; 19/09
Tsao Wang: Deus chinês protetor do lar 20/12
Tuukumit: Deus celeste norte-americano 30/07
Tyr/Tiw: Deus nórdico regente do céu 18/02
Ullr: Deus escandinavo dos esquis e da neve 30/11
Vertumnus: Deus romano da vegetação 16/04; 23/08
Vishnu: Deus hindu regente do Sol e da luz 18/06; 06/10
Vulcano: Deus romano padroeiro do fogo e dos metais 01/05; 17,23/08
Wigan: Criador da vida nas Filipinas 19/11
Yaksas: Espíritos hindus da natureza, protetores das árvores 22/05
Yama/Yami: Senhor budista da morte e do mundo subterrâneo 12/07
Xipe Totec: Deus asteca regente da morte 30/10
Xiuhtecuhtli: Deus asteca do fogo e dos vulcões 01/08
Zao Jun: Deus chinês do lar 18/01
Zeus: Deus supremo do panteão grego, filho da deusa Reia 10,15,30/03; 21/12
Orixás:
Elegbá/Legba: Deus africano, Senhor das encruzilhadas na Umbanda 29/06
Ibeji/Yori: Entidades da Umbanda, protetoras das crianças 26/09
Obatalá/Orishalá: Deus ioruba, representação do princípio masculino 24/09; 28/12
Ogum: Deus ioruba regente dos combates, padroeiro do fogo e do ferro 23/04
Oxóssi: Deus ioruba padroeiro das matas e dos caçadores 20/01
Oxumaré: Orixá andrógino, regente do arco-íris 05/03
Xangô: Deus ioruba da justiça, regente dos raios e trovões 30/09
Yorimã: Falange dos Pretos Velhos da Umbanda 13/05

Devaki: Mãe hindu da sabedoria e da educação 27/08
Devana/ Dziewona: Deusa eslava da floresta similar à romana Diana 12/02; 19/08
Devi: Deusa Mãe hindu multifacetada criadora absoluta do Universo 27/11
Dharani: Aspecto da deusa hindu Lakshmi, doadora da riqueza e boa sorte 16/11
Di Mu/Di Ya/Hu Tu: Mãe Terra na China, protetora da agricultura 08/03
Diana: Deusa romana lunar, equivalente da grega Ártemis, regente da caça e das florestas, padroeira dos animais, crianças e mulheres 12,16/02; 08,11/04; 27,31/05; 27/06; 14,17, 19/08; 22/11
Dikaiosyne: Deusa antiga egípcia regente da justiça e precursora de Maat 12/07
Dike/Diceia: Uma das Horas gregas que representa a ordem na natureza e a justiça social 12/11
Dione: Deusa pré-helênica regente da inspiração e sexualidade 29/02

Disir: Espíritos escandinavos femininos, guardiãs das famílias, condutoras das almas.. .... 25/01; 29/09; 14,15/10; 20/12

Djanggawul: "As Irmãs do Sol" australianas, guardiãs dos rituais de fertilidade. 04/07

Doda/Dodola: Deusa eslava regente da chuva 11/05; 20/07

Domnia: Padroeira celta dos menires e das pedras 05/06

Donzelas:

    abóbora: China 12/09

    bananas: Indonésia 18/04; 23/11

    borboleta: Regente Hopi da vegetação 22/03

    falcão: 14/12

    milho: Nativas norte-americanas; Zuni; Hopi 25/11; 14/12

    primavera: Celta 08/05; 04/09

    quatro direções: Xamânica 03/09

    ondas: Guardiãs nórdicas do Moinho do Mundo 07/06

Dóris: Deusa grega do mar, filha do Oceano 05/08

Dou Mou/Dao Mu: Deusa chinesa, guardiã dos mortos, protetora dos vivos 17/11

Drol-ma: Deusa nepalesa detentora do poder de transformação 27/08

Druantia: Padroeira celta das árvores 29/03

Durga: Deusa hindu combate o mal e rege a guerra justa ....
.... 08/05; 24/07; 02,05,07,14/09; 01,14/10; 23/10; 27/11

Dzydzilelya: Equivalente eslava de Afrodite 06/02

Eadon: Deusa irlandesa regente da poesia 14/10

Ececheira: Deusa grega padroeira dos armistícios 22/02

Egeria: Deusa romana regente da sabedoria e das profecias 16/12

Egle: Senhora eslava das serpentes 25/07

Eguski: Filha da Mãe Terra basca, manifestada como disco solar 24/12

Eileithyia/Ilithya: Deusa pré-helênica protetora das gestantes, padroeira dos nascimentos, equiparada à Ártemis 08/01; 12/04; 02/07; 20/10

Eir: Deusa escandinava regente da cura com ervas e runas 06/05

Eithinoha: Deusa da terra dos índios Iroquês, Mãe do milho 26/06

Ekhi: Deusa solar basca 07/08

Elfis: Deusa cretense regente da abundância e esperança 24/11

Elihino: Mãe Terra dos índios Cherokee, irmã do Sol e da "Mulher do milho" 06/08; 26/12

Emer: Deusa irlandesa regente da luz solar, beleza e sabedoria 24/03

Ennoia: Deusa gnóstica do conhecimento rege as intenções e os pensamentos ... 16/05; 02/10

Enyo: Deusa grega regente da guerra, equivalente a Bellona 06/03

Eos: Deusa grega regente do céu, amor e fertilidade 07/02; 10/05; 28/10; 07/11

Eostre/Ostara: Deusa teutônica que rege a fertilidade e o renascimento na primavera 20,21/03

Epona: Deusa equina celta, semelhante à Rhiannon, adotada pelos romanos como protetora dos cavaleiros 04/03; 13,28/06; 09/08; 18/09; 18/12

Erda/Erce/Hertha: Deusa ancestral escandinava, regente da terra, fertilidade e magia . ... 27/02; 25 /12

Ereshkigal: Deusa suméria da morte, destruidora da vida, irmã escura de Inanna 02/01; 31/10; 01/11

Erigone: Deusa grega governante dos homens 12/09

Erínias/Fúrias: Deusas gregas da justiça e da vingança, auxiliares de Nêmesis 25/07

Eris: Deusa grega da discórdia e da guerra 06/03

Erzulie/Freda: Deusa haitiana da Lua, amor, beleza e magia 28/02; 24/04; 12,16/07; 08/12

Espíritos ancestrais 20/07; 05,20,29/10

Espíritos elementais:

    água (Ondinas, Kelpies, Lâmias, Nixen, Pressina) 03/08; 13/11

    ar 24/10

    fogo (Salamandras) 10/08

    terra e natureza 07/04; 01,30/06; 10/08; 01,07/12

Estsanatlehi: (*Changing Woman*) "A Mulher que muda", Deusa nativa Navajo, rege as estações e as transições da vida feminina 01/09; 27/02; 02/05; 05/06; 01/09; 24/10

Etain: Deusa equina e solar celta, regente da cura e da magia 18/12

Eurydice: Deusa grega, soberana do mundo subterrâneo; ninfa esposa de Orfeu. 17/06

Eurínome: A mais antiga deusa criadora grega 21/03; 24/10

Eutychia: Deusa grega regente da felicidade 17/01

Ewá: Deusa ioruba regente do céu, vento, terra, água, "Senhora dos olhos" 13/12

Fand: Deusa celta do mar, do amor, dos prazeres e da cura 16/06

Fauna/Fátua/Fatídica/Damia: Deusa romana representando a fertilidade da terra 06/05; 15/12

Februa: Deusa romana regente da purificação 02,14/02

Felicitas: Deusa grega doadora da felicidade e boa sorte 17/01; 25/10

Feng Po: Deusa chinesa regente do tempo, vento e animais 26/06

Ferônia: Deusa etrusca do fogo subterrâneo, vulcões, águas termais ... 23/10; 13,15/11

Fides: Personificação romana da honestidade e lealdade, semelhante à Têmis 01/10

Fjorgyn: Deusa escandinava regente da terra virgem e do lar 17/12

Flidais: Deusa irlandesa regente das florestas e dos animais selvagens 09/09

Flora: Deusa romana regente da primavera, flores e juventude 07/03; 03,28/04; 03,23/05; 05/08

Fons: Padroeira romana regente das fontes e da água fresca 13/10

Fórcis/Phorcis: Deusa hindu com cabeça de porca, guardiã e protetora das famílias 14/11

Fornax: Regente romana dos fornos para assar pão e das lareiras 17/02
Fors: Deusa etrusca regente da boa sorte 24/06
Fortuna: Deusa romana regente da sorte, semelhante à grega Tiché ....
.... 03/01; 05/02; 20/03; 01, 05,11/04; 26/05; 11,24/06; 12/10
Fortuna Redux: Deusa romana protetora das viagens 12/10
Foseta: Deusa escandinava regente da fertilidade 25/06
Freyja: Deusa nórdica regente da beleza, amor, sexualidade, fertilidade humana, condutora das almas, líder das Valquírias ....
.... 08/01; 19/04; 25/06; 01,23/07; 18,28/08; 15/10; 13/11; 27/12
Frigga: Deusa nórdica da fertilidade da terra, protetora das famílias e das tribos ....
.... 11/01; 25/06; 09/08; 20,27/12
Fuji/Fuchi: Deusa japonesa regente do fogo (vulcânico e doméstico) 01,15/07; 23/10
Fulla: Deusa nórdica regente da Terra e da abundância 28/01; 06/08
Furrina: Deusa etrusca da primavera, transformada em uma das Fúrias romanas 25/07
Fuwch Gyfeilioru: Deusa galesa da inspiração, conhecimento e sabedoria 19/05
Fylgja/Fylgukona: Espíritos femininos escandinavos, protetoras das famílias 29/09
Gabija: Deusa eslava do fogo e da lareira, protetora da família 04/02
Gaia/Gea: O ser primordial, Criadora grega da vida, a própria Terra, mãe dos Titãs, das Moiras e Musas 27/ 01; 28/ 02; 22/04; 07/05; 11/06; 07,21/08; 15/10; 26/11
Gamelia: Aspecto da deusa Hera que traz a sorte no amor 01/01
Ganga: Deusa hindu, Mãe dos rios, um aspecto de Devi Prakriti (a Terra) 14/01
Gauri: Deusa hindu regente da abundância e da água primordial 16, 27/03; 02/09; 27/11
Gefjon/Gefn: Deusa escandinava regente do amor e da sexualidade 14/02; 30/04
Geirahod: Uma das Valquírias, as deusas guerreiras nórdicas 16/02
Genetaska: Mãe Criadora da tribo dos Iroqueses 18/08
Gerda: Deusa escandinava Senhora da terra congelada 22/04
Giane: Deusa tecelã das florestas na Sardenha 09/09
Goga: Mãe Ancestral da Melanésia 04/09; 23/10
Górgonas: Deusas gregas, detentoras de poderes ocultos 27/09
Graças: Regentes gregas das artes e da criatividade 17/04
Grainne/Grian: Deusa solar celta, Rainha dos elfos, irmã de Aine 22,23/ 06; 10/08
Grismadevi: Deusa budista, padroeira do verão e da energia vital 01/07
Gujeswari: Deusa nepalesa regente das riquezas da Terra 27/11
Gula: Deusa Mãe da Babilônia, guardiã da saúde e da cura 10/04; 19/09; 07/10
Gunnlod/Gunnlud: Deusa nórdica regente do conhecimento e das artes 17/01; 28/12
Gyhldeptis: Deusa benevolente das florestas do Alaska 09/09
Habonde: Deusa celta/germânica da abundância, semelhante à Abundita, Fulla ....
.... 09/07; 06,21/08; 31/12
Hae Sun: Deusa solar coreana 25/10
Hahai Wuhti: Mãe dos Kachinas (espíritos ancestrais nativos da natureza) 22/05

Hainuwele: Deusa regente da abundância e colheita da Indonésia 18/ 04
Halcyone: A estrela maior da constelação das Plêiades (As Sete Irmãs) 15/12
Halsodine: Deusa grega regente da água 01/12
Haltia: Deusa eslava protetora da casa e da família 07/06
Han-Lu: Deusa lunar chinesa 24/10
Hano Mana: Deusa nativa da tribo Hopi, regente da agricultura 03/10
Hapai e Hine Moa: Deusas australianas do amor e da sexualidade 12/07
Hara Ke: Deusa africana regente da água doce e da chuva 11/03
Hathay: Deusa anciã hindu 25/08
Hathor: Senhora egípcia do Céu e da Terra, mãe da luz solar, música, dança e alegria, protetora das mulheres ....
.... 23/01; 01,21/04; 05,16, 20/06; 06/07; 07,29/08; 17,28/09; 05,26/10; 23/12
Hatshepsut: Famosa rainha egípcia vista como uma encarnação da Deusa 27/07; 11/09
Haumea/Hawumea: Deusa havaiana da fertilidade, vegetação e nascimentos ... 03/07; 27/09
Hebat: Deusa solar da Anatólia, similar a Wurusemu 20/05
Hebe: Deusa grega regente da juventude e da primavera 29/01; 19/06; 24/12
Hécate: Deusa grega regente da lua minguante, noite e magia, a Guardiã dos caminhos, Senhora da sabedoria 31/01; 27/ 02; 04/ 03; 13/08; 21/09; 31/10; 01,07,16/11; 31/12
Heket: Deusa egípcia protetora dos nascimentos, precursora de Hécate 24/11
Hel/Hella: Deusa escandinava da morte, Senhora do mundo subterrâneo ....
.... 27/02; 10,31/07;13/09; 01/11
Helena Dendritus: Deusa pré-helênica das árvores 02/05
Helle: Deusa lunar pré-iônica, regente do mar 02/05; 28/06
Hemera: Deusa grega regente da luz solar e da alvorada 28/06
Henwen: Deusa celta regente da fertilidade 04/11
Hepat: Deusa leonina da Anatólia regente da justiça 05/12
Hera: Grande Mãe grega equivalente à romana Juno, deusa celeste e lunar, padroeira das mulheres, casamentos e nascimentos 01,29/01; 10/03; 20/04; 19/06; 06/07; 12/11
Héstia: Deusa grega equivalente à romana Vesta, guardiã do fogo sagrado e do lar .....
.... 01/02; 01/03; 23/10; 24,29/11
Hettsui No Kami: Deusa chinesa padroeira do lar e da cozinha 08/11
Hexe: Regente alemã da saúde, mestra dos banimentos e encantamentos............ 18/12
Higeia/Hygeia: Deusa romana regente da saúde 26/02
Hina/Tapa: Mãe criadora/destruidora, regente lunar da Polinésia 02/05; 20/07; 14/08
Hine Turama: Criadora Maori das estrelas, guardiã das leis do Universo............ 14/10
Hipátia/Hypatia: Musa regente da arte, ciência e criatividade; mártir cristã .. 11,12/03
Hipólita: Rainha semidivina das Amazonas, filha do deus Ares 11/03
Hlin: Deusa escandinava protetora das mulheres 31/ 01
Hlodyn: Deusa escandinava da terra não cultivada, padroeira do lar 19/01;17/12
Hnoss: Deusa escandinava regente do amor, filha de Freyja 14/02

Hokhmah/Chokmah: Representação hebraica feminina da sabedoria 28/11
Hokyang Mana: Deusa da natureza da tribo Hopi 03/10
Holda/Holla/Holle: Anciã germânica, regente da Natureza, morte, frio, fogo, guardiã das almas e mulheres 25/02; 10/07; 09/10; 09,17/11; 21,25/12
Holika: Deusa hindu regente do fogo 13/03
Horas: Deusas gregas regentes das estações 10/03; 18/04; 06/05; 02,25/09
Horsel: Deusa equina alemã, regente da Lua 21/10
Hosia: Criadora grega das cerimônias e rituais 16/05
Hotogov Mailgan: Rainha do céu das tribos siberianas 25/06
Hovava/ Teleze-awa/Vyestitsa: Deusas lunares eslavas 08/04
Hsi Ho: Mãe do Sol chinesa 07/02
Hsi Wang Mu: Deusa Mãe chinesa, criadora do Céu, da Terra e da vida 09/03; 02/10; 22/12
Huang Daopo: Deusa japonesa padroeira do algodão 02/12
Hu Tu: Deusa chinesa da terra, padroeira da fertilidade 08/03; 12/06
Huchi Fuchi: Deusa japonesa regente do lar, protetora da lareira 13/02; 02/08
Huitaca/Chia: Deusa lunar pré-colombiana 27/01; 21/07; 10/09
Hybla: Deusa siciliana criadora da Terra e da humanidade 04/10
Iambe: Padroeira grega da comunicação, regente do signo de Gêmeos 21/05
Iarilo: Deusa solar russa 27/04
Ichar-Tsirew: Deusa das águas em Gana, regente da paz doméstica 01/09
Idunna: Deusa escandinava, regente da imortalidade e das estações do ano 20/03; 27/10
Iemanjá/Iemojá/Yemanjá/Ymojá/Yemoyá: Deusa lunar ioruba, Rainha do mar, Mãe dos Orixás, protetora das mulheres e crianças 02/02; 14,26/04; 24/08; 08/09; 31/12
Igaehinvdo: Deusa solar dos índios Cherokee 06/08; 26/12
Ikapati: Deusa filipina doadora da comida, regente das colheitas 19/12
Ilamatecuhtli: Deusa mexicana regente da Lua e da terra 30/10
Ilmatar/Luonnotar: Deusa finlandesa, Mãe do céu e da água 26/08
Inanna: Rainha do Céu suméria, regente da vida e fertilidade da Terra, irmã de Ereshkigal, a deusa da morte e do mundo subterrâneo ....
..........................02,27/01; 10,19/02; 29/03; 21/07; 02,20/08; 09,31/10
Ineno Pae: Mãe do arroz na Nigéria 28/04
Inara: Deusa hitita regente da sexualidade 22/03
Inari: Deusa japonesa doadora da vida, protetora dos espíritos 15/08
Indara: Deusa criadora, ser supremo da Indonésia 29/04
Indrani: Deusa hindu regente da sexualidade e do amor 13/04
Ingeborg: Deusa escandinava regente da fertilidade e sexualidade 25/06
Inghean Bhuidhe: Deusa celta padroeira do verão 06/05
Ininni: Deusa Mãe da Mesopotâmia 22/03
Inna: Deusa nigeriana protetora da terra e das colheitas 29/04; 23/06

Ino: Deusa grega regente da água e da agricultura.. 11/06
Io: Deusa lunar grega antiga, com cabeça de vaca, precursora de Hera 06/07
Irina/Irene/Eirene: Deusa grega da paz, equivalente da romana Pax 10/01; 29/01
Íris: Mensageira grega da luz, deusa do arco-íris 05/05; 30/12
Isara: Deusa do fogo e da paixão na Mesopotâmia, regente de Escorpião 23/10
Ishikore-Dome: Deusa japonesa padroeira dos artesãos (pedra e ferro), regente de Áries 21/03
Ishtar: Deusa assírio-babilônica do amor, guerra, fertilidade, nascimentos e cura 09,27/01; 10,15/02; 12, 17,22,29/03; 22/04;05/07; 06,21/07; 09,14,22/08; 12/09; 22,31/10
Ísis: Deusa egípcia dos "Mil nomes", governante do céu, Terra, Lua, vida e morte............. 03, 30/01; 05,20/03; 14,31/05; 16, 24/06; 06,19/07; 11,28/09; 28,30/10; 01/11; 25/12
Isolt: Deusa celta regente do amor, personagem de romance 22/07
Istustaya: Deusa do destino da Anatólia, cultuada pelos dervixes rodopiantes 04/12
Iwa-naga-hime: Deusa chinesa regente da longevidade.. 09/09
Ix Chel/Ix Chebel Yax: Deusa mexicana da Lua, água e arco-íris, padroeira da tecelagem, cura e magia.. 07/05;20/06;21/07; 06/10; 07,08/12
Iyatiku: Deusa do mundo subterrâneo, Mãe do milho dos índios Pueblo 12/02
Izanami/Izanami-no-kami: Criadora primordial, padroeira da criatividade................. .... 07/01; 13/04; 24/09; 17,23/10
Izu No Me Mo Kami: Deusa japonesa regente do fogo purificador 22/10
Jagaddhatri: Deusa hindu regente da primavera 19/01
Jana: Deusa lunar romana, guardiã das portas, consorte do deus Janus 01,09/01
Joana D'Arc: Heroína francesa queimada como bruxa.. 30/05
Juks-Akka: Deusa finlandesa protetora dos nascimentos, filha de Madder-Akka......... .... 02/03; 27/04
Julunggul: Deusa serpente da Oceania, regente do arco-íris e da chuva 05/05; 05/10
Junkgowa: Deusas ancestrais australianas, criadoras da vida 22/05
Juno: Equivalente romana de Hera, protetora das mulheres, crianças, casamento, sociedade 02,14,15/02; 01,06, 07/03;12/04; 31/05; 01,02/06; 06,07/07; 13/09; 12/11; 13/12
Jun Ti: Deusa budista da China, regente do destino e da sabedoria................... 26/01
Jurates: Deusas sereias eslavas, guardiãs da água e dos encantos 26/04
Justitia: Deusa romana regente da justiça 08/01; 28/09
Juturna: Deusa romana regente das fontes e dos lagos 11/01; 23/08
Juventas: Deusa romana padroeira da juventude 24/12
Ka-Blei-Jew-Lei-Hat: Regente hindu dos mercados e mercadores 05/09
Kachinas: Espíritos ancestrais nativos norte-americanos, regentes da natureza............. .... 22,30/ 05; 26/ 06; 27/10; 25/11; 14, 22,26,27/12
Kades: Deusa canaanita regente da sexualidade 15/10
Kadi: Deusa da terra e da justiça na Mesopotâmia 07/04; 11/10
Kadlu/*Three Sisters*: As três irmãs esquimós, regentes do tempo....................... 03/11
Kadru: Mãe hindu padroeira das serpentes 25/07

Kaguya-hime-no-mikoto: Deusa japonesa lunar rege a beleza e o aroma de canela 07/02
Kait: Deusa hitita regente dos grãos 07/04
Kali: Deusa hindu regente da morte, destruição e renovação ....
.... 17,24/02; 01/04; 15,25/05; 14/09; 12/10; 01,10/11
Kalika: Deusa hindu protetora dos nascimentos 14/09
Kaltas-Anki: Deusa finlandesa protetora das parturientes, dos recém-nascidos ... 03/06
Kamala: Aspecto da deusa Lakshmi, regente hindu do prazer e do amor 27/08
Kamuhata Hime: Deusa tecelã japonesa 07/07
Kamui Fuchi: Deusa japonesa padroeira do lar 26/08
Kanyá: Deusa estelar hindu 12/09
Ker: Deusa celta protetora dos cereais e da colheita 16/10
Ki: Mãe Ancestral regente da vida e terra na Caldeia 08/09
Kine: As sete deusas egípcias precursoras de Hathor 26/12
Kildinsin Mumy: Criadora eslava do Céu e da Terra, protetora dos nascimentos ... 08/08
Kishi-mujin: Deusa Mãe no Japão, regente da luz e da alegria 04/03
Kista: Deusa persa regente do conhecimento religioso, sabedoria ....
.... 11/04; 11/08; 07/09; 16/12
Koliada: Deusa eslava que rege o tempo, o solstício de inverno e o nascer do Sol 21/12
Kono-Hana Sakuya Hime: Deusa japonesa padroeira da terra, cerejeiras e arroz 23/11
Kornmutter: Mãe do milho da Alemanha 30/06; 03/07; 01/08
Kostroma: Deusa eslava regente da fertilidade 21/03
Kubai-Khotun: A Grande Mãe eslava 26/07
Kundalini: Deusa serpente hindu, guardiã do fogo sagrado 31/08
Kupal'nitsa: Deusa russa da fertilidade 22/06
Kupalo: Deusa eslava regente da água, magia, ervas, solstício de verão.... 19/01; 21/06
Kutnahin: Deusa solar dos índios Ute 04/07
Kwan Yin/Kwannon: Deusa chinesa/japonesa regente da compaixão, protetora das mulheres, crianças, padroeira da saúde e cura 31/01; 08,21/02; 28/03, 05, 06/04; 08/06; 20/10
Kwanseieun: Deusa coreana da coragem, benevolência e boa sorte 12/06
Lada: Deusa eslava regente da primavera e sexualidade 25/04; 24/05
Laima: Deusa da Lituânia, regente da beleza, boa sorte e magia 19/07
Laka: Padroeira da dança *hula* e da chuva no Havaí, irmã da deusa Pele 27/02
Lakshmi/Padma: Deusa hindu regente da beleza, prosperidade ....
.... 12,19/01; 18/04; 27,28/08; 01,30/09; 16/10; 16,27/11
Lalal/Losna/Lucna: Deusa lunar etrusca 10/09
Lamashtu: Deusa leonina assíria com poder destruidor 07/01; 28/06
Lâmia: Deusa serpente de Creta e Líbia, variante de Lamashtu 28/06
Lan Caihe: Padroeira budista dos floricultores 09/09
Lara, Larunda: Guardiã romana dos ancestrais e das famílias 18,20/02; 23/12

Latiaran: Deusa celta da colheita, irmã de Inghean (verão) e Lasair (primavera) 01/08
Laukamate/Laukosargas: Deusas eslavas regentes da colheita 09/09
Laume: Deusa báltica padroeira da terra e tecelagem 18/02
Leona: Deusa leonina egípcia 24/07
Le Hev Hev: Senhora do mundo subterrâneo da Melanésia 05/11
Leshachikha: Deusa eslava protetora da natureza e dos animais 26/03
Leucothea: Deusa grega regente do mar, protetora dos partos 16/01; 09,11/06; 22/11
Levanah: Deusa lunar da Caldeia regente das marés 16/04; 16/06
Li: Mãe das colheitas na Nigéria 29/04
Libera: Deusa romana regente da vegetação 17/03
Libertas: Deusa romana personificando a liberdade pessoal e a justiça 13/04
Libitina: Padroeira romana dos espíritos ancestrais e dos funerais 21/02
Lilith: Deusa suméria, arquétipo da sexualidade e independência feminina..... 29/02; 26/12
Lofn: Deusa nórdica protetora dos namorados 14/02; 25/06; 09/08
Lorop/Ligapup: Mãe criadora da Micronésia... 26/06; 03/07
Lucina: Deusa romana regente da luz e dos partos; aspecto de Juno ... 02/07; 10,12/12
Luna: Deusa romana regente da Lua, das estações e meses............ 31/03; 24/04; 06/07
Luot-Hozjik: Deusa eslava protetora das florestas... 12/05
Luonnotar: Mãe Criadora dos povos fino-úgricos 28/02
Lu Pan: Deusa chinesa padroeira das florestas.. 18/07
Lur/Lurbira: Mãe criadora do Sol, Lua, Terra e vida na Ibéria................ 07/08; 05/12
Ma: "Senhora dos Animais" da Anatólia; deusa romana da agricultura; africana da fertilidade... 14/10
Maanemo: Mãe Terra na Finlândia 11/06
Maat: Deusa egípcia regente da verdade, justiça, lei, ordem...............................
.... 23/03; 17/06; 05/07; 09/09; 09,24/10
Macha: Deusa tríplice celta, protetora da Terra; junto de Badb e Nemain personifica a guerra... 06/01; 08,22/05; 21/09; 26/10
Machalath: Deusa árabe regente da vida e da morte 08/05
Madder-Akka: Mãe Divina dos Sami e da Finlândia, protetora das portas e dos recém-nascidos, mãe de Uks-Akka, Sar-Akka e Juks-Akka 02/03; 27/04; 23/12
Madona Negra: Reminiscência das antigas deusas da Terra 02/08; 14/09
Mãe:
    água (africana): 30/01; 31/12
    águas (chinesa): 17/04; 09/10
    águias:.. 18/06
    ancestral:.. 26/06
    cervos:.. 03/01; 04/10
    colheitas:.. 29/04
    corvos: 03/10

cósmica, divina: 06,22/01; 11/02; 15/06; 21/09; 19,27/11; 25/12
"dez mil coisas": 25/01
escorpião: 14/10
espaço: 29/10
luz: 09/06
milho: 28/02; 26,30/06; 03/07; 01/08; 09/10; 2311
montanhas: 19/10
mundo: 16/01
primordial: 22/12
Sol: 07/02; 25,20/12
Terra: 23/01; 28/02; 08/03; 06/05; 11/06; 25/11; 03/12
Ursa: 19/01; 03/02; 19/08; 03/10

Ma-emma: Deusa eslava padroeira da natureza e da terra 18/02; 25/04
Maeve: Deusa irlandesa tríplice preside a guerra, sexualidade e soberania da terra ...04,21/05
Mah: Mãe Terra suméria, regente da fertilidade e procriação, assimilada à deusa romana Bellona tornou-se Mah-Bellona, deusa da guerra 28/09
Maha Dewi: O Ser Supremo hindu, a Criadora da vida 27/11
Mahesvari: Deusa Mãe hindu, aspecto protetor de Lakshmi 12/04
Mahte: Mãe Terra na Lituânia 11/06
Maia: Deusa romana regente da primavera e do calor vital 01,15/05
Maile: "A Cheirosa", deusa polinésia regente da murta 31/01
Makara Sankranti: Deusa Mãe hindu, regente da abundância e do amor 19/12
Makaris: Deusas criadoras hindus com formas de peixes e animais anfíbios 06/11
Mala Laith: Deusa Anciã celta, criadora das montanhas 05/07
Malkuth: Deusa hebraica ensina a lidar com a matéria e realizar mudanças 16/09
Mama:
    Allpa: Deusa peruana da Terra 26/01; 21/08
    Cocha: Antiga deusa peruana do mar 02/02; 28/09
    Kilya: Deusa solar Inca regente do tempo e profecias 20/09
    Occlo Deusa peruana do céu 28/09
    Quilla: Deusa peruana da Lua 23/06; 10/09
    Watta: Mãe d'Água africana 31/12

Mamaldi: Mãe Terra da Sibéria 11/06
Mami/ Ma/Mah/Mama: Mãe Criadora da Mesopotâmia, invocada nos partos 19/04; 02/07; 08/09; 31/10
Manasa Devi: Deusa serpente hindu 01/07
Mania/Mana: Deusa romana, "Mãe dos fantasmas" protetora das casas 10/01; 13/02; 27/06
Mara: Deusa eslava protetora dos animais domésticos 24/06

Marah: Deusa regente da água salgada na Caldeia 14/04

Mari: Várias deusas: **basca**, presidia a chuva, punia os ladrões e os mentirosos; **irlandesa**, Mãe do mar; **hindu**, Senhora da morte, identificada com Durga .. 08/05; 24/08; 09/10

Mari Ama: Senhora escandinava do mar e da morte 24/08

Maria: O arquétipo da Deusa no cristianismo como Virgem e Mãe, que perpetuou de forma velada o culto da Deusa 11/02; 25/03; 13, 25/05; 15/06; 15/08; 08, 14/09; 01/10

Maria Madalena: Companheira de Jesus, líder dos cristãos gnósticos 25/05; 22/07

Mariamna/Mariamma: Deusa hindu regente do mar, chuva, saúde 14/04

Marian: Donzela bretã da primavera 08/05; 04/09

Marzana/Marzena: Deusa eslava regente do tempo, da vida e morte 21,23/03

Maslenitza: Deusa russa padroeira da fertilidade e agricultura 21/12

Matariki: Deusa polinésia regente das Plêiades 18/11

Mater Matuta: Deusa romana da alvorada, protetora das crianças, mães e marinheiros.
.... 09,11/06

Matergabia: Deusa eslava protetora do lar e da família 23/10

Mati Syra Zemlja: Mãe Terra dos países eslavos 26/03; 27/04; 21/08

Matka Boska Zielna: Deusa polonesa regente das ervas 15/08

Matlalcuye: Deusa asteca da chuva 06/10

Matronas/Matres: Deusas Mães celtas e germânicas, regentes da abundância da terra ....
.... 24/05; 10/09; 20/12

Mawu: Grande Mãe criadora africana 22/01; 26/04; 02/07; 21/08; 24/09; 30/11; 20/12

Maya: Deusa hindu, criadora e destruidora 15/05

Mayahuel: Deusa asteca da fertilidade e da Lua 24/04; 21/07; 21/08

Mbaba Mwana Waresa: Deusa africana regente da chuva 18/09

Meditrina: Deusa romana padroeira da cura 16/07; 30/09

Medusa: Deusa solar da Anatólia; Rainha grega das Amazonas 11/08

Mehen: Deusa serpente egípcia 31/08

Mehit: Deusa leonina egípcia, um aspecto da deusa Tefnut 24/07; 29/11

Melissa: Deusa cretense das abelhas 30/03

Meme: Criadora da vida na Uganda 21/10

Menat: Deusa Anciã do deserto árabe 10/03

Meng Jiangnu: "Donzela-abóbora" chinesa que rege a unidade familiar 12/09

Mens: Deusa romana padroeira da mente, dos meses, números, calendários 08/06

Meshkent: Deusa egípcia regente da luz e dos nascimentos 24/11

Meza Mate: Mãe eslava protetora das florestas 12/05

Mictecacihuatl: Deusa asteca guardiã da travessia para o reino da morte 30/10

Mielikki: Deusa finlandesa protetora das florestas 13/01; 23/09

Mina Koya: Regente do sal e da purificação nas tribos nativas Pueblo 27/11

Minerva: Regente romana do pensamento, cálculos, invenções, criatividade, guerra, semelhante à Atena ....
19,23/02; 19-23/03; 22/04; 19,26/05; 27/06; 13/09; 13,24/10; 12/11; 01,16/12

Minne: Deusa alemã do amor romântico 14/07; 22/09
Minona: Deusa africana, protetora das mulheres, guardiã da magia, adivinhação..... 29/06
Mnemósine/Mnasa: Mãe das Musas, regente da memória e inteligência 15/06
Mocca: Deusa hindu com cabeça de porca, protetora das famílias e crianças...... 14/11
Moiras: Deusas romanas Senhoras do destino................................ 01/01; 27/05; 28/12
Mokosh: Deusa eslava da terra úmida, fertilidade, chuva, pesca 06/10
Moneta: Deusa romana padroeira da riqueza... 01/06
Mora/Smert: Deusa eslava regente do destino e da morte 04/03; 24/06; 04/11
Morgan Le Fay/ Morgen: Deusa celta da água, Senhora de Avalon..................... 16/03
Morgause/Margawse: Deusa irlandesa regente da Lua e da noite...................... 11/12
Morrigan: Deusa tríplice irlandesa, regente da guerra ....
.... 01,06/01; 27/02; 16, 20/03; 21/09; 01/11; 28/12
Moruadh: Deusa sereia irlandesa 19/02
Mtsho Sman: Deusas regentes das águas no Tibet 17/09
Mujaji: Deusa africana regente da chuva... ... 29/03
Mukylcin: Mãe Terra nativa da Rússia 11/06
Mulaprakriti: Mãe primordial hindu... 03/04
Mulhalmoni: Deusa coreana, protetora dos olhos................................. 09/10
Mulher:
    Amarela *(Yellow Woman):* Deusa Pueblo da agricultura 12/11
    Árvores *(Bushfrauen):* Guardiãs europeias dos bosques e pomares............. 13/01
    Aranha/Pensamento (*Spider Woman*): Deusa criadora Hopi ....
    .... 23,29/01; 20/04; 05/06; 20/08; 05/11; 14/12
    Branca *(Weisse Frau):* Deusa alemã da floresta... 07/10
    Búfala Branca (*White Buffalo Woman*): Deusa Lakota responsável pela cerimônia do cachimbo sagrado 23/01; 20/04
    Concha Branca (*White Shell Woman*): Deusa nativa regente da esperança e alegria .. .. 12 /03; 01/09
    Cobre (*Copper Woman*): Deusa nativa regente dos metais 18/07
    Dourada: Padroeira eslava da riqueza 01/06
    Dragão: vide deusa Tiamat... 08/06; 30/07
    Fogo *(Fire Woman):* Padroeira do fogo e do calor vital................ 15/05; 23/10
    Palmeiras: 28/04
    Pintada de branco *(White Painted Woman):* Padroeira Apache dos ciclos da vida..06/07
    Primordial *(Cherokee First Woman):* Criadora dos animais e das plantas .. 01/10
    "Que caiu do céu" *(Aataentsic):* Deusa do céu e da terra dos iroqueses ....
    .... 26/06; 29/10
    "Que Muda" (*Changing Woman*): Deusa Navajo das estações e transições da vida feminina 27/02; 05/06; 14/06; 01/09; 24/10
    Ursa *(Bear Woman):* Deusa nativa da terra e protetora da família ....
    .... 03/02; 27/05; 03/10

Velha do mar *(Old Woman of the Sea)*: Deusa primordial do mar 28/07
Vulcão: 18/07

Munakata: Deusa japonesa padroeira da água e pesca 03/03
Musas: Deusas gregas guardiãs das artes e ciências 22/01; 11/03; 14,15/06; 30/08
Mut: Deusa abutre egípcia, Mãe criadora e destruidora da vida 12/06
Muta: Deusa romana regente da ordem e do silêncio 20/02
Mylitta: Deusa lunar da Fenícia rege a sexualidade, fertilidade, procriação 04/10
Nakisawame-no-Mikoto: Deusa japonesa do luto, guardiã das raízes ancestrais. 06/08
Nammu: Deusa das águas primordiais da Mesopotâmia 19/02
Nan: Deusa eslava criadora da vida 21/07
Nanã Buruku: Criadora primordial africana, deusa anciã da terra e da água .....
.... 21,26/07; 03/09
Nana/Nina: Deusa assíria regente da vegetação, semelhante à Inanna 21/07
Nanda Devi: Deusa hindu padroeira das montanhas 05/09
Nang-gsal-ma: Senhora da luz e do fogo no Tibet 26/11
Nanshe: Deusa regente da água na Mesopotâmia 01/01
Nantosuelta: Deusa gaulesa regente da água e da guerra 10/02; 30/05
Narucnici: Deusas eslavas Senhoras do destino 31/07
Naru Kami: Padroeira japonesa da inspiração, tecelagem e magia 08/12
Narvik: Deusa solar nórdica 09/02
Navahine: Deusa polinésia da paz, mãe de Hina 14/08
Návia: Deusa regente do mar da Ibéria 05/08
Ndlovukazi: Deusa elefanta africana 13/07
Nefertiti: Rainha egípcia divinizada, protetora das mulheres 11/09
Néftis/Nephtys: Deusa abutre egípcia, rege a escuridão, protege os mortos .....
.... 06,18/07; 28/08; 13/09; 01,02/11
Nehelennia: Deusa celta, guardiã dos caminhos e viajantes 06/01
Nekhebet: Deusa serpente egípcia 28/05
Neith: Deusa egípcia do céu, da caça, guerra, protetora das famílias, animais ......
.... 23/04; 24/06; 28/09; 08/12
Nejma: Deusa marroquina, padroeira da saúde 17/05
Nêmesis: Deusa grega regente da vingança justificada 23/08
Nemetona: Deusa celta regente da guerra e dos bosques sagrados 30/05; 11/07
Néria: Deusa romana da guerra, esposa do deus Marte 25/03
Nerthus: Deusa da "Terra do Norte", regente da fertilidade, paz, harmonia ....
.... 27/02; 13/03; 20,24/12
Nicnevin: Deusa escocesa regente da agricultura e da morte 31/10; 10,21/11
Nike: Deusa grega da vitória, equivalente à romana Victória, aspecto de Palas Atena ..
.... 16/02; 07/10
Nina: "Rainha das Águas" suméria, com corpo de mulher, cauda de peixe ou serpente
.... 19/02

Ningal: Deusa antiga da Mesopotâmia, regente da vegetação dos lagos e pântanos 21/09
Ninhursag/Nintu: Deusa suméria regente da terra 11/10
Ninlil: Deusa da Mesopotâmia, regente da terra, ar, céu, estrelas, mundo subterrâneo..24/10
Nisaba: Deusa suméria guardiã das leis divinas, escrita, oráculos, sonhos.......24/10; 02/11
Niskai: Deusa celta tríplice, guardiã da passagem do tempo e da Roda da vida......... 29/09
Niski-Ava: Deusa eslava protetora das mulheres e dos lares 16/07
Nokomis: Deusa da terra dos índios Ojibwa... 24/01; 25/11
Nornes: Skuld, Verdandhi, Urdh: Deusas escandinavas do destino...................
.... 02/01; 20/03; 14/07; 27, 28,31/12
Nortia: Deusa etrusca regente da boa sorte 24/06
Nossa Senhora dos Milagres: Aspecto da Virgem Maria no México................... 08/09
Nott/Nat: Deusa escandinava regente da Lua, noite, estrelas, metais................ 17/10
Nu Kwa: Criadora da vida, a Grande Mãe chinesa 13,21/02; 22/08; 20/10
Nubaigai: Deusa anciã da Lituânia, protetora das colheitas de milho................ 05/10
Nugua: Deusa-dragão chinesa que restaura o equilíbrio na vida 08/06
Nungeena: Deusa nativa australiana, Criadora e protetora 18/01
Nut: Deusa egípcia regente do céu e das estrelas 25/02; 27/03; 07/08; 20/04
Nuvak'Chin'Mana: "Donzela da neve", a Kachina que anuncia o inverno 27/07
Nyx: Senhora grega da noite, mãe de Hemera, semelhante à Leto................... 28/06
Obá: Deusa ioruba da água revolta e da vitória nos embates 26/04; 08/12
Odudua: Criadora ioruba da vida, da terra e da natureza 11/08; 24/09; 28/12
Okame: Deusa japonesa guardiã do lar, boa sorte e atos bondosos 21/11
Oki Tsu Hime: Padroeira Shinto das cozinhas, comidas e calor familiar 08/11
Olwen: Deusa solar celta, guardiã da Roda Dourada 28/04; 19/08
Omamama: Deusa ancestral dos índios Cree, criadora da vida 26/01
Oniata: Deusa nativa iroquês, regente da neve e dos esportes 20/02
Oonagh: Rainha irlandesa das Fadas, padroeira da magia 11/11
Ops: Deusa romana da terra, protetora da agricultura e dos recém-nascidos, consorte de Saturno............................. 12,19/04; 01/05; 21, 24, 26/08; 14/10; 24/11; 17,19/12
Orbona: Deusa romana protetora das crianças 19/12
Orsel/Ursala: Deusa lunar eslava cristianizada como Santa Úrsula 21/10
Oshion: Ser sobrenatural cigano; protege os viajantes, melhora saúde e sorte 12/07
Ostara/Eostre: Deusa alemã que rege a primavera e o renascimento da vegetação ...20,21/03
Oxum: Deusa ioruba da água doce, beleza, amor, sexualidade e maternidade ... 26/04; 08/12
Oyá: Deusa ioruba regente das tempestades, guerra e liderança feminina, Senhora dos mortos... 06/06; 01, 23/10; 01/11; 04,30/12
O-yama-no kami: Deusa japonesa padroeira da fertilidade 22/04
Oynyena Maria: Deusa eslava regente do fogo 15/07
Pacha Mama: Mãe Terra inca 21/08

Paivatar: "Virgem Dourada", deusa solar finlandesa, tecelã e protetora dos lares ....
.... 02/03; 08/07
Pales: Deusa romana padroeira dos animais domésticos...................................... 20/04
Panaceia: Deusa romana padroeira da cura... 26/02
Pandora/Anesidora: "A Doadora", Mãe das riquezas da terra, aspecto de Gaia ....
.... 27/02; 11/06; 24/11; 26,31/12
Pandrosós: Deusa da terra e do orvalho, com Agraulós e Herse integra as Augrálides ..17/10
Papa/Ligapup/ Lorop: Mãe Ancestral da Polinésia, Criadora do todo 26/06; 19/09
Paraskeva: Deusa eslava do amor e água, cristianizada como Santa ortodoxa..... 20/07
Parcas: Deusas romanas do destino equivalentes às Moiras gregas.............................
.... 01,25/01; 20/03; 27/05; 28/12
Parvati Devi: Grande Mãe tríplice hindu: Lakshmi, Parvati, Sarasvati........................
.... 20/03; 25/06; 08/08; 01/10; 27/11
Pasifae: Aspecto da deusa Reia 06/07; 08/10
Pasht: Aspecto destruidor da deusa solar egípcia Bast 27/08
Patella: Aspecto da deusa Ops, padroeira das sementes 19/12
Pattini: Deusa solar de Sri Lanka... 06/08
Paulia e Praetextatus: Guardiões responsáveis pela continuação dos Mistérios Eleusínios
.... 20/11
Pax: Deusa romana da paz e da ordem................................... 30/01; 04/06; 04/07
Pele: Deusa havaiana regente do fogo vulcânico, sexualidade e magia.........................
.... 28/01; 11/06; 23/10; 31/12
Perkune Tete: Deusa ancestral eslava, Mãe das tempestades.......... 01/02; 15/07; 08/08
Perséfone: Deusa grega regente da morte e do mundo subterrâneo, filha de Deméter ...
01,03,11/02; 04,17,20/03; 27,31/05; 16/07; 02,09,19,22, 23/09; 31/10; 03/11; 07/12
Perseis/Perse: Antiga deusa lunar grega 20/09
Phra Naret: Deusa da beleza, fortuna e prosperidade da Tailândia...................... 09/11
Pi-Hsia-Yuan-Chin: Deusa chinesa das nuvens azuis e púrpuras, padroeira dos partos
.... 20/10
Pirra/Pyrrha: Deusa grega do fogo telúrico, filha de Pandora 27/02
Pítia/Pythia: Profetisa do oráculo de Delfos 28/07
Píton/Python/Delphyne: Filha de Hera, serpente oracular pré-helênica do templo de
Delfos 28/05
Plêiades/Vergiliae/Krittikas: As sete filhas da ninfa Pleione transformadas em estrelas.
.... 20/11; 15/12
Pluto: Aspecto escuro da Tríplice Mãe grega pré-helênica, junto de Kore e Perséfone....31/05
Poena: Deusa romana regente da retaliação 12/11
Po Ino Nogar: Deusa padroeira da agricultura e chuva em Camboja 24/05
Poldunica: Deusa eslava regente da morte e do calor do meio-dia 17/11
Polengabia: Deusa eslava regente do fogo, do lar e da lareira 23/10
Poluknalai: Criadora e protetora dos animais no antigo Afeganistão 10/04

Pomona: Deusa romana padroeira das árvores frutíferas 16/04; 01,02/11
Ponyke: Deusa eslava regente do fogo 24/01
Potnia Theron: A Senhora dos animais 12/02; 19/08
Purt Kuva e Purt Kuguza: Casal de velhos espíritos eslavos, protetores das casas 13/05
Poza Mama: Deusa siberiana regente do fogo 23/10
"Povo das Fadas": Antigas deusas celtas transformadas em seres elementais ....
.... 04,26/05; 01,04,21,22,23/06; 30/08; 26/09; 07,10/10; 01,11,21/11; 01,07,10/12
"Povo Pequeno" Ninfas, elfos e seres elementais protetores da natureza:

    água (Ondinas, Kelpies, Lâmias, Limnades, Ionides, Náiades, Nixen, Pressina, Rusalii, Russalkas) 11/05; 22/06; 03/08; 13/11

    árvores, atmosfera (Yakshini): 22/05

    animais (Bagan, Leshi, Vazila): 01/12

    bosques, florestas (Dríades, Bushfrauen, Epimélides, Fangge, Melíades, Rusalii, Stratteli, Veelas): 13/01; 01,19/06; 03/08; 22/05

    campos (Poleviki): 01/12

    carvalhos (Dervonnae, Hamadríades): 01/06; 01,19/06; 03/08; 01/12

    casas (Domovoj, Bannik): 01/12

    freixos (Askefruer): 03/08; 01/12

    grutas, jardins (Blajini, Divja Davojke): 07/04

    montanhas, rochas, pedras (Oréades): 19/06; 07/04, 03/08

    natureza (Diversos): 03/08; 01,07/12

    salgueiros (Oryu): 01/06

Prajna: Deusa hindu regente do conhecimento e da sabedoria 28/11
Praxidike: Deusa romana padroeira dos juramentos 12/11
Prende: Deusa lituana regente do amor 20/07
Prosérpina: Antiga deusa romana regente da germinação das sementes, equivalente de Perséfone 02/02; 03/04; 27/05
Prosymna: Deusa grega regente da terra e natureza 29/04
Pukkeenegak: Deusa nativa esquimó, guardiã da comunidade e famílias 14/11
Pyrrha: Deusa do fogo telúrico, filha de Pandora 27/02
Qetesh/Qadesh: Deusa egípcia, padroeira da Lua, noite, amor, sexualidade 22/08
Quilaztli: Protetora mexicana das crianças e animais 30/10
Ra'i Ra'i: Deusa polinésia regente da luz solar e da felicidade 10/10
Radha: Deusa hindu guardiã da boa sorte e do amor 13/03; 01/09
Ran: Deusa escandinava do mar, esposa de Aegir, mãe das Donzelas das Ondas 23/07
Rana Neidda: Deusa finlandesa da primavera e da chuva 17/04
Rangda: Deusa balinesa padroeira da magia e dos encantamentos 19/04
Ranu Bai: Deusa hindu regente da água e fertilidade 14/01; 17/04
Rati: Deusa hindu padroeira do amor e desejos 19/01

Ratna Dakinis: Deusas tibetanas regentes da compaixão e benevolência 15/06
Rauni/Roonika: Deusa finlandesa regente do trovão e da sorveria 01/05; 15/07
Reia/Rhea: Mãe dos deuses gregos, esposa de Cronos, assimilada pelos romanos no culto de Bona Dea e Ops 15/03; 09,11/07; 21/08; 08/10; 03/12
Rhiannon: Deusa lunar e equina galesa, semelhante à Epona, assimilada com Rigantona, a Grande Rainha romana 04/03; 13,28/06; 18/09; 18/12
Rinda: Deusa escandinava, a Senhora da terra gelada 02/04
Robigo: Deusa romana protetora dos cereais 25/04
Rodjenice/Rozdenici: Deusas eslavas do destino, semelhante às Parcas/Moiras ....
.... 25/01; 14/10
Rohina: Deusa hindu da cura representada como uma vaca vermelha 15/11
Rosmerta: Deusa gaulesa regente da abundância e da riqueza 18/09
Rukmini: Deusa hindu regente da alvorada e do crepúsculo 14/01
Rumina: Deusa romana, protetora das mães e das crianças 15/11
Runcina: Deusa padroeira dos cereais (aspecto da deusa Ops) 19/12
Russalkas: Espíritos eslavos regentes da água e da fertilidade 11/05
Sabina: Deusa romana regente da fertilidade 19/12
Saga: Deusa escandinava padroeira da sabedoria e inspiração 19/02
Saki-Yama-Hime: Deusa japonesa regente da fortuna e abundância 28/08
Sakwa Mana: "Donzela do Milho Azul", regente nativa Hopi do milho 14/12
Salácia: Deusa romana padroeira da água salgada 23/07; 12/09; 01/12
Salus: Deusa romana regente da saúde e da cura 30/01; 06/09; 24/11
Samja: Deusa hindu, padroeira do aprendizado, da razão, lógica e sabedoria 10/12
Sammuramat: Mãe criadora de Assíria 17/05
Samnati: Deusa hindu regente do conhecimento e da sabedoria 14/01
Santa Sara: Cristianização da deusa escura hindu Sara Kali 25/05
Saoquing Niang: Deusa de Laos, que afasta ou atrai as nuvens de chuva 10/05
Sapientia: Deusa romana detentora da sabedoria 28/11; 16/12
Sara Kali: Grande Mãe dos ciganos, equiparada à Madona Negra 25/05
Sar-Akka: Deusa finlandesa padroeira dos nascimentos, famílias, lares, filha de Madder--Akka, irmã de Sar-Akka e Juks-Akka 02/03; 27/04; 27/11
Sarasvati: Deusa hindu regente do conhecimento, da fertilidade, prosperidade e eloquência 12,14,31/01; 16,20,28/03; 24/10; 27/11; 19/12
Satet: Deusa solar e arqueira egípcia, protetora do Rio Nilo 20/05
Saule: Deusa solar báltica, protetora das mulheres 21,22/06; 08/08
Saules Meita/Mate: Deusa báltica regente das estrelas, filha de Saule 21,22/06; 20/12
Savitri: Mãe Divina hindu, criadora da música, poesia, eras, tempo, vida, morte 16/05
Scathach: Deusa escocesa regente da guerra e do conhecimento 13/07; 14/11
Scota: Deusa ancestral da terra, padroeira da Escócia 01,21/11
Securita: Deusa protetora romana cuida da segurança individual e coletiva 09/05

Sedna: Deusa Inuit do mar, vida, morte, protetora dos animais aquáticos.................. 27/02; 26/06; 25/09; 01,14/11; 10/12

Sekhmet: Deusa leonina egípcia, regente do fogo, da guerra, vingança e magia............ 07/01; 16,21/04; 24/07; 11/09; 31/10; 29/11; 31/12

Selene: Deusa lunar grega, senhora das estrelas, equivalente à Luna e Levanah............ 07/02; 16,18/04; 02/05; 27/06; 06/07; 14/08

Selkhet: Deusa escorpião egípcia, regente da fertilidade e do mundo subterrâneo...... 10/08

Selu: Deusa regente da agricultura dos índios Seminole............ 03/07; 06,12/08; 26/12

Sêmele: Deusa grega padroeira do amor e da sexualidade........................ 02/03; 23/12

Sengen Sana: Deusa japonesa regente do desabrochar das flores e mulheres........ 16/01

Senhora (Dama) de Baza: Deusa ibérica, padroeira da Terra.................... 04/08; 03/12

Senhoras (Damas) Verdes/Bon Dammes: Protetoras celtas dos bosques......03,30/08; 01/12

Sephira/Séfira: Deusa da Cabala que personifica a luz universal....................... 16/12

Sequana: Deusa celta padroeira dos rios e da chuva............................ 06/04; 03,26/11

Seshat: Deusa egípcia guardiã do tempo e da história universal..................... 30/05

Sete irmãs/Ayish/Kimah/Krittikas: Filhas de Atlas e Pleione, transformadas nas Plêiades.... .... 15/12

Shait: Deusa egípcia regente do destino... 23/03

Shakti: Arquétipo da divindade feminina, complementação dos deuses hindus.. 15/02; 16/10

Shakuru: Filha da Lua e deusa solar dos índios Pawnee................................ 27/06

Shapash: Deusa solar canaanita, equivalente à Wurusemu, Amaterassu, Sunna... 18/01

Sheelah na Gig: Senhora da vida, morte e sexualidade na Irlanda..... 18/03; 05/06; 02/07

Shekinah: Ser primordial supremo em Canãa, Árvore da Vida, luz das esferas.... 12/06

Sheng Mu: Mãe Divina chinesa... 20/10

Shina Tsu Hime: Deusa japonesa padroeira do vento.................................... 29/04

Shirata: Deusa japonesa regente da neve... 04/02

Shulamita: Criadora do Céu e da Terra na Mesopotâmia e rege a sabedoria........ 22/10

Si: Deusa solar eslava invocada nos juramentos................................. 14/05; 17/07

Sif: Deusa escandinava regente dos grãos maduros e do outono............... 23/04; 20/05

Sigyn/Signy: Deusa ancestral escandinava, guardiã das famílias e tribos............. 31/07

Sinann: Deusa celta regente dos rios... 26/11

Sipe Gialmo: Deusa Mãe da Birmânia, protetora e guardiã............................... 18/04

Sirona: Deusa basca regente das estrelas e dos planetas................................. 10/08

Sisina: Deusa filipina padroeira da beleza, ordem e amor conjugal..................... 31/05

Sita: Deusa hindu guardiã da terra e da agricultura.................................. 18/04; 23/11

Sitala: Deusa hindu regente das doenças... 19/03

Sjofn: Deusa escandinava padroeira do amor e da sexualidade......................... 14/02

Skadhi: Deusa escandinava regente da neve........................... 10/07; 01,30/11; 11/12

Skira: Antiga deusa grega guardiã das colheitas.. 12/06

Skuld: A Norne que rege o futuro e determina a duração da vida.......02/01; 02,14/07; 31/12

Slata Baba: A "Mulher de Ouro", padroeira eslava da riqueza............................ 01/06

Smert: Deusa eslava da morte, equivalente de Chuma e Mora 04/11
Snegurotchka: Deusa russa Senhora da neve 10/07
Snotra: Deusa nórdica regente do discernimento e protetora das mulheres 30/09
Sopdet: Rainha egípcia das constelações que rege o calendário e as estações 07/08
Sofia/Sophia: Deusa da sabedoria do Oriente próximo, cocriadora divina, transformada no Espírito Santo 17,25/09; 05/10; 28/11; 16/12
Spenta Armaiti/Spandaramet: Deusa persa regente da abundância 18/02; 06/12
Spes: Deusa romana padroeira da colheita, esperança e fartura 24/11
Sri/Dharani/Giriputri: Deusa hindu regente da prosperidade 14/04; 16/11
Srinmo: Deusa tibetana guardiã da Roda Cósmica e da vida humana 20/10
Stela Maris: Aspecto de Ísis, deusa protetora dos marinheiros 31/05
Strenia: Deusa romana regente da saúde, protetora dos jovens 20/11; 31/12
Sulis: Deusa celta ancestral da cura e água, equiparada com Brighid e Minerva ....
.... 26/05; 13/10; 03,26/11
Sundy Mumy: Deusa solar eslava, "A Mãe do Sol" 08/07
Sung Tzu Niang Niang: Deusa japonesa regente da fertilidade humana 25/09
Sunna/Sol: Deusa solar escandinava, padroeira da cura e da magia ....
.... 09/02; 14/05; 21/06; 08/07; 26/12
Surabhi/Kamadhenu: Deusa hindu protetora das mães e crianças 03/06; 15/11
Sussistinako/Mulher Pensamento/Vovó Aranha: Criadora da vida dos índios Queres ..
.... 05/11
Syn: Deusa escandinava guardiã dos portais e dos juramentos 02/06
Tácita: Deusa romana regente do silêncio, semelhante à Muta 19/02
Tacoma: Deusa da Terra dos índios Salish e Yakima 17/01
Tailtu: Deusa irlandesa regente da terra, natureza, abundância 31/07; 01/08
Takanakapsaluk: Deusa do Alasca, regente da caça e da pesca, guardiã dos espíritos 06/12
Takel: Deusa da Malásia, guardiã suprema da abundância e sustentação da terra 29/12
Tália/Thalia: Uma das Musas gregas, regente do bom humor e da alegria 23/12
Tamaayawut: Deusa nativa norte-americana regente da terra 30/07
Tamar: Deusa eslava do céu, do tempo e das estações do ano 04/01
Tamayorihime: Deusa japonesa padroeira do mar e das mulheres grávidas 24/07
Tamra: Deusa hindu, protetora dos pássaros, regente da comunicação 24/03
Tanat: Deusa celta regente da fertilidade e protetora das crianças 08/05
Tanit: Deusa romana regente da Lua crescente, estrelas, noite 08/04; 01/05
Tao/Dao: "Mãe do Mundo" budista, Criadora primordial 25/05; 22/12
Tara: Grande Mãe hindu salvadora e protetora dos humanos, aparecendo em cinco aspectos e nas cinco cores 03/03; 06/04; 01/11
Ta-repy: Deusa estelar egípcia 12/09
Tari Pennu: Deusa hindu regente da fertilidade 30/08
Tashmit: Deusa da Caldeia regente da sabedoria 05/03

Tatsu ta Hime: Deusa japonesa regente do vento e das tecelãs .... 15 /11
Tauret: Deusa hipopótamo egípcia, regente do céu, submundo, protetora dos partos ..
.... 11/09
Tava-ajk: Deusa finlandesa protetora da terra e da natureza 18/10
Tea e Tephi: Deusas ancestrais, fundadoras da cidade de Tara na Irlanda 04/11
Tefnut/Tefnut: Deusa egípcia regente da aurora 20/04; 24/07; 29/11
Tellus Mater: Deusa romana padroeira da terra, natureza, juramentos ....
.... 27/01; 28/02; 15/04; 21/08; 26/10
Temazcalteci: Deusa asteca padroeira das plantas medicinais 06/09
Têmis/Themis: Guardiã grega da ordem social e das leis ....
.... 08/01; 01/07; 23/08; 25, 28,30/09; 01/10
Tempesta: Deusa romana regente das tempestades 03/06
Tenga: Deusa africana da terra, guardiã da justiça e da moral........................... 19/11
Tesana: Deusa etrusca regente da alvorada e da colheita 29/06
Teteoinnan/Teteu Innan: Mãe divina asteca, padroeira da fertilidade, cura, parteiras ..
.... 21/07; 30/10
Tétis/Tethys: Deusa grega do mar, filha de Gaia e Urano, mãe das Náiades e Oceânides
.... 12,14/09
Thea: Deusa grega regente da luz-solar e lunar 07/11
Theano: Deusa grega padroeira dos vegetarianos... 11/07
Thmei: Deusa egípcia guardiã da lei e das virtudes.. 04/07
Tho-og: Mãe Eterna tibetana, o ser primordial, equivalente à deusa hindu Aditi.... 26/11
Tiamat: Deusa das águas primordiais, Grande Mãe da Mesopotâmia, Babilônia e Caldeia
.... 14/03; 30/07; 22/09; 06/11
Tiché/Tyche: Deusa grega da boa sorte, idêntica à romana Fortuna......05/02; 11/06; 23/08
Ti Chih Hsing Chun: Deusa coreana guardiã das portas do céu, regente da comunicação ..
.... 11/10
Tien Hou/Quan Hou: Deusa chinesa do céu, alvorada, protetora dos pescadores..... 10/05
Titânia: Deusa lunar romana, aspecto da deusa Diana... 08/04
Tji Wara: Deusa nigeriana padroeira da agricultura.. 25/04
Tlachtga: Deusa celta regente dos raios e das revelações súbitas 16/11
Toci: "A Avó" guardiã anciã da terra, cura e regeneração no México...... 30/10; 09/12
Tonacacihuatl: "Mãe do corpo", protetora dos espíritos das crianças após sua morte ..30/10
Tonan: Grande Mãe asteca, deusa regente da Terra 09,21/12
Tonantzin: Grande Mãe asteca, cristianizada como Virgem Negra de Guadalupe ....
.... 06/09; 21/07; 30/10; 20/11; 09/12
Tou Mou: Deusa chinesa regente das estrelas e dos oráculos......... 13/04; 28/03; 20/10
Três Matres/Três Mães/Matronas: Deusas celtas doadoras da vida e da morte 24,25/05
Três Marias: Celebração cristã e festival cigano 25/05
Triduana: Deusa escocesa regente das fontes, equivalente de Brighid 04/08; 03/11

Tripura: Grande Mãe hindu, regente do céu, ar e terra.................................. 03/09
Tsai Shen: Deusa chinesa regente da riqueza 03,28/01
Tse Che Nako: "A Mulher Aranha", deusa criadora e tecelã norte americana .. 20/08; 05/11
Tseu Niang Niang: Deusa chinesa protetora do lar 20/12
Tula: Deusa hindu regente do signo e da constelação de Libra que harmoniza a vida humana.. 23/09
Tuonetar: Deusa escura, Rainha dos mortos na Finlândia 18/03; 01/11
Turan: Deusa etrusca regente da sexualidade 27/04
Ua Zit/Uadjit/Uto/Buto: Deusa serpente egípcia, Mãe divina, senhora da noite, personifica a força regeneradora da terra 14/03; 28/05; 05/06; 25/07
Uke-Mochi-no-Kami: Deusa japonesa, padroeira da agricultura 21/08; 25/10
Uks-Akka: Deusa finlandesa, protetora das portas e dos recém-nascidos, filha de Madder-Akka, irmã de Sar-Akka e Juks-Akka........................... 02/03; 27/04
Umaj: Deusa siberiana protetora dos recém-nascidos.................................. 26/09
Unchi-Ahchi: Deusa anciã japonesa, "Avó da lareira", padroeira do lar 02/12
Urdh: Uma das Nornes, deusas nórdicas do destino, regente do passado ....
.... 02,25/01; 14/07; 31/12
Ursa Maior: Constelação regida pela deusa Calisto e outras sete irmãs divinas............
.... 04/01; 22/11
Urtz: Deusa do céu e regente da chuva do povo basco 10/08
Usas: Deusa hindu regente da alvorada e do crepúsculo 18/01
Vac: Deusa hindu regente do conhecimento, sabedoria, magia 28/03; 03/11
Vacuna: Deusa da vitória do povo sabino, semelhante à romana Bellona 16/02
Vagitanus: Deusa romana padroeira dos recém-nascidos 12/04
Vakarine: Deusa eslava da estrela vespertina, oposta a Austrine, da estrela matutina 20/12
Valquírias: Deusas guerreiras nórdicas, condutoras das almas dos guerreiros mortos em combates, companheiras de Odin e Freyja............... 31/01; 16/02; 19/04; 15/10; 02/11
Vanth: Deusa romana regente da morte... 21/02
Var: Deusa escandinava guardiã dos juramentos e promessas..................... 12/11
Vasudhara: Deusa hindu doadora da prosperidade e abundância 06/11
Vatiaz: Deusa da Mongólia, doadora da resistência e força física 24/07
Veelas: Deusas dos Balcãs, guardiãs da terra e das plantas de cura 03/08
Veja Mate: "Mãe do vento" dos países eslavos....................................... 12/05
Venilia: Deusa romana regente do vento e do mar.................................. 01/12
Vênus: Deusa romana que rege o crescimento, beleza, natureza e amor sensual, equivalente a Turan e Afrodite 06,14/02; 01,23/04; 10,22/06; 01,19/07; 09,30/08
Vênus: Planeta, "estrela matutina e vespertina" ....
.... 10/01; 15/02; 17, 22,29/02; 22/04; 10/06; 20/09; 25/12
Verdandhi: Uma das Nornes, deusas nórdicas do destino, rege o presente 02/01; 31/12
Vesta: Deusa romana, protetora do lar e da lareira, guardiã da chama sagrada, seguidora da grega Héstia 15/01; 13/02; 01/03; 15/05; 07,15/06; 16/ 08; 24/11; 03/12

Victoria: Deusa romana da vitória, análoga à sabina Vacuna e à grega Nike 16/02; 07/10
Vila: Deusa eslava, protetora das florestas e dos animais 06/05
Vir-Ava: Deusa finlandesa padroeira das florestas.. 18/10
Virgem Negra: A face escura da Deusa cristianizada como santa 02,15/08
Völuspa: Deusa primordial escandinava, detentora do conhecimento universal..... 29 /07
Vor: Deusa escandinava padroeira da intuição e dos sonhos 10/02
Wakahiru: Deusa tecelã japonesa regente da alvorada.. 08/02
Wakahirume: Deusa japonesa rege a alvorada e o crepúsculo........................... 29/07
Waka-Saname-no-Kami: "Donzela" japonesa rege o plantio de arroz ..... 09 /06; 25/10
Wawalag: Deusas australianas regentes da fertilidade e procriação 11/05
Wohpe: Deusa Lakota geradora da harmonia e unidade, criadora dos rituais .... 11 /08
Wonambi: Deusa australiana regente da chuva e da fertilidade 17/04
Wurusemu: Deusa solar hitita, equiparada com Shapash............... 18/01; 20/05; 05/12
Xcanil: Deusa regente da terra de Guatemala 11/05
Xi Hou: Mãe do Sol na China... 20/12
Xiumu Niang Niang: Mãe das águas na China 17/04
Xixiquipilihui: Deusa asteca regente da chuva... 06/10
Xmucane: A Senhora maia regente do tempo e dos calendários 13/08
Xochiquetzal: Deusa asteca da beleza, sensualidade, amor, prazer, flores 21/07; 05/ 08
Xtah/Xtoh: Deusa regente da chuva de Guatemala 05,11/05
Yakshini: Deusas hindu regentes das árvores e da atmosfera 22/05
Yami /Yamuna: Criadora hindu da vida, irmã de Yama, deus da morte............... 19/11
Yama-No-Shinbo: "Mãe da montanha", regente da prosperidade no Japão........ 19/10
Yngona: Grande Mãe dinamarquesa, semelhante à deusa celta Danu 20/ 01
Ys: Deusa bretã regente do mar, padroeira dos pescadores................................. 05/08
Yu Nu: Deusa estelar chinesa, a "Senhora de Jade" 08/02; 20/10
Yuki One: Deusa japonesa regente do gelo e da morte pelo frio 11/12
Zaden: Deusa da Ibéria regente da pesca 05/08
Zamyaz: Deusa persa padroeira da terra e da Natureza 28/02
Zaramama: Deusa peruana regente dos grãos 30/06
Zeme/Zemyna: Deusa eslava da terra, mãe de Meza Mate e Veja Mate ....
.... 18/02; 24/04; 12/05; 02/07
Zemya: Mãe Terra dos países eslavos... 26/03
Zhi Nu: Deusa estelar chinesa, padroeira da tecelagem 08/02; 07/07; 09/08
Zirna: Deusa etrusca regente da Lua e da noite 27/04
Zisa: Deusa germânica, criadora da vida............................... 30/06; 21/08; 27/09
Zleja: Deusa báltica regente do meio-dia.. 20/12
Zorya/Zaria: Deusa eslava tríplice: do céu, da alvorada e do crepúsculo 16/08
Zytniamatka: Deusa alemã padroeira da agricultura 30/06; 03/07; 01/08; 23/11

Bibliografia

ALBA, Anna. *The Cauldron of Change*. Illinois, Delphi Press, 1993.

ALLARDICE, Pamela. *Mitos, Deuses e Lendas*. Sintra, Publicações Europa - América Ltda., 1990.

ANN, Martha & IMEL, Dorothy. *Goddesses in World Mythology* Oxford, Oxford University Press, 1993.

BARING, Anne & CASHFORD, Jules. *The Myth of the Goddess*. London, Arkana, 1991.

BERNAL, Ignácio & BARBACHANO, Fernando. *Tesoros del Museo National de Antropologia de México*. Cidade do México, Ediciones Daimon, 1968.

BLOOM, William. *Sacred Times*. Findhorn, Findhorn Press, 1990.

BONNEFOY, Yves. *American, African and Old European Mytologies*. Chicago, University of Chicago Press, 1991.

BUDAPEST, Zsuzsanna. *The Grand Mother of Time*. New York, Harper Collins, 1989.
____. *The Grand Mother Moon*. New York, Harper Collins, 1991.

CAMPBELL, Joseph. *A imagem mítica*. São Paulo, Papirus, 1994.

CAVALCANTI, Raissa. *O casamento do Sol com a Lua*. São Paulo, Cultrix, 1993.

CHARROUX, Robert. *O livro do misterioso desconhecido*. Lisboa, Bertrand, 1969.

COGHLAN, Ronan. *Irish Myth and Legend*. Belfast, The Appletree Press, 1985.

COMMELIN, P. *Mitologia grega e romana*. Rio de Janeiro, Ediouro, 1958.

CONTENEAU, Georges. *A civilização de Assur e Babilônia*. Rio de Janeiro, Otto Pierre Editores, 1979.

CONWAY, D.J. *Ancient and Shinning Ones*. Saint Paul, Llewellyn Pub., 1995.
____. *Magical Almanac 1996*. Saint Paul, Llewellyn Pub. 1996.
____. *Magical Almanac 1997*. Saint Paul, Llewellyn Pub. 1997.
____. *Magical Almanac 1998*. Saint Paul, Llewellyn Pub. 1998.

COOPER J. C. *The Dictionary of Festivals*. London, Thorsons, 1990.

CUNNINGHAM, Donna. *A influência da Lua no seu mapa astral*. São Paulo, Pensamento, 1988.

CUNNINGHAM, Scott. *Magical Aromatherapy*. Saint Paul, Llwellyn Pub., 1995.

D'ANGELLIS, Risa. *Celebrating Women's Spirituality*. Freedom, The Crossing Press, 1996.
____. *Celebrating Women's Spirituality*. Freedom, The Crossing Press , 1997.

DANIELS, Estelle. *Magia Astrológica*. Rio de Janeiro, Bertrand Brasil, 1995.

DAVIDSON, Ellis. *Scandinavian Mythology*. Middlessex, Newnes, 1984.

DONTAS, George. *The Acropolis and its Museum*. Athens, Clio 1994.

DUANE, O. B. *Celtic Art*. New York, Barnes &Nobles, 1996.

DUNNVICH, Gerina. *Everyday Wicca*. New York, Citadel Press, 1997.

____. *The Wicca Book of Days*. New York, Citadel Press, 1995.

EBBUTT, M. I. *Ancient Brittain*. London, Chancellor Press, 1995.

Enciclopédia Arte nos Séculos. São Paulo, Abril Cultural, 1969.

Enciclopédia Multimídia da Arte Universal, Alpha Betum Multimídia Produções.

EVANS, Bergen *Dictionary of Mythology*. New York, Laurel, 1970.

FARRAR, Janet & Stewart. *The Witches' Goddess*. Washington, Phoenix Publishing, 1995.

FAUR, Mirella. *Almanaque Mágico 1996*. Brasília, Forças Ocultas, 1996.

____. *Almanaque Mágico 1997*. Brasília, Forças Ocultas, 1997.

____. *Almanaque Mágico1998*. Brasília, Forças Ocultas, 1998.

____. *Diário da Grande Mãe*. 1996. Brasília, Forças Ocultas, 1996.

____. *Diário da Grande Mãe 1997*. Brasília, Forças Ocultas, 1997.

____. *O Anuário da Grande Mãe: Guia prático de rituais para celebrar a Deusa*. Primeira edição 1999; segunda edição 2001. São Paulo, Editora Gaia

____. *O Legado da Deusa: Ritos de passagem para mulheres*. Rio de Janeiro, Record--Rosa dos Tempos 2003.

____. *Mistérios Nórdicos. Deuses. Runas. Magias. Rituais*. São Paulo. Editora Pensamento 2007.

____. *Ragnarök.O crepúsculo dos Deuses.Uma introdução à mitologia nórdica*. São Paulo, 2010 Editora Cultrix 2010

____. *Círculos Sagrados para mulheres contemporâneas. Práticas, Rituais e Cerimônias para o Resgate da Sabedoria Ancestral e a Espiritualidade Feminina*. São Paulo, Editora Pensamento 2011.

FENTON, Sasha. *A influência da Lua na nossa vida diária*. São Paulo, Pensamento, 1987.

FFIONA, Morgan. *Daughters of the Moon*. Forestville, Daughters of the Moon, 1991.

GETTY, Adele. *Goddesses*. London, Thames & Hudson, 1990.

GIBSONE, Clare. *Goddess Symbols*. NewYork, Barnes & Noble, 1998.

GIEYSZTOR, Aleksander. *Mitologia Slowian*. Warszawa, Wydawnictwa Artystycznei Filmowe, 1982.

GRAY, Miranda & Gray, Richard. *Red Moon.Understanding and using the gifts of the menstrual cycle*. Element, Inc. Rockport USA. 1994.

GREEN, Marian. *Everyday Magic*. London, Thorsons, 1994.

GUTTMAN, Ariel & JOHNSON, Kenneth. *Mythic Astrology*. Saint Paul, Llewellyn Pub., 1996.

HAGEN, Victor. *El Imperio de los incas*. Cidade do México, Ed. Diana, 1986.

HAYDN, Paul. *A Rainha da noite*. São Paulo, Ágora, 1990.

HEADLEY, Mary. *The Great Goddess*. Boulder, Our Many Names, 1993.
HVELBERG, Harald. *Of Gods and Giants*. Oslo, Tano, 1986.
ITAOMAN, Mestre. *Pemba, a grafia sagrada dos Orixás*. Brasília, Thesaurus, 1990.
JOHNSON, Buffie. *Lady of the Beasts*. Vermont, Inner Traditions, 1994.
JOJA, Athanase. *Dictionar Enciclopedic Romin*. Bucuresti, Editura Politica, 1962.
JONES, Kathy. *The Ancient British Goddess*. Somerset, Ariadne, 1991.
KAROUZOU, Semni. *National Museum of Athens*. Athens, Ekdotike Athenon, 1998.
KEMPINSKI, Andrzej. *Slownik mitologii ludow indoeuropejskich*. Poznan, SAWW, 1993.
KERENYI, C. *Eleusis*. London, Routledge & Kegan, 1967.
KOPALINSKI, Wladyslaw. *Slownik. simboli*. Warszawa, Wiedza Powszechna, 1990.
KOZOCARL, Jean & OWENS, Yvonne. *The Witch's Book of Days*. Victoria, Beach Holme, 1995.
LA MONTE, Willow. *Goddessing Regenerated*. Valrico. 1997, 1998.
LEXICON, Herdeir. O *dicionário dos símbolos*. São Paulo, Cultrix, 1990.
LHOTE, Henri. *Frescele din Tassili*. Bucuresti, Meridiane, 1958.
MAC NAUGHTON, Robin. *Goddess Power*. New York, Pocket Books, 1996.
MARKALE, Jean. *La Grande Déese*. Paris, Albin Michel, 1997.
MATTHEWS, Caitlin. *The Celtic Book of Days*. Rochester, Destiny Books, 1995.
MC COY, Edain. *The Sabbats*. Saint Paul, Llewellyn Pub., 1994.
____. *Lady of the Night*. Saint Paul, Llewellyn Pub., 1993.
MILARD, Anne. *Ancient Rome*. London, Usborne Publishing Ltd., 1987.
____. *Ancient Greece*. London, Usborne Publishing Ltd., 1987.
____. *Ancient Egypt*. London, Usborne Publishing Ltd., 1987.
MONAGHAN, Patricia. *The Book of Goddesses & Heroines*. Saint Paul, Llewellyn Pub., 1993.
Mysteries of the Ancient World. Washington, National Geographic Society, 1979.
MURARO, Rose Marie. A *mulher no terceiro milênio*. Rio de Janeiro, Rosa dos Tempos, 1992.
Myths of the Gods and Goddesses. Saint Paul, Llewellyn Pub., 1996.
NEUMAN, Erich. *A Grande Mãe*. São Paulo, Cultrix, 1990.
PACE, Anthony. *Malttese Prehistoric Art*. Valetta, Progress, 1996.
PENNICK, Nigel. *The Pagan Book of Days*. Rochester, Destiny Books, 1992.
PEPPER, Elizabeth. *Moon Lore*, USA, The Witches Almanac Ltd., 1997.
PEPPER, Elizabeth & WILCOCK, John. *Witches Almanac 1996*. Newport The Witches Almanac Ltd., 1996.
____. *Witches Almanac 1997*. Newport, The Witches Almanac Ltd., 1997.
____. *Witches Almanac 1998*. Newport, The Witches Almanac Ltd., 1998.

ROBERTSON, Lawrence Durdin. *The Religion of the Goddess*. Eire, Cesara, 1978.

____. *God, The Mother*. Eire, Cesara, 1984,

SAKELLARA.KISJ. A. *Herakleion Museum*. Athens, Ektotike Athenon, 1997.

SARGENT, Denny. *Global Ritualism*. Saint Paul, Llewellyn Pub., 1994.

SAMS, Jamie. *The 13 Original Clan Mothers*. New York, Harper, 1994.

SCOUËZEC, Gwenc'hlan. *Bretagne, Terre Sacrée*. Paris, Albatros, 1977.

SHARKEY, John. *Celtic Mysteries*. New York, Thames & Hudson, 1979.

SHUTTLE, Penelope & REDGROVE, Peter. *The Wise Wound. Myths, realities and meanings of menstruation*. New York, Grove Press, 1988.

SIMMS, M. Kay. *The Witch's Circle*. Saint Paul, Llewellyn Pub., 1996.

SOULI, Sofia. *Greek Mythology*. Athens, Michalis Toubis, 1995.

STARCK, Marcia. *A astrologia da Mãe Terra*. São Paulo, Pensamento, 1989.

Women's Medicine Ways. Freedom, The Crossing Press, 1993.

STARHAWK. *A dança cósmica das feiticeiras*. Rio de Janeiro, Pensamento, 1993.

STEIN, Diane. *The Goddess Book of Days*. Freedom, The Crossing Press, 1992.

____. *The Women's Spirituality Book*. Saint Paul, Llewellyn Pub., 1995.

STEWART, R. J. *Celtic Gods, Celtic Goddesses*. London, Blanford, 1990.

STONE, Merlin. *When God was a Woman*. Orlando, Harvest/Harcourt Brace & Company, 1976

TEISH, Luisah. *Jambalaya*. New York, Harper Collins, 1988.

TELESCO, Patricia. *Seasons of the Sun*. New York, Samuel Weiser, 1996.

____. *365 Goddess. A daily guide to the magic and inspiration of the Goddess*. San Francisco Harper Collins, 1998.

The Goddess Calendar 1993. Saint Paul, Llewellyn Pub., 1993.

The Sage Woman Collection 1996. Point Arena, Sage Woman, 1996.

____. *The Sage Woman Collection 1997*. Point Arena, Sage Woman, 1997.

____. *The Sage Woman Collection 1998*. Point Arena, Sage Woman, 1998.

____. *The Sage Woman Collection 1999*. Point Arena, Sage Woman, 1999.

VERGER, Pierre. *Orixás*. São Paulo, Corrupio, 1981.

WALKER, Barbara. *The Woman's Encyclopedia of Myths and Secrets*. New York. Harper Collins, 1983.

WEINSTEN, Marion. *Earth Magic*. New York, Phoenix., 1994.

Mirella Faur | 575

Licenças das imagens
De acordo com a data (dia/mês) em que foram utilizadas.

Domínio Público CC0:
Ano Novo, 22/1, 5/5

Domínio Público – Wikimedia:
1/1, 2/1, 4/1, 5/1, 11/1, 12/1, 14/1, 15/1, 21/1, 25/1, 26/1, 31/1
5/2, 6/2, 9/2, 12/2, 13/2, 14/2, 25/2
1/3, 7/3, 11/3, 12/3, 13/3, 16/3, 17/3, 18/3, 21/3, 23/3, 25/3, 27/3, 28/3, 30/3
1/4, 4/4, 5/4, 6/4, 11/4, 18/4, 19/4, 20/4, 23/4, 24/4, 25/4, 27/4, 28/4,
1/5, 6/5, 8/5, 9/5, 14/5, 17/5, 18/5, 23/5, 26/5, 27/5, 28/5
2/6, 4/6, 10/6, 14/6, 17/6, 18/6, 19/6, 21/6, 25/6, 30/6
3/7, 6/7, 10/7, 11/7, 12/7, 13/7, 14/7, 17/7, 23/7, 25/7, 30/7
3/8, 6/8, 7/8, 11/8, 13/8, 15/8, 18/8, 21/8, 25/8, 26/8, 28/8, 30/8,
2/9, 11/9, 14/9, 19/9, 21/9, 25/9, 26/9, 27/9, 28/9, 29/9,
3/10, 9/10, 11/10, 14/10, 15/10, 16/10, 17/10, 27/10, 29/10, 30/10
2/11, 3/11, 6/11, 7/11, 11/11, 17/11, 18/11, 20/11, 25/11, 26/11, 28/11,
1/12, 6/12, 7/12, 14/12, 15/12, 17/12, 19/12, 24/12, 28/12, 29/12,

CC AT – Wikimedia:
17/1 (Marsyas), 7/2 (Rogers Fund, 1947), 10/2 (Marie-Lan Nguyen), 17/2 (Christine Zenino from Chicago, US), 3/3 (opencontent / David Wiley), 4/3 (Marsyas), 8/3 (Castielli), 9/3 (Ji-Elle), 10/3 (Rama), 24/3 (Juanedc from Zaragoz, España), 9/4 (Jastrow), 14/4 (Jastrow), 16/4 (Anagoria), 6/6 (Marie-Lan Nguyen), 2/7 (Christopher Macsurak), 29/7 (Corpse Reviver), 16/8 (Wmpearl), 23/8 (Marie-Lan Nguyen), 24/8 (Toni Pecoraro), 4/9 (MCAD Library), 13/9 (Tilemahos Efthimiadis), 18/9 (Marsyas), 12/10 (Andres Rueda), 13/10 (Marie-Lan Nguyen), 8/11 (Para), 15/11 (Alessandro Antonelli), 3/12 (Janericloebe), 9/12 (Gerard Lovett from ireland), 11/12 (Elena Ringo), 21/12, 26/12 (Marie-Lan Nguyen),

CC AT – flickr:
3/1 (ketrin1407 – flickr), 3/2 (Mycatkins), 18/2 (archer10 (Dennis)), 2/3 (Medelie Vendetta), 6/3 (Freddie Phillips), 26/3 (Aurelijus Valeiša), 13/4 (Jean-Pierre Dalbéra), 30/4 (Shadowgate), 4/5 (artethgray), 3/6 (Przemek P / GlobalQuiz.org), 7/6 (takomabibelot), 22/6 (Scott Leslie), 26/6 (Sam Howzit), 28/6 (Team at Carnaval.com Studios), 5/7 (Institute for the Study of the Ancient World), 9/7 (Karen), 16/7 (cepatri55), 31/7 (Grand Canyon NPS), 4/8 (Jean-Pierre Dalbéra), 9/8 (ketrin1407), 14/8 (Sam Howzit), 17/8 (Cliff), 20/8 (Jim Mclntosh), 3/9 (cliff1066™), 10/9 (jimmiehomeschoolmom), 20/9 (aaron wolpert), 10/10 (Michael McCarty), 18/10 (Graham Higgs), 21/10 (Raúl Hernández González), 22/10 (Itamar Mendelson), 23/10 (taylorandayumi), 1/11 (Rinaldo Wurglitsch), 9/11 (John Shedrick), 27/11 (Peter Rivera), 31/12 (Jose Rocha),

CC AT SA – Wikimedia:
7/1 (Gérard Ducher), 8/1 (Waugsberg), 10/1 (Wolfgang Sauber), 13/1 (Jenny Rossander), 18/1 (PHGCOM), 19/1 (Philip Larson), 20/1 (Andreas F. Borchert), 23/1 (Néfermaât/JMCC1), 27/1 (Schorle), 29/1 (Galetoiles), 30/1 (Pietro Baratta), 4/2 (katorisi), 8/2 (Jacklee), 11/2 (Fabio Alessandro Locati), 15/2 (Jean-Pol GRANDMONT), 16/2 (Team at Carnaval.com Studios), 21/2 (Allen Timothy Chang), 22/2 (Ricardo André Frantz), 24/2 (Redtigerxyz / Sissssou2), 26/2 (Dave & Margie Hill / Kleerup), 14/3 (Traumrune), 15/3

(Snjeschok), 19/3 (Marcus Cyron), 20/3 (Nemracc), 22/3 (Walters Art Museum), 29/3 (Vovazl), 2/4 (Gun Powder Ma), 3/4 (Deror avi), 7/4 (René Mayorg), 8/4 (Quarz), 10/4 (Udimu), 12/4 (ChrisO), 15/4 (Chris Nas), 17/4 (Sandivas), 21/4 (Bernard Gagnon), 22/4 (© BrokenSphere), 29/4 (Tropenmuseum), 3/5 (Starus), 7/5 (Dennis Jarvis from Halifax, Canada), 12/5 (ChrisO), 13/5 (Junius), 15/5, 16/5 (Kim Bach), 20/5 (Rama), 21/5 (Miossec), 22/5 (ego technique (flickr) - Wikipedia Loves Art), 25/5 (Kuebi = Armin Kübelbeck), 30/5 (Siren-Com), 31/5 (AlMare), 5/6 (João Carvalho), 8/6 e 9/6 (Edisonblus), 11/6 (Sailko), 12/6 (BrokenSphere), 16/6 (Einsamer Schütze), 23/6 (Tomás O'Maoldomhnaigh), 27/6 (Steffen Helifort), 29/6 (Tropenmuseum of the Royal Tropical Institute (KIT)), 1/7 (archer10 (Dennis)), 4/7 (Pietro Baratta), 7/7 (shakko), 18/7 (Jeff Dahl / Strogoff), 19/7 (Einsamer Schütze), 20/7, 21/7 (CharlesS), 22/7 (Santos9), 24/7 (Owen Cook), 26/7 (Davi Nascimento), 27/7 (Postdlf from w), 1/8 (Mountainash333), 5/8 (Sailko), 10/8 (Walters Art Museus), 12/8 (Walters Art Museus), 19/8 (Marcus Cyron), 22/8 (Captmondo), 27/8 (Walters Art Museum), 29/8 (Gérard Ducher), 1/9 (Gaura - Ilya Mauter), 5/9 (J. Ash Bowie), 7/9 (Jonoikobangali), 9/9 (sailko), 12/9 (GearedBull at English Wikipedia, 15/9 (Carole Raddato), 16/9 (Œuvre appartenant au musée des Beaux-Arts de Lyon), 17/9 (Classical Numismatic Group, Inc. http://www.cngcoins.com), 23/9 (The Consortium), 24/9 (Tropenmuseum of the Royal Tropical Institute (KIT)), 30/9 (Carole Raddato), 1/10 (Joydeep), 5/10 (Ralph Hammann), 8/10 (Malcolm Morris), 19/10 (Steve from Nagoya, Japan), 20/10 (Zhuhai), 26/10, 28/10 (Suraj at ml.wikipedia), 5/11 (Lauren raine), 14/11 (Nomu420), 19/11 (Joe Mabel), 21/11 (Nigel Cox), 22/11 (Jveracity), 23/11, 29/11 (Stormnight), 30/11 (Urville Djasim from the Netherlands), 2/12 (Gouvernement chinois), 8/12 (Eugenio Hansen, OFS), 12/12 (Los Puntuales), 16/12 (HubertSt), 20/12 (P. mielen), 22/12 (Wolfgang Sauber), 23/12 (Combusken), 25/12 (Eugenio Hansen, OFS), 27/12 (Ahert),

CC AT SA – flickr:
9/1 (Internet Archive Book Image), 24/1 (humdingor), 28/1 (Anthony Crider), 26/4 (Isebrand), 2/5 (Luis García), 10/5 (Luigi Rosa), 11/5 (din_bastet), 29/5 (Glyn Lowe Photoworks), 1/6 (Anguskirk), 13/6 (Tilemahos Efthimiadis), 15/6 (Bo Hughins), 20/6 (Šarūnas Burdulis), 24/6 (Dennis Jarvis), 8/7 (Arild Nybø), 15/7 (Rowan Collins), 2/8 (Ricardo Palacios), 6/9 (jozamos), 4/10 (Dennis Jarvis), 6/10 (Corin Royal Drummond), 7/10 (Darla الراد Hueske), 24/10 (Jean-Etienne Minh-Duy Poirrier), 25/10 (Edward O'Connor), 12/11 (Jack Pearce), 13/11 (Thomas Quine), 16/11 (Shanna Riley), 4/12 (Turismo Bahia), 5/12 (brewbooks), 10/12 (Roger), 13/12 (Carole Raddato), 18/12 (Carole Raddato), 30/12 (Turismo Bahia),

CC AT SA:
6/1, 20/2, 28/2 (Léa Beatriz)
16/1 (Fábio Araújo)
1/2, 2/2, 27/2, 29/2, 21/12 e imagens do capítulo II (Teia de Thea)
23/2, 30/3, 31/10 (Mirella Faur)

CC AT ND – flirck:
5/3 (Darla الراد Hueske), 8/8 (Claude Valette), 10/11 (carol mitchell), 24/11 (LenDog64)

Outras licenças:
31/8 (Copyright - Pratheepps at English Wikipedia – Wikimedia)
4/11 (Sem restrições conhecidas - Internet Archive Book Images – flickr)
19/2 (Free Art License - Hochiyo - Wikimedia)